EL CUIDADO
DE SU HIJO DEL
DR. SPOCK

SEXTA EDICION

TOTALMENTE REVISADA
Y ACTUALIZADA PARA LOS AÑOS 1990

**BENJAMIN SPOCK, M.D., Y
MICHAEL B. ROTHENBERG, M.D.**

Illustraciones de
DOROTHEA FOX

Traducción revisada por
LAURA DAIL

POCKET BOOKS
Nueva York Londres Toronto Sydney Tokio Singapur

Una Edición Revisada y Actualizada

POCKET BOOKS, una división de Simon & Schuster, Inc.
1230 Avenue of the Americas, New York, NY 10020

ISBN: 0-671-56881-7

Primera edición española en paperback de Pocket Books May
1997

10 9 8 7 6 5 4 3 2 1

POCKET y su colofón son marcas registradas de Simon &
Schuster, Inc.

PRODUCIDO POR K&N BOOKWORKS INC.

Impreso en los Estados Unidos

CONTENIDO

◆ v ◆

UNA CARTA AL LECTOR

La mayoría de ustedes tienen un médico a quien pueden consultar. El médico conoce a su hijo, y por lo tanto es la única persona que puede aconsejarlos con fundamento. Con sólo observar una erupción o hacer un par de preguntas por teléfono, el médico puede casi siempre llegar a la solución de un problema, cuando la lectura acerca de él no haría otra cosa que confundirlo a usted más aún. Este libro no está destinado a ser usado para diagnósticos o tratamientos; sólo tiene la intención de ofrecerle una comprensión general de los niños, de sus problemas y necesidades. Es cierto que en algunos sectores se dispone de asesoramientos de emergencia para los escasos padres que no tienen comunicación con un médico. Es mejor para ellos contar con los consejos de un libro, que no tener consejo ninguno.

Lo más importante que quiero expresar es que no ha de tomarse en forma demasiado literal lo que se dice este libro. Cada niño es distinto de los demás, cada padre es distinto, cada enfermedad o problema de conducta tiene algunas diferencias respecto de todos los otros. Lo único que puedo hacer es describir los hechos y problemas más comunes en los términos más generales. Recuerde que usted sabe mucho acerca de su hijo, y que yo no sé nada.

Advertencia: Los vendedores de enciclopedias infantiles, de colecciones de libros para el cuidado infantil, de muebles para el cuarto de los niños, vestimenta y equipo para los pequeños, pueden pretender que el Dr. Spock y el Dr. Rothenberg tienen una íntima vinculación con sus empresas de alguna manera, o que por lo menos respaldan sus productos. Todas esas afirmaciones son fraudulentas, y le dan derecho a usted a amenazarlos con dirigirse a las autoridades a fin de liberarse del vendedor. No tenemos relación alguna con tales empresas, y jamás patrocinamos un producto comercial. El Dr. Spock escribe regularmente una columna para la revista *Parenting,* y ha sido autor y coautor de varios libros, pero éstos sólo se venden en las librerías autorizadas, o en las distribuidoras de libros en rústica; pero nunca de puerta en puerta.

EL PORQUE DE ESTA SEXTA REVISION DE *EL CUIDADO DE SU HIJO DEL DR. SPOCK*

Una colaboración

Los doctores Spock y Rothenberg han colaborado en *El Cuidado de Su Hijo* desde su quinta revisión, publicada en 1985. Coincidimos en casi todos los aspectos: en lo que se refiere al cuidado de la enfermedad, al significado de las etapas de desarrollo emocional, al hecho de tratar a hijos y padres con respeto, a percibir la profunda influencia que sobre los niños tienen, no sólo los ideales de sus padres, sino también la calidad de las escuelas y maestros, y el tipo de programas de televisión que ven; y respecto de la importancia vital de la actividad política por parte de los padres a fin de construir un mundo mejor para sus hijos, y protegerlos de la aniquilación nuclear.

¿"Yo" o "nosotros"? El doctor Rothenberg y yo seguiremos diciendo "yo" en este libro porque pensamos igual, y porque "nosotros" parece menos personal, más ostentoso.

Hemos contado con tres consultores pediatras para darnos sus comentarios y sugerencias detallados. Kathryn A. Mikesell, M.D., y Howard M. Uman, M.D., son pediatras. Jacqueline S. Delecki, R.N., A.R.N.P., M.S.N., es una enfermera pediátrica y un líder de grupos de padres. Cada uno de los tres consultores son padres.

Nuevos materiales y énfasis

Se le ha dedicado un capítulo completo a los problemas del divorcio, a las familias de un solo progenitor y a las dificultades de la relación con padrastros, porque estas situaciones van en aumento. Se ampliaron y se pusieron al día algunas secciones sobre la alimentación al pecho, la madre que trabaja y cómo evitar los accidentes. Hay secciones totalmente nuevas, como la referida al SIDA y la adopción "abierta". Se han omitido algunas enfermedades, o bien se suprimió el acento puesto en ellas, porque ya no tienen tanta importancia y predominio, y se agregaron algunas otras. (Nunca ha habido espacio para más que las centenares de más comunes de las enfermedades que existen.) Todos los materiales relacionados con datos concretos se han puesto al día.

Criar a los niños en una sociedad agitada

La sociedad americana en los años 90 conlleva tensiones extraordinarias. Las tensiones familiares normales son más altas de muchas maneras: nuestra sociedad es excesivamente competitiva y materialista; muchos padres que trabajan encuentran menos satisfacción y placer en sus trabajos, mientras las buenas guarderías de que dependen se hacen cada vez más difíciles de encontrar; hay menos dirección espiritual y moral comparado al pasado; el apoyo tradicional de la familia extendida y la comunidad se está desvaneciendo; y hay cada vez más personas que se preocupan por el deterioro del medio ambiente y de las relaciones internacionales. Estos y otros problemas se analizan en Una nota después: Un mundo mejor para nuestros hijos.

Yo creo que hacen falta dos cambios para aliviar estas tensiones y movernos hacia una sociedad más estable. El primero es criar a nuestros niños con ideales diferentes y más positivos. Los niños que se crían con valores fuertes más allá de sus propias necesidades —la cooperación, la simpatía, honestidad, tolerancia de diversidad— crecerán para ayudar a los demás, fortalecer las relaciones humanas y realizar una seguridad mundial. Vivir con estos valores aportará un orgullo y una satisfacción mucho más grandes que el éxito superficial de un puesto de alto sueldo o un coche nuevo.

El segundo cambio consiste en reclamar nuestro gobierno de la influencia de los intereses corporativos cuyo único objetivo es la ganancia máxima. Tenemos que ser más activos en la política, para hacer que nuestro gobierno sirva las necesidades de todos sus ciudadanos.

Para conseguir más información sobre los grupos locales, estatales, y nacionales luchando por los intereses que más le importan a usted, puede escribir a The Children's Defense Fund, 25 E Street N.W., Washington D.C. 20001, y escribir en el sobre "Attention: Field Division". Han colaborado con el Congreso más de 20 años en los programas que más necesitan los niños y las familias.

El problema de ser consentidor

Aunque me han acusado de ser consentidor, no me considero consentidor, y casi **todas** las personas que han usado este libro sienten lo mismo. Quienes me consideran consentidor dicen, indignados, que no lo han leído, y que no lo usarán.

La acusación surgió por primera vez en 1968 —22 años después de la aparición del libro— y provenía de varias personas destacadas, que objetaban con energía mi oposición a la guerra en Vietnam. Dijeron que mis consejos a los padres, de ofrecer "una gratificación inmediata" a sus bebés e hijos, eran lo que hacía que tantos jóvenes que se oponían a la guerra de Vietnam, fueran irresponsables, indisciplinados y antipatrióticos.

En este libro no se habla de la gratificación inmediata. Siempre aconsejé a los padres que respetasen a sus hijos, pero que recordaran que debían pedir respeto para sí mismos, ofrecer una orientación firme y clara, y pedir colaboración y cortesía.

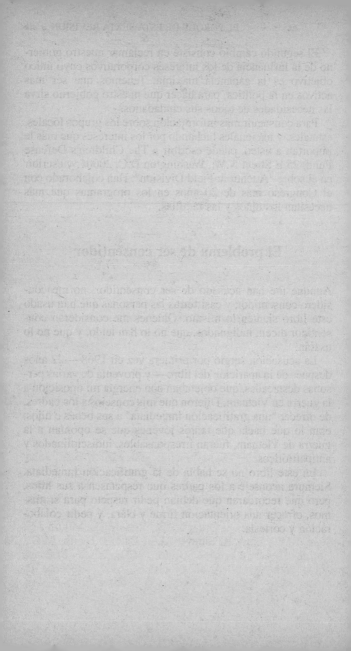

El segundo cambio consiste en realizar nuestro poder no
no de la influencia de las inercias corporativas cuyo único
objetivo es la aparición "masiva". Tenemos que ser más
activos en la política para que nuestro gobierno deje
las necesidades de unos consumidores.

Para conseguir más información sobre los grupos locales
a menudo, y escuelas, luchando por los intereses que más le
importan a usted, puede escribir a The Children's Defense
Fund 25 E Street N.W. Washington DC. 20001 y escribir
en el sobre "Action Subcite Dyly.com" Esto responde con
el concepto base de acuerdos en los programas que más
necesitan ayuda y asistencia.

El problema de ser consumidor

Aunque uno una escasez de ser consumidor, por ejemplo,
sufren consumidores y casi todas las personas que han usado
este libro siendo fin esta carencia. Quienes me consideran este
sentido están, independiente, no sé fin termó, y que no lo
usan.

La escritora, cuyo nombre primera vez en 1968 —15 años
después de la aparición del libro— a provenía de saber ser
unas desarrollos, que dependían que cambian un concepto
la suerte de violencia y sabían que mis consejos a los padres
de madres, una gratificación importante, a sus otras o algún
cada lo que tiene que tiene jóvenes que se oponían a la
guerra de Vietnam, fueron irreductibles, intransigentes y
compungidos.

En este libro no se habla de la gratificación inmediata.
Siempre recomiendo a los padres que respeten a sus hijos,
pero que reconozcan que deben pedir respeto para sus hijos
mos, ofrecer una existencia entre y otra, y poder colaborar
reglas y correctas.

RECONOCIMIENTOS

Del Doctor Spock: Mi deuda ahora es enorme con todos los médicos y otros expertos, incluyendo los padres, que me han aconsejado a lo largo de las cinco ediciones anteriores del libro, y con los editores competentes y secretarios que han preparado los manuscritos para su publicación.

C. Anderson Aldrich, M.D.; Bárbara Biber, Ph.D.; Silvia K. Bingham; Dale Bland, B.S.; David Bland, M.S.S.A.; Abram Blau, M.D.; Gordon M. Bruce, M.D.; Marjori Charni; Clement B.P. Cobb, M.D.; John R. Cobb, M.D.; Carol Colbert, M.A.; Elizabeth S. Cole, M.S.W.; Frances Connor, Ph.D.; Michael Cook, B.A.; Velma Davies, R.N.; Ralph De Palma, M.D.; Lucy Helen Dunn, M.A.; Edwin Eigner, M.D.; Mary S. Fischer, Ph.D.; Mary Hamm Flumerfelt, B.A.; Lewis Fraad, M.D.; David Friedman, M.D.; Edwin Gerrish, M.D.; Harry Gold, M.D.; Sidonie Gruenberg; Hiram Hardesty, M.D.; William W. Heroy, M.D.; Jiri Herrmann; G.K. Hourwich, B.S.; Frederick C. Hunt, M.D.; Frances L. Ilg, M.D.; Donald Jackson, M.D.; John Kaster, M.D.; John Kennell, M.D.; Mary Lescaze; Milton I. Levine, M.D.; Samuel Z. Levine, M.D.; Jean Marzollo, M.A.T.; Diane Meslin; Fran Miller, B.A.; John Montgomery, M.D.; Hamden C. Moody, M.D.; Gisela Moriarty; Frank Mueller; Marjorie Mueller; Norma Nero; Pearl Nickels; Robert Nickels, M.S.W.; Charles O'Regan, M.D.; Peggy Daly Pizzo, M.Ed.; Marian Putnam, M.D.; John Reinhart, M.D.; Oscar M. Schloss, M.D.; Milton J.E. Senn, M.D.; Betty R. Shreve, M.S.; Carl H. Smith, M.D.; Norma Spector; Samuel Spector, M.D.; Jessie Stanton; Linda Stekelberg; Marion Stranahan, M.D.; Rebecca S. Straus, M.A.; Irving Sunshine, M.D.; Sophie van S. Theis,

L.H.D.; K. E. Thomsett; William Wallace, M.D.; Myron E. Wegman, M.D.; E.R. Woodyatt; Caroline B. Zachry, Ph.D.

Del Doctor Rothenberg: Mi esposa, Jo, sigue enriqueciendo mi vida, mi amor y mi trabajo más allá de lo que se puede medir. Ha hecho una contribución significativa a esta sexta edición, con sus considerables habilidades editoriales y de organización.

Mi agradecimiento profundo a Robert Lescher, mi agente literario. Me ha guiado, desde 1985, con una rara combinación de sabiduría profesional y cuidado personal.

Edward Copeland ha dado el apoyo legal para este proyecto, y le quedo muy agradecido por su sensibilidad inagotable y su competencia.

Un agradecimiento especial a la Dra. Kathy Mikesell. Su miríada de contribuciones como consultor vienen de un oído agudo por la manera que este libro "habla" a los padres.

Un agradecimiento especial a nuestra familia "adoptada", Jeff y Katy Smith y sus cinco hijos: Tessa, Wenonah, Seth y Eric Smith, y Isaac Quintasket. Nos han dado un recuerdo constante de cómo un espíritu amoroso y el respeto mútuo hacen una vida familiar feliz.

Quedo muy agradecido a los siguientes colegas y amigos, por su colaboración técnica en la preparación de las quintas y sextas ediciones: Dennis A. Anderson, M.D.; Molly Benett-Kaufman, C.R.N., P.N.P.; Lawrence R. Berger, M.D., M.P.H.; C. Warren Bierman, M.D.; Edwin L. Bierman, M.D.; Albert S. Carlin, Ph.D.; Lawrence Corey, M.D.; Chris Cunningham; Peter K. Domoto, D.D.S., M.P.H.; Barbara K. Kovseth; Lauri Lowen; Alice Joyce Lydon, M.A.; Edgar K. Marcuse, M.D.; Tona L. McGuire, Ph.D.; Bette O'Donnell, R.D.; Molly Pessl, R.N., I.B.C.L.C.; Peggy Pipes, M.P.H., R.D.; Linda Quan, M.D.; Peter Reich, M.P.H.; Mark A. Richardson, M.D.; Frederick P. Rivara, Jr., M.D., M.P.H.; Lisa Rogers; Jerome Roth; Nicholas B. Rothenberg; Daniel Schiff, Ph.D.; Peter A. Shapiro, D.D.S., M.S.D.; John L. Short, M.D.; David Tapper, M.D.; Richard M. Timms, M.D.; Jean Weiss; and Mark E. Wilson, D.D.S.

Trabajar con Dorothea Fox ha sido un placer. La calidez, el encanto y el humor sutil en su arte son un reflejo fiel de la artista.

Gina Centrello, nuestra editora, siempre ha estado allí cuando la necesitaba, siempre útil, alegre y ofreciendo apoyo. Mis más cálidos agradecimientos a ella, y al resto del personal de Pocket Books, que nos ofreció asesoramiento y orientación expertos para esta sexta edición.

A JANE

En el primero de los tres años que llevó la redacción de este libro, en la década de 1940, Jane pasó a máquina el borrador original del manuscrito, a partir de mi lento, muy lento dictado, desde las nueve de la noche, en que terminábamos de cenar (después de un día completo de práctica) hasta la una de la mañana. Calculó detalles tales como la cantidad de pañales, sábanas, colchones, ropa de cama, camisones, biberones y chupones que deberían recomendarse. Probó las distintas formas de preparar fórmulas para tener la certeza de que funcionaban.

Cuando resultó evidente que la tarea jamás quedaría terminada si continuábamos con nuestra vida social, sugirió que la abandonáramos en el acto, y fue un verdadero sacrificio.

En el segundo año del trabajo de redacción, cuando me encontraba en la Marina, reclutado fuera de la ciudad de Nueva York, y no podía abandonar mis obligaciones durante el día, Jane realizó constantes consultas con especialistas y editores.

En el tercer año, cuando me trasladaron a California, y el libro estaba a punto de quedar terminado, fue Jane quien pasó centenares de horas en revisiones y en hacer el índice de último momento. Tomó nota de los cambios que le dictaba por teléfono desde larga distancia, a las dos de la mañana (hasta esa hora no podía comunicarme con Nueva York), y más tarde, en otra hora de la mañana, las llevaba de prisa a la editorial. Mostró una inagotable capacidad para solucionar problemas prácticos. Sus constantes consejos fueron siempre concretos y sabios. Sin ella, este libro no habría podido ser lo que es.

B.S.

Mary Morgan, mi segunda esposa, realizó contribuciones especiales a las ediciones quinta y sexta. Fue ella la primera en sugerir al doctor Rothenberg como colaborador, porque había leído y admirado sus trabajos escritos sobre los efectos dañinos de la violencia de la televisión en los niños. Participó en las entrevistas de los cuatro últimos candidatos, en la elección del doctor Rothenberg y en todas las interminables discusiones con los abogados, respecto de los detalles del acuerdo entre los autores que colaboraban entre sí.

Ella ha contribuido en forma muy valiosa a mi bienestar y a mi felicidad en los 16 años de nuestro matrimonio. Mary se ha dedicado a arreglar los discursos y me ha comprometido a escribir; planea viajes, así como consultas con contadores, licenciados, agentes y publicistas. Ella se encarga de mi atención médica y mi dieta con mucho más cuidado de lo que yo mismo lo hubiera podido hacer.

Aprendió rápidamente a manejar el barco y superó los mareos cuando vio que yo prefería vivir en el barco en Maine y en Las Islas Vírgenes que vivir en tierra firme.

Además, es una persona muy amena con quien vivir.

B.S.

El Cuidado de Su Hijo del Dr. Spock

EL PAPEL DE LOS PADRES

Confíe en sí mismo

1. Usted sabe más de lo que supone. Pronto tendrá un hijo. Es posible que ya tenga uno. Se siente dichosa y excitada, pero si no ha tenido suficiente experiencia, se pregunta si sabrá cómo hacer una buena tarea. En las últimas semanas se ha dedicado a escuchar con más cuidado a sus amigos y parientes cuando hablan de la crianza de un niño. Ha comenzado a leer artículos de expertos, en las revistas y periódicos. Después que nazca el niño, los médicos y enfermeras comenzarán también a darle instrucciones. En ocasiones parece un asunto muy complicado. Averiguar cuáles son todas las vitaminas que necesita un bebé, y todas las vacunas. Una madre le dice que es preciso darle desde muy temprano huevo, porque contiene hierro, y otra le dice que es necesario demorar el huevo para evitar la alergia. Oye decir que se malcría con facilidad a un bebé cuando se lo levanta demasiado, pero también que es preciso arrullarlo muy a menudo; que los cuentos de hadas ponen nerviosos a los niños, y que los cuentos de hadas constituyen una válvula de escape.

No tome demasiado en serio cuánto se dicen en torno suyo. No se deje impresionar por lo que dicen los expertos. No tema confiar en su propia sensatez. La crianza de su hijo no será una labor complicada si la toma con tranquilidad, si confía en sus instintos y sigue las instrucciones que le dé su médico. Sabemos, como cosa concreta, que el cuidado afectuoso y natural que los padres cariñosos ofrecen a sus hijos es cien veces más valioso que el hecho de que conozcan la manera correcta de armar un pañal o la mejor manera de preparar un biberón. Cada vez que levante a su niño, aunque lo haga al principio con cierta torpeza, y cada vez que lo cambie, lo bañe, lo alimente, le sonría, el pequeño recibirá un sentimiento de que le pertenece a usted, y usted a él. Ninguna otra persona en el mundo, por más diestra que fuere, puede darle eso.

Tal vez le asombre oír que cuanto más ha estudiado la gente los distintos métodos de crianza de niños, más han llegado a la conclusión de que todo cuanto los buenos padres sienten instintivamente el deseo de hacer por sus niños es casi siempre lo mejor. Además, todos los padres realizan su mejor trabajo cuando sienten una confianza natural y normal en sí mismos. Es mejor cometer algunos errores por ser natural, que realizarlo todo a la perfección por un sentimiento de preocupación.

El médico o la comadrona que le va a ayudar con el parto le puede hablar de clases prenatales para madres y padres. Estas clases resultan muy útiles en lo referente a analizar las dificultades que todos los padres que esperan tener un hijo experimentan en cuanto al embarazo, el parto y el cuidado del bebé.

En la Sección 111 me refiero a los distintos métodos de parto, y a la forma de conocer algo más acerca de ellos.

2. Cómo se aprende a ser padre. Los padres y las madres no descubren, en realidad, cómo cuidar y manejar a los niños a partir de disertaciones, aunque éstas puedan tener valor en lo que se refiere a solucionar interrogantes y dudas específicos. Han aprendido los elementos básicos sobre la base de la manera en que ellos mismos fueron manejados cuando eran pequeños. Eso era lo que ponían en práctica en forma constante, cuando jugaban "al Papá y la Mamá", y cuidaban de sus muñecas.

Usted descubrirá que poco a poco aprenderá lo que falta gracias a la experiencia del cuidado de sus hijos. El cuidar a su bebé, aprender que puede alimentarlo, cambiarlo, bañarlo y hacerlo eructar con éxito, y que su bebé responde satisfecho a sus atenciones, es lo que le inspira sus sentimientos de familiaridad, confianza y amor. Desde muy temprano se establece una sólida relación y una confianza mútua. Y entonces cuando su bebé comienza a sentirse una persona, con ideas y voluntad propias, más o menos alrededor del año, usted y él habrán sentado una base sólida para hacer frente a problemas comunes, tales como las excesivas averiguaciones o el negativismo.

Todos los padres abrigan la esperanza de influir sobre sus hijos, pero muchos se asombran al descubrir que esa es una calle de doble sentido, y que aprenden y ganan con su condición de padres, y junto con sus hijos. En otras palabras, la paternidad es un paso de enorme influencia para el desarrollo de los adultos en su propia vida.

Las dudas de los padres son normales

3. Los sentimientos mezclados acerca del embarazo. Atesoramos un ideal acerca de la maternidad, que dice que una mujer se siente alborozada cuando descubre que está por tener un hijo. Se pasa el embarazo soñando con el niño. Cuando éste llega, ella se ubica en el papel materno con sencillez y deleite. Todo esto es verdad, hasta cierto punto... más en un caso, menos en otro. Pero por supuesto, es nada más que una cara de la moneda. Los estudios médicos han revelado (cosa que las mujeres sabias siempre supieron) que existen sentimientos negativos normales en relación con un embarazo, y también, y en especial, con el primero.

Hasta cierto punto, el primer embarazo representa el final de la juventud libre de preocupaciones que es tan importante a los americanos. La figura de la doncella se eclipsa poco a poco, y junto con ella desaparecen la lozanía y la gracia. Ambos eclipses son temporarales pero muy reales. La mujer se da cuenta de que después que llegue el bebé surgirán claras limitaciones a la vida social y a otros placeres exteriores. Ya no más sentarse en el coche sin pensarlo mucho, ir a cualquier lugar, según lo dicten los deseos del corazón, y volver a casa a cualquier hora. El mismo presupuesto tiene que ser vigilado aun más, y las atenciones de su esposo, todas las cuales le estaban destinadas a ella en el hogar, también deberán distribuirse muy pronto entre dos personas.

4. Los sentimientos son muy distintos en cada embarazo. Los cambios que pueden esperarse con motivo de la llegada de otro niño no parecen tan drásticos, después que usted haya tenido uno o dos. Pero la experiencia médica muestra que el espíritu de una madre puede rebelarse, en ocasiones, durante cualquier embarazo. Es posible que existan razones evidentes que expliquen que uno de los embarazos sea más tenso: tal vez porque llegó en forma inesperada, o porque uno de los padres sufre tensiones en el trabajo, o porque existe una enfermedad grave en cualquiera de las dos partes de la familia, o porque no hay armonía entre la madre y el padre. Por otro lado, puede que no haya una explicación perceptible a simple vista.

Una obstetra a quien conozco afirma que a veces intuye una crisis interior, con el segundo o tercer embarazo, en padres que ansiaban, dichosos, una familia de esas dimensiones. Una madre que quiere, de verdad, tener más de un hijo, puede, aun así, sentirse perturbada en forma inconsciente, durante el embarazo siguiente, por súbitas dudas respecto de si tendrá el tiempo necesario, la energía física o el ilimitado acopio de amor que, según imagina, serán necesarios para ocuparse de otro, y de otro más. O bien es posible que las dudas interiores comiencen con el padre, quien se siente un tanto descuidado, cuando su esposa se preocupa cada vez más por los niños. Sea como fuere, la melancolía o las quejas de uno de los cónyuges hace que muy pronto el otro también se sienta desilusionado. Para decirlo de otro modo, a fin de seguir dando, cada persona debe sentir que recibe algo también.

No quiero decir que estas reacciones sean inevitables. Sólo deseo asegurarle que se producen entre los mejores padres, y que en la gran mayoría de estos son temporales. La llegada del niño resulta no ser un desafío tan grande como los padres habían previsto, en forma subconsciente, quizá porque han crecido en espíritu, en respuesta a la necesidad.

5. El amor hacia el bebé llega poco a poco. Muchas

mujeres que se sienten encantadas y orgullosas de haber quedado embarazadas descubren que les resulta difícil sentir un amor personal hacia un niño que nunca vieron o sintieron. Pero cuando éste comienza a moverse, les ayuda a creer que es una persona real, en definitiva. A medida que avanza el embarazo, los pensamientos de ella se vuelven en formas más realista hacia el bebé, hacia lo que significará cuidarlo.

Una gran mayoría de las que admiten que su primera reacción al embarazo fue, en forma predominante, de desaliento (y existen muchas buenas personas que sienten eso), se tranquilizan al descubrir que su aceptación al embarazo y su afecto por el niño llegan a un nivel aceptable antes del parto.

Pero aunque la expectativa sea todo lo que se puede desear, se produce a menudo un desaliento, en el caso de la madre inexperta, cuando el bebé llega en realidad. Espera reconocerlo en el acto como su carne y sangre, reaccionar ante el pequeño con un abrumador impulso de sentimiento maternal. Pero en muchos casos esto no sucede el primer día, y ni siquiera la primera semana. En cambio, se trata de un proceso gradual, que no concluye hasta que han estado juntos en el hogar durante un tiempo. Este proceso gradual también rige para los padres.

A la mayoría de nosotros, nos han enseñado que no es justo, para el bebé que llega, tener la esperanza de que sea una niña o un varón, por si resulta el contrario. Yo no tomaría esto demasiado en serio. No podemos comenzar siquiera a imaginar y a amar en serio a un futuro bebé, sin representárnoslo como perteneciente a uno u otro sexo. Ese es el primer paso. Creo que todos los padres que esperan su bebé tienen una preferencia por una niña o un varón, aunque muchos de ellos se mostrarán muy dispuestos a querer a un niño que resulta de sexo contrario al deseado. Disfrute, entonces, de su niño imaginario, y no se sienta culpable si llega uno de otro sexo.

6. El sentimiento de melancolía. Es posible que usted se sienta desalentada, durante un tiempo cuando comienza a ocuparse del cuidado de su niño. Se trata de un sentimiento bastante común, en especial con el primero. Tal vez no consiga identificar nada que esté decididamente mal. Lo único que ocurre es que llora con facilidad. O puede ser que se sienta muy mal en relación con determinadas cosas. Una mujer cuyo bebé llora bastante, se siente segura de que éste está enfermo de verdad, y otra considera que su esposo se ha vuelto extraño y distante, y una tercera supone que ha perdido su belleza.

Un sentimiento de depresión puede aparecer pocos días después del nacimiento del niño, o varias semanas más tarde. El momento más habitual es cuando la madre vuelve a casa, del hospital, donde ha sido servida y atendida, en forma esmerada, y de pronto debe ocuparse por completo del niño y de la atención de la casa. No es sólo el trabajo que la deprime. Inclusive es posible que tenga a alguien que haga todo el trabajo, por el momento. Ocurre que aparece el sentimiento de volver a ser responsable de toda la casa y además de cargar con la nueva responsabilidad del cuidado y la seguridad del niño. Y por otro lado están los cambios físicos y glandulares que se producen en el momento del nacimiento, y que a lo mejor desquician el espíritu en cierta medida.

La mayoría de las madres no se desalientan lo bastante, en este período, como para poder decir que se trata de una depresión. Tal vez le parezca que se trate de un error hablar de cosas desagradables, que posiblemente no se den nunca. El motivo de que lo mencione es que varias madres me han dicho después: "Estoy segura de que no me habría sentido tan deprimida y desalentada si hubiera sabido cuán corriente es ese sentimiento. ¡Pero sí llegué a creer que toda mi concepción de la vida había cambiado de una vez y para siempre!" Es posible enfrentar mejor este tipo de cosas, si usted sabe que muchas otras personas también han pasado por ellas, y si reconoce que es algo temporal.

Si comienza a sentirse deprimida, trate de obtener algún alivio respecto del constante cuidado del niño, en el primer mes, o en los dos primeros, en especial si el niño llora demasiado. Vaya a ver una película, o al salón de belleza, o cómprese un vestido nuevo. Trabaje en algún proyecto nuevo o inconcluso —escribir, pintar, bordar, construir— algo que le satisface. Visite de vez en cuando a una buena amiga. Lleve al niño consigo si no puede encontrar alguien que lo cuide en casa. O haga que sus antiguas amigas vayan a visitarla. Todos estos son otros tantos tónicos. Si se siente deprimida, es posible que no tenga deseos de hacer todas estas cosas, pero si se obliga a hacerlas se sentirá mucho mejor. Y eso es importante para el niño y para su esposo, tanto como para sí misma. Si la depresión no desaparece en unos días, o si se empeora, debe visitar lo antes posible a un psiquiatra, por intermedio de su médico habitual. Un psiquiatra puede ser de gran ayuda y consuelo en momentos como ésos.

Cuando una madre se siente melancólica y cree que su esposo se muestra indiferente, es preciso tener en cuenta dos aspectos. Por un lado, quien está deprimido siente que las otras personas son menos amistosas y afectuosas. Pero por otro lado es natural que un padre, siendo como es, un ser humano, se sienta excluido cuando su esposa y el resto de la familia están concentrados por completo en el niño. De modo que se trata de un círculo vicioso. La madre (¡cómo si ya no tuviera bastantes cosas que hacer!) debe acordarse de prestar cierta atención a su esposo. Y tiene que incitarlo a compartir el cuidado del pequeño.

7. En las primeras semanas que pasan en el hogar, la mayoría de los padres descubren que están más ansiosos que de costumbre. Se preocupan por el llanto del niño y por sus rachas de comportamiento molesto, y sospechan que algo grave está pasando. Se preocupan por cada estornudo y cada brote de salpullido. Entran en puntas de pie en la habitación del bebé para ver si todavía respira. Es probable que sea instintivo que los padres se muestren excesivamente protectores en este período. Supongo que es la manera que tiene la Naturaleza de asegurarse de que los millones de nuevos padres de todo el mundo, algunos de los cuales pueden ser inmaduros e inexpertos, tomen en serio su nueva responsabilidad. Puede ser que un poco de inquietud resulte buena para algunas personas irresponsables. Pero, por supuesto, golpea con más fuerza a los demasiado concienzudos, que menos lo necesitan. Por fortuna, eso desaparece muy pronto.

A veces ocurre otro tipo de cambio de estado de ánimo. Al principio, en el hospital, la mujer puede sentir que depende mucho de las enfermeras, y agradecer el cuidado que éstas otorgan al niño. Luego llega un rápido cambio de enfoque. Se siente con confianza para cuidar ella misma al niño, y le molesta, en secreto, que las enfermeras no la dejen ocuparse de eso. Si tiene una nodriza en casa, es posible que vuelva a pasar por estas dos etapas. En verdad, resulta normal que una madre quiera ocuparse de su propio niño. La razón principal de la posibilidad de que no posea este sentimiento, al principio, es la de que se encuentra convencida de su incapacidad para ello. Cuanto más fuerte sea el sentimiento de inferioridad, más enérgica será la decisión de afirmar su aptitud, cuando adquiera la firmeza suficiente.

El padre que es un apoyo durante el embarazo y el parto

8. Un hombre reacciona ante el embarazo de su esposa con diversos sentimientos: espíritu de protección de la esposa, un mayor orgullo en relación con su matrimonio, orgullo por su propia virilidad (esto es algo que, en cierta medida, siempre preocupa a los hombres), el disfrute anticipado del niño por venir. Pero también puede existir, muy adentro, un sentimiento de exclusión (tal como los niños pequeños pueden sentirse rechazados cuando descubren que mamá está embarazada), que quizá se exprese en un trato gruñón hacia su esposa, en el deseo de pasar más noches con sus amigos, o en coqueteos con otras mujeres. Estas reacciones no resultan una ayuda para su esposa, quien ansía más apoyo aun, al comienzo de esa etapa de su vida, tan desconocida para ella.

El padre tiende a sentirse especialmente excluido durante el período de preparto y parto del primer bebé. Ayuda a que su esposa llegue sin tropiezos al hospital, donde hay decenas de personas que se ocupan de ella. Luego, salvo que se le permita asistir a los trabajos de parto y al parto mismo, queda realmente solo. Se sienta en la sala de espera, con

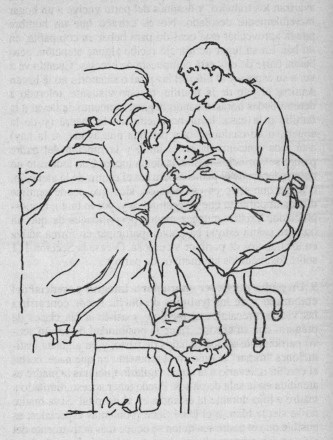

*Un padre puede ser ahora parte integral y esencial
del embarazo y del parto.*

algunas revistas viejas, y se preocupa por la forma en que avanzan los trabajos, y después del parto vuelve a un hogar increíblemente desolado. No es extraño que un hombre pueda aprovechar esta ocasión para beber en compañía, en un bar. En su lugar de trabajo recibe alguna atención, pero buena parte de ella está compuesta de bromas. Cuando va a ver a su esposa y al niño, el hospital o sanatorio no le hacen sentirse el jefe de la familia; es otro visitante, tolerado a determinadas horas. Cuando llega el momento de llevar a la familia a la casa, la preocupación de la madre (y de la abuela, o de cualquier otra persona que ayude, si la hay) está toda concentrada en el niño, y la función del padre parece ser, principalmente, la de un mozo. Con todo esto no quiero decir que el padre espere ser el centro de la atención, o tenga que serlo en esa ocasión, sino que puede sentirse menos importante que de costumbre y, por lo tanto, menospreciado. Existen muchas menos posibilidades de que un hombre sienta esto si ha podido participar en forma activa en los trabajos de parto de su esposa. (Véase la Sección 111 sobre los métodos alternativos de parto.)

9. Un padre puede ser ahora parte integral y esencial del embarazo y de los trabajos de parto. Puede concurrir a las visitas prenatales al médico, y asistir a las clases de preparto con su esposa. Tiene la posibilidad de ser un activo participante en los trabajos de parto, y en algunas instituciones "tomar" al niño en el momento en que nace, cortar el cordón o llevarlo a la cuna, vigilarlo mientras la madre es atendida en la sala de partos. Puede tener acceso ilimitado a madre e hijo durante la estancia en el hospital. Si la madre no se siente bien, o el bebé tiene problemas especiales, es posible que el padre sea quien se ocupe más activamente del niño en las primeras horas después del nacimiento de éste. Ya no tiene por qué ser el observador solitario y disgustado.

10. La oportunidad del padre en las primeras semanas en el hogar. Un padre no debe asombrarse si descubre que tiene sentimientos contradictorios, en ocasiones, en lo referente a su esposa y a su niño: durante el embarazo, durante todo el alboroto del trabajo de parto y después que llegan a casa. No obstante, es probable que pueda recordar que sus sentimientos no están tan alborotados como los de su esposa, en especial, después de la llegada a casa. Ella ha pasado por un intenso cambio hormonal. Si es su primer niño, no puede dejar de sentirse ansiosa. Cualquier bebé impondrá grandes esfuerzos a su fuerza y humor al principio. Y todo esto significa que la mayoría de las mujeres necesitan mucho apoyo y consuelo de sus esposos en ese período. Para encontrarse en condiciones de dar mucho al niño también deben recibir más de lo acostumbrado. En parte, se trata de la necesidad de la plena participación del padre en el cuidado del bebé y en las tareas domésticas. Pero en mayor medida aun, necesita apoyo emocional: paciencia, comprensión, aprecio, afecto. Es posible que la tarea del padre resulte complicada por el hecho de que, si su esposa está cansada y molesta, no tendrá el ánimo necesario para apreciar los esfuerzos de él. En realidad, puede ser que se queje. Pero si él se da cuenta de lo mucho que ella necesita su ayuda y amor, esto lo alentará a entregárselos.

Disfrute de su bebé

11. No tenga miedo de su bebé. Por lo que dicen algunas personas —entre ellas algunos médicos— acerca de que los bebés exigen atención, se creería que éstos llegan al mundo decididos a tener dominados a sus padres, por las buenas o las malas. Eso no es así. Su niño se nace para convertirse en un ser humano razonable y amistoso.

No tema alimentarlo cuando piensa que tiene hambre de verdad. Si se equivoca, el pequeño no hará otra cosa que negarse a recibir demasiado alimento.

No tema amarlo y disfrutar con él. Todos los niños necesitan que se les sonría, se les hable, se juegue con ellos —con suavidad y amor— tal como necesitan vitaminas y calorías. Eso es lo que hará de él una persona que ama a la gente y disfruta de la vida. El niño que no recibe amor crecerá huraño y no sabrá responder al afecto ajeno.

No tema satisfacer otros deseos del pequeño, siempre que le parezcan sensatos, y siempre que no se convierta en una esclava de él. Cuando llore en las primeras semanas, puede deberse a que se siente incómodo, por uno u otro motivo; tal vez se trate de hambre, o mala digestión, o fatiga, o tensión. La sensación de inquietud que experimenta cuando lo oye llorar, el sentimiento de que quiere consolarlo, están destinados también a ser parte de su propia naturaleza. Puede que necesite que lo levante, lo abrace o se pasee con él.

La mala crianza no proviene del hecho de ser demasiado buena con un niño en una forma sensata, y no aparece de repente. Surge poco a poco, cuando los padres temen demasiado usar su sentido común, o cuando en verdad temen ser esclavos y estimulan a sus pequeños a convertirse en tiranos.

Todos quieren que el niño llegue a ser sano en sus hábitos, y que resulte fácil vivir con él. Pero cada niño, a su vez, quiere comer a horas sensatas, y más tarde aprender buenos modales en la mesa. Moverá su intestino (siempre que ese movimiento no resulte demasiado difícil) de acuerdo con sus propias pautas de salud, que pueden ser o no regulares; y cuando tenga un poco más de edad y más experiencia, usted podrá mostrarle dónde sentarse para moverlo. Desarrollará sus propios horarios de sueño según sus propias necesidades. En todos estos hábitos, tarde o temprano querrá coincidir con la manera de hacer las cosas de la familia, con apenas un mínimo de orientación por parte de usted.

12. Disfrute de los niños como son; de ese modo crecerán mejor. La cara de cada niño es diferente de las demás. De la misma manera, es distinta la pauta de desarrollo de cada bebé. Puede que uno esté muy adelantado en su fuerza física general, y en su coordinación; que aprenda a sentarse desde muy temprano, a ponerse de pie, a caminar, que sea algo así como un atleta infantil. Y sin embargo, es posible que sea lento, en lo que se refiere a hacer cosas diestras con sus dedos, o en lo relativo a hablar. Inclusive las criaturas que son verdaderos atletas en lo referente a rodar sobre sí mismos, ponerse de pie y gatear, pueden resultar lentos para aprender a caminar. Los bebés avanzados en sus actividades físicas podrán mostrarse muy lentos en la dentición, y a la inversa. Los niños que más tarde resultan competentes en sus tareas escolares pueden haber sido tan lentos para comenzar a hablar, que sus padres ya se sintieron alarmados, y los niños que tienen un nivel normal de inteligencia son, a veces, los que hablan desde muy temprano.

Elijo adrede ejemplos de niños con ritmos diversos de desarrollo, para darle una idea de la variedad de calidades y estilos diferentes de crecimiento de los que cada persona está compuesta.

Un niño nace con huesos grandes, robusto, gordito, en tanto que otro será siempre de huesos pequeños y delicados. Algunos individuos parecen en verdad haber nacido para ser obesos. Si pierden peso durante una enfermedad, después lo recuperan rápidamente. Los problemas que tienen en el mundo jamás les quitan el apetito. El tipo contrario de personas permanece siempre del lado de los delgados, inclusive aunque ingieran la comida más alimenticia, y aunque su vida se deslice con suavidad y sin tropiezos.

Ame y disfrute de sus hijos por lo que son, por lo que parecen, por lo que hacen, y olvídese de las cualidades que no poseen. No le doy este consejo sólo por razones sentimentales. En este caso existe un punto práctico de suma importancia. Los niños a quienes se aprecia por lo que son, aunque sean feos, poco dotados o lentos, crecerán con confianza en sí mismos— felices. Tendrán un espíritu que aprovechará al máximo las cualidades que poseen, y las oportunidades que se crucen en su camino. Darán poca importancia a los obstáculos. Pero los niños que nunca han sido aceptados por sus padres, que siempre han sentido que no estaban del todo bien, crecerán con falta de confianza en sí mismos. Nunca podrán utilizar a fondo la inteligencia, la destreza, el atractivo físico que posean. Si comienzan la vida con una deficiencia física o mental, ésta se habrá multiplicado por diez para cuando hayan crecido.

13. Los bebés no son frágiles. "Tengo tanto miedo de lastimarlo si no lo trato bien", dice a menudo un padre acerca de su primogénito. No se preocupe; tiene un niño muy resistente. Hay muchas maneras de cogerlo o levantarlo. Si la cabeza se le cae hacia atrás por un error de usted, eso no le hará daño. La apertura en su cabeza (la fontanela) se encuentra cubierta por una membrana muy resistente, que no puede lastimarse con facilidad. El sistema para controlar la temperatura corporal funciona a la perfección en un recién nacido de 7 libras de peso, vestido apropiadamente. Además, el niño tiene buena resistencia a la mayoría de los gérmenes. Durante una epidemia de resfriado en la familia, lo más probable es que el de él sea el más leve de todos. Si la cabeza se le enreda por casualidad, con algo, posee un fuerte instinto que le hace forcejear y gritar. Si no recibe suficiente alimento, muy probablemente llorará para que le den más. Si la luz es muy fuerte para sus ojos, parpadea y se quejará. (Usted puede sacarle una foto con un flash, aunque ello le dé un sobresalto.) Sabe cuánto tiempo de sueño necesita, y lo utiliza. Es capaz de cuidarse por sí mismo bastante bien, siendo una persona que no dice una palabra, y que no sabe nada acerca del mundo.

14. Al nacer, un bebé tiene por lo general un aspecto desalentador para un padre que no ha visto ninguno hasta entonces. Su piel se encuentra cubierta de una suave cera blanca que se llama vernix, que, si se la deja intacta, será absorbida poco a poco y reducirá las posibilidades de erupciones durante su permanencia en el hospital. La piel de abajo suele ser muy roja. Su cara tiende a verse hinchada y presenta abultamientos, y puede que haya marcas de moretones producidas por los fórceps. La cabeza es deforme debido al "modelamiento" durante los trabajos del parto: baja en la frente, alargada en la nuca, e inclinada hacia un costado. De vez en cuando puede existir, además, un hematoma, una hemorragia localizada bajo el cuero cabelludo, que aparece como un claro chichón y que necesita varias semanas para desaparecer. Es posible que durante un par de días, después del nacimiento, haya un poco de ictericia, un tinte amarillento de la piel, que resulta visible durante una semana, más o menos. (La ictericia que aparece el primer día, o que es demasiado perceptible, o que dura más de una semana, debe ser comunicada al médico.) En la base de la columna vertebral hay una mancha azul grisácea, la "mancha mongólica", que desaparece poco a poco.

El cuerpo del bebé está cubierto de vello que por lo general se desprende en una semana. Durante un par de semanas más, la piel se seca y se despelleja y luego se desprende. Algunos bebés tienen al principio pelo negro en el cuero cabelludo, que puede caer hasta la frente. El primer cabello, sea cual fuere su color o textura, se cae, y entonces, tarde o temprano crece el cabello nuevo en su lugar, que puede llegar a ser muy distinto en todo sentido.

Contacto físico y otros lazos de unión

15. Hemos separado a la madre del bebé. Antes del nacimiento, los niños no sólo son envueltos y abrigados y alimentados por sus madres, sino que participan en cada uno de los movimientos corporales que realizan sus progenitoras.

Después del nacimiento, en muchas partes del mundo con formas de vida más naturales y no tan industrializadas, la mayoría de los niños se encuentran en contacto con el cuerpo de sus madres, durante todo el día, por medio de portainfantes de tela, de uno u otro tipo. Continúan participando de todos los movimientos de la madre, mientras ésta se dedica a sus ocupaciones normales, fuesen cuales fueren: recolección y preparación de alimentos, cultivar la tierra, tejer, cuidado de la casa. Los bebés son alimentados a pecho en cuanto se quejan. No sólo oyen, sino que sienten las vibraciones de las palabras y canciones de sus madres.

En muchas sociedades, a medida que los niños crecen un poco, son llevados casi todo el día en la cadera de sus hermanas un poco mayores.

Nuestra sociedad ha ideado docenas de maneras ingeniosas de separar a las madres de sus bebés.

Inventó el parto con anestesia, de modo que la madre se pierde la prueba dramática de haber tenido y dado a luz por sí misma a su niño. Los pequeños son llevados a una cuna, donde otras personas los cuidan, y da la impresión de que los padres no son lo suficientemente competentes. Se los alimenta con leche de vaca, en biberones, de modo que madres y bebés pierden la oportunidad del vínculo más íntimo en la crianza del pequeño.

Se nos ha ocurrido la idea de apoyar el biberón en el pecho del bebé, de modo que los padres puedan ocuparse de otras tareas durante los períodos relativamente breves en que los niños están despiertos y se alimentan.

Nos parece natural poner a nuestros bebés sobre colchones lisos y firmes, en cunas inmóviles y, de preferencia, en habitaciones silenciosas.

Tenemos asientos para los niños, en los cuales éstos pueden ser amarrados de modo que no sea necesario sostenerlos cuando están despiertos o inquietos, o llevarlos de un lado a otro.

Depositamos a los pequeños en corralitos, donde es posible impedirles que se metan en problemas, sin necesidad de cargarlos, trasladarlos, llevarlos en brazos.

Dos médicos, amigos míos, John Kennell y Marshall Klaus, quienes dedicaron meses a observar el cuidado de los niños en una aldea india de Guatemala, señalan que allí parece no existir el vómito, el llanto, la inquietud, el cólico. Y sin embargo las madres nunca han oído hablar del eructo.

Los doctores Kennell y Klaus también han visto lo que hacen las madres de América, con naturalidad, cuando se les permite que tengan a sus niños consigo, poco después del nacimiento. No sólo los miran. Dedican mucho tiempo a tocarles los miembros, el cuerpo y la cara con los dedos. Meses más tarde, esas madres tienen relaciones más fáciles con sus bebés, y éstos responden mejor de lo que ocurre con las madres que no poseen estas oportunidades de tocarlos poco después del nacimiento. Pero, si por cualquier razón, usted no tuvo este contacto temprano con su bebé, no se preocupe. Este apego, este proceso de bonding, como se lo llama en inglés, ocurrirá —con la madre, el padre y los hermanos— tan pronto como empiece el contacto físico con el bebé. Por ejemplo, puede ocurrir con un bebé en una incubadora cuando lo toca por las portillas.

Creo que los padres de nuestra sociedad pueden tener una perspectiva mejor de nuestros métodos, comparándolos con lo que se da, en forma natural, en las sociedades más sencillas.

16. Cómo ser natural. Yo sacaría las siguientes conclusiones:

El parto natural y la cuna del niño al lado de la cama de la madre tienen que ser accesibles para todos los que los deseen. (Si los padres que así lo quieren se decidieron a pedirlo, todos los hospitales, médicos y enfermeras entenderían, a la larga, el mensaje.)

Madres y padres deberían tener a su niño para abrazarlo y acariciarlo, durante una hora después que ha nacido, y en especial si la cuna no está en forma permanente al lado de la cama.

Es preciso estimular la alimentación a pecho, en particular por parte de las enfermeras y médicos, y de los parientes.

Se debe evitar el biberón apoyado en el pecho— salvo cuando no es posible prescindir de ello, como en el caso en que una madre de mellizos no cuenta con ayuda doméstica y debe emplear ese método, para uno de los bebés, por lo menos, en cada alimentación.

Las madres y los padres deberían tratar de usar un portainfantes de tela, antes que el cochecito, para ir a algún lugar con el bebé pequeño, y para consolarlo cuando se muestra nervioso o tiene cólicos. El portainfantes es más valioso aun cuando se utiliza al bebé contra el pecho, y no a la espalda.

Los padres son seres humanos

17. Tienen necesidades. Los libros acerca del cuidado de los niños, como éste, ponen tanto énfasis en todas las necesidades que tienen los niños —de amor, comprensión, paciencia, coherencia, firmeza, protección, camaradería, calorías y vitaminas— hasta el punto de que los padres se sienten, a veces física y emocionalmente agotados con sólo leer lo que se espera de ellos. Adquieren la impresión de que no deben tener necesidades propias. No pueden dejar de sentir que un autor que parece estar defendiendo todo el tiempo a los niños, tiene que abrigar sentimientos críticos hacia los padres, cuando algo sale mal.

Sería justo que este libro contuviera una cantidad igual de páginas referidas a las necesidades auténticas de los padres, las frustraciones que encuentran a cada paso, no sólo en el hogar, sino fuera de él, su cansancio, lo mucho que podrían ayudarlos sus hijos, si fuesen un poco más considerados. El caso es que la crianza de un niño es un largo y duro trabajo, y los padres son tan humanos como sus hijos.

18. En el mejor de los casos, le espera mucho trabajo y privaciones. En el cuidado de los niños hay una enorme cantidad de trabajo intenso como preparar la dieta adecuada, lavar ropa, cambiar pañales, limpiar las suciedades que un niño produce con los alimentos, y que uno de más edad crea con sus juegos, impedir peleas y enjugar lágrimas, escuchar relatos difíciles de entender, participar en juegos y leer cuentos que no resultan muy emocionantes para un adulto, recorrer zoológicos y museos, responder a pedidos de ayuda en las tareas de la escuela, verse frenados en los trabajos de la casa, del jardín, y del sótano por ansiosos candidatos a ayudar, concurrir a reuniones de asociaciones de padres y maestros, en las noches en que los padres se sienten fatigados.

Las necesidades de los niños absorben buena parte del presupuesto de la familia, desde los elevados alquileres o hipotecas de una casa lo bastante grande, hasta los zapatos que se gastan o que resultan ser pequeños de un momento para el otro.

Los niños impiden que los padres vayan a fiestas, que hagan viajes, que vayan al teatro, a reuniones, a diversos encuentros deportivos, que cultiven amistades. El hecho de que usted prefiera tener hijos, de que no se cambiaría por nada del mundo por una pareja que no tiene hijos, no modifica la circunstancia de que, a pesar de todo, echará de menos su libertad.

Por supuesto, los padres no tienen hijos porque quieran ser mártires, o al menos no deberían hacerlo. Los tienen porque adoran a los niños, y quieren tener los suyos propios. También, adoran a los niños porque recuerdan que fueron muy adorados por sus padres en su propia infancia. Cuidar a sus hijos, verlos crecer y desarrollarse, hasta convertirse en magníficas personas, otorga a la mayoría de los padres —a pesar del duro trabajo que ello significa— su máxima satisfacción en la vida. Esto es la creación. Esta es nuestra inmortalidad visible. El orgullo por otras realizaciones terrenales es menor, casi siempre, en comparación.

19. La abnegación innecesaria y la preocupación excesiva. Muchos jóvenes concienzudos que hacen frente a la nueva responsabilidad de la paternidad sienten, interiormente, que están obligados a abandonar todas sus libertades y placeres anteriores, y no por motivos prácticos, sino, más bien, como cosa de principio. Otros llegan a obsesionarse. Olvidan sus intereses e inquietudes. Aunque salen cuando aparece una buena oportunidad, se sienten demasiado culpables como para disfrutarlo plenamente. Llegan a aburrir a sus amigos, y el uno al otro. A la larga se rebelan contra el encarcelamiento. No pueden dejar de sentir un resentimiento inconsciente contra el bebé.

Creo que se debería ofrecer una fuerte resistencia a la tentación de dejarse absorber por completo por el niño. Después que han hecho los sacrificios necesarios de tiempo y esfuerzo, nivelen las cosas saliendo juntos. Pueden intercalar las cosas que les agrada hacer, y leer y ver a sus amigos (hagan un esfuerzo hercúleo para no hablarles del bebé). Acuérdense de mirarse el uno al otro, de sonreírse y decirse con frecuencia cosas cariñosas. Esto resultará tan bueno para el niño como para ustedes.

20. Los padres deberían esperar algo de sus hijos. Dado que tener hijos significa abandonar tantas cosas, como es natural, los buenos padres esperan algo de sus hijos a cambio: no agradecimientos verbales por haber nacido o por ser atendidos —eso sería demasiado— sino consideración, afecto y disposición a aceptar los criterios e ideales de los padres. Estos quieren que sus hijos tengan estas cualidades, no sólo por egoísmo, para sí mismos, sino porque desean que crezcan para vivir en cooperación y afecto con otras personas.

21. Por qué los sentimientos son distintos en relación con distintos niños. Existen considerables evidencias en el sentido de que distintos niños nacen con temperamentos muy diferentes. Los padres no pueden pedir lo que quieran. Aceptan lo que reciben. Pero los padres también tienen una personalidad bien formada, que no pueden cambiar de la noche a la mañana. Una pareja afable puede poseer condiciones ideales para criar a un varón de naturaleza afable, sensible, y ser capaz de darle la libertad que necesita para convertirse en una persona independiente y capaz. Pero es posible que no esté tan preparada para un varón enérgico y de fuerte personalidad. Puede encontrarlo molesto, desconcertante y desafiante, por mucho que lo quiera. Otra pareja estará en condiciones de manejar a un hijo enérgico, y hacerlo con facilidad y alegría, pero se sentirá muy desalentada con uno demasiado tranquilo. Los padres hacen todo lo que saben con el hijo que reciben.

¿Los padres deben querer a todos sus hijos por igual? Esta pregunta inquieta a muchos padres concienzudos, porque sospechan que en cierta forma no ocurre así con ellos. Cuando se hacen reproches al respecto, creo que esperan lo imposible de sí mismos. Los buenos padres aman a sus hijos por igual, en el sentido de que se dedican por igual a todos. Quieren lo mejor de la vida para cada uno, y harán todos los sacrificios necesarios para que eso sea así. Pero como todos los niños son distintos, ningún padre puede **sentir** lo mismo respecto de dos de ellos, ya sea en cuanto a disfrutar sus encantos especiales, o sentir desagrado por sus defectos especiales.

Lo que hace sentir culpables a la mayoría de los padres es esa irritación particular hacia uno de los niños, sobre todo si no tienen razones claras para ello. Todas estas actitudes mezcladas no son más que distintos aspectos de nuestro profundo sentimiento de obligación para criar a nuestros hijos correctamente.

22. Algunas causas de insatisfacción. Los motivos de que los padres empiecen con el pie izquierdo, en el caso de un niño, son muy diversos, y por lo general se encuentran ocultos debajo de la superficie. En la Sección 4 se mencionan dos factores posibles: puede que los padres no se hayan sentido preparados para ese embarazo, o podría ser que hubiesen existido tensiones familiares extraordinarias durante su transcurso. Es posible que el propio niño haya hecho que los padres iniciaran su camino en forma errónea, debido a que es por entero distinto a lo que esperaban en secreto: un varón, cuando preveían una niña, o un niño muy poco agraciado, cuando tenían la expectativa de una belleza, o un pequeño frágil comparado con sus otros hijos robustos. Puede que el niño llore durante varios meses, víctima de cólicos, y que parezca rechazar los esfuerzos de sus padres por consolarlo. Suele ocurrir que el padre se sienta desilusionado cuando su hijo no resulta un atleta, un luchador. La madre, porque no es un buen estudiante. No importa que los padres sean personas inteligentes, que saben muy bien que no pueden pedir el tipo de bebé que más anhelan. Como son humanos, tienen expectativas desmesuradas, y no pueden dejar de sentirse desilusionados.

A medida que los niños crecen un poco, es posible que nos recuerden, de manera consciente o inconsciente, a un hermano o hermana, o padre o madre, que nos hicieron la vida difícil en muchas ocasiones. La hija podrá tener facciones parecidas a las de la hermana menor de la madre, quien solía molestarla siempre— y sin embargo, puede que no tenga conciencia de que ello es la causa de buena parte de su irritación.

Un padre puede sentirse muy molesto por determinada característica de su hijo pequeño —su timidez, por ejemplo— y no vincularla jamás con el hecho de que cuando él mismo era niño le resultaba muy difícil superar su timidez. Cualquiera creería que una persona que ha sufrido mucho para tratar de superar lo que considera un defecto, mostraría más simpatía con su hijo cuando lo posee. Pero por lo general esto no funciona así.

23. La impaciencia y la aprobación forman parte de la crianza del niño. La tendencia muy humana a reaccionar en forma intensa ante la conducta de nuestro hijo actúa también en forma positiva para nosotros: alentamos con más fuerza, en nuestros hijos, las buenas características que nuestros padres estimularon en nosotros. Lo hacemos en forma automática, sin tener que pensar, debido a que aprendimos nuestros ideales, de manera completa, durante la infancia. De lo contrario, la crianza de nuestros niños sería diez veces más difícil de lo que es.

Es el sentimiento de irritación hacia un niño en particular que más hace a los padres sentirse culpables, sobre todo si no hay un motivo claro para la irritación. Una madre dice "Este me molesta **siempre.** Y sin embargo intento ser más dulce con ella para no ver su mala conducta."

Pero si nos sentimos demasiado culpables en cuanto a nuestra impaciencia crónica con uno u otro niño, es posible que ello produzca crecientes complicaciones en nuestras relaciones con él. Entonces nuestra culpabilidad resulta más penosa para el niño que nuestra irritación. Esto se analiza en la Sección 536.

24. Los padres pueden llegar a irritarse. Creo que los jóvenes idealistas que se acercan al momento de la paternidad suponen que, si son padres como corresponde, tendrán una paciencia y un amor ilimitados con su inocente niño. Pero esto no es humanamente posible. Cuando la pequeña ha estado llorando, furiosa, durante horas, a pesar de los pacientes esfuerzos de usted para consolarla, no es posible que siga simpatizando con ella. A veces le parece una criatura desagradable, obstinada, desagradecida, y usted no puede dejar de sentirse furiosa— pero furiosa de verdad. O bien su hijo mayor ha hecho algo que sabe muy bien que no habría debido hacer. Tal vez se sintió tan fascinado con un objeto frágil, o tan ansioso por unirse a otros niños que se encuentran en la acera de enfrente, que no pudo resistirse a la tentación. O bien estaba enojado con usted porque le negó algo, o enfurecido con el bebé porque recibe tanta atención. De modo que se comportó mal por simple rencor. Cuando un niño desobedece una regla bien entendida y razonable, no es posible que usted sea una fría estatua de la justicia. Cualquier buen padre tiene fuertes sentimientos acerca de lo que está bien y de lo que está mal. A usted se le enseñaron esos sentimientos en su propia infancia. Lo que se ha violado es su propia regla. Es probable que lo que se dañó sea algo de su pertenencia. El que ha producido el daño es su niño, cuyo carácter a usted le importa mucho. Es inevitable que se sienta indignada. Como es natural, el niño así lo espera, y no se siente molesto si su reacción es equitativa.

En ocasiones, usted necesita mucho tiempo para darse cuenta de que está perdiendo los estribos. Es posible que el varón haya desarrollado una serie de escenas irritantes, desde el momento en que se presentó para desayunar —dice frases desagradables acerca de la comida, tira, en forma casi deliberada, un vaso de leche; juega con algo prohibido que finalmente resultó roto; molesta a un niño menor— cosas, todas, que usted trató de pasar por alto, en un supremo esfuerzo para mostrarse paciente. Y luego, en el acto final, que tal vez no sea tan grave, su resentimiento estalla de pronto, y la sacude un tanto con su vehemencia. A menudo, cuando recuerda esa serie de actitudes exasperantes, puede darse cuenta de que, en realidad, el niño pidió firmeza o castigo durante toda la mañana, y que el bien intencionado esfuerzo de usted, su exceso de paciencia, lo hicieron pasar de una a otra provocación, en busca de un freno.

Todos nos enojamos con nuestros niños, además, a causa de las presiones y frustraciones que sentimos, al mismo tiempo, desde otros ángulos. Una especie de ejemplo de tira cómica, que ocurre también en la vida, se refiere al padre que vuelve a casa, irritado por los problemas que tiene en su trabajo; critica a su esposa, quien entonces agrede al varón mayor, por algo que, por lo general, no produce desaprobación alguna y éste, a su vez, se lanza contra su hermana mayor.

25. Es mejor admitir la irritación. Hasta ahora hemos discutido que no se puede evitar la impaciencia y el resentimiento de los padres. Pero es de igual importancia considerar una pregunta relacionada con ella: ¿pueden los padres aceptar con comodidad los sentimientos de irritación? Los padres que no son estrictos en exceso consigo mismos saben siempre admitir su irritación. Una buena madre, natural, franca, cuyo pequeño la ha estado atormentando, es capaz de decir a una amiga, medio en broma: "Creo que no podré soportar estar en la casa con él un minuto más", o bien: "Me pondría muy satisfecha darle una buena tunda." Es posible que no lleve a la práctica ninguno de estos pensamientos, pero le avergüenza admitirlos ante una amiga que simpatiza con ella, o ante sí misma. El poder reconocer sus sentimientos con tanta claridad y exponerlos en una conversación, le produce alivio. También le resulta útil ver cuánto ha estado soportando, y volverse más firme en lo relativo a terminar con eso.

Los padres que imponen normas demasiado elevadas, los que tienen sentimientos de enojo en ocasiones, pero no creen que los buenos padres deban tenerlos, en verdad sufren con eso. Cuando perciben ese tipo de emociones que se agitan dentro de ellos, o bien se sienten insoportablemente culpables o se esfuerzan por negarlas. Pero si una persona trata de suprimir esos sentimientos, éstos vuelven a surgir de alguna otra manera: como tensión, fatiga o dolor de cabeza. Otra expresión indirecta es la sobreprotección. Una madre que nunca puede admitir que siente antagonismo hacia sus hijos imagina, en cambio, todas las cosas espantosas que podrían acosarlos desde otros ángulos; se preocupa en exceso por los gérmenes, o por el tránsito. Trata de ahuyentar estos peligros revoloteando alrededor de sus niños, y ello tiende a hacer que éstos dependan demasiado de ella.

No señalo los problemas creados por la negación de la irritación con el solo fin de aliviar los sentimientos de incomodidad de los padres. En general, lo que hace que un padre se sienta desdichado también vuelve desdichado al niño. Cuando un padre cree que los sentimientos de antagonismo son demasiado horribles como para admitirlos, el niño absorbe el mismo temor hacia ellos. A lo largo de nuestra práctica hemos visto a niños en quienes se desarrollan miedos a peligros imaginarios —miedo a los insectos, miedo de ir a la escuela, miedo de verse separados de sus padres— que al ser investigados resultan ser disfraces de comunes sentimientos de cólera hacia sus padres, que esos niños perfeccionistas no se atreven a reconocer.

Para decirlo de otra manera, los niños se sienten más felices con padres que no temen admitir su enojo, porque entonces pueden sentirse más cómodos con la suya propia. Y la irritación justificada que se expresa tiende a despejar el aire y hace que todos se sientan mejor. No hablo de ser rudo con los niños, sino de admitir los propios sentimientos. Y no quiero decir que todos los antagonismos expresados a los niños estén justificados. Aquí y allá puede uno ver a un padre nada afectuoso, que ofende a un niño a toda hora del día, verbal o físicamente, con muy pocas excusas y sin vergüenza alguna. Hablo, más bien, de la irritación de los padres cuya honestidad y afecto hacia sus hijos se advierte con facilidad.

Un padre afectuoso que se siente irritado casi **todo** el tiempo (ya se exprese esa irritación o no), padece de una verdadera tensión emocional, y necesita ayuda de un psiquiatra o de un asistente social (Sección 861). Es posible que la ira provenga de un ángulo totalmente distinto.

26. Peleas de los padres. Las discusiones no son vergonzosas. Los padres que no se ponen de acuerdo se esfuerzan, a menudo, en tratar de ocultar sus discusiones a los hijos, e inclusive, imaginan que éstos no sospechan que algo anda mal. Por cierto que es mejor una riña acalorada cuando los niños no están presentes, pero es un error pensar que éstos no tienen conocimiento de las tensiones existentes en la familia. Cuando un niño se topa, en forma inesperada, con una escena, creo que es mucho mejor que los padres admitan, en forma humana, que han estado teniendo una discusión, y no callar de repente, mostrarse severos y ordenar al niño que salga de la habitación. Es útil para despejar el ambiente, que todos admitan que las peleas son uno de los hechos de la vida, inclusive entre adultos, y que la gente puede reñir, en ocasiones, y aun así amarse y respetarse; una pelea no significa el fin del mundo.

27. A los niños les gusta que se les apoye en su buena conducta. Es probable que haya dado una falsa impresión, al concentrarme demasiado en la irritación. La mayoría de nosotros, cuando la vida en familia se desarrolla con bastante fluidez, sólo nos enojamos o enfurecemos durante una que otra crisis, aunque, como todos sabemos, éstas son más frecuentes en algunos días que en otros. La manera en que evitamos la irritación durante el resto del tiempo, nos demos cuenta de ello o no, consiste en mantener a nuestros hijos bajo un control razonable, y en mostrarnos muy firmes o lo bastante desaprobadores, la primera vez que las cosas amenazan con salirse de sus carriles. Esa firmeza es uno de los aspectos del amor de los padres. Al mantener a los niños en la senda correcta, la firmeza hace que sigan siendo queridos. Y ellos nos aman por mantenerlos alejados de problemas.

¿Trato estricto o disciplina liberal?

28. Esta es una pregunta que parece tener gran importancia para muchos padres nuevos. La gran mayoría de ellos encuentran la respuesta adecuada en muy poco tiempo. Pero para algunos padres se mantiene como una duda inquietante, por más experiencia que hayan tenido.

Otra palabra que se usa en vez de disciplina liberal es libertinaje, pero dudo en usarla porque tiene diferente connotación para diferentes personas. Para unos quiere decir un trato casual, fácil, relajado. Pero otros lo interpretan como demasiada libertad, dejar al niño decir, hacer, o darle todo lo que quiere, lo que resultaría en un niño maleducado, consentido y grosero.

Será mejor que revele el secreto sin demorar, al menos en lo que respecta a mi opinión, y diga que el trato estricto o el ser liberal no constituyen un verdadero dilema. Los padres bondadosos que no temen ser firmes cuando hace falta, obtienen buenos resultados, ya sea con un trato estricto moderado, o una libertad moderada. Por otro lado, el trato estricto que nace de resentimientos, o el exceso de libertad que es tímida o vacilante, pueden conducir, ambos, a malos resultados. El verdadero problema es el del sentimiento con que los padres manejan a su niño, y la actitud que genera en éste a consecuencia de ello.

29. Aténgase a sus convicciones. Creo que los buenos padres que se inclinan, en forma natural, al trato estricto, deben atenerse a sus convicciones y criar a sus hijos de esa manera. Una variación en el tratamiento estricto —en el sentido de la exigencia de buenos modales, obediencia rápida, orden— no le hace daño a los niños, mientras los padres, en lo fundamental, sean bondadosos, y mientras los niños crezcan felices y alegres. Pero el trato estricto es malo cuando los padres son imperiosos, severos, desaprueban en forma crónica o no toman en cuenta la edad del niño. Esa clase de rigidez produce niños que son dóciles e indiferentes, o que son maliciosos con los demás.

Los padres que tienden a un tipo de manejo fácil, se conforman con una conducta informal, siempre que la actitud del niño sea amistosa, o los que no son especialmente estrictos —por ejemplo en lo referente a la obediencia o la limpieza— pueden también criar niños que son considerados y colaboran, siempre que tales padres no teman ser firmes en las cosas que les parecen importantes.

Cuando los padres obtienen malos resultados con una libertad exagerada, ello no se debe tanto a que exijan muy poco, aunque esto es en parte la explicación. Se debe, más bien, a que son tímidos o se sienten culpables en cuanto a lo que piden, o porque alientan al niño, en forma inconsciente, a que lo decida todo.

Si los padres dudan demasiado en exigir una conducta razonable —porque han malentendido las teorías de la autoexpresión, porque son sacrificados por naturaleza, o porque tienen miedo de que a sus niños no les gusten— no pueden evadir resentirse de la mala conducta que viene en su lugar. Se sentirán enojados por adentro, sin saber cómo remediarlo. Esto les molesta a los niños también. Tiende a hacerles sentir culpables y miedosos, pero también les hace más antipáticos y más exigentes. Si, por ejemplo, a los niños les da por anochecer y si los padres tienen miedo de negarles este placer, dentro de un período de algunos meses, pueden convertirse en unos tirantes desagradables que mantienen a sus madres y sus padres despiertos durante horas. Claro, a los padres no les van a gustar por su tiranía. Si los padres pueden animarse a ser firmes, es impresionante lo pronto que los niños se vuelven más dulces, tanto como los padres también.

En otras palabras, los padres no pueden sentirse bien hacia sus niños a la larga si no pueden hacerles comportarse de una manera razonable, y los niños no pueden ser felices si no se comportan razonablemente.

30. El padre que rehuye ocupar el puesto de autoridad.

Existen bastantes padres en América —y el caso es más frecuente entre los padres que entre las madres— que rehuyen la orientación y el control de sus hijos (aunque es posible que jueguen a menudo con ellos), y que dejan la mayor parte de las obligaciones a sus cónyuges. Pienso en los padres que se ocultan detrás del periódico o que se pegan al aparato de televisión cuando estallan las crisis.

Algunos de los padres que no participan explican, cuando sus esposas les dirigen reproches, que no quieren que sus hijos sientan por ellos aquel resentimiento que, a su vez, sintieron con sus padres. Quieren ser amigos. Es bueno que los niños tengan padres amistosos, que quieren jugar con ellos. Sin embargo, tendrán muchos amigos, pero sólo un padre y una madre. Necesitan que los padres actúen como tales, además de mostrarse amistosos.

Cuando un padre es tímido o duda en dirigir, los niños —en especial los del mismo sexo— se sienten traicionados. Son como enredaderas sin un poste alrededor del cual crecer.

Cuando los padres temen ser definidos y firmes, sus hijos no dejan de poner a prueba los límites — dificultan la vida a los padres, y también a sí mismos — hasta que los padres se ven finalmente provocados y llegan al borde del derrumbe. Entonces pueden llegar a sentirse avergonzados, y volver atrás.

El padre que elude el papel de autoridad obliga a su esposa a disciplinar por dos. En muchos de esos casos, el padre no termina con una simple relación amistosa. Los niños saben que los adultos se irritan cuando ellos se comportan mal. Cuando tratan con un padre que finge no ver nada, se sienten inquietos. La experiencia de las clínicas de orientación infantil muestra que los niños pueden temer a este tipo de padre más que al que participa en forma amplia en su manejo y aparece irritado, en ocasiones. Con este último padre tienen oportunidades para aprender qué significa su desagrado. Descubren que pueden sobrevivirlo. Esto les concede una especie de seguridad en sí mismos, tal como ocurre cuando superan sus temores y aprenden a nadar o andar en bicicleta o volver a casa a pie, en la oscuridad. En tanto que, con el padre que elude el manejo infantil y oculta su desagrado, los niños imaginan que está escondiendo una cólera que resulta mucho más peligrosa de lo que en realidad es.

El varón como padre

31. La capacidad y responsabilidad de un padre. Los hombres, en particular los esposos de las mujeres que trabajan afuera, vienen participando cada vez más en todas las necesidades del hogar y el cuidado de los niños. No hay motivo para que los padres no puedan hacer estas tareas tan bien como las madres, y contribuir también a la seguridad y el desarrollo de los niños. Pero el beneficio se pierde, si esta tarea se realiza como un favor para sus esposas, ya que ello implica que no se trata, en realidad, de su propio trabajo, sino de una medida poco común de generosidad por parte de ellos. Las tareas deben desarrollarse con un espíritu de colaboración entre iguales. Es un hecho que cada vez hay más padres casados con mujeres que trabajan fuera de casa en trabajos de tiempo completo, y que se ocupan de una parte importante del cuidado de los niños y el hogar, mientras los hijos son pequeños.

Algunos padres que no están acostumbrados a participar en el cuidado de los niños dicen: "Esperaré hasta que el pequeño parezca más a un ser humano." Pero de esta manera se pierde un tiempo valiosísimo. Mientras el padre espera, la madre se convierte en la experta, y a aquel le resulta más difícil lograr, más tarde, una situación de padre en igualdad de condiciones.

Por lo demás, la mayoría de las madres se muestran ansiosas en cuanto a ocuparse del cuidado de su primer niño, desde el principio. Pero no están en condiciones de aplazarlo. Tienen que comenzar en el acto y, por lo tanto, aprenden con rapidez.

Creo que un padre con un trabajo de tiempo completo —inclusive cuando la madre permanece en el hogar— hará lo mejor con sus hijos, con su esposa, y él mismo, si se encarga de la mitad o más del manejo de los niños (y también participa en las tareas domésticas) cuando vuelve a casa del trabajo y durante los fines de semana. Es probable que la capacidad de mando y la paciencia de la madre se encuentren agotadas cuando termina el día. (También ocurriría lo mismo con las del padre, si tuviese que estar a solas con los niños todo el día.) Los niños se beneficiarán cuando experimenten una variedad de estilos de dirección y control.

Cuando un padre hace su parte como cosa natural, cuando está en casa, ello logra algo más que un simple alivio de la carga de trabajo de su esposa, y le ofrece compañía en la labor que ha debido realizar sola durante todo el día. Demuestra que él cree que esta tarea es fundamental para el bienestar de la familia, que exige buen juicio y destreza, y que es su responsabilidad tanto como la de ella, cuando se encuentra en casa. Esto es lo que hijos e hijas necesitan ver en acción, si se desea que crezcan sin prejuicios sexuales.

En el cuidado de los niños, los padres pueden dar el biberón y alimentos sólidos, cambiar pañales y ropas, enjugar lagrimas y nariz, bañar y acostar, leer cuentos, arreglar juguetes, interrumpir las peleas, ayudar en lo referente a los problemas de la escuela, explicar reglas y distribuir tareas, así como ocuparse de que se las realice, corregir y reprender.

Los padres pueden participar en toda la gama de labores domésticas: compras, preparación de la comida, cocinar y servir los alimentos, lavar la vajilla, tender las camas, limpiar la casa, ocuparse del lavado de la ropa (mi madre me enseñó estas tareas a partir del momento en que tuve unos 7 años).

Será muy importante el día en que los padres:

- consideren que el cuidado de sus hijos es tan significativo **para ellos** como sus trabajos y carreras.
- busquen trabajos y horarios de trabajo que les dejen el tiempo suficiente para estar con sus esposas e hijos.
- piensen ante todo, cuando discuten con sus esposas acerca del lugar en que vivirán, en lo que favorece la vida en familia.
- resistan los intentos de sus compañías de trasladarlos con frecuencia.
- hagan saber, en los lugares de trabajo, que toman muy en serio sus responsabilidades paternales, y que podrían necesitar tomarse algún tiempo libre cuando sus hijos los necesiten— tal como lo han hecho siempre las madres que trabajan.
- traten que los otros padres en sus trabajos adopten las mismas actitudes.

Los papeles cambiantes de la mujer y el hombre

En este subcapítulo quiero analizar —debido a su impacto en los niños— algunos de los profundos cambios que se han producido, y que aún siguen produciéndose, como consecuencia de dos tendencias: el progreso industrial de nuestra sociedad, en la cual hombres y mujeres trabajan fuera de su casa, y los esfuerzos del movimiento de liberación femenina por obtener justicia para su sexo.

32. La discriminación todavía sigue causando estragos. En nuestra sociedad, las mujeres tuvieron que luchar, a lo largo de medio siglo, a fin de conseguir educación para su sexo, el derecho al voto, el derecho a ingresar, por lo menos, en alguna de las profesiones. Pero aun en la década de 1990 tienen que enfrentarse al hecho de que todavía son víctimas de groseras discriminaciones: les resulta difícil ingresar en escuelas profesionales, se prescinde de ellas en los puestos mejor pagados en la mayoría de los campos, reciben menor paga por el mismo trabajo y, al mismo tiempo, son víctimas de leyes injustas y de costumbres sociales prejuiciosas. El movimiento femenino ha conquistado algunas ventajas, pero todavía tiene un largo camino por delante.

En cuanto a las mujeres que se quedan en su hogar para cuidar a sus hijos, muchas de ellas se sienten orgullosas de su ocupación, y felices. Otras experimentan con intensidad la falta de respeto que muestra una sociedad materialista hacia una ocupación por la cual no se percibe salario alguno, y en la que no existen puestos más elevados por los cuales competir. Muchas madres se sienten excluidas durante el día, a causa de nuestros patrones de hogares relativamente aislados del estímulo y diversión que ofrece la compañía de los adultos. Esto es muy diferente en las comunidades íntimas de sociedades más sencillas.

Lo más degradante para todas las mujeres que tienen la valentía de encarar la cuestión en forma consciente es el hecho de advertir que son consideradas —por muchos hombres y muchas mujeres— como un sexo de segunda clase en lo que respecta a su capacidad e influencia.

33. La subordinación de las mujeres es traído a colación en incontables actos menores que comienzan en la primera infancia. Algunos están destinados, en forma consciente, a deprimirlas. La mayoría son expresiones irreflexivas de prejuicios o tradiciones viejas.

La gente tiende a mostrar admiración ante los logros de los varones pequeños y la simpatía de las niñas. Las ropas de las mujercitas están destinadas a hacer que el adulto diga: "¡Qué bonita estás!" cosa que es elogiosa, pero que también da a las pequeñas la sensación de que se las aprecia, ante todo, por su aspecto, y no por sus logros. Los libros infantiles muestran a los varones construyendo cosas o lanzándose a aventuras; las niñas miran a los varones o juegan con muñecas. A las niñas se les advierte, por lo general, que no trepen a los árboles, o al techo del garaje, porque no son lo bastante fuertes, o porque se lesionarán con más facilidad. A los varones se les dan autos de juguete, juegos de construcción, equipos deportivos o equipos para jugar al médico. A las niñas se les dan muñecas, juegos de costura, equipos de enfermeras o artículos de adorno. En sí mismos, estos regalos nada tienen de malo, en especial si el niño los pide. El daño se produce cuando los adultos imponen en forma coherente estas distinciones, que implican que las mujeres (o los hombres) sólo sirven para una cantidad limitada de ocupaciones. (Véase la Sección 530.)

A los varones se les asignan tareas en el garaje, en el sótano o en el jardín. A las niñas, en la casa. Por supuesto, las tareas domésticas son importantes para el bienestar de toda la familia, de modo que debería rodeárselas de dignidad; pero cuando sólo las hacen las mujeres, en una sociedad que concede tanto prestigio a los hombres, ambos sexos las considerarán labores inferiores.

A causa de su sentimiento de inferioridad personal, muchos varones se burlan de las niñas que no son capaces de correr a gran velocidad, o de arrojar una pelota, y que por lo tanto no pueden participar en el equipo.

Algunos padres y maestros dicen a las niñas que, debido a su naturaleza, no podrán estudiar matemática o física avanzadas, o trabajar como ingenieras. Durante la adolescencia, muchas niñas llegan a convencerse de que serán inferiores a los hombres en actividades tales como el razonamiento abstracto, la capacidad para ser ejecutivas y el control emocional. La aceptación de estas calumnias en sí misma destruye la confianza de las mujeres, y por lo tanto, produce precisamente el impedimento de la capacidad que alegan (muchos hombres y algunas mujeres) como cosa innata en el sexo femenino.

34. Los hombres también necesitan liberarse. Al tratar de liberarse, las mujeres perceptivas se han dado cuenta de que también los hombres son víctimas de supuestos machistas: estereotipos sexuales. A los varones se les enseña que no deben mostrar sus sentimientos cuando se lastiman o están asustados, o se sienten desdichados. En la medida en que asimilan esta creencia, pierden parte de su sensibilidad a todos los sentimientos —los de otras personas y los propios— e inclusive los sentimientos positivos tales como la ternura y la alegría. (Esto lo he visto al tratar de ayudar a estudiantes de medicina para que entendiesen

los sentimientos de sus pacientes.) Se vuelven emocionalmente limitados, son menos comprensivos —como
esposos, padres, amigos y trabajadores que tratan con el
público— y por lo tanto, es más difícil vivir con ellos o
tratarlos.

Los varones aprenden desde muy temprano que se da por
entendido que en nuestra sociedad los hombres deben ser
duros, intrépidos, competitivos y triunfadores. Sólo deben
ingresar en las ocupaciones que son tradicionales. La mayoría de los hombres que saben adaptarse con facilidad a
este tipo de esquema quedan, cuando menos, un tanto
endurecidos en su personalidad como resultado de ello.
Vacilarán en ir más allá de lo que es convencional en sus
intereses, sus amistades, tanto como en sus trabajos.

A los niños y a los hombres que no disfrutan con la
dureza y la competencia se los hace sentir inferiores, inclusive extraños. Esto puede perjudicar su eficacia, ya sea que
encaren trabajos tradicionales o labores no convencionales.
Y reduce su sentimiento de realización personal.

Cuando las personas se ven obligadas a adaptarse a un
estereotipo convencional, masculino o femenino, resultan
motivadas, en cierta forma, según la medida en que cada
uno deba negar o suprimir sus inclinaciones personales. De
tal manera, se pierden valiosas características para la
sociedad. Y a cada persona se la hace sentir inadecuada, a
medida en que no se adapta al ideal supuesto.

**35. ¿Cuál es el significado de trabajo para el hombre y
la mujer?** En la mayor parte de las sociedades simples, no
industriales (del tipo para las cuales estaba destinada nuestra especie, a lo largo de la evolución), todos los adultos y
los niños mayores trabajan en su propia comunidad, en la
agricultura o la pesca, en las tareas de tejido, de cocina, en
la fabricación de ollas y adornos, juguetes y muebles.

El trabajo se desarrolla en colaboración, en compañía,
por grupos de familias grandes o por el grupo de la comunidad en general. El objetivo del trabajo consiste en servir
al grupo, no en ganar dinero o en adelantarse a los demás.

Los niños están siempre cerca de los padres, pero su
cuidado se relaciona con el otro trabajo. Una madre puede

llevar a un niño pequeño en un rebozo de tela, mientras trabaja. Más tarde confía el bebé a una hermana de 4 años. Los niños comienzan a ayudar en las labores adultas serias a una edad temprana.

En los días preindustriales de nuestro propio país, los artesanos y las artesanas se satisfacían mucho con las cosas que hacían para sí mismos y para otros —instrumentos de la casa decoraciones, telas tejidas, ropa, alfombras, adornos, juguetes y muebles.

36. Pero en sociedades industrializadas como las nuestras, las exigencias de la industria han afectado y fragmentado en forma drástica nuestra vida en el hogar, así como nuestra vida en el trabajo. Muchos padres y madres viajan a un trabajo, a millas de distancia. Y dicha tarea puede ser aburrida, repetitiva, impersonal, y no ofrecer satisfacción alguna en sí misma. Entonces, tal satisfacción tiene que proceder del dinero que se gana y del puesto que se ocupa. Esto ha sido así durante tanto tiempo, que ahora damos por entendido que se trata de satisfacciones normales. En realidad, son sustitutos limitados, escasos en cuanto a la alegría de crear algo útil y bello, tal como lo hace el artesano. La concentración en el dinero y el puesto tiende a alentar rivalidades entre trabajadores, entre vecinos, y en ocasiones, entre maridos y esposas que trabajan, en lugar de la calidez que proviene de trabajar en forma cooperativa, para beneficio de la familia o de la comunidad.

Las parejas que están dispuestas a trasladarse para conseguir trabajo o el ascenso que desean, o porque los traslados regulares de los ejecutivos "junior" son parte de la política de la corporación, deben dejar a sus espaldas el amor y la seguridad de la familia grande. Por lo general viven en casas que se encuentran aisladas unas de las otras y casi siempre sin contacto cercano con los vecinos. Es frecuente que se vean obligados a mudarse tan a menudo, a consecuencia de los cambios de puesto, que no les queda tiempo para arraigarse en la comunidad o encontrar su apoyo en ella. Este aislamiento y cambios imponen una tensión especial para el padre que se queda en casa, así como en los niños.

37. El trabajo fuera de la casa, para el hombre y para la mujer. El sueldo y el prestigio han sido los valores tradicionales principales en la América del siglo XX. Desde mi punto de vista, este énfasis ha jugado un papel principal en descaminar a muchos hombres hacia la competencia excesiva, el materialismo excesivo, el descuido frecuente de relaciones con las esposas y los niños (algunos padres me lo han confesado cuando sus niños adolescentes se metieron en líos), hacia el descuido de amistades, el descuido de relaciones con la comunidad y de intereses culturales, y, de propósito, hacia úlceras, ataques al corazón y otros problemas de salud relacionados con la tensión.

Cuando el movimiento de la liberación de la mujer emergió en los principios de la década de los 1970, las mujeres que trabajaban se concentraron, naturalmente, en ganar igualdad en el trabajo —salarios iguales por trabajos iguales, y oportunidades iguales para avanzar a los puestos prestigiosos. Merecían —y merecen— estos derechos, aunque quedan en la mayoría fuera del alcance.

Así que al exigir la igualdad de trabajo con los hombres, muchas mujeres han adoptado, sin darse cuenta, los valores de los hombres, valores que yo considero estrechos y frecuentemente equivocados. En un sentido, las mujeres se han integrado en la lucha incesante. Algunas han adquirido enfermedades relacionadas con la tensión, tales como úlceras e infartos. Otras, que han tenido éxito en sus carreras, se han sentido privadas y culpables por la separación de sus bebés y niños pequeños. (Los hombres habrían sentido esta culpabilidad también si se hubieron criado en una sociedad que les asignaba iguales responsabilidades en cuanto a la crianza de los niños.) Así que el precio para la igualdad aun parcial basada en el sueldo y el prestigio ha sido alto.

Tanto mejor hubiera sido (aunque no hubiera pasado nunca) si los hombres habían tenido el sentido, en 1970, elevar su conciencia y ver que las mujeres han sido sabias al sentir que —a lo largo de los siglos— las familias y los sentimientos, la participación en la comunidad, el interés en los artes, son los valores que han dado la satisfacción más profunda y duradera a la mayoría de las personas, y que al final la satisfacción que viene de la mayoría de los trabajos fuera de la casa (con excepción tal vez del trabajo muy creador de escritores, compositores, artistas, inventores) es superficial cuando se las compara.

Yo creo que les ayudaría muchos a los hombres americanos, a nuestras familias y a nuestra sociedad si los hombres elevarían la familia a la más alta prioridad. Entonces, los hombres y las mujeres podrían compartir un objetivo común para sus vidas. (Precisamente a ésto se han dedicado ambos autores, al enseñar a los estudiantes médicos para que se hagan médicos más sensibles, más eficaces.)

Pero ¿por qué hablar tanto de disminuir la importancia que se da al trabajo? (No niego que poder vivir de los ingresos es absolutamente esencial —para la familia de dos padres y todavía más para la familia de un solo padre.) Me preocupo de que nuestra obsesión con adelantarse en el trabajo imponga una tensión insoportable en la vida familiar, haciendo que las mujeres tanto como los hombres vean el trabajo fuera de casa como el propósito principal en la vida, que a su vez contribuye al fracaso de más matrimonios, privando a miles de jóvenes de la seguridad de una casa en que por lo menos un padre está presente al menos una parte del día.

Yo creo que los niños tanto como las niñas deben ser criados con una convicción profunda de que la familia es la satisfacción más rica y más duradera de la vida. Entonces las mujeres se sentirían menos presuradas a aceptar los valores tradicionales de los hombres, y los hombres, liberados de las obsesiones estrechas de su género y del pasado, podrían practicar las muchas habilidades de las mujeres e intentar a cambiar sus valores.

Cómo manejar la familia y la carrera

38. Los padres que saben que necesitan una carrera, o alguna clase de trabajo para su satisfacción, no debe abandonarla sencillamente por causa de sus hijos. Los niños no se beneficiarían con semejante sacrificio. Creo, en cambio, que esa clase de padres debe establecer algún tipo de arreglo entre sus dos tareas y las necesidades de sus hijos, por lo general, con la ayuda de otras personas encargadas de su cuidado, en especial, durante los decisivos tres primeros años de su desarrollo.

A veces hay un miembro de la familia —una abuela o una tía, por ejemplo— que quiere cuidar al pequeño. Otras veces, los padres tienen que utilizar profesionales.

Para la evaluación de las guarderías y el cuidado en familia, véase las Secciones 62 y 640.

Unas pocas empresas están comenzando a crear guarderías en el lugar mismo, o a proveer subvenciones para ayudar a sus empleados a encontrar buen cuidado para sus hijos.

El cuidado de alta calidad es caro, más allá de los medios de familias de sueldos modestos. Por eso, los padres deben votar para los candidatos que trabajarán para las subvenciones gubernamentales para el cuidado de niños.

39. ¿Qué de un "tiempo de calidad"? Cuando ambos padres, o un padre solo, trabajan fuera de casa, suelen tratar de organizar horarios que les dejen el máximo de tiempo posible para pasar con sus niños pequeños. En familias de dos padres, la atención de un padre por vez puede resultar bien satisfactorio para los niños. Se les puede permitir a los niños de edad preescolar que permanezcan despiertos hasta tarde durante la noche, si es posible que duerman con regularidad hasta una hora avanzada de la mañana. La cantidad de horas juntos es menos importante que la calidad, el ánimo, de éstas, y ésto es lo que está destrás de la expresión "tiempo de calidad".

Desde un punto de vista práctico, el "tiempo de calidad" puede dedicarse a los niños, aprovechando el tiempo de viaje en el coche, las horas de las comidas, y otros momentos de reunión de rutina. Los viajes a ver al médico, o a comprar ropa, pueden complementarse con una comida afuera, y un rato destinado a conversar y a escuchar. Se pueden programar horarios regulares con todos los niños, o con cada uno de ellos, en forma individual. De vez en cuando, es posible planear viajes locales a los parques y museos favoritos, o actividades deportivas, y uno que otro espectáculo.

La idea de "tiempo de calidad" en sí está bien. Me preocupo, sin embargo, de que algunos padres concienzudos la tomarán como una obligación —siempre y cuando están en casa, o durante cierto número de horas— a hablar, jugar, leer con sus hijos, mucho después de agotarse la paciencia. Los padres que no hacen caso a sus propias necesidades para proveer "tiempo de calidad" a sus niños, pueden llegar a resentir el sacrificio, y entonces el espíritu de amistad y generosidad desvanece. En cambio, los padres que siempre están demasiado cansados para darles a sus niños atención, no están cumpliendo su responsabilidad.

40. La tentación de mimar. Es posible que los padres que trabajan descubran que, dado que tienen tanta necesidad de la compañía de su hijo (y tal vez porque se sienten culpables por verlo tan poco), muestren tendencia a abrumarlo de regalos y agasajos, a aceptar todos sus deseos a pesar de los suyos propios y, en general, a permitirle hacer lo que se le ocurra. Cuando un niño encuentra que sus padres son reconciliadores, ello no le satisface, y es posible que lo torne más aprovechado. Está bien que los padres que trabajan muestren a su hijo el afecto y la bondad que surgen con naturalidad, pero deben sentirse en libertad de dejar de hacerlo cuando están cansados, y tener en cuenta sus propios deseos, gastar sólo el dinero que les parezca sensato, esperar una consideración y una cortesía razonables; en otras palabras, actuar como padres que confían en sí mismos, a todo lo largo del día. El niño no sólo crecerá mejor, sino que disfrutará más de la compañía de ellos.

41. Cuándo volver al trabajo. Aunque los padres pueden volver a sus trabajos fuera de casa en cualquier momento, más tarde, mejor. Un buen período para los que no pueden demorar es de los 3 a los 6 meses. Esto proporciona al bebé el tiempo para establecer unas rutinas de dormir y de comer bastantes regulares, y le da tiempo para acostumbrarse a su familia. También le proporciona a la madre el tiempo para ajustar a los cambios psicológicos y físicos y para establecer el amamantamiento (o pasar del pecho al biberón, si lo necesita o lo quiere antes de volver al trabajo).

Desgraciadamente, pocos empleos apoyan esta cantidad de permiso de maternidad y todavía menos apoyan cualquier permiso para los padres. Como los Estados Unidos no tiene una ley federal sobre el permiso de maternidad para todo patrón, corregir este problema exige acción política vigorosa de parte de más padres.

¿Cuáles son sus objetivos en la crianza de un niño?

La crianza de los niños resulta cada vez más desconcertante para los padres del siglo XX, porque hemos perdido una cantidad de nuestras antiguas convicciones respecto del tipo de moral, ambiciones y personalidades que queremos que tengan. Inclusive hemos perdido nuestras convicciones acerca del objetivo de la existencia humana. Por el contrario, hemos llegado a depender de conceptos psicológicos. Estos han resultado útiles para la solución de muchos de los problemas menores, pero son de poca utilidad para responder a las preguntas más importantes.

42. Otros países y épocas. En el pasado se daba por entendido, en muchos países, que la función principal de la humanidad en el mundo —más allá y por encima de ganarse la vida— era seguir a Dios, para lo cual debía llevar adelante los objetivos de éste, tales como los revelaba la religión. Por eso, en la Edad Media, las iglesias eran, en gran medida, los edificios más imponentes. Esto también era válido en Norteamérica, en el período colonial. Los niños jamás tenían la menor idea de que la vida fuese para que ellos se realizaran. Se los exhortaba a cada instante a superar sus bajos impulsos naturales, a fin de crecer con vistas a complacer a Dios.

En otros lugares, en particular en los últimos cien años, poco más o menos, se ha enseñado que el objetivo de la gente es servir a su país. Así fue, en cierta medida, en la época napoleónica en Francia, y durante el Imperio Británico y el Imperio Alemán. Así fue, en mayor medida aun, en algunos estados modernos, no sólo en un estado comunista, como la Unión Soviética, sino en un estado democrático como Israel.

En esos lugares, padres y maestros coinciden con las virtudes que se debe estimular en los niños: cooperación, apego al estudio, entrega a los principios específicos de la nación. Los padres no tienen por qué preocuparse e interrogarse acerca de si lo que hacen está bien.

En muchas otras partes del mundo, siempre se ha dado por entendido que los niños nacen y crecen para servir los objetivos de la familia: lo que los sociólogos denominan la familia extensa o el clan. En la infancia y la juventud pueden prepararse para trabajar en las tareas que su familia considera valiosas. Como niños, y más tarde como adultos, deben acatar las decisiones de sus mayores y prestarles atención. Inclusive en lo referente al matrimonio, en muchos países, deben aceptar casamientos impuestos por sus padres, con vistas a hacer avanzar el bienestar de la familia.

43. Estados Unidos, centrado en los niños. En los Estados Unidos, en la actualidad, muy pocos niños son criados de modo de creer que su principal destino consiste en seguir a su familia, a su país o a Dios. En general, les hemos dado la sensación de que tienen libertad para fijar sus propios objetivos y ocupaciones en la vida, de acuerdo con sus inclinaciones. En la mayoría de los casos, esos objetivos son vistos casi siempre en términos materiales.

Los padres norteamericanos tienden a considerar que el niño es por lo menos tan importante como ellos mismos— y tal vez, en términos potenciales, más importantes aun. Un antropólogo inglés dijo que, mientras que en otros países se enseña a los niños a respetar a sus padres como personas superiores y más bien destacadas, sea cual fuere el lugar concreto que ocupan en la sociedad, lo notable en lo que se refiere a los Estados Unidos, es que los padres dicen a sus hijos: "Si no progresas más de lo que lo hice yo, no estaré orgulloso de ti." Este es un respeto invertido. Por eso es frecuente que se considere a los Estados Unidos como un país concentrado en sus niños.

En otros países, los padres jóvenes adquieren confianza en cuanto a objetivos y métodos para la crianza de sus niños, a partir de las tradiciones de la familia, y de los abuelos que tienen cerca, para asesorarlos y ayudarlos. Estos recursos han faltado a menudo, en Norteamérica. Nuestros antepasados partieron de sus países natales porque se sentían molestos con las costumbres antiguas y tuvieron la valentía de encarar lo desconocido. Desde entonces, sus descendientes se han trasladado, inquietos, de lugar en lugar, en busca de oportunidades, y a menudo criaron a sus hijos a centenares de millas de distancia de cualquier pariente. En consecuencia, han debido recurrir a asesores profesionales, y a los libros, en busca de la ayuda que necesitaban. Pero los conceptos psicológicos no ayudan si no están respaldados con el sentido de lo que está bien y de lo que es correcto.

Dudo de que los padres de los Estados Unidos quieran alguna vez que las ambiciones de sus hijos se subordinen a los deseos de la familia o a las necesidades del país. Pero pienso que muchos más de nuestros hijos crecerían más dichosos y estables, si adquirieran la convicción, a todo lo largo de su infancia, de que lo más importante y fructífero que pueden hacer los seres humanos es servir a la humanidad de alguna manera, y vivir en consonancia con sus ideales. (Esto no impide que se ganen la vida o que busquen su propio progreso.) Por eso los seres humanos se comportan mejor, sienten que tienen más capacidad de decisión, poseen una mejor salud mental, durante las épocas de guerra, por ejemplo, en las cuales tienen objetivos comunes. Y las estadísticas muestran que existen menos delitos y menos suicidios durante las depresiones financieras, cuando la gente se enfrenta a un desafío mucho mayor. Además, es **mucho más fácil** para los propios padres, en lo que respecta a enfrentar los centenares de problemas que surgen todos los días con los hijos —por ejemplo, en lo referente a la cortesía, las tareas en la casa, las peleas, los deberes escolares, las salidas— si poseen sus propios principios. Entonces surgen con más facilidad las respuestas a las preguntas detalladas.

44. Nos sentimos desilusionados. Son afortunados los padres que poseen una intensa fe religiosa. Los sostiene un sentimiento de convicción y serenidad en todas sus actividades. Por lo general, son capaces de transmitir su fe, por lo menos a la mayor parte de sus hijos. (No estoy promoviendo la religión. No pertenezco a ninguna iglesia, pero tengo creencias espirituales fuertes.)

Muchas de las personas que no poseen hoy una fe religiosa se sienten doblemente excluidas, porque tampoco tienen demasiada fe en la humanidad. Vivimos en una era de desencanto, de desilusión— no respecto de las cosas, sino acerca de los seres humanos.

Esto se ha visto con claridad en la reciente tendencia, en la literatura, las obras de teatro, las películas de los últimos cincuenta años, a menospreciar los aspectos bondadosos y espirituales de la humanidad, y a enfocarse en su estado superficial, animal. En la vida social, los modales se han vuelto cada vez más groseros. Inclusive las tarjetas de saludos, en lugar de expresar buenos deseos a los inválidos y parientes, se burlan de ellos. Las obras de arte han mostrado muy pocas veces a personas atractivas; las han omitido por completo, o las exhibieron en formas repugnantes. Muchos jóvenes han cultivado el aspecto personal despeinado, como si se avergonzaran de ser humanos, y algunos de ellos se han apartado de la sociedad por completo.

El desencanto fue producido, en parte, por los rápidos avances de las ciencias de la biología, la psicología y la sociología, que dieron la impresión de subrayar la proximidad del ser humano a otros animales, lo burdo de los instintos básicos, la mecánica de los patrones de conducta. Es posible que haya sido más fundamental aun la disminución de la autoridad de la religión, en el espíritu de muchas personas, a causa de la creciente autoridad de las ciencias. Esto ha disminuido en gran proporción el sentimiento anterior de la gente, de que eran criaturas especiales y nobles, creadas a imagen de Dios.

La conciencia de que la descripción bíblica de la Creación no puede tomarse en forma literal ha hecho que muchas personas dudasen de que los maestros religiosos posean una sólida base para determinar la conducta y los objetivos de la gente.

Yo creo que esta desilusión se basa en un error de comprensión de la naturaleza humana. Es cierto que nos encontramos vinculados, por la evolución, a otros animales. Pero también somos muy diferentes. Somos idealistas en nuestras aspiraciones. Nuestras relaciones son espirituales en su mayor parte. Nuestra capacidad para el razonamiento abstracto nos ha permitido descubrir una buena porción del sentido del universo. Hemos inventado aparatos fantásticos. Hemos creado belleza en todas las artes. Todo esto ha sido posibilitado por las aspiraciones que se engendraron en nosotros en la primera infancia, por la adoración de nuestros padres. Tenga o no la gente creencias religiosas, puede creer en el poder del amor y en su capacidad para el bien, si entiende el desarrollo espiritual de un niño.

45. Cómo obtienen los seres humanos sus aspiraciones.
En el período que va de los 3 a los 6 años, los niños maduran por medio de una intensa adoración de los padres— no los padres tales como los ven los vecinos, sino glorificados. Sobrestiman la sabiduría, la fuerza y los atractivos de sus padres. El varón ansía ser como su padre idealizado, y se pasa todo el día practicando, en actividades y en modales. Al mismo tiempo, crece en él un enérgico apego romántico hacia su madre, y la idolatra como su ideal femenino. Como tal, ella influirá en enorme medida en su elección de una esposa, cuando crezca.

En el caso de la niña ocurre lo contrario. Ansía ser como su madre— tanto en sus ocupaciones, como en el anhelo de tener sus propios hijos. Y se forma en ella un posesivo apego romántico a su padre.

Como los niños tienen una gran conciencia, a esa edad de la dependencia, de la importancia que posee para ellos el amor de sus padres, se les desarrolla una capacidad similar para amar con generosidad a sus padres y a otras personas. De esto brotará, a la larga, su afecto por sus propios hijos, y su altruismo frente a la humanidad.

En el mismo período de edades se producen varios otros desarrollos psicológicos de importancia. Tanto los varones como las niñas se sienten fascinados por el matrimonio y por tener hijos. Resulta difícil convencer a los varones de que no pueden hacer crecer niños en el interior de su cuerpo. Su frustrada rivalidad con las niñas, en relación con este tema, parecería ser una de las fuentes de la creatividad en el mundo de las artes, las invenciones y las máquinas.

En el orden de cosas de la Naturaleza, el intenso apego a los dos padres, una vez cumplida su finalidad de establecer los objetivos de los niños, y de impulsarlos hacia su madurez, debe disminuir, en gran medida, de modo que puedan iniciar el gran paso siguiente —entre los 6 y los 12 años— de independizarse cada vez más, en términos emocionales, y orientarse en cambio hacia la comunidad y la manera que ésta tiene de hacer las cosas. Ello se produce en forma de un espectacular desplazamiento en los sentimientos respecto de cada uno de los padres.

El apego romántico de los niños por el padre del sexo opuesto produce sentimientos cada vez más incómodos, de rivalidad con el padre del mismo sexo. A la larga, esto los lleva, a los 6 ó 7 años, a reprimir, con sentimientos de culpabilidad, sus sentimientos de posesividad respecto del padre del sexo opuesto, y junto con ello su fascinacíon por el matrimonio, por tener hijos y por las diferencias sexuales. Llegan a sublimar (transformar) estos intereses en actividades impersonales, abstractas, tales como la lectura, la escritura y la aritmética, las ciencias, el estudio de la Naturaleza. Se apartan con irritación de ambos padres a quienes ya no consideran ídolos. En cambio adoran a Dios, a las autoridades gubernamentales, a las leyes, y a los héroes de la historia, la ficción y las tiras cómicas.

Resulta fascinante advertir que lo que distingue con tanta claridad a los seres humanos de otras criaturas son estas actitudes, desarrolladas muy poco después de los 5 años: inhibición y sublimación de la sexualidad; interés por los símbolos, las abstracciones, los sistemas y las reglamentaciones; capacidad para inspirarse en los héroes, en Dios y en los ideales espirituales. Estas características, tan humanas, son producidas primero por el afecto especial hacia cada padre, y luego por la necesidad de abandonar el apego romántico respecto de uno, a causa del miedo a la rivalidad con el otro.

Las presiones hormonales de la adolescencia rompen este ajuste impersonal, de la mitad de la niñez. El impulso sexual y romántico del niño insiste ahora en encontrar alguna forma de expresión, y poco a poco irrumpe a través de las antiguas inhibiciones. No obstante, una parte de ese impulso se mantendrá todavía en reserva, revestida de aspiraciones idealistas... en la medida en que los padres las tengan. La adoración romántica del varón por su madre, reprimida durante años, velada, separada, ahora infunde misterio, caballerosidad y espiritualidad al amor hacia una niña, que comienza a despertar en él. Querrá protegerla, complacerla, idolatrarla. Del mismo modo, la adoración de la niña por su padre confiere ahora de las mismas cualidades a su amor hacia un varón, que empieza a despertar.

La idealización del sexo opuesto por los seres humanos también se combina con el impulso de crear, y ésta es una importante inspiración de su creatividad en el plano de la arquitectura, la ingeniería, la inventiva técnica, el descubrimiento científico, la literatura, el teatro, la música, la pintura. Un ejemplo clásico es la *Divina Comedia* de Dante, inspirada por Beatriz, y dedicada a ella; Beatriz era una mujer a quien el poeta había visto, pero que nunca conoció. Para unir esta secuencia espiritual, los seres humanos pueden construir una magnífica realidad en la edad adulta, a partir de lo que antes, en la primera infancia, era sólo una ilusión: su enamorada, gozosa, confiada, ingenua, nada realista, sobreidealización desus padres.

Estas capacidades de las personas se encuentran muy desarrolladas en unos pocos individuos, en forma moderada en muchos y casi nada en todos los demás. La capacidad —para el idealismo, la creatividad, la espiritualidad— está latente en todos los niños. El hecho de que la realicen dependerá de sus padres. A los 3 y 4 años idealizarán en exceso, sea como fuere, a sus padres. Si éstos tienen aspiraciones, si se respetan a sí mismos, y uno al otro y a sus hijos, éstos seguirán siendo inspirados por las pautas de aquéllos, aunque parezcan alejarse de sus padres en el período posterior de la infancia. Por otro lado, si los padres no tienen intereses que vayan más allá de sus necesidades corporales, el cariño de sus hijos se reducirá poco a poco a sus dimensiones reales, y no tratarán de ir más allá del nivel alcanzado por sus padres.

Me gusta la manera que Fred Rogers (de *Mr. Rogers' Neighborhood*) define la creatividad. El siente que hay un vacío o una parte obscura en nuestras vidas entre lo que es el mundo y lo que quisiéramos que fuera. Lo que uno haga para cerrar este vacío es nuestra expresión de creatividad.

46. Por qué necesitamos niños idealistas. Un niño criado de modo que tenga ideales no carecerá de oportunidades para aplicarlos. En nuestro país existen problemas enormes, aterradores, y también los hay en el mundo entero. Por habernos basado en la iniciativa y el materialismo, hemos realizado milagros tecnológicos. Pero a medida que se satisfacen nuestras necesidades físicas, resulta vergonzosamente evidente que no hemos avanzado en términos de las relaciones humanas, en serenidad espiritual o en seguridad mundial. Nuestras tasas de divorcios, delitos y suicidios se cuentan entre las más elevadas del mundo. Nuestras relaciones raciales son bárbaras... constituyen una deshonra para una nación que afirma creer en la libertad, la igualdad y Dios. Tenemos en nuestro país zonas de pobreza y desmoralización que podrían avanzar hacia su solución en un año, si tuviéramos tendencia a hacer frente a nuestras responsabilidades. Se invierten millones de dólares para convencernos de que compremos automóviles, que poseen cinco veces más potencia de la necesaria, y para que compremos cigarrillos que provocan el cáncer.

Sabemos producir eficientemente alimentos, pero hemos contenido su producción, a pesar del hecho de que existen en el mundo más personas hambrientas que nunca, hasta hoy, en toda la historia.

Contamos con una abrumadora acumulación de las armas más poderosas que el mundo haya conocido jamás. Pero corremos un inminente peligro de aniquilación, y no se ve, ni remotamente, una solución, ni existe una sensación de seguridad. A causa de nuestro poderío, nos inmiscuimos con arrogancia en los asuntos de otras naciones, y provocamos el resentimiento en todo el mundo. Continuamos gastando miles de millones todos los años, en una carrera espacial.

Nuestra única esperanza realista, tal como yo la entiendo, consiste en criar a nuestros hijos con un sentimiento de que están en este mundo, no para su propia satisfacción, sino, ante todo, para servir a otros. A los niños les enorgullece pensar que pueden ser útiles de verdad, y son capaces de hacer frente al desafío. Y ello puede empezar desde que son muy pequeños. No se debe permitir que los bebés de 9 meses tengan la impresión de que está bien que tiren del cabello de su madre, o le muerdan la mejilla, sino que le deben respeto. Entre la edad de 1 y 2 años, no hay que permitirles que rompan en forma deliberada sus cosas, o que las ensucien adrede. A los 2 años, se espera de ellos que se esfuercen en ayudar a recoger sus juguetes. A los 3 años deberían tener tareas de escasa importancia, como la de ayudar a poner la mesa o vaciar los cestos de papeles, aunque no ahorren mucho trabajo a los padres. A los 7 u 8 años deberían llevar a cabo, todos los días, tareas auténticamente útiles.

En las conversaciones en familia, los niños deben escuchar las inquietudes de sus padres acerca de los problemas de la comunidad, la nación, el mundo. Tienen que ver que sus padres contribuyen en forma directa a las soluciones— participando en la labor de los grupos y comisiones locales.

En la escuela, los niños tendrían que estudiar, no sólo las grandes hazañas de su nación, sino también sus deficiencias y errores. Sus escuelas deberían tener a niños de diversas razas y procedencias, no sólo por justicia hacia los grupos minoritarios, sino también para que todo tipo de niños puedan aprender a apreciarse y entenderse. Mientras se preparan para sus ocupaciones eventuales, los estudiantes secundarios y universitarios tendrían que dedicar un tiempo a analizar los problemas no solucionados en los campos de actividades que han elegido... tanto los problemas humanos como los técnicos. Creo que también es importante que los jóvenes, cuando todavía estudian, se ofrezcan en forma voluntaria, o trabajen por una remuneración, en tiempo parcial, en tareas en las cuales puedan ayudar a las personas que tienen necesidades no satisfechas, y luego analizar estos problemas en clase, de modo que no adquieran actitudes críticas o condescendientes hacia quienes son diferentes de ellos.

47. ¿Es posible crear superniños? Cuando no se cuida a los niños o se hace caso omiso de ellos ("¿Cuántas veces te lo he dicho? Deja de molestarme con tus preguntas"), su espíritu y su inteligencia no se desarrollan en plenitud.

En el otro extremo, algunos psicólogos han descubierto que, si se lo intenta con energía, se puede enseñar a un niño de 2 años a leer, e inclusive es posible enseñar a un pequeño de un año a reconocer algunas diapositivas. Estos descubrimientos han inspirado en algunos padres la esperanza de que, con los juguetes correctos a partir de la infancia, con el adecuado estímulo mental en el hogar y en la escuela, sea posible convertir a un niño en un genio, y ponerlo en la senda de una brillante carrera. Creo que este tipo de ambición de los padres, si bien resulta comprensible en un país donde la inteligencia es preciada en tan alto grado, y en una época en que los expertos en computación parecen tener la clave del futuro, es errónea y puede dar resultados contraproducentes. La capacidad mental es apenas uno de los aspectos de una persona, y muy bien puede no traducirse en éxitos en su vida, a no ser que posea el equilibrio del calor humano y de afecto. Cuando los padres se concentran sólo en el intelecto, es posible que conviertan a su niño en una persona un tanto desequilibrada, que no encaje en ningún trabajo y que no obtenga alegría alguna de la vida.

¿Qué estimula el desarrollo normal, acabado, en el plano emocional, social e intelectual? Por su naturaleza innata, los bebés y los niños se esfuerzan por acercarse a la gente y a las cosas. Los padres cariñosos, que vigilan e incitan, responden con entusiasmo a las primeras sonrisas de su bebé, con sus propias sonrisas, a sentimientos y declaraciones de amor. Las repeticiones de esta escena, en todas las horas que el bebé está despierto, durante meses, junto con abrazos, caricias de consuelo en los momentos de desdicha y el ofrecimiento de alimentos en las horas de hambre, refuerzan en forma constante los sentimientos de amor y confianza. Estos constituyen la base sobre la cual se construirán las futuras relaciones del niño con otras personas, a lo largo de su vida. Su interés por las cosas, y su capacidad posterior para enfrentarse a ideas y conceptos, en la escuela y en el trabajo, dependerán de este cimiento de amor y confianza.

Al año, o a los 2 años, los niños maduran gracias a su esfuerzo por copiar las acciones de sus padres, y éstos estimulan esa maduración mostrándoles su placer ante cada uno de sus minúsculos logros. Así se amplia, por ejemplo, el vocabulario a los 2 años. A los 3 años, los niños comienzan a mostrar una intensa curiosidad ante todo lo que ven o escuchan, y recurren a sus padres para recibir explicaciones y estímulo. Entre los 3 y los 6 años, los niños maduran en el plano emocional e intelectual, al esforzarse por seguir el modelo de sus amados padres.

Este juego recíproco natural entre los niños que esfuerzan y los padres que les responden ha sido suficiente, a lo largo de los siglos, para producir una abundante cantidad de jóvenes vivaces, capaces, sociables, afectuosos. No son necesarios los ejercicios especiales y el equipo especial, por lo menos hasta los años escolares.

Si trata de hacer que sus hijos sean "superdotados", a causa de su interés e iniciativa, es posible que los frene y les cree aversión a su plan. O bien puede tener éxito, y convertirlos en robots unilaterales.

Creo que se corren los mismos riesgos cuando se subraya en exceso la belleza de una pequeña, o cuando se hacen esfuerzos exagerados para convertir a un varón en un atleta. Los niños deben crecer con el sentimiento de que son apreciados y amados por toda su persona o personalidad, y no en primer término por su inteligencia, o su aspecto, o sus músculos, o su habilidad musical. Es bueno apreciar las dotes especiales de un niño, siempre que se las considere de importancia secundaria.

Las necesidades emocionales de los niños

48. En los primeros 2 ó 3 años de la vida se moldean más activamente las personalidades de los niños— gracias a las actitudes de los padres o de quienes están encargados de la mayor parte de su cuidado.

En épocas anteriores, los niños que vivían en orfanatos con poco personal, o que pasaban sus días acostados, descuidados, en sus cunas, en guarderías de día, solían marchitarse— en cuerpo, intelecto y emociones, y nunca se recuperaban por completo.

Cualquier niño, digamos que es una niña, atendido basicamente con amor, por padres afectuosos, entusiastas (puede ser con ayuda de otros), siempre sale adelante. Algunas de las cosas que le dan son su evidente amor, su alegría y orgullo por sus minúsculos logros, juguetes elegidos con cuidado, respuestas a sus preguntas y el deseo de permitirle jugar con libertad, mientras no se haga daño. Le leen, le muestran figuras. Estas son actividades que favorecen la profundidad emocional y la agudeza intelectual.

El hecho de que los niños se transformen, al crecer, en optimistas o pesimistas permanentes, en seres cálidos y afectuosos o fríos, en personas confiadas o sospechosas, dependerá en grado considerable de las actitudes de las personas que han tomado a su cargo la mayor parte de la responsabilidad de su cuidado, durante los dos primeros años. Por lo tanto, las personalidades de los padres y de los encargados de atención son de gran importancia.

Algunas personas se comportan con los niños como si éstos fueran, en esencia, malos, desconfían siempre de ellos, los provocan siempre. Tales niños crecen desconfiando de sí mismos, llenos de culpa. Una persona que sea más hostil de lo común puede encontrar decenas de pretextos, a cada rato, para acosar a un niño; y éste adquiere el mismo grado de hostilidad. Otra gente tiene la obsesión de dominar a los niños y por desgracia puede llegar a su objetivo.

Durante su primer año, el niño debe depender principalmente de la atención, intuición y eficacia de los adultos, para obtener las cosas que necesita y desea. Si los adultos son demasiado insensibles o indiferentes para servirlo (dentro de límites razonables— no deben convertirse en esclavos sumisos), el pequeño se volverá un tanto apático o deprimido.

49. La continuidad de quienes los cuidan es una necesidad muy particular de los niños pequeños. Desde sus primeros meses de vida, aman y cuentan con su seguridad, y la obtienen de una o dos personas, que son quienes se ocupan de la mayor parte de su cuidado. Aun a los 6 meses los niños pueden deprimirse seriamente, perder su sonrisa, su apetito, su interés por las cosas y la gente, si desaparece el padre que los cuidaba. Podrá haber una depresión, aunque en menor grado, si se va la persona que ayuda con regularidad a este padre. Los niños pequeños a los cuales se ha trasladado varias veces de un hogar a otro, perderán una parte de su capacidad de amar o confiar en profundidad, como si les resultara demasiado penoso ser desilusionados una y otra vez.

Por lo tanto, es importante que el padre, o la persona que haya tenido la mayor participación en el cuidado de un niño, no lo abandone durante los 2 ó 3 primeros años, o sólo lo haga después que un substituto se haya hecho cargo en forma muy gradual. Es importante asegurarse, hasta donde sea posible, que dicho substituto está dispuesto a permanecer a cargo. En los grupos que se encargan del cuidado de los niños, resulta imprescindible que si hay dos o más personas destinadas a la atención de un grupo de niños, cada uno de estos sea asignado a un integrante del equipo, de modo que se establezca una relación similar a la del niño y su padre.

50. Necesidades emocionales después de los 3 años. Ahora deseo analizar las necesidades emocionales generales de los niños de todas las edades, en especial después de los 3 años.

Los niños saben que son inexpertos y dependientes. Cuentan con sus padres en lo referente a orientación, amor y seguridad.

Observan constantemente a sus padres, en forma instintiva, y los imitan. De esta manera obtienen sus propias personalidades, su fuerza de carácter, su seguridad, su habilidad para enfrentar problemas. Aprenden —durante la infancia— a ser ciudadanos adultos, trabajadores, esposos y padres, por la identificación con sus propios padres. (Véase la Sección 602.)

El mayor regalo de los padres es el amor, que se expresa de innumerables maneras: una expresión de afecto en el rostro, una demostración espontánea de cariño físico, placer en los logros de sus hijos, consuelo cuando se lastiman o se asustan, el control sobre ellos, para mantenerlos fuera de peligro; ayuda para que se transformen en personas responsables, y el darles de ideales elevados.

Lo que crea en los niños respuestas amorosas es el amor de sus padres (o de quienes los cuidan). De este amor hacia sus padres obtienen los niños la capacidad para establecer todas sus relaciones positivas en la vida: con los amigos, maestros, esposos, hijos, vecinos y compañeros de trabajo.

Los niños obtienen confianza en sí mismos, gracias al hecho de ser respetados —como seres humanos— por sus padres (o por quienes los cuidan). Esta seguridad en sí mismos los ayuda a sentirse cómodos consigo mismos y con toda clase de personas, para el resto de sus vidas.

El respeto de los padres es lo que enseña a los niños a respetarlos a su vez.

51. Hacia los 3 años, los niños y las niñas se concentran en los papeles de sus padres. Hacia los 3 años de edad, un varón percibe que está destinado a ser un hombre, y entonces observa de manera particular a su padre: sus intereses, sus modales, su lenguaje, sus placeres, su actitud hacia el trabajo, sus relaciones con su esposa y con sus hijos e hijas, cómo se lleva con otros hombres y cómo se las arregla con ellos.

La necesidad del padre para una niña no es tan evidente en la superficie, pero es igual de importante en lo profundo. Durante su vida, la mitad de sus relaciones será con hombres. De observar a su padre, obtiene sus ideas acerca de lo que, en esencia, se supone que debe ser un hombre. La clase de hombre de la que, en su momento, se enamore y con quien se case, muy probablemente reflejará, de una u otra forma, la personalidad y actitudes de su padre; por ejemplo, si él es dominante o considerado, leal o no, presumido o de buen humor.

La hija, admirada, copiará, en muchos aspectos, la personalidad de su madre. Lo que ésta siente acerca de ser una mujer, una esposa, una madre, una trabajadora, causará una fuerte impresión en su hija. Cómo se lleva con su marido influirá de manera específica, en la futura relación con su esposo.

La madre es el primer gran amor de su hijo. De modo sutil o evidente, esto fijará su ideal romántico. No sólo tendrá influencia sobre su eventual elección de una esposa, sino en cómo será su relación con ella.

52. Son preferibles dos padres. A partir de mi experiencia pediátrica y psiquiátrica, siento que es preferible para los niños vivir con sus padres, si esto es posible (uno puede ser un padrasto), si éstos se aman y respetan mutuamente. De este modo, los niños conocerán, en forma tanto real como ideal, a ambos sexos, y tendrán un modelo de estabilidad marital, que les servirá de guía cuando sean adultos. Ambos padres deberían ser capaces de apoyar el uno al otro en lo emocional. Deberían poder equilibrar o contrarrestar cada una de las preocupaciones injustificadas del otro y las obsesiones acerca de los niños.

Con esto no quiero decir que los niños no puedan crecer normalmente si no viven con ambos padres; muchos lo logran. Si falta el padre, crean uno —en su imaginación— de lo que recuerdan, que les ha contado su madre, y de las características atrayentes de los hombres amistosos que ven de tanto en tanto. Este padre sintético sustituye bastante bien a la imagen masculina que necesitan para crecer. De manera similar, un niño sin madre crea una, a partir de recuerdos, historias familiares, y las relaciones con otras mujeres. Por cierto, sería un gran error de parte de uno de los progenitores, realizar un casamiento forzado, inadecuado, sólo para proveer a su hijo el padre que falta.

53. ¿Es necesario reforzar los roles sexuales? Lo que más le otorga a un niño una fuerte identidad sexual no son los autos de juguete o los trajes de vaquero que se le dan, sino, en esencia, su relación positiva con su padre en la primera infancia, cosa que lo hace desear crecer, para llegar a ser la misma clase de persona.

Si un padre rechaza de una manera brusca el pedido de una muñeca, de su hijo —o, de otra forma, muestra su preocupación por los gustos "de niña" de éste— no refuerza así su masculinidad. Le da la sensación de que la propia masculinidad de su padre es dudosa o inadecuada.

Pienso que es normal, para los niños pequeños, querer jugar con muñecas y, para las niñas, querer jugar con automóviles de juguete, y que es correcto permitírselos. El deseo del niño de jugar con muñecas es más bien paternal que afeminado, y puede ayudarlo a ser un buen padre. No hace ningún daño que los niños y las niñas usen ropa unisexo —jeans y camisetas, por ejemplo, si eso es lo que desean— o que las niñas usen vestidos, si eso es lo que prefieren.

En cuanto a los quehaceres, en la actualidad, creo que es adecuado que los niños y las niñas tengan, en esencia, los mismos, así como creo que resulta sabio que hombres y mujeres comparten las mismas ocupaciones, tanto en casa como fuera de ella. Los niños pueden tender las camas, limpiar los cuartos, lavar la vajilla, tan bien como sus hermanas. Y las niñas pueden participar en el trabajo de jardinería, así como en el lavado del automóvil… como espero que lo hagan las madres. No quiero decir que los niños y las niñas no puedan emprender determinadas tareas o que todo deba hacerse exactamente igual, sólo que no debería hacer discriminación o diferenciación evidentes. El ejemplo de los padres tendrá una gran influencia.

Es bueno recordar que, aunque los varones se identifican en forma predominante con sus padres, también se identifican con sus madres, en menor grado. Eso les proporciona una comprensión del sexo opuesto, mientras crecen, y una personalidad más rica y flexible. Hay relativamente pocos hombres que se identifiquen, en forma **predominante,** con el sexo opuesto. Del mismo modo, todas las niñas tienen alguna identificación con sus padres, pero sólo unas pocas la tienen cambiada. Así, es una cuestión de cantidad, no de absolutos.

Como no existe una identificación del ciento por ciento con el propio sexo, es mejor permitir que los niños crezcan con una combinación de las identificaciones, actitudes e intereses que se hayan desarrollado en ellos, hasta el punto en que puedan aceptar con comodidad lo que son, en vez de hacerlos sentir avergonzados y ansiosos a causa de la desaprobación paterna.

54. Preocupaciones sobre la homosexualidad. Cuando los padres creen que su niño es afeminado o su niña demasiada masculina, pueden preocuparse de que el pequeño crecerá a ser homosexual. En realidad, la mayoría de tales niños crecerán a ser heterosexuales.

Si un niño varón no quería otra cosa que vestidos y muñecas y prefería jugar exclusivamente con niñas, yo asumiría que su identificación se había confundido, como consecuencia de malentendimientos o inquietudes, y que una clínica de orientación infantil o un psiquiatra debería investigar. Si una niña quería jugar mucho con los niños y de vez en cuando anhelaba que fuera niño, pero también disfrutaba de jugar con otras niñas, no me preocuparía. Si jugaba solamente con niños y **siempre** estaba desdichada por ser una niña, me gustaría una consulta.

55. ¿Qué es la homosexualidad? En nuestra sociedad, aproximadamente un 10 por ciento de los adultos varones son homosexuales y un 5 por ciento de las mujeres son lesbianas.

Hay una polémica entre los psiquiatras y los psicólogos sobre si algunos individuos nacen con una predisposición homosexual o tendencias lesbianas, o si ciertos inquietudes, malentendimientos y errores en la identificación en la primera infancia conducen a estas orientaciones. En algunos casos, la psicoterapia puede deshacer las inquietudes tempranas y las malas identificaciones, y conducir a una orientación heterosexual.

Estudios científicos han comprobado que parejas homosexuales y lesbianas pueden criar a niños de los dos sexos que crecerán a ser adultos heterosexuales bien ajustados. Estos estudios han comprobado también que los homosexuales no tienen más probabilidades de participar en el abuso sexual de niños que los heterosexuales. Así que no se puede justificar el recelo de una relación que un niño tiene con una persona de orientación homosexual.

Desde los años medios de la década 1980, debido a toda la atención de la prensa a la epidemia del SIDA, los niños han oído hablar de la homosexualidad tan pronto como han empezado a mirar la televisión. Pero la mayoría de la gente en nuestra sociedad tiene un miedo irracional a los homosexuales, de modo que a muchos padres les resulta difícil hablar de la homosexualidad con sus niños. Creo que cuando un niño pregunta, o cuando está hablando del sexo en general con un niño de 6 años o mayor, puede explicar de manera casual que a algunos hombres y mujeres les gusta hacer el amor con personas del mismo sexo.

Los padres como compañeros

56. Los niños necesitan padres amistosos, que los acepten. Los niños y las niñas necesitan oportunidades para estar cerca de los padres, para que éstos disfruten su compañía y, en lo posible, para hacer cosas con ellos. Lamentablemente, es más probable que un padre que trabaja, llegue a casa con deseos de acostarse en un sitio blando y leer el periódico. Si comprende cuán valiosa resulta su compañía, estará en mejores condiciones de hacer un esfuerzo razonable. Digo **razonable,** porque no creo que un padre (o bien una madre), se debe forzar a sí mismo más allá de su tolerancia. Es preferible jugar, en forma placentera, durante 15 minutos, y luego decir: "Ahora leeré mi periódico", que pasar todo el día en el zoológico, disgustado.

El problema del niño con un solo padre, en forma temporal o permanente, se analiza en las Secciones 924–928.

El papel de los padres respecto de la disciplina se examina en las Secciones 28–30.

En las Secciones 604–606, se dicen otras cosas acerca de las relaciones entre los padres y los hijos.

57. Un niño necesita un padre amistoso. A veces, un padre está tan ansioso de educar perfectamente a su hijo, que esto obstruye la posibilidad de pasar un buen rato juntos. El padre que anhele ver a su hijo transformado en un atleta, lo llevará a jugar cachados, a una edad muy temprana. Naturalmente, cada toma, cada lanzamiento, tiene defectos. Si el padre critica en forma constante, aunque lo haga en tono amistoso, el muchacho se sentirá internamente incómodo. Esto no es divertido. Además, le provoca el sentimiento de no ser apto, ante los ojos del padre y de los propios. Si por su naturaleza, un niño siente confianza en sí mismo y audacia, en el momento propicio, se sentirá atraído por los deportes. Lo ayuda más sentirse aprobado por su padre, que ser entrenado por él. La lucha libre es divertida si se le ocurre al niño y si se hace por diversión.

Un niño no desarrolla un temperamento masculino sólo por haber nacido con un cuerpo de hombre. Lo que lo hace sentir y actuar como tal, es estar en condiciones de imitar, de tomar los ejemplos de los hombres y muchachos mayores con los cuales se relaciona en forma amistosa. No podrá tomar dichos ejemplos de otra persona, a menos que sienta que dicha persona lo aprueba y lo aprecia. Si un padre está siempre impaciente o enojado con él, es probable que el muchacho se sienta incómodo no sólo cuando esté con su padre, sino también con otros hombres.

De modo que, un padre que desee ayudar a su hijo a crecer con una sensación de comodidad con respecto a su masculinidad, no debe abalanzarse sobre él, en cuanto llore, ni regañarlo cuando juegue con niñas, ni obligarlo a practicar actividades atléticas. Debe disfrutar de su compañía, darle la sensación de que es una astilla del mismo tronco, compartir secretos con él, y en ocasiones, hacer excursiones los dos juntos, solos.

58. Una niña también necesita un padre amistoso. Es fácil darse cuenta que un varón necesita un padre a quien tomar como modelo; sin embargo, la mayoría de las personas no comprenden que un padre amistoso, desempeña un papel, si bien diferente, de igual importancia para el desarrollo de una niña. No se trata, exactamente, de que ella tome su modelo del padre, sino que gana confianza en sí mismo como niña y como mujer, cuando siente la aprobación de éste. Con el propósito de no sentirse inferior a los muchachos, necesita creer que su padre la incluirá con gusto en los deportes al aire libre, en las excursiones de pesca y de campamento, en asistir a juegos de pelota, no importa si ella desee aceptar o no. Logra confianza en sí misma, al advertir el interés en sus actividades, en sus logros, en sus opiniones y aspiraciones. Más adelante, cuando tenga relaciones con muchachos, será importante que el padre los reciba con agrado, aunque, para sus adentros, no crea que son lo suficientemente buenos para ella.

Al aprender a disfrutar de las cualidades de su padre que resultan, en particular masculinas, una niña se prepara para su vida adulta, en un mundo hecho, a medias, por los hombres. La manera en que obstruya relación, primero con los muchachos, y luego con los hombres, la clase de hombre de quien, en su momento, se enamore, el género de vida matrimonial que lleve, estarán influenciados con intensidad por la clase de relación que haya tenido con su padre durante su infancia.

59. La madre como compañera. Los niños necesitan la compañía de sus madres en maneras más numerosas que el tiempo que pasan juntos en sus rutinas diarias. Necesitan oportunidades para actividades especiales con ella, justo como las necesitan con sus padres. Estas podrían ser visitar al museo, ver una película o asistir un acontecimiento de deportes. Pero no debían ser obligaciones para la madre, sino algo de que ella y los niños realmente disfrutan.

¿Quién cuidará de los niños?

60. Distintas alternativas. ¿Quién los proveerá del afecto, la guía firme y la respuesta a sus preguntas y logros que los buenos padres ofrecen en forma natural?

Lo mejor de todo es cuando los horarios de trabajo del

padre y la madre pueden encajar de tal manera, que ambos trabajen en un horario razonablemente completo, y aun así, uno de los dos pueda estar en casa la mayor parte del día. Esto se puede arreglar con mucha más facilidad cuando los trabajadores industriales consiguen hacerlo en distintos turnos, o cuando los padres tienen ocupaciones tales como estudiante universitario, maestro, vendedor de seguros, artista o escritor. Del mismo modo, las enfermeras, los médicos, los asistentes sociales y otros profesionales, pueden encontrar a menudo trabajos que se desarrollen en horarios no tradicionales. Un cuidador adecuado llenará las horas que no pueden cubrir los padres. Por supuesto, es de importancia fundamental que los padres estén juntos, en las horas de ir a dormir, así como también en varias de las de estar despierto.

Otra solución es que uno de los padres, o ambos, se reduzcan a tareas que no sean de tiempo completo, durante 2 ó 3 años, hasta que el niño sea lo suficientemente maduro como para asistir a una guardería infantil, durante la mitad o las dos terceras partes del día, o a un centro de cuidados infantiles.

Un pariente con quien los padres se entienden bien podría ser el cuidador ideal; pero el pariente que viva cerca, y esté dispuesto a hacerse cargo de una responsabilidad tan pesada no se encuentra con facilidad en estos días.

Algunos padres que trabajan, contratan a un ama de llaves o cuidadora (cuidadora parece una palabra más significativa que baby-sitter), para que vaya a la casa de ellos a cuidar al bebé o al niño pequeño, durante una parte del día. Si está durante la mayor parte del tiempo, esta persona puede muy bien llegar a ser la influencia más formativa de la personalidad en desarrollo del niño. Entonces, los padres se interesarán en encontrar a una persona que muestre el mismo tipo de amor, interés, comprensión y control que ellos.

61. Cuidado en familia durante el día. Menos costoso y más sólido, en teoría, es la ubicación de un niño pequeño, durante el día, en casa de otro pariente, que no trate de cuidar a más de cuatro niños menores de 5 años de edad, o a no más de tres, menores de 3 años, incluyendo el suyo propio. Por lo general, esto se llama cuidado en familia durante el día. En algunos lugares hay agencias sociales para familias y niños que contratan y asesoran a los padres para los cuidados diurnos. Esto ofrece mayor seguridad, en el sentido de que estos padres sustitutos son personas adecuadas. En otros sitios, padres inteligentes e ingeniosos, que trabajan, se han unido para organizar una unidad de cuidados familiares durante el día— o una pequeña red de unidades. Algunos han llegado a preferir una organización en la cual **dos** personas se hacen cargo de hasta ocho pequeños, o no más de seis menores de 3 años, en el marco de un hogar, de modo que el cuidador no se sienta desanimado por la combinación de exigencia de la tarea y el aislamiento de otros adultos.

El cuidado diurno en familia vigilada es por completo diferente de la situación común, en la cual una persona toma a su cuidado muchos bebés y niños pequeños, con el propósito de hacer tanto dinero como sea posible, y sin tener idea de lo que son las necesidades de los niños.

Los padres deberían tener gran cuidado al observar la forma en que el posible cuidador, o padre dedicado al cuidado diario en familia, se ocupe de sus niños y de otros — durante un período de varias semanas— antes de contraer un compromiso de esta importancia a largo plazo.

62. Cuidado en familia para niños menores de 2 ó 3 años.

Pienso que, para los niños menores de 2 ó 3 años, es preferible no formar grupos de cierto volumen en guarderías o centros de cuidado diurnos, donde podrían sentirse perdidos y confusos, sino, más bien, en una atmósfera familiar, donde no haya más de cuatro niños menores de 5 años o tres niños menores de 3 años por cada adulto, incluyendo al hijo del propio director del grupo, si es que los tiene. Seis a ocho niños para dos encargados, le proporcionan algo de compañía al adulto y una oportunidad para ir al excusado.

A esta corta edad, los niños necesitan mucho de la clase de cuidados que dan los buenos padres, en forma espontánea: en ocasiones, jugar con ellos, hablar con ellos, mantenerlos libres de dificultades, consolarlos, demostrarles placer por sus pequeños éxitos, responder a sus gestos amistosos, alzarlos y acariciarlos, de vez en cuando. Por supuesto, tendrá que haber juguetes adecuados.

Los niños que aún no caminan requieren una atención todavía mayor, porque no pueden obtener por sí mismos lo que necesitan o pedirlo. (También es muy fácil descuidarlos, dejándolos solos en sus cunas. Es por eso que uso la expresión "el cuidado que dan los buenos padres".) Los niños en edad de gatear necesitan estar fuera de sus cunas y corralitos la mayor parte del tiempo, mientras no duermen. Los niños más pequeños, en sus cunas, necesitan estar a la vista de los otros niños y de los adultos, necesitan que se los visite y se les hable a menudo. Todos los niños requieren ser sostenidos en brazos, acariciados, alimentados en el regazo, y que se les sonría.

Algunas agencias sociales para familias y niños de las ciudades seleccionan, recomiendan y supervisan a familias adecuadas, que pueden ofrecer un cuidado de buena calidad durante el día, a los bebés y niños menores de 2 ó 3 años. Las mismas normas de salud y seguridad deben ser satisfechas, tanto por los cuidados diarios en familia como por las guarderías y centros de cuidados diurnos.

63. Cualidades de los padres sustitutos. Por sobre todo, el aspecto más importante es el del carácter de la persona. Es preferible que sea una mujer. Ella será afectuosa, comprensiva, amable, sensata, segura en su actitud hacia los niños. Tiene que amarlos y disfrutar con ellos sin abrumarlos de atenciones. Deberá ser capaz de controlarlos sin regaños ni severidad. En otras palabras, deberá entenderse con ellos, con felicidad. Cuando se entrevista a un posible cuidador, resulta útil llevar a su niño consigo. Usted podrá percibir mejor su respuesta hacia el niño a través de sus acciones que de sus palabras. Evite a una persona que es irritable, que censura demasiado, que es alborotada, carente de humor, o llena de teorías.

Un error frecuente que cometen los padres es buscar, en primer lugar, a una persona con mucha experiencia. Es natural que se sientan más confiados dejando al niño con alguien que sabe qué hacer en caso de cólico o de tos ferina. Pero las enfermedades y los accidentes son una parte pequeña en la vida de los niños. Lo que cuenta son los minutos y las horas de todos los días. La experiencia es útil cuando se combina con la personalidad correcta. Con la personalidad inadecuada, casi no representa nada.

La limpieza y el esmero tienen un poco más de importancia que la experiencia. No se puede permitir que alguien prepare el biberón, si se niega a hacerlo correctamente. Sin embargo, hay muchas personas que son más bien desordenadas, pero actúan con cuidado cuando ello resulta importante. Es mejor una persona algo descuidada que una demasiado minuciosa.

Algunos padres prestan atención a la educación del cuidador, pero yo creo que carece de importancia, en comparación con otras cualidades, en especial, para los niños pequeños. Aunque estos aprendan a pronunciar mal algunas palabras, sin duda lo corregirán más adelante, si los padres y sus amigos pronuncian bien.

Un problema común consiste en que una abuela u otro cuidador pueda preferir al niño más pequeño de la familia, en especial, el que ha nacido después que ella se incorporó a la familia. A ese niño, ella lo llama su bebé. Si no puede entender el daño que causa al hacer eso, no debería quedarse. Se produce un daño irreparable cuando se deja a los niños al cuidado de una persona que no les ofrece seguridad.

En ocasiones, los padres jóvenes carentes de experiencia aceptan un cuidador respecto del cual no se sienten cómodos de veras, sólo porque han resuelto que no pueden conseguir nada mejor, o porque la persona expone ideas correctas, por ejemplo en lo que se refiere a ofrecer seguridad al niño. Los padres deberían continuar buscando hasta encontrar a alguien que les agrade de verdad.

Existe el problema muy común —y muy humano— en punto a decidir de quién es el niño. Algunos cuidadores tienen una gran necesidad de apoderarse del niño, hacer a un lado a los padres, y mostrar que ellos tienen siempre razón. Puede que no tengan conciencia de esa necesidad. Es muy poco frecuente que se los pueda cambiar.

Por otro lado, es natural que los padres tengan celos

inconscientes, si ven cuánto depende su hijo, y cuán afectuoso se ha vuelto en relación con un cuidador. Es posible que esto los lleve a ser demasiado críticos —e inclusive a mostrar falta de respeto— hacia el cuidador.

En verdad, si éste es competente en alguna medida, el niño sentirá apego por él, y los padres tendrán rachas de celos. Pero si son capaces de tener conciencia de ello y enfrentarlo con honestidad, podrán adaptarse.

En cierto sentido, entonces, los aspectos más importantes para padres y cuidadores consisten en estar en condiciones de ser sinceros consigo mismos, escuchar las ideas y críticas, unos de otros, mantener abiertas las líneas de comunicación, respetar los méritos y las intenciones del otro, y colaborar en beneficio del niño.

64. Cuidado después de los 3 años, para niños cuyos padres trabajan fuera de casa.

La mayoría de los niños entre los 2 y los 3 años adquieren suficiente independencia y autonomía para poder beneficiarse de una buena situación de grupo —guardería, centro de cuidados diurnos, escuela Montessori— y disfrutar de ella. Estos tres tipos de instituciones preescolares son analizados en las Secciones 635–638.

Después de los 6 años, y en especial, después de los 8, los niños buscan la independencia y gozan con ella, recurren más a los adultos de afuera (en especial a los buenos maestros) y a otros niños, en busca de sus ideales y de compañía. Pueden pasarse cómodamente varias horas seguidas sin tener que recurrir al apoyo de un adulto cercano. Después de la escuela, todavía deberían tener la sensación de que pertenecen a algún otro lugar. Un vecino maternal o paternal puede ser un remplazante hasta que vuelva a la casa uno de los padres que trabajan. Los centros de juego son valiosos para todos los niños, pero en especial para aquéllos cuyos padres trabajan.

Debido a la falta de buenos centros o grupos de juego a precios razonables, hay millones de "niños con llaves" en nuestro país. Después de la escuela, entran en sus apartamentos o casas con sus propias llaves, y se defienden por sí mismos hasta que un padre vuelva de su trabajo. Esto es un ejemplo más de la necesidad de cambiar nuestras leyes públicas en cuanto a los niños.

65. Las cuidadoras son un verdadero regalo para los padres, y pueden ayudar a que un niño se desarrolle con independencia. Usted y su hijo deberían conocerlas bien. Con vistas al análisis, supongamos que sea una mujer, aunque no hay motivos para que no pueda ser un hombre. Para cuidar durante la noche a un niño que no despierta, puede que sólo se necesite una persona sensata y digna de confianza. Pero para los bebés que despiertan y para los niños de más de 5 meses que pueden llegar a despertar, resulta importante que la persona que los atiende sea alguien a quien conocen y por quien sienten aprecio. A la mayoría de los niños les resulta aterrador despertar y encontrar a un desconocido. Si la persona que los cuida debe ocuparse de los pequeños, o sólo acostarlos, usted debería tener la certeza, con sólo verla en acción con sus hijos, que entiende y quiere a los niños, que puede manejarlos con bondad y firmeza. Por lo tanto, trate de hacer que esa persona venga varias veces, mientras usted y ella estén juntas en la casa, durante algún tiempo. Entonces, los niños pequeños se habituarán a ella antes que tenga que hacer muchas cosas por ellos en forma directa. A medida que los pequeños la acepten, en forma paulatina, resultará más útil para ellos.

Es importante, por cierto, que se atenga en lo posible, a una o dos nanas. Puede averiguar cuáles son las más capaces, o descubrir una agencia digna de confianza, por medio de alguna amiga en cuyo juicio confíe.

¿Joven o de edad? Se trata de un asunto de madurez y ánimo, antes que de edad. En ocasiones, he visto a una niña no mayor de 14 años, muy capaz y digna de confianza, pero es injusto esperar que la mayoría de los niños de esa edad posean semejantes cualidades. Y es posible que algunos adultos resulten ser poco confiables, rudos o inútiles. Una persona de más edad tiene mayor destreza con los niños. Otra es demasiado inflexible como para adaptarse a un nuevo niño, o demasiado nerviosa.

Para mantener las cosas en su lugar, resulta sensato tener un cuaderno permanente para el cuidador, anotar la lista de los horarios y rutinas del niño. Algunas de las cosas que puede pedir (en sus palabras), los números telefónicos de un médico y de alguna vecina, para llamarlos en alguna emergencia, si no es posible comunicarse con usted misma; las horas de acostarse, qué cosas puede servirse la cuidadora en la cocina, los lugares donde está guardada la ropa blanca, las ropas para dormir y otras cosas que puedan hacer falta, y cómo aumentar o bajar la temperatura del calefactor.

Pero ante todo, conozca a su nana, y sepa hasta qué punto su hijo confía en ella.

En la Sección 63 se detallan algunas otras de las cualidades de un padre sustituto.

Relaciones con los abuelos

66. Los abuelos pueden ser una gran ayuda para los padres jóvenes en todo sentido. Pueden encontrar asimismo un gran placer en sus nietos. A menudo preguntan: "¿Por qué no pude haber disfrutado de mis propios hijos tal como gozo con mi nieto? Supongo que me esforcé demasiado y que sólo sentí la responsabilidad."

En muchas partes del mundo, las abuelas son consideradas expertas, y una madre joven da por entendido que cuando tiene un interrogante acerca de su niño, o necesita alguna ayuda, hablará con su madre. Cuando una madre tiene este tipo de confianza en la abuela, no sólo puede obtener consejo, sino consuelo. Pero en los Estados Unidos, una nueva madre tiende a consultar, a menudo, primero con su médico, y algunas mujeres nunca piensan en consultar a su madre. Esto se debe, en parte, a que estamos muy habituados a consultar a profesionales acerca de nuestros problemas personales: médicos, asesores de orientación en la escuela, asesores matrimoniales, psicólogos, sacerdotes. Además, damos por entendido que los conocimientos avanzan con rapidez y, por consiguiente, pensamos a menudo que cualquiera que supiese cómo hacer una tarea hace veinte años, hoy se encuentra retrasado respecto de la época. Un motivo mucho más elemental es que muchos padres jóvenes se sienten todavía demasiado cerca de la adolescencia. Quieren demostrar al mundo, y a sí mismos, que pueden dirigir su propia vida. Es posible que teman que los abuelos quieran decirles lo que deben hacer, como si todavía dependieran de ellos, y no desean volver a ubicarse en esa situación.

67. Las tensiones son normales. En algunas familias, todo es armonía entre padres y abuelos. En unas pocas, los desacuerdos son terribles. En otras existe una leve tensión, que casi siempre se refiere al cuidado del primer niño, pero que va desapareciendo con el tiempo y la adaptación.

La mujer joven afortunada, con mucha confianza natural en sí misma, puede recurrir con facilidad a su madre para ayuda, cuando la necesita. Y cuando la abuela ofrece una sugerencia por sí misma, la madre encuentra que puede aceptarla si le parece bien, o, de lo contrario, con mucho tacto, dejarla pasar y seguir su propio camino.

Pero la mayoría de los padres jóvenes no tiene ese tipo de seguridad, al principio. Como casi todos los demás, en un nuevo puesto, se muestran sensibles en cuanto a una posible incapacidad personal, y susceptibles en relación con las críticas.

La mayoría de los abuelos recuerdan muy bien esto, de épocas anteriores, y se muestran cuidadosos de no interferir. Por otra parte, **han tenido** experiencia, sienten que han desarrollado sus juicios personales, tienen un gran cariño por sus nietos, y no pueden evitar el dar sus opiniones. Advierten cambios asombrosos de la época en que cuidaban a los bebés —horarios flexibles para la alimentación, el comienzo con alimentos sólidos desde muy temprano, tal vez un aprendizaje tardío acerca de los hábitos higiénicos— y les resulta difícil acostumbrarse a ellos. Aun cuando aceptan los nuevos métodos, puede que se sientan molestos con lo que les parece un fervor excesivo en lo referente a ponerlos en práctica. (Cuando usted misma sea abuela, es probable que entienda mejor lo que quiero decir.)

Pienso que si los padres jóvenes tienen el valor necesario, pueden mantener muy cómodas relaciones permitiendo, e inclusive invitando, a los abuelos a decir sus opiniones. Por lo general, a la larga, las discusiones francas son más útiles que las insinuaciones disimuladas o los silencios molestos. Una madre que está muy convencida de que maneja bien a su niño puede decir: "Sé que este método no te parece del todo bueno, y volveré a hablar con el médico para estar segura de que he entendido sus instrucciones." Esto no significa que la madre haya cedido. Por cierto que se reserva el derecho de adoptar sus propias intenciones, a la larga. Sólo reconoce las buenas intenciones de la abuela, y su evidente ansiedad. La madre joven que muestra razonable tranquilizará a la abuela, no sólo en relación con el problema actual, sino también en lo que se refiere al futuro en general.

Una abuela puede ayudar a la madre a hacer una buena tarea si le muestra su confianza en ella y si se adapta en lo posible a los métodos de ésta. Esto pone a la madre en condiciones de pedir consejos cuando tenga alguna duda.

Cuando los niños quedan al cuidado de los abuelos, ya sea durante medio día o dos semanas, debe haber una franca comprensión y una razonable concesión. Los padres deben confiar que los niños serán criados según las creencias de ellos, en relación con asuntos importantes (que, por ejemplo, no serán obligados a comer alimentos que no les gustan, avergonzados por accidentes de movimiento intestinal, o atemorizados con los policías). Por otro lado, es injusto esperar que se ocupen de cada uno de los pasos del manejo y de la disciplina como si fueran imitaciones exactas de los padres. No les hará daño a los niños mostrarse un poco más respetuosos con los abuelos (si eso es lo que éstos quieren), o comer en horarios distintos, o mostrarse más limpios o más sucios. Si los padres no aceptan de buena gana la forma en que los abuelos cuidan a los niños, por supuesto, no deben pedirles que los cuiden.

Algunos padres son sensibles en lo referente a los consejos. Es posible que se produzca una tensión que vaya más allá de lo común, si la joven madre (o el padre) ha sido objeto de muchas críticas de sus padres a lo largo de su infancia. Es inevitable que esto la deje interiormente insegura de sí misma, exteriormente molesta con la desaprobación ajena, y firmemente decidida a mostrar su independencia. Puede que adopte con extraordinario entusiasmo las nuevas filosofías de crianza de los niños, y las lleve adelante con energía. Parecen un saludable cambio respecto de lo que ella misma recuerda. Además, son una manera de mostrar a los abuelos cuán anticuados son, y de molestarlos un poco. En verdad, resulta divertido reñir acerca de una teoría, cuando uno se siente molesto con su adversario. Lo único malo es que la crianza del niño es la que proporciona armas a ambas partes. Sólo sugiero que los padres que encuentran que incomodan en forma constante a los abuelos deberían preguntarse si parte de ello lo hacen adrede, o sin darse cuenta.

68. La abuela manipuladora. De vez en cuando hay una abuela formada de tal manera, que siempre ha sido demasiado autoritaria con su propia hija y no puede dejar de serlo, aunque la niña sea ahora una madre. Es posible que una madre joven como ésta pase momentos duros al principio, en lo que se refiere a adquirir un justo valor. Por ejemplo, una hija siente temor por los consejos. Cuando surgen, la enojan, pero no se atreve a expresar sus sentimientos. Si acepta el consejo, se siente dominada. Si lo rechaza, se siente culpable. Y ¿cómo puede protegerse, entonces, en esta situación, la madre que recién empieza? Suena como si tuviera que valerse por sí misma. En cierta manera, tiene que hacerlo, pero **puede** ser hecho poco a poco, con la práctica. En primer lugar, debe recordar, a cada instante, que **ella** es la madre ahora, y que el niño es de ella, para cuidarlo como mejor le parezca. Debería estar en condiciones de obtener apoyo del médico, o de la enfermera, cuando se le ha hecho dudar de su propio método. No cabe duda de que tiene derecho al apoyo de su esposo, en especial si es la madre de éste quien se inmiscuye. Si en ciertas situaciones su madre tiene razón, debería poder decírselo así a su esposa, pero al mismo tiempo, tiene que mostrar a su madre que está de acuerdo con su esposa, en lo referente a las intromisiones.

A la madre joven le irá mejor si puede aprender poco a poco a no eludir a la abuela, y a no temer escucharla, porque ambas situaciones revelan, en cierta forma, que se siente demasiado débil como para enfrentarla. Cosa más difícil aun, puede aprender a no enfurecerse por dentro, o a no estallar de repente, en un arranque de enojo. Se podría decir que tiene derecho a enojarse, y eso es cierto. Pero la ira contenida y los estallidos son, ambos, señales de que se siente sumisa desde hace ya demasiado tiempo, por temor a enfurecer a la abuela. Es habitual que la abuela dominante intuya estas señales indirectas de timidez y las aproveche. Una madre no debe sentirse culpable de irritar a su propia madre, si las cosas llegan a ese extremo. En verdad, no debería ser necesario estallar ante la abuela... o por lo menos no más de una o dos veces. La madre puede aprender a defenderse en muy poco tiempo, en un tono normal, segura de sí misma, **antes de enojarse.** ("Bien, el médico me dijo que lo alimentara de esta manera." "Sabes, quiero tenerlo lo más fresco posible.") Este tono sereno, seguro, es casi siempre la forma más eficaz de convencer a la abuela de que la madre defiende sus convicciones con valentía.

En estas situaciones ocasionales, que contienen muchas tensiones continuadas, a menudo resulta útil que los padres, y tal vez los abuelos, consulten a un profesional —un médico de familia informado, un psiquiatra, un asistente social, un buen sacerdote— en entrevistas de grupo o separadas, de modo que cada uno pueda presentar el cuadro tal como lo ve. A la larga, pueden reunirse todos para una discusión final. Sea como fuere, debería quedar entendido que la responsabilidad y el derecho de adoptar la decisión corresponden a los padres.

Planeando el regreso al hogar

69. Visitantes. El nacimiento de un bebé es un acontecimiento que hace acudir a parientes y amigos, para felicitar a los padres y ver al niño. Esto resulta satisfactorio para los padres y los llena de orgullo. Pero si es excesivo, puede resultar agotador para la madre. ¿Cuánto es excesivo? La definición es muy diferente en distintos casos. La mayoría de las madres se fatigan con facilidad durante las primeras semanas en su hogar. Acaban de sentir los efectos de intensos cambios glandulares. Es posible que tengan mayor importancia aun las modificaciones emocionales, en especial con el primer bebé, y que se analizan en las Secciones 6–7.

Los visitantes son un puro placer para algunas personas—les descansan, les distraen, les rejuvenecen. Pero para casi todos nosotros, son solo unos pocos antiguos amigos que producen un efecto tan bueno. Otras visitas, en mayor o menor grado, nos ponen un tanto tensos, inclusive cuando disfrutamos de verlas, y nos dejan algo fatigados, en especial, si no nos sentimos bien. Cuando una madre nueva se cansa, esto la hace partir con el pie izquierdo en el momento de la transición más importante de su vida, y también eso es malo para todos. Creo que la nueva madre debería imponer límites estrictos para las visitas, desde el comienzo mismo, ver cómo funciona eso, y luego ir aumentando el número de visitantes poco a poco, si descubre que todavía le quedan fuerzas suficientes. Es útil para una madre obtener el acuerdo con el médico en lo relacionado con los límites estrictos. Y entonces no necesitará sentir que se muestra inhospitalaria: no hace más que seguir las órdenes del médico. Yo les diría a todas las personas que llegan de visita: "El médico dice que sólo puedo ver a un visitante por día, durante quince minutos, a partir de mañana. ¿No podría venir el martes, a eso de las cuatro de la tarde?" Hay muchas otras razones que pueden decirse para acentuar el punto: trabajo de parto muy prolongado, la alimentación a pecho, la lentitud en la recuperación de fuerzas.

En cuanto a las personas que llegan a la casa sin un llamado telefónico, usted puede mostrarse complacida pero culpable: "El médico quiere que vea un solo visitante por día, durante la próxima semana, pero entre un par de minutos, de todos modos."

Una madre descubrió que le resultaba útil pegar en la puerta de la calle una nota que decía que no necesitaba seguros de vida para el bebé, fotografías para el bebé, equipo para el cuarto de los niños, de modo que no atendería a ningún vendedor.

70. Las visitas que juegan con el bebé. La mayoría de los visitantes se muestran excitados cuando ven a un bebé. Quieren levantarlo, sacudirlo, hacerle cosquillas, muecas, menear la cabeza ante ello, y hablar como niños chiquitos. Algunos bebés pueden soportar mucho de esto, otros no soportan nada, y la mayoría constituye un grupo intermedio entre las dos actitudes. Un padre debe usar su buen tacto para decidir hasta qué punto eso es prudente, y luego mostrarse muy firme. Pero esto es difícil de poner en práctica, porque uno de los grandes placeres de la paternidad es recibir a personas que disfrutan del niño. Además, la mayoría de los bebés se fatigan con facilidad, se sienten molestos en lugares desconocidos y con acontecimientos extraños, como lo demuestran las visitas al consultorio del médico.

71. Arreglos para tener ayuda adicional desde el comienzo. Si se le ocurre la manera de conseguir que alguien la ayude en las primeras semanas en que se ocupa del bebé, durante las horas en que su esposo está en el trabajo, hágalo sin duda. Si trata de hacerlo todo sola, y se siente agotada, es posible que **necesite** obtener ayuda, y a la larga, durante más tiempo. Además, su cansancio y depresión hacen que usted y el niño empiecen mal las cosas.

Su madre puede ser la ayuda ideal, si se entiende fácilmente con ella. Si siente que es autoritaria, y que todavía la trata como a una niña, éste no es el momento de pedirle colaboración. Usted querrá sentir que el niño es suyo, y que está haciendo bien las cosas. Le resultará útil tener a una persona que haya cuidado antes a otros bebés, pero lo más importante es que esa persona sea alguien a quien le agrada tener a su lado.

Si puede permitirse contratar a una sirvienta o a una enfermera durante unas semanas, ello tendrá la ventaja, en relación con un pariente, de que puede pedirle que se vaya si no le gusta. En cierto sentido, resulta mejor la sirvienta —la madre puede tener la satisfacción de ocuparse por completo del cuidado de su bebé, desde el comienzo— pero resulta difícil encontrarla. La otra alternativa es una enfermera que se dedique a parte de las tareas de la casa, que esté dispuesta a aceptar la manera que usted tiene de hacer las cosas, que le permita sentir que el bebé es de usted y que posea una personalidad tranquila y agradable. Si descubre que esta persona se comporta como si el niño fuera de ella, y no de usted, y critica todo lo que usted hace, por amor de Dios, despídala en el acto, y tome el riesgo de encontrar una mejor.

¿Durante cuánto tiempo debe tener una ayudante? Por supuesto, dependerá de sus finanzas, de su deseo de hacerse cargo de las cosas, y de sus fuerzas. A medida que éstas aumentan, ocúpese del trabajo cada día un poco más. Si, cuando las dos semanas están a punto de terminar, descubre que se fatiga con facilidad, entonces, no duda en seguir teniendo a la ayudante, pueda permitirse ese gasto o no. Dadas las circunstancias, esa mujer no es un lujo sino una necesidad. Si usted se dedica a todas las tareas antes de sentirse lo bastante fuerte, a la larga le costará más, en términos financieros y espirituales, que si la mantiene durante una o dos semanas más.

La mayoría de los padres en potencia se sienten asustados ante la perspectiva de ocuparse por sí solos, y por primera vez, de un bebé indefenso. Si usted tiene esa sensación, no significa que no pueda realizar un buen trabajo, o que **deba** tener una persona para que le muestre cómo hacerlo. Pero si siente un pánico verdadero, es probable que aprenda más cómodamente con una ayudante agradable, o con un pariente si es posible organizar las cosas de esa manera.

Si no puede contar con nadie que la ayude en forma regular, es factible que encuentre a una persona que vaya una o dos veces por semana, que se ocupe de la limpieza, que la ayude a ponerse al día con las tareas domésticas, y vigile al niño durante una pocas horas, mientras usted sale de visita.

Si tiene ayuda o no, debe arreglárselas para que una enfermera visitante haga una o dos visitas. (Véase la Sección 113.)

72. Ayudas prácticas. En particular, si usted lavará los pañales del bebé, éste es el momento de conseguir una lavadora y secadora automáticas, si puede darse el lujo. Le ahorran horas de trabajo todas las semanas, y una energía muy valiosa. Resultan un tanto menos esenciales si piensa usar pañales desechables o un servicio de lavado de pañales, pero valen la pena.

A las madres nuevas les resulta muy útil enviar afuera la ropa de todos los días para lavar, al menos en forma temporal, durante los primeros meses del cuidado del niño. Ese es un buen momento para simplificar las tareas de la casa, y poner los muebles y adornos innecesarios en algún cuarto disponible durante un par de meses o un par de años. Aprenda a manejarse en mayor medida, durante un tiempo, con comidas que se preparen con facilidad.

EQUIPO Y ROPA

Es importante obtener la silla de coche adecuada para el bebé antes de que nazca para que la pueda usar para traerlo a casa. Hay que saber las normas de seguridad aprobadas por el gobierno.

Si está usando agua de un pozo, es importante hacer una prueba para averiguar que no contenga bacterias y nitratos antes de que llegue el bebé. (Las sales de nitrato en el agua de pozo es la causa de que los labios y la piel del bebé tomen un tono azul.) Escriba o llame al departamento de salud de su localidad.

Equipo que necesitará

73. Preparar todo con anticipación. Algunos padres no sienten deseos de comprar nada hasta que ya tienen a su bebé. La única razón que conozco para esto es la superstición según la cual comprar cosas por adelantado podría hacer que el embarazo tuviese un mal final. Pero la ventaja de conseguir y ordenar todo antes de tiempo consiste en que hace más fácil el trabajo de hacerlo más tarde. Algunas madres se sienten fatigadas y descorazonadas con facilidad, en el momento en que comienzan a ocuparse ellas mismas del primogénito. Entonces, una cosa de tan escasa importancia como comprar media docena de chupones les parece una verdadera prueba pesada. Algunas madres que se han sentido deprimidas me dijeron más adelante: "La próxima vez compraré por adelantado todo lo que necesite. Todos los seguros y todos los camisones estarán en sus respectivos lugares."

¿Pero qué tiene usted en realidad, en términos de equipo, para ocuparse de un nuevo bebé? No existen reglas exactas, pero he aquí algunas sugerencias.

74. Un lugar donde dormir. Es posible que usted quiera tener una hermosa cunita, forrada de seda. Pero al bebé, eso no le interesa. Todo lo que necesita es tener barandas que le impidan caerse, y algo blando pero firme en el interior, como el colchón. A veces hay una cuna que existe en la familia desde hace varios años, o bien es posible que los padres quieran hacer una, en particular para el primer niño. La mayoría de los padres comienzan con una cuna completamente acolchada. Las cunas deberían tener barrotes con una distancia de menos que 2⅜ pulgadas entre ellos, un colchón que cubra todo el fondo, mecanismos de cierre de los barandas, ningún borde filoso ni pintura de plomo, y 26 pulgadas de alto, desde la superficie del baranda hasta el colchón ubicado en su nivel más bajo. La mayoría de los colchones se hacen ahora con resortes interiores cubiertos de goma espuma y con una cubierta impermeable o se hacen con un pedazo de goma espuma muy grueso con cubierta a prueba de agua. También se puede hacer un colchón comprando un pedazo de hule espuma del tamaño adecuado, y forrándola con una funda impermeable. Es probable que los bordes internos de una cuna pequeña deban ser forrados para proteger a su bebé de posibles heridas. No necesita una almohada para la cabeza, y es mejor no usar ninguna.

75. Algo en qué cambiarlo y vestirlo. Puede cambiar y vestir al bebé sobre una mesa baja, ante la cual podrá sentarse (una mesa para jugar a las barajas, de patas firmes, tiene un buen tamaño para ello), o sobre una cómoda bastante alta, frente al lavabo.

Es conveniente una mesa para vestirlo o cambiarlo, con un colchón impermeable, correas de seguridad y repisas. Algunas de ellas son plegadizas.

76. Otro equipo.
Una pañalera es muy necesaria para salir de casa con su

bebé. Debe tener compartimientos para pañales, ungüentos o cremas, un cambiador de plástico que se doble, y una mamila.

Una cubeta para pañales debería ser de 3 galones. Si piensa lavar usted misma los pañales, es probable que necesite dos, uno para los mojados y otro, que contenga agua jabonosa, para los sucios. Si piensa usar un servicio de lavado de pañales, éste le proveerá de un recipiente.

Un asiento de plástico inclinado, al cual pueda amarrar al bebé, llevarlo en distancias cortas, ponerlo casi en cualquier parte, y desde el cual pueda ver pasar el mundo: es un accesorio de gran utilidad. (Algunos portabebés pueden utilizarse como asiento.) La base debe ser más grande que el asiento; de lo contrario, se volcará hacia atrás cuando el bebé desarrolle su actividad. Hay también **sillitas de tela** que se mueven con los movimientos del bebé. Tenga cuidado al poner un bebé en cualquier tipo de asiento encima de un mostrador o de una mesa, puesto que los movimientos del bebé pueden hacer que se mueva hacia el borde y se cae.

Pero el asiento tiende a usarse demasiado, en el sentido de que es posible que el pequeño esté siempre en él, y por lo tanto, resulte privado del contacto corporal con las personas. Un bebé debe estar en brazos para alimentarlo, consolarlo, y en otras ocasiones.

Si un bebé goza de buena salud, y se lo lleva de visita al médico con regularidad, no existe una verdadera necesidad de tener una **báscula** en casa. Creo que, en general, las básculas son un derroche de dinero y espacio, y tienden a provocar preocupación, en vez de impedirla.

Va a querer un **termómetro rectal,** para tomar temperaturas rectales o axilares. (Véase Sección 718, en lo que se refiere a las diferencias en las lecturas.)

Una perilla nasal es buena para extraer las mucosidades durante los resfriados.

Existen **interfonos** baratos que se pueden enchufar o que funcionan con pilas. Estos ayudan todavía más si el bebé duerme en una habitación más allá de la zona en que los padres pueden oír.

Los corrales son discutidos. Algunos padres y psicólogos reprueban el encierro de un bebé en un corral, temerosos de que pueda limitar el deseo de explorar y la vivacidad. Entiendo lo que quieren decir. Pero he conocido muchos bebés que pasaban numerosas horas del día en el corral, y que aun así terminaron siendo grandes y entusiastas exploradores. Pero ninguna de estas opiniones demuestra nada definido.

En términos prácticos, me resulta difícil entender cómo puede hacer un padre para cocinar una comida, o alguna otra cosa, después que un bebé ha aprendido a rondar a su alrededor, a menos de que se encuentre en un corral durante una parte del tiempo.

Si usted piensa usar un corral, debe comenzar por poner al bebé en él todos los días, desde los 3 meses. Los bebés son distintos, en ese sentido; algunos toleran los corrales bien, y otros no los aceptan. Si espera hasta que el niño comience a gatear (entre los 6 y los 8 meses), no cabe duda de que el corral le parecerá una cárcel, y lo recibirá con persistentes gritos de furia.

Las andaderas para bebés son una causa principal de accidentes. Sus beneficios alegados son dudosos, y sus peligros se han probado definitivamente. No deben usarse.

Los columpios pueden ayudar. (Véase la Sección 307.)

77. Cosas que debe tener en su botiquín. Una caja de cuadrados de gasa esterilizados, de 2 x 2 pulgadas y 4 x 4 pulgadas (cada gasa conserva su esterilidad en un sobre separado). Dos vendas de gasa esterilizada, de 2 pulgadas de ancho, y otras 2 de 1 pulgada. Un rollo de tela adhesiva, de 1 pulgada de ancho. Se pueden obtener tiras más angostas, cortándolas con las tijeras, y luego rasgándolas. Una caja de vendas preparadas, de distintos tamaños, un buen par de pinzas para extraer astillas.

Pídale a su médico que recomiende un antiséptico. Bicarbonato de sodio. Tabletas contra la fiebre (acetaminofen, no aspirina) para bebés. Jarabe de ipecacuana para provocar vómitos en caso de envenenamiento. Una bolsa de agua caliente y una de hielo.

Cuando tenga un niño pequeño en casa, todas las medicinas —y en particular las aspirinas— no deben

estar al alcance del niño y deben estar en envases que los niños no puedan abrir.

Ropas de cama

78. Las mantas son, por lo general, de poliéster y algodón, o están hechas de acrílico. Son fáciles de lavar, y no producen alergia. Aunque use sacos de dormir o mamelucos como principal abrigo del bebé para la cama, es probable que necesite un par de mantas para ciertas ocasiones, o como abrigo complementario, cuando hace frío. Un chal tejido es un abrigo singularmente conveniente para los bebés, porque los envuelve con facilidad, cuando están levantados, y sigue envolviéndolos cuando se encuentran en la cama. Las mantas y los chales son abrigados y lavables. Tienen que ser lo bastante largos como para doblarlos bien por debajo del colchón de una cuna.

Las mantas ajustables de algodón son de poco abrigo, pero resultan útiles para envolver al bebé, y evitar que, de otra manera, se quite las mantas de encima o para envolver al bebé, quien se encontrará cómodo y seguro cuando esté en brazos, inmóvil. (Véase la Sección 326.)

79. Las sábanas impermeables de plástico o goma. La más popular es la sábana que tiene franeleta en ambas superficies. Se mantiene en su lugar, y la sábana no resbala sobre ella. Es más cómoda cuando el bebé entra, por casualidad, en contacto con ella. Como permite la circulación del aire por debajo del bebé, en general no hace falta cubrirla con un acolchado, y esto representa un ahorro en el lavadero. Pero en tiempo caluroso es posible que también necesite un colchoncillo. Las sábanas deben lavarse (pueden ir a la máquina) todos los días si se empapan de orina, de manera que debe haber dos.

Es preferible que las sábanas impermeables sean lo bastante grandes como para introducirlas por debajo del colchón. De lo contrario, los bordes de éste, pueden mojarse en ocasiones. Dicho sea de paso, la cobertura de plástico que envuelve a la mayoría de los colchones nuevos no basta por sí misma. Tarde o temprano la orina se introduce por los agujeros y le da mal olor.

Unos pequeños cuadrados adicionales de sábanas con dorso de franela ahorrarán más lavado. Coloque una debajo de las caderas del bebé. Mantendrá seca la sábana si el bebé no se mueve de su lugar. Puede usar una como protector del regazo.

Una bolsa de plástico delgada, tal como la que se usa para cubrir las ropas de la tintorería, no debe usarse nunca en la cuna, a causa del peligro de asfixia, si la cabeza del bebé queda enredada en ella.

80. Colchoneta. Si usted usa sábanas impermeables comunes (sin dorso de franela), tendrá que cubrirlas con un acolchado. Este está destinado a absorber la humedad y a permitir cierta circulación de aire debajo del cuerpo del bebé; de lo contrario, la piel se mantiene demasiado caliente y húmeda. La cantidad de almohadillas que necesitará depende de la frecuencia con que se haga el lavado, y cuánto orina o babea el bebé. De todos modos necesitará tres, y seis es una cantidad más conveniente.

81. Sábanas. Necesitará de tres a seis sábanas. Si usa al comienzo una cuna pequeña, puede utilizar pañales como sábanas. Para algo más grande, las mejores sábanas son las de algodón. Son de fácil lavado, se secan rápido, quedan lisas sin necesidad de planchado, y no se las siente pegajosas cuando están húmedas. Se pueden adquirir sábanas con elástico para cubrir el colchón de la cuna.

Ropas y pañales

Las leyes federales exigen que toda la ropa de dormir para bebés hasta el tamaño 14 sea resistente a las llamas. Lea las instrucciones en cada ropa sobre cómo retener sus propiedades retardantes contra el fuego. Los rótulos de las ropas de bebé previenen contra el uso de jabón, blanqueador líquido o suavizador líquido, todos los cuales eliminan la protección retardante contra el fuego. En la actualidad, los fabricantes recomiendan los detergentes que no hacen demasiada espuma. Examine la caja para estar seguro que cualquier producto de lavar es seguro para usarse con tela tratado con retardante de fuego.

Recuerde que su bebé crecerá con rapidez durante el primer año, y entonces asegúrese de comprarle ropas que le queden sueltas. Exceptuando los pañales, por lo general es mejor comenzar con ropas que sirvan de los 3 a los 6 meses, en lugar de ropas para recién nacidos.

Ni un bebé ni un niño necesita más ropa o abrigo que un adulto: de hecho, necesitan menos.

82. Las pijamas son muy prácticas y pueden ser usadas de día y de noche.

Los mitones que prolongan los puños de las mangas, destinados a impedir que los bebés se rasquen, pueden usarse abiertos o cerrados. Los camisones largos impiden que los bebés se quiten el abrigo a puntapiés. Los más cortos pueden ser preferibles para un clima caluroso. De todos modos, compre tres o cuatro. Sería conveniente tener dos o tres más, en especial si no dispone de una lavadora y secadora.

83. Sacos de dormir y mamelucos. A los 6 meses, cuando los bebés pueden ir de un lado a otro en sus cunas, a la mayoría de los padres les resulta más práctico acostarlos en sacos de dormir o mamelucos, que tratar de cubrirlos con mantas. (Sencillamente, se salen de abajo de las mantas.) Las pijamas tienen la forma de camisones largos, que cubren los pies, y llevan mangas. Los mamelucos son trajes de una pieza con piesito. (La suela del pie puede ser de material resistente, que impide resbalar.) Por lo general, están hechos de poliéster, combinados, a menudo, con algodón. Muchos de los sacos de dormir pueden ser soltados a lo largo y en los hombros, a medida que el niño crece. Las leyes federales exigen que toda la ropa de dormir sea resistente a las llamas. Lea las instrucciones para el lavado,

a fin de conservar las propiedades que retardan la com-
bustión.

Si un bebé o un niño ha de dormir en una habitación que
es lo bastante cálida como para que usted se sienta cómoda
usando un vestido o una camisa de algodón, o durmiendo
bajo una manta de algodón, la bolsa o el mameluco del bebé
no tienen que ser más abrigados que aquélla. Si la
habitación es lo bastante fría como para que un adulto necesite una buena manta de algodón o de acrílico para cubrirse,
el bebé necesitará una bolsa o mameluco más pesado.

84. Camisetas. Actualmente existen tres estilos de camisetas: el que se pasa por la cabeza, el que se pasa por la
cabeza y cierre debajo del pañal, y el que cierra con
broches. Este último es un poco fácil para poner a un bebé
pequeño, de cuerpo flexible. Las camisetas livianas y de
mangas cortas son suficientes, salvo que el bebé viva en
una casa demasiado fría. Comience por el tamaño para un
año, o bien, si prefiere las prendas entalladas, el tamaño
para 6 meses. De todos modos, compre tres o cuatro. Será
conveniente tener dos o tres más, en especial, si no tiene
lavadora y secadora.

85. Los mamelucos son cada vez más populares para que
los bebés los usen durante el día, pero también se los puede
usar para dormir. Se abren con broches o cierres desde el
cuello hasta una o las dos piernas. Mire a los pies con frecuencia. Pueden acumular pelo, que puede envolver los
dedos de pie del bebé y puede causarle daño.

86. Los sacos y kimonos son chaquetas cortas y vestidos
largos, que se abren por delante, casi siempre de franela de
algodón floreado, y se usan sobre la camisa o el camisón,
para dar mejor aspecto a la vestimenta. No son esenciales,
pero a menudo se los regalan.

87. Los suéteres son útiles en una casa fría, en un dormitorio frío, o cuando se sale con tiempo inclemente, para
agregar un poco más de abrigo, por encima o por debajo
de las otras ropas, cuando el bebé está despierto, o debajo

de otros abrigos, cuando se encuentra acostado. Asegúrese de que la apertura del cuello sea lo bastante amplia, que tenga broches en el hombro, o que tenga botones bien cosidos.

88. Ropas exteriores. Un bolso de paseo es un bolso con cierre relámpago, en el cual el bebé queda cubierto hasta los hombros.

El traje de paseo tiene la forma de un mameluco, y también envuelve los pies y puede presentarse en una o dos piezas. Debería tener broches o cierres, del cuello a los pies.

89. Otras ropas. Los gorritos de acrílico, tejidos, son útiles para salir con el tipo de tiempo que hace que los adultos se pongan abrigo, o para dormir en una habitación igualmente fría. Para el tiempo más templado, los gorritos son innecesarios. De todos modos, a la mayoría de los bebés les desagradan. No necesita botitas ni calcetines, por lo menos hasta que su bebé se siente y juegue en una casa fría. Los vestidos hacen que el bebé se vea bonito, pero son innecesarios, y molestos para el bebé y el padre. Un sombrero para el sol, con un lazo para que no se caiga, resultará útil para el bebé que lo tolere. Véase la Sección 405 sobre los zapatos.

90. Pañales. Hay tres opciones; pañales de tela que compra y lava usted mismo (el método menos caro), un servicio de pañales que le provee de pañales de tela y se los lava y los pañales desechables (lo más caro).

Los pañales de tela vienen doblados o no doblados. Los no doblados son mucho más versátiles; puede usarlos como sábanas, como toallas, etcétera. Los materiales más populares son la gasa y la franela de algodón. Los pañales de gasa se secan con más rapidez, pero no retienen tanto la orina cuando el bebé es más grande. Dos docenas serán suficientes para sus necesidades si los lava todos los días y si no usa demasiados como sábanas, toallas, etcétera. Seis docenas cubrirán todas las necesidades posibles. Consiga el tamaño grande. Si compra alrededor de un tercero de su total doblado y dos terceros no doblados, tendrá las ventajas de los dos.

Por su conveniencia, los pañales desechables son muy populares en los Estados Unidos, pero han creado una pesadilla ecológica. En primer lugar, son una causa principal de la escasez nacional de espacio para la basura. En segundo lugar, no son biodegradables. (Si lee la letra fina de algunos de las etiquetas de los fabricantes, descubre que el plástico "se degrada" en pequeños pedazos de plástico después de muchos años expuestos al sol.) En tercer lugar, los excrementos van a la basura como desechos no tratados, que contaminan el agua, produciendo un peligro de salud público. Al escribir este libro (1991), algunos estados están considerando legislación para prohibir los pañales desechables.

Alfileres de pañales. Deben no oxidarse, ser de acero, y tener un sujetador seguro. Necesitará cuatro al principio.

Toallitas prehumedecidads para bebés. Puede usar una manopla con jabón y agua, pero si quiere la comodidad de toallitias, utilice los que no tienen químicos y perfumes. Los toallitas que contienen alcohol, otros químicos y perfumes pueden ocasionar salpullidos.

91. Los calzones de hule sobre los pañales de tela son de especial utilidad cuando se sale con el bebé. El hecho de que usted decida usar calzones de hule en el hogar depende de lo bien que los tolere la piel del bebé. Los calzones vienen con broches o para ponerlos directamente. El elástico de los bordes es menos irritante cuando viene envuelto en una tela suave.

Mientras la piel del bebé se mantenga sana en la región del pañal, puede usar los calzones tanto como le resulte conveniente. Cuando aparece el salpullido de los pañales, abandónelos. Lávelos todos los días. Asegúrese de que no le aprieten demasiado las piernas al bebé.

Bañarse

92. Un lugar donde bañarlo. El bebé puede bañarse en el fregadero de la cocina, en una tina de plástico (de preferencia una que tiene un borde ancho para que usted pueda descansar su brazo), o una especie de cacerola. Usted puede sentarse en un taburete alto cerca del fregadero. Las tinas de plástico que tienen una forma que cabe bien con el cuerpo del bebé son disponibles y por lo general baratas.

Un termómetro de baño no es necesario, pero puede ser consolador para el padre inexperto.

93. Artículos de tocador.

El algodón absorbente ayuda a la hora de bañarlo, para limpiar sus ojos.

Cualquier **jabón suave** resulta satisfactorio. No utilice los jabones líquidos para bebés ni los jabones con desodorantes; pueden causar salpullidos.

La loción para bebés no es realmente necesaria, a menos que la piel sea seca, aunque los padres disfrutan aplicándola. Muchos padres prefieren ahora usar cremas y lociones a las cuales no se les ha agregado perfume o colorante, y que casi siempre cuestan menos que los habituales productos para bebés.

Los aceites para bebés, la mayoría de los cuales están constituidos por aceites minerales, han sido usados con amplitud para la piel seca o normal, o para las erupciones provocados por los pañales. Pero los análisis han demostrado que el aceite mineral puede causar, por sí mismo, un salpullido muy suave en algunos niños. De modo que resulta sensato no usarlo, como cosa normal, a menos que decida, al utilizarlo, que ofrece más ventajas que desventajas en el caso de su bebé.

El talco para bebés ayuda un tanto a eliminar las excoriaciones, pero no es necesario en la mayoría de los casos (el estearato de zinc no se considera conveniente para los bebés, porque resulta irritante cuando se aspira y penetra en los pulmones). El almidón en polvo, común, de cocina, es el menos costoso de todos, y no ejerce ése tan pernicioso efecto para el bebé. Cualquier polvo debería ser aplicado con sumo cuidado (primero echalo en la mano cerrada), de modo que no llegue a la cara del bebé una nube de él.

Un ungüento que contiene lanolina y petrolato, en

tubo o en frasco, para proteger la piel cuando hay una erupción causado por los pañales.

Tijeras para las uñas tienen puntas romas para no lastimar al bebé cuando se mueve.

Véase la Sección 77 respecto de otros artículos que debe tener en su botiquín.

Equipo para la alimentación

94. Tiraleches. Si piensa amamantar y exprimir su leche con regularidad —muchas madres que trabajan lo hacen durante semanas o meses— le ayudará un tiraleches. Véase la Sección 192.

95. Biberones. Si espera alimentarlo a pecho, compre por lo menos tres, para una que otra alimentación de leche ya preparada, de agua o jugos. Si sabe de antemano que su bebé no será alimentado a pecho, compre por lo menos nueve biberones de 8 onzas. Usará de seis a ocho por día, al comienzo, y no cabe duda de que algunos de ellos se le romperán, en su momento. Un cepillo para el biberón y un cepillo para el chupón también son esenciales.

El agua o los jugos también pueden darse en biberones de 8 onzas, aunque son innecesariamente grandes. Pero

El chupado encaja en un anillo de plástico. Salvo cuando el bebé se está alimentando, se guarda boca abajo, en el biberón, y una tapa de plástico cubre la abertura.

algunos padres prefieren, para este fin, los de 4 onzas. Dos o tres de éstos serán suficientes.

También existen biberones desechables, de plástico flexible, que vienen en una larga tira, ya esterilizados, para ser usados con un soporte de plástico rígido, que se adquiere por separado. Los padres que los usan son entusiastas partidarios de ellos.

96. Chupones. Una docena, si el bebé será alimentado a biberón, y media docena si recibirá alimento a pecho. Le resultará práctico disponer de varios, por si deja caer alguno al suelo, o si surgen problemas para practicar un agujero de tamaño adecuado.

Los chupones de silicona son más caros, pero no se deterioran al hervirlos, ni con la grasa de la leche.

Hay muchas variedades de chupones con formas especiales, pero no hay pruebas científicas para lo que prometan los fabricantes.

97. Chupetes. Si usted decide usarlos, tres o cuatro serán suficiente. Véase las Secciones 387–389.

98. Baberos. Baberos pequeños y redondos ayudan a mantener las ropas limpias. Para la suciedad que los bebés o niños siempre hacen con sus comidas sólidas, necesitan un babero grande de plástico, nilón, terry (o una combinación), de preferencia con un bolsillo al borde de abajo para pescar la comida que cae. El plástico se lava fácilmente, pero al adulto parece incómodo. Los baberos son regalos apropiados.

99. Un recipiente para mezclar la papilla, con marcas de onzas resulta muy conveniente. Pero puede utilizar cualquier recipiente graduado en onzas, y luego mezclar en cualquier cacerola o frasco que contenga un cuarto de galón.

También ayuda tener una cuchara con un mango largo para remover, un juego de cucharas de medida para medir el azúcar si piensa preparar fórmula de leche en polvo, un abrelatas, y un batidor para mezclar la fórmula comercial en polvo.

100. Una cacerola con tapa para esterilizar los biberones, de preferencia de 8 pulgadas de altura y con un diámetro de 9 pulgadas para que pueda contener hasta ocho biberones. Existen esterilizadores eléctricos que se apagan en forma automática.

La mayoría de los padres no necesitarán esterilizar, de modo que este equipo no resultará necesario.

101. Calentador para biberones. Ya no se considera necesario calentar el biberón de un bebé. Por supuesto, eso se puede hacer en cualquier tipo de recipiente. Un calentador eléctrico resulta muy útil, cuando el abastecimiento de agua caliente es incierto. Existe un calentador especial que se enchufa en el encendedor de cigarrillos del automóvil.

102. Licuadora o mezcladora de alimentos para convertir en puré las carnes cocinadas, las hortalizas y las frutas, de modo que el bebé pueda comer lo que come la familia, y para que usted pueda eludir los gastos de los alimentos envasados para bebés, y la desventaja adicional que significa el hecho de que muchos de ellos se presentan diluidos con almidón y agua. Para evitar el gasto de una licuadora eléctrica, puede obtener un molinillo manual, lavable, para alimentos infantiles.

Salir afuera

103. Los portabebés para llevar al pequeño contra el pecho del padre, su espalda o a un costado, son útiles para ir de compras, de paseo, de visita, para las tareas domésticas, y para los períodos en que el pequeño se encuentra molesto. Ofrecen proximidad física y emocional. El portabebés que se lleva contra el pecho puede parecer molesto, pero muchos padres lo prefieren porque resulta fácil sentar al bebé en él y sacarlo, y se lo puede ver y vigilar, y el contacto físico y emocional es el más íntimo. Los portabebés de pecho deben usarse desde muy temprano, con regularidad, de lo contrario ni el padre ni el bebé podrán tolerarlo. Las personas que los usan con regularidad los sienten muy pronto como indispensables. El portabebés que se lleva a un costado tiene casi las mismas ventajas. **Advertencia:** no maneje un coche con su bebé en un portabebés.

Los portabebés que se llevan a la espalda son satisfactorios, y resulta fácil llevarlos en largas caminatas, pues los bebés de mayor edad pueden sentarse erguidos. El borde superior tiene que ser acolchado, para cuando la cara del pequeño que duerme se apoya en él. No es posible sentarse con comodidad en un camión, por ejemplo. Algunos tipos pueden apoyarse contra una superficie vertical, como asientos. Los portabebés de pecho generalmente se pueden convertir para usarse en la espalda.

104. Asientos de seguridad, con aprobación gubernamental, que han pasado por pruebas dinámicas —un portabebés para el más pequeño, un asiento para un niño— son partes esenciales del equipo de todos los niños que viajan en coche. ¿Y qué niño no lo hace?

Un bebé debería poder viajar reclinado, sujetado en un portabebés. Un niño de entre 20 y 45 libras de peso tiene que ser asegurado en un asiento especial, que lo proteja de los golpes a los costados, así como de los choques de frente.

Cuando compre (o pida prestado) una silla para el auto, no acepte una que no se atenga a las Normas Federales de Seguridad en los vehículos automotores, de 1981 o posteriores, que no haya pasado por pruebas dinámicas. Una buena idea es llevar consigo una silla de coche, cuando visita amigos o parientes en avión o camión, de modo de tenerlo cuando viaja en auto después de haber llegado a su punto de destino.

Creo que la mejor manera de enseñar a los niños buenos hábitos de seguridad en el auto es establecer la regla de que éste no puede ponerse en marcha hasta que los niños no ocupen sus asientos, y los mayores (de más de 45 libras), así como los adultos, tengan colocados los cinturones de seguridad. Si es absolutamente necesario que lleve a un niño en un auto sin su asiento para éste, el mejor lugar para él será el asiento trasero, no en brazos de un pasajero en el asiento de adelante, o suelto, en la parte trasera de una camioneta o camión. **No utilice un cinturón de seguridad para dos niños juntos, ni para un adulto con un niño pequeño en un portabebés.**

Existen ahora muchos programas gratuitos, de bajo costo, de préstamo, alquiler o compra para portabebés y sillas para coche, y usted podrá consultar al respecto a su médico, o al organismo de salud pública local.

Para la información más corriente sobre asientos de coche, puede escribir a la Office of Public Education, American Academy of Pediatrics, 141 Northwest Point Boulevard, Elk Grove Village, IL 60009; o llámelos a (800) 433-9016 ó (708) 228-5005.

105. Un coche para bebés se usa principalmente para los padres que viven en las ciudades del noreste de los Estados Unidos para hacer excursiones con sus bebés o dejarles dormir una siesta en el pórtico. Se les satisface mucho a ellos. Pero en la mayor parte de los Estados Unidos, los padres no piensan en los coches para bebés—ni en excursiones.

Una sillita de ruedas es una manera cómoda de sacar a su niño pequeño para ir de compras o cualquier otro recado, sobre todo en las ciudades donde los coches no son fácilmente disponibles para los padres. Los niños siempre deben ser bien sujetados en sus sillitas de ruedas.

106. Correas. El uso de correas en los pequeños que dan sus primeros pasos resulta discutible. Algunos padres se sienten acusados de que tratan a sus niños como a un perro, si se presentan en público con el niño llevado por medio de un arnés, y si tienen en la mano una "correa", unida al arnés. Me parece que el padre que tiene un pequeño muy activo, en particular si ya hay un niño de corta edad en la familia, puede usar ese recurso de la correa como una medida de seguridad muy eficaz, mientras sale de compras a supermercados u otros lugares, donde los pequeños que dan sus primeros pasos pueden dañarse con facilidad, o provocar destrozos en las mercancías. Por supuesto, la correa nunca debe usarse para amarrar al pequeño a alguna cosa, mientras el padre parte en otra dirección.

También existen **correas de muñeca** que consisten de pulseras para padre e hijo, conectados por una cuerda flexible y estirable.

107. Cuna portátil. Es una combinación de cuna portátil y bolsa para pañales, en la cual el bebé puede dormir mientras usted visita a sus amistades. Se puede plegar para guardarla.

AYUDA Y CUIDADOS MEDICOS PARA TENER AL BEBE

Teniendo al bebé

108. Parto preparado ("natural"). Uno de los conceptos fundamentales del parto natural indica que la ansiedad respecto del parto, tan común en nuestra sociedad, es la causa principal de los tipos erróneos de tensión muscular, y del dolor. Con una sólida educación y un adiestramiento muscular, es posible evitar parte del miedo, y cierta proporción del dolor. Entonces la mujer puede colaborar en todas las formas con el proceso del parto. Y de ese modo obtendrá la alegre sensación de dar a luz a una nueva persona, alegría que se merece después de nueve meses de embarazo.

Son cada vez más las mujeres que quieren tener sus bebés con un parto natural de antemano. Ello significa que quieren la menor cantidad posible de anestesia, de modo que puedan participar en forma activa en el parto, y ver cómo nace el niño. Suprimir la anestesia también beneficia al bebé. La mayoría de las mujeres que han pasado por esta experiencia la consideran la más conmovedora y creativa de su vida. Muchas de ellas desean que su esposo esté presente, si tiene el mismo deseo, y si el obstetra está de acuerdo.

Si los padres quieren participar en un parto natural, deben encontrar un obstetra que esté de acuerdo. Entonces recibirán instrucción en clases que se imparten durante los 2 ó 3 últimos meses del embarazo, respecto de la anatomía, la fisiología y la psicología del embarazo y del parto, de modo que puedan entender todo lo que ocurre. La mujer también realizará ejercicios de respiración y de empujar, de modo que pueda colaborar en forma activa durante el trabajo y el padre puede aprender a entrenarla.

En ocasiones, una mujer siente que si ha participado en clases de preparación para el parto, y no sigue todo el trayecto del trabajo y de parto, sin una medicina contra los dolores, "ha fracasado" en lo que decidió hacer. No creo que ello sea así, en manera alguna. El objetivo de los métodos alternativos de parto consiste en hacer que el nacimiento del nuevo bebé constituya una experiencia tan natural en la familia como ello resulte posible. Por lo general, esto abarca cierta proporción de dolor, y en ocasiones, la necesidad de medicamentos para aliviarlo, pero no elimina el provecho que obtiene la familia.

109. Impresiones en el hospital.
En la actualidad, la mayoría de los bebés nacen en un hospital. En éste, el médico se encuentra más a mano cuando se le necesita, y cuenta con la ayuda de internos, enfermeras, técnicos y consultantes. El hospital ofrece todos los equipos complicados, tales como incubadoras y tiendas de oxígeno, para hacer frente a las emergencias imprevistas. Todo ello hace que la madre se sienta muy segura y bien cuidada. Pero este marco también tiene sus aspectos negativos, que forman parte de sus virtudes. Es posible que los bebés se encuentren en un cuarto de cuna, a cierta distancia de las madres, donde podrán ser vigilados y cuidados por las enfermeras, y no perturbarán el descanso de aquéllas. Pero no es del todo natural, desde el punto de vista de la nueva madre, tener a su bebé en otro lugar, y ser cuidada en forma tan absoluta, durante algunos días.

También un hombre puede tener una impresión errónea respecto de sí mismo como padre, si el bebé nace en un hospital, según cuales sean los reglamentos de éste. La madre, al menos, sabe que es el centro de la atención. El pobre padre, en cambio, puede ser totalmente ajeno a ello. Si quiere ver a su bebé, es posible que tenga que estar al otro lado de la ventana de un cuarto de cuna, y mirar con expresión suplicante a la enfermera. El hecho de ver a un bebé a través de un cristal es un mal sustituto comparado con tenerlo en brazos. Por supuesto, el hospital hace bien en proteger a su bebé, y a todos los demás, de los gérmenes del mundo exterior. Pero el padre recibe la sensación de que no se lo considera un compañero adecuado para su hijo. Véase la Sección 9 en cuanto al papel que el padre puede tener, cada vez más, en nuestros días.

110. Estar juntos. En un esfuerzo por superar algunos de los inconvenientes artificiales de los cuidados tradicionales de la maternidad, algunos hospitales han introducido el plan, según el cual madre e hijo se encuentran juntos. La cunita del bebé, en lugar de estar en un cuarto de cuna, se encuentra al lado de la madre. Las enfermeras estimulan a ésta a comenzar a cuidar a su bebé en cuanto se siente en condiciones de ello: alimentarlo, tenerlo en brazos, cambiarle los pañales, bañarlo. Tiene la posibilidad de practicar todas estas cosas mientras se encuentra entre personas experimentadas, que se lo explican todo, y la ayudan. Aprende a conocer los patrones del hambre de su bebé, su sueño, su llanto, sus movimientos intestinales, de modo que no es un desconocido cuando ya lo lleva a su hogar. Esto resulta de singular importancia para la madre inexperta. Un horario de alimentación irregular, gobernado por las necesidades del bebé, no constituye un problema y favorece el éxito de la alimentación a pecho. Cuando el padre los visita, siente que forma parte de la familia, y puede sostener al bebé y practicar por sí mismo el cuidado de éste.

Si bien este sistema se ha practicado siempre en algunas otras partes del mundo, y aunque se lo practica en los Estados Unidos desde hace muchos años, sólo se ha reanudado en este país en los últimos treinta años. Es un método seguro. La mayoría de las madres primerizas que lo practican se muestran muy entusiastas, y muchas quieren tener más niños de la misma manera.

Si usted abrigaba la esperanza de que en su caso fuese así, pero no consigue ningún lugar donde se practique, no sienta que todo está perdido. Podrá compensar esa falta después de volver al hogar, en especial en estos días, en que la estancia en el hospital es muy breve.

El parto natural y la convivencia en el hospital han surgido, tanto de la presión de los padres, como del cambio de los conceptos en las profesiones médicas y de enfermería, y en la administración de los hospitales. Por lo tanto, si usted quiere estos procedimientos, pídaselos a su médico, y al hospital en el cual dará a luz. (Vaya a ver al administrador, o por lo menos, escríbale una carta) y, si bien es posible que no obtenga tales procedimientos para su beneficio, habrá ayudado a conseguirlos para futuros padres.

111. Métodos alternativos de parto. En los últimos años ha surgido un creciente interés en los métodos de parto, que difieren de la práctica habitual de ir a un hospital y pasar la mayor parte del trabajo de parto en una sala de parto, y luego ser llevada a una sala de partos, que, en lo esencial, es una sala de cirugía. Muchos padres que tienen su primer bebé, o los siguientes, deciden tenerlos en el hogar, o en "centros de parto" especiales, o salas de parto de hospitales. Los bebés nacen con la ayuda de parteras diplomadas u obstetras. En todas estas alternativas, se pone énfasis en la creación de un ambiente hogareño, en el cual los padres, hermanos y hermanas pueden participar en distintas formas. Si su obstetra no está de acuerdo con este enfoque, usted tendrá que resolver entre lo que recomienda éste, o buscar un obstetra que se sienta cómodo con los nuevos métodos. Usted puede obtener información detallada acerca de la educación sobre el parto y la vida familiar y los métodos alternativos de parto de la International Childbirth Education Association (ICEA), P.O. Box 20048, Minneapolis, MN 55420-0048, teléfono (612) 854-8660. Muchas ciudades grandes y medianas tienen sucursales de la ICEA y se pueden encontrar en el guía telefónica.

112. Sección cesárea. Casi un 25 por ciento de los nacimientos en los Estados Unidos se hace por sección cesárea. Teniendo a su bebé de esta manera no quiere decir que usted o su bebé tendrá problemas especiales en el futuro. (Tampoco quiere decir que tiene que tener a todos sus bebés de esta manera.) Sólo quiere decir unos días más en el hospital y un período un poco más largo de recuperación para la madre.

La visita de la enfermera

113. Tenga usted ayuda en su hogar o no, debe tratar de conseguir que una enfermera visitante o una perteneciente a la organización de salud pública la vea una o dos veces durante los primeros días. La enfermera le mostrará cómo preparar el biberón, como bañar al bebé, y seguir otras instrucciones del médico. Y más tarde, siempre le será posible llamarla, cuando tenga preguntas y problemas. Existen enfermeras a domicilio, u otras pertenecientes a organismos de salud pública en la mayoría de las ciudades, y en muchos distritos rurales. Pregunte al médico o a la enfermera en el hospital, o escriba a su departamento de salud local. (Dadas las reducciones en los servicios humanos en los Estados Unidos, hay una falta grave de enfermeras visitantes y de enfermeras de salud pública— un problema más de índole política para los padres.)

El médico del bebé

114. ¿Quién será el médico? En muchos casos, el médico de la familia que ha ayudado en el nacimiento del bebé continuará viéndolo después. El médico de la familia que está habituado a cuidar a los niños puede realizar una labor tan buena como el especialista, a no ser que surja algún problema poco común. En las grandes ciudades, es posible que el niño haya sido dado a luz por un especialista en obstetricia, que luego no quiere ocuparse de cuidarlo. Entonces los padres querrán encontrar a un especialista en niños (conocido con el nombre de pediatra). Alrededor del 40 por ciento de los actuales expertos en pediatría son mujeres. Algunos padres se sienten mejor con un médico que no se muestra demasiado minucioso respecto de los detalles. Otros sólo se sienten bien si reciben instrucciones hasta el último detalle. Es posible que usted sienta más confianza en una persona de edad, o que le parezca que molesta menos a una más joven. Si tiene sentimientos definidos en cuanto al tipo de médico que desea, hable de ello con su obstetra, quien conocerá a los especialistas en niños que pueden resultarle útiles.

Si éste es su primer bebé, o si está trasladándose a una nueva zona, considera una visita a varios médicos, antes que nazca el bebé, hasta que encuentra a alguien con quien se siente cómoda. He aquí unas preguntas que puede hacer durante su visita: ¿Practica el doctor solo o tiene socios? ¿Cómo manejan las llamadas telefónicas? ¿Qué pasa si el bebe se enferma después de las horas normales, o si tiene una emergencia durante el día? ¿Cuánto cuesta una visita y cómo se la paga? Escoge un par de asuntos que le importan a usted, como por ejemplo, las opiniones del médico sobre la alimentación al pecho, o su manera de responder a las preguntas que no sean estrictamente físicas, como por ejemplo los problemas de conducta. Pregunte al médico qué haría en tal situación. Usted terminará las visitas con un entendimiento mejor de qué tipo de médico y qué tipo de oficina le va a resultar más cómodo. (Incluyo la oficina del médico porque va a tener contacto con sus empleados, enfermeras y socios también.)

115. La clínica de salud infantil. Un bebé cuyos padres, en la ciudad, no pueden permitirse realizar visitas regulares a un médico pueden y deben concurrir a "una conferencia de salud infantil" en un hospital o en una clínica de salud infantil. Estas también han sido establecidas en muchos distritos del campo. El médico examina al bebé a intervalos regulares, y asesora a los padres. La enfermera ayuda a los padres a cumplir con las recomendaciones de éste, y en decenas de otros asuntos del cuidado práctico del niño. La enfermera puede visitar el hogar poco después que la madre y el bebé han salido del hospital y, en otras ocasiones, cuando los padres tienen un problema que no puede esperar hasta la siguiente visita a la clínica.

116. La enfermera practicante, o ayudante del médico.
Algunas escuelas de enfermería, en colaboración con los hospitales de pediatría, ofrecen cursos especiales a las enfermeras diplomadas, para formarlas como ayudantes del médico o como enfermeras practicantes. Trabajan en clínicas de salud para el niño, y también en consultorios de pediatras. Mantienen las historias de los progresos de los niños desde la última visita, los examinan, asesoran a los padres y, bajo la supervisión del médico, hacen lo que él haría.

117. Visitas regulares. La mejor manera de asegurarse de que su niño hace avances normales consiste en hacer que un médico lo vea a cada cierto tiempo. El procedimiento más común es el de una vez por mes durante los 2 primeros meses, cada 2 meses en los 4 siguientes, y luego cada 3 meses, durante el segundo año. Creo que muchos padres se beneficiarán con las visitas más frecuentes, por lo menos en el caso de su primer hijo. Si usted quisiera hacer más visitas, solicítelas.

El médico le hará preguntas para descubrir cómo está el bebé. Deseará pesar y medir al pequeño para ver como crece, examinarlo, a fin de comprobar que se desarrolla bien, administrarle todas la inmunizaciones necesarias. Usted tendrá cinco o diez preguntas que quiere formularle, al menos con el primer bebé. Es una buena idea llevar un pequeño cuaderno, tenerlo siempre a mano, para anotar las preguntas, cuando se le ocurren, en su casa, y también para anotar sucesos tales como la primera dentición o un salpullido, cuyas fechas quiera recordar más adelante. Por supuesto, algunas familias viven tan lejos del médico, que no pueden pensar en una visita mensual. En algunos casos, los padres y médicos pueden mantenerse en contacto por teléfono. Como es natural, no todos los bebés tendrán problemas por el solo hecho de que el médico no pueda verlos con regularidad. Pero la experiencia ha demostrado que una visita mensual tiene importancia vital para los bebés que no progresan bien, y que es una precaución que vale la pena para todos los demás.

118. Llevarse bien con un médico. En la mayoría de los

casos, los padres y el médico llegan a conocerse muy pronto y a confiar los unos en el otro, y se entienden bien. Pero de vez en cuando, como son seres humanos, es posible que surjan malos entendidos y tensiones. La mayor parte de ellos son evitables, o se resuelven con facilidad si las dos partes se muestran francas entre sí.

A no ser que los gastos no constituyan un problema, es una buena idea concertar los honorarios cuando se habla por primera vez con un médico. Esto resulta más fácil al principio que después. Aunque pueda avergonzarlo, recuerde que para el médico es una cosa muy antigua, y que puede entenderla. Muchos médicos reducen sus honorarios en caso de personas de ingresos inferiores al promedio, y les alegra conocer la necesidad antes que sea demasiado tarde.

La mayoría de los nuevos padres se muestran tímidos, al comienzo, en lo relacionado con formular preguntas acerca del cuidado del bebé, pues temen que sean demasiado sencillas o tontas. Es absurdo preocuparse por esto. Si hay alguna duda en su mente, tiene derecho a una respuesta— para eso están los médicos. La mayoría de éstos se sienten complacidos cuando contestan alguna pregunta, si pueden hacerlo; cuanto más fácil es, tanto mejor.

Aunque tenga la certeza de que su médico se mostrará gruñón en relación con alguna cosa que, tal vez no sea muy grave pero que, de todos modos a usted le preocupa, llámelo igualmente. La salud de su niño es más importante que los sentimientos del médico o los suyos propios.

Ocurre a menudo que uno de los padres, digamos que es la madre, pregunta acerca de un problema y el médico explica una parte de éste, pero se desvía antes de haber respondido a la pregunta más importante de la madre. Si usted es tímida, es posible que vacile en lo referente a volver al punto que le interesa, y entonces regresa a su hogar un tanto insatisfecha. Debe decirse que tiene que ser audaz, dejar muy claro, con toda exactitud, lo que desea saber, de modo que el médico pueda darle la respuesta, o si no es de la especialidad de éste, que la refiera a algún otro profesional.

Muchas veces, cuando vuelven a casa de una visita al consultorio, los padres advierten que olvidaron formular su pregunta o preguntas más importantes, y les avergüenza volver a insistir muy pronto. A los médicos, estas cosas no les molestan; están muy habituados a ellas.

119. Visitas a la clínica por una enfermedad. Algunos padres recuerdan que, cuando estaban enfermos, de niños, el médico los visitaba en la casa. Les parece mal sacar a un niño enfermo para llevarlo al consultorio de un médico. Por supuesto, la visita al consultorio es más conveniente para el médico que se encuentra muy ocupado. Pero los médicos no lo aconsejarían si no se hubiera comprobado que no existe ningún riesgo, en estos días de autos con calefacción, y si no resultara definitivamente beneficiosa, en el caso de muchas enfermedades. En lo que se refiere a numerosas infecciones de la garganta, ahora tiene gran importancia tomar una muestra para descubrir si la causa es un estreptococo. Si lo es, resulta esencial la utilización de un medicamento antibiótico. De lo contrario, es mejor no recetarlo. Muchas veces es útil, durante una enfermedad que todavía no ha sido diagnosticada, realizar un análisis de orina o de sangre. Después de una lesión, es recomendable un estudio con rayos X. En estas ocasiones, y en muchas otras, los médicos pueden llevar a cabo una mejor labor en sus consultorios, o en la sala de urgencias de un hospital.

120. Rayos X. Los rayos X se usaban en ocasiones, como cosa de rutina, para los diagnósticos, por ejemplo en los exámenes dentales, o para determinar la normalidad de los embarazos, o bien para el tratamiento intensivo del acné, hasta que se advirtió que podían ser peligrosos. Desde entonces, las personas prudentes se han vuelto cautelosas, y algunas de ellas se han resistido a los rayos X, por necesarios que fuesen. Una escasa proporción de radiaciones, como las que recibimos con regularidad, por el hecho de vivir en la tierra, producen el cáncer a una persona, especialmente susceptible, en un millón, cosa que constituye un riesgo mucho menos que el que corremos cada vez que cruzamos una calle de tránsito demasiado intenso. Y una persona con resistencia extraordinaria puede recibir muchas radiaciones intensas, sin sufrir daños evidentes. De modo que se trata de un problema de hacer el cálculo de los riesgos. El riesgo de una infección no diagnosticada, en un diente o de los pulmones, es mucho mayor que el que produce una sola placa de rayos X. Si usted siente un temor particularmente fuerte hacia los rayos X, debería decírselo así a su médico o dentista, para que éste pueda tenerlo en cuenta. Pero si el facultativo insiste en los rayos X, yo, por mi parte, aceptaría, como padre y como paciente.

121. Pedir una segunda opinión. Si su niño tiene alguna enfermedad o se encuentra en un estado que la preocupa intensamente, y le agradaría contar con la opinión de otro experto, siempre tendrá derecho a pedir una segunda opinión. Muchos padres dudan en hacerlo, por el temor de que ello exprese falta de confianza en su médico actual, y lastime los sentimientos de éste. Pero se trata de un procedimiento normal en la práctica de la medicina, y el médico puede tomarlo como cosa natural. En la realidad, los médicos, como cualquier otro ser humano, intuyen la inquietud de las personas con quienes tratan, aunque no se expresen, y les dificultan su labor. Casi siempre, una consulta deja las cosas en claro, tanto para ellos como para la familia.

122. La franqueza es siempre mejor. Creo que lo principal en todas estas situaciones es que si usted se siente insatisfecha con el asesoramiento o los cuidados de su médico, debe tratar de exponerlo con franqueza, y en el acto, en la forma más simple que le sea posible. Decir lo que piensa desde el primer momento resulta más fácil para uno y otro, en lugar de permitir que la tensión y la irritación se acumulen por dentro.

Pero en algunas ocasiones, un padre o un médico descubren que no pueden entenderse, por más franqueza y colaboración que traten de mostrarse, y entonces es mejor admitirlo sin rodeos. Todos los médicos, inclusive los más competentes, han aprendido que no resultan adecuados para todos, y toman esta circunstancia con espíritu filosófico.

123. El momento para las llamadas telefónicas. Averigüe a qué hora del día prefiere el doctor que se le hagan las llamadas telefónicas, en particular respecto de una nueva enfermedad que puede requerir una visita a su consultorio. La mayoría de las enfermedades de los niños muestran primero síntomas definidos durante la tarde. Y casi todos los médicos prefieren conocerlos tan pronto como sea posible, en horas de la tarde para poder planear sus visitas con eficiencia. Como es natural, si los síntomas que preocupan al padre sólo aparecen más tarde, ésa es la hora en que debe llamar al médico.

124. Cuándo llamar al médico. Después que usted ha criado un par de niños, tendrá una buena idea de los síntomas que exigen una comunicación rápida con el médico, y cuales pueden esperar hasta mañana, o hasta la visita siguiente. Pero es frecuente que los nuevos padres pidan una lista. Inclusive aunque no la consulten nunca, se sienten más cómodos cuando la tienen.

Ninguna lista puede ser completa. Por supuesto, existen centenares de distintas enfermedades y lesiones. Siempre debe usar sentido común. El siguiente análisis contiene apenas algunas orientaciones generales.

La regla más importante, por mucho, tal como yo la entiendo, consiste en consultar al médico en el acto si el bebé o el niño **parece diferente** (en su aspecto general) **o se comporta en forma diferente.** Al hablar de esto me refiero a señales tales como una palidez poco común, una fatiga extraordinaria, un somnolencia poco común, falta de interés, una irritabilidad fuera de lo común, ansiedad, inquietud, postración. Esto se refiere en especial a los dos o tres primeros meses de vida, en que un bebé puede tener una grave enfermedad, sin tener fiebre, o sin presentar otros síntomas específicos o señales claras de enfermedad.

Las convulsiones se analizan en las Secciones 816–818. Ver a su niño tener una convulsión es una de las experiencias más espantosas que un padre puede tener. Debe ser contado inmediatamente, para tratar la causa subyacente.

La fiebre se examina en la Sección 717. Lo elevada o baja que sea tiene menos importancia que el hecho de que el niño parezca realmente enfermo. Una fiebre alta acompaña a menudo a una infección leve, y un bebé pequeño puede estar muy enfermo, con poca o ninguna fiebre. Por lo general, debe consultar al médico si el bebé tiene una temperatura de 101 grados F o más. No hace falta que llame a media noche si el bebé tiene apenas un resfriado común, con 101 grados, y en todos los demás aspectos se muestra contento; llame por la mañana. Pero si parece enfermo, aun sin fiebre, en especial en los 2 ó 3 primeros meses, llame en el acto.

Resfriados. En general, usted llama al médico si el resfriado es más que leve, si dura mas que 10 días ó 2 semanas, si existen nuevos síntomas, o bien si el niño parece más enfermo. Lo que debe inquietar en los **resfriados,** se analiza en las Secciones 724, 725 y 727; sobre las **toses,** en las Secciones 746–753; **dolores de oído,** en la Sección 738.

Las ronqueras, las dificultades al respirar (las Secciones 746–749, 782 y 783), deben ser atendidas siempre, en el acto.

El dolor o sospecha de un dolor debe comunicarse si se prolonga, si parece extraordinariamente grave o si el niño parece muy enfermo. (Por supuesto, los cólicos que se producen todas las noches, durante semanas, no tienen por qué ser comunicados en cada ocasión.) Las **infecciones del oído** se examinan en la Sección 738; el **dolor de estomago,** en las Secciones 755, 756, 758–760; el dolor en las **vías urinarias** en las Secciones 775–777; los **dolores de cabeza** (la Sección 754) deberían ser comunicados lo antes posible en un niño pequeño; hernia, la Sección 811.

La disminución repentina del apetito es, a veces, una señal de enfermedad. No hace falta comunicarla si se produce una sola vez, y si el niño se siente tan cómodo y feliz como siempre. Pero si actúa en forma distinta, es preciso llamar al médico.

Los vómitos de cualquier tipo, por poco corrientes que fueren, tienen que ser comunicados enseguida, en especial si el niño parece enfermo o distinto, en cualquier otro sentido. Por supuesto, esto no se refiere a las regurgitaciones después de las comidas, tan comunes al principio. (Véase las Secciones 342, 343, 756, 759, 760 y 811.)

La diarrea en su forma más grave, en los niños, que debe ser informada al médico en el acto, y los tipos más leves, que tendrían que ser consultados en el plazo de unas horas, se estudian en las Secciones 350, 351 y 757. La diarrea de los niños debería comunicarse de inmediato (la Sección 756).

Se debe consultar con rapidez sobre la presencia de **sangre** en los movimientos intestinales (las Secciones 286, 351 y 760).

La inflamación del ojo o las lesiones oculares tienen que comunicarse de inmediato (las Secciones 813, 814, 841 y 848).

Las lesiones en la cabeza deben ser comunicadas si el bebé no se muestra feliz y de aspecto saludable en 15 minutos (la Sección 846).

El abultamiento del punto blando de la cabeza debe consultarse, lo mismo que el punto blando hundido, si el niño parece enfermo.

Es preciso informar sobre la **lesión de un miembro,** si el niño no muestra tendencia a usarlo con normalidad, o parece sentir dolor al usarlo (las Secciones 843–844).

Las quemaduras deben consultarse si aparecen ampollas (la Sección 838).

Venenos. Si su niño ha comido algo que **podría** ser peligroso (las Secciones 850–852), debe comunicarse de inmediato con su médico. Es una buena idea tener a mano los números de su médico, junto al aparato telefónico.

Las heridas se analizan en las Secciones 831–835.

Las hemorragias nasales se examinan en la Sección 837.

Salpullidos. Consulte al médico sobre cualquier salpullido. Se equivoca fácilmente. Véase las Secciones 352–356, 784–786, 788–793. Si un niño parece tener una erupción, o si ésta es muy extensa, es preciso llamar al médico de inmediato.

125. Encontrar un médico en una ciudad que no conoce.

Si usted necesita un médico para su niño, en una ciudad desconocida, busque el nombre del mejor hospital. Telefonee, y pida el nombre de un pediatra del personal, o un médico general que se ocupe de niños. Si surge algún problema, pida hablar con el médico en jefe (quien probablemente no será un especialista en niños), que podrá darle los nombres de uno o dos médicos convenientes.

ALIMENTACION DEL PEQUEÑO

Qué significa la alimentación al bebé

126. Un bebé sabe mucho acerca de su dieta. El es quien sabe cuántas calorías necesita su cuerpo, y lo que puede tolerar su digestión. Si no recibe lo suficiente con regularidad, es probable que llore para pedir más. Si en el biberón hay más de lo que desea, deje que termine de beber cuando el quiera. Hágale caso al bebé.

Piense de la siguiente manera en el primer año del bebé: despierta porque tiene hambre, llora porque quiere ser alimentado. Se muestra tan ansioso cuando la teta entra en su boca, que casi se estremece. Cuando se alimenta, se advierte que se trata de una intensa experiencia. Es posible que empiece a sudar. Si lo interrumpe en mitad de su alimentación, puede llorar, furioso. Cuando ha bebido todo lo que desea, parece ebrio de satisfacción, y se queda dormido. Inclusive mientras duerme, da la impresión de que soñara que está alimentándose. Su boca hace movimientos de succión, y toda su expresión es de dicha. Todo ello se resume en el hecho de que alimentarse es su mayor alegría. Sus primeras ideas sobre la vida nacen según la forma en que se desarrolla la alimentación. Sus primeras ideas sobre el mundo provienen de la persona que lo alimenta.

Cuando sus padres insistan en forma constante, a su bebé, a que coma más de lo que desea, es probable que poco a poco se muestre menos interesado. Puede llegar a eludir la alimentación, durmiéndose cada vez antes, durante la misma comida, o rebelarse y mostrarse más terco. Tiende a perder parte de su sentimiento activo, positivo, ante la vida. Es como si se le ocurriese una idea: "La vida es una lucha. Esa gente siempre lo persigue a uno. Hay que pelear para protegerse."

Por lo tanto, no se debe insistir a los bebés a que coman más de lo que quieren. Deje que sigan disfrutando de sus comidas, sintiendo que usted es su amiga. Esa es una de las maneras principales en la cual su confianza en sí mismos, su alegría de vivir y su amor por la gente se establecerán con toda firmeza durante el primer año.

127. El importante instinto de succión. Los bebés comen con ansiedad, por dos razones distintas. Primero, porque están hambrientos. Segundo, porque les encanta succionar. Si se les alimenta en abundancia, pero no se les ofrecen suficientes oportunidades de succionar, su ansia quedará insatisfecha, y tratarán de chupar alguna otra costa: sus puños, su pulgar, o las ropas. También es verdad que la necesidad de succionar varía en gran medida, según el bebé. Es importante ofrecerles un período de alimentación lo bastante largo, en cada ocasión, y que tenga una cantidad suficiente de comidas todos los días. Todo esto se enfoca en detalle en las Secciones 378–382 y 387–389, relacionadas con la succión del pulgar.

Horarios

128. Durante la primera mitad de este siglo, era habitual que los bebés fuesen objeto de horarios muy regulares, estrictos. Los médicos no conocían con seguridad la causa de graves irregularidades intestinales que afectaban a decenas de miles de bebés, todos los años. Se creía que esas infecciones eran producidas no sólo por contaminación de la leche, sino también por las proporciones erróneas de la mamila y por la irregularidad en la alimentación.

La regularidad estricta funcionaba bastante bien en la mayoría de los bebés. Cuando eran bien alimentados, al pecho o con el biberón, la comida les aguantaba **unas** 3 ó 4 horas, sólo porque ésa es la manera en que funciona, por lo general, el sistema digestivo de un bebé pequeño.

Pero siempre había algunos que tenían problemas para adaptarse a la regularidad en el primer mes o en los dos primeros: los bebés cuyos estómagos daban la impresión de no poder retener una cantidad de leche suficiente por 4 horas, los bebés que dormitan en la mitad de la comida, los bebés inquietos, los bebés con cólicos. Lloraban, desdichados, durante períodos más breves o más prolongados, todos los días, pero sus madres y sus médicos no se animaban a alimentarlos (o siquiera a tomarlos en brazos) fuera de los horarios. Y esto resultaba bastante molesto para los bebés. Yo creo que era peor aun para los padres.

De todos modos, las graves enfermedades de diarrea casi desaparecieron. El factor principal de ello fue la pasteurización de la leche, en las lecherías comerciales. Pero hicieron falta muchos años más para que los médicos se atrevieran a experimentar con horarios flexibles.

129. Los primeros experimentos fueron realizados por el doctor Preston McLendon y la señora Frances P. Simsarian, un psicólogo y una nueva madre, con el nuevo bebé de la Sra. Simsarian. Querían averiguar qué tipo de horario establecerían los bebés, si se los alimentaba a pecho cada vez que parecían tener hambre. El bebé despertaba con poca frecuencia, en los primeros días. Luego, a partir del momento en que la leche comenzó a llegar, despertó, en forma sorprendente, más a menudo —unas diez veces por día— en la segunda mitad de la primera semana. Pero a las 2 semanas se había concretado a seis o siete comidas por día, a intervalos más bien regulares. A las 10 semanas llegó a un horario de 3 ó 4 horas, más o menos. Ellos lo consideraron un experimento en alimentación "exigida por el bebé". Desde que ese experimento abrió un nuevo rumbo, en 1942, se ha producido un relajamiento general en lo referente a los horarios de alimentación para los pequeños, que ha tenido un efecto saludable en los bebés y los padres. (Ahora se advierte que el promedio de horas entre una y otra comida de un bebé alimentado al pecho, en las 2 primeras semanas de su vida, es de dos. Eso significa que algunos bebés se alimentarán cada 3 horas, y otros cada hora y media.)

130. Lo que significa la regularidad y los horarios. La mayoría de los bebés tienen una tendencia natural a establecer un horario regular de dormir y comer. Los intervalos entre comidas pueden variar en un período de 24 horas, pero tienden a tener una consistencia de un día al siguiente. El horario cambiará a medida que el bebé crece y los períodos de estar despierto se prolongan y se llenan con más actividad.

Los horarios no tiene que implicar una comida cada 4 horas, ó 3 horas, aunque algunos bebés y familias sí llegan a un horario semejante. Algunos recién nacidos parecen salir del hospital listos para un intervalo de 3 ó 4 horas. Otros crean su propio horario, aunque pueden tardar unas semanas para ser consistentes. A unas horas del día, los bebés parecen más hambrientos que a otras. Por lo general, se despiertan para comer cada 1½ a 4 horas. Pueden tener un período de dormir de 5 horas, aunque puede ser de noche o bien durante el día. Pueden tenir un período de ansiedad de unas horas, que suele ocurrir en la primera parte de la noche. Durante estas horas, el bebé alimentado al pecho está contento si está casi constantemente ante el pecho, llorando si se lo quita. Un bebé alimentado con biberón puede mostrar hambre pero no comer mucho cuando se le ofrece un biberón. Puede chupar mucho el chupete. Algunos padres no felices dicen que recién nacidos "tienen sus días y noches al revés". Estos bebés dormirán como troncos durante el día y apenas si se les puede despertar. Por la noche, en cambio, están despiertos y comen y lloran cada hora y media.

El período de dormir más tiempo se mueve a la noche en las primeras semanas. El alboroto de la noche mejora poco a poco durante los primeros meses (aunque puede parecer como si no parará nunca). Durante estos primeros meses, se puede predecir los tiempos para alimentar, jugar y incluso alborotar. Y por lo general, el bebé comienza a dormir por la noche.

Para hacer una comparación, un bebé acercando el año

de edad suele dormir toda la noche, aunque puede despertarse para comer, y luego volver a dormir 1 ó 2 horas. Come
tres veces al día y un par de meriendas, toma una siesta o
dos, y va a la cama a una hora razonable, a menudo después
de una alimentación final del pecho o del biberón.

¿Cómo pasan todos estos cambios en un año? No se
debe totalmente a lo que hacen los padres. Es el bebé
mismo. A medida que crece, tiende a ajustarse al horario
de la familia.

131. Guía general respecto de los horarios. La consideración principal, en lo que respecta a los bebés, es la de
que éstos no necesitan llorar de hambre durante largos
períodos.

Todos los bebés tiene tendencia a desarrollar hábitos regulares en términos de sentir hambre, y tales hábitos aparecen con rapidez si los padres los orientan un poco. No les
molesta que se les despierte para alimentarlos al cabo de un
intervalo de 3 ó 4 horas.

Los bebés pequeños tienden a comer con más frecuencia
que los bebés más grandes. Pero todos los bebés tienden a
prolongar poco a poco el intervalo entre una y otra comida,
a medida que crecen en peso y en edad. Los bebés alimentados al pecho comen con más frecuencia que los bebés alimentados con biberón, pues se digiere la leche del pecho
con mas facilidad. Llegan a darse cuenta de que no necesitan la comida de altas horas de la noche, y la mayoría de
ellos la abandonan al mes, o a los 2 ó 3 meses de edad. Entre
el cuarto y el duodécimo mes, la mayor parte de los bebés
son capaces de dejar de despertarse a la hora que los padres
se acuestran también.

En todas estas tendencias —respecto de la alimentación
más regular, y de menos cantidad de comidas— el bebé
puede ser influenciado, en gran medida, por la orientación
de los padres. Supongamos que una madre despierta a su
bebé cuando todavía está dormido, 4 horas después de la
última alimentación; está ayudándolo a establecer un hábito
según el cual siente hambre cada cuatro horas. Pero si,
cuando el pequeño se mueve y lloriquea un par de horas
después de la última alimentación, ella se contiene durante

unos minutos, y le da una posibilidad de volver a dormirse, o si cuando el pequeño llora sin cesar, la madre trata de consolarlo con un chupón o una botella de agua, ayuda al estómago del pequeño a adaptarse a un intervalo más largo. Por otro lado, si siempre lo toma en brazos, y lo alimenta en cuanto él se mueve, aunque sólo haya pasado un par de horas después de la última alimentación, lo habitúa a intervalos breves y a comidas reducidas.

Los bebés difieren mucho entre sí en lo que se refiere al momento en que se habitúan con comodidad a los horarios regulares. Una gran mayoría de los que se alimentan bien, que se muestran razonablemente tranquilos, y reciben abundante cantidad de pecho o biberón pueden ser habituados con facilidad a un horario de 4 horas, y 1 ó 2 meses después del nacimiento abandonarían el alimento en el medio de la noche. Por otro lado, si al principio el bebé es inquieto, y se adormece mientras se alimenta, o si cuando despierta se muestra muy molesto (las Secciones 176, 232–234, 326–328), o si todavía no se ha establecido un buen aporte de leche de pecho, será más cómodo para todos avanzar con más lentitud. Pero aun en estos casos, se producirán menos confusiones por parte de los padres, todos los días —respecto de si es preciso darle su alimento en el acto o esperar— y el bebé se habituará mucho antes, si los padres continúan esforzándose con suavidad para obtener comidas más regulares, lo más próximas que se pueda a las 3 ó 4 horas para los bebés alimentados con biberón, y a las 2 ó 3 horas para los alimentados al pecho.

132. Ha habido malentendidos sobre la relación entre la alimentación por autoexigencia y los horarios. El objetivo principal de cualquier horario es atender bien al bebé. Pero otra finalidad consiste en permitir que los padres cuiden a su bebé en una forma que les conserve la energía y la vivacidad. Casi siempre, esto significa reducirse a una cantidad razonable de sesiones de alimentación, en horas predecibles, y omitir la comida de la noche en cuanto al bebé esté listo para ello.

Algunos padres jóvenes, ávidos de mostrarse progresistas, han dado por un hecho que, si querían apartarse de los horarios rígidos del pasado, debían pasarse por entero al terreno opuesto, alimentar a su bebé en **cualquier** momento, cuando despertara, y **nunca** despertarlo para alimentarlo, tal como si estuviesen realizando un experimento científico, o como si existiera una superioridad fundamental en lo referente a la irregularidad.

Esto puede funcionar bastante bien, si el bebé es tranquilo, y tiene buena digestión, si los padres no necesitan preocuparse acerca de sus propios horarios y si no les molesta ser despertados entre la medianoche y las 6 de la mañana. Pero si ocurre que el bebé es inquieto, y se mueve mucho, ello puede conducir al establecimiento de muchas sesiones de alimentación, y muy poco descanso para los padres, durante varios meses. Y en algunos casos, muy pocos, alienta al bebé a seguir despertándose para un par de sesiones de alimentación nocturna, aun al final del primer año.

Si los padres prefieren alimentar a su bebé según un horario irregular, durante varios meses, no se perjudicará para nada la nutrición del pequeño. Tampoco hará caso alguno a los padres, si se trata de personas a quienes les molesta actuar según lo determine el reloj. Pero si observan suficiente regularidad en lo relativo al resto de su vida, y tienen otras cosas que hacer, lo único que me preocupa es que hayan llegado a formarse la idea de que, cuantas más cosas abandonen por el bebé, mejor será para éste, o que crean que deben demostrar que son buenos padres, prescindiendo de sus propias conveniencias. Estas actitudes tienden a provocar dificultades, a la larga.

133. Sugerencias específicas para avanzar hacia un horario regular. La manera más fácil de empezar un horario para un bebé es despertarlo si todavía está dormido 4 horas después de su última comida. No tendrá que instarlo para que coma. Un bebé a quien se despierta 4 horas después de su última alimentación se sentirá, por lo general, desesperado de hambre en pocos minutos.

Pero supongamos que despierta 1 hora antes de su alimentación siguiente. Usted no necesita alimentarlo en el primer minuto, si lloriquea. Ni él mismo sabe con certeza si está hambriento. Pero si 10 ó 15 minutos después llora con energía, por hambre, en el lugar de la madre yo no esperaría demasiado.

¿Qué ocurre con el horario de 4 horas? Puede que el pequeño compense la diferencia, y duerma lo bastante, antes de la alimentación siguiente, como para volver luego al horario. Si no recupera el tiempo durante el día, es posible que lo haga durante la noche. Si despierta siempre temprano, más próximo a las 3 horas, es posible que no reciba lo bastante en cada comida para que le dure 4 horas. Si se le alimenta a pecho, que lo haga más a menudo— inclusive al cabo de 2 horas, si parece muy hambriento— en la esperanza de que, si vacía el pecho más a menudo, y estimula el pezón y la aréola, ello haga que la madre disponga de más leche en los días siguientes. Cuando reciba una cantidad mayor, podrá esperar más tiempo. Si se alimenta a biberón, deja vacío cada uno de ellos y despierta temprano con regularidad, consulte al médico en cuanto a la necesidad de aumentar la fórmula.

134. ¿Cuándo hay que darle otra comida? He venido diciendo que si el bebé que, por lo general, puede aguantar 3 ó 4 horas, despierta al cabo de 2 ó 2½ horas, y parece hambriento de veras, está bien alimentarlo en ese momento. Pero supongamos que despierta una hora después, más o menos, de la última comida. Si en esa última ocasión ha terminado su biberón habitual, no es muy posible que vuelva a sentir hambre tan pronto. Lo más probable es que lo haya despertado una indigestión o un cólico. Puede tratar de hacerlo eructar de nuevo, o ver si se sentirá conforme con un poco de agua o un chupón. No debe precipitarse a alimentarlo de nuevo, aunque es posible que vuelva a intentarlo al cabo de un rato, si ninguna otra cosa da resultado. No puede tener la certeza de que su bebé sienta hambre, sólo porque trata de chuparse la mano, o porque acepta el biberón con avidez. Es frecuente que el bebé tenga algún cólico, cuando hace cualquiera de estas cosas. En apariencia, no puede distinguir entre los dolores del cólico y los procedentes del hambre. Esto se analiza en la Sección 328.

En otras palabras, no se da de comer al bebé **cada vez** que llora. Si llora en momentos inapropiados, tiene que estudiar la situación. Puede estar mojado o demasiado caliente o frío; a lo mejor necesita eructar, o ser consolado, o sólo aliviar la tensión. Si sigue ocurriendo y no llega a comprenderlo, puede mencionarlo a su médico.

135. La comida de las 2 de la mañana. La regla más fácil para la comida de las 2 de la mañana consiste en no despertar a los bebés, sino en dejar que éstos le despierten a uno, si quieren. Los bebés que aún necesitan esa comida se despiertan, por lo general, asombrosamente cerca de las 2 de la mañana. Y luego, algunas noches, quizá cuando tienen entre 2 y 6 semanas de edad, duermen hasta las 3 ó 3:30 de la mañana. Entonces usted los alimenta. La noche siguiente puede que se despierten aun más hacia la madrugada. O pueden despertarse a medias, llorar un poco y luego volverse a dormir si no se les da de comer de una vez. Cuando el bebé se dispone a abandonar la comida de las 2 de la mañana, por lo general lo hace de prisa, en 2 ó 3 noches. En el caso del bebé alimentado al pecho, puede comer más durante sus otras comidas. En el caso del bebé alimentado con biberón, usted puede aumentar la cantidad de los otros biberones para compensar el biberón que ha dejado, si quiere esta cantidad adicional. Las comidas de la noche deben ser dadas tranquilamente, en una habitación oscura (al contrario de las comidas de día que pueden ser acompañadas de más estímulo).

136. Omisión de la comida de las 2 de la mañana. Si los bebés llegan a los 2 ó 3 meses de edad y pesan 12 libras, y sin embargo siguen despertándose para la comida de las 2 de la mañana, creo que es apropiado que los padres traten de influir sobre ellos para que abandonen el hábito. En lugar de correr hacia ellos en cuanto se mueven, pueden dejarlos durante 15 ó 30 minutos, para ver si se duermen otra vez. Si no se tranquilizan, haga la prueba con un poco de agua tibia. Si gritan enfurecidos al cabo de media hora, resultará más fácil darles el pecho o un biberón, pero vuelva a intentarlo 1 ó 2 semanas más tarde. Desde el punto de vista de la nutrición, un bebé de 12 libras que come bien durante el día no necesita, en realidad, la comida de las 2 de la mañana.

137. La comida de la hora en que los padres se acuestan es, tal vez, la que usted puede fijar según su propia conveniencia. Para cuando tienen algunas semanas de edad, la mayoría de los bebés se muestran muy dispuestos a esperarla hasta las 11 e inclusive hasta la medianoche. Si usted desea acostarse temprano, despierte al bebé a las 10, o aun un poco antes. Si le resulta conveniente una comida posterior, hágalo, siempre que el bebé esté dispuesto a mantenerse dormido.

Para los que todavía se despiertan para la comida de las 2 de la mañana, aconsejo que no se les deje dormir durante las comidas de las 10 u 11 de la noche, aunque estén dispuestos a hacerlo. Cuando aceptan abandonar una de esas comidas, usted querrá que dejen primero la de las 2 de la mañana, de modo que no resulte interrumpido su sueño.

En el caso de los bebés que ya no se alimentan a las 2 de la mañana, pero, aun así, se muestran muy irregulares en cuanto a sus horarios de alimentación durante el día, es preferible continuar despertándolos a las 10 u 11 de la noche, siempre que acepten ser alimentados. Cuando menos, esto termina con el día en su horario, los ayuda en gran medida a evitar una comida entre la medianoche y las 4 de la mañana, y tiende a iniciar el horario siguiente entre las 5 y las 6 de la mañana.

La eliminación de la comida de la hora en que los padres se acuestan se examina en la Sección 268.

Para dar el alimento

Los detalles de los alimentos a pecho se analizan en las Secciones 164–175. Algunos de los problemas de los bebés que no se alimentan bien en las primeras semanas, y son lentos para acomodarse a un horario, se describen en la Sección 176.

La forma de darles el biberón es objeto de estudio en las Secciones 226–236. Allí se examinan algunas de las dificultades de las primeras semanas.

138. Eructar. Es preciso sostener el biberón con el fondo lo bastante alto como para que esté siempre lleno del chupón. Pero todos los bebés tragan un poco de aire mientras beben su leche. Se acumula como una burbuja de aire en el estómago. El vientre de algunos bebés se distiende incómodamente antes que hayan llegado a la mitad de su alimentación, y entonces deben detenerse. Algunos nunca tragan suficiente aire como para interrumpir la alimentación. Unos pocos, en especial los alimentados al pecho, ni siquiera tiene un eructo al final de una comida. Existen un par de maneras de hacer eructar al bebé, y usted puede descubrir cuál es la que le resulte mejor. La primera es sentarlos erguidos, en el regazo, y masajearles el vientre con suavidad. La otra es sostenerlos contra su hombro y masajearles el centro de la espalda, o palmearlos en ese lugar. Es una buena idea ponerse un pañal en el hombro, por si babean un poco. Algunos bebés eructan con suma facilidad y rapidez. Otros parecen querer aferrarse a ella. Cuando el eructo no sube de prontitud, a veces resulta útil acostar a esos bebés durante un segundo, y luego volver a llevárselos al hombro.

Es preciso hacer que los bebés dejen salir el eructo en mitad de una comida, sólo si tragan tanto aire que les impida seguir comiendo. Pero cuando menos, usted debería tratar de hacer que eructen al final de la comida. La mayoría de los bebés se muestran incómodos poco tiempo después, si se los acuesta sin haber eructado. Algunos llegan a experimentar dolores de cólico. Por otro lado, si su bebé no eructa con facilidad, y siempre parece mostrarse tan cómodo, haya eructado o no, no hace falta que usted intente hacerlo durante más de unos pocos minutos.

Este es un momento tan bueno como cualquier otro para mencionar el hecho de que, cuando un bebé ha comido bien, el abdomen se distiende hasta tal punto que puede preocupar al padre inexperto. Ello sólo se debe a que la cantidad que el bebé necesita ingerir, en cada comida, es mucho mayor, en comparación con las dimensiones del abdomen, que en el caso de un adulto. ¡Usted se vería muy llena si pesara 110 libras y bebiese 2 cuartos de galones de leche por comida!

Recibir lo suficiente y aumentar de peso

139. Los bebés normalmente pierden peso al principio.
Los bebés que reciben el pecho lo recuperarán tan pronto como llega la leche de la madre. Los bebés de peso normal que reciben su fórmula desde el comienzo casi siempre lo recuperan en 2 ó 3 días, porque pueden beber y digerir bien. Los bebés pequeños o prematuros pierden peso durante más tiempo, y lo recuperan con más lentitud, porque al principio sólo pueden ingerir cantidades pequeñas. Es posible que necesiten varias semanas para volver al peso del nacimiento. Este retraso no los perjudica. A la larga, lo recuperarán con rapidez, para compensarlo.

Algunos padres se preocupan en forma innecesaria en cuanto a la pérdida de peso inicial. No pueden dejar de sentir que es anormal y peligroso que el peso descienda en lugar de ascender. La preocupación por la pérdida de peso en los primeros momentos, no sólo puede inquietar a una madre sin necesidad, sino que también es posible que la lleve a abandonar la alimentación al pecho antes que ésta haya podido acostumbrarse. Es mejor para los padres que se den cuenta de lo normal que es la pérdida de peso, y que consulten cualquier duda con el médico para que se sientan asegurados.

140. Los pequeños saben, por lo general, cuánta comida necesitan.
Si la fórmula actual ya no les es suficiente, o si la leche materna ha disminuido, por el momento, a causa de la fatiga o de tensión, es probable que los pequeños empiecen a despertarse cada vez más temprano, antes de cada comida, y lloren con un llanto que usted reconoce ahora como de hambre. Terminarán su biberón hasta la última gota, y buscarán más. Es probable que traten de morderse la mano. Algunos bebés que se sienten hambrientos llegan también a tener estreñimiento. Si sienten hambre **de verdad,** es posible que lloren al final de alguna de sus comidas.

Si su bebé muestra alguna de estas señales de insatisfacción, y se alimenta con fórmula, es hora de agregar una onza más a cada comida.

Si su bebé se alimenta al pecho y se despierta temprano,

puede alimentarlo entonces, aunque esto signifique una comida más por día. Las comidas más frecuentes ayudarán a satisfacerlo, y el hecho de que vacíe los pechos más a menudo, los estimulará a producir más cantidad de leche. Si ha estado alimentándolo de un solo pecho por comida, déle, durante un tiempo, los dos.

141. Negativa a alimentarse en los meses posteriores. De vez en cuando, un bebé de entre 4 y 7 meses se comporta en forma extraña durante los horarios de alimentación. La madre dirá que su pequeño varón come, hambriento, del pecho o biberón, durante algunos minutos. Luego se pone desesperado, suelta el pezón y llora como si tuviera dolor. Todavía parece muy hambriento, pero cada vez que vuelve al pecho al poco rato se muestra incómodo. Acepta ansioso su alimento sólido. Creo que este problema es provocado por la dentición. Sospecho que cuando el bebé se alimenta, la succión inflama sus encías doloridas, y ello le resulta insoportable. Usted puede dividir cada período de alimentación en varias partes, y ofrecerle los alimentos sólidos en los intervalos, ya que la incomodidad aparece sólo durante unos cuantos minutos de succión. Si se alimenta con biberón, puede probar haciendo más grandes los agujeros de los chupones, para que termine el biberón en menos tiempo y con succión menos forzada. Si la incomodidad del bebé es excesiva, y aparece muy seguido, puede dejar el biberón por completo durante algunos días. Déle su leche de la taza, si sabe beberla, o con una cuchara, o mezcle una buena cantidad de ella con sus cereales u otros alimentos. No se preocupe si no recibe su cantidad habitual.

Una infección del oído, complicada con un resfriado, puede provocar suficiente dolor en la articulación de la mandíbula, como para que los bebés se nieguen a alimentarse, aunque puedan comer alimentos sólidos sin mayores dificultades.

De vez en cuando, los niños se niegan a tomar el pecho durante los períodos menstruales de la madre. En esos días, se les puede ofrecer el pecho con más frecuencia. Será necesario que la madre extraiga la leche del pecho a mano, para aliviar la plenitud de éste y mantener la fluidez del líquido. Los bebés reanudaran su habitual alimentación a pecho cuando el período haya terminado, y puedan recibir la leche en su provisión habitual.

142. ¿Cuánto deben aumentar de peso los bebés? Lo mejor que se podría decir es que deberían aumentar al ritmo en que parecen desearlo. La mayoría de los bebés saben. Si se les ofrece más alimento del que necesitan, lo rechazan. Si se les da menos, muestran su hambre despertándose más temprano, antes de las comidas, y mordiéndose los puños.

Podemos hablar de los bebés promedio, pero recuerde con claridad que ningún bebé es promedio. Cuando los médicos hablan de un bebé promedio, sólo quieren decir que han sumado los que aumentan con rapidez, los que aumentan con lentitud y los que aumentan en término medio. Un bebé está **destinado** a aumentar con lentitud, y otro **destinado** aumentar con rapidez.

Si los bebés aumentan poco a poco, ello no quiere decir con seguridad que estén destinados a hacerlo así. Si tienen hambre todo el tiempo, es buena señal de que están destinados a aumentar con rapidez. De vez en cuando, un aumento lento significa que el bebé está enfermo. Los que aumentan con lentitud necesitan ser vistos con regularidad por un médico, para asegurarse de que gozan de buena salud. De vez en cuando se ven a bebés muy tranquilos, que aumentan de a poco, y que no parecen demasiado hambrientos. Pero si se les da más de comer, lo aceptan de buena gana, y crecen con más rapidez. En otras palabras, no todos los bebés lloran cuando se les da poco alimento.

El peso del bebé promedio es de poco más de 7 libras al nacer, y de 14 entre los 3 y los 5 meses. Es decir, que el bebé duplica su peso de nacimiento entre los 3 y los 5 meses. Pero en la práctica, los bebés que son pequeños al nacer tienden a crecer con rapidez, como si trataran de recuperar lo perdido, y los que nacen grandes tienen menos tendencia a duplicar su peso de nacimiento entre los 3 y los 5 meses.

El niño promedio aumenta unas 2 libras por mes (de 6 a

8 onzas por semana) en los 3 primeros meses. Por supuesto, algunos muy saludables aumentan menos, y otros más. Luego, este ritmo se hace más lento. **A los 6 meses, el aumento promedio desciende a 1 libra por mes** (4 onzas por semana). Esto representa una disminución en un período de 3 meses. En el último trimestre del primer año, el aumento promedio desciende a ⅔ libra por mes (de 2 a 3 onzas por semana), y durante el segundo año es de apenas ½ libra por mes (2 onzas por semana).

A medida que van creciendo, se advierte que aumentan con más lentitud. Por otro lado, ese aumento es más irregular. La dentición, por ejemplo, puede quitarles el apetito durante varias semanas, y es posible que aumentan muy poco. Cuando se sienten más cómodos, su apetito revive, y su peso crece de golpe.

No es posible extraer demasiadas conclusiones de los cambios de peso de los bebés, de semana en semana. Lo que pesan en cada ocasión dependerá de cuánto hace que orinaron, cuánto hace que evacuaron, cuánto que comieron. Si una mañana usted descubre que su bebé sólo ha aumentado 4 onzas en la semana anterior, en tanto que normalmente aumentaba a razón de 7 onzas en el mismo período, no llegue a la conclusión de que está pasando hambre, o de que algo anda mal. Si parece feliz y satisfecho, espere otra semana a ver qué ocurre. Es posible que tenga un aumento grande de peso, para compensar la baja de antes. En el caso del bebé alimentado a pecho, si moja los pañales por lo menos cada 6 a 8 horas, si se muestra vivaz y feliz cuando está despierto, si duerme bien y tiene un aumento de peso de semana en semana, todo ello es un indicio de que come lo suficiente. Pero recuerde siempre que cuanto más crece, más lento será su aumento de peso.

143. ¿Con cuánta frecuencia hay que pesar al bebé? Por supuesto, la mayoría de los padres no tienen una báscula en su hogar, y la mayoría de los bebés sólo son pesados cuando van a visitar a su médico, cosa que ocurre con bastante frecuencia. Cuando un bebé se muestra contento y crece bien, el hecho de pesarlo más de una vez por mes no sirve para otra cosa que no sea satisfacer la curiosidad. Si usted tiene una báscula, no lo pese más de una vez por semana. Y una vez cada 2 semanas es mejor aun. Si lo pesa todos los días, se incita a sí misma a preocuparse demasiado por el peso. Por otro lado, si su bebé llora demasiado, o tiene indigestión, o vomita mucho, es posible que pesarlo con más frecuencia, en el consultorio del médico, la ayude a usted y a éste a descubrir cuál es el problema. Por ejemplo, un llanto excesivo, combinado con un rápido aumento de peso, indica un cólico, y no hambre.

144. La obesidad en la infancia no significa que el bebé estará gordo para el resto de su vida. Pero engordar a los bebés no es una muestra de bondad para éstos. Es importante dejar de dar comida al bebé cuando parece estar lleno para prevenir los problemas de alimentación (la Sección 231) o los malos hábitos de comer (la Sección 466).

En apariencia, nos resulta difícil cambiar nuestro sentimiento de que la gordura en los bebés es atrayente y deseable. Los parientes y amigos siguen elogiando a los padres, en relación con ello, como si fuese una prueba de excelentes cuidados. Yo creo, asimismo, que en los lugares del mundo en los cuales todavía se recuerda el hambre de la población, los padres aún consideran que la gordura del bebé es una reserva contra esa hambre, como dinero depositado en el banco.

De todos modos, tengo la esperanza de que podamos superar la idea de que la gordura es deseable en la infancia.

Las vitaminas en la infancia

145. Los bebés pueden necesitar una mayor cantidad de vitamina D y vitamina C. (Estas se analizan en las Secciones 439 y 440.) Estas vitaminas se encuentran en muy pequeñas proporciones en la leche tal como proviene de la vaca, y en los alimentos sólidos que se ofrecen a edad temprana.

La leche de pecho puede contener suficiente vitamina C si la dieta de la madre es rica en cítricos y en determinados vegetales (la Sección 159), pero no contiene suficiente vitamina D. Los bebés que reciben fórmula de leche evaporada deberían tener, asimismo, de 25 a 50 miligramos diarios de vitamina C, en un preparado comercial, hasta que reciban 2 onzas de jugo de naranja por día. A los bebés alimentados al pecho no les hace daño alguno recibir también eso como una precaución complementaria.

En los Estados Unidos, la leche pasteurizada o las fórmulas listas para usar contienen 400 unidades de vitamina D por cuarto de galón, y una lata de fórmula concentrada o de leche evaporada contiene la misma proporción. Esto resulta suficiente para impedir el raquitismo en un bebé normal. Un bebé alimentado al pecho debería recibir 400 unidades diarias en una preparación comercial.

En los Estados Unidos, la mayoría de los bebés alimentados con biberón reciben fórmulas comerciales reforzadas con vitaminas, de modo que no necesitan agregar vitaminas durante la infancia. Su médico puede decirle si su bebé necesita o no un complemento vitamínico.

Si está alimentando al pecho, su médico le hablará de un preparado de 3 vitaminas, que contiene C, D, y A. El gotero que viene con el frasco tiene marcas que muestran 0,3 cc y 0,6 cc (tres décimas y seis décimas de un centímetro cúbico). Extraiga el líquido hasta la raya que marca 0,3 cc y viértalo directamente en la boca del bebé, al comienzo de una de las comidas del día, una vez por día, invierno y verano, a partir del primer mes de edad, o antes. Algunos médicos recetan 0,6 cc, pero usted no debería usar más que esta cantidad, ya que las dosis excesivas de vitamina D pueden ser perjudiciales.

146. Los preparados "multivitamínicos" contienen una cantidad de vitamina B, aparte de la A, D y C. Pero la leche, los cereales y otros alimentos que los bebés y los niños comen habitualmente, proporcionan suficiente vitamina D. Estos productos deben ser usados en forma habitual sólo si su médico los recomienda.

El agua potable para el bebé

Si no hay flúor en su agua, su médico lo recetará, o en gotas vitamínicas para el bebé o separado. Véase la Sección 414 sobre por qué el flúor es importante.

147. Algunos quieren agua; otros no. Se recomienda con frecuencia que a un bebé se le ofrezcan unas cuantas onzas de agua entre una y otra comida, una o dos veces al día. Pero esto no es absolutamente necesario, porque la cantidad de líquido de fórmula está calculada de modo de satisfacer las necesidades comunes del bebé. Es más importante ofrecer agua si el bebé tiene fiebre, o cuando hace mucho calor, y en especial, si la orina se ha vuelto de color amarillo oscuro, y si tiene mucha sed. Los bebés que por lo general rechazan el agua, la aceptan con frecuencia en esas ocasiones. Algunas madres han visto que el darles de pequeñas cantidades de jugo de manzana al agua hace que el bebé se muestre más interesado. (Véase las Secciones 193 y 194.)

De hecho, muchos bebés no quieren agua desde que tienen 1 ó 2 semanas hasta que cumplen 1 año. Durante esa edad, llegan a adorar prácticamente todo lo que contenga algún alimento, pero se sienten insultados por el agua simple. Por supuesto, si a su bebé le agrada, désela una o dos veces al día, cuando se encuentra despierto, entre comidas (no antes de la comida siguiente). Puede darle tanta como él desee. Es probable que no acepte más de 2 onzas. Pero no les insiste a beber agua, si no la quiere. No tiene sentido hacerlo enojar. El sabe lo que necesita.

Si su bebé acepta el agua, y usted se encuentra en una situación en que deba esterilizarla, hierva durante 3 minutos una cantidad suficiente para el día; consérvela en un biberón esterilizado. Cuando necesite un poco, vierta 2 onzas en otro biberón. Los detalles sobre la esterilización se dan en las Secciones 218 y 219.

Si usa agua de pozo, póngase en contactor con su departamento de salud antes de nacerse el bebé.

148. Agua azucarada. Es probable que usted desee hacer que su bebé acepte el agua, si trata de eliminarle una de las comidas nocturnas, o si toma muy poca leche a causa de una enfermedad, o cuando hace mucho calor. Agregue 1 cucharada al ras de azúcar granulado o de jarabe de maíz, a una pinta de agua, agitando hasta que se disuelva.

ALIMENTACION AL PECHO

Los valores de la alimentación al pecho

149. La alimentación al pecho es valiosa en muchos sentidos. En los últimos años, estudios cuidadosos han demostrado que los bebés obtienen su inmunidad a una variedad de infecciones gracias al calostro (el fluido que brota antes que la leche verdadera), y por medio de la leche. Aunque tiene poco hierro, la leche de pecho contiene un tipo de hierro que se digiere y se absorbe muy bien.

Una gran ventaja de la alimentación al pecho consiste en que la leche es siempre pura; el bebé no puede contraer, con ella, una infección intestinal. Desde un punto de vista puramente práctico, ahorra horas de tiempo por semana, porque no hay biberones que esterilizar, ni fórmulas que preparar, ni refrigeración por la que preocuparse, ni biberones que calentar. Usted aprecia esto, en particular, cuando tiene que viajar. Por supuesto, la alimentación al pecho también ahorra dinero. Se adapta más a la satisfacción del instinto de succión del bebé. Con el pecho puede succionar durante tanto tiempo como crea necesario. Pienso que hay menos succión del pulgar entre los bebés alimentados al pecho, precisamente por ese motivo.

La prueba más convincente del valor de la alimentación al pecho proviene de las madres que la han realizado. Ellas hablan de la enorme satisfacción que experimentan al saber que están proporcionando a sus bebés algo que nadie más puede darles, al ver su apego al pecho, al sentir la proximidad del pequeño.

Los padres no llegan a sentirse tales, o a disfrutar siéndolo, o a sentir todo el amor de padres por su niño, por el solo hecho de que el bebé haya nacido de ellos. En especial con su primer hijo, se convierten en padres verdaderos, sólo cuando se ocupan de los cuidados del niño. Cuanto más éxito logren en lo referente a comenzar a hacer lo suyo, y cuanto más visiblemente su bebé se siente satisfecho con sus cuidados, más pronto y con más gusto cumple con su función. En ese sentido, la alimentación al pecho es milagrosa para una madre joven, y para sus relaciones con su bebé. Ella y éste se sienten cada vez más dichosos consigo mismos, y sienten que se quieren cada vez más.

Cada vez menos bebés han sido alimentados al pecho, en el siglo veinte— en todo el mundo. Pero en los últimos años, la alimentación al pecho ha ido a un aumento en Norteamérica, en particular, entre mujeres que han asistido a la universidad. Esto se debe, en parte, a los nuevos conocimientos sobre las ventajas físicas y emocionales, y en parte al respeto general, entre los jóvenes hacia la Naturaleza, y al deseo de hacer las cosas en forma natural.

Sentimientos sobre la alimentación al pecho

150. Distintos sentimientos sobre la alimentación al pecho. Algunas mujeres, casi siempre por la forma en que fueron criadas, se sienten muy incómodas ante la perspectiva de la alimentación a pecho. Es posible que ello les parezca demasiado indecente, o muy propio de animales.

Bastantes padres, entre ellos los muy buenos, se oponen a la alimentación al pecho: no pueden dejar de sentir celos. Muchos otros padres experimentan gran orgullo por el hecho de que sus esposas alimenten a sus bebés. De manera que la madre tiene que utilizar su propio juicio.

Muy pocas veces se menciona que al cabo de una semana la alimentación al pecho se vuelve decididamente placentera para la madre. Muchas madres que amamantan dicen que las sensaciones de placer que experimentan en el pecho y en la región genital son muy similares a las que sienten durante la excitación sexual. Algunas mujeres se muestran confundidas y culpables con las semejanzas de estas sensaciones, porque no se dan cuenta de que son en todo sentido normales. Muchas madres que amamantan han tenido la experiencia de empezar a perder leche de los pechos cuando el bebé de otra mujer llora de hambre, cerca de ellas, y esto les da vergüenza a las madres que no entienden que eso es, en todo sentido, normal. Algunas madres y padres se sienten molestos por la leche que brota durante los momentos en que hacen el amor, en tanto que otros encuentran que esto los excita.

Ya se advierte que tiene verdadera importancia que los padres traten de analizar con franqueza sus verdaderos sentimientos en cuanto a la lactancia. En ocasiones, esta conversación en presencia del médico puede ayudar a los padres a superar sus problemas, en lo que se refiere a iniciar ese camino.

Cómo probar de veras la alimentación al pecho

151. Cómo probar de veras la alimentación al pecho. Se oye hablar de mujeres que quieren alimentar a sus bebés al pecho, pero no lo logran. La gente habla acerca de lo complicada que es nuestra civilización, y cómo hace que las madres se sientan demasiado tensas para dar de mamar a sus bebés. No cabe duda de que el nerviosismo actúa en contra de la alimentación al pecho, pero no creo que la mayoría de las mujeres estén nerviosas. La alimentación al pecho fracasa con más frecuencia porque no se la hace con seriedad.

Existen tres factores que establecen una gran diferencia: (1) apartarse del biberón; (2) no desalentarse en el acto; (3) una estimulación suficiente de los pechos.

Si se ofrece un biberón al bebé durante los 3 ó 4 primeros días de vida, disminuye la posibilidad de una alimentación al pecho con éxito. El bebé que se siente satisfecho con los biberones, no se esfuerza demasiado ante el pecho. (El agua, que a veces se ofrece durante este período, para asegurar que el pequeño no quede deshidratado, no constituye un obstáculo en cuanto su apetito frente al pecho.) Después que ha comenzado a bajar la leche de la madre, también es prudente evitar el biberón, si se puede mantener bastante satisfecho al bebé, y si no sigue perdiendo peso.

Algunas veces una madre se siente desalentada en el momento en que su leche comienza a bajar, o 1 ó 2 días más tarde, porque no la produce en cantidad suficiente. Ese no es el momento de rendirse. No se ha dado tiempo. Si una madre tiene una enfermera a esa altura, es muy útil que se trate de una persona alentadora y capaz de colaborar.

Las comidas de la noche son tan importantes como las diurnas, en lo que se refiere a la primera estimulación regular de los pechos.

Por supuesto, no se puede apartar por un tiempo indefinido a los bebés de los biberones, si se sienten desdichados y hambrientos durante varias semanas, o si continúan perdiendo peso.

Si una madre puede mantener un contacto frecuente con el médico, éste la ayudará a decidir, en cada etapa, preguntas tales como la de cuántos días puede pasar el niño con una cantidad insuficiente de leche de pecho, sin recurrir al biberón; cuántas comidas pueden soportar los pezones de la madre; con cuánta frecuencia puede amamantarlo. Pero ocurre que el médico se siente influido, en muchas de estas decisiones, por la actitud de la madre hacia el amamantamiento. Si ésta demuestra que está ansiosa de hacerlo bien, ello alienta al médico a dar las instrucciones que lo harán posible.

152. No pierda la confianza. La duda en cuanto a si la cantidad de leche resulta suficiente es común en la madre nueva, quien todavía no tiene pruebas respecto de su capacidad en nuestra sociedad invertida, que considera normal la alimentación a biberón, y hace que la alimentación al pecho sea la excepción. La duda también surge entre las madres que han tenido más experiencia, pero que **nunca** tuvieron mucha confianza en sí mismas. Por lo general, cuando la madre se preocupa por la cantidad, el médico descubre que no existe insuficiencia de leche, sino insuficiencia de la confianza en sí misma.

153. El éxito depende, en parte, de la ayuda ajena. Las actitudes del médico que realizó el parto del bebé, las enfermeras del hospital, el médico que cuida al bebé, ejercerán un poderoso efecto en lo referente a alentar o desalentar la alimentación al pecho. Otro tanto ocurrirá con las actitudes de los familiares y amigos de la madre. Un padre que presta su apoyo puede establecer la diferencia entre una experiencia positiva o un final prematuro. (Véase la Sección 156.)

154. No permita que sus amigos la desanimen. Es posible que éste sea un momento tan bueno como cualquier otro para mencionar que una madre que trata de alimentar al pecho puede verse sometida, de vez en cuando, a un asombroso volumen de escepticismo por parte de amigos y parientes que, en otros aspectos, le ofrecen siempre su simpatía. Surgen frases como "No pensarás darle el pecho, ¿verdad?" "Muy pocas pueden lograrlo." "¿Por qué demonios tratas de hacer eso?" "Con pechos como los tuyos, no podrás hacerlo." "Tu pobre bebé pasa hambre." "¿Quieres hambrearlo para demostrar algo?" Es posible que las observaciones más suaves puedan atribuirse al asombro, pero las más malévolas sugieren celos. Más tarde, si se habla de continuar amamantando, encontrará que varios amigos la instan a interrumpir esa función.

155. Por qué algunas madres renuncian después de un buen comienzo. Una buena proporción de las madres que ansían alimentar al pecho consiguen hacerlo con éxito en el hospital, y durante días o semanas después (con la posible excepción del primer o segundo día en casa, cuando es frecuente que el flujo disminuya por un tiempo). Luego, muchas de ellas sienten que están fracasando, y dejan de hacerlo. Dicen: "No tenía tanta leche", o bien: "Mi leche no parece caerle bien al bebé", o también: "A medida que el bebé fue creciendo, mi leche ya no resultó suficiente."

¿Por qué, en la mayor parte del mundo, la leche de la

madre satisface al bebé y sólo en países que usan el biberón la cantidad de leche de pecho parece interrumpirse desde tan temprano, en la mayoría de los casos? Opino que existe un motivo principal. Se trata de madres que en lugar de sentirlo como la cosa más natural del mundo, y dar por un hecho que lo lograrán, sienten que están intentando hacer algo poco común, difícil. Si no poseen una enorme confianza en sí mismas, se preguntan a cada instante si no fracasarán. En cierto sentido, buscan señales de fracaso. Si un día el niño llora más de lo habitual, la primera idea es que su leche ha disminuido en cantidad. Si el bebé se muestra indigesto o con cólico, o tiene un salpullido, su madre sospecha inmediatamente de su leche. Su ansiedad le hace sentirse segura de que el biberón es la solución. Y el problema es que el biberón siempre está al alcance de la mano. Es probable que se le hayan dado instrucciones para prepararlo, o paquetes de leche en polvo preparada, cuando salió del hospital ("por las dudas"), o puede llamar al médico y obtener instrucciones. Los bebés alimentados al pecho que comienzan a recibir grandes cantidades de leche preparada varias veces por día, casi siempre terminan por pedir el pecho con menos avidez. Y la leche que queda en el pecho es el método que tiene la Naturaleza de indicar a las glándulas que produzcan menos.

En otras palabras, la combinación de una madre que carezca de confianza en su capacidad para amamantar, y la disponibilidad de biberones preparados, es el método más eficiente para desalentar el amamantamiento.

Para decirlo en términos positivos: la manera de hacer que el amamantamiento resulte eficaz consiste en continuar haciéndolo, y mantener apartado el biberón (con la posible excepción de un biberón de refuerzo por día, después que el amamantamiento a pecho haya quedado bien establecido. Véase las Secciones 193 y 194).

En condiciones normales, la cantidad de leche que ofrecen los pechos no es estable. Los pechos están siempre en condiciones de aumentar o disminuir poco a poco la cantidad, según lo que el bebé desee más o menos. A medida que crece y aumenta su apetito, vacía los pechos en forma más completa, y en ocasiones con más frecuencia. Este es el estímulo que produce un mayor flujo.

156. Recursos de la comunidad para las madres que alimentan al pecho. La Leche League se compone de madres quienes han tenido éxito con la alimentación al pecho y ansían dar sus consejos y apoyo a las madres inexpertas. Consulte la guía de teléfono o pregunte a una enfermera del departamento de salud local. La **International Childbirth Education Association** en su comunidad también puede dar apoyo. Justo como el **Nursing Mother's Council,** si hay uno en su vecindad. También hay **enfermeras consejeras de lactación** en muchos hospitales locales y a menudo trabajan íntimamente con los pediatras de la zona.

La condición física de la madre que alimenta al pecho

157. Los pechos de la madre durante el embarazo y la alimentación al pecho. Algunas madres rehuyen la alimentación al pecho por temor que les arruine la silueta. Por cierto que no necesita comer en exceso o engordar para producir leche. Una madre que amamanta necesita la suficiente alimentación agregada como para impedir que su cuerpo adelgace. No necesita aumentar por encima de su peso normal.

¿Pero qué se puede decir acerca del efecto del amamantamiento en lo que se refiere a la forma y dimensiones de los pechos? Estos se agrandan durante el embarazo, y aun más en los primeros días posteriores al parto. Los médicos creen que este crecimiento preliminar —y no el amamantamiento continuado— es lo que hace que algunos pechos se aplanen y cuelguen. Por cierto que los pechos se vuelven menos prominentes y firmes para cuando el bebé cumple una semana, aunque la madre continúe amamantándolo con éxito, a tal punto que ésta puede llegar a preguntarse adónde se ha ido su leche.

Un factor importante —ya sea que el amamantamiento no se inicie nunca, o bien termine al mes, a los 3, 6 ó 12 meses— es el carácter de los tejidos de sostén de los pechos de cada persona. Hay mujeres cuyos pechos se han colgado sin que hayan amamantado nunca a su niño. Por mi propia experiencia médica, sé que muchas mujeres alimentaron al pecho a varios bebés, sin efecto nocivo alguno en lo relativo a su silueta. Otras terminan con un aspecto físico aun mejor que antes.

Hay dos precauciones que es probable que sean importantes. Primero, la madre debe llevar un sostén bien ajustado, que le soporte los pechos, no sólo cuando amamanta, sino también durante la última parte del embarazo, día y noche, cuando los pechos se agrandan visiblemente. Ello es así para impedir el estiramiento de la piel y de los tejidos de sostén de los pechos durante el período en que éstos son más pesados. En el caso de muchas mujeres, resulta aconsejable pasar a un sostén más grande, en el séptimo mes del embarazo. Vale la pena comprar sostenes de amamantamiento, que tienen almohadillas cambiables, lavables, para absorber la leche que pueda brotar entre uno y otro amamantamiento (por supuesto, se pueden usar almohadillas de algodón), y cuya parte delantera puede abrirse para amamantar (adquiera los que puedan abrirse con facilidad con una mano).

La otra precaución, durante el embarazo y el amamantamiento, consiste en evitar un aumento excesivo de peso. En fin de cuentas, los pechos pueden volverse flácidos por obesidad, sin relación alguna con el embarazo.

158. El tamaño de los pechos no tiene importancia.
Algunas mujeres de pechos pequeños suponen que no podrán producir leche en cantidad suficiente. Esta creencia no tiene base alguna. Cuando una mujer no está embarazada y no amamanta, el tejido glandular se mantiene inmóvil y constituye una parte escasa del pecho. La mayor parte se compone de tejidos adiposos. El pecho más grande tiene más tejidos grasos. El más pequeño, menos. A medida que avanza el embarazo de la mujer, la secreciones de los ovarios estimulan los tejidos glandulares productores de leche,

que se desarrollan y agrandan. Las arterias y las venas que irrigan los tejidos glandulares también aumentan de tamaño, de modo que las venas se destacan en la superficie de los pechos. Cuando llega la leche, unos días después del parto, produce un nuevo agrandamiento de los pechos. Los médicos que han atendido a madres que amamantan coinciden en que inclusive las mujeres que tienen pechos muy pequeños antes del embarazo pueden producir grandes cantidades de leche.

159. La dieta de la madre. Algunas madres dudan en amamantar a sus bebés, porque han oído decir que tendrán que abandonar muchas cosas. Hablando en términos generales, esto no es así. No existen evidencias de que el bebé se vea afectado si la madre bebe café o té con moderación, o realiza actividades atléticas. (Los cigarrillos y el alcohol deben ser evitados.) En general, la madre que amamanta puede seguir comiendo todo aquello a lo cual se encuentra habituada. No hay motivos para creer, por ejemplo, que si come ciruelas ello aflojará el vientre del bebé, o que si come alimentos fritos el bebé se indigestará. Por cierto que, de vez en cuando, el bebé parece sentirse molesto si la madre come cierto alimento. Por supuesto, si esto sucede varias veces seguidas, ella puede abandonar esa comida en particular. Algunos medicamentos llegan hasta la leche, pero por lo común esto no ocurre en cantidades lo bastante grandes como para afectar al bebé. Consulte con su médico en lo referente a las drogas que se puede o que no se debe usar.

Una madre que amamanta necesita estar segura de que su dieta contiene abundancia de los elementos que el bebé obtiene por intermedio de la leche. En ésta se segrega una gran cantidad de calcio, para permitir que los huesos del bebé crezcan con rapidez. Si la madre ingiere muy poco de él, le será retirado de los huesos. Antes se solía pensar que también perdería el calcio de los dientes, pero es probable que no sea así. Debería beber tanta leche como la que el bebé recibe de ella, y un poco más para sus propias necesidades en cualquier bebida—que le agrade, o cocida con cereales, en sopas, budines, o en forma de quesos (la Sección 446).

Su dieta diaria tendría que incluir los siguientes alimentos (aunque deba limitar su régimen en otros sentidos, a fin de limitar su peso): **leche:** un cuarto de galón por día, y de preferencia un cuarto y medio. Puede ser la habitual leche fresca, o bien descremada, evaporada, en polvo o desnatada, y servirse en cualquier forma que fuere. **Frutas y verduras:** seis veces por día. (Esto podrá parecer excesivo, hasta que se dé cuenta de que el jugo de dos naranjas, una ensalada, una verdura verde o amarilla y papas, dos veces por día, suman en total, seis platos diarios.) Para incluir suficiente vitamina C, dos de estos platos deberían ser crudos, y dos tendrían que ser de naranja, toronja, tomate, col cruda o baya. En términos de vitamina A, tendría que haber una verdura de hoja, verde oscura, o una amarilla intensa. Las papas son valiosas, fuera de las calorías que ofrecen. Las frutas y verduras pueden ser frescas, enlatadas, congeladas o deshidratadas. **Carne, pollo, pescado:** por lo menos una porción generosa, de preferencia, dos. El hígado tiene un valor especial, y debe ser incluido de vez en cuando. **Huevos:** uno por día, salvo que exista en la familia una historia de enfermedades coronarias. **Cereales y pan:** tres veces por día, de grano integral, por las vitaminas B que contiene. **Manteca o margarina enriquecida,** por la vitamina A. Si su peso no las aguanta, coma más verduras verdes, de hoja, y amarillas. Un **preparado de vitamina D,** recetado por el médico, para asegurarse de que utiliza el calcio en su dieta. **Vitaminas:** debería evitar el uso de cualquier vitamina en una dosis diaria mayor que la recomendada por su médico. Algunas madres habrán usado dosis muy grandes de vitamina C, por ejemplo, para impedir o curar resfriados y otras molestias, porque se encontraban embarazadas o se convirtieron en madres que amamantaban. Esto no debe hacerse nunca durante el embarazo, o cuando se amamanta, sin consultar primero al médico. Lo digo porque las dosis muy grandes de algunas vitaminas pueden provocar enfermedades muy graves en los bebés.

Si una madre que amamanta aumenta demasiado de peso, puede beber leche con bajo contenido de grasa o descremada, reducir la cantidad de manteca, mantener en un bajo nivel las porciones de cereales y pan (pero usar productos integrales para recibir las vitaminas B), omitir alimentos de altas calorías, como las golosinas, las pastas, las tortas, las galletitas, las bebidas sin alcohol. (Es una pena que estas comidas de altas calorías sean los alimentos que más ansían quienes aumentan de peso.) Pero no debería reducir la leche, las verduras, la carne y la vitamina D.

Hacer ejercicio es una manera de ayudar a la madre a perder peso. Una caminata de 30 minutos varias veces por semana, con el bebé en el portabebés, puede ayudar mucho.

El tema de los **líquidos** tiene dos aspectos. No se gana nada bebiendo más líquidos de los que resultan convenientes, porque el cuerpo se libera del agua excedente por medio de la orina. Por otro lado, una nueva madre, excitada, atareada, puede olvidarse de beber todo lo que necesita, y pasar sed por distracción. Esto reducirá la cantidad de leche disponible. Un buen momento para beber algo es 10 ó 15 minutos antes del momento de amamantar.

160. La madre necesita cuidarse bien. Es de suma importancia durante este período que la madre se cuide muy bien, que no conteste el teléfono, tome la siesta cuando el bebé toma la siesta, deje las tareas domésticas, olvídese de las preocupaciones y obligaciones, limite los visitantes a uno o dos amigos íntimos, coma y beba bien.

161. ¿Eso fatiga a la madre? En ocasiones se oye decir que la alimentación al pecho "exige demasiado de una madre". Muchas mujeres se sienten, en verdad, fatigadas, sobre todo en las primeras semanas del amamantamiento, pero lo mismo ocurre con otras que alimentan a su bebé con biberón. Recuperan sus energías después del parto y la hospitalización. La tensión nerviosa del cuidado de un nuevo bebé resulta cansada. Es cierto que los pechos proporcionan una buena cantidad de calorías al bebé, todos los días, y que la madre debe comer mucho más que lo habitual con el solo objeto de mantener su peso. A la larga, hay tan pocos motivos para que una mujer se sienta extenuada por la alimentación al pecho, como por unas vacaciones en las cuales desarrolla mucha actividad física en la forma de caminatas o natación. Nuestro cuerpo se adapta muy pronto a la necesidad de aumentar o disminuir los requerimientos de energía, y nuestro apetito crece o decrece de acuerdo con ello, a fin de mantener fijo nuestro peso. Si una madre que amamanta se siente saludable y feliz, es natural que su apetito se haga cargo de la necesidad de más calorías para la leche del bebé. Algunas mujeres que amamantan se asombran ante la cantidad de alimentos que ansían y pueden consumir sin aumentar de peso. Pero en ocasiones el apetito se exagera, y entonces la mujer tiene que tener fuerza de voluntad y la ayuda del médico y de la enfermera, y tal vez de un dietista, para no aumentar demasiado.

Una mujer que siente que el amamantamiento le exige demasiado, puede ser una persona de carácter aprensivo, cuya preocupación por el nuevo bebé le deprime el apetito o el buen humor. O es posible que se trate de una mujer que nunca ha tenido mucha confianza en su salud y en sus fuerzas, y que, por lo tanto, siente que una exigencia extraordinaria impuesta a su organismo constituye una amenaza aunque en la práctica su cuerpo maneje bien la situación. O bien, lo cual es menos probable, puede ser que se encuentre en mal estado de salud. Ni falta hace decir que una madre que amamanta y no se siente bien, o disminuye de peso, debe consultar en el acto a su médico.

162. La menstruación y el embarazo. Algunas mujeres no tienen su menstruación mientras alimentan al pecho. Otras tienen su período con o sin regularidad. (De vez en cuando, un bebé se trastornará un poco o se negará a alimentarse del pecho durante la menstruación de su madre.)

La alimentación al pecho no impide el embarazo. Es importante consultar con su médico en lo referente al momento en que puede reanudar el método de planificación de su familia que usted ha elegido.

La madre que trabaja

163. La madre que trabaja. ¿Y qué se puede decir acerca de la mujer que duda en amamantar porque tiene que regresar a su trabajo? La respuesta depende de sus horarios de trabajo, y del momento en que debe volver a su puesto. Si tiene que estar fuera de su hogar sólo 8 horas por día, igualmente puede alimentar a su bebé, con la excepción de una sola comida. Aunque no pueda amamantarlo cuando reanude su trabajo, valdrá igualmente la pena alimentar al bebé al pecho, por un tiempo, si tiene 1 ó 2 meses de licencia.

Es probable que le resulte muy útil conversar con algunas madres que han amamantado después de volver a su trabajo, antes de tener su propio bebé.

He aquí algunas sugerencias que me han ofrecido madres experimentadas, que amamantaron después que volvieron a su puesto de trabajo:

1. Espere hasta que el bebé tenga unas 3 ó 4 semanas antes de comenzar con el biberón. Para entonces, el bebé debe estar habituado al amamantamiento, en algo aproximado a un horario, y su flujo de leche se encontrará bien establecido.

2. Empiece por dar un biberón de leche de pecho, 3 veces por semana. (Véase las Secciones 189–192.) Muchos bebés no aceptan el biberón de su madre —conocen la diferencia— de modo que es posible que el padre o un hermano o hermana mayor, o una nana, tengan que reemplazarla.

3. La leche tibia funciona mejor. Los bebés alimentados al pecho no están habituados a las temperaturas bajas. Algunos bebés no tendrán dificultades en aceptar un biberón, pero en lo referente a otros se entabla una verdadera lucha, que exige gran paciencia.

4. En el caso del bebé que no acepta el biberón, la madre debe tratar de salir de la habitación (o inclusive de la casa), ya que algunos rechazan el biberón si pueden, inclusive cuando oyen hablar a la madre. También se puede tratar de sostener al bebé en una "posición que no sea de amamantamiento"; por ejemplo, puede acostarlo en su regazo, con los pies dirigidos hacia el cuerpo de usted y la cabeza hacia las rodillas, mientras le ofrece el biberón. En ocasiones, los bebés que parecen gustar de un sabor dulce, aceptan al comienzo el

jugo de manzana, diluido por mitades con agua y ofrecido en el biberón; llegan a preferirlo a la leche.

5. Antes que la madre vuelva al trabajo, el bebé debe recibir por lo menos un biberón por día. Es importante extraer su leche durante las comidas de biberón, para mantener el flujo de ella.

6. Trate de alimentarlo antes y después del trabajo, y extraer su leche por lo menos una vez, si trabaja más de 6 horas.

7. Una manera fácil de extraer y guardar la leche consiste en alimentar al bebé de un solo pecho, y usar el tiraleche en el otro. Esto resulta útil de verdad, porque el reflejo del amamantamiento parece permitir que la leche sea extraída con más facilidad. La leche de pecho se conserva varios días en el refrigerador, y 2 semanas en el congelador. Pero huélala y pruébala, para estar segura de que no se haya cortada, antes de dársela al bebé, y deseche toda porción no usada al cabo de 24 horas. Puede comprar bandejas para hielo con cubos individuales. Y entonces podrá congelar la leche de pecho (envuelta en una cobertura de plástico), en porciones de 1½ onzas, para que la utilice la nana cuando ofrece un biberón. Inclusive los bebés alimentados al pecho parecen aceptar bien un biberón de leche de pecho, y tal vez uno de jugo de manzana diluido, durante un día de trabajo normal, de modo que la madre sólo se salta una comida.

Por supuesto, en muy pocas semanas usted determinará cuál es el método que funciona mejor para usted y su bebé.

Para comenzar la alimentación al pecho

164. La relajación. Es probable que advierta que el estado de su ánimo tiene mucho que ver con la facilidad con que brota la leche. Las preocupaciones y la tensión pueden retenerla. De modo que trate de no pensar en sus problemas, cuando comience. En lo posible, recuéstese durante 15 minutos, antes del momento en que espera que el bebé despierte, y haga lo que le resulte más descansado, ya sea que se trate de cerrar los ojos, leer o mirar la televisión.

Después que ha amamantado durante unas semanas, puede advertir una clara sensación de que la leche "baja", o "llega" en el momento del amamantamiento. Es posible que comience a brotar de los pechos cuando oye que el bebé empieza a llorar en la habitación contigua. Esto demuestra hasta qué punto los sentimientos tienen que ver con la formación y el flujo de leche.

165. Cómo encontrar la posición más cómoda. Cualquier posición que usted escoge, tenga cuidado en poner al bebé en la posición correcta sobre el pecho. Poner al bebé en una posición incorrecta es la causa más frecuente de pezones lastimados.

Algunas madres prefieren, aun en su cama del hospital, amamantar **sentadas.** Lo que se llama **posición de cuna** funciona mejor para la mayoría de madres. La cabeza del bebé se pone en el pliegue del codo de usted, con la cara del bebé mirando al pecho, y sustentando la espalda del bebé con su antebrazo. Puede sostener su trasero o pierna con la mano de usted. La cara, el pecho, el estómago y las rodillas del bebé deben estar todos de frente de usted. Una almohada debajo de él y otro debajo del codo de usted provendrá buen apoyo. Con la mano opuesta, apoye su propio pecho, poniendo sus cuatro dedos debajo y el pulgar encima, bien detrás de la aréola (la piel oscura en derredor del pezón). Con suavidad, haga cosquillas al bebé en el labio inferior con su pezón hasta que abra mucho la boca. (Tenga paciencia— esto requiere unos minutos a veces.) Cuando la boca del bebé está bien abierta, póngalo para que su boca cubra el pezón y su encía esté detrás del pezón, con toda o la mayoría de la aréola dentro de la boca. La nariz del bebé tocará el pecho, pero no suele haber que crear un espacio para respirar a menos que lo oiga respirar ruidosamente mientras intenta comer. Si la respiración parece obstruida, tire su trasero más cerca de usted o levante el pecho suavemente con los dedos de abajo. Esto creará el espacio que él necesita para comer sin que la nariz sea obstruida.

Si prefiere amamantar **acostada,** o si estás más cómoda así porque le han tenido que suturar, haga que alguien le ayude poner unas almohadas detrás de la espalda y entre las piernas. El bebé debe acostarse de costado, de frente a usted. Es posible que necesite experimentar con cojines debajo del bebé y debajo de la cabeza de usted para colocar el pezón en la posición correcta. Si está acostada en el costado izquierdo, ponga el brazo izquierdo alrededor del bebé y entonces haga que tome el pezón como se describe arriba.

La **"posición de fútbol"** se puede usar si usted ha tenido una cesárea, o para amamantar a un bebé pequeño, o sólo para tener otra posición. Siéntese en una silla cómoda (muchas prefieren una mecedora), o en la cama con muchas almohadas para mantenerse derecho. Deje el brazo en una almohada y ponga las piernas del bebé debajo del codo de usted, con la cabeza del bebé en la mano de usted y las piernas del bebé en línea recta con la espalda de la silla o las almohadas detrás de sí. El bebé luego tome el pecho como se describe arriba.

166. Cómo el bebé consigue la leche. Los bebés no obtienen la leche con solo introducir el pezón en la boca y succionar. La leche se forma en el tejido glandular de todo el pecho. Luego pasa por pequeños canales hacia el centro del pecho, donde se reúne en una cantidad de "senos". Estos senos, o espacios de almacenamiento, se encuentran ubicados en un círculo, detrás de la aréola, la zona oscura que rodea el pezón. Un pequeño canal va desde cada seno, a través del pezón, hacia el exterior (en cada pezón hay una cantidad de aberturas). Cuando los bebés se amamantan bien, la mayor parte de la zona areolar, o toda ella, se introduce en la boca de los pequeños, y la principal acción consiste en exprimir los senos (detrás de la aréola), con las encías del bebé. Esto obliga a la leche, que se ha reunido en los senos, pasar por el pezón y penetrar en la boca. La acción de succión de la lengua del bebé no consiste tanto en extraer la leche por el pezón, como en mantener la aréola en su boca, y también en llevar la leche de la parte delantera de la boca a la garganta. Si los bebés sólo se introducen el pezón en la boca, casi no reciben leche. Y si mascan el pezón, pueden lastimarlo. Pero si se introducen toda la aréola en la boca, sus encías la aprietan y no pueden lastimar el pezón. Es posible ayudarlos a introducir toda la aréola en la boca, si la madre o la enfermera la aprieta entre el pulgar y el índice para que sobresalga. (Algunas madres tienen aréolas demasiado grandes para que un bebé recién nacido las introduzca por completo en su boca.) Si los bebés comienzan a oprimir y mascar el pezón solamente, se les debe interrumpir en el acto. Deslice el dedo por la comisura de la boca, para interrumpir la succión, o entre las encías, si es necesario. (De lo contrario, tendrá que apartar al bebé del pecho cosa que puede lastimar el pezón.) Luego vuelva a insertar la aréola en la boca. Si el bebé insiste en mascar el pezón, interrumpa ese amamantamiento.

Es común que los pechos queden repletos cuando aparece la primera leche. Ello puede hacer plano el pezón, y en combinación con un pecho firme, dificultar la labor del recién nacido. En ese caso, el bebé puede mostrarse muy enojado y frustrado. La aplicación de compresas calientes y la acción de exprimir un poco de leche, durante unos minutos, antes del amamantamiento, hará sobresalir el pezón lo bastante, para que el bebé pueda introducirse la aréola en la boca. (Véase la Sección 182.)

167. Existen dos cosas que debe evitar al dar el pecho al niño. La primera es sostenerles la cabeza y tratar de orientarla hacia el pecho. Los bebés aborrecen que les sostengan la cabeza. Se esfuerzan por liberarse. La otra es la de oprimirles las mejillas para que abran la boca. Los bebés tienen un instinto que consiste en volverse hacia cualquier cosa que les toque la mejillas. Es para ayudarlos a encontrar el pezón. Cuando se les oprime las dos mejillas al mismo tiempo, se les desconcierta y los disgusta.

Cuando un bebé se niega a tomar el pecho y seguir adelante, la madre no puede dejar de sentirse rechazada, frustrada e irritada. No debe permitir que sus sentimientos sean heridos por ese recién llegado inexperto, pero en apariencia, testarudo. Si puede seguir insistiendo varias veces más, es probable que el bebé descubra de qué se trata.

168. Pezones retraídos. Si los pezones de una madre son planos o retraídos (introducidos en el pecho por los tejidos circundantes), ello puede complicar aun más la labor de iniciar al bebé en la alimentación al pecho, en especial, si éste es excitable. Si el pequeño busca el pezón, y no puede hallarlo, es posible que llore, furioso, y retire la cabeza. Usted puede intentar varias cosas, con discreción. En lo posible, llévelo a su pecho en cuanto despierta, antes que se enoje demasiado. Si se echa a llorar al primer intento, interrumpa todo en el acto, y consuélelo antes de volver a intentar. Tómese su tiempo. En ocasiones, el pezón se yergue, cuando se lo masajea con suavidad, con los dedos. Algunas pocas mujeres tienen pezones realmente invertidos, que no llegan a erguirse, pero esto no les impide amamantar. En ocasiones se benefician con el uso de **pezones artificiales.** (Véase la Sección 186.) Su médico o la enfermera le explicarán cómo debe usarlos.

En realidad, el pezón no es tan importante en la alimentación (como se explica en la Sección 166), sino más bien en lo referente a orientar al bebé de modo que tome toda la aréola en la boca. Pero los tejidos circundantes que retraen el pezón también hacen que al bebé le resulte más difícil tirar de la aréola hacia afuera y modelarla en la boca. Es posible que el procedimiento más valioso consista en que la madre (o la enfermera) exprima un poco de leche de los senos, por medio de una presión manual (las Secciones 190 y 191), de modo que toda la región areolar quede más blanda y comprimible. Luego apriete la aréola entre el pulgar y el índice, cuando la lleve a la boca del bebé.

169. Cuidado de los pezones. Algunos médicos recomiendan el masaje regular de los pezones durante el último mes del embarazo para endurecerlos. O bien el esposo puede hacerlo en forma oral. Después que nace el bebé y comienza a alimentarse, no es necesario, por lo general, el cuidado particular de los pezones, ni limpieza o ungüento. (Muchas mujeres que han alimentado al pecho tienen un ungüento favorito y existe toda una lista de ellos.) Es sensato que la madre se lave las manos con jabón antes de tocarse los pezones (para masajearlos o examinarlos), ya que la infección puede penetrar en el pecho a través del pezón, y dado que los bebés pueden contagiarse con facilidad, una leve infección de un hongo, en la boca. Pero el lavado de las manos no es necesario antes de una comida común.

Algunas madres experimentadas están convencidas de que la medida más útil para curar los pezones lastimados, y mantenerlos sanos, consiste en dejar que se sequen al aire, durante 10 ó 15 minutos, antes de cerrar las aletas de lactancia del sostén, o dejarlas abiertas entre una y otra comida. Los pezones se mantendrán también más secos y sanos, si el sostén no tiene un forro impermeable.

Es preciso evitar todo lo que seque y agriete los pezones, como por ejemplo los preparados que contengan jabón o alcohol.

Si comienzan a desarrollarse heridas, es preciso aumentar la frecuencia de las comidas, para impulsar el vaciamiento del pecho e impedir que el bebé se sienta demasiado hambriento. También resulta útil cambiar la posición en que se le da el pecho, para que la presión de las mandíbulas del bebé se distribuya en distintos puntos de la aréola.

Cómo se establece el horario del amamantamiento

170. El primer horario natural. Aunque por lo general la leche no sale en los primeros días, las primeras comidas frecuentes estimulan la aparición de la leche, y ayudan a impedir la congestión del pecho, de modo que el hecho de que la madre y el bebé se encuentren en la misma habitación es de enorme utilidad para aquélla, en lo que respecta a comenzar la alimentación al pecho. A pesar de que algunos bebés se adaptan con facilidad a un horario establecido por la cuna, otros son muy irregulares al comienzo, en sus horas de vigilia y de hambre. Si se despiertan y lloran en momentos en que no pueden ser llevados de la cuna hasta el lecho de sus madres, es posible que hayan llorado para terminar por caer en un sueño profundo, hasta el momento en que el horario pide que se les alimente. En cambio, cuando están juntos en la misma habitación, la madre sólo necesita estirar los brazos, y llevar al bebé al pecho, cada vez que le parece que el pequeño siente hambre. Por lo tanto éste nunca tiene que llorar durante mucho tiempo, o cansarse en exceso.

La tendencia en los hospitales que aceptan la convivencia de madre y bebé, y la alimentación al pecho, es permitir que los bebés sean alimentados de ese modo poco después del nacimiento. Si ello está autorizado, puede hacerse, inclusive, en la sala de partos, y lo mejor es hacerlo durante el tiempo en que madres y padres tienen la posibilidad de examinar a sus nuevos bebés y acariciarlos.

Ciertos bebés tienden a mostrarse soñolientos y sin hambre durante los 2 ó 3 primeros días, y sólo despiertan a intervalos prolongados. Esto puede ser así, en particular, cuando sus madres han recibido muchos sedantes o anestésicos. Entonces los bebés tienden a cambiar de conducta según lo cual despiertan a menudo, en ocasiones hasta cada 2 horas, durante un par de días, antes de establecer poco a poco un horario en la cual los intervalos son de un promedio de 3½ a 4 horas.

Pero otros bebés se muestran hambrientos y están despiertos desde el comienzo. Es posible que quieran ser alimentados diez o doce veces, en 24 horas, la primera semana, o las dos primeras, antes de pasar a 6 ó 7 comidas, en la segunda, tercera o cuarta semana.

171. Cuando llega la leche. Existen considerables variaciones en el momento y manera en que aparece la leche. Es frecuente que comience a brotar en el tercer o cuarto día de la vida del bebé. Tiende a aparecer antes en madres que ya han tenido un hijo y más tarde en las nuevas madres. En ocasiones aparece tan de repente, que la madre puede establecer la hora. En otros casos, el progreso es mucho más gradual. Y al tercer o cuarto día numerosos bebés se muestran mucho más hambrientos y despiertos. Este es sólo uno de los tantos ejemplos de la flexibilidad con que la Naturaleza hace las cosas. Los estudios de bebés que fueron alimentados al pecho cada vez parecían hambrientos han mostrado que una mayoría de ellos quieren alimentarse con una frecuencia poco común, entre el tercer día y el sexto, casi siempre hasta diez o doce veces por día. (Las evacuaciones también se hacen frecuentes en esos días.) Las madres que se muestran ansiosas, en especial por tener éxito respecto de la alimentación al pecho, tienden a sentirse desanimadas por esa frecuencia, pues creen que ello significa que la cantidad de leche es inadecuada. Esto es incorrecto. Más sensato resulta pensar que el bebé se dedica ahora en serio a la tarea de comer y crecer, y que está proporcionando a los pechos la estimulación que deben tener para hacer frente a las crecientes necesidades. Por lo demás, durante esta segunda mitad de la segunda semana, los pechos reciben el estímulo más enérgico de las hormonas (las secreciones glandulares que hacen que la leche aparezca). No es extraño que en los primeros días los pechos se llenen demasiado en algunas ocasiones, y que en otras no haya la leche suficiente para satisfacer al bebé hambriento. De todos modos, el sistema es eficiente en general, mucho mejor de lo que usted o yo podríamos idearlo. El factor hormonal se tranquiliza al final de la primera semana. Entonces, la exigencia del bebé es lo que determina cuánto producirán los pechos. En el período de cambios (la segunda semana), puede no haber lo suficiente hasta que los pechos se adaptan a la demanda. El hambre del bebé enseña al pecho cuánto debe producir, no en la segunda o tercera semana, sino a lo largo de los meses siguientes. En otras palabras, la cantidad puede ir todavía en aumento cuando el bebé tiene varios meses de edad, si éste pide más.

172. Cuánto debe darse en cada comida. Antes se suponía —ya que en algunos casos los pezones se inflaman— que es mejor que la madre limite el tiempo de la comida, al principio, y luego lo aumente en forma gradual, cuando los pezones muestran que se han adaptado. Pero la experiencia demostró que es mejor dejar que los bebés decidan desde el principio. Si siempre se les permite alimentarse cuando tienen hambre, y durante el tiempo que desean, no se muestran tan desesperados y hambrientos como para lastimar los pezones.

Este amamantamiento más prolongado, desde el comienzo, permite que baje el flujo, que al principio es más lento.

(Véase la Sección 164.) Yo diría que durante la primera semana, o las dos primeras, se debe dar a los bebés de 20 a 30 minutos por comida, porque es posible que se alimenten cada 2 horas, y la duración más prolongada de la comida le dejaría a la madre muy poco tiempo para otras cosas.

173. ¿Con qué frecuencia puede alimentarlo? En un sentido, la respuesta es: tantas veces como su bebé parezca hambriento, y tan a menudo como usted sea capaz de satisfacerlo.

En las sociedades naturales, de vez en cuando las madres vuelven a alimentar a sus pequeños, apenas media hora después de la última comida, aunque es probable que el bebé dedique muy poco tiempo a una u otra de éstas.

En nuestra sociedad, la madre que ha amamantado con éxito a un bebé anterior, y está lo bastante segura de sí misma, puede no vacilar en alimentarlo, de vez en cuando, al cabo de una hora, si le parece que existen razones especiales para que el pequeño sienta hambre.

Pero existen varias razones por las cuales no resultaría útil que yo dijese: alimente al bebé tantas veces como éste llore. Los bebés lloran por otros motivos, aparte del hambre: un cólico, otras formas de indigestión, accesos de irritabilidad que no entendemos, fatiga que por algún motivo no da sueño.

Una madre ansiosa, inexperta, puede llegar a un punto de cansancio si se preocupa y amamanta todo el día y la mitad de la noche. (Esta inquietud puede interrumpir el flujo de leche, y también el reflejo que la hace fluir.)

De modo que, en cierta forma, la respuesta es: amamante con tanta frecuencia como le parezca. Pero en otro sentido creo que a la madre inexperta le ayudará que le diga: protéjase tratando, en general, de dejar 2 horas entre uno y otro amamantamiento. Permita que el bebé se queje un poco, con la esperanza de que vuelva a dormirse. De lo contrario, pruebe con un chupón o un biberón de agua. Trate de mecerlo durante algunos minutos, o de ponerlo en un portabebés, sobre su pecho. Si todavía le parece que sigue hambriento, vuelva a amamantarlo, pero esta vez no más de 20 minutos.

En el caso de un bebé que parece exigir que se le amamante con mucha frecuencia, limite cada una de las comidas a 20 minutos, de preferencia, o cuando mucho a 30.

Pero cuando sus pezones han mostrado que son invulnerables, y cuando se siente lo bastante segura en cuanto a la cantidad de leche de que dispone, y a su capacidad para juzgar respecto del hambre de su bebé y otras incomodidades de éste, amamántelo con tanta frecuencia y durante tanto tiempo como le parezca sensato, en cada comida.

174. ¿Uno o ambos pechos? En algunos lugares del mundo, muy naturales, no industriales, donde el amamantamiento es la única forma de alimentar a los bebés, donde las madres los llevan consigo en portainfantes, mientras trabajan, y donde se desconocen los horarios, los bebés tienden a despertar y a ser alimentados con frecuencia. Se alimentan durante un lapso más o menos breve, en un pecho, y luego vuelven a dormirse. En nuestra civilización, que se rige bastante por el reloj, y en la cual los bebés son depositados en una cuna, en una habitación silenciosa, después de una comida, existe la tendencia a amamantamientos menos frecuentes y más prolongados. Si una madre produce grandes cantidades de leche, su bebé podrá sentirse satisfecho con un solo pecho en cada comida. Cada pecho recibe la estimulación de un vaciamiento muy completo, aunque ello se produzca sólo una vez en 8 horas. Pero en muchos casos, la cantidad que contiene un pecho no satisface al bebé, y se le dan los dos en cada comida, siendo ofrecido el izquierdo en una, y el derecho, en primer lugar, en la siguiente. De todos modos, algunas madres y médicos abogan por el ofrecimiento de los dos pechos. Para asegurar el vaciamiento total de un pecho, el bebé puede ser mantenido ante el primero, durante 12 a 15 minutos, si lo acepta, y luego permitírsele pasar al segundo pecho por un período tan breve o tan prolongado como se desee. Un bebé que se atiene a su trabajo tomará la mayor parte de la leche en 5 ó 6 minutos. (Los pechos siempre producirán un poco más de leche nueva, de modo que el bebé siempre saboreará algo.) Por lo tanto, no hace falta que la madre prolongue la alimentación al pecho, más allá de un total de 20 a 40 minutos, según cuán ansioso se muestre el bebé por continuar, y cuánto tiempo dispondrá la madre. Interrumpa la comida al cabo de 30 minutos, si su bebé está de acuerdo. El problema del eructo se analiza en la Sección 138.

175. Distintos bebés se comportan en forma diferente frente al pecho. Un médico con sentido del humor, que ha estudiado la conducta de centenares de bebés cuando los acercan por primera vez al pecho, ha señalado los distintos tipos. Los **entusiastas** chupan la aréola con ansiedad y succionan con vigor, hasta que quedan satisfechos. El único problema consiste en que pueden maltratar el pezón, si se les permite mascarlo. Los bebés **nerviosos** pueden mostrarse tan agitados y activos que se les escapa el pecho a cada rato, y entonces, en lugar de volver a intentarlo, gritan. Es posible que haya que tomarlos en brazos y consolarlos durante varios minutos, antes que se calmen lo bastante como para volver a probar. Al cabo de varios días, por lo general, se tranquilizan. Los **flojos** no se molestan en mamar los primeros días; esperan hasta que aparezca la leche. Si se les incita, sólo se logra que se muestren tercos. Se comportan bien cuando llega el momento. Durante un tiempo, los que **saborean** succionan el pezón y hacen chasquear los labios ante la gota de leche que prueban, antes de dedicarse a su labor. Los esfuerzos que se realizan para que se den prisa no logran otra cosa que enfurecerlos. Los que **descansan** quieren alimentarse unos minutos, y luego descansar otros tantos, antes de volver a comenzar la acción. No es posible apurarlos. Por lo general, trabajan bien, a su manera, pero les lleva más tiempo.

176. Existen varias pautas de conducta en las primeras semanas de la alimentación que complican la tarea de la madre y pueden llegar casi a enloquecerla. Sin embargo, es probable que el bebé dejará estas pautas inconvenientes dentro de unas semanas de todos modos.

La primera es la de los bebés que nunca parecen alimentarse con mucha energía, y se quedan dormidos 5 minutos después de comenzar. No se sabe si han tomado una cantidad razonable o no. Eso no sería tan malo, si durmieron 2 ó 3 horas, pero es posible que vuelvan a despertar y a llorar, pocos minutos después que se les acuesta. No conocemos, en realidad, qué provoca esta alimentación ineficiente, ni el motivo del despertar inmediato. Una de las posibilidades es la de que el sistema nervioso y el sistema digestivo del bebé no funcionen todavía bien, juntos. Es posible que la comodidad de los brazos de la madre, y el pecho en la boca, basten para hacer que se duerman de nuevo. Cuando son un poco mayores y saben qué es todo eso, el hambre los mantiene despiertos hasta que se sienten satisfechos. Algunos bebés que advierten que obtienen muy pocos resultados con su amamantamiento, vuelven a dormirse. Entonces, cuando se les deposita en la cuna dura, más fría, el hambre vuelve a despertarlos.

Otros bebés, más hambrientos, o más despiertos, o más exigentes, reaccionan con irritación cuando perciben que no obtienen la leche suficiente. Apartan la cabeza del pecho, con brusquedad, y gritan, intentan de nuevo, vuelven a irritarse. El hecho de que el bebé no se alimente bien, no hace más que aumentar la inquietud de la madre, a consecuencia de lo cual se vuelve un círculo vicioso.

Si una madre entiende este mecanismo, puede utilizar todo su ingenio para encontrar la mejor manera de relajarse, antes de amamantar a su pequeño, y mientras lo hace. Las cosas son distintas para cada persona. La música, una revista, un vaso de cerveza, la televisión... lo que mejor funcione es lo que ella debe adoptar.

Si su niña pequeña se muestra adormilada o inquieta al cabo de unos minutos, ante un pecho, puede probar a pasarla en seguida al otro, para ver si resulta útil el flujo de leche más normal. Por supuesto, a usted le agradaría que ella se esforzara, por lo menos 15 minutos en un pecho, para tener la certeza de que éste se encuentra bien estimulado, pero si no quiere, pues no quiere.

Si su bebé es uno de esos niños que descansan, que se adormecen y despiertan, pero succionan bien entre una y otra cosa, déjelo que siga así. Pero si no continúa amamantándose, es mejor no prolongar la situación, ni tratar de despertarlo de nuevo. A la larga, lo único que consigue es quitarle el entusiasmo, y convertirlo en un niño que se alimenta con indiferencia. ¿Qué debe hacer si el pequeño despierta en cuanto lo acuesta, o un poco más tarde? Creo que lo mejor es suponer primero que, si se ha alimentado durante 5 ó 10 minutos, ha recibido lo suficiente como para sentirse satisfecho durante un par de horas, y tratar de no volver a alimentarlo en seguida. Deje que se queje durante un rato, si puede soportarlo. Déle un chupón si usted y su médico lo aprueban. Vea si una botella de agua caliente le hace sentirse más cómodo (la Sección 329). El objetivo consiste en enseñarle que las comidas las recibe espaciadas en algunas horas, y que su avidez es la que produce la satisfacción. El hecho de alimentarlo cada hora y media tiende a mostrarle que sus comidas siempre lo persiguen, y que a veces, la única manera de escapar de ellas es quedarse dormido. Pero lo más probable es que el pequeño supere en unas pocas semanas este esquema incómodo, no importa como lo maneje usted. De modo que si despierta en cuanto lo acuesta, y no se lo puede consolar, y se dedica a llorar con coraje, será mejor que lo alimente en seguida y deje a un lado la teoría. Al menos puede ofrecerle una segunda oportunidad, pero no pase a una tercera y cuarta comidas, si puede evitarlo. Por lo menos, hágale esperar una o dos horas.

Cómo saber si el bebé recibe lo suficiente

177. Una guía confiable es la combinación del aumento de peso y la satisfacción. Es bueno recordar que en la mayor parte del mundo, cuando no existen básculas ni médicos, la madre da por supuesto que su bebé recibe lo suficiente, si el niño se comporta con alegría normal y tiene buen aspecto, y que ese sistema funciona bien en nueve de cada diez casos.

Hablando en términos generales, usted y su médico deciden si hay un problema sobre la base de la conducta del bebé, a lo largo de varias semanas, y sobre la base del aumento de peso. Ninguna de las dos cosas es concluyente por sí sola. Un bebé que se muestra contento y crece con rapidez está recibiendo, es evidente, lo suficiente. El bebé que llora mucho todas las tardes, o todas las noches, pero aumenta con rapidez, tal vez recibe la comida suficiente, pero tiene cólicos. El bebé que aumenta con lentitud, pero se muestra satisfecho, es en la mayoría de los casos un bebé destinado a aumentar de peso con lentitud. Pero hay algunos que no protestan, inclusive aunque no aumenten su peso. El que aumenta con **suma** lentitud, y se comporta casi siempre como si estuviera hambriento es el que **probablemente** no recibe lo suficiente. El bebé que no recibe lo suficiente puede mostrarse más perezoso o más enojado que lo común. Tendrá menos de 6 pañales mojados al día y su orina tendrá un aspecto oscuro o tendrá un olor fuerte, y tendrá evacuaciones poco frecuentes.

Cualquier bebé que no muestra un buen aumento de peso al cabo de la segunda semana de vida debería ser despertado cada 2 ó 3 horas y alentado a comer con más frecuencia. Los que se duermen al succionar el pecho pueden ser incitados a continuar si se les hace eructar, y se les pasa al otro pecho cuando se quedan dormidos. Si esta rutina se repite cuatro o cinco veces durante una comida, la mayoría de los bebés aumentarán de peso y se alimentarán más vigorosamente, al cabo de 5 ó 7 días.

Los bebés que se alimentan del pecho deben ver a su pediatra dentro de 7 ó 10 días después de salir del hospital, o más pronto si tuvieron problemas con la alimentación mientras se encontraban en el hospital.

Por lo tanto, lo mejor es dar por entendido que el bebé recibe lo suficiente, a la larga, salvo que el pequeño o el médico le digan decididamente que no es así. Por cierto que, en cualquier comida, usted debería sentirse satisfecha, si el bebé parece estarlo.

178. No es posible saberlo por el aspecto de los pechos o la leche. Esta pregunta de si el bebé recibe lo suficiente puede confundir a la nueva madre. Una buena regla es que para el quinto día de vida, los bebés suelen tener de seis a ocho pañales mojados y de cuatro a diez evacuaciones por día, y amamantarán de ocho a diez veces cada 24 horas.

En verdad, no es posible determinarlo por el tiempo que el bebé dedica a succionar. Continúa haciéndolo después que ya ha obtenido la mayor parte de la leche —durante 10 minutos más, a veces, durante 30— porque todavía recibe un pequeño chorro de leche, o porque disfruta succionando, o porque todavía está despierto y la pasa bien. Las observaciones cuidadosas de bebés un poco mayores han mostrado que el mismo bebé parece sentirse satisfecho con 3 onzas, en una comida, y con 10 onzas en otra.

La mayoría de las mujeres con experiencia han decidido que no pueden saber, por la aparente plenitud de los pechos antes de alimentar a su bebé, cuánta leche contienen éstos. En la primera o segunda semana, los pechos se encuentran perceptiblemente llenos y firmes, a consecuencia de los cambios glandulares, pero al cabo de un tiempo, por lo general, se ablandan y quedan menos prominentes, aunque el abastecimiento de leche **va en aumento**. Un bebé puede recibir 6 onzas o más de un pecho que a la madre no le parece que esté lleno. No es posible decir nada sobre la base del color y el aspecto de la leche. La leche de pecho siempre parece aguada y azulada en comparación con la de vaca, y no existen variaciones importantes en la composición de la leche de un momento a otro, en la misma madre, o de una madre a otra.

179. El hambre no es la razón más común para el llanto.

El motivo más común para que una madre comience a inquietarse es el de que su bebé esté molesto, inmediatamente después de las comidas, o entre una y otra. Lo primero que se le ocurre a ella es que su cantidad de leche está reduciéndose. Pero esta suposición no es correcta. El hecho es que casi todos los bebés —y en particular los primeros— tienen rachas en las cuales se muestran molestos, en general por la tarde o la noche. Los bebés alimentados con biberón se quejen tanto como los alimentados al pecho. Los que reciben tanta leche que pueden asimilar, tienen accesos de llanto, lo mismo que los que reciben menos. Estos accesos se analizan en la Sección 328, acerca de cólicos, y en la Sección 326, que habla de los accesos, en general. Si una madre comprende con claridad que la mayor parte del quejarse, en las primeras semanas, no es causado por hambre, no debe perder tan rápido la confianza en su cantidad de leche.

Sin embargo, es posible que un bebé comience a quejarse, porque siente hambre. Pero es más frecuente que esto despierte al bebé un poco más temprano, para la comida siguiente, y no que lo moleste una o dos horas después de la última comida. Si **siente** hambre, puede ser porque su apetito ha aumentado de golpe, o tal vez porque la leche de su madre ha disminuido un poco, a causa de la fatiga o la tensión. En cualquiera de los dos casos, la solución es la misma: dé por un hecho que despertará más a menudo y querrá alimentarse con más vigor durante un día, o unos cuantos días, hasta que los pechos se hayan adaptado a la exigencia. Entonces es probable que vuelva al horario anterior.

Si la inquietud **no** se debía al hambre, todas las comidas de más que se le han ofrecido no producen daño.

El tratamiento de la inquietud me parece claro. Cualquier idea de ofrecer un biberón de fórmula debe postergarse, por lo menos, durante un par de semanas. Hay que permitir que el bebé se alimente cada 2 horas (contando desde el comienzo de una comida hasta el de la siguiente), durante 20 a 40 minutos. Si en esa primera o segunda semana aumenta de peso en forma razonable, se debe volver a dejar a un lado la idea de ofrecerle fórmula, al menos durante otras 2 semanas. Se puede consolar al bebé durante sus períodos de estar molesto con un chupón, o con un biberón de agua, o posiblemente con un biberón de agua azucarada (las Secciones 147–148). Es posible que de vez en cuando la madre desee amamantarlo con más frecuencia, y no sólo cada 2 horas. Por supuesto que esto no hará daño alguno al bebé. Sólo pienso en la madre: no puede dejar de sentirse desesperada si amamanta durante todo el día, y eso no servirá de mucho. El hecho de vaciar los pechos diez veces por día les dará tanta estimulación como la que puedan soportar. Además, es necesario que la madre tenga un poco de descanso y que se relaje un poco. La familia y los amigos pueden ayudar.

Problemas especiales de la alimentación al pecho

180. Dolores durante el amamantamiento. Es posible que usted sienta molestias durante la primera semana, poco más o menos, a causa de cólicos en la parte inferior del abdomen, en cuanto el bebé comienza a alimentarse. Se trata del reflejo normal por medio del cual el acto de amamantar hace que el útero se contraiga. Está destinado a ayudar a éste a volver a sus dimensiones anteriores al embarazo. Estos cólicos desaparecen al cabo de poco tiempo.

Los dolores del pezón, que duran unos pocos segundos después que el bebé comienza a succionar, durante los primeros días o semanas, son muy comunes, no tienen importancia y desaparecen muy pronto.

181. Pezones doloridos o agrietados. Un dolor que persiste a todo lo largo del amamantamiento puede indicar un pezón agrietado, y es preciso realizar un cuidadoso examen. (Ciertas madres son muy sensibles, y siguen sintiendo dolor aunque los pezones continúen siendo sanos.) Si un pezón está agrietado (y ello se debe a menudo a que el bebé lo ha mascado en lugar de introducirse en la boca toda la aréola), por lo general se recomienda una combinación de amamantamientos más frecuentes, cambios más frecuentes de la posición del bebé al succionar y aplicación de hielo. Es posible que el médico recete un ungüento para el pezón lastimado. Otro método consiste en dejar que los pezones se sequen durante 15 minutos, antes de cerrar las aletas del sostén; o dejarlas abiertas. También se puede quitar el forro impermeable del sostén. Una madre encontró útil un pequeño colador de té (del tipo de los que pueden desprenderse del mango) sobre el pezón, en el interior de un sostén amplio.

Un amamantamiento más frecuente ofrecerá un constante estímulo del pecho y aliviará la plenitud de éste.

182. Pechos congestionados. Hay tres motivos diferentes por los cuales los pechos pueden congestionarse. El más común es la obstrucción de los conductos, los espacios de almacenamiento ubicados detrás de la aréola. Esto se llama **congestión areolar.** No resulta incómodo para la madre, pero puede hacer que la región areolar quede tan firme y plana, que el bebé no pueda tomarla en la boca para oprimirla con las encías. Lo único que puede agarrar es el pezón, y es probable que lo muerda y tal vez lo lastime. Por lo tanto, tiene importancia, para la madre o la enfermera, exprimir suficiente leche de los senos, de modo que la región areolar quede lo bastante blanda y comprimible como para que el bebé la tome en la boca (las Secciones 190 y 191).

No es necesario exprimir mucha leche para ablandar la región areolar. Bastará con 2 a 5 minutos para cada pecho. Luego la madre puede apretar la región areolar por arriba y por abajo, cuando lleva el pecho a la boca del bebé, para hacer que éste comience a succionar. Es más probable que este tipo de congestión se produzca en la segunda mitad de la primera semana, que dure 2 ó 3 días, y no reaparezca, siempre que el amamantamiento continúe en forma normal.

183. Congestión periférica. Otro tipo de congestión abarca, no sólo la región areolar, sino todo el pecho. Este se vuelve firme y molesto. La mayoría de los casos son leves, pero en una que otra oportunidad, cuando resulta grave, el pecho se distiende, se torna asombrosamente duro y muy doloroso.

El caso habitual puede aliviarse en seguida haciendo que el bebé se amamante. Tal vez resulte necesario ablandar primero la región areolar por medio de una presión manual, si ésta se ha endurecido demasiado para que el bebé la introduzca en la boca.

El caso grave puede exigir varios tipos distintos de tratamiento. Si el bebé no puede consumir suficiente leche para aliviar la distensión, es preciso masajear todo el pecho, partiendo de los bordes exteriores y dirigiendo los masajes hacia la aréola. Un ungüento de lanolina y petrolato, o un aceite vegetal, debería ser usado durante el masaje para no irritar la piel, pero el ungüento no debe llegar a la aréola, porque la dejaría demasiado resbaladiza para exprimirla, cosa que vendría a continuación. El masaje de todo el pecho cansa a la madre, y tiene que hacerse sólo durante el tiempo suficiente para aliviar en parte la congestión. Puede realizarse una vez por día o varias. La dificultad, así siempre, dura 2 ó 3 días, no más. La aplicación de telas mojadas con agua caliente parece ayudar a preparar los pechos para el masaje. Si éste y la presión manual no pueden usarse con éxito, porque no hay nadie a mano para hacerla, o para enseñarle a la madre, puede probarse con un tiraleche (la Sección 192). Entre uno y otro amamantamiento o tratamientos, es preciso agregar un firme apoyo a los pechos por medio de un sostén grande, firme, o por medio de un soporte que los sostenga desde los hombros. El soporte debe utilizarse, no para aplastar los pechos contra el tórax, sino para sostenerlos con firmeza, por debajo y por ambos lados. Una bolsa de hielo, o de agua caliente, también puede aplicarse por breves períodos. Existen varios medicamentos que el médico puede recetar. Esta congestión total se produce casi siempre, cuando ocurre, en la segunda mitad de la primera semana. Después de este período es poco frecuente.

184. Congestión a causa de conductos tapados. Un tercer tipo de distensión es parecido a la congestión total, en el sentido de que se encuentra fuera de la región areolar, y es doloroso. Pero se limita a un único segmento del pecho. Este tipo se denomina, en ocasiones, pecho con conductos tapados. Lo más probable es que ocurra después del período de hospitalización. El tratamiento es parecido al de la congestión total: fomentos calientes, seguidos por un masaje de la zona hinchada, usar un sostén eficiente, bolsa de hielo o de agua caliente, mayor frecuencia en el amamantamiento, cambios frecuentes de la posición del bebé al alimentarse y un descanso adecuado para la madre.

185. Infecciones del pecho y absceso. Si dentro del pecho se desarrolla un punto doloroso, es posible que se trate de una infección, o de un absceso. La piel de arriba puede enrojecerse. Es probable que desarrolle fiebre y escalofríos. La madre debe tomarse la temperatura y comunicarse con el médico. Pero con los métodos modernos de tratamiento de infecciones, tal vez no sea necesario impedir que el bebé se alimente a pecho, ni siquiera por un breve plazo.

186. Un protector del pecho o la taza sueca para leche. Muchas mujeres han encontrado que éstos son útiles para lograr que se yergan los pezones retraídos, pues disminuye la congestión presionando sobre la zona areolar, y manteniendo seco el pezón. Se usa debajo del sostén, excepto cuando se amamanta. Un hueco interior, con un agujero, se ajusta sobre el pezón. Un hueco más prominente, adaptado a él, protege el pezón del sostén, y forma un espacio que puede contener toda la leche que brote del pezón. (La leche que brota directamente en el sostén mantiene húmedo el pezón.) Se cree que la presión del hueco interior y el borde de los senos disminuye la congestión; dicha presión también hace que el pezón sobresalga, y esta acción continúa por un tiempo, luego de retirar la taza. Son accesibles con facilidad.

187. Cuando la madre está enferma. En las enfermedades comunes durante las cuales la madre permanece en casa, es habitual permitir que el bebé continúe amamantándose como de costumbre. Por cierto que existe una posibilidad de que éste se contagie de la enfermedad, pero esto ocurrirá aunque éste no se alimente al pecho. La mayoría de las infecciones son contagiosas antes que se advierta algún síntoma. Por lo general, los bebés tienen resfriados más leves que los contraídos por los miembros mayores de la familia.

Algunas madres se advierten una disminución en la leche disponible cuando están enfermas, pero la leche vuelve a medida que se amamanta con mas frecuencia.

188. El pezón mordido (cuando el bebé tiene dientes). No se lo puede culpar de morder una que otra vez, cuando sus encías le duelen, durante la dentición, o cuando ya han salido un par de dientes. No se da cuenta de que produce dolor. Pero eso no sólo es doloroso; puede herir los pezones de tal manera, que sea necesario interrumpir el amamantamiento.

A la mayoría de los bebés se les puede enseñar muy pronto a no morder. Deslice en el acto el dedo entre las encías, y diga con suavidad: "No." Si vuelve a hacerlo, introduzca otra vez el dedo, diga "No" y termine con el amamantamiento. De todos modos, el bebé comienza a morder, por lo general, en el último período del amamantamiento.

Presión manual y tiraleches

189. El objetivo. La presión manual o el tiraleches se utilizan para obtener leche para el bebé que no quiere o no puede alimentarse al pecho, aunque la madre tenga leche en abundancia. Es posible que un bebé pequeño, prematuro, sea demasiado débil como para succionar, o para ser sacado de la incubadora, pero se le puede dar leche de pecho con un biberón, o con un gotero, o bien con una sonda gástrica. Cuando una madre enferma se encuentra en el hospital, o cuando en el hogar se considera imprudente acercarle el bebé, su leche puede reunirse para dársela en un biberón (o desecharla), hasta que pueda volver a amamantarlo. (Véase la Sección 163.)

Cuando se desea obtener leche en abundancia, o mantener los pechos en funcionamiento, se los vacía a intervalos regulares.

La mejor manera de aprender la presión manual es la consulta con una persona experimentada, mientras la madre se encuentra en el hospital. Es buena idea obtener alguna instrucción al respecto, aunque no prevea la necesidad de usarla. O bien una enfermera o nodriza puede enseñárselo en su casa. Una madre puede aprender por sí misma, pero ello lleva un poco más de tiempo. De cualquier modo, al principio parece un tema delicado, y harán falta varias sesiones de práctica antes que la madre se vuelva eficiente. No se desaliente.

La leche producida en el tejido glandular de todo el pecho fluye a lo largo de minúsculos tubos, hacia el centro del pecho, y se acumula en 15 ó 20 senos, ubicados detrás de la aréola, la piel de color oscuro que rodea al pezón. En la presión manual, el pecho es masajeado primero, y luego se exprime la leche sacándola de los senos, cada uno de los cuales tiene un pequeño tubo que pasa, a través del pezón, para comunicarse con el exterior.

Si usted piensa exprimir sólo una pequeña cantidad de leche —por ejemplo, para aliviar la congestión de la zona areolar— puede usar cualquier taza o biberón que tenga a mano. Si desea exprimir tanto como sea posible para dárselo luego al bebé, en seguida, debería lavar la taza con jabón, enjuagarla y secarla con una toalla limpia. Después de exprimir la leche, viértala en un biberón, que cubrirá con un chupón, ambos lavados con jabón y enjuagados desde el último uso. Si tiene la intención de guardar la leche durante unas horas —por ejemplo, si la lleva una vez por día a un hospital, para un bebé prematuro— es preciso tenerla refrigerada.

190. El método del índice y el pulgar. Primero, por supuesto, lávese las manos con jabón. Después masajee el pecho para llevar la leche a los senos. En el método más común de presión manual, los senos son entonces exprimidos repetidas veces entre el pulgar y el índice. Para aplicar la presión donde se encuentran los senos, por detrás de la aréola y muy profundas, es necesario colocar las yemas del pulgar y el índice en lados opuestos de ésta (hasta el borde en que la piel oscura se encuentra con la piel de color normal). Luego oprima el pulgar y el índice a fondo, hasta que encuentre las costillas. En esta posición, oprímalos en forma rítmica, juntos. Por lo general, la mano derecha se usa para exprimir el pecho izquierdo, y en este caso la mano izquierda sostiene la taza que recibe la leche.

Lo más importante es presionar a fondo, y en el borde de la aréola. El pezón mismo no se oprime ni toca. Puede

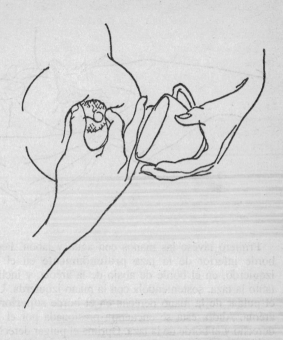

obtener más leche con cada presión, si no sólo oprime el pulgar y el índice el uno hacia el otro, sino que, además, tira un tanto con ellos hacia afuera (hacia el pezón), al mismo tiempo, para completar el movimiento de ordeñe.

Al cabo de un rato, el pulgar y el índice pueden cambiarse de lugar, en "sentido de las agujas del reloj", para asegurarse de que todos los senos sean presionados. Si el pulgar y el índice se fatigan —y al principio así sucederá— puede ir de un lado al otro, y de atrás hacia adelante.

191. El método del pulgar y la taza. Otro método, aunque usado menos comúnmente, pero muy eficiente cuando se lo aprende, consiste en oprimir los senos entre el pulgar y el borde inferior de una taza que tiene el borde inferior ensanchado (resulta demasiado difícil introducir la aréola y el pulgar en una taza que tenga bordes rectos).

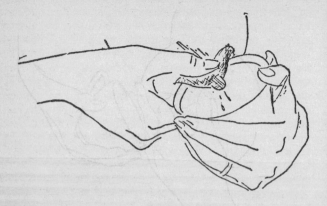

Primero lávese las manos con agua y jabón. Pegue el borde inferior de la taza **profundamente** en el pecho izquierdo, en el borde de abajo de la aréola, y incline un tanto la taza, sosteniéndola con la mano izquierda. Ubique el pulgar de la mano derecha en el borde **superior** de la aréola. Ahora ésta se encuentra presionada por el pulgar derecho y el borde de la taza. Oprima el pulgar derecho con firmeza hacia adentro (hacia abajo) y luego hacia el pezón. Esto hace que la leche de los senos pase a los tubos que atraviesan el pezón. Cuando oprime hacia el pezón, no deslice éste sobre la piel oscura; la piel se mueve con el pulgar. No es necesario oprimir o siquiera tocar el pezón.

Con un poco de práctica, podrá exprimir la leche de modo que salga en un fino rocío. Los primeros días su pulgar se cansará y quedará débil, pero ello no se prolongará. Si vacía un pecho lleno, tal vez eso le llevará 20 minutos— y más, si comienza a aprender. Si trata de vaciar los pechos por completo después que el bebé ha terminado de amamantar, le llevará apenas unos minutos. Cuando el pecho está lleno, la leche sale como un rocío. Cuando está parcialmente vacío, sale en gotas. Interrúmpase cuando no sale más leche. Como es natural, si espera 10 minutos, el pecho habrá producido más leche, pero no necesitará volver a vaciarlo.

192. Tiraleches. Muchas madres que tienen que exprimir su leche con regularidad —en especial las madres que trabajan, y que podrían tener que hacerlo durante semanas o meses— prefieren usar un tiraleches. Hay docenas de tiraleches disponibles a precios muy variados. Lo mejor es hablar con el médico antes de que nazca el bebé, para decidir cuál le convendrá más. (Hay un tipo de tiraleches que sí debe ser evitado, y es el que tiene un cono plástico que se adapta al pezón y a la aréola, y una pera de hule, con el cono y la pera unidos a un borde que puede adaptarse a un biberón común. Este tiraleches no debe usarse, aunque sea el más barato, porque puede lastimar el pezón y la aréola. También las bacterias se reproducen en la perilla de hule.) Véase la Sección 163 sobre cómo guardar la leche.

Combinaciones de pecho y biberón

193. El biberón de refuerzo es bueno. ¿Es cierto que una madre que está alimentado al pecho no debe dar nunca un biberón, en circunstancia alguna? No, nada de eso. La mayoría de las madres que quieren ofrecer, con regularidad, un biberón de refuerzo, una vez por día, pueden hacerlo sin interrumpir el flujo de leche de los pechos, siempre que dicho flujo haya quedado bien establecido, durante varias semanas, y siempre que se trate de un solo biberón por día. Y por cierto que una madre que no ha ofrecido nunca un biberón, puede ofrecer uno de vez en cuando. Tal vez tiene que ausentarse durante una de las comidas, o es posible que haya llegado a sentirse muy fatigada o molesta, y que el bebé se haya comportado con gran insatisfacción, en el caso de una comida. Un biberón no interrumpe el amamantamiento al pecho. Lo que estoy haciendo es aconsejar que no se le dé con regularidad un biberón complementario (un biberón ofrecido **además** de la alimentación al pecho), dos o tres veces por día, si la madre abriga la esperanza de continuar con la alimentación al pecho.

194. Un biberón de refuerzo. El biberón de refuerzo (de

leche de pecho o preparada) puede darse todos los días, si así se desea, comenzando a los 3 a 4 semanas. Si una madre piensa destetar a su bebé y pasar al biberón, entre los 2 y los 9 meses, es una buena idea ofrecer un biberón de refuerzo, por lo menos una vez por semana, aunque pueda amamantarlo igual que antes. El motivo de ello es que algunos bebés se habitúan tanto a sus modalidades, durante ese período, que se niegan a aceptar un biberón de leche, si no se han acostumbrado a él, y esto puede ser objeto de una verdadera pelea. Es muy poco común que un bebé se vuelva tan terco antes de los 2 meses, y que después de los 6 meses se lo destete directamente para pasar a la taza.

A veces se recomienda que **todos** los bebés alimentados al pecho reciban un biberón, por lo menos una o dos veces por semana, aunque la madre piense amamantarlo hasta que se lo destete y pase a beber de la taza. Esto se basa en la suposición de que la madre deba dejar de amamantar por algún motivo inesperado. Usted puede decidirlo por sí misma, sopesar el inconveniente de preparar el biberón, en comparación con el riesgo de que el bebé presente batalla si se lo desteta de golpe.

195. El pecho y el biberón, ambos. Si una madre que no puede producir leche suficiente para satisfacer por completo al bebé quiere pasar a una combinación de pecho y biberón, no hay motivo para que no lo haga. Pero en muchos casos de alimentación mixta, el flujo de leche de pecho disminuye poco a poco. Además, el bebé puede llegar a preferir el biberón, y rechazar el pecho por completo.

Lo más sensato que se puede hacer cuando la madre produce una cantidad razonable de leche (digamos, la mitad o más de lo que necesita el bebé), consiste en hacer primero un esfuerzo verdadero para prescindir por completo del biberón. Si ello no aumenta lo suficiente el flujo de leche de pecho, entonces puede destetar al bebé y hacerlo pasar al biberón, con la conciencia de haberse esforzado al máximo.

Su médico le ayudará decidir cuál es la mejor combinación de pecho y biberón para su bebé.

El destete

El destete es importante, no sólo para el bebé, sino para la madre, y no sólo en términos físicos, sino también emocionales. Una madre que ha asignado una gran importancia a la alimentación al pecho puede sentirse un tanto deprimida cuando la interrumpe... como si hubiera perdido parte de su proximidad al bebé, o como si se hubiese convertido en una persona menos valiosa. Este es un motivo más para hacer del destete un proceso gradual, siempre que ello sea posible. El destete no tiene por qué ser un acto de "todo o nada". Una mujer puede alimentar al pecho una o dos veces por día a su bebé, hasta que éste tenga 2 años, o interrumpir por completo la alimentación al pecho.

El destete comienza con la introducción de comidas sólidas a los 4 a los 6 meses y se termina poco a poco durante los próximos 6 a 18 meses, según el bebé y la madre.

Algunos otros puntos relacionados con el destete se enfocan en las Secciones 237–244.

196. Destete gradual para pasar al biberón en los primeros 4 meses. Existen muchas madres que no pueden o no quieren alimentar al pecho hasta que el bebé esté listo a pasar a la taza, entre los 6 y 9 meses. En un caso, la cantidad de leche resulta insuficiente. El bebé llora de hambre, y no aumenta de peso como corresponde. Un bebé hambriento, como lo de este caso, pocas veces se resiste a pasar al biberón. La rapidez con que acepte el destete para pasar al biberón, depende de la cantidad que produzca la madre.

Si usted advierte que su leche de pecho disminuye con rapidez, y que el bebé pasa hambre y no tiene un médico a quien consultar, ofrezca una fórmula completa. Déle un biberón en cada comida, después del pecho, y permítale que beba tanto o tan poco como desee. Omita primero la alimentación al pecho cuando éstos estén menos congestionados. Dos días más tarde, omita también otra alimentación al pecho cuando éstos se encuentran un poco menos congestionados. Interrumpa las siguientes comidas al pecho, una cada 2 ó 3 días. (Si la leche de la madre disminuye en forma gradual y el bebé se siente ligeramente insatisfecho, será mejor presentar los biberones una comida a la vez.)

Pero supongamos que no existe un problema de que la provisión de leche se reduzca. Digamos que la madre quiera amamantar durante unos meses, para asegurar a su bebé un buen comienzo, pero no durante buena parte del año. ¿Durante cuánto tiempo es importante amamantar? Por supuesto, no existe una respuesta única para esto. Las ventajas físicas de la leche de pecho, su pureza, su fácil digestión, son muy valiosas para el bebé al comienzo. Pero no existe una edad en la cual de pronto deje de resultar beneficiosa. Tampoco cesarán en un período definido las ventajas emocionales de la alimentación al pecho. Un momento sensato para destete del pecho remplazado por la botella es a los 3 meses. Para entonces, el sistema digestivo del bebé se habrá establecido. Se habrá superado toda tendencia al cólico. Será lo bastante robusto y continuará aumentando de peso con rapidez. Pero si una madre quiere interrumpir el pecho al mes o a los 2 meses, ésos también son momentos satisfactorios.

Si piensa en el destete para remplazar el pecho por el biberón en una edad posterior al mes, es prudente mantener al bebé habituado al biberón desde 1 mes en adelante, para lo cual es preciso darle uno con regularidad, 2 ó 3 veces por semana, o todos los días, si lo prefiere.

Si los pechos han producido una buena cantidad de leche, es necesario que el destete sea gradual, desde el comienzo. Primero omita una comida por día, aquélla en la cual se sienta menos congestionada, y déle el biberón. Deje que el bebé tome tanto o tan poco como quiera. Espere 1 ó 2 días hasta que los pechos se adapten al cambio, y luego omita otra comida de pecho, remplácela por un segundo biberón diario. Entonces el bebé estará recibiendo el pecho en dos comidas solamente, y un biberón en cada una de las otras tres. Es probable que tenga que esperar 3 e inclusive 4 días en cada ocasión, antes de omitir estas dos últimas comidas. En cualquier momento en que sienta molestos los pechos, aunque no sea la hora de la comida, deje que el bebé se amamante durante unos segundos, o use la presión manual o un tiraleche durante unos minutos, nada más que para aliviar la presión. Entonces no tendrá necesidad de limitar los líquidos que ingiere.

197. Si el bebé no quiere tomar el biberón. Un bebé de 2 meses o más, que no ha recibido con regularidad un biberón, puede resistirse a él por completo. Intente, durante una semana, ofrecer un biberón una o dos veces por día, antes del pecho o del alimento sólido. No lo force; no lo haga enojar. Retírelo, si se niega, y déle el resto de su comida, incluido el pecho. Es posible que en pocos días más, cambie de actitud.

Si todavía no se muestra flexible, omita por completo la comida al pecho de las 2 de la tarde, y vea si eso le da la sed suficiente como para que pruebe el biberón a las 6 de la tarde. Si todavía se niega, es probable que tenga que darle de todos modos el pecho en la comida de las 6 de la tarde, porque éste se encontrará incómodamente lleno. Pero continúe omitiendo la comida de las 2 de la tarde durante varios días. Puede que ello dé resultado en un día posterior, aunque no hubiese ocurrido así en la primera oportunidad.

El paso siguiente consiste en tratar de omitir todas las otras comidas al pecho durante las 24 horas y no le dé los alimentos sólidos, de modo que el pequeño se sienta bastante hambriento, o bien omita los sólidos del todo.

Véase la Sección 163 en cuanto a otras sugerencias.

La madre puede usar un tiraleches o la presión manual (las Secciones 190–192) lo suficiente como para aliviar la presión y la incomodidad.

198. El destete gradual con paso a la taza, entre los 9 y los 15 meses. Si la madre produce leche en cantidad suficiente, ¿cuánto tiempo puede pensar en continuar alimentando al pecho? Lo mejor, lo más natural, es ofrecer el pecho hasta que el bebé esté en condiciones de pasar a la taza.

Creo que los bebés muestran una necesidad cada vez menor del pecho entre los 9 y 12 meses. Dejan de succionar varias veces durante una comida, y quieren jugar con sus madres. Es posible que haya que empujarlos para que vuelvan al pecho. Con un poco de estímulo, aprenderán a beber más leche de la taza, y pasarán a ella por completo, sin señal alguna de privación o arrepentimiento.

Digo esto acerca de la disposición al destete en la segunda mitad del primer año, para beneficio de las madres que quieren alimentar al pecho durante tanto tiempo como sus bebés lo necesiten. (No quieren pasar al biberón.) Pero no quieren continuar con la alimentación al pecho más allá de lo que resulte necesario para una alimentación "completa".

Pero existen muchas madres que alimentan al pecho, y que decididamente quieren continuar así hasta el año o los 2 años. Yo creo que la alimentación al pecho hasta los 2 años está bien si la madre y el bebé la quieren. Una buena idea es comenzar a ofrecer un sorbo de leche u otro líquido de la taza, a partir de los 6 meses de edad, de modo que su bebé se habitúe a ello antes de que se ponga demasiado terco. A los 9 meses, aliéntelo a sostener la taza por sí mismo (las Secciones 239–240). Si para los 9 meses se alimenta en períodos más breves, yo daría por entendido que puede estar listo para el destete gradual. Entonces ofrézcale la taza en todas las comidas, y aumente la cantidad a medida que muestre disposición a aceptar más, pero continúe alimentándolo al pecho al final de la comida. Después, omita una de sus comidas diarias al pecho, aquella en la cual parece menos interesado, y déle solamente la taza. Este es, casi siempre, el desayuno o el almuerzo. Una semana más tarde, omita otra comida al pecho si parece dispuesto a aceptarlo, y en otra semana más, la última. Es posible que la disposición del pequeño a ser destetado, no avance con firmeza. Si entra en un período en el cual se siente molesto por la dentición, u otra enfermedad, es posible que quiera retroceder un tanto. Esto es natural, y no hay peligro alguno en complacerlo.

Cuando el destete se realiza de esta manera gradual, por lo general no surgen problemas respecto de los pechos de la madre. Pero si éstos quedan incómodamente llenos en cualquier momento, la madre no necesita otra cosa que permitir que el bebé se alimente durante 15 a 30 segundos, para aliviar la presión.

La mayoría de las madres se asombran al descubrir que no tienen deseos de terminar con ese vínculo emocional, y algunas aplazan el destete semana tras semana.

En ocasiones, una madre tendrá temor de abandonar del todo la alimentación al pecho, porque el bebé no acepta tanta leche de la taza como solía hacerlo del pecho. Ello podría aplazar el destete en forma indefinida. Yo detendría la alimentación al pecho si el bebé acepta un promedio de 4 onzas de la taza, en cada comida, o un total de 12 a 16 onzas por día. Cuando se interrumpe la alimentación al pecho, es probable que aumente la cantidad que bebe de la taza hasta un total de 16 onzas, o más. Por lo general, esto es suficiente, junto con todas las otras cosas que come.

199. El destete repentino (hasta que pueda consultar a un médico). Es posible que deba destetar al bebé en forma repentina si, por ejemplo, usted se ha enfermado de gravedad o tiene que viajar fuera de la ciudad por una emergencia. (Por lo general, no es necesario destetar al bebé a causa de una enfermedad leve o moderadamente grave. Su médico es quien debe decidirlo.) En este caso se debe evitar exprimir la leche. Puede dar un alivio temporal, pero, por otro lado, estimulará a los pechos para que produzcan más leche. Un método consiste en aplicar presión y poner bolsas de hielo en los pechos. Esto es bastante incómodo, y su médico le puede prescribir un medicamento apropiado para el dolor. Píldoras "secantes" no sirven y no se deben usar. Son caros, tienen efectos secundarios y a menudo tienen un efecto de "rebote", lo cual aumenta la presión en los pechos.

Si no tiene un médico que la asesore, use una de las fórmulas comerciales preparadas, que se mencionan en la Sección 202, o el preparado de leche evaporada de la Sección 201.

ALIMENTACION POR BIBERON

En los Estados Unidos, la esterilización de las fórmulas y los biberones ya no se recomienda como cosa común para las personas que usan el agua potable de una ciudad, generalmente confiable. Si se utiliza agua de pozo, o por algún otro motivo tiene determinadas dudas en cuanto a su provisión de agua, o si tiene cualquier otra duda, consulte con su médico o con su enfermera de la sanidad pública o su centro de salud pública para ver si tendrá que esterilizar o no.

Quienes se vean obligados a esterilizar, encontrarán instrucciones detalladas en las Secciones 216–221. Quienes no necesiten esterilizar pueden remplazar la esterilización por un lavado a fondo con jabón y agua, seguido por un enjuague minucioso. (Véase la Sección 204 para detalles.)

Una advertencia sobre los hornos microondas: no caliente nunca una botella en un horno microondas. El contenido puede calentarse hasta poder quemar al bebé aunque la botella le parece frío al tocarla. Los hornos microondas no son apropiados para esterilizar el equipo ni la fórmula tampoco.

Sobre fórmulas

200. ¿Qué es una fórmula? Se puede utilizar una fórmula comercial, o bien hacer una con leche evaporada o leche en polvo. Su médico le aconsejará sobre qué tipo de fórmula será mejor para su bebé. Si una fórmula le resulta difícil a su bebé, hable con su médico sobre qué intentar a continuación. Algunos fabricantes de fórmulas han empezado a hacer anuncios para sus productos y mandarlos directamente a los padres. No cambie a una de estas fórmulas sin consultar a su médico.

En las Secciones 211–215 se ofrece una visión general de los tipos de fórmulas que hoy se usan y de las maneras de esterilizarlos y de ponerlos en el biberón. Luego, en las Secciones 222–225 se encuentran las instrucciones concretas para la esterilización.

201. Leche evaporada. (No debe confundirse con la **leche condensada endulzada,** muy dulce e inadecuada para los niños.) La leche evaporada es leche de vaca concentrada de la que se ha eliminado, por evaporación, un poco más de la mitad del agua. Usted debe diluirla y agregar el azúcar, para preparar el biberón. La leche materna es mucho más dulce que la leche de vaca, así que se añade azúcar para darle al bebé más calorías.

En el proceso de enlatado, se la esteriliza por completo, de modo que cuando usted la abre, la encuentra libre de gérmenes. Se la puede mantener durante un período indefinido en la lata no abierta, sin refrigeración. Existen muchas marcas de leche evaporada. Todas tienen aproximadamente la misma composición, así que no hace falta preocuparse cuando se pasa de una marca a otra. En algunas localidades es más barata que la leche fresca y menos costoso que una fórmula comercial.

Siempre utilice leche evaporada **entera** para las fórmulas. No utilice leche evaporada de 2 por ciento o de bajo contenido de grasa salvo que el médico se lo recete. Véase la Sección 211 sobre la preparación de fórmula de leche evaporada.

202. Fórmulas preparadas comerciales suelen ser hechas de leche de vaca. Vienen en tres formas: listas para ser usadas, concentradas, y en polvo. Para hacer que se parezcan a la leche humana, se ha reducido un poco el porcentaje de proteínas, se ha aumentado el azúcar con el agregado de lactosa (azúcar de la leche), y la manteca de vaca se ha remplazado por aceites vegetales. Se han agregado vitaminas A, C y D. Las fórmulas preparadas pueden adquirirse con o sin hierro, según la opinión del médico. Véase las Secciones 212–215 para mezclar las fórmulas preparadas comerciales.

203. Las leches artificiales son para los bebés y los niños alérgicos a la leche de vaca, o que reaccionan ante ella. Están hechas con una mezcla de alimentos tales como harina de soja y azúcar granulado. Unicamente deben usarse bajo prescripción médica. Requieren agujeros más grandes en los chupones. Véase la Sección 780 sobre alergias de leche y fórmulas especiales.

Preparación de las mezclas de los biberones

204. Lavado de biberones, chupones, discos, anillos y recipientes. Puede realizar en forma más rápida y eficiente la tarea de lavar el equipo si los lava con jabón o detergente,

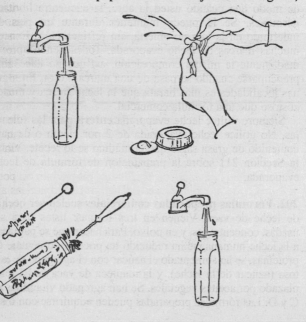

y cepillo, inmediatamente después que su bebé haya terminado cada biberón, antes que se seque la leche. Pero esto no es esencial; puede utilizar su lavaplatos si en verdad deja limpio el equipo del biberón.

Un cepillo para biberones es importante para lavar el interior de éstos. Un cepillo para chupones tiene importancia para limpiar el interior de éstas. Luego es necesario usar un palillo para limpiar cada uno de los agujeros por el chupón.

El lavado de los biberones, los chupones, los anillos y las tapas tiene singular importancia si usted usa el método de no esterilizar los biberones.

Para esterilizar los biberones, tapas, anillos y chupones, véase la Sección 218 para detalles. Si quiere esterilizar la jarra en que va a guardar toda la fórmula, y luego llenar un biberón para cada comida, véase la Sección 219.

205. Recipientes de plástico desechables, esterilizados, que vienen en rollos. Estos resultan atractivos para los padres que están dispuestos a pagar un poco más y evitarse el trabajo de esterilizar los biberones todos los días. De todos modos, tendrá que hervir igualmente los chupones y las tapas durante 5 minutos si su médico le recomienda hervir el agua y el otro equipo. (No se usa este tipo de recipiente para esterilización final.)

El recipiente es un cilindro de plástico duro, abierto en ambos extremos. Tiene hendiduras a los costados, con marcas graduadas en los bordes, de modo que usted puede ver cuánta fórmula ha puesto en el recipiente interior, o cuánto ha bebido el pequeño. No puede usar estas graduaciones para **diluir** la fórmula; no son lo bastante exactas.

Deslice un recipiente en el cilindro, plegándolo un poco, a lo largo, de modo que pueda penetrar. Luego use las aletas para estirar el extremo abierto del recipiente sobre el extremo superior del cilindro.

Cuando todos los recipientes se encuentren en sus contenedores, llénelos con la cantidad correcta de fórmula.

Luego estire un chupón sobre el borde abierto de cada recipiente y contenedor. Trate de no tocar el interior del chupón, y la parte que va a la boca del bebé. En otras palabras, trate de manipular el chupón por los bordes exteriores.

Se dispone de tapas de hule que cubren los chupones mientras los recipientes se encuentran en el refrigerador, o durante los viajes.

Embotellar la fórmula

206. ¿Cuánto en cada biberón? La mayoría de los bebés quieren ser alimentados con más frecuencia al comienzo, en especial si son pequeños al principio (menos de 7 libras). Los bebés pueden querer que se les alimente 6, 7 u 8 veces en 24 horas. Es posible que haya descubierto las necesidades de su bebé en el hospital, si estaban juntos en la misma habitación. Por otro lado, algunos bebés se despiertan más a menudo y se muestran más hambrientos, después de 3 ó 4 días, de modo que no se asombre por ello.

La mayoría de los bebés de 7 libras querrán menos de un total de 21 onzas de fórmula en 24 horas, y los de 8 libras, menos de 24 onzas.

Las fórmulas que aquí se analizan proporcionan menos de 26 a 32 onzas, cosa que debe resultar más que suficiente en las primeras semanas. **Deseche toda fórmula no usada después de 24 horas.**

Si usted está usando **fórmula de leche evaporada** (la Sección 211), pondrá 30 onzas en 8 biberones (algo menos de 4 onzas en cada uno) al principio, y aumente la cantidad a medida que su bebé esté listo.

Si usted está usando la **fórmula lista para usar** (la Sección 214), o **en polvo** (la Sección 212), tiene un total de 32 onzas. Ponga 4 onzas en cada uno de un grupo de 8 biberones, para empezar, pero no espere que su bebé termine las 4 onzas, a menos que sea de buen paso y gran apetito. Más tarde el bebé querrá menos biberones, y más en cada uno.

Si prepara el alimento a partir de una **fórmula concentrada** (la Sección 213), tendrá un total de 26 onzas. Esto le dará, un poco más de 3 onzas en 8 biberones. Luego, utilizará menos biberones con más fórmula.

207. Llenar al mismo tiempo todos las botellas. Vierta la

cantidad correcta en cada botella. Coloque los chupones
boca abajo, en la abertura superior. Manipúlelos con pinzas
(si está esterilizando) o con los dedos en los bordes superiores. Enrosque los anillos sin apretarlos demasiado, de
modo que pueda entrar el aire a medida que el biberón se
enfría. Refrigere.

Refrigeración de la fórmula

208. Guardar la leche o la fórmula no utilizada. Cuando
use menos de una lata completa de fórmula, o de leche
evaporada, puede guardar lo que quede para el día siguiente.
Déjelo en la lata, cubra la parte superior, y guarde la lata
cubierta en el refrigerador. Usela toda al día siguiente, o
eche lo que queda. **No guarde nunca una lata que ha sido
abierta más que 24 horas.**

Lo mismo se aplica si hace un cuarto de fórmula, o llena
todos los biberones de un solo lote de fórmula. Guárdelo en
el refrigerador, y úsela toda al día siguiente, o eche lo que
quede. **No guarde nunca la fórmula embotellada mas
que 24 horas.**

**209. ¿Cuánto tiempo después que un biberón ha sido
sacado del refrigerador puede usarse todavía?** En el
lapso en que un biberón está a la temperatura conveniente
para beberlo, o a una temperatura exterior agradable,
cualquier bacteria que se haya introducido en la fórmula
podría multiplicarse con rapidez. Por eso no es recomendable dar a un bebé un biberón que ha estado rondando por
la casa, o en un vehículo o un coche, durante varias horas,
se trate de un biberón completo o de uno que ha sido consumido en parte.

Si necesita alimentar al bebé un par de horas después de
salir de casa, ponga el biberón, en cuanto lo haya sacado del
refrigerador, en una bolsa separada, destinado a mantener
las cosas frías.

Si tiene un bebé que en ocasiones se duerme después de
medio biberón, y luego despierta un par de horas más tarde,

para pedir el resto, puede volver a guardar el biberón semilleno en el refrigerador. En su lugar, yo no usaría ese biberón más de 2 veces.

210. Si no puede mantener fría la fórmula. Si alguna vez se encuentra en una situación en la cual no puede mantener fríos los biberones del bebé hasta la hora de la comida — por ejemplo, si su refrigerador deja de funcionar— no tendrá problemas si calienta cada biberón antes de dárselo. Desenrosque apenas la tapa, ponga el biberón en agua caliente, lleve a hervor, hierva durante 25 minutos y luego enfríelo hasta la temperatura del cuerpo, antes de dárselo. Eche toda la fórmula que ha pasado más que 12 horas fuera del refrigerador.

Si esto le pasa con frecuencia, la solución más fácil consiste en utilizar fórmula en polvo, mezclándola con agua un biberón a la vez, antes de usarse. (Véase la Sección 212.) Si tiene que esterilizar, puede ayudar tener una botella de agua y unos biberones desechables, junto con fórmula en polvo.

Mezclar la fórmula cuando no tiene que esterilizar

Si va a usar fórmulas preparadas comerciales, **siempre siga las indicaciones en la etiqueta con exactitud.** Una fórmula demasiada fuerte o débil puede enfermar a un niño.

211. Fórmula de leche evaporada. La leche entera evaporada viene en latas de 12 onzas. Puede usar el azúcar granulado normal (blanco) para endulzarla. **Nunca dé jarabe de maíz ni miel a los bebés menos de un año de edad.** La lactosa está bien, pero es cara. Una cucharada y media de lactosa equivale 1 cucharada de azúcar.

Mezcle 18 onzas de agua y 2 cucharadas rasas de azúcar, agitando hasta el azúcar se disuelva por completo. Lave y enjuague la tapa de la lata de leche evaporada y abra la lata. Vierta la lata entera de leche evaporada en el agua y agite.

Vierta toda la fórmula en los biberones limpios o desechables, o en un recipiente que utilizará para llenar un biberón para cada alimentación. Cubra y refrigere.

Véase la Sección 222 sobre cómo hacer una fórmula de leche evaporada esterilizada.

212. Fórmula de leche en polvo viene en latas de 16 onzas con cucharones para medir y tapas que pueden reusarse. Es la más barata de las fórmulas preparadas, y es muy conveniente para un biberón ocasional para el bebé alimentado al pecho, eliminando el desgaste. Es muy conveniente cuando viaja también. Puede traer cantidades ya medidas de fórmula en polvo (y agua hervida o esterilizada, si la necesita). La mezclará a la hora de comer, y así evita la necesidad de refrigerar. Hay que mezclar el polvo y el agua en el orden correcto para evitar grumos; siga las indicaciones en la lata.

Mida 29 onzas de agua y agregue 1 taza rasa de fórmula en polvo. Un batidor puede ayudar. Vierta toda la fórmula en biberones lavados o desechables o en un recipiente que utiliza para llenar un biberón a la hora de comer. Cubra y refrigere.

Si sólo necesita preparar un biberón, necesita 1 cucharada rasa de fórmula en polvo para cada 2 onzas de agua. Por ejemplo, para preparar un sólo biberón de 6 onzas, utilizará 6 onzas de agua. (No debe usar las marcas en el borde de los biberones desechables para medir; no son lo bastante precisas.) Agregue 3 cucharones de fórmula y agite bien. Refrigere bien si no piensa alimentar al bebé en seguida.

Véase la Sección 223 sobre cómo hacer la fórmula en polvo esterilizada.

213. Fórmula concentrada líquida viene en latas de 13 onzas y tiene que diluirse con una cantidad igual de agua antes de poder usarse. Aunque esta fórmula concentrada es menos conveniente que la fórmula lista para usar, cuesta unos dos tercios de ésta, y las latas hacen los viajes mucho más fáciles.

Mida 13 onzas de agua y mezcle una lata entera de la líquida concentrada. (Lave y enjuague la tapa de la lata y un abre-

latas antes de abrir la lata.) Vierte la fórmula diluida en botellas limpias, cubra y refrigere. O bien, puede refrigerar la
mezcla en un recipiente limpio y llenar un biberón a la vez.

Para hacer un biberón, mida cantidades iguales de agua y
fórmula, y agite suavemente. (No debe usar las marcas en el
borde de los biberones desechables para medir; no son lo
bastante precisas.) Refrigere, si no va a alimentar al bebé en
seguida.

Véase la Sección 224 sobre cómo hacer la fórmula líquida concentrada si tiene que esterilizar.

214. Fórmula lista para usar en latas de 32 onzas. Ya está
esterilizada y no hay que agregar agua. La conveniencia es
mucha, sobre todo para los padres inexpertos. Cuesta aproximadamente una vez y media lo que cuesta la fórmula
líquida concentrada y es tres veces el precio de leche evaporada.

Se vierte la fórmula directamente de la lata a los
biberones. (Lave y enjuague la tapa de la lata y un abrelatas
antes de abrir la lata.) Cubra y refrigere hasta estar listo para
usarlos. O llene un biberón a la vez, manteniéndolo cubierto y refrigerado hasta alimentar al bebé. Las porciones no
usadas deben ser refrigeradas en la lata cubierta.

Véase la Sección 225 sobre embotellar la fórmula lista
para usar si tiene que esterilizar.

215. Fórmula lista para usar en botellas desechables
viene en "six-packs", en tres tamaños de botella: 4 onzas, 6
onzas y 8 onzas. La fórmula en esta forma evita todo el trabajo, lo cual ayuda particularmente al padre inexperto al
principio, para el bebé alimentado al pecho que sólo necesita un biberón ocasional, y para el bebé que viaja. Los
biberones no necesitan refrigerarse si no están abiertos. El
precio es una vez y media lo de la fórmula lista para usar en
latas de 32 onzas, más que dos veces lo de la fórmula líquida concentrada, y más que cuatro veces lo de la leche evaporada. Puede usar sus propios chupones de hule o silicona,
esterilizándolos si es necesario.

También puede comprar estos biberones con chupones
desechables ya conectados y tapados.

Esterilización

216. Si tiene que esterilizar, hay dos métodos. Un método se llama **esterilización final** (la Sección 217), en el cual se coloca la fórmula hecha con agua no esterilizada, en biberones no esterilizados, y luego se esteriliza todo junto. Este método se utiliza sólo cuando usted va a llenar todos los biberones al mismo tiempo. No se usa la esterilización final si piensa usar biberones desechables o guardar toda la fórmula en un recipiente, llenando un solo biberón a la vez.

El otro método (en ocasiones denominado aséptico) consiste en esterilizar el equipo por sí mismo, y luego poner en él la fórmula estéril. Este método es muy adecuado para la fórmula ya lista para usar, que se toma de la lata, previamente diluido y esterilizado. Pero también se usa para fórmulas concentradas y para fórmulas con leche evaporada. Véase las Secciones 218–219 sobre el equipo, y las Secciones 222–225 sobre la fórmula estéril.

217. Esterilización final. Siga las instrucciones para hacer la fórmula que está usando. No necesita agua hervida ni equipo esterilizado (los biberones y los chupones deben ser lavados normalmente, la Sección 204). Coloque todos los chupones boca abajo en las tapas, cubra con los discos, y luego enrosque las tapas parcialmente. Déjelas apenas

enroscadas, de modo que espacien para que el aire caliente escape hacia afuera mientras los biberones se calientan, y para que el aire vuelva a entrar cuando los biberones se enfrían de nuevo.

Coloque los biberones en la canasta de alambre, o en el recipiente de esterilización. Ponga 1 ó 2 pulgadas de agua caliente en el fondo, lleve el recipiente a la estufa y caliente. El agua debe hervir durante 25 minutos. Después, deje que el recipiente se enfríe (con la tapa en su lugar) durante 1 ó 2 horas. Cuando los biberones están tibios, enrosque las tapas y deje los biberones en el refrigerador.

Se ha descubierto que los agujeros del chupón quedarán menos obstruídos si se permite que la fórmula se enfríe lentamente (durante 1 ó 2 horas) sin ser agitado. Esto hace posible que la nata se forme en un solo fragmento grande y firme, que se adhiere al interior del biberón.

218. Esterilizar los biberones, chupones, discos y anillos. Puede comprar un esterilizador para la estufa (que es casi igual que un hervidor), o un esterilizador eléctrico que se apaga automáticamente. Los esterilizadores suelen venir con todos los estantes, biberones, discos, chupones y anillos que necesitará para empezar, junto con los cepillos para el biberón y el chupón y tenazas. O puede conseguir un hervidor lo bastante grande para poder mantener todos los biberones para 24 horas en un estante (normalmente seis, siete u ocho botellas en las primeras semanas), junto con todo el equipo para el biberón.

Unas tenazas esterilizadas con el resto del equipo le ayudarán retirar los biberones del estante si todavía están calientes. Las tenazas ayudan también a poner los chupones boca abajo en los biberones después de haberlos llenado con fórmula, para que no toque los chupones. Si no utiliza tenazas, tome los chupones por los bordes, no por la punta que puede tocar la fórmula que luego entrará en la boca del bebé.

Siga las indicaciones que vienen con la estufa o el esterilizador eléctrico. O si usa un hervidor normal, ponga los biberones en el estante boca abajo para que el vapor pueda moverse con más facilidad y el agua pueda drenar. Haga igual con los chupones y el resto del equipo. Llene el hervidor con un par de pulgadas de agua caliente, añada los estantes, ponga la tapa, y hierva durante 5 minutos. Utilice un programador para estar seguro. Deje que el hervidor se enfríe.

Los biberones ya están listos para la fórmula. Guárdelos en un lugar limpio si no va a llenarlos en seguida.

Si busca un lugar estéril para poner los chupones, anillos y discos mientras embotella la fórmula, póngalos en la tapa invertida del hervidor o esterilizador.

219. Para esterilizar un recipiente en el cual guardar la fórmula hasta llenar un biberón a la hora de comer. Puede usar cualquier recipiente de cristal. (La mayoría de los de plástico se malforman cuando se hierve.) Use una cacerola lo bastante grande para contener el recipiente a un lado, y la tapa; y llene con agua. Hierve durante 5 minutos. Cuando el recipiente se enfríe, deságüelo bien y vierte toda la fórmula esterilizada en él. Cubra ligeramente para que el aire pueda entrar a medida que la fórmula se enfríe, y refrigere.

A cada alimentación, vierte el número de onzas que necesita en un biberón esterilizado o en un biberón desechable. Luego, devuelva el recipiente a su lugar en el refrigerador.

220. No necesita hervirlo todo. Usted esterilice la fórmula y los utensilios para las comidas porque los gérmenes se multiplican en la leche. No hace falta inquietarse tanto con todas las otras cosas que su bebé comerá y beberá. No necesita hervir platos y tazas y cucharas, porque los gérmenes no tienen posibilidades de multiplicarse en los utensilios limpios y secos.

Cuando los compra, puede lavar con jabón los chupones y los juguetes que los bebés se llevan a la boca. Pero no hace falta continuar lavándolos después, a menos que caigan al suelo, porque los únicos gérmenes que habrá en ellos serán los propios del bebé, y está acostumbrado a ellos.

221. ¿Cuándo puede dejar de esterilizar la fórmula y los biberones? Si se ha encontrado en una situación en que tuvo que esterilizar, al comienzo, tendrá que consultar a su médico, a su enfermera de sanidad o al departamento de salud de su distrito, para determinar cuándo se puede dejar de esterilizar.

Si no le es posible consultar a nadie, en su lugar yo me regiría por la regla general de que, mientras prepare la fórmula para 24 horas, que contiene agua, debe esterilizar la fórmula y los biberones.

Mezclar la fórmula cuando tiene que esterilizar

Si va a usar fórmulas preparadas comerciales, **siempre siga las indicaciones en la etiqueta con exactitud.** Una fórmula demasiada fuerte o débil puede enfermar a un niño.

222. Fórmula de leche evaporada. Puede preparar la fórmula como en la Sección 211, con 18 onzas de agua, 2 cucharadas de azúcar y una lata de 12 onzas de leche evaporada. Viértala en biberones limpios, y continúa con la esterilización final, la Sección 217.

O bien puede preparar la fórmula por el método aséptico. Primero hierva un agitador y una taza de medir durante 5 minutos. Luego, llene un hervidor o cacerola con 24 onzas de agua, por lo menos, (esto permite algo de sobra por la evaporación), y hierva durante 5 minutos. Utilice un programador para estar seguro. Retira el hervidor del calor y permita que el agua se enfríe hasta que esté caliente, aproximadamente 100 grados F. Vierte 18 onzas del agua hervida en la taza de medir esterilizada, y agregue 2 cucharadas rasas de azúcar. Agite con el agitador esterilizado hasta que el azúcar se disuelva. Lave y enjuague la tapa de la lata de leche evaporada y un abrelatas, y abra la lata. Vierta la lata entera de leche evaporada en la mezcla de agua azucarada, agitando brevemente. Vierta la fórmula en los biberones esterilizados (la Sección 218), biberones desechables (la Sección 205), o en un recipiente esterilizado (la Sección 219). Cubra y refrigere.

223. Fórmula en polvo. Puede preparar la fórmula como en la Sección 212, mezclando una taza rasa de fórmula en polvo con 29 onzas de agua. Viértala en biberones limpios y continúa con la esterilización final, la Sección 217.

O bien, puede preparar la fórmula por el método aséptico. Primero hierva un agitador y una taza de medir de un cuarto durante 5 minutos. Luego, llene un hervidor o cacerola con por lo menos 36 onzas de agua (esto permite algo de sobra por la evaporación), y hierva durante 5 minu-

tos. Utilice un programador para estar seguro. Retira el
hervidor del calor y permita que el agua se enfríe hasta que
esté tibio, aproximadamente 100 grados F. Vierta 29 onzas
del agua hervida en la taza esterilizada y agregue una taza
rasa del leche en polvo. Mézclelo con el agitador esterilizado. Vierta en los biberones esterilizados (la Sección 218),
biberones desechables (la Sección 205), o en un recipiente
esterilizado (la Sección 219). Cubra y refrigere.

Para preparar un sólo biberón, digamos de 6 onzas, de
fórmula esterilizada, siga las indicaciones sobre hervir la
taza y el agua en el párrafo anterior. Empiece con 10 onzas
de agua, permitiendo la evaporación. Mida 6 onzas de agua
hervida en el biberón esterilizado o biberón desechable. (No
debe usar las marcas en el borde de los biberones desechables; no son lo bastante precisas.) Agregue 3 cucharones
rasos de fórmula en polvo, cubra el biberón, y agite bien
para mezclar. Use de inmediato, o refrigere.

224. Fórmula líquida concentrada. Puede preparar la fórmula como en la Sección 213, diluyendo la lata entera de
fórmula concentrada con 13 onzas de agua. Viértala en los
biberones limpios, y siga las indicaciones para la esterilización final en la Sección 217.

O bien, puede preparar la fórmula por el método aséptico. Primero hierva un agitador y una taza de medir de un
cuarto durante 5 minutos. Luego, llene un hervidor o
cacerola con 20 onzas de agua, por lo menos (esto permite
algo de sobra por la evaporación), y hierva durante 5 minutos. Utilice un programador para estar seguro. Retira el
hervidor del calor y permita que el agua se enfríe hasta que
esté tibio, aproximadamente 100 grados F. Vierta 13 onzas
del agua hervida en la taza esterilizada. Lave y enjuague la
tapa de la lata de fórmula y un abrelatas antes de abrir la
lata. Vierta la lata entera de líquido concentrado en el agua
hervida, y agite con el agitador esterilizado. Ahora puede
verter la fórmula diluida y esterilizada en los biberones
esterilizados (la Sección 218), biberones desechables (la
Sección 205), o en un recipiente esterilizado de un cuarto
(la Sección 219). Cubra y refrigere.

Para preparar un sólo biberón, digamos de 6 onzas, de

fórmula esterilizada, siga las indicaciones sobre hervir la taza y el agua en el párrafo anterior. Empiece con 10 onzas de agua, teniendo en cuenta la evaporación. Mida 3 onzas de agua hervida y 3 onzas de líquido concentrado en el biberón esterilizado o biberón desechable. (No debe usar las marcas en el borde de los biberones desechables; no son lo bastante precisas.) Cubra el biberón, y agite bien para mezclar. Use de inmediato, o refrigere. Cubra la lata de fórmula concentrada no usada, y refrigere.

225. Fórmula lista para usar en latas de 32 onzas. Prepare el equipo de los biberones esterilizados como en la Sección 218, o use biberones desechables. Lave y enjuague la tapa de la lata de fórmula y un abrelatas, antes de abrir la lata. Puede llenar todos los biberones de una vez, directamente de la lata, y luego cubrirlos y refrigerarlos. O bien puede llenar cada biberón justo cuando va a alimentar al bebé. Cubra la lata abierta de fórmula no usada, y manténgala refrigerada.

Cómo dar el biberón

226. En los primeros días. Por lo general, el primer biberón se ofrece unas 4 ó 6 horas después del nacimiento de los bebés, aunque es posible comenzar antes, si dan la impresión de estar hambrientos. Los bebés parecen necesitar muy poco en las primeras comidas. Aunque tomen apenas media onza, no trate de darles más. A menudo transcurren 3 ó 4 días antes que deseen las cantidades que usted supone que necesitan, y es posible que ello tome una semana o más. No se preocupe: puede ser que para la digestión de los pequeños, resulte mejor comenzar poco a poco. Ellos mismos descubrirán cuánto necesitan, cuando comiencen a mostrarse más activos, en muy pocos días.

227. Cómo ofrecer la fórmula. No necesita agitar el biberón cuando lo saca del refrigerador.

Se ha descubierto que los bebés disfrutan tanto, y reaccionan tan bien, con la fórmula tibia o a la temperatura ambiente, o recién sacado del refrigerador, siempre que se la ofrezca a la misma temperatura en cada comida. En mi opinión, el motivo de que muchos padres sigan calentando los biberones consiste en que siempre consideraron que así debía hacerse, y que la leche de pecho es tibia, por lo cual les parecía poco bondadoso ofrecer leche fría a un bebé. Si yo fuera un nuevo padre, aprovecharía la ventaja de los nuevos conocimientos, y alimentaría siempre a la temperatura ambiente o del refrigerador, según cuál fuese la más ventajosa.

Se puede calentar el biberón en una cacerola u olla de agua caliente, o en una palangana. Si no hay agua caliente cerca de la habitación del bebé, resulta más conveniente usar un calentador eléctrico para biberones. La temperatura del cuerpo es la correcta, y es preciso orientarse por ella. La mejor manera de probarla consiste en dejarse caer unas gotas en la parte interior de la muñeca. Si la siente caliente, es que está demasiado caliente.

Si hace su fórmula con azúcar granulado o lactosa, una buena costumbre es la de probarlo antes de usarlo todos los días, para evitar el peligroso accidente que ocurre a menudo, de equivocarse y usar sal o bicarbonato de soda. O bien pruebe la gota de leche que ha dejado caer en la muñeca, en la primera comida, después de hacer la fórmula.

Siéntese en una silla cómoda y sostenga al bebé recostado en su brazo. La mayoría de los padres quieren una silla con brazos, y tal vez un cojín bajo el brazo. Algunos creen que una mecedora es lo mejor.

Mantenga el biberón inclinado de arriba hacia abajo, de modo que el chupón esté siempre lleno. La mayoría de los bebés desean beber sin parar, hasta que han bebido toda la fórmula que necesitan. Pero existen algunos que tragan mucho aire durante la comida, y si la burbuja de aire almacenada en el estómago se hace demasiado grande, se sienten incómodamente llenos, y dejan de beber a la mitad del biberón. Si ocurre tal cosa, hágalo eructar y continúe alimentándolo. (Véase la Sección 138.) Algunos bebés necesitan eructar dos e inclusive tres veces mientras toman un biberón; esto no hace falta en el caso de otros pequeños. Muy pronto descubrirá a qué tipo pertenece su bebé.

En cuanto éste deje de mamar y parezca satisfecho, considere que eso es el final de la comida. Los bebés saben, mejor que nadie, cuánto necesitan. (Véase la Sección 126.)

228. ¿Puede apoyar el biberón? Es bueno que el padre sostenga al bebé en sus brazos, cuando toma del biberón. Esta es la posición que determina la Naturaleza. El bebé y el padre están lo más juntos posible, y se pueden mirar a la cara. Alimentar al bebé es la mayor alegría, por mucho, y es bueno para éste asociar ese momento con la presencia y el rostro del padre.

Por otro lado, es posible que el padre no esté en casa, y que la madre se encuentre ocupada con otros niños, y con sus tareas, y que sea necesario apoyar el biberón, en alguna de las comidas. La mayoría de los padres de mellizos encuentran que es esencial apoyar el biberón de uno de los bebés o de los dos. Estos padres señalan que hay varias oportunidades, todos los días, para que las madres y los padres hablen con sus bebés y los abracen, y que estas ocasiones pueden ser más tranquilas y felices que algunas comidas alborotadas. Coincido en que existen un centenar de maneras distintas de mostrar el cariño al bebé, y que ninguna de ellas es esencial en sí misma. Coincido, también, en que no es perjudicial que los padres afectuosos, pero atareados, apoyen alguno de los biberones, si pueden compensar al bebé en otros aspectos. Pero todavía aconsejo que no lo hagan los padres que no estén demasiado atareados.

La mayoría de los padres mantienen el biberón apoyado en un pañal doblado, pero existen agarraderas más eficientes.

229. Cómo perforar los chupones. Si los agujeros del chupón son demasiado pequeños, el bebé absorberá muy poco y comenzará a quejarse, o bien se fatigará y se dormirá mucho antes de terminar el biberón. Si son demasiado grandes, puede atragantarse o indigestarse, y a la larga obtener muy poca satisfacción con su succión, y chuparse el pulgar más a menudo. Casi todos los bebés terminan el biberón en unos 20 minutos de tiempo de succión continuado. Los orificios de los chupones son por lo general adecuados para un bebé pequeño si, cuando uno pone el biberón boca abajo, la leche sale en un chorrito muy delgado, durante uno o dos segundos, y luego comienza a gotear. Si continúa saliendo en un chorro, es probable que ello le resulte demasiado rápido. Si al principio sale en gotas lentas, tal vez sea demasiado lento.

Quizás existan agujeritos en los bordes de los chupones de hule que usa, o alguna otra vía de entrada del aire en el biberón cuando el bebé extrae la leche, para impedir la creación de un vacío, que haría que el chupón se contrajese. (Al cabo de un tiempo, los bebés aprenden por su propia cuenta a soltar un chupón cuyos paredes se han pegado, para que el aire pueda volver a penetrar.) Esta vía de entrada del aire está hecha, por lo general, de tal manera, que si se enrosca la tapa del chupón más apretado, el orificio disminuye de volumen (o se cierra del todo); por lo tanto, se produce un vacío parcial, y el bebé tiene que succionar con más energía, y le lleva más tiempo terminar el biberón. Una tapa más floja permite beber con más rapidez. Véase la Sección 381 respecto de la succión del pulgar.

Muchos chupones nuevos son demasiado lentos para un bebé pequeño, pero están bien para uno de más edad, y más fuerte. Si son demasiado lentos para su bebé, agrándelos con cuidado, de la siguiente manera: pica la parte del ojo de una aguja fina (número 10) en un corcho. Luego, sosteniendo el corcho, caliente la punta de la aguja en una llama, hasta dejarla al rojo. Introdúzcala un poco en la parte superior del chupón. No tiene que clavarla en el orificio anterior. No use una aguja demasiado grande, ni la introduzca demasiado, hasta que pueda poner a prueba los resultados. Si hace que los orificios resulten demasiado grandes, tendrá que desecharse del chupón. Puede hacer uno, dos o tres orificios grandes. Si no dispone de un corcho, puede envolver la parte del ojo de la aguja en un trozo de tela, o sostenerla con unas pinzas.

230. Orificios del chupón obstruidos por la nata. Si tiene problemas con los orificios del chupón obstruidos, puede comprar otros que, en lugar de tener agujeros pequeños, tengan una cruz pequeña en la punta del chupón. La leche no sale en chorritos, como usted podría esperar, porque los bordes del corte se mantienen unidos hasta que el bebé succiona. Puede practicar pequeños cortes en cruz en sus chupones corrientes, con una hojita de afeitar. Pellizque primero la punta del chupón para producir un pequeño borde levantado, y luego córtelo. Vuelva a pellizcar (en ángulo recto con el primer corte) y corte de nuevo. Los chupones con cortes en cruz no deberían ser usados para dar comidas purés del biberón.

231. No obligue al niño a tomar más de lo que desee. En mi opinión, el problema de la alimentación con biberón consiste en que la madre puede ver cuánta fórmula queda todavía. Algunos bebés quieren siempre la misma cantidad en todas las comidas del día. Pero hay otros cuyo apetito es mucho más variable. No se haga la idea de que su bebé necesita una cantidad determinada en cada comida. Es posible que adquiera una idea más tranquila al respecto, si se da cuenta de que los bebés alimentados al pecho pueden recibir hasta 10 onzas en la comida de la mañana, y apenas 4 onzas en la comida de la tarde, y sentirse perfectamente satisfechos con cada una de las comidas. Si confía en que los bebés alimentados al pecho toman lo que necesitan, también puede confiar en su bebé, alimentado con biberón.

Resulta necesario dejar esto aclarado, porque muchos niños desarrollan problemas de alimentación. Pierden el apetito natural con el cual nacieron, y rechazan todas sus comidas, o muchas de ellas. En nueve de cada diez casos, estos problemas surgen porque los padres han intentado, en ocasiones desde la infancia, conseguir que su pequeño coma más de lo que desea. Lo único que logrará es que el pequeño coma menos en la siguiente comida. Los bebés conocen las cantidades, y aun los diferentes tipos de alimentos que su cuerpo exige. No es necesario insistir a los pequeños; esto no conduce a nada práctico. Y es dañino, porque al cabo de un tiempo empieza a quitárseles el apetito, y hace que deseen comer **menos** de lo que su organismo en verdad necesita.

A la larga, la actitud de obligarlos conduce a algo más que destruirles el apetito y convertirlos en niños delgados. Los despoja de parte de su sentimiento positivo respecto de la vida. Los bebés tienen que pasarse su primer año sintiendo hambre, exigiendo alimento, disfrutando de él, una vigorosa historia de éxitos, repetidos por lo menos tres veces por día, semana tras semana. Ello los hace confiar en sí mismos, los vuelve sinceros, los lleva a creer en sus padres. Pero si una comida se convierte en una lucha, si la alimentación llega a ser algo que se les hace **a ellos,** pasan a la defensiva y adquieren una actitud hostil, sospechosa, respecto de la vida y de la gente.

No quiero decir con esto que tenga que retirar el biberón la primera vez que su bebé hace una pausa. A algunos les agrada descansar un poco, varias veces, durante una comida. Pero si el pequeño parece indiferente cuando le vuelve a poner el chupón en la boca (y si no está a punto de eructar), significa que se encuentra satisfecho, y también debería estarlo usted. Puede decir: "Si espero 10 minutos, en ocasiones toma un poco más." Es preferible que no lo diga.

232. Los bebés que despiertan en pocos minutos. ¿Y qué pasa con los bebés que se duermen luego de haber tomado 4 de sus 5 onzas, y luego despiertan, y lloran, unos minutos después? Es más probable que ello se deba a un gas de aire, un cólico o un llanto periódico, irritable, y no al hambre. Los bebés no advierten una diferencia de una onza, especialmente si se han dormido. Es un hecho que los bebés duermen bien cuando han tomado sólo la mitad de su cantidad habitual, aunque puedan despertar **un poco** más temprano.

De vez en cuando, está muy bien que le dé el resto de la fórmula algo más tarde, si se siente segura de que su bebé lo desea. Pero creo que es mejor dar por entendido, primero, que en verdad no se trata de hambre, y que le dé al pequeño una oportunidad de volver a dormirse... con o sin un chupón. En otras palabras, trate de posponer por 2 ó 3 horas la comida siguiente.

233. El bebé pequeño que sólo come la mitad. Una madre puede llevar a su bebé a casa, al salir del hospital, y descubrir que deja de tomar su biberón, y se duerme cuando éste se encuentra a la mitad. Sin embargo, afirma que en el hospital se bebía todo. Insiste en tratar de despertarlo, de obligarlo a beber otra media onza, pero todo ello se convierte en un trabajo lento, duro, frustrante. ¿Cuál es el problema? Es posible que se trate de un bebé que todavía no se ha habituado del todo. (En ocasiones, el pequeño se muestra perezoso durante las 2 ó 3 primeras semanas, y luego despierta a la vida con gran energía.)

Lo más constructivo es permitir que pare cuando desee, aunque haya tomado apenas 1 a 2 onzas. ¿No sentirá hambre, entonces mucho antes que de la hora de la comida siguiente? Puede que sí y puede que no. Si ocurre así, aliméntalo. Entonces, usted dirá: "Pero me pasaría alimentándolo todo el día y toda la noche." Es probable que no resulte tan mal. El caso es que si permite que el bebé se pare cuando lo desea, y lo deja sentir su propio apetito, poco a poco se mostrará más ganas de comer y tomará más cantidad. Entonces podrá dormir durante períodos más prolongados. Usted puede ayudarlo a que aprenda a esperar más, y sentir más hambre, para lo cual puede tratar de alargar el intervalo a 2 horas, 2½ horas, luego 3 horas. No lo levante en cuanto comience a quejarse, sino, más bien, espere un poco. Es probable que se duerma de nuevo. Si llora mucho, tal vez tenga que alimentarlo.

Si le insiste a que termine, existe la posibilidad de que siga mostrándose indiferente.

234. El bebé que se agita poco después de iniciado un biberón, o que se duerme en seguida podría sentirse frustrado por el agujero del chupón tapado o demasiado pequeño. Vea si la leche sale en una fina rociada cuando el biberón se voltea hacia abajo. De todos modos, trate de agrandar el agujero del chupón, como experimento (la Sección 229).

El bebé de más edad que se niega a alimentarse, es analizado en la Sección 141.

235. El bebé que sostiene su propio biberón. Para cuando tienen 6 ó 7 meses, muchos bebés se sienten tan adultos que no quieren tomar del biberón abrazados en los regazos de sus padres. Quieren sentarse y sostener el biberón por sí mismos. Por supuesto, no tiene por que insistir que el bebé quede en su regazo, de modo que déjele sentarse en su silla alta, si así lo quiere.

Para los bebés sentados que quieren sostener sus propios biberones, existen un accesorio que se compone de un tubo que corre desde el chupón hasta el fondo del biberón. Con este accesorio, la leche puede subir desde el fondo del biberón incluso cuando el biberón está vertical.

236. Evitar el biberón en la cama. En algunos casos, a los pequeños les producen graves caries dentales, como consecuencia de quedarse con leche en la boca por tomar su biberón en la cama.

El hecho de dormirse con leche en la boca puede producir una infección en los oídos. Es posible que parte de la leche en la boca baje por la trompa de Eustaquio, que une la parte posterior de la garganta con la porción del oído que se encuentra detrás del pabellón de la oreja. Y entonces las bacterias pueden crecer en la leche, detrás del pabellón de la oreja, e iniciar una infección.

Después de los 6 meses, muchos bebés se sienten tan maduros, que quieren tomar el biberón de manos del padre y sostenerlo por sí mismos. Los padres prácticos, al ver que no ayudan mucho, ponen a depositar a ese tipo de bebé en su cuna, donde bebe su biberón y se duerme, todo ello en una sola operación. Este patrón es útil para acostar a los bebés a dormir, pero a la larga resulta imposible hacer que algunos de ellos se duermen sin un biberón. (Véase la Sección 238.) Cuando el padre trata de eliminar el biberón de la hora de dormir, a los 9, 15 ó 21 meses, esos bebés lloran con coraje, y durante un rato les resulta imposible dormirse. Por lo tanto, si usted quiere que su bebé deje de tomar el biberón al año de edad —y creo que esto es preferible— deje que el niño continúe tomando el biberón en su regazo.

El paso del biberón a la taza

237. ¿Cuándo están listos los bebés para pasar a la taza?
Algunos bebés alimentados al pecho, y otros alimentados
con biberón, muestran menos interés de amamantarse a los
5 ó 6 meses. En lugar de succionar con avidez durante 20
minutos, como solían hacerlo, se interrumpen al cabo de 5
minutos, para coquetear con sus padres, o juguetear con sus
biberones con sus propias manos. Estos son los señales de
que están listos para el destete. Estos bebés seguirán
estando desinteresados por el pecho o el biberón, a los 8,
10, 12 meses, aunque lo acepten siempre que se lo ofrezca,
en la mayoría de los casos. Les agrada beber la leche de la
taza, y continuarán haciéndolo.

**238. El bebé que se apega más a su biberón a los 6, 8 ó 10
meses.** El padre de uno de éstos dirá: "¡Ay, cómo le encanta
su biberón! Lo mira durante todo el tiempo en que ingiere
sus alimentos sólidos. Cuando es la hora, lo toma con ganas.
Lo acaricia con ternura mientras lo bebe, y le murmura. Se
muestra muy sospechoso respecto de la leche de la taza,
aunque la aceptó de buena gana antes de los 6 meses."
Muchos de estos bebés continúan dependiendo en gran
medida del biberón de la hora de dormir, hasta el año y
medio o los 2 años —no pueden reposar o dormirse sin él—
y continúan mostrándose firmemente en contra a la leche de
la taza o del vaso. (Resulta interesante advertir que se muestran muy dispuestos a aceptar agua o jugos de la taza.)
   Son los bebés a quienes se permite llevar los biberones a
la cama por sí mismos quienes se apegan más a éstos en la
segunda mitad de su primer año. El biberón se convierte en
un precioso calmante a la hora de dormir, y les recuerda a
los niños sus primeros meses, cuando su mayor placer y
seguridad provenía de su relación intensamente íntima con
sus padres. En ese sentido, su biberón se convierte en un
sustituto del padre. En cambio, los niños que todavía toman
su biberón en el regazo del padre, a los 5, 6 ó 7 meses, no
desarrollan semejante apego, porque su padre verdadero se
encuentra presente.

De modo que la manera de impedir que los bebés establezcan una dependencia perdurable respecto del biberón consiste en no darles éste para que se lo lleven a la cama. (Véase la Sección 236.) Otros ejemplos de este mismo tipo de dependencia —en relación con un juguete suave o un chupón— se explican más en detalle en la Sección 376.

239. Empezar a los 5 meses con sorbos de leche de la taza. Es una buena idea comenzar a ofrecer a los bebés un sorbo de leche de la taza, todos los días, para cuando tienen 5 meses de edad. Usted no tratará de destetarlos y ofrecerles la taza en seguida. Sólo quiere habituarlos, a una edad en que no se muestren demasiado tercos, a la idea de que la leche también viene en tazas.

Vierta media onza de la fórmula en una taza o en un vaso pequeño, una vez por día. No querrán más de un sorbo por vez, y al principio no recibirán mucho, pero quizá piensen que es divertido.

Una vez que el bebé esté cómodo a tomar la fórmula de la taza, ofrézcale agua y jugo diluido, también. Así, aprenderá que se puede tomar todos los líquidos de una taza.

240. Ayudar al bebé a que le guste la taza. Una vez que se haya introducido la taza, ofrézcasela de una manera práctica una o dos veces durante cada comida sólida, poniéndola debajo de los labios del pequeño. Mantenga la taza en un lugar donde él puede verla para que pueda indicar si quiere más. (Si suele darle un biberón después de la comida, manténgalo fuera de su vista hasta entonces.) Se interesará también en cualquier cosa que usted está bebiendo, y usted puede ofrecerle su vaso a su boca y darle un poco si el contenido es apropiado.

Puede dejarle probar sus propios habilidades también. Digamos que su bebé tiene 6 meses de edad, y quiere agarrar todo y llevárselo a la boca. Déle un vaso pequeño, angosto, vacío, o una taza, que pueda sostener con facilidad por sí mismo, y fingir que bebe de ella. O una taza de bebé, con dos asas. Cuando lo haga bastante bien, ponga algunas gotas de leche en la taza. Aumente la cantidad, a medida que él adquiera destreza. Si deja de beber de la taza, por su cuenta, durante unos días, no se la ofrezca ya que eso podría llevarlo a rechazarla. Recuerde que en los primeros meses de la actividad de beber de la taza es probable que él quiera un solo sorbo por vez. Muchos bebés no aprenden a tomar varios sorbos seguidos hasta que llegan al 1 año ó 1½ años. Un buen lugar para practicar es la tina.

Los niños de 1 y 2 años que muestran sospecha frente a la antigua taza que siempre se les ha ofrecido, pueden sentirse encantados con una nueva taza o vaso de una forma o color distintos. El paso a la leche fría les hace cambiar, a veces, de idea. Algunos padres han descubierto que el agregar de un poco de cereal a la taza de leche hace que ésta resulte lo bastante diferente como para que la acepte y se la tome. El cereal puede ser eliminado de manera paulatina, unas pocas semanas después.

Existen tazas especiales destinadas al destete, que tienen una tapa con un pico plano. La tapa impide que la leche se derrame, y el bebé puede introducir el pico en la boca. Este puede usarla más tarde, sin tapa ni pico. Algunos padres las prefieren porque impiden que la leche se derrame durante los primeros meses que se usa la taza para beber, hasta que el bebé adquiere alguna práctica. Otros padres se oponen porque el niño puede rechazar primero la transición del biberón a la taza de destete, e inclusive volver a oponerse al cambio hacia la taza o vaso sin un pico. Existen tazas de destete con dos asas, que el bebé puede tomar con más facilidad, y otras con una base más pesada.

241. Los motivos para destetar al bebé del biberón alrededor de un año. El motivo principal para destetar a los bebés del biberón alrededor de un año es que ésta es la edad en que aceptarán el cambio con más facilidad.

Para esta edad, la mayoría de los bebés estarán sosteniendo sus propios biberones, y conviene dejarles tomar responsabilidad para el trabajo. Les ayuda ser más adulto por darles una taza. Si los padres se han acostumbrado a dejar al bebé alimentarse y luego caerse dormido con el biberón en la cama, puede crear problemas. (Véase la Sección 236 para más información sobre el biberón en la cama.)

Además, a algunos padres les molesta ver a un niño

andando o jugando con un biberón siempre en la mano, tomando un trago de vez en cuando; piensen que parece "de bebé" o "tonto".

Destetar al bebé poco a poco

242. Tómelo con calma, y siga los pasos de su bebé. Tal vez su bebé, entre los 9 y los 12 meses, se muestre un tanto aburrido con su biberón, y prefiera la leche de la taza. Aumente poco a poco la cantidad que le ofrece en ésta. Déle la taza en cada comida. De este modo, queda cada vez menos en el biberón. Luego omita el biberón en el cual se muestra menos interesado, tal vez el del almuerzo, o el del desayuno. Una semana más tarde, omita el segundo biberón, si el niño hace progresos, y luego el tercero. La mayoría de los bebés adoran su biberón de la cena, y son más lentos en lo referente a abandonarlo. Otros tienen el mismo sentimiento respecto del biberón del desayuno.

La disposición al destete no aumenta siempre en forma progresiva. La molestia que les provoca la dentición o un resfriado hace, muchas veces, que los bebés quieran más el biberón por el momento. Acepte las necesidades de ellos. La tendencia que los hizo comenzar a abandonar el biberón anteriormente volverá a aparecer cuando se sientan mejor.

243. El que se niega al destete. Los bebés que se muestran hostiles a abandonar el biberón, entre los 9 y los 12 meses, pueden beber un sorbo de la taza, y luego abandonar ésta con irritación. O bien fingen que no saben para qué es; dejan que la leche les corra por las comisuras de los labios, y sonríen con inocencia. Puede que se relajen un poco a los 12 meses, pero es más probable que conserven su sospecha hasta los 15 meses, o aun más tarde. Ponga 1 onza de leche en un pequeño vaso que puedan manipular, y déjelo en la bandeja, todos los días, o casi, con la esperanza de que lo vean. Si lo único que aceptan es un sorbo, ni siquiera intente darle dos. Compórtese como si eso no tuviera ninguna importancia para usted.

Cuando los bebés sospechosos comienzan a aceptar un

poco de leche de la taza, tiene que seguir mostrándose paciente, porque es probable que pasen varios meses más, antes que estén dispuestos a abandonar el biberón del todo. Esto pasa, en especial, en lo que se refiere al biberón de la cena o de la hora de acostarse. Muchos de los que se destetan en un momento tardío insisten en el biberón a la hora de dormir, hasta los 2 años de edad.

244. En ocasiones es el padre quien demora el destete. A veces el bebé continúa con el biberón más de lo que necesita, porque sus padres se preocupan por el hecho de que el niño no acepta de la taza tanto como solía tomar del biberón. Digamos que entre los 9 y los 12 meses bebe unas 6 onzas de la taza, durante el desayuno, 6 onzas en el almuerzo, unos 4 onzas a la hora de la cena, y que no se muestra particularmente ansiosos por el biberón, pero que si su madre se lo da al final de la comida, acepta beber unas cuantas onzas más de esa manera. Creo que un bebé de los 9 a los 12 meses que toma tanto como 16 onzas por día de una taza, y que no se queja si le falta el biberón, puede prescindir por completo de éste. Si se le sigue dando el biberón en esas circunstancias, es probable que se muestre **menos** dispuesto a abandonarlo a esa edad de la sospecha, que media entre los 12 y los 15 meses.

Es probable que surja otro problema para el padre que usa el biberón como calmante durante el segundo año. Cuando el niño tiene un acceso de llanto durante el día, o despierta por la noche, la madre o el padre, bondadosos, preparan otro biberón. El niño puede recibir hasta 8 biberones en las 24 horas; un total de 2 cuartos de leche. Por supuesto, esto elimina la mayor parte del apetito para las comidas, y entonces es probable que el niño adquiera una anemia grave. (La leche casi no contiene hierro.)

Desde el punto de vista de la nutrición, es importante que el niño no beba más de un cuarto de galón de leche por día. Y desde el punto de vista del desarrollo emocional, tiene que sentir que sus padres lo ayudan a alejarse de la niñez. Una de las formas más importantes en que los padres logran esto es ayudando a que los niños abandonen los biberones, de uno por uno, en cuanto se sienten capaces de hacerlo.

CAMBIOS EN LA DIETA Y EL HORARIO

El bebé mostrará cambios en los horarios y los patrones de tomar del pecho o del biberón cuando se añaden las comidas sólidas. La mayoría de los bebés tomarán 3 comidas por día para cuando tienen 1 año de edad.

El agregado de alimentos sólidos

245. Mantenga un buen equilibrio en los alimentos valiosos. Los expertos en nutrición (y yo) están alarmados ante el deterioro progresivo de la dieta de la mayoría de los adultos y niños de la actualidad. Todos ellos consumen cada vez más dulces y almidones refinados, los cuales favorecen la obesidad y el tener caries. En las familias que son propensas, la temprana obesidad puede favorecer el desarrollo posterior de la diabetes. Esos alimentos les quitan el apetito, de modo que los niños comen luego muy pocos de los alimentos valiosos —vegetales, frutas, carnes y leche— y por lo tanto carecen de vitaminas, minerales, proteínas de elevada calidad, y son difícil de digerir.

Los gustos por los alimentos se forman en una etapa muy temprana de la vida, y luego tienden a persistir, de modo que éste es el momento de hacer que su niño adquiera buenos hábitos alimenticios. Por ejemplo, las preferencias de una persona en cuanto a la cantidad de sal de mesa que desea —y la cantidad representa un papel importante en el origen de alta presión arterial— se determinan en la infancia. (Existen otros factores, en la alta presión arterial, tales como la raza y la herencia.) De modo que cuando comience a agregar sal en los alimentos de su bebé (porque a usted le agrada la sal en los suyos, y no porque el bebé la pida), en ciertos casos está propiciando alta tensión, y por lo tanto, una vida más corta.

Entre los estudiosos del desarrollo de los niños existe una creciente sospecha de que muchos casos de obesidad de toda la vida comienzan en la infancia por una dieta innecesaria de altas calorías: demasiado azúcar y almidón (la Sección 144).

Las grasas saturadas y el colesterol juegan un papel en el desarrollos del endurecimiento de las arterias y de infartos más tarde en la vida, sobre todo cuando hay una historia familiar de estos problemas (la Sección 454).

Los cirujanos que se ocupan del cáncer en el intestino grueso, en los adultos de mayor edad, se encuentran ahora convencidos de que la causa principal de esta enfermedad de la civilización es el paso muy lento del contenido intestinal en las personas cuyas dietas de toda la vida han carecido de buena digestión, porque comen tan pocos cereales y pan integral, y tan pocos vegetales y frutas.

¿Quién sabe qué otras enfermedades se descubrirán en el futuro, causadas por nuestro régimen alimenticio?

Cuando se produjeron por primera vez alimentos para bebés, en frascos, estaban compuestos de un solo vegetal, una sola fruta, una sola carne. Desde entonces, las industrias han tendido a las mezclas de vegetales y almidones, frutas y almidones, y "comidas" compuestas de almidones, vegetales y carnes. Es frecuente que los almidones sean arroz refinado, maíz refinado y trigo refinado. Para empezar, el arroz y el maíz son almidones menos valiosos, a causa de la composición incompleta de sus proteínas. Y el refinamiento de **cualquier** cereal reduce aun más sus vitaminas, proteínas y digestivos.

Como a la mayoría de los bebés se les da cereales como un plato separado, dos veces por día, sus dietas tienen una carga unilateral de almidón si, al mismo tiempo, se les ofrecen almidones mezclados con sus vegetales, sus frutas y su carne. El hecho de que el almidón de las mezclas sea, en su mayor parte, del tipo de los menos valiosos, y además, refinado, provoca un mayor desequilibrio alimenticio.

Con el propósito de que sus alimentos resultasen atractivos para los bebés y sus padres, las compañías productoras de alimentos para bebés agregaron, durante muchos años, azúcar y sal. En gran medida, esta práctica se ha interrumpido gracias a las quejas de médicos, nutricionistas y padres.

Por lo tanto, cuando compre alimentos para bebé en frascos, lea con cuidado las letras pequeñas que aparecen en el rótulo. (Cuando las letras grandes dicen "crema de frijoles" las letras pequeñas pueden decir "frijoles con almidón de maíz".) Compre frutas, verduras y carnes simples —en frascos— para tener la certeza de que su bebé recibe suficiente cantidad de estos valiosos alimentos, y no queda sobrecargado de almidones refinados. Niéguese a adquirir los frascos que contienen azúcar o sal agregados.

No empiece por los budines de almidón de maíz y los postres de gelatina: no poseen los valores alimenticios correctos. Ambos contienen mucho azúcar. El almidón de maíz es un almidón doblemente inútil: porque es maíz y porque está refinado.

Sirva a su bebé los vegetales, frutas y carnes adecuados, que prepara para el resto de la familia, frescos, congelados o enlatados. Cuando sirva frutas enlatadas, no les agregue ese jarabe.

Haga pasar sus vegetales y frutas cocidos por su procesadora de alimentos, su licuadora, su moledora manual o una coladera. Sirva principalmente frutas, no budines o galletas, o pastel, como postre. Sirva únicamente cereales integrales después de los 6 meses de edad, y concéntrese en el trigo y la avena integrales. En lo que se refiere a la carne y el pescado, pique muy finamente los que considere adecuados para los bebés. Si son demasiado secos para el gusto del pequeño, mézclelos con caldo, leche, vegetales o yogur.

246. Preparación de alimentos para los niños en el hogar. Muchos padres se inclinan ahora por la preparación de sus propios alimentos para los niños, por razones filosóficas o económicas. Esto puede hacerse sin problemas. Las ventajas consisten en que usted controla los ingredientes y el modo de preparación, en que se pueden usar alimentos frescos, cultivados organicamente, y en que es mucho más barato.

Existen muy buenos libros acerca del tema. Necesitará una licuadora o procesadora de alimentos. Puede recalentar porciones individuales en pequeños compartimientos en una cacerola para preparar huevos pasados por agua, o en un horno de microondas. (Agite la comida bien y pruebe la temperatura — sobre todo cuando ha sido calentado en un horno de microondas— antes de dársela al bebe.) Las comidas pueden ser asadas o cocinadas en cantidades y luego convertidas en puré, hasta darlas la consistencia que su bebé prefiere en ese período. Si es necesario, se las puede humedecer con agua, con leche, o con ambas. Es posible congelarlas en porciones individuales en hieleras, o sobre tapas de galletas, y luego guardarlas en bolsas de plástico hasta que se las utilice. Los alimentos para los niños de menos de un año no se deben sazonar.

Si usted piensa alimentar a su hijo con las misma comida que sirve a la familia, tendrá que modificar el sazón para evitar un exceso de azucar o sal. También este es el momento cuando un pequeño molino de mano es muy útil.

247. No existe una edad precisa en la cual sea importante comenzar con los alimentos sólidos. Al principio del siglo XX, esto comenzaba cuando el bebé tenía un año de edad. A medida que pasaban los años, los médicos fueron experimentando y ofreciéndolos a edad cada vez más temprana, y descubrieron que los bebés los aceptaban y les caía bien. Existen dos ventajas definitivas en lo que respecta a comenzar en el primer semestre. Los bebés aceptan la idea con más facilidad que cuando son un poco mayores y más tercos. Y una variedad de alimentos sólidos agrega a la dieta sustancias, en particular el hierro, que escasean en la leche.

En la actualidad, los médicos acostumbran a recomendar los primeros alimentos sólidos entre los 4 y los 6 meses. No hay razón para empezar antes. Por lo general, en los 6 primeros meses, el bebé recibe de la leche todas las calorías que necesita. Durante varios meses, el sistema digestivo inmaduro no utiliza mucho el almidón; buena parte de éste sale al exterior con el movimiento intestinal.

Cuando existe una historia de alergia en la familia, el médico puede esperar un tiempo más prolongado para introducir alimentos que no sean la leche, porque cuanto mayor es el bebé cuando recibe un alimento nuevo, menos probable es que el niño luego resulte alérgico a él.

El hambre y el sistema digestivo del bebé pueden influir sobre la edad a la cual el médico sugiere comenzar con los alimentos sólidos. Los bebés de 8 semanas alimentados al pecho, que no aumentan bien de peso, o que parecen tener hambre, deberían ser alimentados con más frecuencia. Si eso no funciona, usted puede probar con una fórmula complementaria. Por otro lado, si los bebés han estado siempre flojos del estómago cuando se alimentaban sólo con las fórmulas, es posible que el médico prefiera esperar un poco más de lo habitual, antes de introducir los alimentos sólidos, por temor a trastornar aun más la digestión.

Un factor importante en lo referente a ofrecer alimentos sólidos a edad más temprana, ha sido la prisa de los padres, que no quieren que tarde un día más que el bebé del vecino. Ejercen mucha presión sobre los médicos. Creo que es sensato esperar, por lo menos, 4 meses.

248. ¿Alimentos sólidos antes o después de la leche? La mayoría de los bebés que no están habituados a los sólidos, esperan su leche y la desean, cuando llega la hora de comer. Se enojan si se les ofrece una cucharada de algo sólido. Por lo tanto, comience con la fórmula o la alimentación al pecho. Uno o dos meses más tarde, cuando el bebé ha aprendido que los alimentos sólidos pueden quitarle el hambre tan bien como la leche, usted podrá experimentar con el cambio de los sólidos a la mitad o al comienzo de la comida. A la larga, casi todos los bebés se muestran satisfechos cuando reciben toda su alimentación sólida al principio, y luego la culminan con la bebida, tal como lo hacen muchos adultos.

249. ¿Qué clase de cuchara? Una cucharadita es demasiado ancha para la boca del bebé pequeño, y la mayoría de ellas son tan profundas, que el bebé no puede recoger todo el contenido. Es mejor una cucharadita de cafe, y de preferencia una no muy profunda. Algunos padres prefieren usar una palita plana para untar mantequilla o un abatelenguas de madera —como las que usan los médicos— que se pueden comprar en la farmacia. Hay una cuchara cubierta de hule en parte hundida para los bebés que les están saliendo los dientes y quieren morderla. Para el pequeño de un año, que come por sí mismo, existe una en la cual la concavidad gira, de modo que se mantiene nivelada, y otra de concavidad ancha y mango corto, que funciona muy bien.

250. Cereales. El orden exacto en que se introducen los sólidos carece de importancia. Por lo general, siempre se ofrecen primero los cereales. La única desventaja consiste en que su sabor no ofrece muchos atractivos para la mayoría de los bebés. Distintos bebés prefieren cereales diferentes. Ofrece alguna ventaja el hecho de acostumbrar al bebé a la variedad. En ocasiones resulta útil agregar a los cereales un poco de fruta.

251. Déle tiempo al bebé para aprender a que le guste. Por lo general, el médico recomienda comenzar con una cucharadita, o menos, y aumentar en forma gradual, hasta 2 ó 3 cucharaditas, si el bebé los acepta. Esta forma gradual está destinada a hacer que aprenda que le guste, y a no sentirse molesto. Hágaselo probar durante varios días, hasta que dé señales de disfrutar. No hay prisa.

Un pequeño que prueba su primera cucharadita de alimentos sólidos es muy gracioso, y un tanto patético. Parece asombrado y disgustado. Frunce la nariz y la frente. No se le puede culpar. A fin de cuentas, el sabor es nuevo, la consistencia es nueva, es posible que la cuchara sea nueva. Cuando succiona un pezón, la leche pasa en forma inmediata al lugar correcto. No ha tenido adiestramiento para tomar un trozo de alimento con la parte delantera de la lengua, y llevarlo atrás, hacia la garganta. Chasquea la lengua contra la parte superior de la boca, y gran parte del cereal chorrea y le cae sobre la barbilla. Usted tendrá que recogerlo y volver a llevárselo hacia la boca. Una vez más, una gran cantidad saldrá hacia adelante, pero no se desanime: también entra algo. Sea paciente, hasta que el niño adquiera mayor experiencia.

No tiene mayor importancia determinar en qué comida habrá de comenzar con los sólidos. Pero no se los dé en el horario en que se muestre menos hambriento. Por lo general, da buenos resultados cuando se ofrece los sólidos una hora después de una comida normal de pecho o de biberón. El bebé debe estar muy despierto, de buen humor y listo para una aventura (igual que usted). Comience con una sola comida de sólidos al día hasta que los dos se acostumbren a ello. No le aconsejaría más de dos comidas sólidas hasta que el bebé tenga 6 meses, pues la leche de pecho o la fórmula es importante para la nutrición del bebé en los primeros meses.

Si usted comienza con los cereales, es una buena idea mezclarlos (con fórmulas o leche) más diluidos de lo que indican las instrucciones de la caja. Entonces le parecerán al bebé más familiares, y resultarán más fáciles de tragar. Además, los bebés y los niños pequeños rechazan los alimentos de consistencia pegajosa. Si su bebé se alimenta con fórmulas, utilice parte de ésta para mezclarla con el cereal. Si al bebé le da el pecho, puede diluir el cereal con leche exprimido del pecho o con leche evaporada diluida con partes iguales de agua o con fórmula comercial. Por supuesto, puede usar agua hervida común, pero es menos probable que eso le guste al bebé.

252. ¿Qué cereales? Al principio, la mayoría de los padres ofrecen cereales precocidos, hechos especialmente para los bebés, de los cuales existe una amplia variedad. Están listos para ser comidos en cuanto se les mezcla, cosa que resulta muy conveniente. La mayoría de ellos vienen reforzados con hierro, que de otra manera puede faltar en la dieta del bebé. La anemia por una insuficiencia de hierro es muy común en el primer año. Es conveniente empezar con un cereal y agregar otros después, durante 4 a 5 días. En ocasiones, si el bebé pertenece a una familia alérgica, es posible que el médico prefiera comenzar con los cereales a una edad posterior a la habitual. Entonces se podrá empezar con arroz, avena, maíz o cebada, y omitir el trigo durante varios meses más, porque éste provoca alergia con más frecuencia que los otros cereales. Además, el médico puede retrasar los cereales mezclados hasta que el bebé ha mostrado capacidad para aceptar sin problemas cada uno de los distintos tipos.

O bien podrá dar al bebé los mismos cereales cocidos

que consumen los otros miembros de la familia. Empiece con un cereal de trigo blanco (refinado). Tiene granos pequeños, y muy poca fibra. Para cuando el bebé tenga 6 meses de edad, es prudente pasar a los cereales más valiosos —trigo y avena enteros— que cuentan con las mejores proteínas, vitaminas y fibra.

253. El bebé que rechaza los cereales. En el término de pocos días, después de comenzar, sabrá cómo acepta su bebé los cereales. Algunos parecen decir: "Es extraño, pero es alimento, de modo que lo comeré." A medida que pasan los días, se muestran cada vez más entusiastas. Abren la boca para recibirlos, como las aves en el nido.

Pero hay otros bebés que al segundo día deciden que el cereal no les agrada en modo alguno. Y al tercer día lo rechazan más que al segundo. Si su bebé se comporta de esa manera, tenga cuidado. Tómelo con cautela. Si trata de imponerles los cereales contra su voluntad, los bebés se mostrarán cada vez más rebeldes. Y usted se exasperará cada vez más. En 1 ó 2 semanas, pueden llegar a mostrarse tan desconfiados, que rechacen también el biberón. Ofrezca el cereal una sola vez por día. Déles apenas lo suficiente para cubrir la punta de una cucharadita, para que se habitúen. Agregue un poco de fruta, para ver si de ese modo les agrada más. Si en 2 ó 3 días se muestran cada vez más tercos, a pesar de todas estas precauciones, interrúmpalo todo durante un par de semanas. Si siguen rechazándolo cuando vuelva a intentarlo, comuníquese con su médico.

Creo que es un gran error entablar una lucha con los bebés respecto de sus primeros alimentos sólidos. Muchas veces se inicia de ese modo un problema de alimentación de muy largo alcance. Y aunque no dure, está mal que los padres y los bebés se enfrenten en una riña innecesaria.

Si no tiene un médico que la aconseje, le sugiero que comience con frutas, en lugar de cereales. También las frutas desconciertan a los bebés, la primera vez que las prueban. Pero en 1 ó 2 días, casi todos ellos deciden que les encantan. Al cabo de 2 semanas, están en condiciones de entender que todo lo que llega en una cuchara es maravilloso. Y entonces podrá agregar también los cereales.

254. Comenzando con la fruta. La fruta es, muy a menudo, el segundo alimento sólido que se agrega a la dieta, unas semanas después que los bebés se han habituado a los cereales. Algunos médicos las prefieren como el primer alimento sólido, porque los bebés suelen aceptarlas con entusiasmo.

Con frecuencia, se da el jugo de manzana (diluido al principio) cuando un bebé empieza sus primeras comidas sólidas. Su médico le ayudará decidir cuándo ofrecerlo. (Véase la Sección 263 sobre el jugo de naranja, que se da mucho más tarde.)

Durante los primeros 6 u 8 meses de la vida de un bebé, la fruta es cocida, con excepción de los plátanos maduros. Las habituales son las manzanas, melocotones, peras, albaricoques y ciruelas. Puede utilizar frutas frescas o congeladas, que ha cocido para el resto de la familia, pero cuélelas para el bebé, y agrégueles suficiente azúcar para que no tengan un sabor ácido. O bien es posible usar las otras frutas enlatadas que sirve a los otros miembros de la familia. Muchas de las frutas enlatadas para los adultos son inconvenientemente dulces, de modo que sugiero que elimine el jarabe excedente, antes de colarlas para el bebé. Puede adquirir frutas enlatadas, cocidas en agua, o bien comprar los frascos pequeños de frutas coladas para bebés. Lea el rótulo para asegurarse de que es solamente fruta.

La puede ofrecer en cualquiera de las comidas, inclusive dos veces por día, según el apetito y la digestión del bebé.

Aumente cada fruta en forma gradual, a medida que al bebé le comience a gustar. La mayoría se satisfacen con medio frasco o lata. La otra mitad puede dársela al día siguiente. La fruta puede conservarse durante 3 días, si está bien refrigerada. No la ofrezca al bebé del frasco o la lata, a no ser que la use en una sola comida. La saliva introducida en el recipiente puede hacer fermentar rápidamente el alimento.

El plátano tiene que ser **muy** maduro. Debe tener puntos negros en la cáscara, y ser de color un poco oscuro en el interior. Majelo con un tenedor. Agréguele un poco de fórmula o leche, si le parece demasiado espesa para su bebé.

Las frutas tienen la reputación general de ser laxantes.

Pero la mayoría de las personas, incluidos los niños pequeños, no muestran una evacuación floja a causa de ninguna de las frutas ya mencionadas, excepto en lo que se refiere a las ciruelas, el jugo de éstas, y, en ocasiones, los albaricoques. Las ciruelas son levemente laxantes para casi todos los bebés, y ello las convierte en un alimento doblemente valioso para quienes tienen una tendencia crónica al estreñimiento. Para el bebé que las necesita y le agrada con regularidad, el puré de ciruelas o el jugo de éstas puede ofrecerse en una comida, y alguna otra fruta en otro alimento de cada día.

Si el bebé es propenso a soltarse del estómago, es probable que usted quiera suprimir las ciruelas y los albaricoques por completo, y darle otras frutas, una sola vez por día.

En la segunda mitad del primer año puede comenzar a agregar otras frutas frescas, aparte de los plátanos; manzanas ralladas, peras, aguacates. (Las bayas y las uvas sin cáscara se posponen, por lo general, hasta que el bebé tiene 2 años.)

255. Vegetales. Las verduras hervidas y coladas se agregan por lo general a la dieta después que el bebé se ha habituado a los cereales o las frutas, o a ambos.

Los que se ofrecen casi siempre son los ejotes, los guisantes, la calabaza, la zanahoria, las remolachas, las papas.

Existen otras verduras —tales como los brocolis, los coliflores, las coles, los nabos, las cebollas— que, tal como se los cuece habitualmente, tienen un sabor muy fuerte, que a la mayoría de los bebés no les agradan, y la mayor parte de los padres no se molestan en probar con ellos. Pero si a su familia le gusta de algunos de ellos (y se puede hacer que tengan un sabor menos fuerte hirviéndolos en dos cambios de agua), no hay problemas en colar algunas y ofrecerlas también a su bebé. El maíz no se ofrece a causa de las cáscaras gruesas.

Puede servir verduras frescas o congeladas a su bebé, hervidas y coladas, y convertidas en puré en una procesadora de alimentos, mezcladora o licuadora; o bien las verduras de lata comunes que sirve al resto de la familia, pero coladas o convertidas en puré; o las que vienen en frascos, para bebés. (En su lugar, yo compraría verduras solas, antes que mezclas.) No las sirva del frasco, a no ser que use el frasco entero. La saliva arruina los alimentos.

Es muy probable que los bebés se muestren más exigentes en cuanto a las verduras que en lo referente a los cereales o frutas. Tal vez descubra que existen dos o tres de ellas que a su bebé no le agradan. No le insista. Intente con ellas cada 2 ó 3 meses. No tiene sentido crear problemas en relación con unos pocos alimentos, cuando hay tantos a su disposición, para elegir.

Es común que una verdura no digerida aparezca en las evacuaciones la primera vez que el bebé la ingiere. Esto no constituye una mala señal, siempre que no estén sueltos del estómago, pero auméntelos poco a poco, hasta que la digestión aprenda a recibirlos. Si una verdura provoca diarrea o mucosidad, omítala por el momento, y pruebe una cantidad muy pequeña algún otro mes.

Las remolachas pueden aparecer enrojeciendo el movimiento intestinal, o colorear la orina, cosa que no debe preocuparle, si recuerda que ello es producido por las remolachas, y no por la sangre. Es frecuente que las verduras verdes den una coloración verdosa a las deposiciones.

Las espinacas producen labios partidos y en derredor del ano, en ciertos bebés. Si ello ocurre, omítala durante varios meses, y vuelva a intentar después.

256. Carnes. Los estudios relacionados con la nutrición han mostrado que los bebés aprovechan bien las carnes durante el primer año, de modo que muchos médicos las recomiendan ya desde los 6 meses de edad. Las carnes para bebés deben ser molidas muy fino, de modo que puedan ser tragadas con facilidad antes que el pequeño tenga dientes.

O bien puede ofrecer frascos de carnes simples para bebés, tales como las de res, de corazón, hígado de res, cordero, pollo, ternera, cerdo. No ofrezca al bebé la carne directamente tomada del frasco, a no ser que la use toda en una sola comida. La saliva introducida en el envase puede deteriorar el alimento con rapidez.

Usted misma puede preparar también la carne. La forma más sencilla de cocer la carne de res o de cordero para un bebé consiste en rallarla todavía cruda, con un cuchillo sin filo o una cuchara. Deposite esta pulpa blanda en una taza para flan y colóquela en una cacerola de agua a que hierva lentamente. Cocínela hasta que cambie de color. Si se desea, se puede agregar agua o leche, antes de cocinarla, para humedecer la carne un poco más. Otro método consiste en asar un instante un trozo de carne de res o de cordero para esterilizar la superficie y luego, deteniéndola con firmeza, rallarla con una cuchara de mesa. De este modo, se ralla la carne roja, blanda, y se dejan a un lado las duras fibras blancas. Un trozo de hígado puede ponerse en agua hirviendo, cocínelo hasta que cambie de color y luego cuélelo. O bien se puede picar un trozo de carne de un guisado hecho para el resto de la familia.

Después que su bebé se ha habituado a la carne colada o rallada, puede ofrecerle carne de res que ha sido asada un instante y luego pasada por un molinillo fino. Es preferible no ofrecer carne molida por el carnicero, porque las superficies de la carne que han sido manipuladas, y aquellas que han entrado en contacto con el molino, se encuentran mezcladas con el resto de la carne. Además, es posible que contenga mucha grasa y fibras.

Para cuando el bebé se ha habituado a la carne molida de res, puede agregar pollo, cordero, hígado, tocino, ternera y cerdo molidos o picados finos. El cerdo debe hervirse siempre a fondo.

Si a su bebé no parece agradarle la carne al comienzo, puede tratar de agregarle frutas coladas, para endulzarla y ablandar la textura.

257. Cenas. Existe una variedad de "cenas" en frasco, para bebés. Por lo general se componen de pequeñas cantidades de una carne y una verdura, con una proporción mayor de papas, arroz o cebada. Creo que es mejor comprar carnes y verduras en frascos separados, de modo que usted sepa qué cantidades recibe su bebé.

Cuando existe tendencia a la alergia, esas mezclas pueden producir alguna confusión, a menos que el bebé ya haya tomado cada uno de los alimentos incluidos en la mezcla, sin reacción alguna.

258. Las comidas a los 6 meses. A los 6 meses de edad es probable que su bebé coma cereales y una variedad de frutas, verduras y carnes. (Véase la Sección 272 sobre cómo progresar hacia 3 comidas sólidas al día.) Un sistema común para un bebé moderadamente hambriento es el del cereal para el desayuno, las verduras y la carne para el almuerzo, el cereal y la fruta para la cena. Pero no existen reglas fijas. Todo depende de la conveniencia de uno y del apetito del bebé. Por ejemplo, un bebé no muy hambriento puede recibir fruta durante el desayuno, verduras y carne en el almuerzo, cereal solamente durante la cena. Un bebé con tendencia al estreñimiento puede recibir ciruelas todas las noches, junto con el cereal, y otras frutas en el desayuno o el almuerzo. Es posible que usted quiera que el bebé reciba carne y verduras durante la cena, con el resto de la familia, y el cereal y la fruta durante el almuerzo.

Muchos bebés que han sido alimentados al pecho y algunos que han sido alimentados con biberón no comienzan con los sólidos hasta los 6 meses. Sus intereses digestivos y de comidas son más maduros que cuando tenían 4 meses. Puede introducir nuevas comidas a estos bebes con más rapidez, y pronto darles 3 comidas al día.

259. Comer con los dedos. Para cuando los bebés tienen 6 ó 7 meses de edad, quieren y pueden tomar los alimentos con las manos, y chuparlos y mascarlos. Este es un buen adiestramiento para ellos, como preparación para el momento en que comerán ellos mismos, con la cuchara, cerca del año de edad. Si nunca se les permite alimentarse por sí mismos con los dedos, es menos probable que ambicionen intentarlo con la cuchara.

La primera comida tradicional para tomarla con los dedos es la corteza de pan de trigo integral o tostada, a los 6 ó 7 meses. Los bebés las chupan y mascan con las encías (es posible que éstas ya les den comezón porque se encuentran al borde de la dentición, y en ese caso, disfrutarán mordiéndolas). A medida que se ablanda poco a poco con la saliva, una parte se les disuelve en la boca, lo suficiente como para hacerles sentir que están obteniendo algún resultado. Buena parte de ello termina en las manos, la cara, el cabello y los muebles. Se debe evitar las galletas a las cuales se ha añadido azúcar.

Pronto puede comenzar a poner pedacitos de fruta o vegetales cocidos y trocitas de carne en la mesita del bebé para que él los recoja con los dedos. Se debe pelar las rebanadas de manzana. A los bebés les encanta que se les ofrezcan pedacitos de comida de los platos de sus padres. Algunos bebés rehusan coger con sus dedos pedacitos de comida si los padres se los dan, pero felizmente se alimentarán a sí mismos con las misma comida. Otro bebé pondrá todo en la boca de una vez, así que tiene que ofrecerle un solo pedazo a la vez para comenzar.

En la mayoría de los niños aparece el primer diente a los 7 meses, y al año es posible que tengan cuatro a seis dientecitos filosos. Pero es probable que no tengan sus primeros molares hasta cerca de los 15 meses. Por lo tanto, no es posible esperar de ellos que masquen en forma eficiente los alimentos hasta ese período.

260. Alimentos en trozos y picados. En algún momento, después de los 6 meses, es posible que usted quiera que su bebé se habitúe a los alimentos sólidos o picados. Si pasa más allá del año sin comer otra cosa que alimentos en puré, resulta cada vez más difícil hacer el cambio. La gente tiene la idea de que los bebés no pueden manejar los alimentos en trozos hasta que tienen una buena dentadura. Ello no es así. Pueden mascar trozos de verduras cocidas, o de frutas, y porciones de pan muy tostado con las encías y la lengua.

Desde el nacimiento, ciertos bebés parecen más delicados en relación con los alimentos en trozos que otros. Pero algunos bebés y niños mayores que se atragantan con facilidad, con partículas de comida, han llegado a ser así, o bien porque los padres trataron de pasar a los alimentos picados en forma demasiado brusca o demasiado tardía, o porque les impusieron los alimentos cuando el niño no los deseaba.

Existen dos cosas importantes en el paso a los alimentos en trozos. Haga que el cambio sea gradual. La primera vez que sirva verduras en trozos, píquelas muy bien con un tenedor. No introduzca demasiado de ellas en la boca. Cuando el pequeño se habitúe a esta consistencia, pique cada vez menos. La otra forma en que éstos se habitúen a la comida en trozos consiste en permitirles que tomen un cubo de zanahoria hervida, por ejemplo, con los dedos, y que se lo lleven a la boca por su cuenta. Lo que no soportan es que les metan en la boca toda una cucharada de trozos, cuando no están habituados a ello.

No hace falta que todas las comidas sean en trozos sólidos. Sólo resulta necesario que el bebé se acostumbre a comer algunos de ellos todos los días.

Por lo general, es preciso que las carnes se sigan sirviendo picadas finas o molidas. A la mayoría de los niños pequeños les desagradan los trozos de carne que no pueden mascar con facilidad. A menudo mascan esos trozos durante largo rato, sin obtener resultado alguno. No se atreven a tragar un trozo demasiado grande, como hacen los adultos cuando se sienten desesperados. Es posible que ello lleve a náuseas, o por lo menos a una pérdida de apetito para ese tipo de carne.

El atragantamiento también se examinan en la Sección 478.

261. Todos los niños se ahogan un poco a medida que aprenden comer alimentos en trozos, justo como caen cuando aprenden caminar. Nueve de cada diez veces, expulsan la comida por sí mismos sin ayuda. Si no pueden tragar ni expulsarla, tire la comida con sus dedos si la puede ver. Si no la puede ver, ponga al bebé en su regazo boca abajo. Déle una palmada entre los hombros un par de veces. Esto casi siempre soluciona el problema, y estará listo a volver a la comida. (Véase la Sección 854 sobre el tratamiento urgente para los ahogos.) Algunos padres se preocupan tanto sobre qué harán si su bebé se ahoga, que demoran en darle comidas para comer con los dedos hasta mucho después de cuando el bebé estuviera listo para ellas.

Las diez comidas más asociadas con los ahogos en los niños menor de 5 años son: perros calientes, caramelos redondos, cacahuetes, trozos de manzana y palomitas. Es la inhalación repentina y profunda que causa el problema. La inhalación puede mandar la comida de la boca directamente al pulmón, obstruyendo el pulmón o haciéndolo hundirse.

Esto no quiere decir que los niños menor de 5 años no deberían comer estas comidas nunca. (Yo no recomendaría perros calientes y caramelos redondos a cualquier edad.) Pero el niño debería estar sentado a una mesa, bajo la supervisión adulta.

262. Agregar papas, si a su bebé le agradan y las necesita, y otros almidones. Las papas son una buena fuente de almidón durante el almuerzo, para un niño hambriento, o en lugar de cereales a la hora del almuerzo. También contienen apreciables cantidades de hierro, otras sales y vitamina C, de modo que tienen valores alimenticios aparte del almidón.

Las papas, al horno o hervidas, pueden ser introducidas en la dieta, en cualquier momento, en la última mitad del primer año. Una oportunidad lógica es cuando el niño pasa a los horarios de tres comidas por día. Cuando el almuerzo está separado de la cena por 5 horas, el almidón, que es el componente principal de la papa, proporciona cantidades de energía (calorías) como para que duren toda la tarde.

Tengan cuidado con las papas. Los bebés tienen más tendencia a atragantarse y rebelarse contra ellas, que en lo relativo a cualquier otro alimento. No sé si ello se debe a que es granulosa o a que es pegajosa. Por lo tanto, hágala puré al principio, dilúyala mezclándola con mucha leche y ofrézcala en muy pequeñas cantidades, hasta que el bebé se habitúe a ella. Déle sabor con frutas o verduras. No le insista, si el bebé continúa atragantándose. Olvídese de ella, al menos por un mes, y luego vuelva a intentarlo.

Si su bebé está engordando, y parece conforme con un almuerzo de verduras, carne, leche y tal vez frutas, elimine las papas. No agregan nada nuevo a la dieta.

De vez en cuando, puede remplazar la papa por macarrones, espaguetis, fideos o arroz, pero recuerde que son alimentos refinados, pobres. Al principio, cuélelos o majelos bien.

263. Jugo de naranja. En estos momentos el jugo de naranja no se suministra en forma habitual hasta los 9 ó 12 meses, porque algunos bebés no les cae bien, e inclusive pueden ser alérgicos a él. Los bebés reciben suficiente vitamina C en su fórmula o en el complemento de vitaminas. Cuando su médico sugiere agregar jugo de naranja a la dieta, éste puede ser fresco, congelado o envasado. Por lo general, el jugo de naranja va mezclado con una cantidad igual de agua, para que no tenga un sabor demasiado fuerte. Una de las maneras es comenzar con una cucharadita de jugo de naranja y un cucharadita de agua. Al día siguiente, ofrezca 2 cucharadas de jugo de naranja, y 2 de agua. Al tercer día, 3 cucharadas de cada uno. Y así en adelante, hasta llegar a **1 onza de cada uno.** Luego disminuya en forma gradual el agua y aumente el jugo de naranja, hasta que administre **2 onzas de jugo de naranja puro.** Si su bebé todavía toma el biberón, cuele el jugo de naranja de modo que la pulpa no tape el chupón. En cuanto el bebé comience a usar la taza o el vaso, ofrézcale el jugo de naranja de esa manera. A menudo se suministra antes del año, porque ése es un momento en que el bebé está despierto durante una hora, antes de la comida siguiente. Puede dárselo frío, a la temperatura ambiente, o apenas tibio. No deje que se caliente. El calor destruye la vitamina C.

El jugo de naranja no es esencial, y constituye un lujo porque cuesta más que la vitamina C en gotas, y las gotas pueden continuar administrándose en forma indefinida. La única ventaja del jugo de naranja es su sabor agradable. Para el bebé que no acepta el jugo de naranja, continúe con las gotas que contienen vitamina C.

264. Huevos. En la actualidad, los huevos sólo se agregan a la dieta después de los 9 a los 12 meses, período en el cual ya se pueden suministrar la yema y la clara. La cantidad de huevos se limita a 3 ó 4 por semana. Como ocurre con todos los alimentos nuevos, comience de a poco. Si el bebé parece no aceptar el sabor, puede mezclarlo con sus cereales, verduras o frutas. Si esto lo lleva a rechazar los cereales, verduras o frutas, no insista. Los huevos pueden ofrecerse durante el desayuno, el almuerzo o la cena. No le dé a su bebé nunca un huevo crudo, pues es una causa común del envenenamiento de la comida.

Las últimas investigaciones han demostrado que el hierro que contiene la yema de huevo es mal absorbido por los intestinos de los bebés. También se ha descubierto que la yema de huevo puede obstaculizar la asimilación del hierro procedente de otras fuentes, a menos que se la ingiera con una fuente de vitamina C. Por otra parte, la yema contiene una gran cantidad de colesterol, que puede desempeñar un papel en el endurecimiento de las arterias y en los ataques cardíacos en etapas posteriores de la vida, en especial en aquéllos en cuyas familias existe una historia respecto de estas enfermedades. Siempre se supo que la clara de huevo podía producir alergias en algunos bebés, en particular quienes tenían una historia familia con alergias.

265. La mayoría de los budines y postres preparados en latas están hechos de almidón de maíz y azúcar, y por lo tanto no son aconsejables para los niños. No agregan ningún alimento nuevo a la dieta. La fruta es un postre más valioso.

Los mejores budines son los principalmente hechos de leche, o leche y huevo o leche y arroz.

266. Agregando el pescado. A los 10 ó 12 meses también puede agregar el pescado blanco, no grasoso, como el lenguado, la merluza y el robalo, si al pequeño le agradan. Puede hervirlos en trozos, en agua hirviendo lentamente. O bien es posible colocar trocitos pequeños en una taza, cubrir con leche y luego depositar la taza en una cacerola de agua hirviente, hasta que el pescado quede bien cocido. También es posible servirle al bebé el pescado ya hervido, asado al horno o a la parrilla para el resto de la familia. De todos modos, desmenuce los trocitos con los dedos, para asegurarse de que no contienen espinas.

Sustituya la carne por el pescado, a la hora del almuerzo. Algunos bebés lo adoran, y entonces resulta de gran utilidad. Pero muchos de ellos lo rechazan. No trate de forzarlo.

Los pescados grasosos, como el atún y la macarela, pueden resultar más difíciles de digerir.

267. La dieta hacia el final del primer año. Por si usted se siente confundida con todas las cosas que se han agregado a la dieta, he aquí una lista aproximada de lo que los bebés pueden comer hacia finales del primer año, una dieta bastante parecida a la de un adulto. Esta es la edad en que resulta frecuente que los bebés coman menos de lo que sus padres creen que deberían hacerlo... y crecen.

Desayuno: cereales (trigo o avena integrales), huevo (entero, blando), tostadas, panqués, tostadas francesas, frutas, jugos, leche.

Almuerzo: verduras (verdes o amarillas, en trozos), papas, carne o pescado, frutas, trocitos de emparedados (como por ejemplo, de crema de cacahuete rebajada con leche y mezclada con plátano apachurrado), cubitos de queso, tostadas, leche.

Cena: cereales, frutas, leche.

O bien puede hacer su "gran" comida, a la hora de la cena, con la familia. Entonces su almuerzo podría consistir en algo de almidón, como una papa o cereales, y una fruta o una verdura.

El jugo de frutas (incluido el de naranjas), se ofrece todos los días, entre las comidas, o en el desayuno. El pan de trigo o de centeno integrales puede darse durante las comidas, o entre ellas, con un poco de mantequilla o margarina. La fruta es cocida, menos el plátano, y la manzana, la pera y el aguacate rallados.

Cambios en el horario y el biberón

268. Cuándo omitir la comida de la hora cuando los padres se acuestan. El momento en que se prescinde de esta comida debería depender principalmente de cuándo el bebé está listo. Es preciso tener en cuenta dos cosas.

La primera es si su bebé está en condiciones de dormir durante toda la noche. Usted no puede estar segura de ello por el solo hecho de que siempre es preciso despertarlo a las 10 o a las 11. Si no lo despierta, es posible que él mismo se despierte cerca de la medianoche. Será mejor que espere hasta que haya tenido que despertarlo a lo largo de varias semanas. Luego vea si continúa durmiendo. Si despierta hambriento, más tarde, esa misma noche, aliméntelo y vuelva a la comida de la noche durante unas semanas más.

Por supuesto, si su bebé es muy pequeño o aumenta de peso con suma lentitud, o tiene problemas con su digestión, será mejor mantener la comida de la noche durante un tiempo más, inclusive aunque esté dispuesto a dormir toda la noche sin ella.

Otro punto que se debe considerar es el de si se succiona mucho el pulgar. En caso afirmativo, puede significar que no succiona tanto como le agradaría del pecho o del biberón. Si usted elimina una comida, a esta altura, reduce aun más el tiempo que dedica a succionar. Pero si él continúa chupándose el pulgar, a pesar de todos sus esfuerzos, no tiene que seguir dándole siempre la comida de la noche. Puede suceder, a medida que crece puede negarse a despertar, por más que usted lo intente, o quedarse dormido en cuanto ha tomado unas cuantas onzas. Ya que usted interrumpiría la comida, de todos modos, en ese período, se succione o no su pulgar.

Por lo tanto, en términos generales, deje que su bebé abandone su comida de la hora en que sus padres se acuestan, cuando muestra que puede dormir sin ella y obtener suficiente satisfacción de la succión, prescindiendo de ello. Es probable que esto se produzca entre las edades de 3 y 6 meses. Espere hasta los 5 ó 6 meses, si se succiona demasiado el pulgar y está dispuesto a aceptar la comida de la noche.

La mayoría de los bebés prescinden de la comida de la noche en cuanto pueden. Pero uno que otro continuará por un lapso indefinido, en especial si la madre se precipita en cuanto escucha algún murmullo. Si su bebé sigue despertando para su comida, a los 7 u 8 meses, yo trataría de quitarle el hábito. Por cierto que a esa edad no necesita alimentación nocturna, si come bien durante el día y aumenta satisfactoriamente de peso. Deje que se queje durante 20 ó 30 minutos (sin acudir a él) y vea si vuelve a dormirse.

Cuando usted deja de dar el biberón de la noche, a veces el bebé querrá más fórmula, a veces no la querrá. Yo no insistiría si el bebé se muestra satisfecho.

269. Si su bebé pierde el apetito entre los 6 y los 9 meses.
Es posible que un bebé acepte alimentos sólidos, con ganas, durante el primer par de meses, y luego pierde el apetito en forma bastante repentina. Uno de los motivos puede ser que en ese período aumenta de peso más lentamente. Es probable que en sus 3 primeros meses haya aumentado más o menos 2 libras por mes. A los 6 meses, es factible que esto se reduce a un promedio de una libra por mes. De lo contrario engordaría mucho. Además, tal vez le moleste su dentición. Un bebé desea dejar sus alimentos sólidos; otro rechaza la leche. Después de los 6 meses, algunos bebés se niegan a ser alimentados. Si lo deja que coma con los dedos mientras le ofrece alimentos con una cuchara, tal vez eso solucione el problema.

Si su bebé pierde gran parte de su apetito, **no** lo obligue. Puede hacer dos cosas. La primera consiste en eliminar poco a poco el azúcar, si se ha alimentado con fórmula de leche evaporada o entera. (Véase la Sección 270.) Había azúcar, en los primeros meses, ante todo para darle suficiente calorías mientras aumentaba de peso rápidamente. En verdad, no necesita esas calorías del azúcar, cuando come una buena porción de alimentos sólidos tres veces por día. El solo hecho de que la fórmula sea muy azucarada puede quitarle el apetito en lo relativo a alimentos sin azúcar. La otra cosa que podría hacer es cambiar el horario a un horario de tres comidas diarias, siga teniendo o no una comida nocturna (la Sección 272).

Si el apetito de un bebé no reacciona con estas dos medidas, es importante hacer que lo vea el médico, para estar segura de que en otros aspectos se encuentra saludable.

270. ¿Cuándo se pasa de la fórmula a la leche entera fresca? En estos días, los bebes no comienzan con la leche entera fresca hasta que tengan 12 meses. Ahora sabemos que para muchos bebés el digerir la proteína de la leche de vaca les puede trastornar el estómago y los intestinos hasta producir una cantidad pequeña de sangre. No es bastante para que lo vea en las evacuaciones del bebé. Pero a la larga, puede hacer al bebé anémico. El esperar hasta que el bebé tiene 1 año puede prevenir este problema.

271. ¿Qué tipo de leche? Hasta la edad de 2 años, los pequeños deberían beber **leche pasteurizada homogeneizada con vitamina D.** Pasteurizada significa que la leche ha sido calentada a una temperatura y durante un tiempo suficiente como para matar las bacterias peligrosas para los seres humanos, pero no lo bastante para esterilizarla (matar todos los gérmenes), cosa que le da ese sabor a hervida. Homogeneizada significa que las gotitas de grasa han sido divididas en partículas muy pequeñas. Esto hace que a los bebés les resulte más fácil digerirla, y hace que la crema se conserva mezclada. **Con vitamina D** significa que se han agregado 400 unidades de vitamina D a un cuarto de leche, cosa importante para tener huesos fuertes.

Cuando el bebé deja de recibir la fórmula, el bebe puede tomar la **leche en polvo entera** diluido. Usted sólo tiene que mezclar partes iguales de leche evaporada y agua hervida (si ha estado esterilizando), o agua de la llave en la taza del biberón, un poco antes de ofrecer la comida. La leche evaporada es estéril, fácil de guardar, más fácil de digerir, y es menos probable que produzca alergia. Es sólo un poco inconveniente en lo que se refiere a servirla. No hay motivo médico para pasar a la leche pasteurizada, entonces es sensato seguir con la leche evaporada para el tiempo que usted quiera.

Existen varias categorías de **leche de bajo contenido en grasas,** en líquidos y en polvo. Estas no son apropiadas para su bebé antes de que cumpla 2 años o a menos que su médico receta leche de bajo contenido en grasas como parte de una dieta especial para su bebé.

La leche cruda no es pasteurizada; es leche tal como sale de la vaca. No puede ser vendida en Estados Unidos. Lo más seguro es evitar la leche cruda del todo. Si tiene que usarla, es necesario hervirla, no sólo para los bebés, sino para los niños de todas las edades, a fin de asegurarse que no contiene bacterias que produzcan diarrea, dolores de garganta u otras infecciones, aparte de la tuberculosis. Haga hervir rápidamente la leche, en un hervor completo, en una cacerola apenas cubierta, y luego quítela inmediatamente del calor. Esto matará a las bacterias sin permitir que se evapore de la leche tanta agua, como para que resulte demasiado concentrada en minerales, que podría enfermar al bebé.

272. Cuándo dar al bebé tres comidas diarias. Esto depende de cuándo está listo su bebé para ello. Puede producirse entre los 4 y los 10 meses de edad. Si su bebé se muestra hambriento al cabo de 4 horas, y llora de hambre, no está preparado para el horario de tres comidas, no importa cual sea su edad. De todas maneras, un bebé que empieza un horario de tres comidas por día continuará con algunas comidas del pecho o del biberón.

Los bebés comienzan con las comidas sólidas entre los 4 y los 6 meses, empezando una vez al día y aumentándolo a su propio paso hasta 3 comidas al día. Durante este período, casi siempre siguen con una comida del pecho o del biberón por la mañana, pero luego vuelven a dormir una hora más (como hacen los padres agradecidos). Luego, toda la familia se levanta para desayunar. Antes de la siesta de la mañana, los bebés más jóvenes pueden necesitar una comida más del pecho o del biberón, y los más grandes pueden necesitar una merienda. La comida del mediodía puede ocurrir muy temprano si el bebé está tratando de dejar su siesta de la mañana, para que la siesta de la mañana se convierta en la siesta de la tarde. Los bebés más jóvenes pueden necesitar una comida del pecho o del biberón antes de la siesta de la tarde, y los más grandes pueden necesitar tomar algo después. La cena suele tomar lugar temprano. Los bebés más grandes también pueden acompañar a la familia durante la hora de cenar. Con frecuencia, los bebés continuarán sus comidas a la hora de acostarse hasta el destete. Una vez que se haya empezado el destete, las comidas muy de la mañana y muy de la noche son las últimas para dejarse.

Es posible que su bebé muestre con claridad, en determinada etapa, que está listo para tres comidas. Si solo come bien en cada otra comida, debería pasar al horario de tres comidas diarias, de modo que se sientan hambrientos a la hora de comer. De lo contrario, es posible que se produzcan en ellos problemas de alimentación.

Otro factor es la conveniencia de los padres.

Supongamos que éstos se encuentran muy atareados preparando comidas para sus niños mayores, y que su bebé **puede** aguantar más de 4 horas entre comidas, aunque todavía se muestre dispuesto a comer con esa frecuencia. Como es natural, estos padres quieren que su bebé participe ahora en las mismas tres comidas que sus hijos mayores, y no hay motivo para que no sea así, en particular si el pequeño no se succiona demasiado el pulgar. Hay otros padres, sobre todo con el primer bebé, que encuentran que el horario de 4 horas coincide mejor con sus conveniencias que las tres comidas diarias. No hay motivos para que estos bebés no continúen con el horario de 4 horas durante más tiempo que el común de los pequeños, siempre que sigan hambrientos y aceptan sus comidas con esa frecuencia. En otras palabras, no existen reglas en cuanto a producir un cambio por el estilo en la rutina del bebé. Sólo hace falta una actitud razonable y de sentido común. Observe qué está dispuesto a aceptar el bebé, y adáptelo a sus conveniencias.

Las horas en que el bebé es alimentado cuando pasa a tres comidas diarias dependen en gran parte, de los hábitos de la familia, y en alguna medida, del apetito del bebé. Usted aprenderá cómo saber cuando está listo para una merienda, y cuánto darle. Por lo general, **no se le da leche entre las comidas,** pues queda en el estómago unas 3 ó 4 horas y quita el apetito.

Cuando el bebé sólo toma leche tres veces por día, es probable que reciba durante el día una cantidad total menor que antes, porque tal vez no quiere más de sus habituales 6 a 8 onzas por comida. No se preocupe por ello. No trate de darle unas cuantas onzas más, a distintas horas, para mantener el antiguo total de 30 onzas. La mayoría de los bebés se sienten muy bien si toman 24 onzas por día. Por otro lado, si su bebé es el que se sale de lo común, y desea 10 onzas por comida, déselas.

CUIDADOS DIARIOS

La fontanela

273. El punto blando de la parte superior de la cabeza de un bebé es el lugar en que los cuatro huesos que componen la tapa del cráneo, no se han unido todavía. En el nacimiento, el tamaño de la fontanela es diferente en los distintos bebés. Una fontanela grande no debe causar preocupaciones, y puede ser más lenta para cerrarse que una pequeña. Algunas fontanelas se cierran a los 9 meses, y las más lentas no lo hacen hasta los 2 años. El término medio está entre los 12 y los 18 meses.

Si la luz es adecuada, se puede ver que la fontanela palpita a un ritmo intermedio entre el de la respiración y el de los latidos del corazón.

Los padres se preocupan innecesariamente en cuanto al peligro de tocar el punto blando. En realidad, éste se encuentra cubierto por una membrana tan resistente como la lona, y hay muy pocos riesgos de lastimar al bebé en ese lugar.

Sueño

274. ¿Cuánto debe dormir un bebé? Los padres hacen esta pregunta muy a menudo. Por supuesto, el bebé es el único que puede contestarla. Un bebé parece tener necesidad de dormir mucho, y otro se las arregla con muy poco, cosa asombrosa. Mientras los bebés se sientan satisfechos con sus comidas, cómodos, reciban suficiente aire fresco y duerman en un lugar fresco, puede dejar que duerman todo lo que necesiten.

En los primeros meses, la mayoría de los bebés duermen de una comida hasta la otra, si reciben lo suficiente, y no tienen indigestión. Pero existen unos pocos que permanecen habitualmente despiertos desde el comienzo, y no porque se les ocurra algo. Si usted tiene este tipo de bebé, no necesita hacer nada al respecto.

A medida que los bebés crecen, poco a poco duermen menos. Usted lo advertirá primero a última hora de la tarde. Con el tiempo, permanecen despiertos en otros períodos, durante el día. Cada bebé establece una pauta personal de estar despierto, y tiende a permanecer despierto a la misma hora, todos los días. Hacia el final del primer año, la mayoría de los bebés hacen sólo dos siestas por día. Y entre 1 año y 1½ años es probable que abandonen una de ellas. Sólo durante la infancia puede usted dejar que la cantidad de sueño sea decidida por el bebé. A los 2 años, un bebé es un ser mucho más complejo. Las excitaciones, las preocupaciones, el temor a las pesadillas, las competencias con una hermana o hermano, pueden impedir que los niños duerman todo lo que necesitan.

275. Acostarse. Muchos bebés se habitúan con facilidad a la idea de que van a acostarse y a dormir, después de una comida. Muchos otros se muestran muy sociables, después de comer. Usted puede elegir qué rutina queda mejor con el horario de la familia en su totalidad. Es bueno que los bebés se habitúen a dormir en su propia cama, sin compañía, al menos a partir del momento en que han terminado los cólicos de los 3 meses.

La mayoría de los bebés se pueden acostumbrar a una casa silenciosa o una con ruido normal. De modo que no tiene sentido caminar de puntas de pie y susurrar, en la casa, al principio. De esa manera, no haría otra cosa que habituar al bebé a despertar a causa de ruidos inesperados. El bebé y el niño que, dormidos o despiertos, están habituados a los ruidos comunes de una casa, y las voces humanas, duermen por lo general durante una visita de amigos que conversan, ríen, con una radio o una televisión sintonizadas en un nivel razonable.

276. ¿Boca arriba o boca abajo? Desde el comienzo, la mayoría de los bebés parecen sentirse un poco más cómodos si duermen boca abajo. Esto es así, en particular, en lo referente al bebé que tiene cólicos; la presión sobre el abdomen parece aliviar en parte los dolores producidos por los gases.

A otros no les importa, al principio, o prefieren dormir boca arriba. Existen dos desventajas en el hecho de que duerman boca arriba. Si vomitan, es mucho más probable que se ahoguen con el vómito. Además, tienden a tener la cabeza vuelta hacia el mismo lado— casi siempre en dirección del centro de la habitación. Ello podría aplanar ese lado de la cabeza. No producirá daño alguno en el cerebro, y la cabeza se enderezará poco a poco, pero es posible que esto le lleve un par de años. Si usted comienza desde el principio, puede que logre habituarlos a volver la cabeza hacia ambos lados, poniéndosela donde estaban los pies en la ocasión anterior, la próxima vez que los acueste. Luego, si existe una parte de la habitación hacia la cual les agrada mirar, volverán la cabeza en cada dirección, durante la mitad del tiempo. En unas pocas semanas, por lo general, los bebés establecen una preferencia tan fuerte por su posición habitual, boca abajo o boca arriba, que el hacer que la cambien equivale a una lucha contra ellos.

Creo que es preferible habituar a los bebés a dormir boca abajo, desde el comienzo, si están dispuestos. Pueden cambiar más tarde, cuando aprendan a voltearse por sí mismos.

La única objeción que se presenta contra el hábito de dormir boca abajo por parte de algunos especialistas ortopédicos, consiste en que si un bebé tiene tendencia a torcer los pies hacia adentro con exceso, o también con exceso hacia afuera, ello puede acentuarse si se lo hace dormir boca abajo. Otros contestan que, aunque esto sea así, esa tendencia de volverlos hacia adentro o hacia afuera será superada, de todos modos, después que el niño haya caminado, durante un tiempo. Consulte a su médico.

Algunos médicos recomiendan que para evitar la desventaja del derecho de dormir boca arriba o boca abajo, al bebé se le debería enseñar a dormir de lado, con la ayuda de almohadas de consistencia firme. Según mi experiencia, esto es algo difícil de lograr; el bebé siempre resbala de la almohada, y termina boca arriba o acostado sobre el vientre. Pero a los 6 meses algunos bebés comienzan a dormir, de lado porque lo prefieren.

277. Vea si puede habituar al bebé a dormir hasta más tarde o a estar contento en la cama por la mañana. A mitad del primer año, la mayoría de los bebés se muestran dispuestos a dormir un poco más tarde de la hora incómoda de despertarse de las 5 ó 6 de la mañana, que a todos les encanta al principio. Pero muchos padres desarrollan un hábito tal de escuchar cómo duermen sus bebés, y de saltar de la cama al primer murmullo, que jamás dan a sus hijos una posibilidad de volver a dormirse, si así lo quieren, o de acostumbrarse a divertirse por su cuenta, durante un rato. Debido a ello, muchos padres pueden descubrir que siguen despertándose antes de las 7 de la mañana, cuando el niño tiende 2 ó 3 años. Y un pequeño que se ha acostumbrado a tener compañía desde muy temprano, y durante tanto tiempo, continuará exigiéndolo.

Por lo tanto, si le agrada dormir hasta las 7 u 8, vuelva a usar su despertador, y no a su bebé. Ponga el despertador para 5 minutos después de la hora en que él despierta, por lo general, y cada tantos días adelántelo 5 minutos más. Si el pequeño despierta antes que suene el despertador, es posible que vuelva a dormirse sin que usted lo oiga, o tal vez aprenda a permanecer despierto, satisfecho, durante un período cada vez más prolongado. Si llora, espere un poco para ver si se tranquiliza. Por supuesto, si llega hasta un llanto muy indignado e insiste en él, usted deberá levantarse. Pero vuelva a intentarlo en otro mes.

278. Fuera de la habitación de los padres, a partir de los 6 meses, si ello es posible. Los niños pueden dormir en una habitación, por sí solos, desde el momento de su nacimiento, si eso resulta conveniente, siempre que los padres se encuentren lo bastante cerca como para oírlos cuando lloran. Si comienzan con sus padres, los 2 ó 3 meses es una buena edad para trasladarlos, cuando empiezan a dormir casi toda la noche y no necesitan tanto cuidado. Si no han sido trasladados para cuando tienen 6 meses, es una buena idea ponerles en su propia habitación antes de que tengan ideas fijas sobre dónde quieren estar. De lo contrario, existe una posibilidad de que lleguen a sentirse dependientes de ese tipo de organización, y tengan miedo de dormir en cualquier otra parte, y no deseen hacerlo. Entre más grandes, más difícil resultará trasladarlos.

Otro problema es el de que los niños pequeños pueden sentirse molestos con las relaciones sexuales de los padres, que no entienden, y que los asustan. Los padres suelen pensar que no hay riesgo alguno, si primero se aseguran de que el niño está dormido. Pero los psiquiatras infantiles han encontrado casos en que el niño despertaba y se sentía muy inquieto, sin que los padres se dieran cuenta de ello.

El que los niños deban dormir en una habitación, solos, o con otro pequeño, es en gran medida un problema de solución práctica. Si es posible, está bien que los niños tengan una habitación para sí, en especial a medida que crecen, en la cual puedan tener sus propias pertenencias, decidir respecto de ellas, y contar con intimidad cuando la deseen. La principal desventaja del hecho de que dos niños pequeños se encuentren en la misma habitación, consiste en que pueden despertarse el uno al otro, en los momentos inoportunos.

279. La cama de los padres. En algunas ocasiones, un niño pequeño pasa por un período durante el cual despierta asustado, por la noche —tal vez va con frecuencia a la habitación de los padres, quizá llora en forma persistente— y es recibido en la cama de los padres, de modo que todos puedan dormir un poco. Esta parece ser la medida más práctica, en tales ocasiones, pero por lo general resulta ser un error. Aunque la ansiedad del niño disminuya durante las semanas siguientes, es probable que se aferre a la seguridad de la cama de sus padres, y resultará muy difícil volver a sacarlo de ella. Por lo tanto, llévelo **siempre**, lo antes posible, y con sencillez, a su propia cama.

Consuele al pequeño en su propia habitación. Siéntese al lado de su cuna o su cama —en la oscuridad— y tranquilícelo, hágale saber que usted está ahí, y que no tiene motivos para tener miedo. Permanezca sentada con él, hasta que se duerma.

A veces un padre se acostará en la cama con el niño, para tranquilizarlo, y ésto puede llevar a otros problemas. El niño se tranquiliza esta noche, pero disfruta de la atención especial tanto que fácilmente llega a exigir el mismo servicio cada noche. Después de 1 ó 2 noches, también empieza a despertarse cuando el padre trata de levantarse y dejar la habitación. Así que es mejor, a la larga, sentarse en una silla confortable al lado de la cama.

Creo que es una regla sensata no llevar al niño a **dormir** a la cama de sus padres por motivo alguno (ni siquiera como un regalo, cuando uno de los padres se encuentra ausente, de viaje).

La única excepción que consideraría es si el niño tiene una enfermedad grave. Digamos que tiene un dolor muy fuerte de estómago y está vomitando mucho. Si sus padres lo llevan a su cama, junto con una toalla y una tina, pueden ayudarle mejor y dormir un poco. Esto dura 1 ó 2 noches, hasta que el niño se pone mejor. Entonces, los padres pueden impedir que dormir con ellos se vuelva un hábito por ponerlo en su propia cama con cariño pero estrictamente.

Permitir que su hijo vaya a su cama para ser mimado, por la mañana, es algo muy distinto. Esta es una magnífica manera de que los padres y los niños pasen juntos un momento especial de cariño y amor, siempre que esto no haga que cualquiera de los dos padres se sienta inquieto, porque esto le despierta sensaciones sexuales. Y si un niño, en especial en el período de los 3 a los 6 años, tiene actitudes sexuales persistentes, cosa que no es probable si los dos padres están en la cama, es muy fácil que éstos cambien de posición, o salgan de la cama, como para comenzar del día de trabajo sin convertir el asunto en un problema.

Pañales

Véase las Secciones 90 y 91 sobre pañales, toallitas prehumedecidas, y calzones de hule.

280. Cómo deben ponerse. La manera de doblar un pañal de tela depende del tamaño del bebé y del pañal mismo. Las únicas cosas importantes que es preciso tener en cuenta para ponerlo son las de que haya la mayor cantidad de tela donde hay la mayor cantidad de orina, y que no haya tanto pañal entre las piernas como para mantenerlas muy separadas. En el caso de un bebé recién nacido, de tamaño normal, y con los pañales habituales, grandes, cuadrados o rectangulares, se dobla como lo indica el dibujo. Doble primero a lo largo, de modo que haya tres capas. Luego doble más o menos un tercio del extremo hacia arriba. Como consecuencia de ello, la mitad del pañal tiene seis capas, la otra mitad tres. Un varón necesita el doble de capas adelante; una niña, mayor espesor en la parte delantera, si duerme boca abajo, y en la espalda si duerme sobre ésta. También puede comprar pañales previamente doblados. Cuando coloque el seguro, deslice dos dedos de la otra mano entre el pañal y el bebé, para no pinchar al pequeño.

Una manera de doblar el pañal.

La mayoría de los padres cambian al bebé cuando lo levantan para alimentarlo, y cuando vuelven a acostar al pequeño en la cama. Pero los padres atareados han descubierto que pueden ahorrar tiempo y lavadas cambiando una sola vez en cada comida, ya sea antes o después de ésta. A la mayoría de los bebés no les molesta estar mojados. Pero algunos son muy sensibles, y deben ser cambiados a menudo. Si los bebés tienen suficientes cobijas encima, el pañal mojado no produce frío. Sólo cuando la ropa mojada se encuentra expuesta al aire, la evaporación produce frío.

Si un bebé empapa el pañal y la cama, puede resultar útil emplear dos pañales a la vez. El segundo podría resultar demasiado abultado si se dobla de la misma manera que el primero. Usted puede envolvérselo en la cintura, como un delantal. O bien es posible doblarlo para dejar un tramo grueso, pero más angosto, en el centro del primer pañal. También se puede usar un tercer pañal.

Para limpiar al bebé después de haber tenido una evacuación, puede usar agua simple con un algodón o una toallita, o loción para bebés con pañuelos desechables o toallitas prehumedecidas. A las niñas siempre límpialas de adelante hacia atrás. No es necesario lavar al bebé cuando se le cambia un pañal mojado. Cuando esté cambiando a un bebé varón, ponga un pañal extra suelto tapando el pene hasta que usted esté lista para abrochar el pañal; esto le va a proteger de que el bebé la moje si es que orina mientras lo está cambiando. **Siempre lávase las manos con agua y jabón después de cambiar un pañal.** Esto evita que gérmenes nocivos se dispersen.

Los pañales desechables son de muchos tipos y tamaños. Pero muchos padres los usan siempre, a pesar de su costo, y de las desventajas ambientales, dado que son tan convenientes sobre todo para los viajes. Existen varios tipos y tamaños. Siempre eche las evacuaciones al escusado y los pañales sucios en un cesto de basura en el baño.

281. El lavado de los pañales. Necesitará un cubo con tapadera, parcialmente lleno de agua, para poner los pañales usados en cuanto los haya quitado. Si contiene jabón o detergente, ello ayuda a eliminar las manchas. Asegúrese de que el jabón esté bien disuelto, para impedir que queden trozos de jabón, más tarde, en los pañales. Cuando quite un pañal sucio, raspe la evacuación con un cuchillo, al escusado, o enjuáguelo sosteniéndolo sobre el escusado, mientras vierte agua en él (sosténgalo tenso).

Lave los pañales con un jabón o detergente suave, en la lavadora o la tina (primero disuelva bien el jabón), y enjuague dos o tres veces. La cantidad de enjuagues depende del momento en que el agua salga limpia, y en lo delicada que sea la piel del bebé. Si la piel de su bebé no es sensible, es posible que sea suficiente con dos enjuagues.

Si su bebé tiene tendencia al salpullido de los pañales, es posible que deba adoptar precauciones adicionales: por lo menos, en las ocasiones en que aparece el salpullido, y tal vez en forma regular. Véase la Sección 352 sobre el salpullido.

Si los pañales (y las otras ropas) se vuelven duros, no absorbentes y grises, por causa del jabón depositado (tal como ocurre con la bañera), puede ablandarlos y limpiarlos, usando un acondicionador del agua. No utilice un suavizador de telas; deja una capa que disminuye la absorción de los pañales.

Los movimientos intestinales

282. El reflejo gastrocólico. Los intestinos tienden a moverse poco después de una comida, en la mayor parte de las personas, porque la plenitud del estómago estimula el conducto intestinal hasta su final. El reflejo se denomina gastrocólico. El movimiento tiende a producirse con más frecuencia después del desayuno, debido a la brusca reanudación de la actividad estomacal e intestinal, después de estar tranquilo durante la noche.

En ocasiones este reflejo funciona en forma muy activa, en los primeros meses de vida, en particular, en los bebés alimentados al pecho, quienes pueden llegar a tener un movimiento después de cada amamantamiento. Más inconveniente aun, resulta la conducta de algunos bebés que comienzan a esforzarse poco después del inicio de cada comida, no producen nada, pero siguen esforzándose tanto, mientras tienen el pezón en la boca, que no pueden succionar. Hay que dejar que sus intestinos se tranquilicen, durante 15 minutos, y luego volver a intentar.

283. Meconio. Durante el primer día o poco más después del nacimiento, las evacuaciones del bebé se componen de un material denominado meconio, que es de color negro verdoso y de consistencia suave, pegajosa. Luego pasan al pardo y al amarillo. Si un bebé no ha tenido una evacuación al final del segundo día, es preciso informar al médico.

284. El bebé alimentado al pecho puede tener muchas o pocas evacuaciones. Es común que el bebé alimentado al pecho tenga varias evacuaciones por día, en las primeras semanas. Algunos tienen una después de cada comida. Por lo general, son de color amarillo claro. Puede que sean pastosas, o que tengan la consistencia de una sopa de crema espesa. Casi nunca son demasiado duras. Muchos bebés alimentados al pecho pasan de las evacuaciones frecuentes a las menos frecuentes, para cuando tienen 1, 2 ó 3 meses. Algunos tienen entonces una evacuación por día; otros una cada tercer día, o en períodos todavía más distanciados entre sí. Esto puede alarmar a un padre que ha sido criado de manera de creer que todos deben tener una evacuación todos los días. Pero no hay motivos para preocuparse, mientras el bebé se sienta cómodo. La evacuación del bebé alimentado al pecho sigue siendo igualmente blanda inclusive cuando sea cada 2 ó 3 días.

Algunos de estos bebés alimentados al pecho que tienen evacuaciones menos frecuentes comienzan a pujar y a esforzarse mucho, cuando han pasado 2 ó 3 días. Pero la evacuación es como sopa de crema, cuando surge. La única explicación que tengo para esto, es que la evacuación es tan líquida, que no ejerce la presión adecuada en el interior del ano, por donde sale la evacuación. Y casi siempre resulta útil agregar un poco de alimento sólido a la dieta, aunque el bebé todavía no necesite los alimentos sólidos. Dos a 4 cucharaditas de puré de ciruelas, todos los días (cocidas o de lata), casi siempre dan buen resultado. En este tipo de problemas no hacen falta los laxantes. Creo que es mejor no usar supositorios o enemas con regularidad, por temor a que el bebé llegue a depender de ellos. Trate de solucionar la dificultad con ciruelas o agua azucarada.

285. Las evacuaciones del bebé alimentado con biberón. El bebé alimentado con fórmula de leche de vaca tiene casi siempre entre una y cuatro evacuaciones por día, al principio, aunque uno u otro bebé llegan a tener hasta 6. A medida que crece, la cantidad tiende a ser menor de una o dos por día. Esto carece de importancia si la consistencia de la evacuación es buena, y si el bebé está bien.

Las evacuaciones de leche de vaca son, a menudo, pastosas y de un color amarillo pálido o bronceado. Pero algunos bebés pequeños tienen evacuaciones que se parecen más a los huevos revueltos (trozos agrumados, con material más líquido entre uno y otro). Esto no tiene importancia, si el bebé se siente bien y aumenta de peso.

El problema más común en los movimientos intestinales en el bebé alimentado con leche de vaca es la tendencia a la dureza. Esto se examina en la sección referente a la Sección 347 sobre la constipación.

Unos pocos bebés alimentados con biberón muestran tendencia a las evacuaciones flojas, verdes, agrumadas, en los primeros meses. Si las evacuaciones son siempre un poco flojas, se puede dejar de prestar atención, siempre que el bebé se encuentre bien, aumente de peso, y el médico no encuentre nada extraño.

286. Cambios en las evacuaciones. Ya se habrá dado cuenta de que no tiene importancia que las evacuaciones del bebé sean siempre un poco distintas de las de otro, siempre que ambos se sientan bien. Es más probable que tenga algún significado, y que se deba consultar al médico, cuando las evacuaciones sufren un cambio verdadero. Si las evacuaciones antes eran pastosas y luego se vuelven grumosas, un tanto más flojas, un tanto más frecuentes, puede tratarse de alguna indigestión, o de una infección intestinal leve. Si se vuelven decididamente líquidas, frecuentes, verdosas, y el olor cambia, se trata sin duda de una infección intestinal, sea ésta leve o grave. Cuando la evacuación intestinal se demora, y luego se vuelve firme de una manera poco habitual, ello significa, en ocasiones, el comienzo de un resfriado, de un dolor de garganta o de otra enfermedad, pero no es forzoso que sea así. Hablando en términos generales, los cambios en el color y en la cantidad de las evacuaciones son menos importantes que el olor y la consistencia. Una evacuación dejada al aire libre puede volverse pardo o verde. Esto carece de importancia.

Las mucosidades en las evacuaciones intestinales son comunes cuando un bebé tiene diarrea, y sólo se trata de otra señal de que los intestinos se encuentran irritados. De la misma manera, pueden aparecer en una indigestión. También es probable que provengan de más arriba, de la garganta y los conductos bronquiales de un bebé con un resfriado, o de un bebé recién nacido, sano. Algunos tienen mucha mucosidad en las primeras semanas.

Cuando se agrega a la dieta una **verdura nueva** (y con menos frecuencia en el caso de otros alimentos), parte de ella puede salir con el mismo aspecto con que entró. Si también aparecen señales de irritación, tales como flojedad y mucosidades, la próxima vez dé menos. Si no hay irritación, puede continuar con la misma cantidad, o aumentarla poco a poco, hasta que el bebé aprenda a digerirlas mejor. Las remolachas pueden hacer que toda la evacuación tenga un color rojo.

Las pequeñas estrías de sangre en el exterior de una evacuación, proceden por lo general de una pequeña grieta o fisura en el ano, causada por evacuaciones duras. La sangre en sí misma no es grave, pero el médico debe ser informado, de modo que la constipación pueda tratarse en seguida. Esto es importante por razones psicológicas, tanto como por motivos físicos (la Sección 577).

Las cantidades mayores de sangre en la evacuación son raras, y pueden ser el producto de malformaciones del intestino, de una diarrea severa o de intusucepción (la Sección 760). Es preciso llamar al médico, o llevar al niño al hospital de inmediato.

La diarrea es examinada en las Secciones 350 y 351.

El baño

Después de unas semanas, a la mayoría de los bebés les encanta el baño, así que no tenga prisa. Disfrútelo con su bebé.

287. Antes de cualquier comida. Por lo general es más conveniente, en los primeros meses, el baño antes de la comida de la mañana, pero está bien hacerlo antes de cualquier comida (y no después de una de éstas, para que no se duerma después). Es probable que el padre esté en casa, a la hora de dar el baño, antes de la comida de la noche. Para cuando su bebé hace tres comidas por día, es posible que usted desee cambiarlo y bañarlo antes del almuerzo, o de la cena. Cuando el niño es mayor aún, y se mantiene despierto durante un rato, después de la cena, es mejor bañarlo después de ésta, en especial si necesita su cena temprano. Báñelo en una habitación razonablemente tibia, aun en la cocina, si es necesario.

288. Si lo prefiere, un baño de esponja. Si bien es habitual dar un baño completo, de bañera o de esponja, todos los días, por cierto que no es necesario más de una o dos veces por semana, en tiempo fresco, mientras el bebé sea mantenido limpio en la región de los pañales y en torno de la boca. En los días en que no le ofrece un baño completo, déle un baño de esponja en la zona de los pañales. El baño en la bañera puede atemorizar, al principio, al padre inexperto: el bebé parece tan indefenso, laxo y resbaladizo, en especial después de haber sido enjabonado. Los bebés pueden sentirse inquietos en la bañera, al comienzo, porque no pueden ser bien sostenidos allí. Puede darle un baño de esponja durante unas semanas, hasta que usted y su bebé se sientan más seguros, y aun durante meses —hasta que el niño pueda sentarse— si lo prefiere. En ocasiones se aconseja no bañar en la bañera hasta que el ombligo quede curado. Consulte con su médico.

Puede dar un baño de esponja sobre una mesa, o en su regazo. Necesitará un trozo de tela impermeable debajo del bebé. Si utiliza una superficie dura, como una mesa, debería haber algún acolchado sobre ella (una almohada grande, o una manta o colchoneta dobladas), de modo que el bebé no ruede con demasiada facilidad sobre sí mismo. (El rodar asusta a los bebés pequeños.) Lávele la cara y el cuero cabelludo con una toallita suave y agua limpia y tibia. (El cuero cabelludo puede ser enjabonado una o dos veces por semana.) Enjabone apenas el resto del cuerpo cuando y donde haga falta, con la toallita o su mano. Luego quite el jabón repasando todo el cuerpo, por lo menos dos veces, con la toallita enjuagada, prestando atención a los pliegues.

289. El baño de bañera. Antes de iniciar el baño, asegúrese de que tiene a mano todo lo que necesita. Si olvida la toalla, tendrá que ir a buscarla, llevando en brazos al niño chorreando.

Quítese el reloj de pulsera.

Un delantal le mantendrá la ropa seca.

Tenga a mano:
- jabón
- toallita para lavar
- toalla
- algodón absorbente para la nariz y los oídos, si es necesario
- loción o talco, si usa una u otro
- camiseta, pañales, seguros, camisón.

El baño puede darse en un lavabo o palangana, o en el lavadero de la cocina, o en una tina esmaltada. (Véase la Sección 92.) La tina común es cansada para la espalda y las piernas del padre. Para su comodidad, puede poner una pila o una tina esmaltada sobre una mesa, ante la cual usted se sienta, o sobre algún mueble más alto, como una cómoda, frente a la cual permanece de pie. Puede sentarse en un taburete, delante de la pila de la cocina. El agua debe estar a la temperatura del cuerpo (90–100 grados F). Un termómetro de baño es una comodidad para el padre inexperto, pero no resulta necesario. Pruebe la temperatura con el codo a la muñeca. Tiene que sentirla agradablemente tibia. Use sólo una pequeña cantidad de agua al comienzo, 1 ó 2 pulgadas de profundidad, hasta que adquiera la destreza necesaria para sostener al bebé con seguridad. Una bañera es menos resbaladiza si la recubre por dentro con una toalla o un pañal.

Sostenga al bebé de modo que la cabeza de éste quede apoyada en su muñeca, y los dedos de esa mano. Antes que todo, lávele la cara con una toallita suave sin jabón, luego la cabeza. El cuero cabelludo sólo necesita ser enjabonado una o dos veces por semana. Quite la espuma de jabón de la cabeza con una toallita húmeda, repasando una o dos veces. Si la toallita está demasiado mojada, es posible que el agua jabonosa le entre en los ojos y se los haga arder. (Hay champúes para bebés que no les hacen arder los ojos tanto como los comunes.) Luego enjabone el resto del cuerpo, los bra-

Su mano debajo del brazo del pequeño,
su muñeca sosteniendo la cabeza.

zos y las piernas, utilizando la toallita o la mano. (Es más fácil enjabonarse la mano que una toallita, cuando tiene la otra mano ocupada.) Si la piel se seca, trate de omitir el jabón, con excepción de una o dos veces por semana.

Si se siente nerviosa al principio por temor de dejar caer al bebé en el agua, puede enjabonarlo mientras lo tiene en su regazo, o sobre una mesa. Luego enjuáguelo en la bañera, sosteniéndolo con ambas manos.

Use una toalla de baño suave para secarlo, y seque con golpecitos en lugar de frotar. Si comienza a darle el baño de bañera antes que el ombligo quede completamente cicatrizado, séquelo muy bien, después del baño, con algodón estéril.

290. Oído, ojos, nariz, boca, uñas. Sólo necesita lavar el oído externo y la entrada del canal, no el interior; use únicamente una toallita, no use hisopos de algodón. En el canal se forma cera para protegerlo y mantenerlo limpio.

Los ojos son lavados en forma constante por el constante fluir de las lágrimas (no sólo cuando el bebé llora). Por eso no es necesario poner gota alguna en los ojos, mientras éstos están sanos.

Por lo común, la boca no necesita cuidados especiales.

Las uñas pueden cortarse con facilidad mientras el bebé duerme. Pueden resultar más cómodos los cortauñas que las tijeras. Existen tijeras de manicura, con puntas redondas.

La nariz cuenta con magnífico sistema para mantenerse limpio. Las minúsculas pilosidades invisibles de las células que tapizan la nariz, mueven las mucosidades y el polvo hacia la parte delantera de ésta, donde se reúnen en el vello largo próximo a la abertura. Esto hace cosquillear la nariz, y determina que el bebé estornude o se frote la punta de la nariz para quitar lo que se ha reunido allí. Mientras usted seca al bebé después del baño, primero puede humedecer y luego quitar con suavidad cualquier bolita de mucosidad seca con una esquina de la toallita. También puede adquirir hisopos ya preparados, de algodón. No se demore demasiado tiempo en esta operación, si el pequeño se enoja.

Mucosidad seca que obstruye la nariz. A veces, en particular cuando la casa tiene calefacción, se reúne suficiente mucosidad seca en la nariz de los niños como para obstaculizar la respiración en forma parcial. Entonces, cada vez que respira, los bordes del pecho se vuelven hacia adentro, o se "retraen". Inclusive es posible que los labios adquieran color azul tenue. Un niño mayor o adulto respiraría por la boca, pero la mayoría de los bebés no saben dejar la boca abierta. Si la nariz de su bebé queda obstruída en algún momento del día, puede humedecer y luego quitar la mucosidad, como se indica en el párrafo anterior.

291. ¿Loción o talco? Resulta divertido aplicar loción o talco a un bebé, después del baño, y a éste también le agrada, pero ninguna de las dos cosas es en verdad necesaria, en la mayoría de los casos. (Si lo fuera, la Naturaleza ya se habría ocupado de ello.) El talco resulta útil si la piel del bebé se irrita con facilidad. Debe ser espolvoreado primero

en su mano —lejos del bebé, de modo que éste no inspire
una nube de talco— luego frotado con suavidad en su piel.
La capa espolvoreada tiene que ser fina, de modo que no
forme grumos. El polvo de almidón común es el más seguro
y barato. (No use talco de estearato de zinc; resulta irritante
para los pulmones.) Una loción para bebés puede ser conveniente cuando la piel es seca, o cuando existe un leve
salpullido causado por los pañales. Los aceites para bebés
(que son distintos de las lociones) y el aceite mineral, han
sido usados cada vez con menos frecuencia, desde que se
demostró que en ocasiones producen un tenue salpullido.

El ombligo

292. La cicatrización del ombligo. Cuando todavía se
encuentra en la matriz, el bebé se alimenta a través de los
vasos sanguíneos del cordón umbilical. Después del
nacimiento, el médico lo amarra y lo corta cerca del cuerpo
del bebé. El trozo de cordón que queda se seca y se cae, casi
siempre en 2 ó 3 semanas, aunque puede llevar varias semanas. Cuando el cordón se cae, puede dejar un punto de
tejido sin cicatrizar, que necesita unos cuantos días, y a veces
unas cuantas semanas, para cicatrizar. Si la cicatrización es
lenta, en la pequeña herida puede formarse lo que llamamos
tejido de granulación, pero carece de importancia. La parte
sin cicatrizar debe ser mantenida limpia y seca, de modo que
no se infecte. Si se mantiene seca, se cubre de una costra,
hasta que cicatriza. En la actualidad, la mayoría de los médicos recomiendan que no se pongan gasas sobre el ombligo,
mientras se cura. De esta manera, lo más probable es que se
mantenga más seco. En ocasiones se recomienda que no se
dé al bebé un baño en la tina hasta que no se haya cicatrizado por completo, pero esta regla no es esencial si el ombligo
se mantiene seco con algodón estéril.

Es prudente mantener el pañal por debajo del ombligo no
cicatrizado, de modo que éste no lo humedezca. Y si el
ombligo no cicatrizado se humedece y supura, es preciso
protegerlo con más cuidado del constante humedecimiento

por el pañal, y limpiarlo todos los días con alcohol. Es posible que el médico le aplique alguna sustancia, para apresurar el secado y la cicatrización. O puede ser que lo cauterice con una sustancia química (nitrato de plata).

Si el ombligo y la piel circundante enrojecen, se ha producido una infección, y usted debería comunicarse con su médico en el acto. Hasta que lo haga, tiene que aplicar fomentos calientes (la Sección 836).

Si la costra del ombligo no cicatrizado es desprendida por las ropas, pueden brotar una o dos gotas de sangre. Esto carece de importancia.

El pene

293. El prepucio es la manga de piel que cubre la cabeza del pene cuando nace el bebé. El extremo abierto del prepucio es lo bastante grande para dejar salir la orina, pero lo bastante pequeño para proteger la abertura del pene de salpullidos de pañales. (Véase la Sección 776 sobre llagas en el pene.) A medida que el bebé crece, el prepucio suele comenzar a separar de la cabeza del pene, y comienza a hacerse retráctil. Por lo general hace falta 3 años para completar el proceso de separación y poder retractarse. Puede ser todavía más largo para algunos niños, incluso hasta la adolescencia, para tener un prepucio totalmente retractable, pero no se debe preocupar por esto. Lavar con regularidad mantendrá el pene limpio y sano.

Si retira el prepucio de un bebé tanto como pueda, puede ver una materia blanca y como de cera (smegma) en la cabeza del pene. Esto es perfectamente normal. El smegma es secretado por las células en el prepucio como un lubricante natural entre el prepucio y la cabeza del pene. (También lubrica la cabeza del pene durante relaciones sexuales.)

294. La circuncisión quiere decir cortar el prepucio, que normalmente cubre la cabeza del pene, en el momento de nacimiento. Se la suele hacer dentro de los primeros días de la vida del recién nacido. No se sabe los orígenes exactos de la circuncisión, pero se la ha practicado por 4000 años por lo menos, en muchas partes del mundo y por variados motivos. Para gentes judías y musulmanes, tiene una importancia religiosa. En algunas culturas, es un rito de la pubertad, celebrando el pasaje de la infancia a la edad adulta.

En los Estados Unidos, la circuncisión ha sido practicado muy comúnmente durante el siglo XX por varias razones. Algunos padres se preocupan de que al hijo no circuncidado le preocupará tener un aspecto distinto del padre circuncidado o de ser hermanos mayores, o sus amigos en la escuela. En realidad, no le preocupa al niño, si los padres están cómodos con su decisión. Usted puede explicar cómo aprendío que la circuncisión no era necesaria para su buena salud, así que no quería darle una operación difícil inmediatamente después de su nacimiento. Muchos médicos creen la acumulación normal del smegma debajo del prepucio puede causar una inflamación leve o infección de vez en cuando. De hecho, el lavado regular puede ser tan eficaz en prevenir estos problemas como la circuncisión.

Anteriormente, los científicos pensaban que las esposas de hombres no circuncidados, eran más susceptibles al cáncer del cuello del útero, pero las últimas investigaciones han probado que esto no es cierto. Unos estudios que se realizaron a finales de los años 80 sugieron que los varones no circuncidados podrían contratar más infecciones de las vías urinarias durante la niñez. Pero aquellas investigaciones no tomaron en cuenta la buena o mala higiene de los varones, por lo tanto no hay pruebas definitivas que la circuncisión en sí prevendría infecciones de las vías urinarias. (Los muchachos circuncidados también tienen infecciones de las vías urinarias.) Cuando se las advierta temprano, estas infecciones se curan fácilmente con antibióticos. De modo que es mejor tener en cuenta que la higiene buena (el lavado regular durante los baños) es más importante al salud de su bebé que el hecho de ser circuncidado o no.

En los diez años entre 1980 y 1990, el número de bebés circuncidados en los Estados Unidos se bajó de un 90 por ciento a un 60 por ciento. Si está considerando la circuncisión, debe saber que es una operación relativamente segura. Hay algunos riesgos, como sangrar o la infección, que suelen poder tratados con facilidad. La circuncisión es claramente dolorosa para el bebé, pero la anestesia no se usa dado su propio riesgo al recién nacido. Por lo general, los bebés se recuperan de la operación dentro de unas 24 horas. Si su bebé parece incómodo más de las 24 horas, o tiene sangre o inflamación del pene fuera de lo normal, menciónelo a su médico en seguida.

No creo que exista evidencia médica para apoyar la circuncisión rutinaria. Algunos padres pueden escogerla por motivos religiosos. En otros casos, recomiendo mucho dejar el prepucio tal como la Naturaleza lo hizo.

295. El cuidado del pene. La higiene genital es importante desde el nacimiento hacia adelante, haya circuncisión o no. Es parte del aprendizaje de los hábitos generales de la limpieza personal.

Si el bebé no es circuncidado, el pene debe lavarse siempre y cuando se bañe al bebé. No hay que hacer nada especial en cuanto al prepucio; lavar suavemente alrededor del exterior quitará toda acumulación de smegma excesiva. Algunos padres pueden querer asegurar que el prepucio y la cabeza del pene estén lo más limpios como pueden estar. En este caso, puede limpiar debajo del prepucio, retirándolo muy suavemente, hasta encontrar resistencia. Lave el smegma, y enjuague bien. **Nunca retire el prepucio con fuerza.** Podría ocasionar infecciones u otras complicaciones. El prepucio se hará más retráctil con el paso de los años.

Si el bebé es circuncidado, cambie su pañal a menudo mientras la herida se cura. Esto disminuirá las probabilidades de irritación o infección de la orina o las evacuaciones. Durante este período de curarse, aproximadamente una semana, haga lo que le indique su médico en cuanto al cuidado del pene: qué hacer con el vendaje, bañarse, secarse, y el uso de lociones. Después de curarse la herida, puede lavar el pene justo como lava el resto del bebé, durante el baño.

296. Por qué la circuncisión es dañina después de la infancia. El tema de la circuncisión aparece a menudo más adelante en la infancia, bien porque ha habido una infección por irritación debajo del prepucio, o bien porque el niño se masturba. En los días antes de que se reconociera que la masturbación era algo natural o se le diera la importancia a las emociones infantiles, parecía lógico circuncidar por una u otra de estas razones. Los padres o el médico decían: "Tal vez se masturba porque tiene una pequeña infección que le produce incomodidades." Lo malo es que esta teoría pone a menudo el carro delante del caballo. Ahora sabemos que un varón, en particular entre los 3 y los 6 años, se siente, con frecuencia, nervioso, en relación con su pene, por temor a que se lo vaya a lastimar (cosa que se explica en la Sección 615). Esta inquietud puede llevarlo a manosearse y a producirse una leve irritación. Si ésta es la secuencia real de los hechos, se advierte que una operación en el pene sería contraproducente para sus temores.

La circuncisión en la primera infancia es emocionalmente perturbadora, porque coincide con la idea infantil de que el pene podría ser seccionado como castigo de la masturbación. (Véase la Sección 618.) El temor al daño psicológico debido a la circuncisión es mayor entre 1 año y 6 años, pero también existe algún riesgo a lo largo de la adolescencia.

En raras ocasiones cuando es médicamente indicado circuncidar a un niño mayor, discútalo con él antes. Enséñele la parte de piel que se le va a cortar y tenga la seguridad que el entendió que su pene va a quedar intacto. Déjele saber que su pene va a estar dolorido al principio pero que pronto sanará. Déle suficiente tiempo para pensar en ello y hacer preguntas. Téngale paciencia porque puede ser que pregunte lo mismo varias veces o de diferentes formas hasta que se sienta a gusto con la respuesta. Hay que recalcar que la operación no es un castigo.

297. Erecciones. Es común que los bebés del sexo masculino tengan erecciones del pene, en especial cuando la vejiga se encuentra llena o cuando está orinando. Esto no tiene importancia.

Ropas, aire fresco y sol

298. Temperatura de la habitación. La pregunta más difícil para que la conteste un médico, en un libro o en su consultorio, es la de cuánto abrigo debe llevar un bebé. Lo único que el médico puede ofrecerles son algunas orientaciones aproximadas. Los bebés de menos de 5 libras no tienen un sistema muy competente para mantener el cuerpo en la temperatura correcta, y deben estar en una incubadora. Entre las 5 y 8 libras, por lo general no necesitan recibir calor exterior. Pueden arreglárselas por sí mismos, en una habitación cómoda de, digamos, entre 65 y 68 grados F.

Cuando llegan a pesar 8 libras, su regulador de la temperatura funciona bien, y se van recubriendo de una capa de grasa que los ayuda a mantenerse tibios. En la habitación que a esa edad tienen para dormir puede permitirse que la temperatura baje a los 60 grados F, en tiempo frío o fresco.

Una temperatura ambiente de 65 a 68 grados F, para comer y jugar, es aceptable para los bebés que pesan más de 5 libras, tal como lo es para los niños mayores y los adultos.

En tiempo de frío, el aire contiene mucha menos humedad. Cuando ese aire es entibiado en una casa, se vuelve relativamente más seco aun, en especial cuando la temperatura se eleva por encima de los 70 grados F. El aire seco y caliente reseca y endurece las mucosidades de la nariz, y los conductos del aire en general. Esto hace que el bebé se sienta incómodo, y tal vez disminuye la capacidad para resistir las infecciones.

El problema de proporcionarle aire, se complica aún más a consecuencia de la ansiedad natural de los padres inexpertos, y de su ansiedad de sobreproteger. Tienden a tener a su bebé en una habitación muy caliente, y además, lo abrigan en exceso. En esta situación, algunos bebés tienden a cubrirse, aun en invierno, de un salpullido producido por el calor.

La mayoría de las personas habituadas a las casas con calefacción dejan que la temperatura ascienda cada vez más, durante todo el invierno, sin darse cuenta, y llegan a exigir un calor excesivo. Una manera de contrarrestar esta tendencia, en una casa particular, es la utilización del termostato, que hace descender el calor cuando se llega a la temperatura deseada (65 a 68 grados F). En un apartamento o casa particular sin termostato, los padres deben colgar un termómetro doméstico en un lugar destacado, y mirarlo varias veces por día, hasta que se habitúen tanto a una temperatura de entre 65 y 68 grados F, que se den cuenta que se ha subido sin necesidad de mirar.

Creo que existe una tendencia general a abrigar en exceso a los bebés, aun entre los padres experimentados. Un bebé normal tiene un "termostato" tan perfecto como un adulto, siempre que no se lo envuelva con tantas capas de ropa y cobertores, que su termostato ya no funcione como corresponde.

299. Ropas. Los bebés y los niños gorditos necesitan menos abrigo que un adulto. La mayoría de los bebés tienden a estar demasiado abrigados y no a la inversa. Eso no es bueno para ellos. Si una persona está siempre demasiado abrigada, el cuerpo pierde su capacidad de adaptarse a los cambios, y es **más** probable que se enfríe. Por lo tanto, en general, póngale al bebé menos ropa, y no más, y luego obsérvelo. No trate de ponerle lo suficiente para que sus manos se mantengan tibias, porque en la mayoría de los bebés las manos se conservan frías cuando están bien vestidos. Sienta las piernas, los brazos o el cuello. La mejor guía de todas es el color de la cara. Los bebés que sienten frío pierden el color de las mejillas, y es posible que, además, empiecen a llorar.

Cuando ponga suéteres y camisas de cuello pequeño, recuerde que la cabeza del bebé tiene más bien forma de huevo, y no forma redonda. Pase primero al suéter por la parte posterior de la cabeza del bebé, y luego estírelo hacia sí,

mientras lo hace pasar por la frente y la nariz. Después introduzca los brazos del bebé en las mangas. Cuando se lo quite, primero saque los brazos del bebé de las mangas. Enrolle el suéter que el pequeño tiene alrededor del cuello; levante la parte delantera haciéndola pasar por delante de la nariz y la frente (mientras la parte trasera sigue en la nuca), y luego deslícelo hacia la porción posterior de la cabeza.

Un gorrito para dormir, cuando hace mucho frío, debería ser de acrílico tejido, de modo que si resbala hacia la cara del bebé, éste pueda respirar a través de él.

300. Mantas prácticas. Es mejor utilizar mantas o sacos de acrílico cuando el bebé duerme en una habitación fresca (60 a 65 grados F). Son las que mejor combinan el calor y la facilidad para lavarlas. Los chales tejidos arropan y envuelven con más facilidad que las mantas tejidas, en especial cuando el bebé está despierto, y como son más delgados, se puede adaptar la cantidad de taparlos según la temperatura, con más precisión que con las mantas gruesas. Evite los cobertores demasiado pesados, como por ejemplo, las colchonetas gruesas.

Con los sacos de dormir no se pueden destapar, como es posible hacerlo con las mantas; los peleles son buenos cuando un bebé puede quedarse de pie.

En una habitación tibia (más de 72 grados F), o en tiempo templado, el bebé sólo necesita un cobertor de algodón. Ahora se dispone de mantas térmicas de algodón que, según se dice, son adaptables a las temperaturas frías o templadas.

Todas las mantas, colchonetas y sábanas, deben ser lo bastante grandes como para sujetarlos con firmeza por debajo del colchón, de modo que no se suelten. Las sábanas impermeables tienen que ser lo bastante amplias como para introducirlas con firmeza debajo del colchón, o prenderlas o atarlas en las cuatro esquinas, como para que no suelten. El colchón debe ser firme y lo bastante plano como para que el bebé no se encuentre durmiendo en un hueco. El colchón del cochecito tiene que adaptarse bien al contorno de éste, como para que no quede espacio, alrededor del borde, en el cual el bebé pueda quedar atrapado. No use almohadas en la cuna o el cochecito.

301. Sacar al bebé al aire fresco. Los cambios de temperatura ambiente son beneficiosos para fortalecer el estado físico, de modo que se adapte al frío o al calor. Un empleado de banco sentirá más frío, si permanece al aire libre, en invierno, que un leñador, quien está habituado a esa temperatura. El aire frío o fresco mejora el apetito, da color en las mejillas y vigoriza a los seres humanos de todas las edades. Un bebé que vive continuamente en una habitación templada casi siempre está pálido, y es posible que tenga poco apetito.

Es bueno para un bebé (como para cualquier persona) estar al aire libre 2 ó 3 horas diarias, en particular durante el tiempo en que en la casa se pone la calefacción.

Yo crecí y practiqué pediatría en la parte noreste de los Estados Unidos, donde los padres más conscientes dan por hecho que los bebés y los niños deben pasarse afuera 2 ó 3 horas por día, cuando no llueve y la temperatura no está muy por debajo del punto de congelamiento. A los niños les encanta estar al aire libre, y les pinta las mejillas de rosado, les da un buen apetito. De modo que me es imposible dejar de creer en la tradición. Debo admitir, sin embargo, que esa tradición no existe en otras partes del país.

Un niño de 8 libras puede, por supuesto, estar al aire libre cuando hacen 60 grados F o más. La temperatura del aire no es el único factor. El aire húmedo y frío hace que se sienta más frío que el aire seco de la misma temperatura, y el viento es el causante de la mayor cantidad de resfriados. Inclusive cuando la temperatura esté por debajo de 32 grados F, un bebé de 12 libras puede sentirse cómodo en un lugar protegido, durante 1 ó 2 horas.

En invierno, el mejor momento para sacar al bebé afuera es al mediodía. Si usted vive en el campo o tiene su propio jardín puede sacar al bebé aun más tiempo, y no sólo 3 horas, durante los días de temperatura razonable.

A medida que los bebés crecen, permanecen despiertos durante períodos más prolongados, y aprecia más la compañía de la gente, no se los debe dejar **solos** afuera durante más de una hora, cuando están despiertos. En la segunda mitad del primer año, los niños tienen derecho a que haya personas cerca de ellos, durante casi todo el tiempo en que se hallan despiertos, aunque se diviertan a solas. Les resulta espléndido estar afuera 2 ó 3 horas, con un padre, o cuando están dormidos.

Si vive en una ciudad y no tiene jardín en el cual dejar al bebé, puede llevarlo en cochecito. Si tiene el hábito de llevar al bebé en un portabebés colgado, ya sea al pecho o a la espalda, va a estar muy bien acostumbrado para cuando el bebé crezca. Al bebé le va a gustar mucho pasear en contacto tan cercano con usted y ver a su alrededor y dormir. Si a usted le agrada estar afuera, y puede destinar un poco de tiempo, tanto mejor.

En verano, si su casa resulta demasiado calurosa, y puede encontrar afuera un lugar más o menos fresco, cuanto más tiempo esté el bebé afuera mientras duerme, mejor. Si su casa se conserva fresca, aun así, en su lugar yo intentaría sacar al bebé un par de horas por día, pero en las primeras horas de la mañana y al final de la tarde.

Cuando su bebé pasa a las tres comidas diarias, es posible que usted tenga que cambiar los horarios de aire libre, en cierta medida, para adaptarlos a su propia conveniencia y la de él. Pero el principio general de tratar de sacarlo 2 ó 3 horas por día sigue teniendo vigencia. A medida que se acerca al año de edad, se muestra más interesado por lo que lo rodea. Es posible que se niegue a dormir después del almuerzo, si se lo pasea en su coche. Entonces tendrá que dejarlo tomar su siesta en su cuna, después del almuerzo. Esto deja muy poco tiempo de la tarde para una salida, en particular en invierno. Puede tenerlo afuera 1 ó 2 horas, por la mañana, y 1 hora por la tarde. La parte de la mañana en que lo saque al aire libre también depende de cuándo toma su siesta matutina. Algunos bebés, en la última porción de su primer año, se duermen inmediatamente después del almuerzo, y otros lo hacen al final de la mañana. Si su bebé no duerme mientras se encuentra afuera, usted deberá establecer las horas de salida cuando el pequeño se encuentre despierto.

302. Sol y baños de sol. El sol directo contiene rayos ultravioletas, los cuales crean la vitamina D en la piel. En los tiempos cuando los bebés no recibían automáticamente la vitamina D necesaria de la fórmula o de vitaminas en gotas y antes de que se supiera qué tan dañinos eran los rayos ultravioletas para la piel, yo recomendaba los baños de sol para los bebés. Ahora que se ha comprobado una conexión entre la excesiva exposición a los rayos ultravioletas a temprana edad y el desarrollo de cáncer de piel más adelante en la vida, estoy muy en contra de los baños de sol a cualquier edad.

Los dermatólogos (especialistas de la piel) recomiendan proteger la piel con una loción o crema con "bloqueador solar" del numero 15 por lo menos, cuando un bebé o niño (o adulto) va a estar expuesto directamente a la luz del sol o a los reflejos de los rayos del sol en la playa o en una lancha. Esto significa cubrir todas las partes de la piel expuestas con crema o loción. Los números más altos que el número 15 no dan más protección pero el efecto dura más. Los bebés en la playa deben traer sombrero y deben de estar bajo una sombrilla de playa.

Si su niño tiene piel muy blanca y vive en un clima soleado, el ponerle bloqueador solar en crema o loción debe de ser parte de su rutina diaria en la mañana antes de salir de casa; una segunda aplicación debe hacerse antes de que salga a jugar en la tarde después de la escuela.

Hay tres químicos muy efectivos en los bloqueadores solares: PABA esteres, cinamatos y benzofenones. Asegúrese que uno o más de estos esté en la lista del envase.

En un país como los Estados Unidos donde es un hábito darse baños de sol y estar asoleado es considerado "saludable," bonito y sexualmente atractivo, tomar una determinación firme de usar crema protectora del sol es difícil. Pero la prevención del cáncer de la piel vale la pena.

Períodos de juego

303. Ser sociable con su bebé. Muéstrese tranquilamente amistosa con su bebé, cada vez que esté con él. El pequeño comienza a tener la sensación de lo mucho que representan el uno para el otro, mientras usted lo alimenta, lo hace eructar, lo baña, lo viste, le cambia los pañales, lo tiene en brazos, o simplemente se sienta en la habitación de él. Cuando lo abraza o le murmura, o le muestra que considera que es el bebé más maravilloso del mundo, ello hace crecer su alegría, tal como la leche le hace crecer los huesos. Sin duda es por eso que los adultos hablamos instintivamente con tono infantil y meneamos la cabeza cuando saludamos a un bebé, cosa que hacen inclusive los adultos que en otros sentidos tienen un porte digno o son muy poco sociables.

Uno de los problemas que surgen del hecho de ser un padre inexperto es el de que, durante una parte del tiempo uno se toma la tarea tan en serio, que se olvida de disfrutar con ella. Y entonces usted y su bebé se pierden algo valioso.

Por supuesto, no quiero decir que usted deba hablar constantemente con él mientras el pequeño se encuentra despierto, o que tenga que acariciarlo o hacerle cosquillas a cada instante. Eso lo fatigaría, y a la largo lo volvería tenso y caprichoso. Usted puede guardar silencio las nueve décimas partes del tiempo que pasa con él. Lo que es bueno para él es la forma suave, tranquila, de compañía, y también es bueno para usted. Lo que importa es la sensación de alegría que le recorre los brazos cuando lo sostiene, la expresión pacífica, afectuosa de su rostro, cuando lo mira, y el tono dulce de su voz.

304. Compañía sin mimos. Es bueno para un bebé que durante su período de juegos esté en algún lugar cercano a sus padres (y a sus hermanos y hermanas si los tiene), de modo que pueda ser visto por ellos, dirigirle algunos sonidos, oír que le hablen, dejar que le muestren una manera de jugar con algo de vez en cuando. Pero no es necesario ni sensato que se encuentre en el regazo o los brazos de un padre, o que su madre o su padre lo diviertan buena parte del tiempo. Puede disfrutar de la compañía de ellos, obtener beneficios de eso y aun así aprender a valerse por sí mismo. Cuando los padres nuevos se encuentran tan encantados con su bebé que lo sostienen en brazos o le inventa juegos durante la mayor parte de las horas que pasa despierto, es posible que llegue a depender demasiado de estas atenciones, y las exija cada vez más. (Véase las Secciones 334 y 335.)

305. Cosas para ver y cosas para jugar. Los niños pequeños comienzan a despertar cada vez más temprano, sobre todo al final de la tarde. En esos momentos, necesitan hacer algo, y quieren **alguna** compañía. A los 2, 3 y 4 meses, disfrutan mirando cosas de colores vivos y cosas que se mueven. Al aire libre, les encanta mirar las hojas y las sombras. En casa, se estudian las manos, observan los grabados de la pared. Existen objetos de plástico de colores intensos, con cuerdas, que usted puede colgar entre los barandales de la cuna. Colóquelos al alcance de la mano — no encima de la nariz del bebé— para cuando comiencen a alcanzar. Usted misma puede hacer móviles: formas de cartón cubiertas de papel de colores, que cuelgan del techo, o de una lámpara, y que giran al impulso de una suave corriente de aire (no son lo bastante fuertes como para jugar con ellos, ni lo bastante saludables para mascar). O puede colgar objetos domésticos adecuados al alcance de la mano: cucharas, tazas de plástico, por ejemplo.

Recuerde que a la larga todo va a la boca. A medida que los bebés avanzan hacia la mitad de su primer año, su mayor alegría consiste en manipular objetos y llevárselos a la boca: colecciones de objetos plásticos unidos entre sí (hechos para esa edad), sonajas, mordedoras, animales y muñecos de tela, objetos domésticos que no producen daño cuando se los muerde. No deje que un bebé o niño tenga objetos o artículos de mobiliario que hayan sido vueltos a pintar con pintura para exteriores, que contengan plomo, o pequeños objetos de celuloide que pueden ser mascados hasta convertirlos en trozos pequeños, con punta, o pequeñas cuentas de vidrio, y otros objetos de tamaño pequeño, con los cuales puede ahogarse. Quíteles el silbato metálico a los animales de hule.

306. Cómo usar el corral.

En la Sección 76 mencioné las diferencias de opiniones respecto de los corrales. Por lo general los he sugerido por motivos puramente prácticos, como de gran utilidad, en especial para la madre atareada, desde los 3 meses en adelante. Instalados en la sala o en la cocina, donde la madre trabaja, ofrece a los bebés la compañía que no puede tener en sus propias habitaciones, y una posibilidad de observar todo lo que ocurre, sin el peligro de que se los pise o de derramar algo sobre ellos. Más tarde se divierten horas enteras depositando juguetes en el suelo y volviendo a tomarlos. Cuando tienen edad suficiente para ponerse de pie, el corral les da un barandal a lo cual aferrarse, y una base firme bajo los pies. Cuando hay buen clima, pueden sentarse, seguros, en la entrada de la casa, y ver pasar el mundo.

Los corrales de red se están haciendo más populares que los de madera, principalmente porque son más livianos para llevarlos de un lado al otro.

Todas las tardes, cuando el bebé se sienta aburrido en su cuna, póngalo en el corralito, cerca de donde usted trabaja o se encuentra sentada. Si piensa utilizar un corralito, el bebé debería habituarse a él a los 3 ó 4 meses, antes de haber aprendido a sentarse y gatear, y antes de habérselo dejado en libertad, en el suelo. De lo contrario, lo considerará una prisión desde el comienzo. Para cuando sabe sentarse y gatear, se divierte buscando cosas que están a pocos pasos de distancia, y manejando objetos grandes, como cucharones, sartenes, coladores. Cuando se aburre con el corralito, puede sentarse en una silla, arrimada a una mesa. Es bueno para él terminar con un poco de gateo en libertad.

Aunque lo acepten, los bebés no deben ser tenidos en los corrales durante todo el tiempo. Tienen que contar con momentos para gateos de exploración, mientras los padres les prestan atención. Cada tanto, es preciso jugar con ellos, abrazarlos, tal vez llevarlos en un portainfante al pecho, durante un rato, mientras el padre trabaja. Cuando los bebés llegan a los 12, 15 y 18 meses, toleran el corral en períodos cada vez más breves.

307. Andaderas y columpios. Un columpio es útil después de que el bebé ha aprendido a sentarse, y antes de haber aprendido a caminar. Los hace sentirse felices durante un rato largo, les procura ejercicios, y les impide meterse en tantos problemas como lo harían si gatearan. Pero yo no mantendría a los bebés en un columpio durante todo el tiempo en que se encuentran despiertos. Necesitan oportunidades de trepar, explorar, pararse, caminar.

Existen columpios con soporte, para el interior o para estar afuera, algunas con motores de cuerda, columpios para puertas, columpios con muelle en las cuales un bebé puede saltar.

Los resortes de un columpio deben estar cubiertos para impedir que se lastime los dedos, o los muelles no deben estar a más de 1/8 de una pulgada de distancia.

Las andaderas son muy populares, porque en un sentido cuidan del bebe y algunos piensan (incorrectamente) que ayuden a que aprendan a caminar antes. **Pero las andaderas son peligrosas.** Aumentan la estatura del bebé, lo cual le permite tomar cosas que de otro modo no habrían estado a su alcance, y hacen que un bebé se precipite hacia adelante en un plano inclinado, o en escaleras descendentes. Los peores accidentes les pasan a bebés que se caen de las escaleras en sus andaderas. Yo estoy de acuerdo en que se discontinúe la fabricación de andaderas.

INMUNIZACIONES

308. Lleve un registro. Es una buena idea llevar un registro (firmado por su médico) de todas las inmunizaciones de sus niños (y de sensibilidad a las drogas, si existe) en su hogar, y llevarlo consigo cuando la familia sale de viaje. También resulta valioso si se muda, o si cambia de médico. Por cierto que siempre puede escribir o telefonear al médico que le dio las inmunizaciones, pero a menudo esto resulta imposible con la prisa, durante una emergencia. La emergencia más común es cuando un niño, lejos de su casa, se produce una herida que exige una protección complementaria contra el tétanos. Entonces es muy importante que el médico que lo atienda sepa si el niño ha recibido inmunizaciones antitetánicas. Si un pequeño ha sido inmunizado por completo, muy pocas heridas exigen una inmunización extraordinaria contra el tétanos.

309. Prepare a su niño. La mejor manera de preparar a su niño para cada inmunización es ser lo más honesto y sencillo en su explicación como posible. Dígale que le va a doler, pero que le protegerá de una enfermedad que le dolería mucho más . Asegúrele que puede llorar si quiere, y que puede sentirse enojado con el médico y con usted. Creo que hasta los bebes más jóvenes, quienes no entienden sus palabras, se tranquilizan con el tono de su voz cuando los abraza y les explica el porqué de la vacuna.

310. De vez en cuando, algunos padres se alarman y se sienten confundidos por relatos de los periódicos y de la televisión acerca de unos pocos niños que han mostrado malas reacciones a una vacuna en particular. Algunos de estos padres deciden entonces no aplicar **ninguna** inmunización a sus hijos, por temor a que ésta enferme más al niño de lo que habría podido hacerlo la enfermedad. Creo que éste es un grave error, porque sabemos que en la mayoría de los casos la enfermedad es mucho más peligrosa que la escasa reacción a una inmunización. Si una versión que uno lee o escucha comienza a preocuparlo, consulte inmediatamente con su médico.

Las vacunas

El médico de su niño le informará sobre los efectos secundarios posibles de cada vacuna, y lo que usted puede hacer. Véase la Sección 317 para el esquema de vacunas recomendados.

La vacuna contra la **viruela** ya no se recomienda como cosa normal, porque la enfermedad ha sido eliminada en casi todo el mundo.

311. Inmunizaciones contra la difteria, la tos ferina (Coqueluche), y el tétanos (DTP o Triple). Las inmunizaciones contra estas tres enfermedades, se dan en forma combinada y administrado en una serie de tres inyecciones comenzando a los 2 meses de edad.

Por lo general, la protección de estas tres aplicaciones poco a poco comienza a disminuir. Por lo tanto, se administra una inyección de refuerzo un año más tarde (de los 15 a los 18 meses), para que la protección vuelva a un nivel alto y, una vez más, entre los 4 y los 6 años. Las inmunizaciones posteriores contra el tétanos y la difteria se llevan a cabo cada 10 años pero la vacuna contra tos ferina no se da después de cumplir 7 años de edad.

Si su niño recibe una herida profunda y seria de un objeto sucio, puede necesitar una inyección de tétanos de refuerzo, sobre todo si ha pasado más de 5 años desde la última. Consulte su médico.

El dolor y la fiebre asociados con estas inmunizaciones pueden ser reducidos si se da un acetaminofen cuando se da la inyección en vez de esperar a ver si hay una reacción. Si el bebé desarrolla fiebre, mal humor, pérdida del apetito o inflamación en derredor de la inyección, y que comienza, casi siempre, 3 ó 4 horas después de la aplicación, el médico puede prescribir algún medicamento para atenuar los síntomas. El bebé debe sentirse mejor al día siguiente. Si continúa teniendo fiebre, no hay por qué atribuírsela a la inyección; se debe a alguna infección nueva. Estas inyecciones no producen toses o síntomas de resfriado.

Es común que quede un firme abultamiento en el muslo o el brazo, donde el niño ha recibido la inyección. Se conserva durante varios meses, y no debe ser motivo de inquietud.

312. Vacuna poliovirus oral (vacuna Sabin) debe ser aplicada a todos los bebés en los Estados Unidos, a los 2 meses, o lo antes posible después de ese período. Se trata de un virus vivo, que se ha cultivado en células vivas, en un laboratorio, y que se toma por la vía oral. Existen tres tipos de virus que provocan el polio, y una persona debe tomar los tres tipos de vacuna para estar protegida por completo.

Se recomienda que un niño reciba en forma oral una vacuna trivalente, la primera dosis a los 2 meses, la segunda a los 4. La tercera se da a los 18 meses, una cuarta dosis en el momento del ingreso en la escuela (los 4 a los 6 años). La vacuna es sin sabor y se deja caer directamente en la lengua.

Si ha habido una demora entre las dosis, el único riesgo se produce durante el período de dicha demora; a la larga, la protección será igualmente elevada, siempre que se administre la cantidad correcta de dosis. La vacuna puede darse al mismo tiempo que las aplicaciones contra la difteria, la tos ferina y el tétanos.

La vacuna de polio inactivada (vacuna Salk) se administra a los niños cuyos padres la prefieren, o que tienen una baja resistencia a la infección, o que viven con personas con baja resistencia a ésta, a causa de la presencia de alguna enfermedad crónica, o de medicinas especiales usadas por esa enfermedad. Cuando se usa la vacuna oral, algunos virus vivos de la polio salen en las evacuaciones del niño vacunado y pueden ser transmitidos a otros miembros de la familia. Su médico le dirá si se encuentra en alguna situación especial que exija esa vacuna.

313. La vacuna contra el sarampión, la rubéola y las paperas. Los niños son protegidos contra estas tres enfermedades virales con una sola vacuna, generalmente dada a los 15 meses de edad. La reacción a la vacuna antisarampión es como un caso ligero de sarampión. Un niño de cada diez tendrá una fiebre de 103 grados F, empezando aproximadamente una semana después de la inmunización y que dura 1 ó 2 días, y un niño de cada diez tendrá un salpullido ligero.

Una inmunización de refuerzo contra el sarampión se da cuando su niño tiene entre los 10 y los 12 años, con la excepción de los estados que la exigen al entrar en la escuela, junto con los DTP y OPV de refuerzo. Cuando su niño recibe el refuerzo, se la da en la combinación. Si su niño recibe la antisarampión de refuerzo al entrar en la escuela, debe recibir otra de refuerzo, en la forma combinada, entre los 10 y los 12 años. Esto reforzará la inmunidad para las tres enfermedades hasta la adolescencia.

314. HIB: Enfermedad Haemophilus Influenzae tipo B. Esta enfermedad es causada por la bacteria Haemophilus, y no se relaciona de ninguna manera con la gripe, que es causada por el virus influenza. (La palabra "influenzae" en el nombre de esta enfermedad es una de las peculiaridades del lenguaje médico.) Por lo general, Haemophilus influenzae tipo B causa una enfermedad muy parecida al resfriado común. Pero cuando la enfermedad es grave, puede tomar la forma de meningitis, que puede causar daño al cerebro, sordera o muerte.

La vacuna contra esta enfermedad se da en una serie de tres inyecciones, separadas por dos meses, comenzando a los 2 meses de edad. Una inyección de refuerzo se da a los 15 meses.

315. Vacuna contra la varicela. Una vacuna para proteger a los niños de la varicela ha sido desarrollada y probada en los Estados Unidos y en otros países. La Food and Drug Adminstration está decidiendo actualmente (1991) cuándo la vacuna estará disponible para uso general en los Estados Unidos.

316. Una vacuna contra la hepatitis B estará disponible y recomendada para todos los bebés, empezando en 1992. Esto proporcionará inmunización contra el virus de hepatitus B, que puede causar daño grave al hígado y que es altamente contagioso. Los niños mayores, adolescentes y adultos también pueden tomar la vacuna en ciertas circunstancias de alto riesgo. El médico le informará sobre el esquema de la serie de tres inyecciones.

317. Esquema de vacunas recomendadas.

Edad	Vacunas
2 meses	1ra dosis DTP, OPV y HIB
4 meses	2da DTP, OPV y HIB
6 meses	3ra DTP y HIB
15 meses	MMR y refuerzo HIB
18 meses	4ta DTP y 3ra OPV
4–6 años	5ta DTP y 4ta OPV
10–12 años	Refuerzo MMR (como MMR)*
14–16 años	Refuerzo contra la difteria y el tétanos (no contra la tos ferina después de los 7 años)

*También se da a los 4–6 años, en los estados que lo requiere para el ingreso escolar.

PROBLEMAS DE LA INFANCIA

El llanto en las primeras semanas

318. ¿Qué significa? Este es, casi siempre, una pregunta de importancia, en un primer bebé. A medida que el niño crece, el llanto es un problema mucho menor, para los padres; les preocupa menos, pues saben qué deben esperar del pequeño en distintos momentos del día, pueden distinguir entre diferentes llantos, y el niño tiene menos motivos para llorar.

Varias preguntas surgen en la mente de usted: ¿Tiene hambre? ¿Está mojado? ¿Está enfermo? ¿Tiene indigestión? ¿Un seguro lo está pinchando? ¿Se está volviendo consentido? Los padres no piensan a menudo en la fatiga, pero ésta es una causa de las más comunes. Resulta bastante fácil responder a estas preguntas, una por una.

Pero hay mucha agitación y llantos que no pueden explicarse por ninguna de estas razones. Es un hecho que para cuando tienen un par de semanas, casi todos los bebés —en especial, los primeros— entran en períodos en que se encuentran molestos, y que podemos identificar, pero no explicar con exactitud. Cuando el llanto se limita, con regularidad, a un período de la noche o la tarde, podemos llamarlo **cólico** (si existen dolores, distensión y gas), o **llanto irritable periódico** (si no hay distensión). Si el bebé se queja y luego deja de hacerlo, en cualquier momento del día o de la noche, podemos suspirar y decir que es un **bebé irritable** en esta etapa. Si se muestra extraordinariamente tenso y irritable, usamos la denominación de **bebé hipertónico**.

Pero no conocemos el significado de estas pautas de conducta. Sólo sabemos que poco a poco van desapareciendo—casi siempre a los 3 meses de edad. Es posible que sean distintas variaciones de una sola situación. Podemos intuir, en una forma vaga, que el período que se extiende entre el nacimiento y los 3 meses es de adaptación del sistema nervioso inmaduro del bebé y del sistema digestivo también inmaduro, a la vida en el mundo exterior, y que una adaptación suave les resulta más difícil a algunos bebés. De todos modos, lo que se debe recordar, cosa importante, es que los tipos de llantos más comunes, en las primeras semanas, son temporales, y no constituyen una señal de nada grave.

319. ¿Hambre? Cuando usted alimenta a su bebé según un horario bastante regular, o de acuerdo con los deseos del pequeño, pronto se forma una idea en cuanto a las pautas de éste: a qué hora del día quiere comer más, y a qué horas tiende a despertarse más temprano. Esto podría ayudarla a decidir si el llanto poco común es debido al hambre. Si el bebé tomó menos de la mitad de su cantidad habitual en su última comida, ésta **podría** ser la razón por la cual se despertó a las 2 horas, en lugar de hacerlo a las 3 ó 4 horas. Pero esto no es necesariamente así. A menudo, podría ocurrir que un bebé que tomó mucho menos de su cantidad habitual durmiera satisfecho hasta su proxima comida habitual.

Si un bebé tomó una cantidad promedio en su última comida, y despierta llorando antes de las 2 horas, es menos probable aun que sienta hambre. (Si despierta en el término de una hora, en particular por la noche o por la tarde, es más probable que se trate de un cólico.) Si ello ocurre 2½ ó 3 horas después de la última comida, entonces piense primero en el hambre.

¿Puede ser que haya crecido demasiado para su fórmula, o para la cantidad de leche de pecho, o que esta última esté disminuyendo? Un bebé no crece de golpe, de un día para el otro, en lo que se refiere a la fórmula del biberón. Habrá estado terminando cada biberón desde hace varios días, y buscando más. Comienza a despertar y a llorar un

poco antes de lo habitual, pero no mucho. En la mayoría de los casos, sólo después de haber despertado por hambre, durante varios días, comienza a llorar **después** de una comida.

Por lo general, la proporción de leche de pecho aumenta a medida que el bebé la exige. El vaciamiento más completo y frecuente del pecho estimula en éste una mayor producción. Por supuesto, es posible que una madre tenga menos leche de pecho, de vez en cuando, si se encuentra fatigada, o preocupada.

Yo lo resumiría en la siguiente regla práctica: si un bebé ha llorado con intensidad durante 15 minutos o más, y han pasado más de 2 horas después de la última comida —o si han transcurrido menos de 2 horas después de una comida **muy reducida**— déle otra comida. Si eso lo satisface, y lo hace dormir, la solución es la correcta. Si han pasado menos de 2 horas después de una comida **completa,** es improbable que sienta hambre. Déjelo quejarse o llorar, durante 15 ó 20 minutos más, si puede tolerarlo, o bien ofrézcale un chupón, y vea si no se vuelve a dormir. Si llora más que antes, no tiene nada de malo intentar alimentarlo de nuevo.

No comience a ofrecer un biberón la primera vez que sospecha que la leche de pecho es insuficiente; déle el pecho.

320. ¿Está enfermo el bebé? Los bebés se resfrían, y contraen infecciones intestinales durante los primeros meses, pero todo esto aparece en forma de una nariz que chorrea, toses o evacuaciones flojas. Otras infecciones son muy poco frecuentes. Si su bebé no sólo llora, sino que además **tiene un aspecto diferente** en general y en el color de su tez, tómele la temperatura e informe al médico. Es frecuente que un bebé que está a punto de enfermar se muestre muy irritable. Puede haber un día o una parte de un día de irritabilidad poco común; luego, después de una siesta o de una noche, aparece una fiebre en el bebé, quien se muestra evidentemente enfermo.

321. ¿Llora porque está mojado o porque ha tenido una evacuación? Algunos bebés muy pequeños parecen sentirse incómodos cuando están mojados o sucios. La mayoría no le da importancia. De cualquier manera, puede cambiarlo.

322. ¿Se trata de un imperdible? Esto no ocurre ni una vez en cien años, pero puede mirar y asegurarse de que no se trata de eso.

323. ¿Es una indigestión? Puede tratar de hacer que el bebé vuelva a eructar, aunque ya lo haya hecho antes. La indigestión, con babas y evacuaciones flojas, con grumos, verdes, se examina en la Sección 344; el cólico en la Sección 328.

324. ¿Está malcriado? Aunque los bebés de mayor edad pueden ser malcriados (la Sección 333), creo que usted puede dar por un hecho que en los primeros 3 meses su bebé no llora por malacrianza.

325. ¿Fatiga? Cuando los bebés pequeños han estado despiertos durante un rato muy largo, o cuando se han visto estimulados más de lo habitual, porque hay personas desconocidas, o porque se encuentren en un lugar desconocido o, inclusive, porque ha jugado con sus padres, es posible que reaccionen mostrándose tensos e irritables. En lugar de resultarles más fácil dormirse, puede que se les haga más difícil. Si los padres o las personas ajenas tratan entonces de consolarlos con más juego, más conversación, más brincos, es posible que ello empeore las cosas.

Algunos bebés pequeños parecen estar habituados de tal manera, que **nunca** pueden dormirse en forma tranquila. Su fatiga, al final de cada período de estar despierto, produce una tensión que es una especie de obstáculo que deben superar antes de dormirse. Necesitan llorar. Algunos de ellos lloran muy enojados y muy fuerte. Y entonces, poco a poco, o de golpe, el llanto se interrumpe, y quedan dormidos.

Por lo tanto, si su bebé llora al final de un período de estar despierto, y después de haber sido alimentado, suponga primero que está sencillamente cansado, y acuéstelo.

Déjelo llorar durante 15 a 30 minutos, si él así lo necesita. Algunos bebés se duermen más rápido si se les deja en la cuna, y ese es el método que hay que esforzarse por establecer, a la larga. Otro bebé que se ha fatigado en exceso, se afloja antes, si le mantiene en un movimiento suave... cuando se le mece en una cuna que tiene ruedas, o en un cochecito, o teniéndolo en brazos y caminando con tranquilidad, de preferencia en una habitación a oscuras. Yo trataría de pasear con un bebé, en ocasiones, durante un lapso más tenso de lo común (o de mecerlo en una mecedora), pero no seguiría haciéndolo dormir de esa manera, semana tras semana. Es posible que llegue a sentirse cada vez más dependiente de eso, y que lo exija cada vez más. Sin duda, esto le molestará a usted, tarde o temprano.

326. Bebés irritables. Casi todos los bebés tienen, por lo menos, unos cuantos períodos de irritabilidad durante las primeras semanas, en especial los primeros bebés. Algunos son excesivamente irritables, en determinados días, o buena parte del tiempo. Estos períodos de irritabilidad pueden alternar con tramos muy prolongados, durante los cuales duermen como un tronco, y resulta casi imposible despertarlos. No conocemos, en realidad, la causa, ya sea que se trate de indigestión, por un sistema digestivo inmaduro, o de la irritabilidad e inestabilidad de un sistema nervioso que todavía no se ha adaptado. Esta tendencia no hable de nada grave, y pasa con el tiempo, pero mientras dura resulta difícil para los padres.

Usted puede intentar varias cosas: pruebe con un chupón entre una y otra comida. Trate de envolver cómodamente al bebé en una manta. Algunos padres y enfermeras experimentados insisten en que ciertos bebés irritables o tensos se muestran más felices si duermen en un espacio reducido: una cuna pequeña, un portainfantes en un auto, e inclusive una caja de cartón, con un acolchado o una manta plegados, como colchón, y forrados con una frazada. Si tiene un coche, o puede pedir prestada una cuna, fíjese si el movimiento tranquiliza a su bebé. Un viaje en auto es una solución mágica en el caso de muchos bebés irritables, pero el problema puede reiniciarse en cuanto regresan a casa, o inclusive ante cada semáforo en rojo. Una bolsa de agua caliente puede tranquilizarlo (la Sección 329). Usted puede probar con un poco de música también. Lea la Sección 330 en lo referente a buscar usted misma un poco de alivio.

327. Los bebés hipertónicos son aquéllos que se muestran extraordinariamente tensos e inquietos durante las primeras semanas. No relajan bien el cuerpo. Se sobresaltan en exceso ante un ruido leve, o en cualquier cambio rápido de posición. Por ejemplo, si se los acuesta de espaldas sobre una superficie firme y ruedan hacia un costado, o si se los tiene en brazos sin firmeza, o si la persona los mueve en forma demasiado repentina, pueden dar un brinco de manera brusca. Es posible que durante un par de meses rechacen el baño en bañera. Los bebés hipertónicos pueden también tener cólicos, o períodos de llanto irritable.

Por lo general, los bebés hipertónicos se sienten mejor con un régimen tranquilo: una habitación silenciosa, pocos visitantes, voces bajas, movimientos lentos para manipularlos, un abrazo firme para llevarlos de un lado al otro, una almohada grande (con una funda impermeable) en la cual reposar mientras se los cambia y se les da un baño con esponja, de modo que no rueden sobre sí mismos, envolverlos de una manta casi todo el tiempo, acostarse boca abajo casi todo el tiempo, una cuna pequeña (las Secciones 326 y 329).

328. El cólico de los tres meses, y el "llanto periódico irritable". En esta sección describo dos situaciones más o menos similares, que pueden vincularse una con la otra. La primera es el cólico (dolores agudos en el intestino). El abdomen de los bebés queda distendido por los gases, recogen o ponen rígidas las piernas, lanzan gritos penetrantes, y pueden soltar gases por el recto. El segundo estado lo denomino "llanto periódico irritable". Aunque hayan comido lo suficiente, estos bebés lloran con tono de desdicha, durante varias horas, en un momento fijo del día, sin señales definidas de dolores o de gas. Pueden ser tranquilizados mientras se los levante y se los pase. Un bebé tiene cólicos, el otro un llanto irritable, un tercero parece tener una mezcla de ambas cosas. Estas dos situaciones pueden estar vinculadas entre sí, porque ambas comienzan casi siempre entre las 2 y las 4 semanas de edad, y por lo habitual desaparecen cuando el bebé tiene alrededor de 3 meses. Ambos estados producen problemas, muy a menudo, entre las 6 de la tarde y las 10 de la noche.

La historia más común es la que sigue: Se decía que el bebé tenía buen comportamiento, y se mostraba tranquilo en el hospital, pero unos días después de volver a casa tiene, de repente, una racha de llantos que dura 3 ó 4 horas seguidas. Los padres lo cambian, lo acuestan en otra posición, le dan unos sorbos de agua, pero nada da resultado durante un tiempo. Al cabo de un par de horas, los padres se preguntan si estará hambriento antes de tiempo, porque parece tratar de llevarse todo a la boca. Calientan un biberón, o la madre comienza a amamantarlo y él, al principio, acepta el alimento con avidez, pero antes de terminar lo rechaza, y vuelve a llorar. El llanto continúa a menudo durante el intervalo de 2 a 4 horas, entre una y otra comida. Cuando ha terminado su siguiente biberón normal, puede sentirse milagrosamente aliviado.

Muchos bebés tienen unos cuantos ataques ocasionales en los primeros meses. En el otro extremo se encuentra el pequeño que tiene problemas todas las noches, hasta cumplir los 3 meses (por eso los casos más graves han sido llamados siempre el cólico de los 3 meses). En un caso raro, un cólico intenso puede durar hasta 6 meses, o aun más.

Algunos bebés son muy regulares en relación con su cólico o su llanto irritable. Duermen como ángeles después de todas las comidas menos una, y siempre lloran de las 6 de la tarde a las 10 de la noche, o de las 2 a las 6 de la tarde. Otros bebés prolongan su desdicha durante un período más largo, y algunos padres dicen: "Mi bebé duerme como un corderito toda la noche pero llora a ratos durante la mitad del día." Esto no es tan malo como el caso del bebé que duerme todo el día y llora la mitad de la noche. Otro comienza a mostrarse inquieto durante el día, y luego cambia a la noche, o a la inversa. El llanto de cólico comienza muy a menudo durante una comida, a veces inmediatamente después, en otras media hora más tarde. En ese sentido, es diferente del bebé hambriento, cuyo llanto se produce, por lo general, **antes** de la comida.

Los padres se inquietan al ver que su bebé es tan desdichado, y piensan que algo anda muy mal. Se preguntan cuánto tiempo puede seguir el niño con esto, y no sentirse agotado. Se preguntan cuánto tiempo podrán **ellos** soportarlo. Lo extraño es que los bebés con cólicos e irritables, por lo general progresan bien desde el punto de vista físico. A pesar de horas de llanto, continúan aumentando de peso, y no en un promedio general, sino mejor que el común de los bebés. Son bebés hambrientos. Tragan con voracidad todo su alimento, y siempre parecen pedir más cantidad.

Cuando un bebé tiene cólicos, lo primero que piensa la madre es que tal vez su alimentación sea errónea. Si se alimenta al pecho, consideran que la culpable es su leche. Si toma biberones con alguna fórmula, se preguntan si no hará falta algún cambio fundamental. El cambio de la fórmula puede producir alguna mejoría en ciertos casos, pero no en la mayoría. Resulta claro que la calidad de la alimentación no es la causa principal del cólico. Por lo contrario, ¿por qué el bebé habría de digerir a la perfección 4 ó 5 comidas diarias, y sólo presentar problemas por la noche? El cólico se produce con la leche de pecho, con la de vaca, y con todo tipo de fórmulas. De vez en cuando se sospecha que la causa es el jugo de naranja. Algunos bebés alimentados al pecho parecen mejorar cuando sus madres dejan de beber leche de vaca. Por lo menos, vale la pena probarlo durante una semana.

No conocemos la causa fundamental de la mayoría de los cólicos o los llantos irritables. Una de las suposiciones es la de que ambos estados se deben a una tensión periódica en el sistema nervioso inmaduro del bebé. Algunos de estos bebés son hipertónicos todo el tiempo (la Sección 327). El hecho de que la molestia sea más común por la noche o a últimas horas de la tarde sugiere que la fatiga desempeña algún papel. Muchos bebés, hasta los 3 meses de edad, se muestran nerviosos antes de quedar dormidos. En lugar de deslizarse pacíficamente en el sueño, tienen que dar por lo menos unos cuantos gritos agudos.

329. El tratamiento de cólico. La cosa más importante es que la madre y el padre reconozcan que ese estado es bastante común, que no parece producir al bebé ningún daño permanente, sino que, al contrario, se da más a menudo en bebés que se desarrollan y crecen bien, y que es posible que haya desaparecido para cuando el bebé tenga 3 meses, si no antes, y el niño quedará en muy buenas condiciones. Si el padre puede aceptar la situación en forma más o menos serena y resignada, la batalla está ganada a medias.

Algunos bebés con cólicos (los hipertónicos) parecen sentirse decididamente mejor cuando llevan una vida tranquila y serena; cuando duermen en una habitación silenciosa, cuando se los mueve con lentitud y suavidad, cuando se les habla en voz baja, cuando no ven a ninguna visita (por lo menos de cerca), cuando no se les hace cosquillas ni se les zarandea, cuando se evitan los lugares ruidosos en las salidas, y tal vez en el caso extremo de una ciudad, cuando no se sale en modo alguno, hasta que el cólico mejora. El bebé con cólicos, lo mismo que los otros, necesita compañía, mimos, y que se le sonría, pero todo esto puede hacerse con suavidad. Es importante que eructe después de las comidas. Los padres deberían mantener un contacto estrecho con el médico.

Pero supongamos que no es posible comunicarse en el acto con el médico. ¿Qué remedios caseros resultan útiles?

En muchos casos, un **chupón** es, por mucho, el remedio más eficaz (las Secciones 387–389).

Por lo general, los bebés con cólicos se sienten más cómodos acostados boca abajo. Pueden sentir más alivio aún si se los recuesta sobre las rodillas de la madre o el padre, o con una **bolsa de agua caliente,** y se les masajea la espalda. Usted debería poder apoyar el interior de su muñeca contra la bolsa de agua caliente sin sentir incomodidad alguna. Luego, como una precaución complementaria, envuélvala en un pañal o una toalla, antes de acostar al bebé sobre ella, o en la mitad de ella.

¿Debe usted cargar a los bebés, o mecerlos con suavidad, o pasearlos de un lado a otro mientras tiene cólicos? Aunque esto los haga dejar de llorar, ¿no los volverá consentidos? En la actualidad no tenemos tanto miedo del peligro de mimar

a los bebés. Si se sienten consolados cuando están desdichados, por lo general no siguen pidiendo ese consuelo cuando
no se sienten desdichados. Si lloran por cólico o por irritabilidad, y el hecho de cargarlos o mecerlos parece resultarles bueno, entonces hágalo. Sin embargo, si sostenerlos en
brazos no los hace sentir mejor, es preferible que no se
habitúen a eso muy a menudo (la Sección 332).

Los bebés que, por lo general, se muestran desdichados
o más tensos de lo habitual necesitan, en particular, tener
una estrecha vigilancia médica. La mayoría de ellos mejo-
ran poco a poco, a medida que crecen, o es posible que los
2 ó 3 primeros meses les resulten difíciles, a ellos y a sus
padres.

330. Los padres de un bebé inquieto, hipertónico, con cólicos o irritable pasan malos ratos.

Si su bebé tiene
cólicos o es irritable, es posible calmarlo cuando lo levanta
por primera vez. Pero al cabo de unos minutos podría llorar
más que nunca. Agita los brazos y patalea. No sólo se niega
a ser consolado; actúa como si estuviese furioso con usted,
porque trata de calmarlo. Estas reacciones resultan penosas
para el adulto. Siente pena por él, al menos al principio. Y
se siente cada vez más incompetente, porque no puede
hacer nada por aliviarlo. Luego, a medida que pasan los
minutos y él se comporta cada vez con más enojo, siente
que la está rechazando como madre, y no puede evitar enojarse con él por dentro. Pero el hecho de enfurecerse con un
bebé pequeño hace que se avergüence de usted misma, y se
esfuerza por contener el sentimiento. Y esto la pone más
tensa que antes.

Todos los padres se enfurecen en estas ocasiones, y no
hay por qué sentirse culpable. Si puede admitir el sentimiento y reírse de él con su cónyuge, le resultará más fácil
soportarlo. Otra cosa que debe recordar es que el bebé no
está enojado con usted. Todavía no sabe que usted es una
persona, o que él es una persona. Es apenas un manojo de
órganos y nervios en su primer mes. Algún dolor se le
extiende por el cuerpo, y lo hace agitar los miembros en
forma maquinal, tal como un golpe en la rodilla hace que la
pierna se mueva maquinalmente.

Si por mala suerte usted tiene un bebé que llora mucho, a causa de cólicos o de irritabilidad o porque se siente molesto, a pesar de sus esfuerzos y los del médico, es preciso que también piense en usted misma. Puede pertenecer al tipo de padres que no se ponen muy inquietos después de descubrir que al pequeño no le pasa nada, y luego, que hayan hecho todo lo posible para que se sienta feliz. Si son así, está bien. Pero muchos padres se agotan y se ponen furiosos al oír llorar a un bebé, en especial cuando es el primero. Esto resulta singularmente difícil para la madre, si está a cada instante al lado del bebé. Debería hacer un gran esfuerzo para salir de casa y apartarse del bebé —por lo menos por unas horas, dos veces por semana— y más a menudo, si eso es posible. Lo mejor es que los padres salgan juntos. Tome a una nana, o pida a algún amigo o vecino que vaya a remplazar por un rato a la madre. Si usted es como la mayoría de los otros padres, vacilará en hacerlo. "¿Por qué habríamos de endosar al bebé a alguna otra persona? Además, nos sentiríamos nerviosos si nos ausentáramos tanto tiempo." Pero no debe pensar que una forma de vacaciones como ésta es sólo un momento de estar sola para usted. Es muy importante para el bebé, para usted y para su cónyuge, que no se sienta agotada y deprimida. Si no consigue que nadie vaya a cuidar al bebé, los padres pueden turnarse, una o dos noches por semana, para salir de visita o ver una película. El bebé no necesita a dos padres preocupados que lo escuchen. Trate también de lograr que sus amigos vayan a visitarla. Recuerde que todo lo que la ayude a conservar un sentido de equilibrio, todo lo que le impida sentirse demasiado preocupada con el bebé, ayuda a éste, y a la larga al resto de la familia.

Malcriar no es común

331. No es verdad —como dicen algunas personas y algunos médicos— que los bebés busquen siempre oportunidades para dominar a sus padres. Tienen necesidades auténticas: de alimentos, de juguetes, de afecto físico, de consuelo cuando sienten dolores, de ser tranquilizados cuando están asustados, de una respuesta a sus deseos de socializar, de un afecto siempre seguro, de certeza de que cuando piden ayuda **razonable** o un placer **razonable,** sus padres les prestarán atención y les ofrecerán alguna satisfacción equitativa. Satisfacer tales necesidades no malcriará a un bebé o a un niño.

Para decirlo en forma más concreta, digamos que, en relación con un problema del sueño, si un bebé que por lo general ha dormido bien despierta en forma inesperada por la noche, por supuesto, los padres deben acudir a él en seguida, para consolarlo, y para descubrir cuál es la causa de su llanto.

Pero existen algunas situaciones —no en el primer mes o los dos primeros— en las cuales el bebé se habitúa a una atención excesiva, a causa de algún malestar físico, o porque los padres se muestran ansiosos en demasía, o sumisos, y entonces es posible que al bebé no le resulte fácil abandonar ese hábito.

332. ¿Usted puede malcriar a un bebé? Esta pregunta surge con naturalidad en las primeras semanas en casa si el bebé llora mucho, entre una y otra comida, en lugar de dormir tranquilamente. Usted lo levanta y lo pasea, y deja de llorar, al menos por el momento. No creo que deba preocuparse mucho en cuanto a una malacrianza en el primer mes, e inclusive en los 3 primeros meses. Es muy posible que un bebé tan pequeño se sienta mal interiormente. Si deja de llorar cuando se le levanta, es probable que se deba a que el movimiento y la distracción, y tal vez la cálida presión sobre su abdomen, por ser retenido junto al cuerpo del padre, le hace olvidar sus dolores o tensiones, al menos por un rato. Aunque usted decida más tarde que ha sido un tanto malcriado desde una edad temprana, por lo general puede anular el daño en pocos días, en los 4 ó 5 primeros meses.

333. Usted puede sentirse un poco más sospechoso a los 3 meses. Para cuando los bebés tienen unos 3 meses de edad, las causas más comunes de incomodidad física —cólicos, llantos irritables, agitación— han terminado en la gran mayoría de los casos. (Algunos bebés, muy pocos, continúan teniendo cólicos intensos, hasta los 6 meses de edad o más.) Usted advierte que el bebé que antes tenía cólico no despierta ya, de repente, con cólicos y el vientre distendido. El que padecía de llantos irritables o de movimientos agitados, ya no tiene rachas claras de ese comportamiento, en contraste con períodos de tranquilidad. Por supuesto, algunos de estos bebés que han sido sostenidos en brazos y paseados durante largos ratos, 3 meses seguidos, están un tanto malcriados. Quieren que les haga compañía y que se los pasee, sea como fuere. Entonces es sensato volverse un poco menos susceptible. No quiero decir que deba volverse estricta de repente. Pero cuando sea la hora de acostarse, puede decirle a su bebé, con tono alegre pero firme, que debe dormir, y que usted tiene que salir, aunque llore durante unos minutos. Las formas más graves de este problema se analizan en las Secciones 338 y 339.

334. Un padre demasiado ansioso por entretener. Una manera suave de malcriar se produce cuando los padres o los abuelos están tan encantados con el nuevo bebé, que juegan casi siempre con él, durante el tiempo en que se encuentra despierto: lo llevan de un lado al otro, o bailan con él, o lo hacen saltar sobre sus rodillas, o juegan con él a las palmaditas, o lo hacen reír. (Todos hacen, un poco, estas cosas.) Poco a poco, el bebé olvida cómo divertirse por sí mismo. Se siente aburrido, abandonado y desdichado, cuando lo dejan solo, y llora para pedir que lo atiendan. Lo que comenzó como una diversión para los padres, termina siendo una interminable tarea.

335. Un padre que se siente tenso y ansioso. Tomemos el ejemplo de una madre que no puede soportar que su bebé esté molesto, ni siquiera por un minuto, y lo tiene en brazos casi todo el tiempo en que éste se encuentra despierto. A los 6 meses de edad, el pequeño llora de inmediato, y tiende los brazos para ser cargado, en cuanto ella lo acuesta. Las tareas domésticas se han vuelto imposibles. Ella no puede dejar de molestarse ante su esclavitud, pero tampoco tolera el llanto indignado. Esta situación —poco frecuente— es distinta de la de una madre de nuestra sociedad, o de una sociedad más sencilla, que **voluntariamente** levanta a su bebé ante el menor lloriqueo, o lo lleva todo el día en un portainfantes, aunque el pequeño no esté molesto. Sospecho que la primitiva ansiedad del padre tenso se contagió al bebé y lo ha vuelto inquieto, y no cabe duda de que siente el creciente resentimiento de la madre; la combinación de ambas cosas establece una lucha.

336. Algunas causas de volverlos consentidos.

¿Por qué un padre queda envuelto en estos tipos comunes de malacrianza? En primer lugar, casi siempre ocurre con el primer bebé, y casi todos nosotros nos acercamos a ello con el primero de nuestros hijos. Para la mayoría de las personas, un primer bebé es el juguete más fascinante del mundo. Si un adulto puede sentirse obsesionado durante un tiempo con un auto nuevo, resulta fácil entender por qué un bebé es tan absorbente durante meses enteros. Pero el placer no es el único factor. Los padres tienden a proyectar todas las esperanzas y temores que tuvieron acerca de sí mismos, sobre su primogénito. Y también existe la ansiedad, la sensación desconocida de ser totalmente responsable por la seguridad y la dicha de un ser humano indefenso. El llanto del bebé impone al padre una poderosa exigencia de hacer algo. Con su segundo bebé, usted tiene más seguridad y un sentido de la proporción. Sabe que a los niños es preciso negarles algunas cosas por su propio bien, y no se siente culpable por ser demasiado dura, cuando sabe con certeza que está obrando bien.

Pero algunos padres se dejan arrastrar con más facilidad que otros a malcria— por ejemplo, los padres que han tenido que esperar mucho tiempo a un bebé, y sospechan que tal vez no puedan tener otro; los padres con muy poca confianza en sí mismos que se convierten en esclavos voluntarios de un niño, y esperan que éste sea todas las cosas que sienten que ellos jamás podrán ser; los padres que han adoptado un bebé, y entienden que tienen que hacer un trabajo sobrehumano para justificarse; los padres que han estudiado psicología infantil en la universidad, o ingeniería, o medicina, y trabajaron como profesionales en esos terrenos, y se sienten doblemente obligados a demostrar su capacidad (en realidad, la tarea es mucho más dura cuando uno conoce la teoría); los padres que se avergüenzan cuando se han enojado con el bebé y tratan de arreglar las cosas dándole todo lo que exige; los padres que se sienten demasiado enojados o culpables cuando oyen llorar a un bebé, y encuentran que la tensión les resulta insoportable. Véase también la Sección 594 acerca de la sobreprotección.

Sea cual fuere el factor fundamental, todos estos padres se muestran demasiado dispuestos a sacrificar sus propias comodidades y derechos, demasiado ansiosos a dar por sus bebés cualquier cosa que les pidan. Esto podría no estar mal si los bebés supieran cuales son las cosas sensatas que pueden pedir. Pero no saben qué es bueno para ellos. Es propio de su índole esperar una orientación firme de sus padres. Esto los reconforta. Cuando los padres vacilan, los bebés se vuelven vacilantes. Si los padres siempre levantan, ansiosos, a los bebés, cada vez que éstos se agitan —como si fuese terrible dejarlos allí— también los bebés adquieren la sensación de que eso sería espantoso. Y cuanto más se someten los padres a las órdenes de los bebés, más exigentes se vuelven los niños. (Un ser humano de cualquier edad descubre que utiliza a una persona demasiado sumisa.)

337. ¿Cómo eliminar la malacrianza? Cuanto antes se perciba el problema, más fácil será curarlo. Pero hace falta mucha fuerza de voluntad, y un poco de endurecimiento del corazón. Para ubicarse en el estado de ánimo adecuado, debe recordar que, a la larga, las exigencias irrazonables y la dependencia excesiva, son peores para los bebés que para usted, y los saca de quicio respecto de sí mismos y del mundo. De manera que usted los reformará para bien de ellos.

Establezca un horario para sí misma, si es necesario en papel, que le imponga estar atareada en las labores domésticas, o en cualquier otra cosa, la mayor parte del tiempo en que el bebé se encuentra despierto. Dedíquese a ello con gran energía para impresionar al bebé y para impresionarse a usted misma. Digamos que usted es la madre de un pequeño que se ha habituado a estar en brazos. Cuando se enoja y levanta los bracitos, explíquele, con tono amistoso pero muy firme, que esta tarea y aquella otra **deben** ser hechas esta tarde. Aunque él no entiende las palabras, entiende, en cambio, el tono de voz. Aténgase a su afanosa labor. La primera hora del primer día es la más difícil. Un bebé acepta el cambio mucho mejor si su madre se mantiene fuera de su vista, durante la mayor parte del tiempo y le habla poco. Esto lo ayuda a concentrarse en alguna otra cosa. Otro, en cambio, se adapta mejor si por lo menos puede ver a su madre, oír que le habla, aunque no lo levante. Cuando usted le lleva un juguete y le muestra cómo usarlo, o cuando decide que es hora de jugar con él un poco, al final de la tarde, siéntese a su lado en el suelo. Déjelo trepar a sus brazos, si él así lo quiere, pero no vuelva a la costumbre de pasearlo de un lado al otro. Si está en el suelo con él, puede alejarse, gateando, a la larga, cuando se da cuenta de que usted no lo paseará. Si lo levanta y lo pasea, sin duda se opondrá ruidosamente, en cuanto vuelva a depositarlo en el suelo. Si sigue molesto todo el tiempo, cuando se sienta con él en el suelo, recuerde otra tarea y vuelva a mostrarse ocupada.

338. Resistencia crónica a dormir en la infancia: el problema de acostarse. Esta es una dificultad que se desarrolla en forma insidiosa. En la mayoría de los casos, surge a raíz de un cólico o de un llanto irritable. Se lo puede considerar una forma de consentir. Un pequeño ha pasado muy malos ratos con sus cólicos, casi todas las noches de sus 2 ó 3 primeros meses. Sus padres han descubierto que se siente más cómodo cuando lo pasean. Esto también los hace sentir mejor a ellos. Pero cuando el pequeño tiene 3 ó 4 meses, poco a poco se les ocurre que ya no parece sentirse tan dolorido o desdichado: su llanto es ahora de enojo y exigente. Quiere que se lo pasee porque está habituado a ello, y considera que es un derecho. Casi mira con furia a su madre cuando ésta se sienta, para un muy necesario descanso, como si dijera: "¡Mujer andando!"

Un bebé que se dedica a una lucha nocturna para hacer que sus padres lo paseen, tiene que adiestrarse, en verdad, para mantenerse despierto, y lo logra paso a paso, a medida que transcurren los meses— primero hasta las 9 de la noche, luego hasta las 10, 11 y aun hasta la medianoche. Sus padres dicen que los párpados se le cierran muy a menudo y que la cabeza se le cae mientras lo pasean, pero que en cuanto están a punto de acostarlo despierta con un grito indignado.

Este problema del sueño es agotador para el bebé y para los padres. El bebé se vuelve también más irritable durante el día, y es posible que coma menos. Los padres no pueden dejar de sentirse cada vez más irritados y molestos. Un bebé no debería estar en condiciones de obligar a los adultos a pasar por semejantes escenas todas las noches. Ellos lo entienden, pero no saben qué hacer al respecto. Inclusive el bebé intuye, me parece, que no debería contar con la posibilidad de ejercer semejante tiranía.

La costumbre resulta casi siempre fácil de romper en cuanto los padres advierten que es tan mala para el bebé como para ellos. La cura es sencilla: acueste al bebé a dormir a una hora razonable, dígale buenas noches con afecto, pero con firmeza, salga de la habitación y no vuelva a entrar. La mayoría de los bebés que han desarrollado esta pauta de conducta gritan enfurecidos durante 20 ó 30 minutos la primera noche, ¡y luego, cuando ven que nada ocurre, se duermen de repente! La segunda noche, el llanto puede durar sólo 10 minutos. La tercera noche, desaparece, por lo general.

Mientras el llanto persiste, resulta duro para los padres bondadosos. Imaginan lo peor: que la cabeza del bebé ha quedado entre dos barandales de la cuna, o que ha vomitado y yace en medio del vómito, o que, por lo menos, siente pánico porque se lo han abandonado. Por la rapidez con que estos problemas del sueño pueden curarse durante el primer año, y por la forma en que los bebés se sienten en seguida más felices, en cuanto se logra, me siento convencido de que a esa edad sólo lloran de coraje. Es importante no entrar de puntitas para asegurarse de que el bebé se encuentra seguro, o para tranquilizarlo si sabe que usted está cerca. Eso no hace más que enfurecerlo, y lo impulsa a llorar por más tiempo. A algunos padres les resulta muy útil poner algún reloj de cocina (para ellos mismos) de modo que suene a los 20 ó 30 minutos, y poder, de ese modo, mirarlo cuando están convencidos de que hace horas que el bebé llora. Véase la Sección 594 acerca de la sobreprotección.

Si las noches seguidas de llanto despiertan a otros niños o encolerizan a los vecinos, usted puede atenuar el llanto poniendo una alfombra o una manta en el suelo, y otra manta sobre la ventana. Las superficies blandas de este tipo absorben un asombroso volumen de sonido.

A veces vale la pena explicar el programa a los vecinos delicados para tranquilizarlos, y asegurarles de que eso sólo durará una pocas noches, a la vez que se les pide su comprensión.

339. El tipo que despierta en la noche.

En este caso, el bebé se acuesta y duerme como un ángel, pero le nace la costumbre de despertar en mitad de la noche, muy a menudo en la segunda mitad del primer año, o a comienzos del segundo. Esto empieza a veces con una infección del oído, que lo despierta con verdaderos dolores. Cuando el médico hace el diagnóstico, los padres pueden llegar a sentirse culpables, porque no sospecharon una enfermedad física. De modo que, cuando el bebé se queja en las noches siguientes, entran de prisa, aprensivos, para consolarlo, aunque en realidad es muy poco probable que el dolor haya recurrido. Sospecho que el bebé percibe algo de la ansiedad de ellos, y además disfruta con todos esos festejos en mitad de la noche. En ocasiones, el despertar parece comenzar en una etapa dolorosa de la dentición. Todos los bebés, como las personas de más edad, despiertan a medias varias veces por noche, para cambiar de posición. Cuando han sido levantados durante varias noches, y acompañados, a la vez que se les ofrece algo de comida, imagino que aprenden a pasar del estado de "despierto a medias" al de "totalmente despierto", para divertirse más.

En algunos casos, es posible que el bebé despierte, no una vez, sino varias, y que permanezca despierto cada vez más, en las ocasiones subsiguientes, para pedir, no sólo compañía, sino que lo paseen, y para resistirse a que lo vuelvan a acostar, mediante un llanto furioso.

La mayoría de los casos pueden ser curados con facilidad. El bebé debe aprender que no se gana nada despertando y llorando. Por lo general, esto puede lograrse en 2 ó 3 noches, dejándolo llorar y sin visitarlo. Podrán ser de 20 a

30 minutos la primera noche (es posible que parezca mucho más tiempo), 10 minutos la segunda y ninguno la tercera.

Según mi experiencia, es necesario cumplir con otro requisito. El bebé no debe ver a sus padres cuando despierta. Si los ve, aunque finjan estar dormidos, esto lo enoja y lo incita a continuar sin pausas con su llanto. Es esencial acostarlo en una habitación distinta de la de ellos, al menos por unas noches, hasta que se termine con el hábito, por inconveniente que ello pueda resultar. Si esto resulta en todo sentido imposible, se puede colocar un biombo o una cortina, para impedir que vea a los padres. Lea las otras sugerencias de la sección anterior.

Algunos médicos y psicólogos y psiquiatras de niños creen que estos problemas del despertar por la noche, entre los 6 y los 18 meses se deben ante todo a la ansiedad por la separación (Sección 591), y que el mejor tratamiento consiste en que el padre entre en la habitación del bebé, se siente junto a la cuna sin encender la luz y murmure algo tranquilizante, como por ejemplo: "No te preocupes, mamá está aquí. Vuelve a dormirte", hasta que el bebé así lo hace. Es probable que este tratamiento deba ser repetido durante varias noches. Por cierto que si funciona, será más fácil para los padres y para el niño que dejar que éste llore durante 2 ó 3 noches. Si el bebé sencillamente no vuelve a dormirse, o si su hábito de despertar continúa durante semanas, puede usar el método menos amable.

340. El bebé consentido que vomita. Algunos bebés (y niños pequeños) vomitan con facilidad cuando se enojan. Es probable que el padre se inquiete y lo demuestre por medio de miradas ansiosas, porque corre a limpiarlo, porque le muestra más simpatía después, porque acude con mayor rapidez en el llanto siguiente. Los niños no pasan por alto esta lección, y es probable que vomiten más, en forma deliberada, la vez siguiente que se sientan enfurecidos. Y además llegan a asustarse con los vómitos que provocan, porque sus padres se asustan con ellos. Creo que es esencial que los padres se endurezcan ante los vómitos, si el bebé los usa para dominarlos. Si tratan de hacer que el bebé se olvide de su negativa de volver a dormir, deben aferrarse al programa y no entrar. Podrán limpiar más tarde, cuando el bebé se haya dormido.

Tipos comunes de indigestión

Consulte al médico en seguida respecto de cualquier cambio en la digestión de su bebé. No trate de diagnosticarlo usted misma: existen muchas posibilidades de error. Hay muchas otras causas para los vómitos, los calambres y las evacuaciones flojas, aparte de las que aquí se menciona. Este análisis está destinado, ante todo, a ayudar a los padres a adaptarse a algunos tipos comunes de indigestión crónica leve, de la primera infancia, después que el médico ha hecho el diagnóstico.

341. Hipo. La mayoría de los bebés tienen hipo con bastante regularidad después de las comidas en los primeros meses. En apariencia, no tiene ninguna importancia, y usted no necesita hacer nada, aparte de verificar si han tragado aire. Si un sorbo de agua tibia detiene el hipo, no está mal ofrecérselo.

342. La regurgitación y el vómito son comunes. La palabra "babas" se usa, en general, cuando el contenido del estómago brota con suavidad de la boca del bebé, casi siempre en pequeñas proporciones. La válvula del extremo superior del estómago no retiene bien el contenido, como lo hace en el caso de un niño mayor o un adulto. Cualquier movimiento puede provocar la regurgitación: los zarandeos, los abrazos demasiado apretados, el acostar al bebé, o el simple movimiento digestivo del estómago.

La mayoría de los bebés babean mucho durante los primeros meses, y por lo general esto no tiene importancia alguna. Algunos babean en varias ocasiones, después de cada comida. Otros sólo lo hacen de vez en cuando. (Las manchas de la leche pueden eliminarse con facilidad de las sábanas, pañales y ropas, si primero se empapan en agua fría.)

En la mayoría de los bebés, la tendencia a la regurgitación es mayor en las primeras semanas y meses, y disminuye a medida que crecen. Casi todos ellos dejan de hacerlo para cuando pueden sentarse. Pero eso continúa, en ocasiones, hasta que el pequeño camina. De vez en cuando, los bebés sólo comienzan a regurgitar cuando tienen varios meses. A veces, la dentición parece empeorar esta situación durante un tiempo. Esas regurgitaciones son molestas e inconvenientes, pero carecen de importancia si el bebé aumenta bien y parece feliz.

El término "vómito" se usa cuando el contenido del estómago es impulsado con suficiente fuerza como para ser arrojado a varias pulgadas de la boca. Alarma a los padres recientes el hecho de que su primer bebé vomite una gran cantidad de leche. Pero esto no es grave en sí mismo, si el bebé parece estar sano en todos los demás sentidos. Algunos pocos bebés vomitan una gran cantidad, hasta una vez por día, y en especial, los hipertónicos (la Sección 327), y durante las primeras semanas. Por supuesto, si su bebé regurgita o vomita con regularidad, aunque continúe aumentando de peso, usted debería hablar de ello con el médico, en particular, si existen otras señales de indigestión. Vale la pena ocuparse con más esmero en provocar el eructo. En la mayoría de los casos, la regurgitación continúa, por más que se cambie la fórmula o se disminuya la cantidad.

Y a usted se le ocurre una pregunta: "Si los bebés han vomitado lo que parece ser toda su comida, ¿deben volver a ser alimentados en el acto?" Si parecen estar lo bastante contentos, no los alimente, a menos de que se muestren muy hambrientos. Es posible que el estómago esté bastante revuelto, y será mejor darle una oportunidad de tranquilizarse. Recuerde que la cantidad vomitada parece, por lo general, mayor de lo que es en realidad. En el caso de algunos bebés, usted juraría que vomitan la mayor parte de cada comida, pero aun así siguen aumentando de peso en forma satisfactoria.

No tiene importancia que la leche regurgitada sea agria y cuajada, o todo lo contrario. El primer paso en la digestión del estómago es la secreción de ácido. Cualquier alimento que haya estado en el estómago durante un rato, queda acidificado. El efecto del ácido sobre la leche consiste en cuajarla.

De vez en cuando, la válvula entre el esófago (el tubo

que va de la boca al estómago) y el estómago no es lo bastante fuerte en un bebé como en casi todos los otros. En esas condiciones, es más probable que este bebé vomite si se lo pone boca abajo, en posición horizontal, inmediatamente después de la comida, porque la leche vuelve del estómago al esófago. En tales situaciones, el bebé no aumentará tan bien de peso como usted lo querría, y es posible que el médico sugiera que se lo mantenga en su sillita durante 30 minutos, después de cada comida. Por lo general, esto impedirá que la leche pase a través de la válvula, a la inversa (es posible que usted escuche la denominación "reflujo gastroesofágico", aplicada a esta situación).

Todo lo que he dicho acerca de cuán común es que los bebés babeen y vomiten de vez en cuando, no significa que usted nunca debe tomar en serio los vómitos. Un bebé que comienza a vomitar todas las comidas inmediatamente después del nacimiento, debe ser vigilado con cuidado por el médico. Casi siempre, esto se debe a mucosidades en el estómago, y desaparece en pocos días, pero de vez en cuando es algo más grave, si hay bilis verde en el vómito, y exige un tratamiento médico o quirúrgico rápido.

Si su bebé no ha sido un gran vomitador, y de pronto vomita una gran cantidad, por primera vez, es una buena idea tomarle la temperatura para asegurarse de que no está enfermo. Muchas infecciones diferentes comienzan con vómitos, en los bebés. Si no hay fiebre y el bebé tiene un aspecto normal, no se preocupe. Si parece enfermo en cualquier otro aspecto, o vuelve a vomitar, llame al médico.

Los vómitos que aparecen de pronto, en la infancia, más tarde, y en especial si existen dolores, o si hay bilis verde en el vómito, pueden ser señal de una obstrucción de los intestinos, como en el caso de la intusucepción (la Sección 760) o una hernia estrangulada (la Sección 811). Esto exige una atención inmediata.

343. Vómitos inquietantes en la estenosis pilórica. Otra forma no común de vómitos puede comenzar cuando el bebé tiene varias semanas de edad. Se llama estenosis pilórica. En esta situación, la válvula que va desde el extremo inferior del estómago a los intestinos no se abre en forma satisfactoria para dejar pasar el alimento. Es más común en los varones. El alimento se vomita con gran fuerza, de modo que cae a bastante distancia de la boca del bebé. Este vómito puede producirse durante la comida, o poco después de ella. No quiere decir que su bebé se encuentre en esas condiciones, si hace ese tipo de vómitos de vez en cuando. Pero si los produce hasta dos veces por día, **debe** recibir un cuidadoso examen médico. Si el diagnóstico es definido, es probable que necesite una operación. La operación es muy sencilla, y casi siempre el bebé debe estar apenas un par de días internado, cuando mucho.

344. Indigestión leve y gases. En el cólico de los 3 meses, los bebés tienen con regularidad momentos de sufrimiento que parecen guardar más relación con la hora del día que con lo que han comido. Pero en otros bebés puede aparecer una racha de indigestión algo más continua. Los síntomas comunes son la incomodidad y la agitación, la emisión de gases por el recto, un aumento en las regurgitaciones y los vómitos, evacuaciones que en parte son flojas y en parte muestran coágulos, y que tal vez exhiben un color verdoso. Estos casos pueden ser mejorados con cambios de la fórmula del biberón, en mayor proporción que en los casos del cólico de los 3 meses. Si usted tiene un médico, o puede comunicarse con uno, por supuesto, debe consultarlo en cuanto a la indigestión del bebé aunque éste aumente de peso. Resulta absolutamente necesario consultar a un médico, si un bebé tiene problemas y no aumenta de peso.

Estreñimiento

345. ¿Qué es estreñimiento y qué no lo es? Hablando en términos generales, el estreñimiento se refiere a las evacuaciones duras, secas, que salen con dificultad. Lo que determina si un bebé (o un niño mayor o un adulto) tiene o no estreñimiento no es el número de evacuaciones por día.

Un bebé tiene una evacuación a la misma hora del día; otro, a una hora distinta todos los días. Uno es tan sano como el otro. De nada sirve tratar de hacer que el bebé irregular se vuelva regular. En primer lugar, por lo general, no es posible hacerlo. En segundo término, existe el peligro, a la larga, de trastornar a los bebés en el plano emocional, si se insiste en tratar de obtener de ellos una evacuación cuando todavía no están dispuestos a hacerlo.

346. Estreñimiento en el bebé alimentado al pecho. No se trata de estreñimiento cuando un bebé alimentado al pecho tiene evacuaciones sólo una vez por día, o aun cada dos días, si la evacuación sigue siendo muy blanda. No existen motivos para que el bebé deba tener una evacuación todos los días. Es más común que los bebés alimentados al pecho tienen evacuaciones menos frecuentes que los alimentados con fórmula después de los primeros meses.

El estreñimiento puede ocurrir cuando el bebé que ha sido alimentado al pecho empieza con las comidas sólidas. Parece que como su intestino no ha tenido ningún problema con la leche del pecho, no sabe qué hacer con los alimentos más complicados. El bebé desarrolla evacuaciones duras y poco frecuentes y parece incómodo. Puede ofrecerle algo de agua azucarada (1 cucharadita de azúcar para cada 2 onzas de agua), o si lo tomará de un biberón o una taza, un poco de jugo de fruta o ciruelas. Suele ser un problema temporal, pero si se prolonga más que una semana, consulte con el médico.

347. Evacuaciones duras en el bebé alimentado con biberón. Un tipo de estreñimiento se da cuando las evacuaciones del bebé alimentado con leche de vaca se vuelven duras y formadas. Le puede resultar incómodo para obrar. Consulte a su médico al respecto. Si no puede comunicarse con un médico, hay dos remedios que puede intentar. Primero, puede agregar una cucharadita de azúcar granulado a 2 de los biberones cada día. Si ha estado usando jarabe de maíz claro, cambie por el oscuro. Segundo, puede agregar jugo de ciruelas o puré de ciruelas a la dieta del bebé. Puede comenzar con 2 cucharaditas de las ciruelas (cocidas o enlatadas) o del jugo (hecho en casa, de ciruelas caseras, o jugo de ciruela en lata), una vez por día. Si esto no basta, aumente a 4 cucharaditas ciruelas o jugo, o aun más. Algunos bebés tienen cólicos a causa de las ciruelas o el jugo de éstas (intenta darle la mitad de lo habitual), pero la mayoría lo asimila bien.

348. Enfermedad de Hirschsprung. Este es un tipo de estreñimiento raro, pero total, que se encuentra presente desde el nacimiento y produce una distensión progresiva del abdomen. Es provocada por una falta congénita de los nervios, que normalmente hace que los músculos intestinales se contraigan en cierta sección del intestino grueso. Las dietas no producen efecto alguno. Para provocar alguna evacuación, es necesario aplicar enemas. Este tipo de estreñimiento necesita una investigación intensiva, y tal vez un tratamiento quirúrgico.

349. Estreñimiento espástico. En este tipo de estreñimiento, la evacuación aparece como una acumulación de bolitas duras. Sucede con una fórmula de leche de vaca o con una dieta de alimentos sólidos normales. Los sectores del intestino grueso entran en espasmos, y retienen trocitos de la evacuación, hasta que éstas se secan y se convierten en bolitas. Nadie sabe por qué los intestinos de algunas personas tienen esta tendencia. Quizá se deba, en algunos casos, a una tensión nerviosa. A menudo resulta difícil de curar. A veces pueden ayudar los cambios de fórmula o la dieta, pero es frecuente que no suceda así. Un niño puede superar, a cualquier edad, el estreñimiento espástico. Si se demora en consultar a un médico, puede probar con las sugerencias que se ofrecen en la Sección 347.

Diarrea

350. La diarrea ligera es común en los bebés. Los intestinos de un bebé son sensibles durante el primer año o el segundo y pueden ser trastornados, no sólo por los gérmenes que provocan la diarrea en los individuos de mayor edad, sino por una u otra verdura, por gérmenes de un resfriado y por otros gérmenes que no afectan a los niños mayores y a los adultos, por un alimento nuevo o por demasiado jugo de fruta. Es probable que las evacuaciones sean más numerosas. El color cambia a menudo, casi siempre hacia el verdoso y el olor es usualmente distinto. La característica más importante de esta diarrea leve es que el bebé actúa bien o casi bien. Sigue jugando, es activo, orina tan frecuentemente como siempre y no tiene más que una nariz que chorrea o un disminución leve del apetito. Dentro de un par de días, sin tratamiento especial, las síntomas desaparecen. Si la diarrea se prolonga más de 2 ó 3 días, debe consultar al médico, aunque el bebé continúe apareciendo bien.

Puede ofrecerle agua o jugo muy diluido, o puede quitar una comida que ha sido agregada recientemente. Si su apetito disminuye, considere quitar los alimentos sólidos totalmente durante varios días, dándole sólo su leche del pecho o fórmula hasta que sus evacuaciones sean más formadas y se sienta mejor.

Antes se trataba al bebé con un caso de diarrea ligera quitando los sólidos y la fórmula y dándole en su vez muchos líquidos con altos niveles de azúcares (como las gaseosas y el jugo de manzana). Pero ahora han probado que esta "dieta de diarrea" tradicional no sólo prolonga la diarrea sino que también la aumenta. Entonces, para un caso de diarrea ligera y breve, ofrezca leche del pecho o fórmula y la dieta del bebé normal, y déjele comer tanto como quiera. Esto funciona mejor.

351. La diarrea grave en los bebés. Si un bebé con diarrea no se mejora dentro de un par de días; o tiene más que unas cuantas evacuaciones de sobra cada día; o aparece pus o sangre en las evacuaciones; o si vomita, tiene fiebre, o parece muy enfermo, debe comunicarse con su médico o una sala de emergencia en seguida. Los vómitos y la diarrea pueden ser peligrosos, sobre todo en los bebés, por la posibilidad de la deshidratación. (Véase la Sección 757 sobre la deshidratación.)

Salpullidos

Consulte al médico acerca de cualquier salpullido. Es fácil equivocarse.

El eccema se analiza en la Sección 785.

352. Salpullido por los pañales. La mayoría de los bebés tiene una piel sensible en los primeros meses. La región de los pañales tiende a sufrir. Es posible que usted traiga a su bebé a casa, del hospital, con el trasero llagado. Eso no significa que el hospital haya sido negligente, sino sólo que la piel del bebé necesita cuidados especiales. Las formas más corrientes de salpullido de los pañales son las acumulaciones de granitos rojos y las porciones de piel áspera y roja. Algunos de los granitos pueden infectarse levemente, y es posible que aparezcan pústulas en ellos. En los casos graves, la carne queda al descubierto.

En los primeros meses, se considera a menudo que el salpullido es nada más que producto del efecto de la constante humedad sobre la piel delicada. En casi todos los bebés aparecen unas manchas de salpullido de los pañales, de vez en cuando. Si es leve y desaparece con tanta rapidez como apareció, no hace falta un tratamiento especial.

La mayoría de los salpullidos de los pañales en los bebés más grandes se debe al contacto prolongado entre la piel del bebé y la orina tibia y acídico. Antes se pensaba que el amoníaco, que es producido por las bacterias "ammoniagenes" de la orina, solía ser la causa de los salpullidos de los pañales, sobre todo en los bebés más grandes. Pero investigaciones recientes han mostrado que es la orina en sí, no el amoníaco, lo que causa el salpullido.

Si el salpullido es peor en los pliegues que en las partes prominentes, es probable que se trate de un salpullido **seborreico;** por lo general, éste responde bien a un ungüento con esteroides, que su médico puede recetar. Si hay muchos granitos con pus, y en especial, si el bebé presenta un poco de fiebre, puede tratarse de un salpullido causado por un germen llamado **estafilococo.** Es posible que su médico deba recetar un antibiótico. Un salpullido causado por un **hongo** tendrá puntos de un rojo intenso que se unen para formar una área completamente rojo, con puntos rojos alrededor. Será necesario que el médico prescribe un ungüento especial para este salpullido también. Véase la Sección 776 en lo referente a la llaga en el extremo del pene.

Si un bebé muestra tendencia a un salpullido persistente, es necesario interrumpir el uso de los calzones de hule al menos mientras persista el salpullido. Pruebe con las telas para forrar los pañales, que mantienen la piel más seca. No lave la zona del pañal con jabón mientras persiste el salpullido puesto que puede ser irritante. Use solamente agua limpia en vez de las toallitas prehumedecidas para bebés. Cuando la piel necesita en verdad una capa protectora, use vaselina o un ungüento en el cual se combinen la vaselina y la lanolina. El efecto de éstos es más o menos persistente, en comparación con los polvos, las lociones y los aceites, que desaparecen con facilidad. Los servicios de pañales usan aclarados especiales en los casos de salpullidos, y puede valerse la pena usar un servicio de pañales mientras el salpullido esté grave. Si quiere lavar los pañales en casa puede añadir ½ taza de vinagre claro y blanco al último aclarado.

Cuando un salpullido es intenso, y en especial, cuando hay una cantidad de pústulas, en general es mejor no usar un ungüento, sino exponer toda la zona de los pañales al aire, durante varias horas diarias, con el bebé en una habitación tibia. Puede cubrirle el pecho y las piernas con dos mantas ligeras, separadas una de la otra. Pliegue un pañal por debajo del bebé, para que reciba parte de la orina. Exponer al aire un salpullido intenso de la zona de los pañales, es el método más seguro para curarlo, ya sea que haya o no pústulas.

Si su bebé tiene tendencia a un salpullido intenso, con facilidad y con frecuencia, producido por los pañales, puede experimentar y ver qué precauciones, usadas con regularidad, y con frecuencia funcionan mejor, y con el menos esfuerzo.

Las evacuaciones irritantes durante un ataque de diarrea provocan a veces un salpullido muy doloroso alrededor del ano. El tratamiento consiste en cambiar el pañal en cuanto queda manchado, limpiar la zona con aceite, y aplicar una gruesa capa de un ungüento compuesto de vaselina y lanolina. Si esto no funciona, debe dejarse a un lado el pañal, y la zona cubierta por éste exponerse al aire. Hay veces, mientras que el bebé tiene diarrea, cuando nada ayuda mucho. Afortunadamente esta irritación se cura en cuanto la diarrea desaparece.

353. Salpullidos leves en la cara. Existen varios salpullidos faciales leves que los bebés tienen en los primeros meses, y que no son lo bastante definidos como para recibir una denominación clara, pero que son muy comunes. Ante todo, están los **minúsculos puntitos blancos, brillantes** sin ningún enrojecimiento alrededor. Parecen perlitas sobre la piel. Sin duda desaparecerán a medida que el bebé crezca. Luego están las **acumulaciones de unos pocos puntitos rojos**, o de granos en las mejillas. Es posible que éstos duren mucho tiempo, y que hagan que un padre se sienta muy inquieto. En ocasiones desaparecen, y luego vuelven a enrojecer. Distintos ungüentos no parecen servir de mucho, pero estas manchas siempre desaparecen, a la larga. Es menos común una **mancha áspera, roja,** en las mejillas, que va y viene.

Es posible que existan también **manchas rojas salpicadas** como de una cuarta a media pulgada de diámetro, algunos de ellos con una diminuta pústula blanca. Aparecen y desaparecen en distintas partes de la cara. (Si hay vesículas o pústulas más grandes, llenas de pus, se trata de una infección, y es preciso informar de ella al médico.)

En las primeras semanas, los bebés tienen muchas veces **ampollitas blancas** en la parte centra de los labios, producto de la succión. En ocasiones, las ampollas se pelan. Se quitan con el tiempo y no necesitan tratamiento.

354. Salpullido propiamente dicho. El salpullido es muy común en la región de los hombros y el cuello de los bebés cuando comienza el tiempo caluroso. Está compuesto de amontonamientos de minúsculas pústulas rosadas, rodeadas de manchas de piel rosada. Unas diminutas ampollitas se forman en algunas de las pústulas, y cuando se secan hacen que el salpullido tenga un aspecto levemente tostado. El salpullido comienza por lo general en derredor del cuello. Si es intenso, puede descender hasta el pecho y la espalda, y ascender hasta las orejas y la cara. Muy pocas veces molesta al bebé. Se puede aplicar varias veces por día sobre el salpullido, una solución de bicarbonato de soda (una cucharadita de bicarbonato de soda en una taza de agua limpia) con un algodón absorbente. Otro tratamiento consiste en espolvorear con almidón en polvo. Es más importante tratar de mantener fresco al bebé. No tenga miedo de quitarle las ropas durante una temporada muy calurosa.

355. La gorra de la cuna. La gorra de la cuna es una afección leve de la piel del cuero cabelludo. Es muy común en los primeros meses. Aparece como manchas sucias. El mejor tratamiento es el lavado diario con agua y jabón. Puede probar a aceitar las manchas y luego lavarlas con un champú ligero contra la caspa, y cepillar las escamas que se desprenden de las manchas. La gorra de la cuna muy pocas veces persiste después de los primeros meses.

356. El impétigo en el recién nacido. empieza con una ampolla muy pequeña y delicada que contiene un líquido amarillento o un pus blanco, rodeada por piel enrojecida. La ampolla se rompe con facilidad y deja una marca viva. Es probable que comience en un lugar húmedo como al borde del pañal o en la axila. Nuevas marcas pueden aparecer. Debe ser tratado por un médico en seguida. Si no puede comunicarse con un médico, el método mejor es trapar la ampolla muy cuidadosamente con algodón (para no esparcir el pus) y luego dejar la marca viva expuesta al aire. Arregle las ropas y mantas para que no cubran la marca o marcas, y caliente la habitación más que lo normal si hace falta. Durante impétigo, desinfecte los pañales, sábanas, ropas, toallas y manoplas todos los días. La lejía ordinaria en el lavado, según las indicaciones en la botella, funciona bien.

Marcas de nacimiento y otras condiciones de la piel

357. Piel azulada. Es común que las manos y los pies de un recién nacido parezcan azules. Los bebés que tienen piel pálida, muestran a menudo manchas azuladas en la piel del cuerpo, cuando se los desnuda. En ninguno de estos casos tiene importancia, y desaparece a medida que el bebé crece.

358. Las marcas de nacimiento. La mayoría de los bebés tienen, al nacer, una cantidad de **manchas rojas, veteadas,** en la parte posterior del cuello. Estas también aparecen muy comúnmente en dos otros sitios: entre las cejas y en los párpados superiores. En casi todos los casos, desaparecen en forma gradual, y no es preciso hacer nada al respecto.

Las manchas de vino oporto son zonas de piel que adquieren una coloración rojo oscuro, pero son planas y, desde cualquier otro punto de vista, normales. Son similares a las manchas rojas del cuello y de los párpados, que se mencionaron en el párrafo anterior, pero sólo aparecen en otras partes del cuerpo, suelen ser más grandes, de color más intenso y más permanentes. Algunas desaparecen, en particular, las de color más suave. No resulta fácil tratarlas.

Las manchas mongólicas son manchas de color azul grisáceo en la piel de los bebés de tez oscura. Por lo general, se concentran en torno de las nalgas y pueden desesperarse en otras zonas. Casi siempre desaparecen por completo en los dos primeros años.

Las manchas color salmón son chatas, de tono rosado a rojo, puntos de forma irregular que aparecen en los párpados o la frente ("besos de ángel") o la nuca ("picotazos de la cigüeña"). Los puntos faciales casi siempre desaparecen por completo. Las manchas de la nuca pueden continuar hasta la edad adulta.

Las marcas de fresa son bastante comunes. Son protuberantes y de un intenso color púrpura. Se asemejan mucho a un trozo de la parte exterior de una fresa de intenso color. Es posible que sean pequeñas al nacer el bebé, y luego aumentan de tamaño o no aparecer en absoluto, hasta después del nacimiento. Suelen crecer durante un tiempo, y luego se detienen. Para los 2 años, muchas de ellas se contraen y luego desaparecen, sin ningún tratamiento.

Los hemangiomas cavernosos son marcas bastantes grandes, de color rojo y azul, ocasionadas por un grupo de venas profundas, que se dilatan, en la parte profunda de la piel. Si desfiguran a la persona, pueden extirparse.

Los lunares pueden ser todos tamaños, lisos o peludos. Si desfiguran o si la ropa se los irrita, pueden extirparse con cirugía. (Si un lunar comienza a crecer o se oscurece, o un lunar nuevo aparece, pídale al médico que lo revise.)

Ictericia

359. Ictericia. En muchos bebés recién nacidos aparece un tinte amarillento de la piel, llamado ictericia, debido al hígado todavía inmaduro. Aunque es común una ictericia leve, de vez en cuando, el nivel puede ser lo bastante elevado como para resultar inquietante. Es posible que el médico quiera observar el grado de ictericia, cosa que puede hacer con un simple análisis de sangre, que mide las sustancias químicas responsables de la ictericia. Resulta útil dar al bebé una cantidad mayor de líquidos. En algunas escasas ocasiones, hacen falta nuevas medidas. La ictericia constituye muy pocas veces un problema, después de los primeros 7 a 10 días de vida.

Hernia umbilical

360. Hernia umbilical. Después que se cura la piel del ombligo, por lo general queda una abertura en la capa muscular más profunda del abdomen, por donde pasaban los vasos umbilicales. Cuando el bebé llora, una pequeña parte del intestino es empujada a través de este agujero (el anillo umbilical) y hace que el ombligo sobresalga un tanto. Esto se denomina hernia umbilical. Cuando el anillo es pequeño, la protuberancia de la hernia nunca es mayor que un guisante, y es probable que el anillo se cierre en unas cuantas semanas o meses. Cuando el anillo es grande, puede necesitar meses y aun años para cerrarse, y la protuberancia puede ser mayor que una cereza.

Antes se pensaba que el cierre del anillo umbilical podía ser apresurado colocando una tira apretada de tela adhesiva a través del ombligo, para impedir que sobresaliera. Ahora se cree que esto no produce efecto alguno. Resulta más fácil no molestarse en colocar la tela adhesiva, que siempre se ensucia, se afloja muy pronto y deja excoriaciones en la piel.

No debe preocuparse por la protuberancia de la hernia. Pocas veces causa algún problema, como en ocasiones lo producen otras hernias (la Sección 811). No hace falta impedir que el bebé llore.

En el niño mayor o el adulto, la grasa que cubre el abdomen es lo bastante gruesa como para hacer que el ombligo parezca encontrarse en el fondo de un agujero. Esto ocurre muy pocas veces en los 2 ó 3 primeros años de vida. Los pliegues de la piel del ombligo (que a veces parecen un capullo de rosa) sobresale del abdomen distendido. Esta prominencia de los pliegues de la piel del ombligo no debe confundirse con una hernia. La hernia puede palparse por debajo de los pliegues de la piel, como un globo pequeño, blando. Una hernia hace que el ombligo sobresalga mucho más de lo que ocurriría normalmente.

Si la hernia umbilical sigue siendo grande a los 6 u 8 años, y no muestra disminución alguna, a menudo se recomienda un tratamiento quirúrgico.

Problemas con la boca

361. Algodoncillo. Algodoncillo es una leve infección de la boca producida por un hongo. Parece como si un poco de espuma de leche se hubiera adherido a la parte interior de las mejillas, a la lengua y a la parte superior de la boca. Pero a diferencia de la espuma, no se desprende con facilidad. Si se la frota, la piel de abajo sangra un tanto, y parece inflamada. Por lo general, el algodoncillo deja lastimada la boca de los bebés. Estos se muestran incómodos cuando tratan de mamar. La boca de un bebé tiene más tendencia a padecer de algodoncillo cuando los chupones de hule se manejan con poco cuidado. Pero también se produce con los bebés atendidos a la perfección. Si sospecha de la existencia de ello, consulte en seguida al médico para el diagnóstico y el tratamiento. Si se produce una demora en la obtención del asesoramiento médico, resulta útil hacer que el bebé tome media onza de agua hervida, que se ha dejado enfriar, o que la chupe de un trozo de algodón absorbente, estéril, después de la leche. Esto elimina la leche de la boca, y deja menos sustento para el hongo del algodoncillo.

No se engañe con el color de las partes interiores de las encías, donde aparecerán los molares superiores, en su momento. En esas partes el color de la piel es, por lo general, muy pálido, y a veces es confundido con algodoncillo por las madres que se encuentran al pendiente.

362. Quistes en las encías o el cielo de la boca. Algunos bebés tienen uno o dos pequeños quistes blancos, de tono perlado, en el borde de las encías. Es posible que usted crea que son dientes, pero son más redondos, y no hacen ruido al ser golpeados por una cucharilla. Carecen de importancia, y a la larga desaparecen.

Problemas con los ojos

363. Secreciones e inflamaciones en los ojos. Unos días después del nacimiento aparece en muchos bebés una leve inflamación de los ojos. Es probable que sea causada por un lagrimal inmaduro, muchas veces obstruído en parte. No necesita ningún tratamiento, pues suele curarse por sí mismo.

Existe otra clase de infección muy leve, pero crónica, de los párpados, que aparece y desaparece en los primeros meses en muchos bebés, casi siempre en un solo ojo. El ojo se humedece y lagrimea en exceso, en especial durante los días airosos. Una sustancia blanca se acumula en la comisura del ojo y en los bordes de los párpados. Esta secreción puede mantener los párpados pegados cuando el bebé despierta. Su causa es el **lagrimal obstruído.** Este conducto va de una pequeña abertura en la comisura interior de los párpados, primero hacia la nariz, luego baja por el costado de la órbita y penetra en la cavidad nasal. Cuando este conducto se encuentra obstruído en parte, las lágrimas no pueden ser evacuadas a medida que se van formando. Se acumulan en el ojo y resbalan por la mejilla. Los párpados se infectan un poco, sólo porque el ojo no resulta bien lavado por las lagrimas. Por supuesto, el médico debe examinar los ojos, y establecer el diagnóstico.

Lo primero que se debe saber al respecto, es que se trata de un problema muy común, nada grave, y no perjudica el ojo. Puede durar muchos meses. La tendencia se resuelve al ir creciendo en la mayoría de los casos, inclusive sin hacer nada. Si para el año sigue siendo molesta, un oculista puede limpiar el conducto lagrimal mediante un procedimiento sencillo. Cuando los párpados se pegan, usted puede ablandar la costra y abrirlos, humedeciendo con agua sus dedos o un paño limpio. El médico aconseja, a veces, el masaje del conducto lagrimal, pero no lo haga sin instrucciones del profesional. Un lagrimal obstruído no produce inflamación de lo blanco del ojo.

Si en algún momento posterior el bebé tiene una inflamación que hace que lo blanco del ojo parezca inyectada en sangre, o tal vez rosada, es probable que se trate de una infección, y el médico debería ser consultado en seguida.

364. Estrabismo. Es común que los ojos de un bebé se vuelvan en exceso hacia afuera o hacia adentro en **algunos momentos** durante los primeros meses. En la mayoría de los casos, se enderezan y quedan firmes a medida que el niño crece. Pero si los ojos se vuelven hacia adentro o hacia afuera, **todo el tiempo o buena parte del tiempo,** aun en el primer mes, o si todavía ello ocurre a los 3 meses, es preciso consultar a un oculista (la Sección 813). En muchas ocasiones, los padres creen que los ojos de sus bebés bizquean, cuando en realidad no es así. Esto ocurre porque la zona de la piel que se encuentra entre los ojos (sobre el puente de la nariz) es relativamente más ancha en un bebé que en una persona mayor; por lo tanto, el blanco de los ojos que aparece en el costado interior del iris (hacia la nariz) es mucho menor que el blanco del lado exterior (hacia la oreja). Otra razón de que los ojos de los bebés parezcan en ocasiones estrábicos, consiste en que cuando miran algo que tienen en las manos, necesitan hacer converger los ojos para enfocarlos, porque sus brazos son muy cortos. La convergencia de sus ojos es normal, como en el caso de los adultos, que lo hacemos en menor medida. Sus ojos no quedarán inmovilizados en esa forma. Si usted cree que los ojos de su bebé podrían ser estrábicos, tiene la posibilidad de verificarlo con la imagen de una luz, tal como se refleja en los ojos del pequeño. Si la imagen de la luz siempre se encuentra ubicada simétricamente en las pupilas del bebé es poco probable que los ojos sean estrábicos.

Los padres preguntan con frecuencia si está bien colgar juguetes sobre la cuna, ya que en ocasiones, el bebé bizquea al mirarlos. No cuelgue ningún juguete inmediatamente encima de la nariz de un bebé, pero no hay ningún inconveniente en colgarlo al alcance del brazo.

La razón principal de la importancia que tiene el examinar pronto los ojos de los pequeños, cuando existe la duda de si bizquean o no, consiste en que un ojo estrábico o bizco, perderá poco a poco la visión si no se comienza desde muy temprano a lograr que el niño lo use. Cuando los dos ojos no se coordinan y convergen en un objeto, cada uno de los dos ojos verá una escena un tanto diferente. El niño "verá doble". Esto los confunde, y les resulta incómodo. Por lo tanto aprenden, en forma maquinal, a prescindir de la visión de un ojo, y a hacer caso omiso de ella. Poco a poco vuelve ciego ese ojo —no en el sentido de un cambio físico— se trata de un proceso psicológico. Si se prolonga demasiado, resultará imposible devolver la visión a ese ojo. Se lo ha denominado "ojo perezoso". La tarea del oculista consiste en poner a funcionar lo antes posible el ojo perezoso, cosa que, por lo general se logra haciendo que el niño lleve tapado el ojo sano durante buena parte del tiempo. Es posible que el oculista receta gafas para estimular aun más el uso coordinado de los dos ojos. Luego surgirá la decisión de si además se debe realizar una operación. De vez en cuando, es preciso realizar varias operaciones antes que el resultado sea satisfactorio.

No es nada fuera de lo común que un bebé recién nacido tenga el párpado de un ojo un poco más caído que el del otro, o que uno de los dos ojos parezca más pequeño. En la mayoría de los casos, estas diferencias se hacen cada vez menos perceptibles, a medida que el bebé crece. Los ojos de éste deberían ser examinados, para asegurarse de que se encuentran bien centrados.

Problemas respiratorios

365. Estornudos. Los bebés estornudan con facilidad. Los estornudos no equivalen, por lo general, a la existencia de un resfriado, salvo que la nariz también comience a gotear. Son producidos a menudo por el polvo y las mucosidades secas que se han reunido en una bolita delante de la nariz, y provocan cosquilleos. Si la respiración se encuentra obstruida, véase la Sección 290.

366. Respiración débil. Los nuevos padres se preocupan con frecuencia, por la respiración del nuevo bebé, porque es a menudo, irregular y en ocasiones tan débil, que casi no la oyen ni la ven. También es posible que se preocupen la primera vez que oyen que su bebé ronca debilmente, mientras duerme. Ambas situaciones son normales.

367. La respiración ruidosa crónica aparece en una cantidad de bebés pequeños. En una de sus formas, los bebés producen un ruido de ronquido en la parte interior de la nariz. Ello se parece a los ronquidos de un adulto, sólo que los bebés lo hacen mientras se encuentran despiertos. Parece ser provocado por el hecho de que todavía no han aprendido a controlar su paladar blando. Ya lo superarán.

El tipo más común de respiración ruidosa crónica se produce en la laringe. La epiglotis, una estructura carnosa que se encuentra por encima de las cuerdas vocales, es tan blanda y móvil en algunos bebés, que la inspiran hacia abajo y la hacen vibrar. Esto produce un fuerte sonido de repiqueteo, de ronquido, durante la inspiración, que los médicos denominan estridor. Parece como si los bebés estuvieran ahogándose, pero pueden respirar de esa manera durante mucho tiempo. En la mayoría de los casos, el estridor sólo aparece cuando los bebés respiran con fuerza. Por lo general desaparece cuando están tranquilos o dormidos. Puede mejorar cuando se hayan acostado boca abajo. Habría que hablar de ello con el médico, pero no es necesario tratamiento alguno, ni sirve para nada. El estridor desaparece en cuanto el bebé crece un poco más.

La respiración ruidosa que se presenta en forma aguda, en particular en un pequeño de más edad o en un niño, tiene una importancia muy distinta respecto de la variedad crónica. Puede deberse al crup, al asma, o alguna otra infección, y exige una atención médica **rápida.**

Todos los bebés con respiración ruidosa, crónica o aguda, deberían ser examinados por un médico.

La obstrucción en la nariz a causa de mucosidades secas, se estudia en la Sección 290; la obstrucción por mucosidades húmedas durante un resfriado, en la Sección 724.

368. Rachas de contención de la respiración. Ciertos bebés se enfurecen tanto cuando lloran, y contienen tanto la respiración durante tanto tiempo, que se ponen azules. La primera vez que esto ocurre, los padres quedan aterrorizados. Pocas veces significa otra cosa salvo que el bebé tiene ese tipo de temperamento. (En muchas ocasiones se trata de un bebé que, en otros momentos, se muestra extraordinariamente feliz.) Sería preciso informar de ello al médico en la visita siguiente, de modo que pueda confirmar que todo anda bien en el plan físico; por otra parte, no es necesario hacer nada. No es un motivo para impedir que los bebés lloren. Si usted los levanta cada vez que lloran, es probable que se vuelvan consentidos.

Síntomas nerviosos comunes

369. Bebés que se sobresaltan con facilidad. Los bebés recién nacidos se sobresaltan con los ruidos intensos, y con un repentino cambio de posición. Algunos son más sensibles que otros. Cuando se deposita a un bebé en una superficie plana, dura, y agitan los brazos y las piernas, es posible que balanceen un poco el cuerpo. Este movimiento inesperado basta para hacer que los bebés se asusten y lloren de miedo. Es posible que rechacen el baño porque se los sostiene en forma tan suave. Necesitan ser lavados en el regazo de uno de los padres, y luego enjuagados en la bañera, mientras se los sostiene con firmeza, con las dos manos. Deben ser sostenidos con seguridad, y movidos con lentitud, en todo momento. Poco a poco, superan esta inquietud, a medida que crecen. Véase la Sección 327 sobre el bebé hipertónico.

370. Los temblores. Algunos bebés tienen momentos de temblores, en los primeros meses. Es posible que les tiemble la barbilla, o los brazos y las piernas, en especial cuando están excitados, o cuando sienten frío después de ser desnudados. Estos temblores no son motivo de inquietud alguna. Constituyen, nada más que algunas de las señales de que el sistema nervioso del bebé es aun muy joven. La tendencia desaparece con el tiempo.

371. Crispamientos. Ciertos bebés se crispan, de vez en cuando, en su sueño, y de vez en cuando hay alguno que lo hace con frecuencia. También esto, por lo general, desaparece a medida que el bebé crece. Mencione este hecho al doctor, como algo que es preciso verificar.

Pechos inflamados

372. Muchos bebés, tanto varones como niñas, tienen los pechos inflamados durante algún tiempo después del nacimiento. En algunos casos, sale un poco de leche. Esto es causado por los cambios hormonales ocurridos en la madre antes del nacimiento del bebé. No es necesario hacer nada en relación con los pechos inflamados del bebé; la inflamación desaparecerá con el tiempo. Los pechos no deben ser masajeados u oprimidos, ya que es probable que esto los irrite o los infecte.

Flujo vaginal

373. Las niñas pueden tener al nacer un flujo vaginal. Esto es muy común, y el flujo suele ser mucoso, o inclusive, en ocasiones, un tanto sanguinolento. No tiene importancia y no exige tratamiento alguno. Por lo general, esto se debe a una reacción a los cambios hormonales del cuerpo de la madre (los mismos que pueden causar pechos inflamados en un bebe).

Si continúa y tiene sangre después de la primera semana, hay que consultar al médico.

Testículos que no han descendido

374. Testículos que no han descendido. En cierto número de los varones recién nacidos, uno de los testículos o los dos no se encuentran en el escroto (la bolsa en la cual los testículos yacen normalmente), sino que están más arriba, en la ingle o en el interior del abdomen. Muchos de estos testículos que no han descendido, bajan al escroto poco después del nacimiento. Hay otros testículos que parecen, en un examen superficial, no haber descendido, pero en realidad sí han bajado. Sólo ocurre que son más vivaces que el promedio en lo referente a retroceder hacia el abdomen.

Al principio los testículos se forman en el interior del abdomen, y bajan al escroto poco antes del nacimiento. Se encuentran unidos a músculos que pueden hacerlos retroceder y subir a la ingle, o aún, de nuevo, al abdomen. Ello se debe a la necesidad de proteger a los testículos de lesiones, cuando esta región del cuerpo es golpeada o arañada. Existen muchos varones cuyos testículos retroceden ante el menor riesgo. Inclusive el enfriamiento de la piel por el hecho de desnudarse puede bastar para hacer que desaparezcan en el abdomen. Es frecuente que la manipulación del escroto en un examen los haga desaparecer. Por lo tanto, un padre no debe decidir que los testículos no han descendido sólo porque no están habitualmente a la vista. Un buen momento para buscarlos es aquél en el cual el varón toma un baño caliente, sin tocar su cuerpo.

Los testículos que han sido vistos en cualquier momento en el escroto, aunque en muy raras ocasiones, no necesitan tratamiento, porque sin duda se asentarán en aquél, para cuando el desarrollo de la pubertad se encuentre en marcha.

A veces uno solo de los testículos queda sin descender. Si bien esto podría exigir algún tratamiento, no hay motivos para grandes preocupaciones, porque un testículo es suficiente para que un varón se desarrolle en forma adecuada, y llegue a ser padre, inclusive en el caso de que el otro no aparezca más adelante.

Si uno de los testículos o los dos no han sido vistos nunca en el escroto para cuando el varón tiene 2 años, debe ser examinado por un cirujano pediatra competente. Si se advierte que uno o los dos no han descendido, tiene que traérselos hacia abajo, por medio de una operación, a esa altura, para evitar que el testículo resulte dañado por el hecho de permanecer en el interior del cuerpo. Por lo general, el niño puede ser llevado al hospital por la mañana temprano, y volver a su casa a hora avanzada del mismo día. Los testículos que permanecen en el abdomen durante el desarrollo de la pubertad (que comienza en el niño común a los 12 años) serán estériles.

Entre tanto, resulta prudente evitar exámenes innecesariamente frecuentes, y miradas ansiosas, hasta donde ello sea posible, pues los niños (y los hombres) se inquietan con facilidad en lo relativo a sus genitales. Pero cualquier niño de más de 12 años cuyos testículos no hayan descendido, sabrá que existen motivos para preocuparse, y la situación debería ser explicada en términos concretos, adecuados para su edad. Se le debería alentar a hacer preguntas a los padres y al médico.

TRANQUILIZADORES Y SUCCION
DEL PULGAR

Este capítulo trata de la amplia variedad de cosas y métodos que los niños pequeños usan para consolarse, cuando se encuentran fatigados o desdichados; un animalito de juguete o un trozo de paño para acariciar, un chupón, el pulgar, el biberón que succionar, una costumbre como la de mecerse o la de hacer movimientos giratorios con la cabeza.

Desde los 6 meses en adelante, cuando comienzan por primera vez a sentirse un tanto separados de sus padres, utilizan estos hábitos de succionar, acariciar o mecerse, en los momentos de fatiga o de desdicha, para recuperar la seguridad total que el padre les ofrecía antes.

La independencia de los seis meses
y la necesidad de tranquilizadores

375. El primer sentimiento de separación. Alrededor de los 6 meses de edad, los bebés comienzan a darse cuenta con vaguedad de que son personas distintas. Tal vez sea más exacto decir que sus instintos en desarrollo los hacen comenzar a insistir en una leve separación física del padre que se ocupa mayormente de su cuidado, y de su derecho a hacer cosas por sí mismo; y que entonces tienen conciencia de la importancia de esa separación para sí mismos. Pienso en la forma en que muchos pequeños de 6 meses se impacientan cuando sus padres los tienen en brazos y los siguen acariciando, durante las comidas de biberón de alimentos sólidos; por el contrario, tratan de sentarse. Quieren sostener su propio biberón. Inclusive es posible que intenten quitarse de encima la mano del padre, apartándola a un lado. Desde ahora en adelante —hasta que sean maduros— los niños continuarán insistiendo en una independencia cada vez mayor, emocional, tanto como física.

376. Consuelos para recuperar la seguridad de la primera infancia. Pero cuando el niño pequeño de más de 6 meses está muy cansado o se siente frustrado, ansía volver a la primera infancia, la época en que ser alimentado en brazos de uno de los padres era el paraíso. (Los psicólogos llaman "regresión" a esta tendencia a retroceder por efectos de una situación de tensión; inclusive el adulto competente puede mostrarse infantilmente indefenso o exigente cuando está enfermo.) Por otro lado, no desean abandonar el precioso trozo de independencia que han conquistado desde que eran muy pequeños. Aquí es cuando aparecen varios tranquilizantes. Gracias a ellos, el pequeño logra placer y seguridad sin abandonar su independencia. La succión del pulgar o el chupón les recuerda el placer de ser amamantados o alimentados en brazos de sus padres. Las caricias prodigadas a un animal de juguete o a una manta o un animal atesorados, les recuerda la buena sensación que tenían cuando acariciaban con suavidad la ropa de su madre o la manta en la que estaban envueltos mientras se alimentaban. (Los cachorros de perro y de gato tienen el instinto de acariciar los pechos de su madre cuando se amamantan, cosa que ayuda a hacer que la leche fluya. El impulso del ser humano pequeño, de acariciar mientras se amamanta, es tal vez, un resabio del viejo instinto de nuestros antecesores prehumanos.) Cuando se mecen contra el respaldo de una silla, o hacen girar la cabeza de un lado a otro, en la cama, vuelven a crear la sensación de calma que experimentaban, cuando eran muy pequeños y sus padres los mecían o los paseaban.

La niña pequeña (o el varón) recrea ciertos aspectos consoladores de sus padres, que obtienen del juguete preferido, o del pulgar, por ejemplo; **pero** no se trata de un padre que pueda abrazarla o dominarla; es un padre que **ella** puede dominar. (Resulta interesante ver cómo un niño pequeño agrede al objeto que le es tan precioso; le da palmadas furiosas, o lo golpea, implacable, contra los muebles.)

¿Por qué insisto tanto en lo referente a la manera de consolarse? En parte porque nos ofrece una impresión de la gran importancia psicológica que tiene para los niños el establecer su independencia, cosa que comienza a nacer a los 6 meses, y del significado de la regresión. Pero también, en un sentido muy práctico, explica una cantidad de cosas desconcertantes, sobre la primera infancia. Por ejemplo, creo que la succión del pulgar en la **primera mitad del año** de la infancia, es nada más que una expresión de la necesidad que tienen los bebés de succionar, en especial, cuando sienten hambre. Pero después de los 6 meses, la succión del pulgar se convierte en otra cosa: un recuerdo de la comodidad de la primera infancia, que los niños ahora sólo necesitan cuando tienen sueño o están molestos. Es decir, que el pulgar se convierte en un consolador, tan precioso, que la mayoría de los niños no volverán a abandonarlo hasta los 3, 4 ó 5 años de edad.

De la misma manera, el chupón cambia su significado después de los 6 meses, y deja de ser algo que satisface la necesidad de succionar para convertirse en un consolador destinado a los momentos de regresión de ese día. Pero, por lo general, el chupón no es tan precioso como el pulgar; la mayoría de los niños lo abandonan al año o a los 2 años, si la madre no continúa alentando su uso. (Un niño es propenso a succionarse el pulgar o un chupón, pero no las dos cosas.)

El significado del biberón también cambia. Creo que el motivo de que muchos bebés estén cada vez más apegados al biberón después de los 6 meses, es el hecho de que sus padres han adquirido el hábito de entregarles su biberón para que lo beban por sí mismos, en la cama. De este modo, el biberón se convierte en un precioso consolador; si los niños adquieren un intenso apego a él, de esa manera, pueden mantener tal apego hasta el año y medio, o los 2 años, en tanto que el biberón que se da mientras el niño se encuentra sentado en el regazo del padre no podrá convertirse en un precioso consolador, en lugar del padre— porque el padre se encuentra ahí mismo.

Ciertos niños no adoptan ningún consolador para acariciarlo, como por ejemplo un juguete, o un trozo de paño, ni un consolador para succionar, tal como un precioso biberón, o un chupón o el pulgar. No sé por qué. No he podido percibir diferencia psicológica alguna entre quienes lo hacen y quienes no. No conozco ninguna razón importante para incitar a los niños a adoptar un tranquilizador preferido, o impedirles que lo hagan, a no ser ciertas consideraciones prácticas relacionadas con el biberón en la cama (las Secciones 236 y 238) y el chupón (las Secciones 388–389).

377. El tranquilizador que se toca. Según mi experiencia, los niños que son succionadores del pulgar, tienen más probabilidades que quienes no lo hacen, de apegarse a un consolador acariciable. Es como si regresaran a la primera infancia por medio del placer de succionarse el pulgar, y luego quisieran agregar el placer de acariciar también alguna cosa.

Algunos niños desarrollan un intenso apego a un objeto, que dura varios años, y otros muestran un apego apenas leve, que se debilita al cabo de un tiempo; otros pasan de un objeto a otro.

Cuando el apego a un objeto o un trozo de paño es intenso, tiende a plantear problemas prácticos para los padres. Es posible que el niño quiera llevar consigo el objeto a todas partes, y a todas horas. Este se ensuciará cada vez más, y a la larga, quedará hecho jirones. Por lo general, el niño se opone con vigor a un lavado o limpieza del objeto, y rechaza por completo cualquier sustituto. Si el objeto se pierde, el niño muestra una verdadera desesperación, y es probable que no logre dormir durante varias horas.

Creo que es injusto (y casi siempre imposible) tratar de romper el apego de un niño a un consolador, después que dicho apego se ha consolidado. De todos modos, he conocido a ciertos padres que fueron lo suficientemente firmes e ingeniosos como para mantener el problema dentro de sus límites, porque se sintieron seguros respecto de esto: insistieron desde el comienzo, en que el objeto debía permanecer en la habitación del niño, o al menos, en la casa.

Es mejor quitarle al niño la manta o pañal, por la noche, en intervalos regulares, para lavarlo y secarlo, **antes** de que

se vuelva gris, de modo que no cambie en forma tan drástica de color y de olor. (El olor de un consolador puede ser
una parte importante de él para ciertos niños.) Resulta
mejor aun conseguir un duplicado idéntico del juguete o
trozo de trapo, y mantenerlo como sustituto del que está
limpio, de vez en cuando, sin que el niño lo advierta. El
problema es que, por lo general, cuando el juguete es comprado, entre los 3 y los 6 meses de edad, usted no puede
saber que se convertirá en invalorable para el bebé, hacia los
15 meses. Es imposible lavar y secar la mayoría de los animales durante la noche. Usted puede resolverlo lavando la
superficie con agua y jabón y un trapo o cepillo. Séquelo
con un ventilador eléctrico. (No use limpiador líquido; no
podrá terminar de quitarlo para la mañana.) Algunos animales de tela, según con qué material estén hechos, pueden
colocarse en una media vieja de nilón (para que no se
deshagan) y así ponerlos en la lavadora y en la secadora.

¿Existe algún peligro en permitir que el niño llegue a
depender de algún consolador y se lo lleve a la cama?
Ninguno que yo sepa, salvo la incomodidad de los padres
ante la suciedad del objeto. De todos modos, no hay manera
de impedir que así sea. Casi todos los niños recibirán
juguetes blandos durante el primer año, y casi siempre
comienzan a insistir, entre los 15 y los 18 meses, en llevar
un objeto consigo, y sólo entonces se dan cuenta los padres
de lo que ha ocurrido.

Es probable que los niños dejen atrás la dependencia, en
algún momento, entre los 2 y los 5 años. (Algunos se aferran
a ella un poco más.) Es oportuno que el padre les recuerde,
en tono alentador —un par de veces por año, no todas las
semanas— que algún día serán una niña o un niño grandes,
y ya no lo necesitarán. Este tipo de insinuación y de confianza los ayuda a dejarlo en cuanto les resulta posible.

La succión del pulgar

378. El significado de la succión del pulgar. La razón
principal de que los bebés pequeños se succionen el pulgar

parece ser la de que no tuvieron lo suficiente que succionar, del pecho o el biberón, para satisfacer su necesidad de chupar. El doctor David Levy señaló que los bebés alimentados cada 3 horas no se chupan tanto el pulgar como los que son alimentados cada 4 horas, y que los que han reducido el tiempo de uso del biberón de 20 minutos a 10 (porque los chupones se han vuelto viejos, blandos), tienen más tendencia a succionarse los pulgares, que los bebés que todavía se esfuerzan durante 20 minutos. El doctor Levy alimentó a una camada de cachorros con un gotero de modo que no tenía posibilidades de succionar durante sus comidas. Se comportaron de la misma manera que los bebés que no tienen suficientes ocasiones de succionar a la hora de sus comidas. Se chuparon sus propias patas, y la piel propia y ajena con tanta furia, que se arrancaban la piel.

No todos los bebés nacen con el mismo grado de instinto de succión. Un bebé nunca se alimenta más de 15 minutos por vez, y sin embargo, nunca se ha llevado el pulgar a la boca, y otro, cuyos biberones siempre le han llevado 20 minutos o más, se chupa los pulgares en forma excesiva. Algunos empiezan a hacerlo en la sala de partos, y después continúan. Sospecho que en algunas familias existe un fuerte instinto de succión. Ahora sabemos que algunos bebés se chupan el pulgar cuando se encuentran todavía en el útero, y algunos nacen, inclusive, con ampollas producidas por la succión en las manos o en los brazos.

No tiene por qué preocuparse cuando el bebé se chupa el pulgar durante unos pocos minutos, poco antes de su hora de alimentarse. Es probable que sólo lo hagan porque están hambrientos. Sólo cuando los bebés tratan de succionar sus pulgares en cuanto ha terminado la comida, o cuando los succionan demasiado entre una y otra, es preciso pensar en satisfacer de alguna forma el ansia de succión. La mayoría de los bebés que se succionan el pulgar comienzan antes de los 3 meses de edad.

Aquí podría agregar que el hecho de que casi todos los bebés se muerdan el pulgar, los dedos y las manos, desde el momento en que comienza su dentición (por lo general, alrededor de los 3 ó 4 meses), no debería ser confundido con la succión del pulgar. Por supuesto, el bebé que se chupa el pulgar lo hace en un momento, y en el otro se muerde, durante sus períodos de dentición.

Si su niña pequeña comienza a tratar de succionarse el pulgar o un dedo, o la mano, creo que es preferible no impedírselo en forma directa, sino tratar de darle más oportunidades de succionar el pecho, el biberón o el chupón. El método más eficaz, por mucho, para impedir la succión del pulgar consiste en la utilización amplia del chupón en los 3 primeros meses (la Sección 388), si los padres lo aceptan. Además, existen dos cosas que hay que tener en cuenta: la cantidad de comidas y cuánto tiempo ocupa cada una de éstas.

379. El momento de prestar atención a la succión del pulgar. El momento de prestar atención a la succión del pulgar es cuando los bebés intentan hacerlo por primera vez, y no cuando, por fin lo logran. Digo esto, porque hay muchos bebés que durante los primeros meses de su vida, no dominan demasiado sus brazos. Se los ve esforzándose por levantar las manos, y buscando con la boca. Si tienen la buena suerte de llevarse el puño a la boca, lo succionan con energía, siempre que por casualidad, logren mantenerlo en ese lugar. Estos bebés, lo mismo que los hábiles succionadores de su pulgar, muestran una necesidad de succionar más tiempo el pecho o el biberón.

El bebé muy pequeño es el que más ayuda necesita, porque su necesidad de succión es más fuerte durante los 3 primeros meses. A partir de entonces se va reduciendo. Creo que, en la mayoría de los bebés, desaparece alrededor de los 6 ó 7 meses. La succión del pulgar que persiste después de los 6 meses es un recurso de consuelo y no una expresión de la necesidad de succión. Véase la Sección 376.

380. La succión del pulgar en los bebés alimentados al pecho. Son menos propensos a chuparse el pulgar. Es probable que ello se deba a que las madres se inclinan a permitirles que sigan amamantándose hasta cuando quieran. La madre no sabe si su pecho está vacío, de modo que deja que lo averigüe el bebé. Cuando un bebé termina el biberón, pues ha terminado. Se interrumpe porque no le agrada tra-

gar aire, o porque su padre le retira el biberón. La primera
pregunta, entonces, acerca de un bebé alimentado al pecho
que trata de succionarse el pulgar es: ¿continuaría succionando si se lo permitieran? En caso afirmativo, déjelo continuar durante 30 ó 40 minutos, si esto le resulta conveniente a usted. (Ir más allá de los 40 minutos consume
demasiado tiempo.) Un bebé extrae la mayor parte de la
leche del pecho en 10 ó 15 minutos; el resto del tiempo, satisface su ansia de succionar, atraído por un pequeño goteo
de leche. En otras palabras, si mama durante 35 minutos,
apenas obtiene un poco más de leche que si lo hubiera
hecho durante 20 minutos. Un bebé alimentado al pecho a
quien se le permite hacerlo tanto como lo desee, puede variar en forma asombrosa. En una comida queda satisfecho
con 10 minutos, y en otra llega a desear 40 minutos conti-
nuados. Este es un ejemplo en que la alimentación al pecho
es adaptable a las necesidades individuales de un bebé.

Si un bebé amamantado en un pecho en cada comida no
quiere seguir adelante, usted no puede hacer nada para
obligarlo. Pero si recibe **los dos** en cada comida, y comienza a succionarse el pulgar, existen dos métodos que usted
puede intentar para tratar de hacer que mame durante más
tiempo. Vea si puede quedar satisfecho con un solo pecho
en cada comida, mamando el tiempo que desee. Si su hambre no puede satisfacerse de esa manera, entonces déjelo
mamar durante más tiempo del primer pecho. En lugar de
quitarlo de él a los 10 minutos, déjelo que se quede durante
20, si él lo desea así. Luego llévelo al segundo pecho, por el
tiempo que el pequeño lo desee.

381. Succión del pulgar en los bebés con biberones. En el
caso de los bebés alimentados con biberón, la succión del
pulgar empieza, casi siempre, para la época en que aprende
a terminar su biberón en 10 minutos, en lugar de hacerlo en
20. Esto ocurre porque los bebés se vuelven más fuertes a
medida que crecen, pero los chupones de hule se debilitan.
Los biberones con tapas de plástico enroscable, tienen
chupones con una abertura especial cerca del borde, para la
entrada del aire. Este tipo de biberón se puede hacer más
lento enroscando la tapa más a fondo. Ello impide, en parte,

el ingreso del aire, y mantiene un vacío mayor en el biberón. El paso siguiente consiste en conseguir chupones nuevos, dejar los agujeros como están, y ver si eso prolonga el tiempo de duración del biberón. Por supuesto, si los agujeros del chupón son **demasiado** pequeños, algunos bebés dejan de esforzarse por completo. Trate de mantener los agujeros del chupón lo bastante pequeños, de manera que un biberón dure 20 minutos de cualquier modo, al menos durante los 6 primeros meses. En este análisis, hablo de la cantidad real de minutos en que el bebé succiona. Por supuesto, no serviría de nada prolongar el tiempo de la alimentación, haciendo una interrupción en mitad de la comida.

382. En el caso del pequeño que se succiona el pulgar, es mejor actuar paso a paso en lo que respecta a omitir una comida. No se trata del tiempo que ocupa cada comida, sino también de la cantidad o frecuencia de éstas durante las 24 horas; esto es lo que determina si un bebé satisface el instinto de succión. De modo que si un bebé todavía continúa succionándose el pulgar a pesar de que usted ha hecho que cada comida al pecho o con biberón durase el mayor tiempo posible, es sensato tomarse algún tiempo en lo referente a eliminar alguna de las otras comidas. Por ejemplo, si un bebé de 3 meses parece dispuesto a dormir hasta la comida más tarde de la noche, pero se succiona demasiado el pulgar, yo sugeriría que se esperase un poco más antes de eliminarla, tal vez un par de meses, siempre que el bebé se muestre dispuesto a mamar cuando se le despierta.

383. El efecto que ello produce sobre los dientes. Es probable que usted se sienta inquieta en cuanto al efecto que produce la succión del pulgar sobre la mandíbula y los dientes del bebé. Es cierto que la succión del pulgar empuja a menudo, hacia adelante los dientes delanteros superiores del bebé y lleva hacia atrás los dientes de abajo. La medida en que los dientes resultan desplazados depende de cuánto se succionan los niños el pulgar, y más aun, de la posición en que mantienen los pulgares cuando lo hacen. Pero los dentistas señalan que esa inclinación no produce efecto alguno sobre los dientes permanentes, que comienzan a aparecer a los 6 años. En otras palabras, si la succión del pulgar se abandona a los 6 años —como ocurre en la gran mayoría de los casos— existen muy pocas posibilidades de que ese hábito deforme la salida de los dientes permanentes.

Pero ya sea que la succión del pulgar desplace o no los dientes, muchos padres prefieren que su hijo abandone la costumbre lo antes posible. Las sugerencias que yo he ofrecido son las que considero que terminarán antes con el hábito.

384. ¿Por qué no usar formas de restricción? ¿Por qué no amarrarle los brazos o ponerle en las manos guantes de algodón para impedir que se succione el pulgar? Ello los haría sentirse frustrados en gran medida, cosa que, en teoría, causaría nuevos problemas. Además, por lo general, no cura al bebé que se succiona mucho el pulgar. (Véase la Sección 378.) Todos hemos oído hablar de padres desesperados que usan tablillas para los codos, o ungüentos de mal sabor, no sólo durante unos días, sino a lo largo de varios meses. Y el día que eliminan el obstáculo, el pulgar vuelve en el acto, a la boca. Por cierto, existen algunos padres que dicen que han obtenido buenos resultados con el uso de esos métodos. Pero en la mayoría de los casos, la succión del pulgar era un hábito muy leve. Muchos bebés se succionan un poco el pulgar, y luego dejan de hacerlo en forma intermitente. Abandonan la costumbre muy pronto, haga usted algo al respecto o no. Por mi parte, creo que los impedimentos sólo hacen que el que tiene el hábito arraigado de la succión del pulgar, lo haga en mayor medida, a largo plazo.

385. La succión del pulgar en el bebé mayor y el niño. Hasta ahora hemos hablado de cómo comienza la succión del pulgar en los primeros meses. Pero cuando el bebé tiene 6 meses, la succión del pulgar se convierte en algo diferente. Es un tranquilizador que necesita en momentos especiales. Succiona cuando está fatigado, aburrido o frustrado, o bien para dormirse. Cuando no puede avanzar en sus cosas, en un nivel de mayor edad, retrocede a la primera infancia, en que la succión es su principal alegría.

Esta necesidad de tranquilizadores se examina en la Sección 376.

Aunque la succión del pulgar satisface una necesidad distinta después de los 6 meses de edad, por supuesto, el bebé que al principio se succionaba el pulgar para satisfacer la necesidad de succión, es quien entonces sigue haciéndolo para consolarse. Es muy raro que un niño de más de 6 meses o 1 año, comience a succionarse el pulgar por primera vez.

No tiene sentido preocuparse por la prolongación del tiempo de succión del pequeño de 6 meses o de 12 meses. ¿Tienen los padres que hacer algo al respecto? No lo creo, si el niño se muestra, en general, alegre, feliz y atareado, y succiona principalmente a la hora de acostarse y, de vez en cuando, a lo largo del día. En otras palabras, la succión del pulgar, no es por sí misma, una señal de desdicha o de inadaptación o de falta de afecto. Por lo general, la mayoría de los succionadores de pulgares son niños muy felices. (Y los niños **gravemente** privados de afecto, no se chupan el pulgar.) Por otro lado, si un pequeño se succiona buena parte del tiempo, en lugar de jugar, los padres sólo deberían preguntarse si tendrían que hacer algo de modo que no **necesite** consolarse tonto. Otro pequeño puede sentirse aburrido por el hecho de no estar lo suficiente con otros niños, o por no tener bastantes cosas con las cuales jugar. O tal vez se le hace permanecer sentado en su coche durante horas. Un varón de un año y medio puede estar en desacuerdo con su madre todo el día, si ella le impide hacer todas las cosas que lo fascinan, en lugar de desviarlo hacia los juegos permitidos. Otro varón tiene niños con quienes puede jugar, y libertad para hacer cosas en casa, pero es demasiado tímido como para lanzarse a todas esas actividades. Se succiona el pulgar mientras mira. Sólo ofrezco ejemplos para aclarar que, si es necesario hacer algo en relación con la excesiva succión del pulgar, ese **algo** consiste en hacer que la vida del niño resulte más satisfactoria.

El entablillado del codo, los mitones, y los ungüentos de mal sabor en el pulgar, sólo hacen que el niño se sienta desdichado, y no detienen el hábito en los niños mayores con más frecuencia de lo que lo hacen en los bebés pequeños.

Creo que tienden a prolongar la costumbre. Lo mismo rige en lo que se refiere a regañar al niño, o a sacarle el pulgar de la boca. Recuerdo la historia de Anne, que por fin dejó de succionarse el pulgar por su propia cuenta, a los 3 años. Seis meses más tarde, su tío George, quien había sido el miembro de la familia que solía reprenderla para reprimir el hábito, volvió a la casa para vivir en ella. La succión del pulgar de Anne se reinició en cuanto George entró en la casa. A menudo se escucha la recomendación de que es preciso dar a los niños un juguete cuando se les ve succionar el pulgar. Por cierto que es sensato hacer que haya suficientes cosas interesantes en torno de ellos, para jugar, de modo que no se sientan aburridos. Pero si, cada vez que el pulgar va a la boca, uno salta hacia ellos y les mete entre las manos un juguete viejo, muy pronto se dan cuenta. ¿Y no se podría intentar sobornarlos? Si su niño es uno de los muy escasos que todavía se succionan el pulgar a los 5 años, y usted comienza a preocuparse respecto de lo que ello hará con los dientes permanentes cuando salgan, tendrá una buena posibilidad de éxito si el soborno es lo bastante bueno. Una niña de 4 ó 5 años que quiere dejar su hábito de succionar el pulgar, puede recibir una buena ayuda si se le pintan las uñas como las de una mujer. Pero casi ningún chico de 2 ó 3 años tiene la suficiente fuerza de voluntad como para rechazar un instinto con el fin de obtener una recompensa por ello. Es probable que usted se queje demasiado por esto y no obtenga resultado alguno.

Por lo tanto, si su varón (o niña) se chupa el pulgar, ocúpese de que su vida sea buena. A la larga le será útil si usted le recuerda que algún día será lo bastante grande como para dejarlo. Ese estímulo amistoso le hace desear terminar en cuanto le sea posible. Pero no le moleste. Y lo más importante de todo es que trate de dejar de pensar en eso. Si sigue preocupándose, aunque resuelva no decir nada, el niño lo sentirá, y reaccionará en contra. Recuerde que la succión del pulgar desaparece por sí misma con el tiempo. En la abrumadora mayoría de los casos, termina antes que aparezca el segundo diente. Pero no se va con rapidez. Disminuye a toda prisa durante un tiempo, y luego regresa, en parte, durante una enfermedad, o cuando el niño tiene que llevar a cabo una adaptación difícil. A la larga, desaparece para siempre. Pocas veces desaparece antes de los 3 años. Casi siempre va desvaneciéndose entre los 3 y los 6 años.

La mayoría de los bebés que continúan succionándose el pulgar hasta que tienen uno o más años, se dedican a acariciar, de alguna manera, al mismo tiempo. Un chiquillo frota o pellizca un trozo de cobija, o un pañal, o un trozo de seda, o un juguete lanudo. Otro se acaricia el lóbulo de una oreja, o retuerce un mechón de cabello. Otro quiere llevarse un trozo de tela hasta la cara, y tal vez acariciarse la nariz, o el labio con un dedo libre. Estos movimientos le recuerdan a uno la forma en que los bebés más pequeños solía acariciar con suavidad la piel o las ropas de la madre, cuando chupaban el pecho o el biberón. Cuando se llevan algo a la cara, da la impresión de que recordasen cómo se sentían ante el pecho. Estos hábitos se analizan en la Sección 376.

386. El niño que "regurgita". En ocasiones, los bebés o los niños pequeños adquieren el hábito de succionar y mascar la lengua, hasta que terminan por regurgitar la última comida (en cierto modo como lo hace una vaca), una práctica conocida con la denominación de "rumia". Se trata de casos raros. Algunos comienzan cuando los bebés que se succionan el pulgar tienen inmovilizados los brazos. Entonces se dedican a succionarse la lengua. Por cierto, yo aconsejaría dejar que tales bebés dispongan en el acto, de nuevo, de su pulgar, antes que el regurgitar se convierta en un hábito. Asegúrese, por otro lado, que el bebé tiene suficiente compañía, juego y afecto. Otros casos de regurgitación se dan en familias en las cuales existen problemas emocionales en la relación entre padres e hijos.

El chupón

387. Un chupón resulta útil en los casos de agitación. Un chupón es un chupón "cerrado" (sin agujero), unido a un disco que se apoya contra los labios del bebé, para impedir que penetre por completo en la boca. En la parte posterior del disco hay un anillo por medio del cual el chupón puede ser sostenido por el bebé.

Un modelo satisfactorio se compone de hule blando, de una sola pieza, lo cual significa que no producirá molestias en la cara, si el bebé se duerme con él y, cosa más importante, el pequeño no podrá separar el chupón del disco y atragantarse con él. El único problema con este tipo de chupón consiste en que, la larga parte de hule puede llegar a la garganta, y hacer que un bebé se atragante. También existe un chupón que tiene un pezón artificial corto, con un extremo redondeado. Algunos bebés recién nacidos aceptan éste más fácilmente, tal vez porque es más pequeño y blando. Otro tipo tiene el pezón artificial achatado por un lado; el fabricante ha recomendado los buenos resultados de este diseño; pero no existen pruebas científicas de ello.

Un bebé que tiene períodos de leve irritabilidad, puede ser tranquilizado por completo si tiene a su disposición un chupón que succionar. No sabemos si ello se debe a que la succión apacigua alguna vaga inquietud, o que simplemente mantiene ocupada la boca del bebé. En un cólico, en el cual el dolor es mucho más definido, ofrece un alivio parcial.

El llanto irritable y el cólico se terminan alrededor de los 3 meses, más o menos, y el uso del chupón puede ser interrumpido en ese momento, de manera que no se convierta en un hábito prolongado.

388. Si se usa correctamente, el chupón puede ser una manera eficiente de impedir la succión del pulgar. La mayoría de los bebés que usan libremente el chupón, durante los primeros meses de vida, nunca se convierten en succionadores de pulgar, aunque dejen el chupón a los 3 ó 4 meses.

Algunos dirán, entonces: ¿de qué sirve el uso del chupón para evitar la succión del pulgar, cuando la succión del chupón es igualmente desagradable? La respuesta es que los bebés que se vuelven succionadores habituales del pulgar en sus primeros 3 meses (y alrededor de la mitad de los bebés lo hacen) continuarán haciéndolo hasta los 3, 4 ó 5 años de edad, y a veces, más. Por contraste, una mayoría de los bebés que acostumbran a usar chupón, están en condiciones de abandonarlo hacia los 3 ó 4 meses. Aunque acostumbraban succionarlo con avidez durante largos períodos, ahora lo escupen, muy pronto después que se los ponen en la boca, o inclusive de inmediato. La mayoría de los otros, lo abandonan hacia el año o los 2 años de edad. Esto significa bastante tiempo antes del momento en que suelen abandonar el pulgar. Otra ventaja consiste en que la succión del chupón tiende menos a empujar los dientes fuera de su posición que la del pulgar.

¿Cómo usar el chupón para impedir la succión del pulgar? En primer lugar, muchos bebés —tal vez el 50 por ciento de ellos— nunca tratan de succionarse el pulgar, o lo hacen de vez en cuando, durante breves períodos. En ellos no existe nada que impedir, ni necesidad alguna de complicarse con el chupón (salvo que haya un cólico). Por otro lado, usted debe tomar la decisión, no sobre la base de lo que su bebé hace en realidad, sino sobre lo que **está tratando** de hacer. Si después de las comidas intenta llevarse el pulgar a la boca y lo succiona con avidez, cuando lo logra existen buenos motivos para pensar en el chupón.

¿A qué edad comenzar? Si el bebé se habitúa al pulgar, a lo largo de un período de semanas o meses, es probable que rechace el chupón. Ha aprendido a disfrutar, no sólo de las sensaciones que experimenta en la boca, sino de las sensaciones que experimenta en su pulgar, de modo que si usted piensa usar un chupón, comience con él en los primeros días y semanas de vida.

¿A qué horas del día? El momento lógico para ofrecer el chupón es aquel en el cual el bebé busca en derredor, con la boca, y trata de succionarse el pulgar, los dedos, la muñeca, las ropas o cualquier otra cosa que se encuentre a su alcance. En los primeros meses, el bebé está despierto muy pocas veces, salvo antes y después de las comidas, de modo que esos son los momentos habituales. Pero si se encuentra despierto entre una y otra comida, yo también se lo daría en esos casos. La idea no es darle lo menos posible, sino tanto como le resulte necesario en los 3 primeros meses, de modo que se sienta satisfecho y lo abandone lo antes que le resulte posible.

389. La resistencia de los padres a comenzar y la resistencia a abandonar el chupón. Hay dos problemas que interfieren con el uso más eficiente del chupón. En numerosos casos en los cuales su uso podría ser de gran ayuda, los padres ofrecen resistencia a usarlo, por completo o, con más frecuencia, comienzan a intentarlo tan tarde, que el bebé que podría ser inducido a ello durante sus primeras semanas, ahora no lo toma. La resistencia de los padres es bastante natural. A la mayoría de las personas les desagrada el aspecto de un chupón que se agita en la cara de un bebé, en especial cuando se trata de un bebé lo bastante grande como para caminar; y esa cara tiende a ofrecer una expresión remota, "tonta", cuando el bebé succiona el chupón. Pero si bien muchos padres rechazan éste cuando el médico lo sugiere, a menudo cambian de opinión, unas semanas más tarde, después de enterarse por un amigo o pariente, de lo bueno que resulta.

El segundo problema consiste en que los padres que han usado el chupón con éxito, cuando están molestos o tienen cólico, muestran tendencia a desarrollar tanta dependencia respecto de éste —para consolar al bebé en cualquier momento en que se quejan— que no pueden superar el hábito de introducirlo en la boca del bebé muchas veces por día, inclusive cuando el pequeño tiene edad suficiente como para disponerse a abandonarlo (por lo general, entre los 2 y los 4 meses). Entonces puede ocurrir que el bebé, a los 5, 6 ó 7 meses ha desarrollado una dependencia que dura hasta el año o año y medio.

La succión del chupón (como la del pulgar) hasta los 3, 4 ó 5 meses de edad, es una forma por medio de la cual, un bebé que necesita succionar más, puede hacerlo. Pero para los 3 ó 4 meses, la necesidad de succionar va en disminución. Muchos bebés comienzan a escupir el chupón; en apariencia, su amamantamiento regular les ofrece toda la succión que necesitan. A los 5 ó 6 meses, es posible que la necesidad de succión haya desaparecido casi (como se advierte con más claridad en la forma en que algunos bebés alimentados al pecho expresan ahora su desinterés por el amamantamiento). De modo que si un padre continúa ofreciendo un chupón después de los 4 meses, ya sea porque el bebé pertenece a la minoría de los que todavía no se han cansado de él, o porque se ha convertido en un hábito que el padre no puede detener, la succión del chupón se convierte en un hábito de consuelo que el bebé puede estar, entonces, no dispuesto a abandonar, hasta 1 año ó 1½ años de edad.

Si un bebé no quiere dejar el chupón —a cualquier edad— no creo que sea correcto quitárselo. Pero pienso que existen muy buenas razones para dejar de ofrecerlo, a bebés de 3 ó 4 meses, que demuestran, al escupirlo en cuanto se les pone en la boca, que en verdad no lo necesitan, o ya no lo quieren. Los padres que no aprueban los chupones se tranquilizarán. No habrá desplazamiento alguno de los dientes.

Creo que es preferible quitar el chupón cuando el bebé comienza a mostrarse adormilado, si no se opone con demasiado energía, o en cuanto ha quedado dormido. Un bebé que se ha habituado a tener un chupón en la boca cuando está dormido, es posible que despierte si éste se cae, y llore, desdichado, hasta que vuelvan a dárselo. Esto puede ocurrir una decena de veces por noche —en especial cuando un bebé, que antes dormía boca arriba, aprende a volverse boca abajo— y puede llegar a ser un engorro insoportable.

Usted sabrá que el bebé está en condiciones de abandonar el chupón cuando comience a escupirlo no bien se lo ponen en la boca, o cuando parece feliz sin él. Pero en su lugar, yo no trataría de deshabituarlo al chupón en un día. Tómese una o dos semanas para reducir el tiempo en que se lo ofrece, y no tema volver a aumentar este tiempo durante 1 ó 2 días, si parece tener una necesidad especial de consuelo. Pero disminuya otra vez, cuando él parezca dispuesto a aceptarlo.

Si su bebé continúa con el chupón después de 5 ó 6 meses, y despierta varias veces por noche porque lo ha perdido, ponga varios en su cama a la hora de acostarse, de modo que existan mejores posibilidades de que encuentre uno por sí mismo. O bien préndale uno a la manga del camisón. (No añada un cordón largo a un chupón, para colgarlo del cuello del bebé, o atarlo al barandal de la cuna. Esto puede resultar peligroso, ya que es posible que el cordón se enrede en el dedo, la muñeca, o el cuello del bebé.)

Cuando un bebé tiene unos pocos dientes, puede arrancar el pezón artificial de un chupón antiguo, maltratado, separándolo del disco, o arrancar y mascar trozos de él. Estos trozos pueden hacer que se atragante, si los traga mal. Por lo tanto, compre nuevos chupones cuando los antiguos se han vuelto demasiado blandos y agrietados.

Hábitos rítmicos

390. Mecerse, sacudirse, mover la cabeza, golpear con la cabeza. Al mecerse, un bebé sentado en una silla o sofá, se mece con fuerza contra el respaldo, y deje que éste lo lance también con fuerza, hacia adelante. Llamo sacudirse a la actividad en que el bebé se apoya con manos y rodillas, y se sacude rítmicamente contra los talones. Por lo general, esto mueve la cuna por toda la habitación, hasta que golpea, en forma monótona, contra la pared de la habitación. Un bebé puede mover la cabeza de un lado al otro, mientras se encuentra acostado boca arriba en su cama. Los golpes con la cabeza, con los cuales un bebé golpea la parte posterior de la cabeza o la frente contra la cabecera de la cuna, es, de entre todos estos hábitos, el más inquietante para los padres. Les hace preguntar si el bebé tiene inteligencia, y en caso afirmativo, si se la producirá algún daño.

¿Cuál es el significado de estos movimientos rítmicos? No creo que conozcamos todas las respuestas, pero contamos con algunas ideas. Estos hábitos aparecen, por lo general, en la segunda mitad del primer año, en la edad en que los bebés adquieren, como cosa natural, un sentido del ritmo, y tratan de balancearse al compás de la música. (¿Será esto para ayudarles a aprender el ritmo del movimiento de caminar?) Creo que son más comunes en los varones, que pertenecen al sexo más tenso. Por lo general los llevan a cabo, como la succión del pulgar o las caricias a un juguete suave, cuando el niño está cansado, dormido o se siente frustrado. De modo que creo que deben catalogarse entre los tranquilizadores, y que es posible que representen el deseo de retroceder al período de la primera infancia, en que el niño era mecido y llevado en brazos con suma frecuencia. Véase las Secciones 375–377.

Si su varoncito se golpea la cabeza, puede acolcharle la cuna para impedir que se lastime. Un padre solucionó el problema de los golpes del bebé con la cabeza aserrando la cabecera de la cuna y clavando un trozo de lona en su lugar. Para el bebé que se sacude y hace temblar toda la casa, usted puede poner su cuna sobre una alfombra y clavar la alfombra al suelo, o atar algún tipo de almohadillas caseras, de preferencia a hule, a las patas de la cuna. O bien puede apoyar ésta contra la pared, en el lugar en que, de cualquier manera, ésta terminará, y colocar un acolchado grande entre la cuna y la pared.

De todos modos, yo no regañaría al bebé, ni trataría de impedir sus movimientos.

EL DESARROLLO DE LOS BEBES

Observando su crecimiento

391. Repiten toda la historia de la raza humana. Nada existe en el mundo más fascinante que observar el desarrollo y crecimiento de un niño. Al principio, uno cree que es sólo un problema de aumento de peso y de talla. Luego, cuando el niño comienza a hacer cosas, es posible pensar que se trata de que "aprende algunas tretas". Pero en realidad, es algo mucho más complicado que eso, y mucho más lleno de significado. El desarrollo de cada niño repite toda la historia de la raza humana, física y espiritualmente, paso a paso. Los bebés comienzan en el útero como una célula minúscula, tal como la primera cosa viviente apareció en el océano. Semanas más tarde, cuando yacen en el líquido amniótico del útero, tienen branquias, como los peces. Hacia el final del primer año de vida, cuando aprenden a ponerse trabajosamente de pie, celebran ese período de millones de años atrás, en que nuestros antepasados dejaron de andar en cuatro patas. Es precisamente el momento en que los bebés aprenden a usar sus dedos con destreza y delicadeza. Nuestros antepasados se pusieron de pie, porque habían encontrado cosas más útiles que hacer con las manos, en lugar de caminar con ellas.

Después de los 6 años, los niños abandonan parte de su dependencia de los padres. Se ocupan de cómo adaptarse al mundo fuera de su familia. Se toman en serio las reglas del juego. Es probable que vuelvan a vivir aquella etapa en la historia prehumana en que nuestros antepasados salvajes descubrieron que era mejor no vagar por el bosque en grupos de familias independientes, sino formar comunidades grandes. Luego tuvieron que aprender a dominar sus reflejos, a colaborar unos con otros, con reglas y leyes, en lugar de depender del más anciano de la familia para que les diera órdenes.

Cuando observe crecer a su propio bebé, ame y disfrútelo por lo que es, así es como crecerá mejor. (Véase la Sección 12.) Su apreciación del desarrollo de su hijo aumentará, si lee libros tales como *Niñez y adolescencia* de L. Joseph Stone y Joseph Church,* y *Los años mágicos,* de Selma H. Fraiberg.† No sólo dicen qué hará, probablemente, un niño en distintos períodos de edad, sino que relatan algo acerca de lo que eso significa. Entender a qué se encuentra dedicados los niños es el primer paso para aprender a llevarse bien con ellos.

392. Los bebés ven, oyen y huelen desde muy temprano. Los padres preguntan: "¿Cuándo empieza a ver?" Ahora sabemos que los bebés comienzan a ver mucho antes de lo que solíamos pensar. Pueden percibir la diferencia entre una y otra cara, y otros objetos, en los primeros días de vida. Hay cuidadosos experimentos que han demostrado que la mayoría de los bebés imitan distintas expresiones faciales en los primeros días de su vida. En los primeros meses, no saben coordinar con eficacia los dos ojos, y a menudo bizquean momentáneamente.

Ahora también sabemos que los bebés recién nacidos oyen y huelen mucho mejor de lo que solíamos creer. Por ejemplo, es posible que un bebé se sobresalte cuando escucha un ruido fuerte. Y a la semana de edad puede distinguir el olor de su madre.

393. Sonríe muy pronto, porque es un ser sociable. En algún momento intermedio entre el mes y los 2 meses, su bebé le sonríe un día, cuando usted le habla y le sonríe. Es un momento emocionante para usted. Pero piense en lo que significa respecto del desarrollo de él. A esa edad sabe muy

---

*New York: McGraw-Hill, 5th edition, 1984.
†New York: Macmillan, 1984 (paperback).

pocas cosas; no le es posible usar sus manos, o siquiera volver la cabeza de un lado al otro. Y sin embargo, ya sabe que es un ser sociable, que es agradable tener gente afectuosa en derredor, que siente deseos de responderle. Y si se lo maneja con suficiente afecto y firmeza, continuará siendo amistoso y razonable, sólo porque es su naturaleza.

394. En los 2 ó 3 primeros meses, se encuentran concentrados en sí mismos. En el período que va hasta los 2 ó 3 meses, los bebés no tienen mayor contacto con el mundo exterior. La mayor parte del tiempo parecen escuchar lo que les dice su mundo interior. Cuando reciben el mensaje de que todo va bien, se muestran muy pacíficos. Cuando el mensaje habla de hambre, indigestión o cansancio, se muestran abrumadoramente desdichados, porque no hay nada que los distraiga. En algunos bebés, ése es un período irritable. Uno tiene cólico, otro pasa por rachas de llanto de enojo, un tercero siempre llora durante unos minutos justo antes de dormirse.

Cuando los bebés pasan el período de los 3 meses, comienzan a prestar mucha más atención al mundo que los circunda. Vuelven la cabeza en todas direcciones, por sí mismos, y parecen encantados con lo que ven.

395. Qué siente un bebé acerca de los desconocidos. Es posible formarse una idea de cómo pasa el bebé de fase en fase, en su desarrollo, observando sus reacciones ante los desconocidos, a distintas edades. Esto es lo que ocurre en el consultorio de un médico, en el caso de un bebé típico, hasta el año de edad, poco más o menos. A los 2 meses no presta mayor atención al doctor. Cuando se encuentra acostado en la mesa de exploración, mira constantemente, por encima del hombro, a su madre. El de 3 meses, es el deleite para cualquier médico. Estalla en una sonrisa que le hace agitar todo el cuerpo, con tanta frecuencia como el médico esté dispuesto a sonreírle y dedicarle algunas palabras. Alrededor de los 5 meses, es posible que el bebé haya cambiado de opinión. Cuando el médico se acerca, deja de patalear y canturrear. El cuerpo se le inmoviliza, y lo observa con atención, con suspicacia, tal vez durante unos 10 ó 20 segundos. Luego su abdomen comienza a ascender y descender con rapidez. Por último, se le contrae la barbilla, y se echa a chillar. Es posible que se altere hasta tal punto, que continúe llorando mucho tiempo después de que haya terminado el examen. Es un período de sensibilidad en que un bebé puede alarmarse ante cualquier cosa que le resulte desconocida, como el sombrero del visitante, o inclusive, la cara de su padre, si éste no ha podido estar con él y cuidarlo. Es probable que la causa principal de esta conducta consista en que ahora es lo bastante listo como para distinguir entre un amigo y un desconocido. Si su bebé es sensible respecto de las nuevas personas, los nuevos lugares, a mediados de su primer año, usted le protegería de un exceso de sustos, haciendo que los desconocidos se mantengan a cierta distancia hasta que el niño se habitúe, sobre todo en los lugares nuevos.

Ciertos bebés aceptan a los desconocidos en forma bastante negligente, hasta el final del primer año. Pero entonces todo cambia. Creo que los 13 meses es la edad más suspicaz de todas. A esa edad, el bebé típico se pone trabajosamente de pie cuando el médico se aproxima, y trata de descender de la mesa de exploración y pasar a los brazos de sus padres. Llora con furia, hunde la cara en el cuello del padre, como las avestruces. De vez en cuando, se interrumpe lo bastante como para espiar por encima del hombro de la madre al médico, con miradas que fulminan. Por lo general, deja de llorar y forcejear poco después de terminado el examen. Unos minutos más tarde, se lo puede ver explorando, dichoso, el consultorio, e inclusive, entablando amistad con el médico. En lo que se refiere al manejo de la sensibilidad del niño de 1 año, puede encontrarse algo más en la Sección 494.

Desarrollo físico y motor

396. Un bebé comienza a usar la cabeza. Se trata de un proceso gradual, por medio del cual el bebé aprende a dominar su cuerpo. Ello comienza con la cabeza, y poco a poco desciende a las manos, el tronco y las piernas. En cuanto ha nacido, sabe succionar. Y si algo le roza la mejilla —por ejemplo, el chupón, o un dedo de usted— trata de tomarlo con la boca. Se muestra dispuesto a hacer lo que le corresponde en materia de alimentación. Si usted trata de mantenerle la cabeza inmóvil, se enoja en el acto y se retuerce para liberarla. Es probable que este instinto le sirva para impedir que se lo asfixie.

397. El uso de sus manos. En cuanto nacen, unos pocos bebés pueden llevarse el pulgar a la boca en cualquier momento que se les ocurra. Pero la mayoría de ellos ni siquiera puede llevarse las manos a la boca con alguna regularidad, hasta que llegan a los 2 ó 3 meses. Y como sus puños todavía están apretados con fuerza, por lo general les lleva más tiempo aún apoderarse de un pulgar por separado. Pero a los 2 ó 3 meses, muchos bebés pasarán días enteros mirándose las manos, levantándolas, hasta que, asombrados, se golpean con ellas en la nariz, sólo para estirar los brazos y empezarlo todo de nuevo.

Pero la ocupación principal de las manos consiste en agarrar y manipular cosas. Un bebé parece conocer por adelantado qué aprenderá a continuación. Semanas antes de que en verdad puede tomar un objeto, da la impresión de que quiere hacerlo, y de que lo intenta. A esa altura, si usted le pone un sonajero en la mano, lo agarra y lo agita. Alrededor de la mitad del primer año, aprende a tomar algo que se le pone al alcance del brazo. Más o menos para entonces, aprenderá a trasladar un objeto de una mano a la otra. Poco a poco manipula las cosas con más destreza. En el último trimestre de su primer año, le encanta recoger objetos pequeños, como una mota de polvo, en forma cuidadosa y a propósito.

398. Los diestros y los zurdos. El tema de la mano predominante en los niños resulta un tanto confuso. Algunos bebés son ambidextros, y luego, en forma gradual, se vuelven diestros o zurdos. Otros muestran desde muy temprano una preferencia por la mano izquierda o derecha, y esa preferencia da la impresión de ser permanente. Otros utilizan una mano de manera predominante, durante varios meses, y luego cambian a la otra.

Los científicos que se interesan por la mano predominante creen que se trata de una característica innata, que tarde o temprano se vuelve evidente en cada individuo, y que más o menos, el 10 por ciento de todas las personas son zurdas. El manejo de una u otra mano tiende a ser un característico en cada familia, de modo que algunas tendrán varios "zurditos" y es posible que otras no tengan ninguno. Muchos especialistas consideran que si se obliga a un niño zurdo a convertirse en diestro, ello puede provocar el tartamudeo o dificultades para la lectura, o problemas emocionales, de modo que es mejor no tratar de influir sobre ningún bebé o niño pequeño, por temor a confundir a un posible zurdo.

Si su bebé parece ambidextro, y es probable que lo sea cuando comienza a agarrar cosas en la mitad de su primer año, o diestro, entonces, por supuesto, cuélguele su primer juguete de cuna cerca de la mano derecha, y muestre preferencia por ésta cuando le tienda juguetes y alimentos para que los coma con los dedos y, más tarde, con una cuchara. Pero si desde el comienzo muestra una preferencia definida por la izquierda, o si más tarde comienza a insistir en usar la izquierda, yo que usted no discutiría, ni pelearía con él, sino que le permitiría que mantuviese su preferencia.

399. Rodar sobre sí mismo y sentarse. La edad en que los bebés ruedan sobre sí mismos, se sientan, gatean, se ponen de pie o caminan, es más variable que la edad en que adquieren el dominio de su cabeza o sus brazos. Mucho depende del temperamento y del peso. Un niño delgado, vigoroso, tiene gran prisa por ponerse en movimiento. Uno regordete y tranquilo está dispuesto a esperar hasta más tarde.

Para la edad en que intenta rodar sobre sí mismo, un bebé no debe quedar sin vigilancia sobre una mesa durante el tiempo que le lleva a usted volverle la espalda, a menos de que esté asegurado con una correa. Para cuando puede revolcarse, no es conveniente dejarlo ni siquiera en el centro del lecho de un adulto. Resulta asombrosa la velocidad con que esos bebés pueden llegar al borde de la cama.

La mayoría de los bebés aprenden a sentarse con firmeza (después que se los ayuda a hacerlo) entre los 7 y los 9 meses. Algunos normales, inteligentes, esperan hasta el año. Pero antes que los bebés tengan la coordinación suficiente para lograrlo, quieren hacer el intento. Cuando usted les toma las manos, intentan erguirse. Esta avidez siempre hace surgir la pregunta en la mente de los padres: ¿Desde cuándo puedo sentar a mi bebé en el coche o en la sillita alta? Los médicos consideran que, en general, es mejor no sentar a los bebés hasta que puedan hacerlo con firmeza por sí mismos, durante varios minutos. Esto no significa que no se los pueda poner en posición de sentados, por diversión, o sentarlos en su regazo, o apoyarlos contra una almohada inclinada en el coche, siempre que el cuello y la espalda estén derechos. Lo que no es bueno es la posición encorvada sobre sí mismos, en períodos prolongados.

Y esto trae el problema de una **sillita alta.** Resulta de la mayor ventaja cuando los bebés comen con el resto de la familia. Por otro lado, la caída de una sillita alta es un accidente común. Si los bebés comen la mayor parte de sus comidas por su cuenta, creo que es preferible comprar una sillita baja acoplada a la mesa. Si piensa usar una sillita alta, consiga una de base amplia (de modo que no se vuelque con facilidad) y una correa para amarrar al bebé en ella. No deje a los bebés en una sillita alta o baja, después que han aprendido a gatear o ponerse de pie.

400. Un juguete o un alimento mientras se les cambia. Una de las cosas que los bebés nunca aprenden, es que deben permanecer acostados, inmóviles, mientras se les cambia o se les viste. Ello es lo contrario de su manera de ser. Desde cuando aprenden a revolcarse, hasta cerca de 1 año, cuando se los puede vestir poniéndolos de pie, forcejean o gritan indignados, contra la obligación de permanecer acostados, como si nunca hubiesen oído hablar de semejante ofensa.

Hay algunas cosas que ayudan un poco. Un bebé puede ser distraído por un padre que emite ruidos graciosos, otro por un trocito de galleta. Usted puede tener un juguete fascinante, especial, como una cajita musical que le ofrecerá sólo en los momentos de vestirlo. Distraiga a su bebé antes de acostarlo, y no en el momento en que comience a gritar.

401. Gatear. El andar a gatas puede comenzar en cualquier momento, entre los 6 meses y el año. Algunos bebés perfectamente normales jamás gatean; se quedan sentados hasta que aprenden a ponerse de pie. Hay decenas de maneras distintas de gatear, y es posible que los bebés cambien de estilo a medida que se vuelven más expertos. Uno aprende a gatear hacia atrás, otro lo hace de lado. Uno quiere hacerlo con las manos y los dedos de los pies, con las piernas rectas, y otro con las manos y las rodillas, y otro, con una rodilla y un pie. El bebé que aprende a gatear a toda velocidad puede tardarse en caminar, y el que gatea con torpeza, o que nunca aprende a hacerlo, tiene buenos motivos para aprender a caminar.

402. Mantenerse de pie. El mantenerse de pie aparece, por lo general, en el último trimestre del primer año, pero un niño muy ambicioso, delgado, puede hacerlo ya desde los 7 meses. De vez en cuando se ve a uno de ellos que no se pone de pie hasta después de un año, y que parece ser inteligente y saludable en todos los demás aspectos. Algunos de ellos son bebés regordetes, tranquilos. Otros parecen ser lentos en lo que se refiere a coordinar sus piernas. Yo no me preocuparía demasiado en relación con semejantes niños, siempre que el médico considere que son sanos, y siempre que parezcan vivaces y despiertos en otros sentidos.

Muchos bebés se meten en aprietos cuando aprenden a ponerse de pie, aunque todavía no saben cómo volver a sentarse. Los pobrecitos se mantienen de pie durante horas enteras, hasta que se muestran enojados de agotamiento. Los padres se apiadan y lo apartan del barandal de su corralito, para sentarlo. Pero en el acto, el pequeño se olvida de su fatiga, y vuelve a ponerse de pie. En esta ocasión, llora al cabo de pocos minutos. Lo mejor que puede hacer un padre es ofrecerle cosas especialmente interesantes para jugar mientras se encuentra sentado, llevarlo en su coche durante más tiempo que el habitual y consolarse con el hecho de que es probable que aprenda a sentarse en el término de una semana. Un día lo intenta. Con sumo cuidado, baja poco a poco el trasero hasta donde se lo permiten los brazos, y luego de un largo momento de vacilación se suelta. Descubre que la caída no era tan prolongada, y que su asiento está bien acolchado.

A medida que transcurren las semanas, aprende a apoyarse tomándose, primero con las dos manos, luego con una. A la larga, posee suficiente equilibrio para soltarse durante algunos segundos, cuando está distraído y no se da cuenta de la audacia de lo que está haciendo. Se prepara para caminar. (Véase la Sección 307 sobre evitar el uso de las andaderas.)

403. Ya camina. Son muchísimos los factores que determinan la edad en que un bebé camina solo: la ambición, el peso, lo bien que puede llegar a distintos lugares gateando, por malas experiencias. Un bebé que comienza a caminar y se enferma y no puede hacerlo durante 2 semanas, puede no volver a intentarlo durante un mes o más. O bien otro que comienza a aprender y tiene una caída, puede negarse a soltar otra vez las manos durante muchas semanas.

La mayoría de los bebés aprenden a caminar entre los 12 y los 15 meses. Algunos pocos, musculosos y ambiciosos, comienzan ya a los 9 meses. Un buen número de niños vivaces, sin raquitismo o ninguna otra enfermedad física, comienzan a partir de los 18 meses, o inclusive más tarde.

Cuando un bebé empieza a caminar, ello provoca una cantidad de problemas menores, como por ejemplo el de los zapatos y la disciplina, pero éstos se enfrentan en secciones posteriores.

Usted no necesita hacer nada para enseñar a su niño a caminar. Cuando los músculos, los nervios y el espíritu del pequeño estén listos para ello, le resultará imposible contenerlo. Recuerdo a una madre que se vio en aprietos por hacer caminar mucho a su bebé antes de que éste pudiera hacerlo por su propia cuenta. El pequeño se mostraba tan encantado con estas caminatas en las cuales se lo tomaba de los brazos, que lo exigía a lo largo de todo el día. A la pobre madre, casi se le quebró la espalda en dos.

Un padre de un pequeño que camina desde temprano

puede preguntarse si esto no será malo para las piernas del bebé. Hasta donde sabemos, el físico de los pequeños es capaz de soportar cualquier cosa que estén dispuestos a hacer por su propia cuenta. En ocasiones, algunos bebés tienen las piernas arqueadas en los primeros meses de la actividad de caminar, pero esto sucede con quienes empiezan tarde, tanto con quienes lo hacen temprano.

404. Cadera, pies y piernas. Durante los exámenes regulares del bebé, el médico asegura que las caderas del bebé sean bien formadas. De vez en cuando, se encuentra que una cadera se ha dislocado. Un tratamiento inmediato casi siempre corrige esta condición rápidamente.

Todos los bebés tienen pies que parecen planos en los primeros dos años, en parte porque todavía no se les han formado los arcos de los pies, y en parte porque sus pies son regordetes. A medida que aprenden a ponerse de pie y caminar, ejercitan los músculos que ayudan a crear el arco del pie. (Véase la Sección 405.)

La forma correcta de que crezcan la piernas, los tobillos y los pies, depende de varios factores. Algunos bebés parecen tener una tendencia a caminar con las rodillas juntas y los pies hacia afuera. Es más probable que el niño de mucho peso desarrolle estas características. Otros bebés muestran tendencia a caminar con las piernas arqueadas y los pies vueltos hacia adentro. Creo que esto rige, en especial, para los muy activos, atléticos. Otro factor puede ser la posición en que los bebés mantienen sus pies y piernas. Por ejemplo, de vez en cuando se ve un pie que se vuelve del tobillo hacia adentro, porque el bebé siempre se sienta con ese pie metido bajo su cuerpo, en esa posición. En ocasiones se sospecha que los bebés se han visto habituados a desviar el pie hacia adentro, debido a que siempre se los acostaba boca abajo, con los pies volteados el uno hacia el otro, o por empujarse ellos mismos en una andadera, con los bordes exteriores de los pies.

La mayoría de los bebés caminan hasta cierto punto con las puntas de los pies dirigidas hacia adentro, al comienzo, y luego, poco a poco, utilizan toda la parte delantera del pie, a medida que progresan. Uno comienza con los pies dirigidos hacia el costado, como Charlie Chaplin, y termina haciéndolo, más adelante, en forma más moderada. El bebé común comienza por voltear las puntas de los pies hacia afuera con moderación, y termina con los pies casi paralelos. El bebé que comienza a andar con los pies casi paralelos, puede terminar volteando las puntas de los pies hacia adentro. Esta posición, y las piernas encorvadas van a menudo juntas.

En las consultas regulares, el médico observa los tobillos y las piernas, desde el momento en que el bebé comienza a ponerse de pie. Esta es una de las razones de que las visitas regulares sean tan importantes durante el segundo año. Si se desarrollan tobillos débiles, rodillas vueltas hacia adentro, piernas encorvadas, o las puntas de los pies vueltas hacia adentro, el médico puede recomendar medidas correctivas.

405. Zapatos, ¿cuándo y de qué tipo? En la mayoría de los casos, no hace falta poner nada en los pies de los bebés, hasta que caminan afuera. Por lo general, sus pies se mantienen frescos, lo mismo que sus manos, y esto no les molesta. En otras palabras, no hacen falta las botitas tejidas o los zapatos blandos en el primer año, a no ser que el suelo de la casa sea muy frío.

Cuando un bebé ya se pone de pie y camina, es de suma importancia dejar al niño descalzo la mayor parte del tiempo, cuando la temperatura es conveniente. Los empeines son relativamente planos al comienzo. El bebé poco a poco encorva los empeines, y fortalece los tobillos al usarlos con energía, mientras se pone de pie y camina. (Supongo que el motivo de que las plantas de los pies sientan tanto las cosquillas y sean tan sensibles debajo del empeine, está destinado a recordarnos que debemos mantener esa parte arqueada, lejos del suelo.) El caminar sobre una superficie despareja o áspera también estimula la utilización de los músculos de la pierna y el pie. Cuando siempre se proporciona a un bebé un suelo plano en el cual caminar, y en todo momento se le encierra el pie en el zapato (con su interior suave), en especial si las suelas son rígidas, se estimula al niño a aflojar los músculos del pie, y a caminar con los pies planos.

Por supuesto, un niño que camina necesita zapatos afuera durante el tiempo frío, y cuando camina en pavimentos y otras superficies dudosas. Pero es bueno que un niño continúe descalzo en el interior de la casa hasta los 2 ó 3 años, y también afuera, en tiempo cálido, en la playa, en el arenero, y en otros lugares seguros.

Es común que los médicos recomienden al principio suelas semiblandas, de modo que los pies del niño tengan una mejor oportunidad de moverse. Lo importante es que los zapatos sean lo bastante grandes como para que los dedos no queden encogidos, pero no tan grandes que casi se le caigan del pie. Los calcetines también tienen que ser lo bastante grandes.

Los zapatos les quedan pequeños a algunos niños, a una velocidad desalentadora, a veces en 2 meses, y los padres deberían adquirir la costumbre de palpar los zapatos cada tantas semanas, para asegurarse de que todavía no les aprietan. Tiene que haber algo más que el espacio **sufi-**

ciente para los dedos, porque cuando el niño camina, los dedos se aprietan contra la punta del zapato. Debe haber un espacio suficiente en la punta del zapato, cuando el niño se encuentra de pie, de modo que sea posible cubrir la uña del pulgar hasta la mitad, en la punta del zapato, antes de tropezar con los dedos del niño. No se puede saber nada cuando el pequeño está sentado; los pies llenan una mayor parte del zapato cuando una persona está de pie. Como es natural, los zapatos también deben ser cómodamente anchos. Existen zapatos blandos, ajustables, que pueden soltarse a medida que el pie crece. Es importante tener una suela antideslizante. Se puede hacer más áspera una suela suave con un papel de lija grueso.

Pero si los pies y las piernas de su bebé son fuertes, puede adquirir zapatos medianamente blandos, e inclusive baratos, si le van bien y son lo bastante amplios. Los tenis son considerados adecuados por muchos médicos, siempre que no hagan sudar al pie. Los pies son regordetes durante los dos primeros años, y a consecuencia de ello, los zapatos bajos a veces no calzan tan bien como los de empeine alto.

Hablar

406. Hablar. La mayoría de los bebés comienzan a usar algunos sonidos que parecen significar algo, cuando se encuentran en las cercanías de 1 año de edad. Pero hay niños perfectamente normales que esperan unos meses más antes de hacerlo. En apariencia se trata, en gran medida, de un problema de temperamento o de personalidad. El niño sociable y afectuoso tiene necesidad de hablar en seguida, por naturaleza. El tipo silencioso, observador, parece necesitar mucho más tiempo para contemplar el mundo con expresión solemne, antes de sentir deseos de decir algo acerca de él.

El ambiente que rodea a los bebés y la forma en que son manejados, también tiene su importancia. Si los padres, víctimas de tensiones nerviosas, se muestran siempre silenciosos cuando hacen cosas para su bebé, éste siente la falta de comunicación, y se mantiene metido dentro de sí mismo. En el otro extremo, si los adultos de la familia se lanzan con fuerza sobre el bebé, le hablan y lo abruman continuamente, es posible que se sienta incómodo, y se abstraiga cuando hay gente alrededor. No tiene una edad en la cual puede contestar o salir a caminar para salir y alejarse de todo el alboroto. La gente, pequeños y grandes, gusta de conversar cuando se encuentra rodeada de amigos afables, con los cuales congenia. La única diferencia con el bebé consiste en que éste tiene que desearlo mucho más, para aprender las palabras, por empezar.

En ocasiones se dice que algunos niños no han aprendido a hablar porque toda la familia los atiende sin cesar, les dan todo lo que se les ocurre, antes de que hayan tenido tiempo de darse cuenta de que lo querían. Este tipo de servicios puede hacer que los bebés se muestren un poco más lentos en el aprendizaje de nuevas palabras, pero no creo que los vuelva silenciosos, a no ser que la familia los persiga demasiado y les anule su sociabilidad.

De vez en cuando, uno sospecha que un bebé se muestra lento en aprender palabras, porque un padre habla con frases muy largas, y el niño no tiene la posibilidad de distinguir una de ellas, en cualquier momento dado, para aprendérsela. Esto no es lo común, porque la mayoría de la gente, por instinto, usa palabras aisladas, con un bebé, al comienzo, o subrayan la palabra importante en una frase.

¿La lentitud para hablar indica un desarrollo mental lento? Esta puede ser la primera idea espantosa que se les ocurre a los padres. Es cierto que algunos niños mentalmente lentos hablan en una etapa tardía, pero la mayoría de ellos usan palabras a la edad normal. Por supuesto, el niño **gravemente** atrasado, que no puede sentarse, por ejemplo, a los 2 años, también se demorará bastante para hablar. Pero el caso es que una gran mayoría de quienes comienzan a hablar tarde, incluso aquéllos que no hablan demasiado, hasta los 3 años, tienen una inteligencia normal, y algunos de ellos son muy inteligentes. Si su niño parece tardar en hacer ruidos o hablar, y si también usted tiene dudas sobre su oído, hable con su médico sobre un examen de su oído.

Creo que puede adivinar qué debe hacer si su niño tarda en hablar. No se preocupe y no saque la conclusión precipitada de que es tonto. Dele cariño reconfortante y evite marimandonearle demasiado. Dele oportunidades, si es posible, de estar con otros niños. Háblele con palabras sencillas de una manera amable. Anímele a pedir las cosas por su nombre, pero trate de evitar órdenes enojadas de que hable.

Todos los bebés empiezan por pronunciar mal la mayoría de las palabras que utilizan, y poco a poco van mejorando. Pero uno de ellos sigue teniendo problemas con un sonido, y otro con otro. Algunos de estos errores de pronunciación se deben a una verdadera torpeza de la lengua u otras partes del mecanismo de pronunciación. En fin de cuentas, algunos adultos todavía cecean, por más que intenten corregirse. Otros errores de pronunciación parecen deberse a caprichos de los sentimientos del pequeño. Uno de ellos se aferra a un error de pronunciación de una palabra mucho después de haber aprendido a pronunciar en forma correcta el mismo sonido en otro vocablo. Las pequeñas demoras como ésta, no tienen importancia si el niño se muestra, en general, bien adaptado y despierto, y crece en otros sentidos. Está bien corregir, de vez en cuando, a un niño, en forma amistosa. Es un error mostrarse demasiado serio y polémico en relación con ello.

¿Y qué decir de la pequeña que tiene un lenguaje tan torpe, a los 3, 4 ó 5 años, o más todavía, que los otros pequeños no pueden entender y se burlan de ella? En primer lugar, es preciso que un especialista le examine los oídos. Puede visitar a un experto en lenguaje, si hay uno que sepa cómo entenderse fácilmente con una niña pequeña, y hacer que las lecciones le resulten atractivas. Pero exista o no un experto a la mano, ese tipo de niño necesita una relación constante con otros pequeños, lo más próximos a su edad que resulte posible, de preferencia, en una buena escuela infantil, hasta que esté en condiciones de pasar a la escuela primaria. Un buen maestro puede proteger al niño que tiene un defecto, defendiéndolo del desprecio de los otros pequeños, en formas discretas, y como el problema le inquieta menos, muchas veces puede ayudarlo a hablar con más facilidad de lo que pueden hacerlo los padres. Algunas escuelas primarias tienen maestros especializados en el lenguaje.

407. La forma deliberada de hablar como bebé aparece con más frecuencia en el niño que siente que un miembro más pequeño de la familia está recibiendo demasiada admiración y afecto, y por lo tanto, se siente celoso. (Véase las Secciones 549 y 552.) Cuando un niño tiene un nuevo bebé en casa, y trae esta manera de hablar como bebé a la escuela, puede ocasionar toda una epidemia en la cual la clase entera se pone a hablar como bebé.

Existe otro tipo de lenguaje que afecta al niño que no tiene rivales por los cuales preocuparse. Pienso, por ejemplo, en la chiquilla de rizos en tirabuzón y ropas elegantes, que es la hija única de una familia que juega con ella. Están tan encantados con la pequeña como si fuera un juguete, y olvidan que tiene que crecer. Siguen hablándole con balbuceos infantiles durante mucho tiempo más de lo normal, y le demuestran que la quieren mucho más cuando se comporta como un bebé "precioso". No es posible censurar a la pequeña por el hecho de que les siga la corriente. Pero pasará malos ratos cuando se encuentre con niños de su edad, porque éstos no pensarán que es preciosa; la considerarán espantosa.

El desarrollo más lento

408. Los que se desarrollan con lentitud. El desarrollo de cada niño es diferente del de cualquier otro, y es una compleja mezcla de pautas, tal como se explicó en la Sección 12. Son determinados, ante todo, por la herencia, por la herencia normal, no por la defectuosa. La lentitud o rapidez de su dentición, del momento en que comienzan a hablar, del desarrollo del comienzo o del final de la pubertad, la buena talla o la baja estatura, tienden a ser características en las familias. Pero todas estas características varían en cada una de las familias, porque la herencia de cada una de ellas es una enorme mezcla.

Usted mira crecer a su hijo con una mezcla de fuertes sentimientos. Cuando avanza con rapidez, se enorgullece de él, y de sí misma, por haberlo producido. Y cuando él muestra su placer por sus nuevos logros y por su descubrimiento del asombroso mundo que lo rodea, usted vuelve a vivir la parte más placentera de su propia infancia. Pero siempre descubre que se inquieta al instante, si aparecen señales de que no continúa con sus adelantos, o que no se encuentra a la altura de otros niños a quienes conoce. No sólo se siente ansiosa, sino también vagamente culpable. Así están hechos todos los buenos padres. Cualquier cosa que se aparte apenas del camino normal, les hace preguntarse si cuidan a su hijo como corresponde, si le han dado una herencia apreciable, si alguna cosa que los hizo sentirse culpables respecto de su propio pasado, está afectándolo a él. La Biblia habla en términos ominosos de los pecados de los padres heredados por los hijos, y muchos de nosotros, padres, fuimos prevenidos con palabras similares en nuestra propia crianza.

Por lo general, el desarrollo lento no tiene nada que ver con los cuidados incompetentes o con los defectos heredados, o con los pecados de los padres (reales o imaginarios).

El desarrollo motor abarca capacidades tales como las de mantener la cabeza erguida, sentarse, gatear, pararse, caminar. Tenemos estadísticas promedio para cada una de ellas, pero las variaciones son muy grandes entre los bebés en todo sentido sanos y normales.

Existen unas pocas y raras enfermedades que obstaculizan el desarrollo motor, pero casi siempre pueden ser diagnosticadas por un médico.

La abrumadora mayoría de los casos de desarrollo motor lento —más de 9 de cada 10— son apenas un problema de variaciones normales.

Desarrollo de la inteligencia. Es de singular importancia para los padres de un niño que se muestra lento en su desarrollo motor, saber que existe muy poca relación entre esto y la inteligencia. Más de 9 de cada 10 de los bebés que aparecen indudablemente lentos en su desarrollo motor, resultan tener una inteligencia normal. Aparte de las pruebas de desarrollo que, en ocasiones, se practican en la infancia (en especial en caso de adopción) son, casi siempre, pruebas de capacidad motriz y de reacciones sociales. Revelan si un bebé ha tenido una enfermedad o una lesión cerebral, y si ha sufrido, en la esfera emocional, por algún descuido o abandono. Pero fuera de estas situaciones, no dicen, en el primer año, nada referente a lo que será, en el futuro, la inteligencia del niño. La inteligencia, que tiene relación con capacidades tales como el razonamiento y la memoria, sólo puede comenzar a analizarse con certeza a partir de los 2 años.

La inteligencia, en contraste con el desarrollo motor, tiene mucho más que ver con el ambiente que con la herencia. Los bebés nacidos de padres con escasa inteligencia, pero adoptados por familias normales o con buen nivel intelectual, tienden a desarrollar una inteligencia como la de sus padres adoptivos.

El desarrollo social y emocional puede depender, en cierta manera, del temperamento con que han nacido los bebés —que resulten bebés tranquilos o activos, por ejemplo— pero, ante todo, dependen de las experiencias por las cuales pasan. No existen pruebas de que, perturbaciones específicas como la falsedad, la maldad y la delincuencia, sean hereditarias.

Los bebés que son lentos en su desarrollo, necesitan, por cierto, ser revisados con regularidad por su médico, para asegurarse de que no hay una enfermedad o un estado que necesite su atención. Ello es así, en particular, cuando, no sólo son lentos en su desarrollo motor, sino que además, no reaccionan ante las personas y las cosas que los rodean. Entonces deberían pasar, por lo menos, por una consulta con un pediatra, un oculista y un otorrinolaringólogo.

Dentición

409. La edad de la dentición tiene poca importancia. La dentición varía mucho de un bebé a otro. Uno masca cosas, está molesto y babea durante 3 ó 4 meses antes que aparezca cada uno de los dientes, y convierte la vida de la familia en un tormento. En otro caso, un buen día la madre des-

cubre un diente, sin siquiera haber sospechado que su bebé
comenzaba su dentición.

Un bebé tiene su primer diente a los 3 meses, y otro no
lo muestra hasta después del año. Pero los dos son pequeños
normales y saludables. Es cierto que algunas enfermedades
influyen, de vez en cuando, en la edad de la dentición. Sin
embargo, esto es poco frecuente. En un bebé razonablemente saludable, la edad de la dentición es simplemente un
patrón de desarrollo con que nació el niño. En una familia,
la mayoría de los niños tienen una dentición temprana, y en
otra, una tardía. No es posible decidir que su bebé es muy
especial por el hecho de tener sus dientes desde muy temprano, o que está atrasado en general, por tenerlos tarde.

410. Cómo salen los dientes del bebé común. El bebé
común tiene el primer diente alrededor de los 7 meses, pero
ha estado babeando, mordiendo, y pasando por períodos de
molestia desde los 3 ó 4 meses. Como los bebés tienen
veinte dientes en sus primeros 2½ años, resulta fácil ver que
la dentición les ocupa la mayor parte de ese período. Y eso
también explica por qué es tan común culpar de la dentición
a cualquier enfermedad que aparezca.

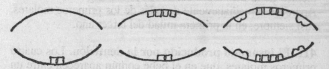

En los tiempos antiguos era habitual culpar a los dientes
de los resfriados, las diarreas, las fiebres. Por supuesto,
estas situaciones son provocadas por gérmenes, y no por los
dientes. Pero en algunos bebés parece como si la dentición
disminuyese la resistencia, e hiciera **más fácil** que una
infección apareciera en esos momentos. Pero si su bebé se
enferma mientras le salen los dientes, o tiene una fiebre alta
de unos 101 grados F, es preciso que el médico diagnostique
y trate la enfermedad, tal como si el bebé se hubiera enfermado cuando no le salían los dientes.

Por lo general, los dos primeros dientes son los incisivos
centrales inferiores ("Incisivo" es el nombre que se da a los

ocho dientes delanteros, que tienen filosos bordes cortantes.) Luego de unos meses, salen los cuatro incisivos superiores. El bebé común tiene estos seis dientes, cuatro arriba y dos abajo, cuando se encuentra cerca del año de edad. Después de esto, se produce, por lo general, una pausa de varios meses. Entonces aparecen seis dientes más, sin muchas pausas entre uno y otro, eso es, los dos incisivos que faltan, y los cuatro primeros molares. Los molares no aparecen al lado de los incisivos, sino más atrás, dejando un espacio para los caninos.

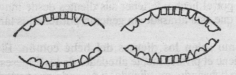

Después de los primeros molares, se produce una pausa de varios meses antes que los caninos aparezcan en los espacios entre los incisivos y los molares. El momento más común es el de la segunda mitad del segundo año. Los últimos cuatro dientes de la dentadura del bebé son los segundos molares. Aparecen inmediatamente después de los primeros molares, casi siempre, en la primera mitad del tercer año.

411. El insomnio producido por la dentición. Los cuatro primeros molares, que en el bebé común aparecen entre un año y un año y medio, tienden a provocar más problemas a los bebés que los otros. Es posible que los bebés se muestren caprichosos y pierdan el apetito durante varios días. Puede que despierten llorando muchas veces, todas las noches. Esto puede llegar a ser un problema, si no se duermen inmediatamente después. La forma más fácil de tranquilizarlos parece ser un pequeño biberón o taza de leche. ¿Es peligroso esto? En la mayoría de los casos, el bebé deja de despertar cuando los dientes ya han salido. Hay casos aislados en que se desarrolla un hábito continuo de despertarse, en especial si se lo levanta para dar el biberón y se le ofrece un rato de sociabilidad (la Sección 339). Por lo tanto, creo que es preferible no adquirir el hábito de ofrecerle una comida nocturna a esa edad, o de levantarlo, si se tranquiliza unos minutos más tarde, por sí mismo.

La aparición del primer diente, a mediados del primer año, también puede despertarlo.

El negarse a tomar el biberón o el pecho durante la dentición, se analiza en la Sección 141.

412. Deje que el bebé mordisquee. Algunos padres creen que es obligatorio impedir que su bebé lleve cosas a la boca y mordisquee. No cabe duda de que esta idea volverá frenéticos a los padres, y al bebé, en su debido momento. La mayoría de los bebés **necesitan** llevarse cosas a la boca, de vez en cuando, por lo menos, desde los 6 a los 15 meses. Lo mejor que puede hacer un padre es proporcionarle objetos masticables sin filo como para que, si el bebé se cae con ellos en la boca, no le causen mucho daño. Los anillos de goma para la época de la dentición, de varias formas distintas, son útiles, pero el mismo servicio prestará cualquier tipo de hule que el bebé pueda sostener con facilidad. Es preciso tener cuidado con los juguetes hechos de plástico delgado, quebradizos. En ocasiones, los bebés muerden y tragan trocitos de ellos, o se ahogan. También hay que cuidar de que el bebé no raspe la pintura de los muebles y otros objetos, si hay algún peligro de que dicha pintura tenga plomo en su composición. En la actualidad, casi todos los muebles y juguetes de los bebés están pintados con pintura sin plomo. Es preciso pensar en los objetos que han sido vueltos a pintar en casa, o que nunca se pensó que serían mordisqueados por los bebés. Algunos de estos prefieren algún tipo de paño para mascar. O bien se puede envolver un cubo de hielo o un trozo de manzana en un cuadrado de paño. (Un pediatra que conozco sugiere que se dé al niño una rosquilla congelada, para mordisquear.) Déjelos que tengan lo que parecen desear, siempre que no resulte peligroso. No hay por qué alarmarse por los gérmenes que pueda contener un anillo para la dentición, o un trozo de paño favorito. De cualquier modo, son los gérmenes del bebé. Por supuesto, es buena idea lavar el anillo de dentición con jabón, si se ha caído al suelo, o cuando el perro se apoderó de él. Si el bebé mordisquea un trozo de paño, usted lo puede hervir de vez en cuando. A algunos bebés les encanta que les froten con firmeza las encías de cuando en cuando. No use ningún medicamento sin la recomendación del médico.

Lo que hace una buena dentición

413. Lo que es necesario para una buena dentición. La primera cosa que hay que entender es que las coronas de todos los dientes (la parte que se ve) se forman en las encías antes del nacimiento. En otras palabras, están hechas de lo que la madre come durante su embarazo. Las investigaciones muestran que, entre los alimentos que hacen falta para crear dientes fuertes, los siguientes son de singular importancia: el calcio y el fósforo (leche y queso), la vitamina D (gotas de vitaminas y sol), la vitamina C (gotas de vitaminas, naranjas y otras frutas cítricas, tomates crudos, col). Es probable que también sean necesarios otros factores, entre ellos la vitamina A y algo de vitamina B.

Los dientes permanentes del bebé, los primeros de los cuales no aparecen hasta que el niño tiene alrededor de 6 años de edad, ya se **están formando pocos meses después del nacimiento.** A esa edad, por supuesto, los bebés reciben abundante calcio y fósfero de su dieta láctea. Deben recibir vitaminas C y D, para cuando tienen un mes de edad. (Por lo general, éstas se agregan en forma de gotas concentradas, si no se encuentran en la fórmula.)

414. El flúor en el agua fortalece los dientes. Un elemento del cual se sabe que es valioso en la **formación** de los dientes de un niño es el flúor— una minúscula cantidad en la dieta de la madre, mientras ésta se encuentra embarazada, y en la dieta del bebé y del niño pequeño cuando se forman los dientes permanentes. Existen muchas menos caries dentales en las partes del país en que el flúor aparece en forma natural en el agua. Ahora se lo agrega en proporciones minúsculas, seguras, al agua de muchas comunidades progresistas, como una medida de salud pública. Si no hay flúor en el agua, el médico o el dentista de la madre, pueden recetar una pequeña dosis diaria para la madre, durante el embarazo, y para el niño después del nacimiento. El dentista puede ofrecer al niño una parte de ese beneficio, untando los dientes con flúor y recomendando la pasta dentífrica fluorada.

Cuando se propone que se agregue flúor al agua potable de la ciudad, esto hace que algunos ciudadanos se muestren ansiosos. Descubren literatura que afirma que la fluoración es peligrosa, y pueden invitar a oradores de otras ciudades, conocidos como opuestos a la fluoración, para atestiguar en contra de ésta. Como algunas de las afirmaciones son alarmantes, levantan dudas entre todos los ciudadanos. Conviene acordarse de que investigaciones intensivas y extensivas fueron realizadas por científicos responsables antes de que la fluoración artificial fue propuesta y que se investigaron todos los posibles peligros y objeciones. Luego, grupos de expertas de la American Public Health Association, la American Dental Association, la American Medical Association y el United States Public Health Service consideraron las pruebas antes de recomendar la fluoración al público. Si no está seguro si el agua contiene suficiente flúor, puede llamar al número que ponen en su cuenta de agua. Flúor suficiente es 0.7–1.0 ppm (partes por millón). Si tiene su propio pozo, llame al departamento de salud municipal.

Usted tendrá una mejor perspectiva si se da cuenta de que otras alarmas por el estilo surgieron en relación con la vacunación, la inmunización contra la difteria y el tratamiento del agua con cloro antes que estos procedimientos llegasen a ser aceptados en general.

415. Las caries son favorecidas por el contacto frecuente con azucares y almidones. Los científicos de la odontología todavía no han podido encontrar todas las soluciones para las caries de los dientes. La dieta de la madre embarazada y del bebé son importantes en la formación de los dientes. Es probable que la herencia también represente un papel.

Pero algunos dientes que parecen fuertes terminan por cariarse más adelante. Los dentistas creen que la causa principal de las caries dentales es el ácido láctico. Este ácido es producido por bacterias que viven en los azúcares y almidones que entran en contacto con los dientes. Cuantas más horas del día haya almidones y azúcares en los dientes, mayor será la cantidad de bacterias, y más ácido láctico se produce para disolver el esmalte de los dientes y crear agujeros. Por eso, la frecuente succión de caramelos, la ingestión de golosinas pegajosas y frutas secas, el hábito de beber gaseosas y de mordisquear galletas (que tan a menudo se adhieren a los dientes) son singularmente factores que provocan caries.

Cuando los niños siguen tomando biberones en el segundo año, y durmiéndose con la boca llena de leche, se produce en ocasiones un rápido deterioro de los dientes. Por eso el bebé nunca debe ser acostado con un biberón de leche o de jugo.

Por supuesto, la mayoría de las frutas contienen algo de azúcar, e inclusive las verduras la contienen. Pero el azúcar se encuentra diluido, y a consecuencia de ello, es eliminado antes. Y las fibras duras de la fruta ejercen una acción de cepillado sobre los dientes. Todos nosotros comemos almidones en mayor o menor medida, pero, por lo general, sólo los ingerimos durante las comidas, y muchos de ellos —en particular los que contienen salvado, como los cereales integrales y las papas— no se adhieren durante mucho tiempo a los dientes. Lo que resulta particularmente nocivo para los dientes es la ingestión frecuente, entre una y otra comida, de azúcares y almidones que se adhieren.

416. El cuidado de los dientes. A veces se recomienda que los dientes de los bebés sean cepillados cuando aparecen sus primeros molares. Pero en la mayoría de los bebés, esto ocurrirá en la primera mitad del segundo año. Por mi parte, yo creo que también se puede decir algo a favor de la espera hasta que los niños tengan casi 2 años. A esa edad, sienten pasión por copiar todo lo que ocurre alrededor de ellos. Si una niña de 2 años ve que sus padres se cepillan los dientes, un día toma uno de los cepillos de ellos e insiste en probar

Los niños quieren hacer cosas como los adultos.

por su cuenta. Ese es un buen momento para comprarle un cepillo y dejar que lo intente. Por supuesto, al principio no será muy eficaz, pero es posible ayudarla con mucho tacto. Tal vez insisto demasiado en esto, pero es un buen ejemplo de una verdad fundamental. Tres cuartas partes de las cosas que creemos que debemos imponer a los niños como obligaciones desagradables, son cosas que les encanta aprender a hacer por su cuenta, en cierta etapa de su desarrollo, si les damos la oportunidad.

El objetivo principal del cepillado de los dientes consiste en eliminar los trocitos y fragmentos de alimento de alrededor de los dientes. **El momento lógico es después de las comidas, tres veces por día.** (Cuelgue cepillos de dientes en la cocina, así como en el cuarto de baño.) Es mucho más importante después de la cena, de modo que los dientes queden limpios para el largo período nocturno, en que la boca está inmóvil y la saliva fluye con lentitud.

417. Examen dental dos veces por año, desde los 12 meses de edad. Es prudente comenzar a llevar a un niño al dentista cada 6 meses, a partir de los 12 meses. Ese es el período en que las caries dentales tienden a iniciarse. El momento de tapar las cavidades es cuando éstas son pequeñas. Ello salva los dientes y le duele menos al niño.

Aunque su hijo no tenga una cavidad a los 12 ó 18 meses en la visita al dentista, el gasto vale la pena por dos razones. Es un seguro de que los dientes están sanos. Habitúa al niño a ir al dentista sin temores. Esta confianza constituye una importante diferencia cuando llega el momento de la primera tapadura.

Algunos padres creen que no tienen por qué preocuparse por las caries de los dientes del bebé, porque de todos modos, se caerán. Eso es un error. Un diente cariado puede provocar dolor al pequeño, y en ocasiones culmina en la infección de la mandíbula. Y si el diente de un bebé está tan cariado o causa tanto dolor que es preciso extraerlo, deja un espacio en la mandíbula que permite que los dientes cercanos se desvíen de su posición. Entonces no queda suficiente lugar para el diente permanente, cuando se encuentra a punto de salir. Recuerde que los últimos dientes de la primera dentición sólo se pierden cuando el niño tiene 12 años de edad. De modo que necesitan un cuidado tan minucioso como los permanentes.

418. Los dientes permanentes. Los dientes permanentes comienzan a aparecer cuando el niño tiene alrededor de 6 años. Los molares del pequeño de 6 años salen más atrás que los del bebé. Los primeros dientes de leche que se pierden son los incisivos centrales de la mandíbula inferior. Los incisivos permanentes, que empujan desde abajo, destruyen las raíces de los dientes de leche, que se sueltan y luego caen. Los dientes de leche se pierden más o menos en el mismo orden en que han aparecido: los incisivos, los molares, los caninos. Los dientes permanentes que ocupan el lugar de los molares de leche se llaman bicúspides. La sustitución de los nuevos dientes se completa en algún momento entre los 12 y los 14 años. Entre tanto, los molares de los 12 años han aparecido detrás de los de los 6 años. Los "molares de los 18 años" o "muelas del juicio" aparecen mucho más tarde (y en ocasiones nunca).

Cuando los dientes salen chuecos o fuera de lugar, existe cierta tendencia a que se enderecen más tarde, pero no es posible prever por anticipado hasta qué punto se enderezarán. Su dentista, quien debe examinar los dientes de su niño cada 6 meses, puede indicarle si hace falta algún tratamiento especial para ello.

Cuando aparecen los dientes permanentes, a menudo se encuentran detrás de los dientes de leche, y más tarde se adelantan. Tienen bordes dentados, que luego se desgastan. Son más amarillos que los dientes de leche.

PREVENIR LOS ACCIDENTES

Los principios de prevención

419. Los accidentes causan más muertes entre los niños con más de 1 año que todas las enfermedades juntas. Las tres causas principales de estos accidentes son los automóviles, fuego (humo y quemaduras) y los ahogos.

Cuando se dice "accidente", todos asumen que es algo inevitable, una de estas cosas que no se puede controlar en la vida. Pero la mayoría de lo que llamamos "accidentes" hubieran podido evitarse con facilidad. Y la mayoría de nosotros sabemos cómo hacerlo: usando sillas de coche, cinturones de seguridad, practicando seguridad de peatones y cerca de agua, instalando detectores de humo, y bajando las temperaturas en calentadores de agua caliente podrían prevenir los desastres más comunes.

¿Por qué nos cuesta tanto trabajo hacer estas acciones necesarias con regularidad? Creo que se debe a la tendencia natural humana de pasar por la vida con una actitud de "No me puede pasar a mí". Entonces el primer paso es dejar de negar la posibilidad de un accidente. Luego practicar los dos principios de prevención básicos: **conciencia** del medio ambiente, para identificar y reducir los peligros tanto como sea posible; y la **supervisión** vigilante de su niño.

Automóviles

Los niños son susceptibles a los accidentes automovilísticos en tres maneras distintas: como pasajeros en autos, como peatones, y como ciclistas. Incluyo los ciclistas en esta categoría porque casi el 90 por ciento de los accidentes mortales de bicicletas se relacionan con automóviles.

420. Los cinturones y las correas de seguridad. Cada bebé debería ser asegurado en una silla para automóvil aprobada, y amarrado en un asiento de seguridad aprobado, en cada viaje, incluso el primero del hospital a casa, por corto que éste sea. (La mayoría de los choques ocurren a pocas millas de casa.) En cuanto el niño alcanza el peso de unas 20 libras, a más o menos un año de edad, debe usar un asiento de coche que conforme a los estandartes actuales federales para la seguridad automovilística. No estará seguro en cinturones de seguridad o con correas para los hombros hasta que pese más de 45 libras, a los 5 años. Las sillas de coche y los cinturones de seguridad no protegen si no están instalados correctamente. Nunca compre una silla de coche de segunda mano. A menudo faltan partes importantes.

Todos los 50 estados tienen leyes que requieren que los niños con menos de 4 años estén amarrados en sillas de coche cuando un coche está en marcha. Más que una mitad de los estados ya requieren que todas las personas en la parte delantera estén amarradas. Algunos padres explican la falta de uso de los asientos de seguridad o correas, argumentando que los niños se niegan a usarlos. Esta excusa no tiene ningún valor. Todos los niños harán lo que sus padres insistan en indicarles. Si usted comienza a hacer alguna excepción, un niño discutirá cada vez, y esto resulta agotador para los hijos y los padres. Lo más seguro es no manejar ningún vehículo salvo que **todos** adentro estén seguros en un asiento de coche o con un cinturón de seguridad. (Nunca utilice un cinturón de seguridad para dos niños pequeños, ni para un adulto con un niño pequeño en su regazo.)

La investigación muestra que hay un beneficio adicional de mantener a los niños en un asiento de coche o con un cinturón de seguridad. **Se comportan** mejor cuando estan asegurados que cuando no.

421. Los accidentes de peatones. La causa de muerte por accidente más común en niños entre los 5 años y los 9 años es el ser chocado por un coche. Los niños de edad escolar corren un riesgo todavía más alto porque están muy expuestos al tráfico pero no tienen la edad para manejarlo. Su visión periférica no está totalmente desarrollada. No saben evaluar con precisión las velocidades y distancias de los coches, y no tienen el juicio para saber cuándo está bien cruzar la calle. Las investigaciones muestran que en general los adultos dan a sus niños más crédito en cuanto a una "sabiduría callejera" que en realidad tienen. He aquí unas reglas para la seguridad del peatón:

1. Desde el momento en que su hijo comienza a caminar por la acera, enséñele que los únicos pasos que puede dar fuera de ella son los que da tomado de su mano. Siempre supervise a los niños de edad preescolar y no deje que jueguen en las calles o los caminos de entrada.

2. Explícales a los niños entre los 5 y los 9 años una y otra vez las reglas sobre cuándo cruzar las calles en zonas residenciales. Muestre un comportamiento perfecto usted mismo cuando camina con ellos. Explícales cómo funcionan los semáforos, y por qué es importante mirar hacia la izquierda, derecha, e izquierda de nuevo, incluso cuando el semáforo está en su favor. Lo más difícil para los padres es enseñarles a sus niños que los conductores hacen caso omiso de los semáforos rojos y que los pasos de peatones no siempre equivalen zonas de seguridad. (¡Un tercero de los accidentes de peatones ocurren cuando el niño está en un paso de peatón!)

3. Recuerde que los niños no están listos en términos del desarrollo para cruzar una calle con mucho tráfico sin la supervisión adulta hasta que tengan 9 ó 10 años.

4. Junto con su hijo, encuentre los lugares más seguros en donde jugar. Explica una y otra vez que no debe correr tras una pelota en la calle, por importante que parezca el partido.

5. Piense en donde camina su hijo, sobre todo en ruta a la escuela y las casas de sus amigos. Camine con él, como si fueran exploradores, y descubra la ruta más segura. Luego enséñale que la ruta más segura es la **única** ruta que debería utilizar.
6. Por muy ocupado que esté, tiene que participar en la actividad de la comunidad. Averigüe si hay suficientes semáforos y policías para ayudar a los niños cruzar las calles. Si se construye una nueva escuela, averigüe el tráfico que creará. ¿Habrá suficientes aceras, semáforos, policías?

422. Los accidentes de bicicletas. Para niños en los Estados Unidos, los accidentes de bicicletas causan más de 600 muertes y 400,000 visitas a la sala de emergencia cada año. Estos accidentes son especialmente comunes en las horas después de la escuela y antes del anochecer. Seguir las reglas básicas de seguridad puede prevenir la mayoría de accidentes graves.

Entre el 75 y el 85 por ciento de todos los accidentes graves de bicicleta son accidentes de la cabeza. Y un accidente de la cabeza implica daño al cerebro, que siempre conlleva la posibilidad de ser permanente. Pero cascos apropiados pueden reducir la incidencia en el 75 por ciento.

No hay todavía estandartes federales para los cascos en cuanto a los bicicletas. Pero si el casco dice que conforma a los estandartes "ANSI" o "Snell", debería ser seguro. Los cascos deberían tener una parte exterior dura y sólida y un interior firme de polistirene. El tirante que va debajo del mentón debe conectarse en tres puntos: debajo de cada oreja, y en la parte de atrás del cuello. Y el casco **debe sentar bien.** Use un tamaño de niño hasta la edad de 5 ó 6 años, y luego consiga un modelo de jóvenes, que debería durar hasta ser adultos. La competencia está bajando los precios; debería poder encontrar un casco seguro por unos $20 a $40.

Para la seguridad de bicicletas, siga estas reglas:

1. No monte —nunca— sin un casco.

2. Cuando los padres montan, ellos también tienen que ponerse cascos. No debe esperar que sus niños sigan esta regla, si usted no la sigue.

3. Siempre compre una bicicleta que sienta bien a su niño, no una que le quedará bien en el futuro.

4. No le dé una de dos ruedas a su niño hasta que esté listo en términos de desarrollo, por lo general entre los 5 y los 7 años de edad.

5. Utilice bicicletas con frenos en los pedales hasta la edad de 9 ó 10 años, cuando desarrollan la fuerza y coordinación para manejar los frenos de la mano.

6. Deje a los niños ir sólo en las aceras hasta la edad de 9 ó 10 años, cuando el juicio madura y pueden manejar el tráfico en las calles. Luego, enséñeles las reglas de tráfico para que puedan obedecer todas las mismas reglas que obedecen los automovilistas.

7. Ponga reflejos en las bicicletas, los cascos y en la persona para mejorar la visibilidad. Esto tiene importancia especial para los niños que van en bicicleta en horas de poca luz.

Los padres que montan en bicicleta con un niño en una silla deben seguir estas reglas adicionales:

1. Escoja una silla con protección para la cabeza y tirantes para los hombros. Nunca use una mochila para llevar a su niño. Practique con un peso en la silla antes de llevar a su niño.

2. Nunca lleve un niño con menos de 1 año de edad o que pesa más de 40 libras.

3. Siempre abroche su propio casco y luego el de su niño antes de poner el niño en la silla. Use un casco para bebés para los que tienen entre 1 año y 2½ años, y un casco para niños para las edades de 2½ años a 5 ó 6 años.

4. Nunca deje a su niño en la silla sin vigilarlo. Muchos accidentes vienen de caídas de una bicicleta parada con una silla llena.

5. Ande en caminos seguros y sin tráfico, no en las calles.

6. No salga después de anochecer.

Fuego: humo y quemaduras

423. Después de los automóviles, el fuego es la causa más común de muerte accidental entre los niños pequeños, y hay más riesgo con los niños de menos de 5 años. Un 75 por ciento de las muertes relacionadas con el fuego se deben a la inhalación de humo y no a quemaduras. Y un 80 por ciento de todas las muertes relacionadas con el fuego ocurren en fuegos de casas. (Una mitad de todas los fuegos de casas se deben a cigarrillos.) No deje solos a los niños en una casa, ni para unos minutos. Llévelos consigo si tiene que salir.

Las escaldaduras causan la mayoría de los accidentes de quemaduras no fatales. Un 20 por ciento de estos casos resultan de agua del grifo, un 80 por ciento de comidas derramadas. Un 50 por ciento de todas las escaldaduras son lo bastante graves para necesitar injertos.

424. Tome estas precauciones sencillas de una sola vez para protegerse a la larga:

1. Instale **detectores de humo** en los pasillos justo fuera de todas las habitaciones donde se duerme en su casa.

2. Tenga un **extinguidor químico seco de humo y fuego** en la cocina y en todos los pisos de su casa.

3. Baje la temperatura del **calentador de agua caliente** a 120–125 grados F. A 150–160 grados F, la temperatura de la mayoría de los fabricantes, un niño pequeño recibirá quemaduras de tercer grado en menos de dos segundos. Pero a 120 grados F, haría falta 5 minutos para producir una escaldadura. (También reducirá su cuenta de energía por 8 por ciento.)

4. Enséñales a sus hijos que si huelen humo y sospechan un fuego, lo primero que deben hacer es **salir de la casa.** Pueden llamar al cuerpo de bomberos desde el teléfono de un vecino.

5. Haga un **plan de escape en caso de fuego,** con dos rutas de salida de cada habitación, y un lugar donde se encontrarán afuera. Haga que toda la familia practique el plan por lo menos una vez al mes.

425. Otras precauciones para prevenir los fuegos y las quemaduras. Las quemaduras con café son las más comunes que se ven en los consultorios de los médicos. Nunca beba café caliente (o té) con un niño pequeño sentado en su regazo. Y asegúrese de que las tazas con café caliente no estén cerca del borde de la mesa, donde pueda alcanzarlas el pequeño que da sus primeros pasos.

No use manteles o carpetas de los cuales los niños puedan tirar.

Nunca caliente un biberón en un horno de microondas porque la leche puede quemar, aunque el recipiente parezca frío.

La ley determina ahora que la ropa de los niños esté hecha con material no inflamable. Pero la protección química contra el fuego será eliminada por el lavado si se usa detergente o jabón no fosfatado, o blanqueador clorado. Por lo tanto use detergente en base a citratos.

Habitúese a colocar las asas de las ollas de modo que no sobresalgan de la estufa.

Mantenga los fósforos en un lugar realmente inaccesible o en un recipiente a prueba de niños. A partir de los 3 ó 4 años muchos pasan por una etapa en la cual el fuego se les fascina, y les cuesta mucho resistir la tentación de jugar con los fósforos.

Los calefactores abiertos, las estufas de leña, las chimeneas, los hornos fáciles de abrir, son peligrosos.

Las cortinas y las toallas que ondulan sobre un calefactor dan comienzo a muchos incendios.

Renueve los cables eléctricos gastados. Coloque cintas adhesivas ajustadas entre los cables y las extensiones. No coloque cables debajo de tapetes o en medio de pasillos.

Use tapas externas ciegas en los contactos que no estén en uso.

Ahogarse

426. Ahogarse es la tercera causa de muerte accidental en los niños entre 1 año y 12 años. Entre los preescolares, la tina es una causa grande de los ahogos: Pueden ahogarse boca abajo, en unas pocas pulgadas de agua en el minuto que te cuesta contestar el teléfono.

No hay pruebas que muestren que lecciones de natación (clases en la primera infancia) protejan a los niños de ahogarse en tinas, piscinas, lagos o ríos. Los niños hasta la edad de 5 años sencillamente no tienen la fuerza y coordinación suficientes para saber evitar problemas. Y estas lecciones tempranas pueden hasta **aumentar** el riesgo de ahogarse por dar a los padres y niños un sentido falso de seguridad.

La seguridad cerca del agua y la prevención de ahogos requiere vigilancia y supervisión constantes de parte de los padres. Estos puntos deben ser subrayados con las nanas también:

1. No deje solo a un niño de 5 años o menos en una tina o bañera ni por un segundo. No le deje en la tina bajo el cuidado de otro niño con menos de 12 años. Si absolutamente tiene que contestar el teléfono o la puerta, envuelva al niño jabonoso en una toalla y llévelo consigo.

2. Mantenga los ojos en el niño en toda situación de nadar, aun cuando haya un vigilante. La mejor regla que conozco es: hacer que los niños usen salvavidas en la playa, en el lago, cerca de la piscina o durante un paseo en bote, aunque sean capaces de nadar. Discutirán y pelearán contra esta medida, pero la aceptarán, si ven que usted se mantiene calmado y seguro de que es correcta, y de que usted no hará excepciones. Cuando su niño sabe nadar bien y tiene el juicio para evitar problemas (10–12 años), puede nadar sin la supervisión de un adulto con tal de que nade con un amigo.

3. Si tiene una piscina debe tener una valla alrededor de los cuatro lados. No considere la casa como un lado de la valla; es demasiado fácil que un niño entre por una ventana o puerta. Hay aparatos que puede poner en el agua que suenen una alarma si alguien cae adentro.

Los venenos

Si existe un Centro de Control de Venenos en su pueblo o ciudad, tenga su número de teléfono cerca de su teléfono. Cada casa debe tener una botella de jarabe de ipecacuana para cada niño que vive allí. Véase las Secciones 850–851 acerca del tratamiento de emergencia de venenos.

427. Ahora es el momento de inspeccionar su casa con ojo avizor, o mejor, o con ojos de bebé. Coloque todos los **medicamentos** fuera del alcance, **inmediatamente después de usarlos en cada ocasión.** Agregue etiquetas destacadas, claras, en todos los medicamentos, de modo que no use el que no corresponde. Vierta los medicamentos en el excusado después de terminada la enfermedad. De todas maneras, podrían echarse a perder. Tener medicamentos viejos mezclados con los que están en uso, se presta a confusiones.

Más que una tercera parte de los envenenamientos de medicinas se deben a los niños que toman las **drogas recetadas para sus abuelos.** Asegúrese que las medicinas de los abuelos estén fuera del alcance, antes de que los niños lleguen para visitar.

Las leyes estatales y federales exigen ahora que todas las medicinas vendidas por el farmacéutico se presenten en envases a prueba de niños. No cambie el medicamento a otro envase.

No pase **ninguna** sustancia del recipiente en que venía a otro donde hubiera habido alguna otra cosa: aerosol para plantas en una botella de refresco, por ejemplo, o limpiador para hornos en una taza. Esta es una causa frecuente de accidentes graves.

Ya es el momento de poner los venenos fuera del alcance. Una quinta parte de todos los envenenamientos accidentales ocurren en el segundo año de vida. En años recientes, el Centro de Control de Intoxicaciones de una ciudad no demasiado grande, ha tenido 50,000 llamadas pidiendo asistencia, de las cuales el 90 por ciento eran referidas a niños. En esta edad de explorar y probar sabores, cuando el espíritu los motiva, comen casi cualquier cosa, no importa el sabor. Les encantan, en especial, las píldoras, las medicinas de buen sabor, los cigarrillos y los fósforos. Usted se sorprenderá al leer la lista de las sustancias que causan peligrosas intoxicaciones en los niños, con mayor frecuencia:

Aspirinas y otros medicamentos

Raticidas e insecticidas

Queroseno, gasolina, bencina y líquidos limpiadores

Plomo contenido en pinturas que el niño ha quitado de alguna cosa.
   (La mayoría de las pinturas para interiores y las que utilizan para juguetes, no contienen plomo. El peligro está en las pinturas para exteriores de los marcos de las ventanas, porches, etc. y de la pintura para exteriores que ha sido utilizada para volver a pintar juguetes, cunas o otras piezas de mobiliario.)

Brillo para muebles y líquido para pulir automóviles

Lejía, productos alcalinos para limpiar manchas, fuentes y hornos

Aceite de máquina

Aerosol para plantas

En el cuarto de baño, los champúes son algo peligrosos, lo mismo que los tónicos para el cabello, los líquidos para permanentes caseros y los productos de belleza.

Encuentre sitios inaccesibles en la cocina y el cuarto de herramientas para los líquidos y polvos limpiadores, detergentes, limpiadores de vajilla y horno, amoniaco, soda cáustica, blanqueadores, quitadores de cera, productos para pulir metales, bolillas de naftalina, fluidos para encendedores, crema para zapatos. Deshágase de los venenos para ratas, pastas y líquidos insecticidas— son demasiado peligrosos.

Busque lugares en verdad seguros en el sótano del garaje para la trementina, removedor de pinturas, gasolina, bencina, insecticidas, aerosoles para las plantas, herbicidas, anticongelantes, limpiadores para automóviles, y productos para pulir. Cuando se deshaga de los recipientes, asegúrese de que estén vacíos, y luego enjuáguelos.

428. Plantas venenosas. Los adultos creemos que las plantas sólo nos ofrecen belleza. Los bebés que gatean y los niños pequeños las consideran como cosas comestibles. Esta es una peligrosa combinación de actitudes en lo que se refiere a la mayor parte de las plantas y las flores —más de 700 de ellas— que son capaces de causar enfermedades o muerte. La regla más eficaz consiste en no tener en la casa ni en el jardín plantas ni flores, hasta que los niños hayan pasado la etapa de comer todo lo que encuentran y sean capaces de aceptar una prohibición. O bien, ubique las plantas fuera de su alcance. Cuando esté lejos de casa, observe a los niños pequeños, mientras se encuentren cerca de plantas y flores. He aquí una lista **parcial** de las plantas que pueden resultar fatales: caladium, difembachia, filodendro, oreja de elefante, hiedra venenosa, jacinto, dalia, narciso, muérdago, laurel rosa, poinsetia, espuela de caballero, belladona, digital, lirio del valle, azalea, adelfa, hortensia, jazmín, ligustrina, tejo, estramonio, dondiego de día, setas, dondiego de noche. El Centro de Control de Venenos de su localidad o el departamento de salud pueden informarle si una planta de su casa o patio, resulta venenosa cuando se la come.

La seguridad en la casa

429. Medidas de seguridad de todos los días. Una gran proporción de accidentes graves pueden ser prevenidos con facilidad, si usted sabe en qué residen los peligros más comunes y tiene la sensatez de evitarlos. He aquí una lista:

Las andaderas son peligrosas porque aumentan la movilidad de un niño y elevan su centro de gravedad más allá de los límites seguros. No se deben usar nunca. (Véase la Sección 307.)

Las sillas bajas con mesa son una combinación más segura que las **sillas altas.** Si usa una silla alta, debe tener una base ancha, de modo que no se voltee, una correa para sostener al bebé que trepa, un pasador para evitar que el niño alce la bandeja. Un **coche de bebé** debe tener una correa para el pequeño que está en la edad de trepar. Las escaleras deben contar con portezuelas en la parte alta y, a veces, también en la parte baja, inclusive en las del porche, hasta que el niño pueda bajar y subir con seguridad. Las **ventanas** a las que el niño pueda trepar, deben tener protección, o poder abrirse solo desde arriba. Véase la Sección 74 sobre la seguridad de la **cuna.**

Un bebé o un niño pequeño que aún se lleva cosas a la boca, no debe tener acceso a **objetos pequeños** tales como botones, cuentas, perlas para jugar con ellos, ni nueces o copos de cereal para comer, porque pueden ser aspirados con facilidad por la traquea y causar ahogos. Véase la Sección 261 sobre los peligros de ahogos para niños hasta la edad de 5 años. Mantenga fuera de su alcance los lápices u otros **objetos agudos,** para que el niño no los pueda poner en la boca mientras juega o corre.

Hágase el hábito de probar siempre la temperatura del agua del **baño** antes de poner al pequeño en él, inclusive aunque usted recuerde haberlo hecho antes. En ocasiones, las llaves calientes causan quemaduras. No toque elementos eléctricos mientras está en el baño o en contacto con una llave, ni permita que su niño lo haga. No deje bandejas de agua caliente en el piso.

Siempre mantenga las **tapas del retrete** cerradas y los **cubos de pañales** cerrados e inaccesibles. Pueden caer en un retrete o cualquier cubo de agua de cabeza y ahogarse.

Ponga los bombillas en un **portalámparas,** si están al alcance.

Existen **topes de puertas** y **chapas con seguro,** que evitarán que los niños abran puertas prohibidas, y cerrojos adaptables y cerraduras para los armarios de medicamentos y de cocina.

Mantenga las **cerillas** en lugares altos e imposibles de alcanzar aun para un niño determinado de 3 ó 4 años.

Guarde las **herramientas** peligrosas y las eléctricas fuera del alcance de los niños.

Sea en extremo cuidadoso cuando se maneja en reversa el **automóvil** en la entrada y salida de la casa.

Los pozos, piscinas y cisternas deben estar bien protegidos.

Coloque los **vidrios rotos y las latas abiertas** en recipientes de cubierta difícil de abrir. Utilice una lata con una ranura en la parte superior para guardar las hojas de afeitar.

No deje a los bebés acercarse a un **perro desconocido**, en una edad en la que tienen tendencia a sobresaltar o lastimar al animal.

Las bolsas de plástico provocan la asfixia de los bebés. Lo mismo ocurre con los **refrigeradores en desuso.**

Los bebés y los niños pequeños se cuelgan de **los cordones de las cortinas, los cables del teléfono, las cintas largas** de sombreros y bolsos.

Las cortadoras de césped eléctricas pueden amputar los dedos, y arrojar piedras inesperadamente. Si usted posee una rotativa, cámbiela.

Los resortes expuestos de las andaderas, sillas con muelle, y caballitos de juguete pueden amputar los dedos.

Las armas de fuego deben estar bajo llave y las municiones lo mismo, pero en un sitio diferente.

La United States Consumer Product Safety Commission puede contestar cualquier pregunta que se le ocurre sobre la seguridad de un producto que tiene o que está considerando comprar. Su número de teléfono es el (800) 638-2772.

ALIMENTAR A LOS NIÑOS PEQUEÑOS

Elementos de la dieta

Antes de hablar acerca de los alimentos cotidianos que los niños pueden comer, deberíamos examinar la cuestión de las sustancias químicas más importantes que componen dichos alimentos, y para qué los utiliza el organismo.

En cierto sentido, se puede comparar el cuerpo de un niño con un edificio en construcción. Se necesitan muchos materiales diferentes para construirlo y mantenerlo en buenas condiciones. Pero, el cuerpo humano también es una máquina en funcionamiento. Requiere combustible para la energía, y otras sustancias que lo hagan trabajar correctamente, de la misma manera que un automóvil necesita gasolina, aceite, grasa y agua.

430. La proteína es el material de construcción básico del organismo. Los músculos, el corazón, el cerebro, los riñones, por ejemplo, están hechos en su mayor parte, de proteínas (además de agua). La estructura de los huesos está constituida por proteína, endurecida con minerales, del mismo modo que se endurece un cuello con almidón. El niño necesita buen alimento con proteínas, para aumentar continuamente el tamaño de cada parte del cuerpo, como así también para reparar el desgaste y las heridas.

La mayoría de los alimentos naturales contienen proteínas, algunos muchas, otros pocas. La carne roja y de ave, el pescado, los huevos, la leche, son alimentos ricos en ellas. Son los únicos alimentos que proveen "proteínas completas", es decir, que contienen la variedad completa de elementos proteínicos (los aminoácidos esenciales), que necesita el cuerpo humano. Esta es la razón por la que un niño requiere recibir un promedio de una pinta y media de leche por día y también carne (o bien aves o pescado) diariamente, y 3 ó 4 huevos por semana. Lo que le sigue en importancia, son las proteínas de los cereales integrales en grano, las nueces (incluyendo la crema de cacahuete), y las legumbres (soja y otros arvejas). Las proteínas de los granos y las legumbres son "incompletas". Por ejemplo, el trigo integral contiene algunos elementos proteínicos esenciales; las legumbres, otros. Si el niño come una variedad de granos integrales, nueces y legumbres, debe tomar un suplemento de proteínas de carnes, pescado, huevos, leche, pero no remplazarlos por completo.

431. Grasas almidones, azúcares. La mayoría del alimento que ingieren los niños es consumido diariamente como combustible, inclusive cuando están creciendo con rapidez.

Las sustancias combustibles son los almidones, los azúcares, las grasas (y, en menor grado, las proteínas). El almidón está compuesto por una combinación química de azúcares. En el intestino estos compuestos se separan en dichos azúcares antes de ser absorbidos por el organismo. Como los almidones y los azúcares se encuentran tan íntimamente relacionados, se agrupan con el nombre común de **carbohidratos.**

432. La grasa corporal. La "almohadilla de grasa" que tienen todas las personas, en mayor o menor medida, no sólo sirve como reserva de combustible, sino que, además, como una manta, ayuda a mantener el calor del cuerpo. Cada gramo de grasa tiene dos veces las calorías que tiene un gramo de proteína o carbohidrato. La grasa se encuentra principalmente en la carne, el pollo, el pescado y los productos lácteos.

Cuando una persona ingiere más grasa, azúcar, almidón y proteína de la que necesita como combustible, el exceso se convierte en grasa y se deposita bajo la piel y en otras zonas. El hecho de ingerir demasiado poco combustible, ocasiona el desgaste de esa grasa acumulada y provoca delgadez.

433. Las fibras son las que se encuentran en las verduras, las frutas y los granos (por ejemplo, el salvado) y que nuestros intestinos no pueden digerir y absorber. Las fibras pasan intactas al movimiento intestinal, pero, en otro sentido, resultan beneficiosas. Proporcionan parte del volumen en el contenido de los intestinos, lo cual ayuda a estimular su funcionamiento. Una persona que se mantiene en una dieta blanda, digamos leche, caldo y huevos, tendrá tendencia tener estreñimiento, a causa de la poca cantidad de sustancia de deshecho que habrá en la porción baja de los intestinos. En la actualidad se sospecha que el factor principal en el cáncer de intestino grueso es el paso lento de la comida, ocasionado por la falta de fibras en nuestras dietas demasiado refinadas.

434. Calorías. El valor combustible de los alimentos se mide en calorías. El agua y los minerales no contienen calorías; es decir, no contienen combustible ni energías en ellos. La grasa es rica en calorías; una onza de ella tiene dos veces la cantidad de calorías que una onza de almidón, azúcar o proteína. La mantequilla, la margarina, el aceite vegetal, que son casi por completo grasas, la crema y los aderezos para ensalada que contienen mucho de aquél, son, por lo tanto, muy ricos en calorías.

Los azúcares y jarabes también son muy ricos en calorías, porque están constituidos completamente por carbohidratos y no contienen agua ni fibras no digestibles.

Los granos (que ingerimos como cereales, panes, galletas, macarrones, budines, etc.) y las verduras que contienen almidón (tales como patatas, arvejas, maíz) tienen elevadas calorías a causa de la gran proporción de almidón que los contienen.

Las carnes, aves, pescado, huevos, queso, contienen muchas calorías, por su combinación de proteínas y grasas. La mayoría de nosotros no recibimos tantas calorías diarias de estos alimentos como de los granos y vegetales que contienen almidón, porque los comemos en pequeñas cantidades. La leche es una buena fuente de calorías, porque contiene azúcar, grasa y proteínas, y porque se toma con facilidad en buenas cantidades.

En general, las frutas frescas y cocidas suministran una buena cantidad de calorías porque contienen azúcares naturales. Los plátanos y las frutas secas son ricas en calorías (comparables a las de las papas).

Las verduras varían desde un contenido moderadamente alto de calorías hasta uno bajo (en su mayor parte, en la forma de almidón y azúcar). Las verduras con una cantidad moderadamente alta de calorías son las papas blancas y las dulces, el maíz y los frijoles como la soja, alubias y habas. Las verduras que suministran buen número de calorías son los guisantes, las remolachas, zanahorias, cebollas, calabazas. Las verduras de bajas calorías son las ejotes, col, coliflor, apio, espinaca, tomates, lechuga, acelga, brécol, espárragos.

435. Minerales. Varias clases de minerales juegan un papel vital en la estructura y el funcionamiento de cada parte del cuerpo. La dureza de los dientes y los huesos depende del calcio y el fósforo. La sustancia de los glóbulos rojos de la sangre, que transporta el oxígeno a todas las partes del organismo, está constituida, en parte, por hierro y cobre. El yodo es necesario para el funcionamiento de la glándula tiroides.

Todos los alimentos naturales no refinados (frutas, verduras, carnes, cereales integrales, huevos, leche) contienen una variedad de minerales valiosos. Pero el refinamiento de los granos y el cocimiento prolongado de las verduras en grandes cantidades de agua, les quita una gran proporción de éstos. Los minerales que tienden a escasear en la dieta son el calcio, el hierro, y, en cierta regiones, el yodo. El calcio aparece en pequeñas cantidades en las verduras y algunas frutas, pero se encuentra en mayor medida en la leche (y el queso). El hierro (para prevenir la anemia) es suministrado por las verduras de hoja, las carnes, las frutas, los cereales integrales, y se encuentra en abundancia en la yema de huevo y el hígado.

Los bebés empiezan a necesitar más hierro para los glóbulos rojos de la sangre alrededor de la mitad del primer año, porque con su crecimiento rápido, comienzan a necesitar más que la cantidad que sus cuerpos tenían al nacer. La leche casi no tiene hierro, y las otras comidas proveen muy poco. Sin embargo, muchos fórmulas comerciales y la mayoría de los cereales para infantes tienen un suplemento de hierro. Se ha descubierto recientemente que la leche del pecho, aunque contiene muy poco hierro, contiene una forma de hierro que se digiere y se absorbe extraordinariamente bien.

En algunos zonas del interior, donde falta el agua potable, las verduras y las frutas, y donde no se puede conseguir alimento de origen marino, existe carencia de yodo. En dichas regiones, se añade yodo a la sal de mesa, para prevenir el bocio. En la Sección 414 se habla respecto del flúor.

436. Las vitaminas son sustancias especiales que el organismo necesita en cantidades minúsculas, para funcionar correctamente, de manera parecida a cualquier máquina que necesita unas pocas gotas de aceite, o a un motor de gasolina que depende de una bujía minúscula.

437. La vitamina A es necesaria para mantener saludables los revestimientos de los sistemas bronquial, intestinal, y urinario, y distintas partes de los ojos, incluyendo aquéllas que nos permiten ver con poca luz. El organismo la obtiene en abundancia de la grasa de la leche, la yema de huevo, las verduras verdes y amarillas, las vitaminas en gotas. Es probable que las únicas personas que reciban demasiado poco de ella, sean aquéllas que siguen una dieta de pasar hambre, o las que no son capaces de absorberla a causa de perturbaciones intestinales graves. Cantidades excesivas de la vitamina A pueden ser perjudiciales para los niños. Lea con cuidado las etiquetas de los frascos con comida para bebés, tales como zanahorias y patatas dulces. Podría descubrir proporciones de vitamina A que representarían el 800 por ciento de la necesidad diaria del mínimo requerimiento.

438. Complejo vitamínico B. Los científicos acostumbraban pensar que sólo existía una vitamina B, que tenía distintas funciones en el organismo. Pero cuando "la" estudiaron, se descubrió que se trataba de una docena de vitaminas diferentes. De cualquier forma, ellas ocurren en los mismos alimentos. Como todavía no se conocen ni se entienden todas las vitaminas B, es más importante que las personas coman abundantes alimentos naturales que las contengan, que tomarlas por separado en forma de píldoras. Las cuatro que se consideran más importantes para el ser humano son denominados ahora por sus nombres químicos: tiamina, riboflavina, niacina, piridoxina. Todos los tejidos del cuerpo necesitan estas cuatro vitaminas.

La tiamina (B_1) se encuentra en cantidades apreciables en los cereales integrales, la leche, los huevos, el hígado, la carne, y ciertas verduras y frutas. Resulta destruida por el cocimiento prolongado, en especial, cuando se usa soda. Las personas que tienden a recibir un suministro insuficiente de ella, son las que comen excesivos almidones y azúcares refinados. La carencia de tiamina puede ocasionar mal apetito, crecimiento lento, fatiga, problemas estomacales e intestinales, neuritis. (De todos modos, existen muchas causas diferentes para este tipo de problemas, y la carencia de tiamina no es la más común de ellas.)

La riboflavina (también conocida como B_2), se encuentra en abundancia en el hígado, la carne, los huevos, la leche, las verduras verdes, los cereales integrales, la levadura. De modo que una deficiencia de ella, sólo es posible si la dieta de una persona consiste principalmente de almidones refinados y azúcares. Su deficiencia produce grietas en las comisuras de la boca y el labio inferior, y problemas en la piel, la boca y los ojos.

La niacina está presente, con abundancia, casi en los mismos alimentos que la riboflavina. Su déficit produce perturbaciones en la boca, los intestinos y la piel (tiene la apariencia de una quemadura de sol crónica que enrojece y se despelleja), que forman parte de la enfermedad llamada pelagra.

La piridoxina (B_6) se encuentra en abundancia entre los alimentos, de modo que los síntomas de deficiencia (neruitis, convulsiones, anemia, erupciones) sólo aparecen en los casos raros de personas que han heredado la necesidad de cantidades adicionales.

Una quinta vitamina B, la **cobalamina** (B_{12}) se encuentra en abundancia en los alimentos de origen animal, incluyendo la leche, pero está ausente del reino vegetal. Su deficiencia produce anemia perniciosa. (Las personas que siguen una dieta vegetariana estricta y que no ingieren diariamente productos lácteos, deben tomar su vitamina B_{12} en forma de píldoras o en leche de soja.)

439. La vitamina C (ácido ascórbico) está presente en abundancia en las naranjas, limones, toronjas, en los tomates crudos y en los correctamente enlatados jugo de tomate, en la col cruda. Se encuentra en buenas cantidades en varias otras frutas y verduras, inclusive en las papas. Está incluida en muchos preparados de vitaminas. Se destruye con facilidad por el cocimiento. Es necesaria para el desarrollo de los huesos, los dientes, los vasos sanguíneos y otros tejidos, y desempeña un papel en el funcionamiento de la mayoría de las células del cuerpo. Su deficiencia es común en los bebés que se alimentan con leche de vaca, sin jugo de naranjas o de tomates, o vitamina C en gotas, y se manifiesta con hemorragias dolorosas en torno de los huesos, y en las encías que sangran. Estos trastornos se denominan escorbuto. No existen pruebas científicas de que grandes cantidades de vitamina C eviten o curen los resfriados.

440. La vitamina D es necesaria en grandes cantidades para el crecimiento, en particular de los huesos y los dientes. Ayuda en la fijación del calcio y del fósforo, los cuales se encuentran en el alimento, en los intestinos, son absorbidos por la sangre, y depositados en las zonas de crecimiento de los huesos. Esta es la razón por la cual debe ser agregada a la dieta de los niños, en especial en el período infantil de crecimiento rápido. Los alimentos comunes sólo la contienen en pequeña cantidad. La acción de los rayos de sol sobre los tejidos grasos de la piel de las personas, elabora allí mismo la vitamina D, y ésa es la forma natural en que la obtienen las personas que viven al aire libre y usan poca ropa. Cuando habitan en climas más fríos, cubren sus cuerpos con ropas y viven en el interior de las casas. En dichas regiones, los rayos del sol son más oblicuos y son obstaculizados por el hollín y los cristales de las ventanas. La mejor fuente de vitamina D son los distintos aceites de hígado de pescado y los preparados sintéticos. (Los peces la almacenan en su hígado comiendo plantas minúsculas que flotan sobre la superficie del océano. El sol la elabora en dichas plantas.) La deficiencia de vitamina D provoca huesos blandos y desviados, dientes débiles, músculos y ligamentos flácidos. Esto se denomina raquitismo.

Es probable que las personas totalmente desarrolladas reciban suficientes cantidades de vitamina D de pequeñas proporciones de huevos, mantequilla, pescado, y de un poco de sol. Pero los niños que no toman bastante sol, deben beber leche que contenga vitamina D, o tomar una preparación especial con vitamina D, en verano e invierno, hasta que hayan alcanzado su estatura completa en la adolescencia. Durante el embarazo y la lactancia, las madres necesitan una cantidad mayor de vitamina D.

441. La toxicidad de vitaminas. Las megavitaminas —vitaminas en dosis cien veces más altas que la cantidad mínima diaria recomendada por la Food and Drug Administration— pueden ser peligrosas para los niños. Las vitaminas A y D son las que con más probabilidad pueden causar la toxicidad grave, pero hasta las vitaminas como piridoxine (B_6) y la niacina pueden causar efectos negativos graves. **No dé a su niño vitaminas en dosis más altas que las que se recomienda su médico.**

442. El agua no proporciona calorías ni vitaminas, pero es de importancia vital en la estructura y el funcionamiento del cuerpo. (El cuerpo de un bebé está constituido de un 60 por ciento de agua.) Un niño debe tener la oportunidad de beber agua entre comidas, durante el tiempo muy caluroso pero, de todos modos, recibe toda la que necesita a través de la leche, los jugos y la fórmula del biberón. También la mayoría de los alimentos están constituidos por una gran proporción de agua, y ésa es la forma en que la gente cubre la mayoría de sus necesidades diarias.

Alimentos para una dieta sensata

443. Mantener una actitud equilibrada. No se debe evaluar los alimentos sólo por las calorías que contienen, ni únicamente por las vitaminas, ni por los minerales. A la larga, todos necesitamos un equilibrio entre alimentos de bajas y altas calorías, así como una armonía en otros aspectos de la dieta. Si una persona toma con mucha seriedad un aspecto de la dieta y olvida los otros, tendrá tendencia a tener problemas. Una niña adolescente que intenta reducir su peso con exagerada entereza, quita todos los alimentos de los cuales ha oído decir que tienen más calorías que otros, trata de vivir sobre la base de verduras, jugos de fruta y café. Si continúa con ese régimen, seguramente se enfermará. Los padres que toman muy en serio y que tienen el concepto equivocado de que las vitaminas son lo principal y que los almidones son inferiores, ofrecen a sus hijos, para la cena, ensalada de zanahorias y toronja. El pobre niño no puede obtener calorías ni como para satisfacer a un conejo. Una madre gorda que proviene de una familia gorda, avergonzada de su hijo flaco y huesudo, le ofrece únicamente alimentos ricos en calorías. Más adelante, esto deprimirá su apetito. Tendrá propensión a carecer de vitaminas y minerales, por ingerirlos en cantidades pequeñas. Véase las Secciones 454–461 que tratan del deterioro de la dieta americana.

444. Las dietas vegetarianas para niños deben incluir productos lácteos. Los adolescentes pueden seguir dietas vegetarianas estrictas, en las cuales los cereales integrales y las legumbres, o nueces y legumbres, puedan ser combinados para proveer todos los aminoácidos de las "proteínas completas". Pero esta dieta es demasiado arriesgada para los niños. Ellos requieren el agregado de productos lácteos, con su rico contenido en aminoácidos esenciales, para completar o complementar lo que obtienen de las verduras y los granos.

Si usted quiere darle a su hijo una dieta vegetariana, hable con su médico o con un dietista, acerca de cómo hacerlo sin interferir con el crecimiento del niño. Se encuentran disponibles varios buenos libros, algunos de los cuales incluyen una variedad de recetas.

445. La leche. La leche contiene casi todos los elementos alimenticios que necesita un ser humano: proteína, grasa, azúcar, minerales y la mayoría de las vitaminas. Los niños que siguen una dieta bien balanceada que no contenga leche, están predispuestos a obtener, de otros alimentos, una cantidad suficiente de la **mayoría** de dichos elementos. La excepción la constituye el calcio. La leche es el único alimento que contiene mucho de él. Esta es la razón por la cual un niño debe tomar un promedio de 16–20 onzas por día, y un niño mayor entre 1½ y 2 pintas, en alguna forma.

Sin embargo, recuerde que muchos niños desean menos cantidad un día o una semana, más la siguiente, y que la manera más segura de hacer que continúe gustándoles es dejarles que sigan su inclinación, en forma temporal. Cuando los niños la rechazan, no los obligue. Si no vuelven a la cantidad habitual, en pocas semanas, piense en todas las otras formas de ofrecerles leche.

446. Sustitutos de la leche. Los cereales secos y precocidos absorben gran cantidad de leche al prepararlos. Existen gran cantidad de budines de leche, desde los de queso crema hasta los de arroz. El yogur está hecho con leche. Distintas sopas pueden prepararse con leche en lugar de agua. Los macarrones horneados, las papas en escalopes y en puré, y muchos otros platos cocidos, pueden ser preparados con leche.

¿Qué se puede decir con respecto a darle sabor? Si el niño toma una cantidad razonable de leche en otras formas, es mejor evitar darle sabor. Pero, si es necesario, la leche puede ser preparada con **un poco** de cacao, o chocolate caliente. Sin embargo, el chocolate da dolor de estómago a algunos niños pequeños, por lo tanto, es mejor demorarlo hasta los 2 años de edad, y comenzar en forma muy gradual. Se puede dar sabor a la leche con vainilla, o con cualquiera de los preparados de cereal y malta que se venden para dichos fines. Evite preparar la leche demasiado dulce, con cualquiera de dichos sabores, pues de lo contrario, podrá estropear el apetito. Una buena forma puede ser sorber la leche por medio de un popote.

De todos modos, cuando la novedad se termina, una bebida con sabor tiene tendencia a perder parte de su atractivo. Esto es lo que suele ocurrir cuando los padres comienzan a obligar a su hijo, la primera vez que bebe menos de un vaso lleno. Cuando se repite demasiado a menudo el que un padre diga: "Bebe un poco más de tu leche de chocolate" (o cualquier otra cosa), esto comienza a quitar el apetito del niño.

El queso no procesado es una forma útil de la leche. Una onza y media de la mayoría de sus variedades, contiene casi la misma cantidad de calcio que 8 onzas de leche. Pero hay dos excepciones importantes. Son necesarias dos veces más de queso crema (3 onzas) para suministrar la cantidad de calcio que contiene un vaso de leche. El requesón contiene aun menos; se necesitan 16 onzas de requesón para proporcionar el calcio contenida en 8 onzas de leche.

Por tener poca grasa, el requesón es el que se digiere con más facilidad, de modo que puede comerse en grandes cantidades, mezclado con verduras ralladas, crudas, o con un poco de fruta o jugo de manzanas. Con otros quesos que son más ricos en grasas, se debe comenzar en forma gradual y es probable que el niño sólo desee pequeñas cantidades. Se le pueden ofrecer untados, rallados dentro de otros alimentos, o en trozos.

Si el niño no desea tomar leche en ninguna forma (o es alérgico a ella), debe recibir calcio de alguna otra manera que indique el médico.

La mantequilla o la margarina pueden agregarse, muy gradualmente a las verduras y el pan, alrededor del año de edad. El sistema digestivo necesita tiempo para acostumbrarse a cantidades mayores de grasa.

Por lo común, los niños en crecimiento, mayores de 2 años, deben cambiar a leche al 2 por ciento, para disminuir el ingreso de grasas a su organismo, a menos que su médico indique lo contrario. El consumo de mantequilla, crema y helados, deben limitarse para los niños de todas las edades, a causa de la tendencia que tienen estos alimentos a contribuir a producir arteriosclerosis y enfermedades cardíacas coronarias, en especial, en familias que son en particular susceptibles. (Véase la Sección 461.)

447. Las carnes. Hacia el año de edad, la mayoría de los bebés comienzan a comer carne molida o finamente picada, pollo, cordero, hígado, tocino, ternera, jamón y cerdo, cuando se les ofrecen al resto de la familia, o bien pueden continuar tomándolas de los frascos o latas de alimento infantil. El tocino tiene muy pocas proteínas, de modo que no debe ser contado como carne con regularidad. Se debe quitar la mayor parte de la grasa a las carnes. El cerdo es una excelente fuente de vitaminas. Debe estar bien cocido, hasta que esté por completo blanco y no rosado. La carne de cerdo cocida en forma incompleta puede causar la peligrosa enfermedad llamada triquinosis. Las salchichas alemanes, el salchichón y otras "carnes frías," contienen nitratos, demasiadas grasas y sal y su carne es de baja calidad. Todas ellas deben ser evitadas.

Muchos niños pequeños a los que les encanta la carne, la rechazan, si no está bien cortada o molida fina. Se vuelven un poco temerosos y los trozos que no pueden mascar con facilidad, les producen náuseas con frecuencia. Entonces, continúe picando o moliendo la carne, hasta que el niño tenga 5 ó 6 años.

448. El pescado de tipo blanco, no grasoso, como bacalao, merluza, lenguado, se puede comenzar a ofrecer al año de edad, horneado, hervido o asado. Debe ser desmenuzado cuidadosamente con los dedos, para quitar las espinas. Los pescados más grasosos y los enlatados se deben agregar en forma gradual, a los 2 años. (El atún en lata se presenta envasado tanto en agua como en aceite. El que se presenta en agua es más fácil de digerir para los niños.) A ciertos niños les encanta el pescado y, por lo tanto, constituye un buen sustituto de la carne, una o dos veces por semana. Pero hay muchos otros niños que mantienen un firme rechazo hacia él. No los obligue.

449. Huevos. Los huevos son tan valiosos duros, como pasados por agua, revueltos, fritos, mezclados en otras comidas.

Es conveniente para los bebés (comenzando entre los 9 y los 12 meses), y para los niños pequeños, comer de 3 a 4 huevos por semana si les gusta, por su aporte de proteínas.

Si a los niños les desagradan la mayoría de las carnes y los pescados, o si usted no puede conseguirlos, es probable que sus necesidades de proteínas sean cubiertas por 1½ a 2 pintas de leche por día, y por 3 ó 4 huevos por semana, porque también las obtienen, en parte, de los cereales integrales y las verduras. La crema de cacahuete es una fuente popular de proteínas.

Si a los niños les desagradan los huevos, o son alérgicos a ellos, es más importante que coman carne con regularidad.

Véase la Sección 461, acerca de los huevos y las enfermedades cardíacas.

450. Las verduras. Durante el primer año, es probable que el bebé haya incorporado la mayoría de las siguientes verduras: espinacas, guisantes, cebollas, zanahorias, espárragos, acelga, calabaza, tomates, remolachas, apio y papas.

Después del año deben introducirse los cambios en forma gradual desde la forma de puré hasta la consistencia más gruesa, en trozos. (Por supuesto, se pueden ofrecer vegetales finamente aplastados, o en puré.) Los guisantes deben ser ligeramente aplastados, para evitar que sean tragados enteros.

En ocasiones, se pueden utilizar papas dulces o camotes, en lugar de papas, comenzando al año. Si usted se ha atenido, hasta el año, a las verduras de fácil digestión, puede intentar, en forma gradual, con las menos populares y, a veces, más difíciles de digerir, tales como las habas (pisadas), brécol, col, coliflor y nabo. Se les puede quitar gran parte de su sabor fuerte, hirviéndolas dos veces, y cambiando el agua del cocimiento, aunque esto destruye algo de las vitaminas. A algunos niños les gustan y las digieren bien, pero otros, ni siquiera las tocan. Espere hasta los 2 años para ofrecerles maíz en grano. Los niños pequeños no lo mastican; emerge intacto en las evacuaciones. Use sólo maíz tierno. No lo corte muy cerca de la mazorca, cuando lo desgrane. Luego deberá abrir cada grano. Cuando comience con el maíz en mazorca, a los 3 ó 4 años, corte el centro de cada hilera de granos, de manera que estén todas abiertas.

Las verduras crudas más fáciles de digerir, por lo común, se comienzan a dar entre 1 año y 2 años, para los niños con buena digestión. Las mejores son los tomates pelados, las lechugas, las zanahorias desmenuzadas, el apio picado. Deben ser lavadas con cuidado. Al comienzo, vaya con lentitud, y vea cómo son digeridos. El jugo de naranjas, o él de limones, endulzado, pueden usarse como aderezo.

Al mismo tiempo, se puede comenzar con los jugos de vegetales crudos. Los vegetales crudos y sus jugos, no sólo son tan buenos como los vegetales cocidos a causa de que los niños los digieren bien, sino que son mejores, porque no han sido despojados de parte de sus vitaminas por el calor, y porque éstas y los minerales, no se han disuelto en el agua del cocimiento.

Si, en forma temporal, un niño rechaza por completo los vegetales, recuerde las sopas de verduras: de guisantes, tomates, apio, cebolla, espinaca, remolacha, maíz y las que contienen una buena cantidad de verduras mezcladas.

Algunas sopas de verduras preparadas para el comercio son demasiado abundantes en sal, de modo que es necesario leer la etiqueta con cuidado. Casi todas las sopas preparadas que se venden, necesitan ser diluidas en cantidades iguales de agua o leche. Si se les da a los niños en forma no diluida, directamente de la lata, pueden ser perjudiciales, porque la sal está demasiado concentrada.

451. Sustitutos temporales para las verduras. Supongamos que un niño ha rechazado las verduras, en cualquiera de sus formas, durante semanas. ¿Se afectará su nutrición? Las verduras son en particular valiosas por su contenido en distintos minerales y vitaminas, y también por la fibra. Pero una variedad de frutas suministra muchos minerales y vitaminas, y la misma proporción de fibras. El niño que bebe vitaminas en gotas, leche, carne y huevos, obtiene de ellos las vitaminas y los nutrientes que no le proveen las frutas de modo suficiente. En otras palabras, si a su niño le desagradan las verduras pero le gustan las frutas, no se enoje. Déle fruta dos o tres veces por día, y olvídese de las verduras durante algunas semanas, e inclusive, meses. Si no hace de esto un problema, hay grandes posibilidades de que el gusto del niño por las verduras vuelva en cierto tiempo.

452. Las frutas. Durante el primer año, es probable que un bebé ya haya tomado jugo de manzanas hervido o enlatado, melocotones, ciruelas, peras, duraznos, piña, y plátanos, manzanas, peras y aguacates crudos y aplastados. Hacia el año, estas últimas pueden ofrecerse en una consistencia más gruesa. Las frutas en lata, tales como las peras, duraznos, piñas, que se sirven a los adultos, no son convenientes, porque están demasiado endulzadas por el jarabe. Por lo menos quíteles el jarabe. En la actualidad, se consiguen muchas frutas envasadas en jarabe, que sólo se confecciona con el jugo de las frutas, sin agregado de azúcar.

Las frutas crudas, tales como naranjas, duraznos, melocotones, ciruelas, uvas sin semilla y melones, por lo común se agregan entre el año y los 2 años, para los niños con buena digestión. Si se ofrecen con la cáscara, deben ser lavadas para quitar las sustancias químicas con las que son rociadas.

Es común que se recomiende esperar hasta los 2 años, para añadir cerezas y moras silvestres (fresas, frambuesas, moras negras, arandanos, gayubas, moras-frambuesas). En ocasiones, las fresas provocan salpullido. Los niños pequeños tragan las moras enteras y las eliminan de la misma forma, por lo tanto, aplástelas, hasta que sepa mascar bien. Quite las semillas de las cerezas, hasta que el niño aprenda a separarlas dentro de la boca.

Las frutas secas, tales como ciruelas sin hueso, melocotones, higos, dátiles, se pueden dar sin cocer, a los 2 años, cortadas en ensaladas, o enteras, para mordisquear. Deben ser bien lavadas, a pesar de que se envasan listas para comer tal como vienen. Estas frutas secas se pegan a los dientes durante largo tiempo, por lo tanto, no deben utilizarse con frecuencia, o bien, es preciso lavar los dientes de inmediato.

453. Los cereales y los panes. Al año de edad, los bebés deben comer por lo menos uno, o bien una variedad de cereales en grano, integrales, precocidos, y también, la harina de avena y el trigo integral cocido que come el resto de la familia. Si les agrada, continúe ofreciéndoselos, una o dos veces por día, por tiempo indefinido.

Recuerde que los niños pequeños prefieren los alimentos, o bien con una consistencia firme, o bien bastante blandos y fluidos. Tienen tendencia a rechazar las consistencias pastosas. Por lo tanto, mantenga ligeras las mezclas de cereales.

Cuando advierta señales de cansancio con uno de ellos, intente con otro al que su niño no pareció sentirse muy inclinado anteriormente.

También existen cereales secos, algunos de los cuales son integrales, y otros no. Lo más valiosos son el trigo integral y la avena, porque resultan ricos en vitaminas, minerales y proteínas. Menos valiosos son el arroz y el maíz. Yo no compraría cereales que no se presentaran con el grano entero. Los cereales cubiertos de azúcar son alimento inservible, y sus fabricantes son irresponsables. Cuando sus niños los pidan, niégueselos con firmeza y asegúreles que no los comprará.

El pan vale tanto como el cereal cocido. Si su niño está harto del cereal común en el desayuno, puede servirle pan tostado, *croissants,* o buñuelos, hechos con trigo entero o partido, centeno, avena o plátano. Un cereal horneado es tan valioso como el que se sirve hervido. El hecho de que no estén calientes, no altera su valor alimenticio ni su digeribilidad. Untelos con mantequilla o margarina (comenzando por una cantidad pequeña, al año de edad). También puede untar el pan con puré de frutas o yogur, si esto lo hace más atrayente.

Los alimentos menos valiosos e indeseables

454. El deterioro de la dieta en Norteamérica. Es triste el hecho de que la nación más rica de la tierra, que consume la parte del león de las proteínas del mundo, también tenga millones de personas que siguen dietas con grandes deficiencias. Algunos de estos millones no pueden afrontar el gasto de comprar —ni para sí mismos ni para sus niños— los elementos correctos. Otros millones tienen suficiente dinero, pero impulsados por la publicidad, fascinados por los dulces, y no interesados a escuchar consejos, se alimentan a sí mismos y a sus niños con grandes cantidades de comida de pobre contenido nutritivo, que estropean la salud. En lo fundamental, el daño es causado por la proporción excesiva en nuestras dietas de azúcar, almidón, grasas animales y sales.

Los refrescos, los caramelos, goma de mascar, la cobertura azucarada de los cereales, las galletas grasosas, los bizcochos y pasteles, nos quitan el apetito para los buenos alimentos, estropean los dientes, favorecen la obesidad, y en aquéllos con tendencia familiar, inducen a muerte prematura por diabetes y arteriosclerosis.

Quiero decir que deberíamos tomar con mucha más seriedad el deterioro de la dieta norteamericana. Deberíamos ofrecer a nuestros hijos comidas completas, con gran proporción de verduras, frutas, granos integrales, y carnes sin grasa. Deberíamos mantener la comida de pobre contenido nutricional fuera de nuestros hogares, y ayudar a nuestros niños a evitarla fuera de casa.

Véase la Sección 433 acerca de la carencia de fibras.

455. Galletas, tortas, bizcochos pesados, pasteles.
Satisfacen con rapidez el apetito de los niños, pero prácticamente no les aportan minerales, ni vitaminas, ni fibras, ni proteínas. A veces son denominados alimentos "carenciales". Engañan a los niños, haciéndoles sentirse bien alimentados, cuando, en realidad, están parcialmente subalimentados y estropean su apetito para los buenos alimentos.

No se debe ser tan suspicaz, en lo referente a este tipo de comidas, como para impedir a los niños comer pastel en una fiesta de cumpleaños. Lo que los priva de elementos nutritivos es una alimentación regular con dichas comidas. Cuando no hay necesidad, no tiene sentido comenzar con ellos en casa.

Los pastelitos rellenos, como el flan, los pasteles con crema, los merengues, las tartas de crema, representan un peligro adicional. Las bacterias perjudiciales crecen con rapidez en estos rellenos, si no se conservan bien refrigerados. Son causa frecuente de alimentos intoxicados.

456. Los alimentos demasiado endulzados también son indeseables en la dieta. Satisfacen el apetito con rapidez, lo eliminan para los alimentos substanciosos, y favorecen la obesidad y el deterioro de los dientes. Déles a los niños su cereal y frutas sin agregado de azúcar. **Las jaleas, mermeladas, la mayoría de las frutas en lata** contienen cantidades excesivas de azúcar y es preferible no caer en el hábito de servirlas. En ocasiones, cuando resulta conveniente darles duraznos en lata, porque los come el resto de la familia, quite el jarabe, o compre frutas envasadas con su propio jugo, sin el agregado de azúcar. También se considera que las pasas, los dátiles, las ciruelas pasas y los higos son perjudiciales para los dientes, cuando se comen con regularidad, porque se pegan a ellos durante mucho tiempo. De todos modos, es preciso cepillar los dientes después de las comidas.

457. Los caramelos, los refrescos, los helados con jarabe traen problemas especiales, porque, por lo común, se comen entre comidas, que es cuando tienen su efecto más nocivo sobre el apetito y sobre los dientes, y porque constituyen el deleite de la mayoría de los niños. Cuando toda la familia está disfrutando de un buen helado, también debe dárselo al niño. Pero resulta sensato evitar los dulces entre comidas, y evitar los caramelos, inclusive al terminar las comidas. En particular los caramelos, se consideran causantes del deterioro de los dientes, porque mantienen la boca llena de dulce por cierto tiempo.

Es bastante fácil mantener a los niños alejados de los caramelos, si no los hay en la casa, y lo mismo ocurre con los refrescos y helados, si no se los compra. En la edad escolar se hace más difícil, cuando el niño descubre todas esas delicias. Pero yo aliento a los padres para que expliquen a los niños los efectos nocivos de los dulces sobre los dientes y establezcan una regla clara contra ellos.

458. A menudo son los padres quienes causan la ansiedad por los dulces. Hay un motivo para que a los niños les gusten los dulces, y es que sus organismos hambrientos, en crecimiento, reconocen las calorías abundantes que contienen. Pero no es cierto que los pequeños que no han sido mal acostumbrados deseen cantidades de dulces. En realidad, a pocos pequeños les desagradan todos los alimentos dulces. La doctora Clara Davis descubrió en sus experimentos que dejaban a los niños seleccionar su dieta de una variedad de alimentos **naturales,** que, a la larga, sólo deseaban una cantidad razonable de los más dulces. (Véase la Sección 503.)

Creo que mucha de la ansiedad exagerada por los dulces es provocada, en forma inconsciente, por los padres. Tratando de que su hijo termine sus verduras, un padre dice: "No podrás tomar tu helado, si no terminas tu espinaca" o bien: "Si comes todo tu cereal, te daré un caramelo." Cuando usted se apoya en algún alimento (o en cualquier clase de premio), está agudizando el deseo por ello. Tiene exactamente el efecto contrario al buscado por los padres: el niño desprecia la espinaca y el cereal, y desea cada vez más el helado y el caramelo. Yo diría, a modo de broma, que la única manera segura de engañar a un niño con respecto a la comida es decir: "No podrás comer tu espinaca hasta que hayas terminado tu helado." Sin embargo, hablando en serio, **jamás** se respalde en una comida para lograr que el niño coma otra. Permita que su hijo continúe pensando que sus alimentos comunes son tan buenos como los dulces. Si algún día descubren su postre al principio y lo piden, permita de buena gana, que lo tomen de inmediato.

Si los padres toman muchas gaseosas, o comen mucho helado o dulces cada noche, claro que sus niños van a querer estas cosas también. (Creo que los dulces que trae un abuelo que visita de vez en cuando pueden ser vistos como algo especial.)

459. El maíz, el arroz y el trigo refinado, son menos valiosos que el trigo integral y la avena. El maíz y el arroz tienen relativamente pocas vitaminas y proteínas valiosas (aun antes de ser refinados), comparados con la avena, el centeno y el trigo integral. Y en el proceso de refinamiento, cualquier cereal pierde muchas de sus vitaminas, minerales y fibras. Por lo tanto, los cereales de trigo refinado (blanco), el pan blanco, los macarrones, los espaguetis, los tallarines, las galletas (excepto las de trigo integral), el arroz, el maíz en grano, el maíz grano de elote y molido, son alimentos que no deben ofrecerse a los niños. También existen los postres hechos con esos cereales: almidón de maíz, arroz, budines de tapioca. Cuando se usa el arroz como cereal, budín, o sustituto de las papas, se debe emplear el arroz integral sin pulir. Al pan blanco enriquecido se le han reintegrado algunas de las vitaminas originales del complejo B; sin embargo, de ningún modo contiene todos los valores del pan fabricado con trigo integral.

460. El café y el té no son buenas bebidas para los niños porque los toman en lugar de la leche, y también porque contienen la cafeína estimulante. (La bebida de cola y otros refrescos y bebidas de chocolate, también contienen cafeína, así como azúcar en exceso.) La mayoría de los niños ya están suficientemente estimulados. Es más fácil y seguro no comenzar a proporcionar estas bebidas.

461. Evitar las enfermedades cardíacas coronarias posteriores. La arteriosclerosis está apareciendo en adultos cada vez más jóvenes —y, en ocasiones, en niños— en los países ricos como los Estados Unidos.

Es probable que la causa más significativa es la predisposición química y metabólica que favorece la arteriosclerosis, y que ocurre en ciertas familias. Las que tienen una historia de ataques cardíacos, ocurridos a edad temprana, deberían hacer exámenes a sus niños, para saber qué tan susceptibles son. Una vez verificado esto, deberían seguir, durante toda su vida, una dieta preventiva.

Aunque aún no se hayan encontrado científicamente las causas de la arteriosclerosis, creo que es prudente que todos los padres mantengan las dietas de sus hijos dentro de límites sensatos. Yo he tratado de evitar la obesidad en la infancia (la Sección 144) y en la niñez más avanzada (las Secciones 482 y 483). Cuando mis hijos entraban a la adolescencia, limitaba su consumo de huevos a uno por semana, evitaba las carnes que contuvieran mucha grasa (bifes de costilla, hamburguesas grasosas, salchichas de

Viena, "carnes frías", picadas, en hogazas, tales como el salchichón y el salami). Cortaba la grasa visible de las porciones de carne de res, cordero, jamón y cerdo. Sólo ofrecía leche descremada (excepto a los niños pequeños de la familia), margarina de aceite de maíz como mantequilla; omitía los pastelitos, los pasteles, las galletas. En otras palabras, las proteínas debían provenir de las carnes sin grasa, las aves y el pescado; los postres debían estar constituidos por frutas. Para disminuir las probabilidades de obesidad, dejaba fuera de casa las bebidas dulces con gas, los cereales secos azucarados, las galletas dulces y los caramelos.

Comidas

462. Una guía simple para la dieta. Todo el asunto de la dieta parece como algo complicado, pero no tiene que ser así. Afortunadamente, los padres no necesitan imaginar la dieta perfecta para su hijo. Los experimentos de la doctora Davis y otros, han demostrado que el propio apetito de los niños busca, a la larga, una dieta equilibrada (la Sección 503), **siempre y cuando** no hayan sido obligados, o no se les hayan creado prejuicios contra los alimentos, y siempre y cuando se les haya ofrecido una variedad razonablemente completa de alimentos naturales, no refinados. La tarea de los padres consiste en tener una idea general de las clases de alimentos que se combinan para constituir una buena dieta, y por cuáles pueden ser sustituidos aquéllos que han dejado de gustarles a los niños. Todos los alimentos pueden ser divididos en cuatro grupos: el grupo de los lácteos, el grupo de las carnes, el de las verduras y las frutas, y el de los cereales y los panes. Para decirlo con sencillez, los alimentos que se requieren en forma diaria, son los siguientes:

1. Leche (en cualquiera de sus formas) 16–20 onzas para niños jóvenes, 1½ a 2 pintas para los niños de edad escolar

2. Carne, aves o pescado
3. Un huevo, 3 o 4 veces por semana
4. Verduras verdes o amarillas, 1 o 2 veces, algunas de ellas, crudas
5. Fruta, 2 o 3 veces, por lo menos la mitad de ellas, crudas, incluido jugo de naranjas (la fruta adicional puede sustituirse por verduras y viceversa)
6. Verduras que contienen almidón, 1 ó 2 veces
7. Pan de cereal integral, galletas, cereales, 1 ó 3 veces
8. Vitamina D (en la leche o en gotas)

463. Guía sugerida para las comidas. Por supuesto, ésta es sólo una orientación y se pueden variar las comidas de acuerdo con las preferencias del niño y los hábitos de su familia. Se puede dar fruta o jugo de tomate, entre comidas, si es necesario. Se puede dar pan (de grano integral) durante las comidas, si se desea.

Desayuno
1. Fruta o jugo de fruta
2. Cereal
3. Huevo (tres o cuatro veces por semana)
4. Leche

Almuerzo
1. Un plato principal como: cereal (trigo integral o avena) o pan, o sándwiches (grano integral) o papas o sopa con galletas saladas, pan tostado, cebada, perla, o un budín de leche
2. Verduras o frutas, crudas o cocidas
3. Leche

Cena
1. Carne, pescado o ave
2. Verduras verdes o amarillas (cocidas o crudas)
3. Papas
4. Frutas crudas
5. Leche

464. No es difícil variar el almuerzo. Muchos padres se quejan de que les resulta problemático decidir acerca de cómo variar el almuerzo. Una regla simple y eficaz consiste en servir:

1. Un plato lleno de calorías y
2. Fruta, o bien, verdura

Cuando el bebé crece, se le pueden servir panes y sándwiches de distinto tipo, como plato. Cuando tienen un año, siempre tardan con el pan, y deshacen el sándwich para tomar el relleno. Pero más cerca de los 2 años, pueden manipularlos bien. Para comenzar, puede utilizar pan de centeno, de trigo integral, de harina de avena, o de plátano, y hacia los 2 años, puede añadir pan de nuez. Untelo con un poco de mantequilla, margarina, requesón o queso crema.

Los sándwiches se puede preparar con una amplia variedad de otros alimentos, solos o en combinación: verduras crudas (lechuga, tomate, zanahoria rallada), frutas hervidas, frutas secas cortadas, crema de cacahuete, huevo, pescado en lata, aves picadas y carnes. Es posible utilizar quesos para untar o rallados, y más adelante, en rebanadas delgadas. Se puede mezclar queso crema o un pequeño yogur a muchos de los elementos mencionados antes.

Un plato muy substancioso es caldo o sopa que contenga cebada o arroz integral, o sopa de verduras simple o en crema, con un par de rebanadas de pan tostado de trigo integral, cortadas en pequeños cubos para agregar a la sopa.

Un huevo escalfado, sancochado o revuelto, se puede servir sobre un pan tostado, o con trozos de panes tostados dentro. O bien, servirse con pan a un costado.

Las galletas simples de grano integral (del tipo sin sal), se pueden ofrecer solas o untadas, o bien, en un plato con leche caliente o fría. (Las galletas de Graham tienen pocas calorías.) También las rebanadas de pan o panes tostados se pueden ofrecer con leche caliente o fría.

Si al niño le agrada, la papa es un buen plato.

El cereal cocido, precocido o seco puede hacerse más atractivo, agregándole trozos de fruta cruda o cocida, fruta seca cortada, o bien, azúcar moreno, miel o melaza.

En lugar de un plato básico al principio, seguido por fruta cruda o cocida, usted puede ofrecer una verdura verde o amarilla, o una ensalada de verduras o frutas. Luego puede continuar con un budín lácteo: flan o budín de pan. El plátano constituye un excelente postre para completar la comida.

Existen ciertos niños que nunca parecen desear ni necesitar mucho almidón. Están en condiciones de obtener suficientes calorías de la leche, las carnes, las frutas, las verduras, como para aumentar de peso en forma razonable. También obtienen de estos alimentos, las vitaminas del complejo B. En otras palabras, los granos y otros almidones, son elementos acerca de los cuales usted debe preocuparse menos, en cuanto a la dieta de sus hijos. Si en otros aspectos evolucionan bien, deje que no los coman durante semanas.

Alimentar entre comidas

465. Utilice el sentido común, entre comidas. Muchos niños pequeños y también algunos mayores, necesitan un bocado entre comidas. Si se trata de alimento correcto, y se da a una hora adecuada, presentado en la forma conveniente, no interferirá con las comidas ni provocará aparejados problemas en la alimentación.

Las frutas y los jugos de frutas y verduras, se digieren con facilidad y rapidez, y son los que producen menos daño a los dientes. La leche permanece mucho más tiempo en el estómago, y, por lo tanto, tiene más tendencia a quitar el apetito para la comida siguiente. Sin embargo, en ocasiones, se pueden ver niños que nunca tienen apetito durante la comida, y se encuentran demasiado hambrientos y cansados, antes de la siguiente; podrían progresar, si se les ofrece leche entre comidas. Su lenta digestión les permite esperar, y tener mejor apetito para la comida siguiente, porque ya no estarán exhaustos.

Los pasteles, las galletas, los pastelitos y los bocadillos, fritos y salados, tienen tres desventajas: son ricos en calorías, pobres en otros valores alimenticios, y perjudiciales para los dientes. Inclusive las galletas y el pan se adhieren a los dientes por cierto tiempo, de modo que no son aconsejables para una dieta entre comidas.

Para la mayoría de los niños, es preferible una hora entre

comidas para ofrecerles un bocado, o bien, no menos de una hora y media antes de la siguiente comida. Existen niños que aceptan bien un jugo a mitad de la mañana, y, sin embargo, aun están tan hambrientos y enojados antes de que el almuerzo esté preparado, que pelean y se niegan a comer. Tomar un vaso de jugo de naranjas o tomates, aun cuando sólo falten 20 minutos para el almuerzo, mejorará su disposición y su apetito. Usted puede darse cuenta que los bocados entre comidas son una cuestión de sentido común y de considerar lo que es mejor para cada niño en particular. Muchos pequeños pueden esperar la hora de las comidas sin ningún bocado, y esto es lo mejor para los dientes.

Los padres pueden quejarse de que su hijo come mal durante las comidas, pero que siempre pide algo entre las comidas. Este problema no surge porque los padres sean benévolos con respecto a los bocadillos entre comidas. Por lo contrario. En todos los casos que he observado, los padres habían estado impulsando u obligando al niño a comer, durante los horarios regulares, y negándoles alimento entre comidas. Lo que retrae el apetito en las comidas, es el forzar a los niños. Después de meses de hacerlo, el solo hecho de ver el lugar de la comida puede hacer que al niño se le revuelva el estómago. Pero cuando la comida ha terminado (aunque haya comido muy poco), el estómago se encuentra bien otra vez. Pronto estará comportándose como es normal para cualquier estómago sano, vacío, reclamando alimento. Entonces, la solución consiste en no negar a los niños bocadillos entre comidas, y también, en que los momentos de las comidas sean tan agradables que se les haga agua la boca. ¿Qué es una comida? Un alimento preparado en forma especial para que resulte apetitoso. Cuando un niño lo considera menos atractivo que los bocadillos, es porque algo no está bien.

Problemas de alimentación

466. Dónde comienzan los problemas de alimentación.
¿Por qué tantos niños comen mal? Casi siempre, porque

muchos padres son demasiado concienzudos en lo que se refiere a hacer que coman bien. Usted no advertirá muchos problemas de alimentación entre los cachorros de perro, o en los seres humanos jóvenes en lugares donde las madres no saben lo bastante respecto de las dietas como para inquietarse por ello.

Algunos niños parecen nacer con tanto apetito que se mantiene así inclusive cuando se sienten tristes o están enfermos. Otros poseen un apetito más moderado y afectado con más facilidad por su salud y su estado de ánimo. En apariencia, el primer grupo parece destinado a ser gordo; el segundo grupo da la impresión de que tendrá que mantenerse del lado de los delgados. Pero **todos** los bebés nacen con suficiente apetito como para mantenerse sanos, y seguir aumentando de peso según el ritmo adecuado para él.

El problema consiste en que los niños también nacen con un instinto a rebelarse si se los presiona demasiado, y un instinto para mostrar desagrado por la comida con la cual han tenido experiencias poco placenteras. Existe otra complicación: el apetito de una persona no se orienta siempre hacia las mismas cosas. Durante un tiempo muestra deseos de comer una cantidad de espinacas o un nuevo cereal para el desayuno. Al mes siguiente, es probable que nada de esto le atraiga. Algunas personas se inclinan por los almidones y los dulces; otras se hartan con un poco de éstos. Si usted entiende estos puntos, podrá advertir que los problemas de la alimentación comienzan en distintas etapas del desarrollo del niño. Algunos bebés se rebelan durante los primeros meses, si sus padres intentan, con mucha frecuencia, hacer que terminen una porción mucho mayor de su biberón de la que ellos desean, o si, cuando se introduce por primera vez los alimentos sólidos, no se les da una oportunidad de acostumbrarse a ellos en forma gradual. Muchos se vuelven delicados y quisquillosos después del año de edad, porque no están destinados a aumentar con tanta rapidez, porque son más tercos y, tal vez, a causa de la dentición. El hecho de presionarlos, les quita aun más el apetito, y lo reduce en forma permanente. Un momento muy habitual para que comiencen los problemas de la alimentación, es el del final de una enfermedad. Si un padre ansioso comienza a insistirle con los alimentos antes de que vuelva el apetito, ello aumenta en seguida el desagrado del niño, y lo lleva a adoptar una posición firme.

No todos los problemas de la alimentación comienzan con las presiones. Es posible que un niño deje de comer por celos hacia un nuevo bebé, o por inquietudes de muchas clases. Pero sea cual fuere la causa de origen, la ansiedad y las presiones de los padres casi siempre la empeoran, e impiden que el apetito vuelva al pequeño.

467. Una cura toma tiempo y paciencia. Cuando se ha establecido un problema de alimentación, hacen falta tiempo, comprensión, y paciencia para solucionarlo. Los padres se han vuelto ansiosos. Les resulta difícil volver a relajarse, mientras el niño siga comiendo mal. Y sin embargo, su preocupación y su insistencia son los principales motivos que mantienen bajo el apetito del niño. Inclusive cuando se reforma, por medio de un esfuerzo supremo, el tímido apetito del pequeño necesitará semanas para recuperarse. Requiere una oportunidad para olvidar poco a poco todas las asociaciones desagradables con la comida.

Su apetito es como un ratón, y las presiones ansiosas de los padres son el gato que la ha asustado y la llevó a meterse de nuevo en su agujero. No se puede convencer a la ratita de que se muestre audaz sólo porque el gato mire hacia otro lado. El gato debe dejar en paz a la ratita durante mucho tiempo.

468. Los padres también tienen sentimientos. Y son sentimientos fuertes, a partir del momento en que tienen un problema crónico de alimentación, respecto de su pequeño. El más evidente es el de la ansiedad de que en el niño se desarrolle alguna deficiencia de la nutrición, o de que pierda su resistencia a las infecciones comunes. El médico trata de tranquilizarlos una y otra vez, asegurándoles que los niños con problemas de alimentación no son más susceptibles a las enfermedades, pero sin lograr que le crean.

Esos padres tienden a sentirse culpables, imaginan que sus parientes, sus parientes políticos, los vecinos, el médico, los consideran padres negligentes. Por supuesto, no es así. Lo más probable es que entiendan, porque tal vez tengan en la familia otro niño que come mal.

Y además existe el inevitable sentimiento de frustración y enojo hacia un mequetrefe que puede arruinar por completo todos los esfuerzos de sus padres para hacer lo que deben. Este es el sentimiento más molesto de todos, porque hace que los padres concienzudos se sientan avergonzados.

Resulta interesante descubrir que muchos padres que tienen problemas de alimentación con sus hijos recuerdan haberlos tenido a su vez, en su propia infancia. Recuerdan demasiado bien esas presiones realizadas en el sentido equivocado, pero se sienten impotentes para hacer otra cosa. En tales casos, los propios sentimientos de ansiedad, culpa e irritación son, en parte, residuos de los mismos sentimientos implantados en los padres durante la infancia de éstos.

469. El niño pocas veces corre peligro. Es importante recordar que los niños tienen un notable mecanismo innato que les permite saber cuántos alimentos y qué tipos de éstos necesitan para su crecimiento y desarrollo normal. Es rarísimo observar una desnutrición grave o una deficiencia en vitaminas o enfermedades infecciosas como consecuencia de un problema de alimentación. Los patrones de alimentación del niño deben ser analizados con el médico en el momento de los exámenes, por supuesto.

470. Haga que las horas de las comidas sean agradables. El objetivo no es **hacer** que el niño coma, sino permitir que su apetito natural salga a la superficie, de modo que **quiera** comer.

Esfuércese por no hablar a la pequeña acerca de la comida, ya sea con amenazas o alentándola. En su lugar, yo no la elogiaría cuando come más cantidad de lo normal, ni me mostraría desilusionada cuando come poco. Con práctica, es posible que usted deje de pensar en eso, lo cual será un verdadero progreso. Cuando la pequeña ya no sienta más presiones, podrá comenzar a prestar atención a su propio apetito.

En ocasiones se escucha el siguiente consejo: "Ponga la comida delante de la pequeña, no diga nada, retírela a los 30 minutos, por mucho o poco que haya comido. No le dé nada más hasta la próxima comida." Esto está muy bien, si se lleva a cabo con el humor adecuado, es decir, si el padre trata en verdad de no quejarse ni preocuparse por la forma en que come la niña, y si se muestra amable. Pero a veces los padres enojados siguen el consejo depositando con violencia el plato de comida delante de la niña y diciendo con voz lúgubre: "¡Ahora bien, si no comes esto en 30 minutos, me lo llevaré y no comerás nada más hasta la hora de la cena!" Luego se quedan esperando, con una mirada furiosa. Estas amenazas endurecen el estado de ánimo de la pequeña, y eliminan cualquier rastro de apetito que hubiese podido tener. La niña rebelde que recibe un desafío para una batalla por la comida, **siempre** puede resistir más que un padre.

Usted no querrá que su niña coma porque ha sido vencida en una pelea, donde la haya forzado, o que le haya retirado la comida. Quiere que coma porque siente deseos de comer.

Empiece con las comidas que más le agradan a ella. Usted desea que la boca de ella se haga agua cuando llega el momento de la comida, de modo que casi no pueda esperar. El primer paso para establecer esta actitud consiste en servir, durante **2 ó 3 meses** las comidas sanas que más le agradan (y ofrecer una dieta tan equilibrada como resulte posible), a la vez que se omiten todos los alimentos que ella rechaza en forma activa.

Si su niña tiene un problema de alimentación relativamente limitado, si sólo rechaza uno u otro grupo de alimentos, pero come lo demás bastante bien, véase las Secciones 446, 448–451, 453 y 464. En ellas se explica cómo puede remplazarse un alimento por otro hasta que el apetito de la niña cambie, o bien hasta que pierda su sospecha o su tensión durante las comidas.

471. La niña a quien le gustan pocas comidas. Un padre puede decir: "Los niños que rechazan un solo tipo de alimentos no son un problema verdadero. A mi hijo sólo le agradan las hamburguesas, los plátanos, las naranjas y los refrescos. De vez en cuando acepta una rebanada de pan blanco o un par de cucharadas de guisantes. Se niega a tocar ninguna otra cosa."

Este es un problema de alimentación grave poco común, pero en principio es el mismo. Se le pueden servir plátanos en pedazos y una rebanada de pan enriquecido para el desayuno, hamburguesa, dos cucharadas de guisantes y una naranja para el almuerzo; una rebanada de pan enriquecido y otro plátano para la cena. Que repita una o dos veces cualquiera de los alimentos si los pide y si usted lo tiene. Sírvale distintas combinaciones de esta dieta durante días. No lo deje tomar refrescos. Si su estómago está lleno de jarabe, éste le quita el poco apetito que tiene para alimentos de más valor.

Si al cabo de un par de meses espera con ansiedad sus comidas, agregue un par de cucharadas (no más) de algún alimento que en ocasiones solía comer, no de alguno que odiase. No mencione el nuevo agregado. No haga comentarios si no lo toca. Intente eso durante un par de semanas, y mientras tanto pruebe con otra cosa. La rapidez con que se va agregando nuevos alimentos depende de cómo mejora su apetito, cómo acepta los nuevos alimentos.

472. No establezca diferencias entre los alimentos. Deje que coman cuatro porciones de una comida y ninguna de la otra si así lo desean (siempre que el alimento sea saludable). Si no quieren el plato principal pero desean postre, déjelos que tomen este postre, y sírvaselo con toda normalidad. Si usted le dice: "Nada de repeticiones de la carne hasta que hayas comido tus verduras", o "Nada de postre hasta que hayas dejado limpio el plato", le quitará el apetito en lo que se refiere a la verdura o al plato principal, y aumentará el deseo que tienen de carne o postre. Estos resultados son todo lo contrario de lo que usted quiere obtener. (La mejor manera de manejar el problema del postre consiste en no servir ninguno que no sea fruta, durante más de una noche o dos por semana, o nunca. Si se sirve un postre que no sea fruta, es preciso ofrecerlo a todos los miembros de la familia, sin limitaciones.)

No se trata de que usted quiera que los niños sigan comiendo alimentos unilaterales para siempre. Pero si tienen un problema de alimentación y ya muestran sospecha respecto de ciertos alimentos, su mejor posibilidad de lograr que vuelvan a un equilibrio razonable consiste en que les haga pensar que a usted no le importa.

Creo que es un gran error que el padre insista en que los niños que tienen problemas de alimentación "prueben apenas" un alimento hacia el cual se muestran sospechosos, y que lo hagan como una obligación. Si tienen que comer algo que les desagrada, aunque les disguste un poco, ello disminuye la posibilidad de que alguna vez cambien de opinión y lleguen a saborearlo. Y reduce el placer de las horas de las comidas y de su apetito en general para todos los alimentos aun más.

Por supuesto, nunca les haga comer en la comida siguiente el alimento que rechazaron en la última. Eso equivale a buscarse problemas.

473. Sirva menos de lo que van a comer, no más. Sirva pequeñas porciones a cualquier niño que come mal. Si le amontona el plato, le recuerda cuánto va a rechazar y le deprime el apetito. Pero si le sirve una porción menor de lo que está dispuesto a aceptar, lo alienta a pensar: "Esto no es suficiente", y usted desea que tenga esa actitud. Quiere que llegue a pensar en la comida como algo que ansía. Si **en verdad** tiene poco apetito, sírvale porciones minúsculas: una cucharadita de carne, una cucharadita de verdura, una cucharada de almidones. Cuando termine, no le diga con ansiedad: "¿Quieres más?" Deje que lo pida ella, aunque hagan falta varios días de porciones en un plato muy pequeño, de modo que la niña no se sienta humillada si se encuentra sentado ante pequeñas porciones de alimento en un plato enorme.

474. Lograr que se alimenten ellos mismos. ¿Deben los padres dar de comer a los niños que comen mal? Un niño a quien se le ofrece el estímulo adecuado (las Secciones 511 y 512) se hace cargo de su propia alimentación en algún momento entre los 12 y los 18 meses. Pero si los padres demasiado preocupados han continuado alimentando hasta los 2, 3 ó 4 años (y tal vez con gran insistencia), el problema no se va a solucionar simplemente con decirles: "Basta!" El pequeño no tiene ahora deseos de comer por sí sólo; sobreentiende que se le dará de comer. Esa es para él ahora una señal importante del cariño y la preocupación de sus padres. Si éstos lo interrumpen de repente, él se resiente. Es probable que deje de comer por completo durante 2 ó 3 días — y eso es más de lo que cualquier padre puede soportar sin hacer nada. Cuando vuelven a darle de comer, tiene un nuevo motivo de queja contra ellos. Cuando una vez más intentan dejar de alimentarlo, conoce su fuerza y la debilidad de ellos.

Un niño de 2 años o más debería comer sólo lo antes posible. Pero lograr que lo haga es un problema delicado que lleva varias semanas. No hay que darle la impresión de que está tratando de quitarle un privilegio. Usted quiere que él se alimente sólo por su propio gusto.

Sírvale sus alimentos favoritos comida tras comida y día tras día. Cuando ponga el plato delante de él, vuelva a la cocina o pase a la habitación contigua, durante uno o dos minutos, como si hubiese olvidado algo. Apártese un poco más cada día. Vuelva y déle de comer con expresión alegre, sin comentarios, haya comido él o no algo por su cuenta. Si se impacienta mientras usted está en la habitación vecina y la llama para que le dé de comer, vaya en seguida, con una disculpa amistosa. Es probable que no progrese en forma continua. Al cabo de una o dos semanas puede llegar al punto de comer toda una comida casi por su cuenta, y en la comida siguiente querer que le den de comer desde el comienzo. No discuta durante todo ese proceso. Si come un alimento, no le insista a probar también otro. Si parece estar satisfecho consigo mismo por haber hecho un buen trabajo en lo referente a comer él solo, elógielo por ser un gran muchacho, pero no se muestre tan entusiasta como para que él perciba algo sospechoso.

Supongamos que durante una semana más o menos, lo ha dejado solo, con buenos alimentos durante 10 ó 15 minutos, y él no ha comido nada. Entonces tiene que hacer que se sienta más hambriento. Poco a poco, en 3 ó 4 días, reduzca a la mitad lo que le da en forma habitual. Esto tendrá que ponerlo tan ansioso, que no podrá dejar de empezar por sí mismo siempre que usted se muestre discreta y amistosa.

Cuando el niño come por su cuenta, con regularidad, hasta la mitad de una comida, creo que es hora de alentarlo a irse de la mesa, en lugar de darle usted el resto de la comida. No importa que haya dejado algo de sus alimentos. El hambre se acumulará, y muy pronto comerá más. Si usted continúa dándole la última mitad de la comida, es posible que él jamás se haga cargo de la tarea completa. Dígale, nada más que "Creo que ya comiste lo suficiente." Si le pide que usted le dé algo más, proporciónele otros dos o tres bocados, para mostrarse amable, y luego sugiera casualmente que ya ha terminado.

Después de que él se haya hecho cargo por completo, durante un par de semanas, no vuelva usted al hábito de alimentarlo de nuevo. Si algunos días se muestra muy fatigado y dice: "Dame de comer", déle algunas cucharadas, con expresión distraída y luego dígale algo acerca de que no parece tener mucha hambre. Destaco esto porque sé que un padre que se ha preocupado durante meses o años en cuanto a la alimentación de un niño, que lo alimentó con la cuchara durante demasiado tiempo, y que por último lo deja comer por su cuenta, siente grandes tentaciones de volver a darle de comer la primera vez que parece perder el apetito, o la primera vez que está enfermo. Y entonces todo el trabajo se vuelve a repetir.

475. ¿Deben los padres permanecer en la habitación mientras él está comiendo? Esto depende de lo que el niño quiera, de aquello a lo cual está habituado, de lo bien que los padres puedan controlar su preocupación. Si siempre han estado sentados allí, no pueden desaparecer de pronto sin inquietarlo. Si saben mostrarse sociables, tranquilos, y apartar sus pensamientos de la comida, es bueno para ellos que se queden allí (estén o no comiendo su propia comida). Si descubren que ni siquiera con la práctica pueden apartar sus pensamientos de la comida del niño, o dejar de insistirle, tal vez sea mejor que se retiren del cuarto a la hora de la comida, no irritados, ni en forma repentina, sino con tacto y de manera gradual, un poco más todos los días, de modo que él no advierta el cambio.

476. Nada de espectáculos ni sobornos. Por cierto que los padres no deben hacer un espectáculo para sobornar al niño para hacerlo comer, tal como contarle un cuentito por cada bocado, ni hacerle una promesa de ponerse de cabeza abajo si termina con la espinaca. Todas estas formas de persuasión parecen lograr, en el momento, que el niño coma unas cuantas cucharadas más. Pero a la larga, le quitan cada vez más el apetito. Los padres tienen que seguir aumentando el monto del soborno para conseguir el mismo resultado. Terminan poniendo en escena una hora de agotador vodevil para lograr cinco bocados.

No le pida a un niño que coma para ganarse el postre, o un trozo de pastel, o una estrella de oro, o cualquier otro premio. No le pida que coma por la tía Minnie, para hacer felices a su padre y a su madre, para crecer grande y fuerte, o para no enfermarse, o para dejar limpio su plato.

Enunciemos la regla en forma más breve: no soborne o fuerce a un niño a comer.

No infiere un gran daño al hecho de que un padre narre un cuento a la hora de la cena, o que encienda la radio, si ésa ha sido la costumbre, siempre que ello no tenga alguna conexión con el hecho de que el niño coma o no.

477. No es necesario ser pasivo. He hablado tanto acerca de dejar que el niño coma porque quiere, que es posible que haya dado la impresión equivocada a algunos padres. Recuerdo a un madre que se había visto envuelta durante años en un problema de alimentación relacionado con su hija de 7 años a quien insistía, con quien discutía y a quien obligaba. Cuando entendió la idea de que era probable de que, tal vez, en el fondo, la niña tuviese un apetito normal, y un deseo de una dieta bien equilibrada, y que la mejor manera de revivirla era dejar de luchar en relación con las comidas, pasó al extremo opuesto y se empezó a disculpar. Para entonces la hija tenía acumulado un gran resentimiento, por causa de la larga lucha. En cuanto se dio cuenta de que su madre era toda dócil, aprovechó la situación.

Volcaba todo el contenido del azucarero en su cereal, mientras miraba con el rabillo del ojo para percibir el horror silencioso de su madre. Esta le preguntaba antes de cada comida qué quería. Si la niña decía: "Hamburguesas", las compraba, obediente, y las servía. Entonces la niña, casi siempre, decía: "No quiero hamburguesas. Quiero salchichas", y la madre corría a la carnicería, a adquirirlas.

Existe un punto intermedio. Es razonable que se espere de un niño que llegue a tiempo a las comidas, que sea agradable con los demás compañeros, que se abstenga de hacer observaciones desagradables respecto de la comida o que diga lo que no le guste, que coma con modales aceptables para su edad. Está muy bien que los padres tengan en cuenta sus preferencias, lo más posible (dentro de las del resto de la familia), en la planificación de las comidas, o que, de vez en cuando, le pregunte qué quiera, como comida especial. Pero es malo que se haga a la idea de que él es el único que debe ser tenido en cuenta. Es sensato y correcto que los padres le pongan límites al azúcar, golosinas, refrescos, pasteles y otros alimentos menos saludables. Todo esto puede hacerse sin discusiones, siempre que los padres se comporten como si supiesen lo que están haciendo.

478. Náuseas. Los niños de más de un año que no pueden tolerar otra cosa que alimentos convertidos en puré, han sido, casi siempre, alimentados por la fuerza, o por lo menos, presionados de manera enérgica. No se trata tanto de que no puedan soportar trozos de comida. Lo que los hace atragantarse es que se los introducen por la fuerza. Los padres de los niños que se atragantan dicen casi siempre: "Es gracioso. Puede tragar trozos, si se trata de algo que le gusta mucho. Inclusive, puede deglutir grandes trozos de carne que arranca del hueso." Hay tres pasos para la curación de una niña que se atraganta. El primero es alentarla a comer ella sola totalmente (las Secciones 511 y 512). El segundo es lograr que supere su sospecha respecto de las comidas en general (la Sección 466). La tercera consiste en avanzar con suma lentitud en lo que respecta a hacer más densa la consistencia de sus comidas. Déjela que siga durante varias semanas —o inclusive durante meses, si es necesario— con comidas en puré, hasta que haya perdido todo el temor de comer, y disfrute realmente de ello. Por ejemplo, no le sirva siquiera carnes, durante ese lapso, si ella no puede ingerirlas finamente picadas.

En otras palabras, avance con tanta rapidez como la niña pueda aceptarlo sin problemas.

Unos pocos bebés tienen una garganta tan sensible, que se atragantan inclusive con comidas convertidas en puré. En algunos de estos casos, la causa parece ser la consistencia pastosa del alimento. Trate de diluirlo con un poco de leche o agua. O intente picar las verduras y las frutas sin aplastarlas.

Niños delgados

479. La delgadez tiene varias causas. Algunos niños parecen ser delgados por herencia. Provienen de familias de gente delgada. Desde el momento en que eran muy pequeños, se les ofreció lo bastante para comer. No son enfermizos, ni nerviosos. Sólo se trata de que no quieren comer mucho, y menos aun de las comidas grasosas.

Algunos niños son delgados porque un exceso de insistencia por parte de los padres les ha quitado el apetito (la Sección 466). Otros no pueden comer por distintas razones nerviosas. Los niños que se inquietan por monstruos o por la muerte, o por el abandono de un padre, pueden perder buena parte de su apetito. La celosa hermana menor que se esfuerza a lo largo de todo el día por mantenerse a la altura de su hermana mayor, quema una cantidad de energía, y tampoco se calma a la hora de la comida. Como se ve, el niño tenso adelgaza a consecuencia de un doble proceso. El apetito se mantiene bajo, y la inquietud gasta el excedente de energía.

En todo el mundo hay niños desnutridos porque sus padres no encuentran la comida adecuada o no pueden adquirirla. Existen algunas enfermedades físicas crónicas que producen desnutrición. Pero los niños que adelgazan durante una enfermedad aguda, por lo general recuperan su peso muy pronto, si durante la convalecencia no se los fuerza a comer hasta que recuperan el apetito.

480. La pérdida repentina de peso es grave. Si un niño baja bruscamente de peso, debe ser objeto de un estudio cuidadoso y lo antes posible. Las causas más comunes son la diabetes (que también produce un hambre y sed excesivas, y orinar frecuentemente), tumores, tuberculosis, preocupaciones sobre serias tensiones en la familia, obsesiones, en las niñas adolescentes, por la necesidad de someterse a un régimen. (Véase la Sección 820 sobre la anorexia nerviosa.)

481. Cuidado de los niños delgados. Por supuesto, los niños delgados deben ser objeto de estudios médicos regulares. Ello tiene más importancia si el niño se comporta como si estuviese cansado, o si ha bajado de peso, o no ha logrado recuperar un peso razonable.

La delgadez, la falta de recuperación de peso y la fatiga provienen, más a menudo, de problemas emocionales, y no de causas físicas. Si su niño está nervioso o deprimido, trate de consultar a una clínica de orientación infantil o a una institución social para la familia. Converse acerca de esta situación con el maestro del pequeño. En todo caso, es prudente volver a pensar en sus relaciones con sus padres, hermanos, hermanas, amigos y en la escuela. Si usted se encuentra en un problema de alimentación, trate de solucionarlo. (Véase la Sección 467.)

El comer entre comidas resulta útil para los niños delgados cuyos estómagos en apariencia no desean recibir mucha cantidad de una vez, y en cambio se encuentran dispuestos a comer con frecuencia.

Una niña sana puede ser delgada a pesar de un gran apetito, y es probable que así esté destinada a ser. En muchos de estos casos, el niño prefiere alimentos con calorías más o menos bajas, como la carne, las verduras y las frutas, y rehuye los postres grasosos.

Por último, si su hijo parece no tener problema alguno, si ha sido delgado desde la infancia, pero recupera una cantidad de peso razonable todos los años, tranquilícese. El pequeño o la pequeña está probablemente destinado a ser como es.

Niños gordos

482. El tratamiento depende de la causa. Muchas personas creen que la causa son los problemas hormonales, pero en realidad, muy pocas veces es así, en especial si el peso del niño se encuentra dentro de los parámetros normales. Existen varios factores que producen la obesidad, entre ellos la herencia, el temperamento, el apetito o la infelicidad. Si los niños provienen de una familia en la que existen personas rechonchas, hay más posibilidades de que tengan un peso mayor. El niño calmado, que hace poco ejercicio, acumula más calorías de los alimentos en forma de grasas. El factor más importante de todos es el apetito. El niño que tiene un apetito tremendo, que se orienta hacia los alimentos grasosos, como tortas, bizcochos y dulces, será, por supuesto, más pesado que aquél cuyas preferencias se orientan hacia las verduras, frutas y carnes. Pero esto no hace más que formular la pregunta de por qué un niño **ansía** grandes cantidades de alimentos gra-

La obesidad es complicada.

sosos. No conocemos todas las causas de ello, pero sabemos que existen niños que parecen haber nacido ("son de nacimiento") grandes devoradores de alimentos. Comienzan con un enorme apetito al instante de nacer, y ya no lo pierden más, estén sanos o enfermos, serenos o preocupados, y ya sea que los alimentos que se les ofrecen sean apetitosos o no. Son gordos para cuando tienen 2 ó 3 meses de edad, y siguen así por lo menos durante la infancia, de manera que, el momento de iniciar la dieta es ése, en cuanto resulte evidente la tendencia al exceso de peso. (Véase la Sección 144.)

483. El no estar contento es, a veces, un factor. Apetitos excesivos que se desarrollan más tarde en un período posterior de la infancia, por lo menos algunos se deben a no estar contentos. Esto ocurre, por ejemplo, alrededor de los 7 años, en niños que se sienten un tanto desdichados y solos. Es el período en que los niños se apartan de su estrecha dependencia emocional respecto de sus padres. Si no son capaces de establecer relaciones igualmente estrechas con otros niños, se sienten excluidos. En apariencia, comer alimentos dulces y grasosos, parece servirles como un sustituto parcial. Las preocupaciones acerca de las tareas escolares u otros asuntos hacen también que los niños busquen consuelo en el exceso de comida. Por lo general, el apetito aumenta a esta altura, para hacer frente al ritmo cada vez mayor de crecimiento, pero es probable que la soledad desempeñe un papel, también, en algunos casos. Ese es el período en que los niños se vuelven más introvertidos, se muestran tímidos, a causa de todos los cambios que están experimentando, y ello puede disminuir su capacidad para relacionarse alegremente con sus semejantes.

La obesidad puede llegar a convertirse en un círculo vicioso, fuese cual fuere el factor que la provocó al comienzo. Cuanto más obesa la niña, más difícil le resultará divertirse con los ejercicios y los juegos. Y cuanto más tranquila se muestre, más energía tiene que acumular su cuerpo en forma de grasas. También es un círculo vicioso en otros sentidos. La niña obesa, que no puede intervenir cómodamente en los juegos, puede llegar a sentirse más ajena a ellos, y es probable que sea ridiculizada, y resulte blanco de burlas.

La obesidad es un problema muy serio para cualquier niño. Como puede llegar a convertirse en un círculo vicioso, debe ser combatida en cuanto aparece. Si un bebé se vuelve extraordinariamente gordo durante el primer año, esto no debe ser considerado bueno. Tendría que ser tratado en el acto con cambios de la dieta. A menudo es posible satisfacer a esos niños bastante bien con una cantidad de proteínas, verduras, frutas y quitar los almidones y las grasas.

484. Un leve sobrepaso es común entre los 7 y los 12 años. Pero no quiero dar la impresión de que todos los niños que se vuelven gordos son desdichados. Parece existir una tendencia normal, en muchos niños, incluidos los alegres y energéticos, a aumentar de peso, en especial en el período de los 7 a los 12 años. Muy pocos de ellos se vuelven excesivamente obesos. Están apenas un poco más llenos. Muchos de ellos siguen siendo gordos durante los 2 años del desarrollo muy rápido de la pubertad, y luego adelgazan a medida que avanzan en la adolescencia. Muchas niñas, por ejemplo, se vuelven más delgadas alrededor de los 15 años, sin mayores esfuerzos. Es bueno que los padres sepan que esta leve obesidad de la edad escolar es común y, a menudo, desaparece más adelante, de modo que no necesitan hacer de ello un gran problema.

A veces un niño con muslos rechonchos se preocupa porque su pene parece mas pequeño que en realidad lo es. Esto se analiza en la Sección 821.

485. Hacer dieta es difícil. ¿Qué se debe hacer con los niños obesos? Usted diría en seguida: "Que hagan dieta." Parece fácil, pero no lo es. Piense en los adultos a quienes conoce que son desdichados a causa de su peso, y que, sin embargo, todavía no pueden atenerse a una dieta. Un niño tiene menos fuerza de voluntad que un adulto. Si los padres sirven al niño los alimentos que engordan menos, esto significa, o bien que toda la familia debe prescindir de los platillos más grasosos, o que al niño obeso se le debe impedir que coma las cosas que su corazón más ansía, mientras el resto de la familia disfruta de ellas. Hay muy pocos niños obesos tan razonables como para considerar que eso es justo. La sensación de que se los trata en forma injusta puede aumentar aún más el ansia de golosinas. Lo que se logra en el comedor puede quedar anulado en el refrigerador, o en la tienda que vende golosinas, entre una y otra comida.

Pero las perspectivas de una dieta no son tan tremendas como me parece haberlo dicho. Los padres que se manejan con tacto, pueden hacer mucho para apartar las tentaciones del camino de su niño obeso, sin convertir eso en un problema. Pueden eliminar los postres grasosos. Pueden dejar de tener en la cocina pastel y galletas, y ofrecer frutas frescas para mordisquearlas entre una y otra comida. Pueden servir más a menudo las comidas que menos engordan y que son las favoritas del niño. Un pequeño que muestra alguna voluntad a colaborar en una dieta, debería visitar al médico, de preferencia, él solo. Es posible que hablar con el médico, de persona a persona, dé a los niños la sensación de que están dirigiendo su propia vida como si fuesen adultos. Cualquiera puede aceptar mejor, de una persona ajena, los consejos relacionados con la dieta. Los niños no deberían tomar jamás medicina alguna para rebajar de peso, sin una recomendación del médico, y a menos que puedan volver a intervalos **regulares** para ser examinados.

El comer demasiado es, a menudo, un síntoma de soledad o inadaptación, lo más constructivo que se puede hacer es asegurarse de que la vida del niño en el hogar, sus tareas escolares y su vida social sean tan dichosas y satisfactorias como resulte posible (la Sección 649).

Si, a pesar de sus esfuerzos para ayudar, la obesidad es más que moderada, o si el niño aumenta de peso con demasiada rapidez, por cierto, debería obtener asistencia médica y psiquiátrica.

486. La dieta debe ser vigilada por un médico. Las dietas personales se convierten a menudo en un problema y en un peligro, en el período de la adolescencia. Un grupo de niñas se emocionan unas a otras a empezar alguna dieta alocada sobre la cual han oído hablar. En pocos días, el hambre hace que la mayoría de ellas abandonen su decisión, pero es posible que una o dos insistan, con fervor fanático. De vez en cuando, una joven rebaja de peso en forma alarmante, y no puede volver a empezar una dieta normal aunque lo desee. (Véase la Sección 820, sobre anorexia nerviosa.) La histeria del grupo respecto de la dieta parece haber despertado en ella una profunda repugnancia contra los alimentos, que por lo general es un residuo de alguna preocupación no solucionada de la primera infancia. Otra joven, en las primeras etapas de la pubertad, declara, agitada: "Me estoy volviendo **demasiado** gorda", aunque es tan delgada que se le ven las costillas. Es posible que no esté emocionalmente preparada para crecer, y que se sienta preocupada en secreto por el desarrollo de sus pechos. La niña que se muestra obsesionada con la dieta, debería tener ayuda de un psiquiatra infantil.

Si se piensa en una dieta, el primer paso, por una cantidad de razones, consiste en consultar a un médico. Primero, para determinar si la dieta es necesaria o prudente. Segundo, las adolescentes muestran mayor tendencia a aceptar los consejos de un médico que los de sus padres. Si se coincide en que la dieta es adecuada, por cierto que debe ser recetada por el médico, quien tendrá en cuenta los gustos de la niña en materia de comidas, lo que come la familia en forma habitual, a fin de establecer una dieta que no sólo sea sólida en términos de nutrición, sino práctica en lo que se refiere a ese hogar. Por último, como la pérdida de peso impone cierta tensión sobre la salud, quien planee bajar de peso debe ser examinado a intervalos regulares, para asegurarse de que el ritmo no es demasiado rápido, y que la persona sigue fuerte y con buena salud.

Si no es posible contar con la atención de un médico, los padres deben insistir en que los niños tomen por lo menos las siguientes comidas todos los días: una pinta de leche desgrasada, carne roja o de pollo, o pescado, una verdura verde o amarilla, fruta dos veces, y de 3 a 4 huevos por semana. Se puede asegurar a los niños que estos alimentos, en porciones razonables, no traen aumento de peso, y que son esenciales para impedir que los músculos, los huesos y los órganos del cuerpo se deterioren en forma peligrosa.

Los postres grasosos pueden omitirse sin riesgo alguno, y deberían hacerlo, para cualquiera que sea obeso y trate de bajar de peso. La cantidad de alimentos simples, harinas (panes, cereales, patatas) ingeridas es lo que determina, en la mayoría de las personas, cuánto rebajarán. Cualquier niño en crecimiento necesita **algunos**, inclusive cuando trata de bajar de peso. No es prudente, ni siquiera para una persona obesa, rebajar más de una libra por semana, salvo que un médico lo vigile cuidadosamente.

LOS NIÑOS DE UN AÑO DE EDAD

Qué los hace funcionar

487. Se sienten llenos de vigor. El año es una edad excitante. Los bebés cambian de muchas maneras; en sus comidas, en su relación con el medio, en lo que desean hacer, y en sus sentimientos respecto de sí mismos y de las otras personas. Cuando eran muy pequeños e indefensos, usted podía dejarlos donde quería que estuvieran, darles los juguetes que usted creyera adecuados, los alimentos que usted considerara mejores. La mayor parte del tiempo, ellos deseaban dejarla ser "el jefe", y lo tomaban de buena manera. Ahora que están alrededor del año de edad, es más complicado. Parecen comprender que no seguirán siendo bebés de juguete durante el resto de su vida, que son seres humanos con ideas y deseos propios.

Entre los 15 y los 18 meses, el comportamiento de la mayoría de los niños manifiesta con claridad que se encaminan hacia lo que, a menudo, se denomina "los terribles dos". Cuando usted sugiere algo que no les atrae, sienten que **deben** afirmarse a sí mismos. Su naturaleza se los dicta. Simplemente dicen "no" con palabras o actos, inclusive acerca de las cosas que les gustan. Los psicólogos llaman a esto "negativismo"; muchos padres lo llaman "esa terrible etapa del **no**". Pero detengámonos y consideremos qué les ocurriría a niños que nunca sintieron necesidad de decir "no". Se volverían robots. Usted no podría resistir la tentación de mandarlos todo el tiempo, y ellos dejarían de aprender y desarrollarse. Cuando fueran los suficientemente grandes como para salir al mundo, a la escuela, y más adelante, a trabajar, todos tomaría ventaja sobre ellos, también. Nunca serían buenos para nada.

488. La pasión por explorar. Son unos terribles exploradores. Se meten en cualquier rincón y hendidura, recorren con los dedos el tallado de los muebles, sacuden la mesa o cualquier cosa que no esté fija, quieren tomar todos los libros de la biblioteca, se trepan sobre cualquier cosa que puedan alcanzar, meten cosas pequeñas dentro de cosas grandes y luego intentan meter cosas grandes dentro de cosas pequeñas. Los padres fatigados lo llaman "metiches", y su tono de voz indica que el chico es una molestia. Es probable que no comprendan lo vital que resulta este período para el bebé. Los pequeños **deben** descubrir cosas acerca del tamaño, la forma, la movilidad de todas las cosas que hay en su mundo, y probar su propia habilidad, antes de poder avanzar hacia la próxima etapa, del mismo modo que deben pasar por la primaria, antes de poder ingresar en la escuela secundaria. Ese "metiches" es una señal de que tienen una mente y un espíritu vivaces.

Es probable que, eventualmente, usted haya comprendido para este momento, que jamás se quedan quietos mientras están despiertos. Esto no es nerviosismo; es ansia. Están hechos de tal manera que deben continuar, con seguridad, aprendiendo y practicando durante todo el día.

Evitar accidentes

489. El año es una edad peligrosa. Los padres no pueden prevenir todos los accidentes. Si son lo suficientemente cuidadosos o están tan preocupados como para intentarlo, sólo harán al niño tímido y dependiente. Todos los niños se lastimarán como parte natural de su vida activa. Pero si usted va con cuidado, puede proteger a sus niños de daño grave. Véase el capítulo sobre la **prevención de accidente.**

Los miedos alrededor de un año

El miedo de los desconocidos se analiza en las Secciones 395 y 494, el miedo al agua que fluye del excusado en las Secciones 565 y 574.

490. Protéjalos de los sonidos y las visiones aterradores. Los bebés de un año pueden estar fascinados con un objeto durante varias semanas: por ejemplo, el teléfono, o los aviones que van por el cielo o las luces eléctricas. Permítales tocar y familiarizarse con los objetos no peligrosos o perturbadores. En algunos casos, de todos modos, los niños se asustan a medias de algún objeto. Entonces resulta prudente, de parte de los padres, no tomarlo a la ligera o bien, si se trata de algo peligroso, no ocultar este hecho. Es mejor distraerlos con alguna otra cosa que aumentar su temor.

En esta edad, los bebés pueden asustarse de objetos desconocidos que se mueven súbitamente o producen un ruido fuerte, tal como las ilustraciones plegadas que surgen de dentro de un libro, un paraguas que se abre, una aspiradora, un ladrido, el brinco de un perro, un tren, y aun el rumor de las ramas que se agitan.

Trate de que no haya este tipo de elementos demasiado cerca del niño de 1 año, hasta que se habitúe a ellos. Si la aspiradora le molesta, trate de no usarla durante un rato. Luego, trate de usarla cuando está a una distancia.

491. El miedo al baño. Entre 1 año y los 2 años, un niño puede comenzar a asustarse del baño, bien porque se haya deslizado bajo el agua, o porque le haya entrado jabón en los ojos, o aun por haber visto y oído el agua yéndose por el drenaje. Para evitar el jabón en los ojos, enjabónelo con una esponja que no esté demasiado húmeda y enjuáguelo varias veces con otra esponja húmeda pero no empapada. También existen champúes especiales que no hacen arder tanto los ojos. No se debe forzar a entrar en la tina a los bebés que tengan miedo de ello. Puede intentar con una bandeja, pero si su bebé también le teme, déle baño de esponja durante varios meses, hasta que vuelva a tener confianza. Entonces comience con un poco de agua y saque al bebé antes de quitar el tapón.

Independencia y progresos

492. Un bebé se vuelve más dependiente y más independiente al mismo tiempo. Esto parece contradictorio. Un padre se queja de su hijo varón de 1 año: "Se pone a llorar cada vez que salgo del cuarto." Esto no significa que esté desarrollando un mal hábito, sino que está creciendo y comprendiendo cuánto depende de sus padres. Resulta inconveniente, pero representa una buena señal.

Sin embargo, a la edad precisa en que se está volviendo más dependiente, también comienza a desarrollar la avidez por afirmarse a sí mismo, descubrir sitios nuevos, conocer personas desconocidas hasta el momento.

Observe a un bebé en la etapa del gateo, cuando su padre está lavando la vajilla. Juega alegremente con algunas cacerolas y sartenes, durante un rato. Luego se aburre un poco y decide explorar el comedor. Gatea alrededor de los muebles, alzando partículas de polvo y saboreándolas, poniéndose de pie con cuidado para alcanzar la manija de un cajón. Después de un rato parece volver a necesitar compañía, pues se dirige, de pronto, nuevamente hacia la cocina. En un momento, se puede ver su ansia de independencia, y en otro, la necesidad de seguridad. Satisface cada una a su vez. A medida que transcurren los meses, se vuelve cada vez más atrevido y audaz en sus experimentos y exploraciones. Aún necesita a sus padres, pero no tan a menudo. Está construyendo su propia independencia, pero parte de su valor proviene de saber que puede sentir seguridad, si lo necesita.

Quisiera puntualizar que la independencia proviene tanto de la seguridad como de la libertad, porque pocas personas la logran en forma negativa. Hay quienes tratan de "adiestrar" en la independencia a los niños, manteniéndolos solos en una habitación durante largos períodos, aunque lloren pidiendo compañía. Creo que cuando se fuerza un avance de esta forma tan dura, el niño no aprende nada bueno.

De modo que los bebés de un año están en el momento justo. Si se les da la oportunidad, poco a poco se vuelven más independientes: más sociables con los visitantes (tanto adultos como niños), con mayor confianza en sí mismos, más expresivos. Si se les encierra demasiado, se los mantiene apartados de los demás, habituados sólo a los padres, por lo común uno solo de ellos, se los sobreprotege (la Sección 594), adquirirán tendencia a apegarse a ese padre, más tímidos con los extraños, más ensimismados.

¿Cómo se estimula la independencia? Cuando un bebé ha aprendido a caminar, es el momento de permitirle salir del coche durante sus paseos diarios. No importa que se ensucie; está bien que eso ocurra. Trate de ir a un lugar donde no deba estar constantemente encima de él, y donde pueda habituarse a otros niños. Si recoge una colilla, usted debe precipitarse a quitársela y mostrarle alguna otra cosa divertida. No debe permitirle que coma puñados de arena o tierra, porque ello le inflama los intestinos y puede provocarle parásitos. Si se lleva todo a la boca, intente darle una galleta dura o algún objeto limpio para que mordisquee y le mantenga la boca ocupada. Dejar a un bebé saludable en su coche puede evitar que se meta en problemas, pero también impide que experimente a su modo y le impide su desarrollo. Para ciertos padres, resulta práctico una correa, para ir de compras y caminar, durante esa etapa. Jamás debe usarse para dejarlo amarrado en algún sitio. Véase la Sección 106.

493. Si insisten, déjelos fuera del corral. Un niño se queda con gusto en el corral, al menos durante períodos breves, hasta el año y medio. Otro lo siente como una prisión, para cuando tiene 9 meses. A la mayoría les agrada bastante, hasta que aprenden a caminar, alrededor del año y cuarto de edad. Yo le diría que lo dejara fuera del corral, si se siente desdichado dentro de él. No quiero decir ante el primer quejido, porque si usted le da algo nuevo para jugar, puede estar feliz allí durante otra hora. Salir del corral es un proceso gradual. Al principio, sólo se cansa de él después de un rato

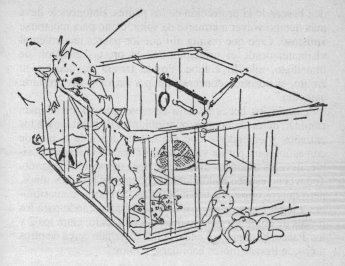

Déjela salir, cuando demuestre estar cansada del corral.

largo. Poco a poco se vuelve impaciente con más rapidez. Pueden pasar meses antes de que se niegue por completo. De cualquier modo, déjelo fuera cada vez que él está seguro de haber estado demasiado tiempo.

494. Habituarse a los desconocidos. En esta edad, la naturaleza del bebé lo induce a ser desconfiado y suspicaz con los desconocidos, hasta que haya tenido ocasión de observarlos. Pero luego, desea aproximarse y aun hacerse amigo, por supuesto, a la manera de un niño de un año. Podría, simplemente, permanecer cerca y observar, o entregarle algo al recién llegado, con solemnidad, y luego volver a tomarlo, o traer cualquier cosa existente en la habitación, que pueda trasladar, y amontonarla en el regazo del visitante.

Muchos adultos carecen de la sensatez como para dejar al niño en paz, mientras éste los observa. Se precipitan hacia él, le hablan mucho, y éste se ve obligado a retroceder, buscando la protección de los padres. Entonces le lleva más tiempo volver a armarse de valor, como para mostrarse amistoso. Creo que resulta útil que los padres recuerden al visitante, desde el principio: "Si le prestas atención de inmediato, ello lo cohíbe. Pronto tratará de hacerse tu amigo, si nosotros conversamos por un rato, sin prestarle atención."

Cuando los bebés sean lo bastante grandes como para caminar, déles abundantes oportunidades de habituarse a los extraños y entenderse con ellos. Llévelos a la tienda de comestibles un par de veces por semana. Si le resulta posible, llévelos todos los días donde haya otros niños jugando. Todavía no está en condiciones de jugar **con** los otros niños, pero querrá observar, por momentos. Si ahora se acostumbra a jugar cerca de otros niños, estará preparando para los juegos de conjunto cuando llegue el momento, entre los 2 y los 3 años. Si para los 3 años, nunca ha estado cerca de otros niños, le llevará meses habituarse a ellos.

Cómo manejarlos

495. Son muy fáciles de distraer, y eso representa una gran ayuda. Los bebés de un año están tan ansiosos de descubrir el mundo entero, que no tienen una idea precisa de dónde comienza o dónde termina ese mundo. Aunque estén entretenidos con un llavero, lo dejarán caer si se les ofrece un batidor de huevos. La capacidad de distraerse es uno de los recursos que utilizan los padres sabios para orientarse.

496. Acomodar la casa en función de un bebé que camina. Cuando se les dice a los padres que su bebito está crecido para el corral o la cuna, y que deberían dejarlo en el suelo, es común que se muestren desdichados y digan: "Pero temo que se lastime. O por lo menos, va a desordenar la casa." Tarde o temprano, deberá dejársele rondar por la casa, si bien no a los 10 meses, al menos hacia los 15 meses, cuando camine. Y entonces no será más razonable o más fácil de controlar. Usted deberá realizar ajustes, a cualquier edad en que le dé su libertad, de modo que es preferible hacerlo cuando el niño se encuentre preparado.

De todas maneras, ¿cómo se hace para evitar que un bebé de un año se lastime o dañe los muebles? Ante todo, se puede acondicionar los cuartos donde él estará, de modo que se le permita jugar con las tres cuartas partes de las cosas que es capaz de alcanzar. Por lo tanto, una cuarta parte de los objetos deben serle prohibidos. De cualquier forma, si usted intenta prohibirle tocar las tres cuartas partes de las cosas, sólo logrará volverlo loco a él y también a usted. Si hay muchas cosas que pueda hacer, no molestará demasiado con las que no están permitidas. Hablando en términos prácticos, esto significa quitar de las mesas y anaqueles bajos los ceniceros de cristal, los jarrones y adornos, y colocarlos fuera de su alcance. También significa sacar de los anaqueles inferiores los libros valiosos, y poner en su lugar revistas viejas. Ubique los buenos libros tan apretados entre sí como para que no pueda sacarlos de su lugar. En la cocina, deje las cacerolas y sartenes en los estantes que se encuentren cerca del piso, y la porcelana y los envases con alimentos en los que están fuera de su alcance. Los padres de un varoncito llenaron una gaveta baja con ropa vieja, juguetes y otros objetos interesantes y dejaron que el bebé lo explorara, lo vaciara, lo volviera a llenar, para su regocijo.

497. ¿Cómo hacer para que no toquen ciertas cosas? Este es el problema principal entre 1 año y 2 años de edad. Siempre existen algunas pocas cosas que usted deberá enseñarle a no tocar. Tiene que haber lámparas sobre las mesas. Los bebés no deberán tirar de los cordones de dichas lámparas o volcar las mesas. No deben tocar la cocina caliente, o encender el gas, o trepar una ventana.

498. Al principio, "No" no es suficiente. No se puede detener a un niño (o una niña) diciendo, simplemente "No", por lo menos al principio. Inclusive más adelante, dependerá del tono de su voz, de cuán a menudo lo haya dicho, y de lo que, en realidad, quiera decir con ello. No diga "no" con voz desafiante, desde el extremo opuesto

*Es mejor apartarlo y distraerlo que
simplemente decir "no, no".*

del cuarto. Esto le proporciona una posibilidad de elegir.
El se dice a sí mismo: "¿Tengo que ser un ratón y hacer
como ella dice, o debo ser un hombre y tirar del cable de
la lámpara?" Recuerde que su naturaleza lo impulsa a
probar y cambiar. Lo más probable es que siga acercándose al cable de la lámpara, y con un ojo la espíe para ver
cuán enojada está usted. Lo más sensato es que, las
primeras veces que se acerque a la lámpara, usted se
apresure a volverlo hacia otra parte de la habitación. Al
mismo tiempo, puede decir "no", para comenzar a
enseñarle lo que eso significa. Déle rápidamente una
revista, una caja vacía, cualquier otro objeto que sea
seguro e interesante. Es inútil insistirle con un sonajero
del que ya se aburrió hace meses.

¿Y si suponemos que vuelve hacia la lámpara unos minutos después? Apártelo, y distráigalo nuevamente, con rapidez, decisión y alegría. Al mismo tiempo que lo aparta, diga "no, no", sumándolo a su acción, para reforzarla. Siéntese con él por un minuto, para mostrarle lo que puede hacer con el nuevo juguete. Si por esta vez resulta necesario, ponga la lámpara fuera de su alcance o, inclusive, sáquelo de la habitación. Usted le está demostrando, con tacto pero con firmeza, que está por completo segura, convencida, de que la lámpara no es un objeto para jugar con él. Usted está dejando fuera de lugar las alternativas, discusiones, miradas furibundas, rezongas; ésas no servirán de nada y tenderán a que se salga con la suya.

Usted podría decir: "Pero él no aprenderá a menos que le enseñe que eso está mal." Oh, sí, lo hará. De hecho, podrá aceptar la lección con más facilidad, que si se hace como un hecho. Cuando usted mueve un dedo desaprobador desde el otro extremo de la habitación, a un bebé que todavía no ha aprendido que no, en verdad significa no, su enojo resulta contraproducente. Les hace que deseen aprovechar la oportunidad de desobedecer. Y tampoco es mejor que usted los tome, los ponga cara a cara, y les endilgue un discurso. No les da oportunidad de desistir graciosamente u olvidarlo. Su única opción es la de rendirse sumisamente o desafiarla.

Recuerdo a cierta señora T. que se quejaba con amargura de su hija de 16 meses, porque era "mala". En ese preciso momento, Susie entró en el cuarto, una bonita niña, de vivacidad normal. Instantáneamente, la señora T. la miró desaprobadora y dijo: "Bien, recuerda, no te acerques a la radio." Susie no había pensado en la radio para nada, pero ahora debía hacerlo. Se volteó y se dirigió lentamente hacia la radio. Tan pronto como cada uno de sus hijos, a su vez, muestra señales de comenzar a ser una persona independiente, la señora T. es presa de pánico. La aterra la posibilidad de ser incapaz de controlarlos. Por su inquietud, les dirige observaciones cuando es por completo innecesario. Es como el caso de un muchacho que está aprendiendo a montar en bicicleta y ve una piedra en el camino. Se pone tan nervioso, que se dirige directamente hacia ella.

Tomemos el siguiente ejemplo, acerca de un bebé que se

está acercando a una estufa caliente. Un padre no debe quedarse sentado y decir "no", en tono desaprobador, sino saltar y quitar al bebé del camino. Este es el método que surge con naturalidad, cuando un padre está, en realidad, tratando de evitar que su hijo haga ciertas cosas, en lugar de entablar una batalla de voluntades.

499. Tómese mucho tiempo o sea autoritario. La madre de un varón de 1 año y 9 meses, lo lleva todos los días con ella a la tienda de comestibles. Pero se queja de que, en lugar de caminar derecho, vagabundea, se trepa a los escalones delanteros de cada casa por la que pasan. Cuanto más lo llama, más se demora. Cuando lo regaña, él corre en dirección opuesta. Ella teme que el niño esté teniendo un comportamiento problemático. Este niño no tiene un problema de conducta, pero puede ser impulsado a tenerlo. No está en una edad en la que pueda concentrarse en la tienda de comestibles. Su naturaleza le dice: "¡Fíjate qué oportunidad para explorar, este paseo! ¡Mira esas escaleras!" Cada vez que su madre lo llama, le recuerda su flamante sentimiento de ansia por autoafirmarse. ¿Qué puede hacer la madre? Si tiene que llegar con rapidez a la tienda, puede llevarlo en el coche. Pero si va a utilizar ese tiempo para pasearlo, puede permitir que sea cuatro veces más largo que si fuera sola, y dejarlo realizar sus excursiones fuera de la ruta. Si camina con lentitud, él querrá alcanzarla cada tanto.

Se presente otra cuestión. Llega el momento de entrar, para el almuerzo, pero su hijo está escarbando alegremente en la tierra. Si usted dice: "Es la hora de entrar", en un tono de voz que signifique: "Ya se terminó la diversión," obtendrá resistencia. Pero si dice con alegría, "Trepemos la escalera", le dará deseos de hacerlo. Pero supongamos que, ese día, él está cansado y fastidiado, y que no lo atrae nada que pueda haber dentro de la casa. Simplemente se pone terco, desagradablemente terco. Yo lo tomaría de una manera despreocupada y lo llevaría adentro, aunque grite y patalee como un cerdito. Usted hará esto con seguridad, como si le dijera: "Ya sé que estás cansado y fastidiado. Pero debemos entrar, es preciso." No lo regañe; esto no le demostrará lo equivocado de su conducta. No discuta con él, porque no lo hará cambiar de opinión; sólo logrará frustrarse. Un pequeño que se siente desdichado y está haciendo una escena, se tranquiliza para sus adentros cuando siente que su padre sabe qué es lo que hay que hacer sin enojarse.

500. Cosas para dejar caer y cosas para tirar. Alrededor del año de edad, los bebés aprenden a tirar cosas adrede. Se inclinan con solemnidad por un costado de la silla alta, y arrojan el alimento al piso, o lanzan juguetes, uno después de otro, fuera de la cuna. Después lloran, porque no pueden alcanzarlos. ¿Estos bebés están tratando de burlarse de sus padres? No están pensando en sus padres. Están fascinados con su nueva habilidad y quieren practicarla durante todo el día, de la misma manera en que un niño quiere montar en su

Tirar cosas es una nueva habilidad.

nueva bicicleta. Si usted le alcanza el objeto que tiró, entenderá que se trata de un juego que se puede jugar de a dos, y se sentirá más encantado. Es preferible no inducirlo al hábito de alcanzarle los juguetes que arroja de inmediato. Ponga a los bebés en el suelo o en el piso cuando se encuentre en esta etapa de aventar cosas. No es, en modo alguno, agradable que arrojen comida desde la silla alta, pero no comenzarán a hacerlo hasta que su apetito esté bastante satisfecho. Quite la comida con rapidez y firmeza cuando comiencen a tirarla, y bájelos para que jueguen. A lo único que conduce regañar a un bebé por tirar los alimentos, es a la frustración de los padres.

Las horas de la siesta cambian

501. Los tiempos de la siesta cambian en los bebés alrededor del año de edad. Algunos que tomaban una siesta más o menos a las 9 de la mañana, pueden rehusarse por completo a hacerlo, o demostrar que desean tomarla cada vez más tarde, en el curso de la mañana. Si la toman tarde, no estarán preparados para su próxima siesta hasta la mitad de la tarde, y probablemente, esto retrasará la hora de acostarse por la noche. O bien pueden negarse por completo a tomar la siesta después del mediodía. En este período, los bebés pueden variar mucho de día en día, e inclusive, volver a la siesta de las 9 de la mañana, después de haberse negado a ella durante 2 semanas, de modo que es preferible no sacar conclusiones apresuradas. Hay que pasar esta etapa lo mejor que se pueda, en la comprensión de que se trata de algo temporal. Con ciertos bebés que no están preparados para dormir durante la primera parte de la mañana, se puede evitar la necesidad de la siesta antes del almuerzo, poniéndolos en sus camas, de todos modos, alrededor de las 9 de la mañana, en caso de que quieran estar acostados, o sentados tranquilos durante un rato. Por supuesto, otro tipo de bebé sólo se pone furioso si se le acuesta cuando no tiene sueño y, de ese modo, no se logra nada.

Si un bebé tiene sueño **justo** antes del mediodía, es tarea del padre cambiar el almuerzo para las 11:30, o aun a las 11, por unos pocos días. En ese caso, la siesta larga será después del almuerzo. Sin embargo, durante un tiempo, es probable que el pequeño esté exageradamente cansado antes de la hora de cenar, luego de haberle suprimido una de las siestas diurnas, bien sea por la mañana, bien por la tarde. Como lo expresa un médico amigo: "Hay un período en la vida del bebé en la cual dos siestas son demasiado, y una sola, demasiado poco." En dicho período, se los puede ayudar, dándoles de cenar y acostándolos a dormir por la noche algo más temprano de lo habitual.

A través de esta sección no queremos darle la idea de que todos los bebés abandonan su siesta matinal de la misma forma, o a la misma edad. Algunos dejan de hacerla a los 9 meses; otros, la prolongan y se benefician con ella hasta los 2 años.

Tienen tendencia a cambiar sus hábitos alimenticios

502. Por varios motivos, se vuelven más selectivos. En algún momento, cerca del año, los bebés se inclinan a cambiar sus preferencias acerca de la comida. Se vuelven más selectivos y menos hambrientos. Esto no es sorprendente. Si continuaran comiendo y aumentando de peso de la forma en que lo hacían cuando eran más pequeños, se transformarían en montañas. (Véase la Sección 142.) Parecen sentir ahora que tienen tiempo de observar los alimentos y preguntarse a sí mismos: "¿Qué cosa tiene buen aspecto hoy, y qué cosa no lo tiene?" ¡Qué contraste con su comportamiento de los 8 meses! En aquel momento sentían que desfallecían de hambre cuando se acercaba la hora de la comida. Se quejaban patéticamente mientras su padre les preparaba el biberón, y se precipitaban ansiosos sobre cada bocado. No importaba demasiado qué era lo que se les servía. Estaban demasiado hambrientos como para darle importancia.

Además de no tener ya tanta hambre, existen otros motivos que los hacen más selectivos. Comienzan a comprender: "Soy una persona distinta con ideas propias", de modo que se vuelven muy definidos en su rechazo hacia alimentos acerca de los cuales dudaban antes. También su memoria va mejorando. Es probable que entiendan: "Las comidas se sirven con bastante regularidad, y permanecen durante suficiente tiempo como para que pueda tomar lo que desee."

A menudo, la dentición les quita el apetito a los niños, en especial, cuando están por salir los primeros molares. Puede ser que sólo coman la mitad de la cantidad acostumbrada o, en ocasiones, que rechacen por completo la comida. Por último, y quizá lo más importante, es el hecho de que su apetito varia **de modo natural,** de día a día y de semana en semana. Los mayores sabemos que, un día tomamos un gran vaso de jugo de tomates y otro día, nos resulta mejor una sopa de guisantes. Con los niños y los bebés ocurre otro tanto. Pero la razón por la cual el cambio no se ve más a menudo en los niños menores de un año, consiste en que, la mayor parte del tiempo, se encuentran demasiado hambrientos como para rechazar nada.

503. Los experimentos con el apetito de la doctora Davis. El propósito de la doctora Clara Davis era descubrir qué comerían los niños si se las dejaba seguir sus propios deseos y se les ofrecía una variedad completa de alimentos para elegir entre ellos. Por miedo a que desarrollaran prejuicios con respecto a los alimentos, no comenzó con los niños mayores. De modo que tomó tres bebés de 8 a 10 meses de edad, que nunca se habían alimentado más que con leche de pecho. (Los llevó a vivir en un sitio donde podían ser observados con cuidado.) Y ésta es la manera en que los alimentó: en cada comida, una enfermera les ofrecía entre 6 y 8 fuentes que contenían una variedad completa de alimentos no refinados. Había verduras, frutas, huevos, cereales, carnes, pan integral, agua y jugos de fruta. Se le dijo a la enfermera: "No ayude a los bebés, hasta que ellos le muestren qué es lo que desean." El niño de 8 meses se inclinó, sumergió el puño en un plato de remolachas, y luego intentó comerlas con la mano. En ese momento, la enfermera estaba autorizada a darle una

cucharadita de remolachas. Luego tenía que esperar hasta que el niño hiciera otra selección. Otra cucharadita de remolachas o tal vez puré de manzana.

La doctora Davis descubrió tres cosas importantes. La primera, los bebés que eligen su propia dieta entre una variedad de alimentos naturales, se desarrollan muy bien; ninguno de ellos se volvió muy gordo ni muy delgado. Segundo, después de un lapso, cada bebé eligió lo que cualquier dietista científico consideraría una dieta bien equilibrada. Tercero, de comida en comida y de día a día, el apetito varió mucho. Tomando cada comida por separado, no resultaban bien balanceadas. Un bebé podía preferir, ante todo, verduras durante varias comidas seguidas, y luego cambiar, e inclinarse con intensidad por los almidones. En ocasiones, un bebé podía entercarse y, por ejemplo, tomar sólo remolachas como única comida, tal vez en cantidades que un adulto consideraría excesivas. Y después de semejante orgía, no padecer el menor dolor estómago, ni vómitos o diarrea. A veces, un bebé podía beber un cuarto de galón entero de leche, agregado a una comida completa, y en la siguiente, beber muy poco de ella. En varias ocasiones, un bebé comió seis huevos duros, además de su comida completa. La doctora Davis mantuvo la observación sobre la ingestión de carne de un varoncito, durante un período de muchos días. El continuó comiendo una porción promedio de carne durante un tiempo, y luego su apetito por la carne de res comenzó a aumentar. Podía comer con una cantidad cuatro veces mayor de la que, normalmente, consideramos adecuada, mantener ese promedio durante varios días, y luego, disminuirlo. La manera en que este deseo de carne de res aumentaba y disminuía, sugirió a la doctora Davis que debía haber una necesidad corporal de consumir dicha carne, y eso era lo que influía en el apetito de comerla por días. A la larga, la doctora Davis llevó a cabo el experimento también con muchos niños mayores, inclusive con pacientes de hospital, y descubrió que los resultados eran igualmente buenos.

504. Lo que pueden aprender los padres de la experiencia de la doctora Davis. Los buenos resultados del método experimental de alimentación no prueban que los padres deberían servir a sus hijos de seis a ocho platos en cada comida, como aperitivos. En cambio, debe demostrarles que pueden confiar en el apetito de un niño que no haya sido echado a perder, para que seleccione, dentro de una dieta completa, si se le ofrece una variedad razonable y equilibrada de aquellos **alimentos naturales, no refinados, que el niño disfruta de comer en este momento.** Significa que le pueden permitir cantidades más grandes de lo habitual de ese alimento que el bebé desea, sin preocuparse por las consecuencias. También significa, y esto es aun más importante, que no deben preocuparse si el bebé desarrolla un rechazo temporal hacia alguna verdura.

505. Permítales abandonar ciertas verduras durante un tiempo. Su niña de un año, de pronto, rechaza la verdura que adoraba la semana anterior. **Permítale** hacerlo. Si en ese momento usted no hace una queja de ello, es probable que ella va a volver a comer esa verdura la semana o el mes siguiente. Pero si usted insiste en dársela cuando parece disgustarle, lo único que logrará será que ese alimento en particular, sea considerado por la niña como un enemigo. Transformará un disgusto temporal en un odio permanente. Si rechaza dos veces la misma verdura, abandónela durante un par de semanas. Es natural que resulte molesto para un padre, comprar un alimento, prepararlo, servirlo, y que sea rechazado por una criatura obstinada, a la que le encantaba, pocos días atrás. En ese momento, es difícil no enojarse y no ser autoritario. Pero, para el sentimiento del niño acerca del alimento, es peor intentar obligarlo o insistirle. Si durante un tiempo, rechaza la mitad de sus verduras, como resulta común en el segundo año, sírvale las que le apetecen. Esta es una manera sabia y placentera de aprovechar la gran variedad de verduras frescas, congeladas y enlatadas con las que contamos. Si durante un tiempo, rechaza todas las verduras, pero le encantan las frutas, déjela comer más fruta. Si toma suficiente fruta, leche y sus gotas de vitaminas, no carecerá de nada que haya en las verduras. (Véase la Sección 451 acerca de los sustitutos para las verduras.)

506. Qué hacer si están cansados del cereal. Muchos bebés, a veces, se hartan del cereal durante el segundo año, en especial para la cena. No intente obligarlos. Hay muchos sustitutos que puede ofrecerles, los que se analizan en la Sección 453. Aunque rechacen **todos** los cereales durante unas pocas semanas, esto no les hará daño alguno.

507. Muchos bebés de 1 año se niegan a comer carne durante un período, no obstante obtendrán la suficiente proteína de los productos lácteos y granos. Déjelos tratar un pescado muy suave o trozos de pollo cocinado. A veces un sándwich de atún (enlatado en agua), a lo mejor mezclado con yogur en vez de mayonesa, resulta atrayente. Puede volver a ofrecer la carne después de un par de semanas, pero no insista. Ellos se lo dejan saber cuando están listos.

508. No se alarme si, a veces, desean menos leche. La leche es un alimento muy valioso. Provee de buenas cantidades de la mayoría de aquellos elementos que resultan importantes para la dieta del niño, tal como se explica en la Sección 445. Pero es útil recordar que, en las partes del mundo donde no hay ni vacas ni cabras, los niños obtienen dichos elementos de otros alimentos, cuando ha terminado su período de lactancia. También es bueno saber que un promedio de 24 onzas por día, cubre con seguridad las necesidades de casi cualquier año, entre 1 año y 3 años que, por otro lado, esté recibiendo una alimentación razonable. Muchos niños de entre 1 año y 2 años de edad desean disminuir a esta cantidad o a una aun menor, por lo menos durante un tiempo. Si los padres se afligen y emprenden la tarea de forzarlos o insistir para que ingieran una cantidad mayor, los niños tenderán a volverse todavía más tercos. A la larga, tomarán menos leche que si se los hubiera dejado en paz.

No continúe ofreciéndoles la taza nuevamente, si ya le han demostrado que no tienen interés. Cada vez que deben rechazarla, se vuelven más decididos en su rechazo. Si descienden a un promedio de un 8 onzas por día, espere unos pocos días y vea si no vuelven a aumentar la cantidad. Si durante semanas continúan bebiendo menos de una pinta, hay otras maneras en que la leche puede ser incluida en la dieta; dichas maneras se examinan en la Sección 446. La leche es tan nutritiva en cualquiera de esas otras maneras, que como viene directamente de la vaca.

Si un niño continúa durante más o menos un mes, bebiendo un promedio menor de una pinta de leche, en **cualquiera de sus formas,** infórmeselo a su médico, quien puede recetar calcio en alguna otra forma, hasta que regrese el apetito del niño por la leche.

509. Esté atento ahora a los problemas de alimentación.

Hay un motivo importante para analizar las variaciones naturales en el apetito de un niño a esta edad. Por lo común, los problemas de alimentación comienzan entre 1 año y los 2 años, más que en cualquier otro período. Una vez que el niño se vuelve obstinado, una vez que un padre se preocupa, ha comenzado la batalla. Cuanto más se molesta e insiste, menos come el pequeño. Las comidas se transforman en una agonía. El problema puede durar años. La tensión que crece, entre los padres y los hijos, también acarrea otros problemas en el comportamiento.

La mejor manera de hacer que un niño continúe comiendo bien, es lograr que continúe pensando en el alimento como algo deseado. Déjelo comer una cantidad mayor que la habitual de un alimento en especial, una cantidad menor o nada en absoluto de otro, si es así como lo quiere. Cuando prepare las comidas, seleccione una dieta bien equilibrada, pero también elija entre todos los alimentos que el niño, en verdad, disfruta. Tenga presente que sus gustos pueden variar mes con mes. Si no puede consultar a un médico en relación con los agregados a la dieta, oriéntese por las Secciones 445–453 y 464, que se tratan acerca alimentos nuevos y de aquellos que pueden sustituir a los que su niño rechaza temporalmente.

Si usted no lo transforma en una batalla, existen muchas probabilidades de que su hijo coma una dieta razonablemente balanceada de semana en semana, aunque de día a día, pueda desviarse un tanto. Si permanece desequilibrado durante semanas, usted debería comentar el problema con el médico, aunque le resulte difícil ponerse en contacto con él.

510. Ponerse de pie y jugar durante las comidas. Esto puede resultar bastante problemático, inclusive antes del año de edad. Aparece a causa de que el bebé está menos desesperado por la comida, más interesado en toda clase de nuevas actividades, tales como trepar, manipular la cuchara, revolver la comida, dar vuelta a la taza boca abajo, tirar objetos al piso. Yo he visto a niños de un año que estaban siendo alimentados, permanecer de pie, de espaldas, en la sillita alta, e inclusive, seguido por toda la casa por los sufridos padres, con una cuchara y un plato en sus manos.

Hacer monerías durante las comidas sólo representa una señal de que los niños están creciendo, y de que los padres son, a veces, más severos con la comida de lo que lo son los

La hora de acabar con la comida.

niños. También es inconveniente, irritante y conduce a crear problemas con la alimentación. Yo no los dejaría continuar. Usted podrá advertir que los niños se trepan y juegan cuando están satisfechos en parte o por completo, y no cuando, en realidad, tienen hambre. De modo que, cuando pierden interés en la comida, comprenda que les ha resultado suficiente, déjelos bajar de la silla y retire la comida. Aunque es correcto mantenerse firme, no es necesario que se enoje. Si se ponen a llorar de inmediato, como expresando que, en realidad no querían demostrar que ya no tenían hambre, déles otra oportunidad. Pero si no muestran arrepentimiento, no intente volver a darles la comida un rato después. Si se quedan con algo de hambre entre las comidas, ofrézcales algo más de lo habitual en esos momentos, o bien déles la próxima comida regular, más temprano. Si usted **siempre** detiene la comida, sin demasiado énfasis, cuando pierden interés, ellos harán su parte, prestando atención cuando, en verdad, están hambrientos.

Ahora deseo plantear una reserva. Los bebés de alrededor de 1 año sienten un fuerte impulso de sumergir los dedos en las verduras, o de estrujar el cereal con las manos, o de volcar una gota de leche en la bandeja. Esto no es bromear. Al mismo tiempo, pueden abrir la boca con avidez para recibir la comida. Yo no trataría de impedirles experimentar sólo un poco, con las sensaciones de la comida. Pero si intentan voltear el plato, sosténgalo con firmeza. Si insisten, manténgalo fuera de su alcance o dé por terminada la comida.

511. Déjelos comer por sí mismos desde temprano. La edad en la cual los bebés comen solos depende, en gran medida, de la actitud de los adultos. En sus experimentos acerca de qué dieta eligen los bebés, la doctora Davis descubrió que algunos niños comían con cuchara, con gran eficiencia, por sí solos, **antes del año de edad.** Por otro lado, padres sobreprotectores aseguran que sus hijos de 2 años son por completo incapaces de alimentarse por sí mismos. Todo depende del momento en que usted les dé una oportunidad.

La mayoría de los bebés alrededor del año muestran

Sentir es aprender.

deseos de manejar la cuchara, y si tienen ocasión de practicar, muchos de ellos pueden hacerlo muy bien, sin ayuda, hacia los 15 meses.

Muchos niños obtienen cierta preparación para comer con la cuchara cuando, a los 6 meses, sostienen su propio pedazo de pan y otros alimentos para tomar con los dedos. Luego, alrededor de los 9 meses, cuando se les da alimentos cortados, quieren tomar cada trozo y llevárselo a la boca. Los bebés a quienes nunca se les permitió comer por sí solos con los dedos tienen tendencia a demorarse en tomar la cuchara para alimentarse.

Un bebé amable de 10 ó 12 meses puede desear, simplemente, apoyar su mano en la de la madre o el padre, mientras se le alimenta. Pero la mayoría de los bebés, cuando sienten hambre, tratan de arrebatar la cuchara de las manos de los padres. No piense que esto debe constituir una declaración de guerra; déle la cuchara al niño y tome otra para usar usted. Pronto el niño descubre que es más complicado que tomar posesión de la cuchara. Les lleva semanas poder tomar un poco de alimentación con la cuchara y más semanas aun aprender a no volcarla en el trayecto entre el plato y la boca. Cuando los bebés se aburren de intentar comer y, en lugar de hacerlo, vuelcan o revuelven el alimento, es el momento de poner el plato fuera de su alcance, y tal vez, dejar unos trocitos de carne sobre la bandeja para que experimenten con ellos.

Aunque se esfuercen mucho por comer solos en forma correcta provocan muchos desastres accidentales y usted debe tolerarlo. Si usted está preocupado por la suciedad, coloque un gran trozo de tela plástica debajo de la silla. Resulta útil usar un plato térmico con divisiones. Esto conserva la comida caliente, es difícil de levantar y tiene los costados rectos para empujar el alimento hacia ellos. Las cucharas para bebés con el mango curvo son consideradas más fáciles de sostener, pero yo creo que resultan más difíciles que las cucharas pequeñas con el mango recto.

512. Cuando su niña de un año puede alimentarse sola, déjela que lo haga por completo. No basta con permitir a la pequeña tener la cuchara y la oportunidad de usarla; poco a poco, usted debe darle más **motivos** para usarla. Al principio, ella lo intenta porque desea hacer cosas por sí sola. Pero cuando advierte lo complicado que resulta, tiene tendencia a abandonar el asunto por completo, si **de todos modos, usted continúa alimentándola, de inmediato.** En otras palabras, cuando comienza a ser capaz de llevar un bocado a su boca, usted debería dejarla, durante unos pocos minutos, sola con la comida, al comienzo de ésta, cuando se halla más hambrienta. De ese modo, el apetito la impulsa. Cuanto mejor pueda comer sola, tendrá más tiempo para hacerlo, en cada comida.

Para el momento en que logre dejar su plato favorito limpio en 10 minutos, usted deberá estar fuera del juego. Esta es la ocasión en que los padres, a menudo, se equivocan. Dicen: "Si bien es cierto que ella puede comer muy bien por sí misma la carne y la fruta, sin embargo, aun debo seguir dándole la verdura, la papa y el cereal." Esto es algo arriesgado. Si ella tiene habilidad suficiente como para manipular un alimento, también la tendrá para manipular los otros. Si usted continúa dándole aquéllos por los cuales no se molesta, estará constituyendo una diferencia cada vez más aguda entre los alimentos que **ella** quiere y los que **usted** desea que ella coma. A la larga, esto le quita el apetito por los alimentos **de usted.** Pero si usted se concentra en servirle una dieta lo más equilibrada posible, elegida dentro de los alimentos que ella disfruta en este momento, y la deja alimentarse por completo sola, existen grandes probabilidades de que vaya realizando un buen balance, de una semana para la otra, aunque puede dejar a un lado este o aquel alimento en ciertas comidas.

No se preocupe por los modales en la mesa. Los bebés desean comer con más habilidad, más ordenado, por sí mismos. Quieren pasar, en forma gradual, de los dedos a la cuchara y de la cuchara al tenedor, tan pronto como se sienten capaces de aceptar el desafío, del mismo modo que quieren intentar cualquier otra cosa difícil que ven hacer a los demás. La doctora Davis advirtió esto en los bebés que tuvo bajo su observación, los cuales no fueron entrenados en absoluto. Ella señaló que los cachorros muestran la misma ansiedad por aprender modales para comer, sin ninguna enseñanza. Al comienzo, meten los pies en el recipiente con leche y sumergen la cara en él. Primero aprenden a mantener los pies fuera de él; luego a lamer la leche sin hundir el rostro en ella; finalmente, a lamerse los bigotes cuando terminan.

He subrayado la importancia de permitir a los niños que aprendan a comer por sí mismos, en cualquier momento entre las edades de los 12 y los 15 meses, porque es la edad en que desean intentarlo. Supongamos que un padre impide a su hijo hacerlo a esa edad y luego, a los 21 meses, declara: "Criatura torpe, ya sería tiempo de que comieras solo." Entonces, el bebé estaría dispuesto a responder así: "¡Oh, no! Ser alimentado es mi costumbre y mi privilegio." Ya no es emocionante, a esta edad, intentar manipular la cuchara. De hecho, todo su sentimiento acerca de lo que es correcto se rebela contra ello, y los padres habrán perdido una espléndida oportunidad.

No tome todo esto con tal seriedad como para pensar que sólo hay una edad adecuada, ni se preocupe porque su bebé no esté haciendo suficientes progresos, ni tampoco trate de forzar el cambio. Esto sólo crearía otros problemas. Sólo estoy tratando de hacer notar que los niños desean aprender esta habilidad mucho antes de lo que la mayoría de los padres creen, y que para éstos, es importante ir permitiendo que, poco a poco, el niño se alimente por sí mismo.

Véase las Secciones 466–478 sobre los problemas de la alimentación.

COMO MANEJAR A LOS NIÑOS PEQUEÑOS

Juegos y progresos

513. El juego es un asunto serio. Cuando vemos a un niño que hace construcciones con bloques, y finge que son aviones, que aprende a saltar a la cuerda, tendemos a pensar, en nuestra visión adulta, que son sólo diversiones, bastante diferentes de las ocupaciones serias como dar lecciones o trabajar. Estamos confundidos porque a la mayoría de nosotros se nos enseñó en la infancia que el juego era una diversión, pero la tarea escolar un deber, y el trabajo, una carga.

El bebé que pasa una sonaja de una mano a otra, o aprende a bajar las escaleras gateando, el niño que empuja un bloque a lo largo de una grieta en el suelo, fingiendo que es un auto, están aprendiendo, con esfuerzo, acerca del mundo. Se adiestran para el trabajo útil que realizarán en el futuro, tal como hace un estudiante de la escuela superior, cuando estudia geometría. Los niños no aman el juego porque sea fácil, sino porque es difícil. Emplean cada hora de cada día en alcanzar, en forma gradual, logros cada vez más difíciles y en hacer lo que hacen los niños mayores y los adultos.

Los padres de un niño de un año se quejan de que se aburre de los bloques huecos y que sólo quiere colocar cacerolas y sartenes unas dentro de otras. Una de las razones es que él ya sabe que sus padres juegan con cacerolas y sartenes, y no con bloquecitos. Esto las vuelve más divertidas. Este debe ser el motivo de que los niños de esa edad se sientan fascinados por los cigarrillos que ven fumar a sus padres.

514. Los juguetes simples son los mejores. Por lo común, a los niños les encantan los juguetes simples, y juegan mucho más tiempo con ellos. Ello no se debe a que los niños sean simples, sino se debe a que tienen mucha imaginación. Hay dos tipos de trenes de juguete. Unos son los que están hechos de metal pintado, para parecer reales y marchar por unos rieles. Los otros están hechos de simples bloques planos de madera, que se unen entre sí con facilidad. Todo lo que pueden hacer los niños **pequeños** con el tren similar al real es empujar uno de los vagones por el piso. Es muy difícil colocar los coches en el riel o unirlos unos a otros. Después de un rato, se aburren. Los vagones hechos con bloques de madera son diferentes. Los niños pueden unir una hilera de ellos y admirar el largo tren. Dos de ellos forman un camión de remolque. Pueden colocar bloques pequeños sobre el techo, llamarlo tren de carga y hacer entregas. Cuando se cansan de la tierra firme, los bloques pueden transformarse en filas de barcos separados, o barcazas con remolcador. Los niños pueden continuar así por largo tiempo.

En ocasiones, los padres con poco dinero para gastar se sienten tristes porque no pueden comprar un automóvil brillante para que sus hijos pedaleen, o una casa de muñecas. Pero pensemos en lo que pueden hacer los niños con un gran trozo de cartón. Por momentos, será una cama, una casa, un camión, un tanque, un fuerte, una casa de muñecas, un garaje. No tome esta idea con tanta seriedad que nunca compre a sus hijos un lindo juguete verdadero. Llegará el momento en que querrán un triciclo o un camión expreso con muchas ganas, y si usted puede, se los comprará. Sólo quiero decir que primero están las cosas simples. Añada los juguetes de fantasía, a medida que pueda comprárselo y a medida que se de cuenta que sus hijos en realidad lo disfrutan.

Antes de poder usar sus manos, al bebé le encanta obser-

var los objetos de colores brillantes que cuelgan de una
cuerda colgada entre los barandales de la cuna, y que se
mueven ligeramente con la brisa. En la segunda mitad del
primer año, adora los objetos para manipular, sacudir y
mordisquear, tales como los juguetes más nuevos de plástico (anillos pequeños, por ejemplo, unidos con otro más
grande). No hay pintura que se desprenda, y no existe peligro de astillas, como con los juguetes de celuloide.

Alrededor del año y medio, al niño le fascina poner una
cosa dentro de otra, y jalarlas o empujarlas. De paso, el
empujar viene antes de tirar y por ello son tan populares las
campanitas puestas sobre ruedas, y empujadas con un palo.
Los bloques huecos no les interesan tanto a los niños como
las cacerolas, sartenes, coladores y cucharas.

La mayoría de los niños adoran las muñecas blandas y
los animales de lana, durante los primeros años. Algunos no
les encuentran atractivo.

A medida que los niños se acercan a los 2 años de edad
se interesan más en imitar. Al principio, son las cosas
inmediatas que hacen el padre y la madre, tal como secar,
lavar la vajilla, y afeitarse. Cuando pasan de esa edad, su
imaginación se vuelve más creativa. Esta es la etapa de las
muñecas, y los muebles para muñecas, los camiones y
automóviles y, sobre todo, los bloques. Pueden ponerse
sobre el piso, formando el contorno de una casa, o un barco
para sentarse en él, y así, de modo indefinido. Una bolsa de
buen tamaño, con bloques de madera de diferentes formas,
es mejor que diez juguetes, para cualquier niño de entre los
6 y los 8 años.

515. Deje a los niños jugar en su propio nivel. Cuando un
adulto juega con un niño, con frecuencia, se siente tentado
de realizar un juego muy complicado. Los padres que compran a su hija una muñeca con un equipo completo de ropas,
querrán vestir a la muñeca de inmediato, comenzando por
las prendas interiores. Pero el niño puede querer empezar
por el abrigo rojo. Una madre compra a su hija enferma una
caja de lápices de colores y un libro con dibujos para colorear. La niña toma el lápiz naranja y traza con él rayas a
través de la página, sin intentar mantenerse dentro de las

líneas, sin preocuparse si está usando el naranja para el cielo y la hierba. Para un padre, es difícil abstenerse de decir: "Oh, no, no es así. Debes hacerlo así, ¿ves?" O bien un padre que no ha tenido suficiente oportunidad de jugar con trenes, y obsequia a su hijo un equipo completo para Navidad. No puede esperar para comenzar. Ajusta los vagones uno con otro. Pero el niño ha tomado uno de los vagones y lo ha lanzado a través del cuarto, golpeándolo contra la pared. Papá dirá: "¡No, no! Debes poner el coche sobre el riel, de esta forma." El niño impulsa el vagón por el riel, y el vagón cae fuera de éste, en una curva. **"No, no,"** dice Papá. "Debes hacer marchar la máquina, y dejar que ésta arrastre el vagón." Pero el pobre niño no tiene suficiente fuerza como para hacer marchar la locomotora, ni la destreza para colocar los vagones en la vía, y aun no le interesa el realismo. Después que el padre se ha impacientado durante 15 minutos, el niño adquiere un fuerte disgusto por los trencitos y un incómodo sentimiento de no poder satisfacer las expectativas de su padre, y se va a hacer alguna otra cosa.

Los niños comienzan a interesarse en vestir correctamente a las muñecas, colorear con cuidado, jugar en forma realista con los trenes, cada una de estas cosas, en determinada etapa de su desarrollo. No se los puede apresurar. Si se lo intenta, sólo se logra hacerlos sentir incompetentes. Esto les hace más daño que bien. A los niños les encanta jugar con usted, siempre que usted quiera jugar en su nivel. Deje que **ellos** le muestren **a usted** cómo hacerlo. Si se lo piden, ayúdelos. Si les ha comprado un juguete demasiado complicado, o bien déjelo usarlo mal, a su manera, o bien guárdelo, con disimulo, hasta que crezcan.

516. No se puede forzar la generosidad. A los 1½ años o 2 años, cuando los niños comienzan a jugar entre sí, tienden a arrebatarse cosas uno al otro, sin mucha ceremonia. Los niños **pequeños** que tienen algo propio, jamás lo entregan de buen modo. O lo retienen con gesto fiero, y tal vez, peguen al atacante, o bien lo abandonan, con enojo. A veces, los padres se horrorizan observando estas conductas. Si su niña (o varón), de alrededor de 2 años, parece ser siempre la que arrebata, ello no significa que vaya a ser una peleonera. Es pequeña para tener demasiado sentimiento hacia los demás. Déjela arrebatar cosas algunas veces. Si siempre hace lo mismo, será útil para ella jugar, parte del tiempo, con niños un poco mayores que defienden sus derechos. Si siempre intimida a un niño en particular, es mejor mantenerlos separados por un tiempo. Si su hija lastima a otro niño, o parece estar pensando en un asesinato, sáquela con gesto firme y entreténgala con alguna otra cosa. Es mejor no avergonzarla; esto sólo la hará sentir abandonada, y ser más agresiva.

Si la niña se vuelve demasiado agresiva, cuando tiene 3 años o más, y no parece aprender nada acerca del juego en común, es el momento de corregir su adaptación en el hogar. Cuando los problemas apenas han comenzado, es el momento en que una agencia social familiar o una clínica de orientación infantil puede ayudar a un padre y a su hijo con mayor facilidad y más eficacia (las Secciones 861 y 862).

Si su niña de 2 años no entrega sus posesiones, se está comportando normalmente para esta edad. Se volverá generosa en forma muy gradual, a medida que su personalidad crezca, y que aprenda a disfrutar y amar a otros niños. Si usted la obliga a entregar su carrito amado, siempre que otro niño lo pida, lo único que conseguirá provocarle es la sensación de que el mundo entero está ahí para quitarle sus cosas; no sólo los niños, sino también los mayores. Esto la volverá **más** posesiva, en lugar de menos. Cuando una niña está llegando a esta etapa en que comienza a disfrutar de jugar con toros, en algún momento alrededor de los 3 años, usted puede ayudarla con un juego de compartir. "Primero Johnnie jala del carro y Catalina viaja en él. Luego, Catalina tirará del carro y le tocará a Johnnie viajar en él." Esto hará del compartir algo divertido, en lugar de un deber desagradable.

517. La timidez. Un primer hijo que no tenga demasiada oportunidad de jugar con otros niños, hacia los 2 años, tendrá tendencia a permitir que los demás le quiten sus juguetes y lo empujen. Bien puede, simplemente, mostrarse perplejo, o bien correr llorando, a buscar a los padres. Esto tenderá a preocupar al padre y a la madre. En la mayoría de los casos, es un estado temporal, causado por la inexperiencia. Si sigue jugando con otros niños, con regularidad, hay muchas probabilidades de que, a medida que pasen los meses, aprenda a enojarse y a hacer valer sus derechos. Para los padres, resulta más prudente no demostrarle demasiada preocupación o simpatía, no pelear su batalla en lugar del niño, no decirle que debe compartir, sino sugerirle, en forma casual, que vaya y recupere su juguete.

Es raro que el segundo o tercer hijo de una familia sufra este problema, tal vez porque debe pelear por sus derechos desde el año de edad.

Si hay un niño agresivo que a menudo molesta a su hijo, y éste, a medida que transcurren las semanas, se intimida cada vez más, en lugar de menos, sería sensato llevarlo a jugar a cualquier otro lado, durante un par de meses, donde tenga oportunidad de aprender a ser audaz.

Si se puede intimidar fácilmente a su niño después de los 3 ó los 4 años es una buena idea consultar a una clínica de orientación infantil o una agencia social de la familia para comprender el problema.

518. Consolar a un niño lastimado. Cuando un niño se lastima, desea ser consolado, y sus padres sienten necesidad de hacerlo. Esto es natural y bueno.

En ocasiones, los padres que se sienten, en particular, ansiosos respecto de que sus hijos crezcan valientes y no sean quejumbrosos, temen que el consolarlos los vuelva quejumbrosos. Pero un niño seguro no se vuelve dependiente por recibir un consuelo normal.

La niña que llora demasiado por pequeñas heridas y dolores, es porque ha tenido un pasado complicado. Puede habérsela impulsado a ser dependiente, por lo general, por medio de todo tipo de alboroto y sobreprotección. A veces, uno de los padres es una persona que, sin advertirlo, adopta hacia la niña una actitud más bien severa, critica, la mayor parte del tiempo y sólo se muestra tierno cuando ella se lastima o se encuentra enferma. El cambio en su actitud no debe consistir en mostrarse más severo cuando ella esté en problemas, sino en manifestarle que usted disfruta de ella y la ama, cuando está bien. En otros casos, el padre tiene un temor exagerado por las heridas, y transmite al niño parte de su ansiedad.

En muchas familias, ha sido una tradición el enseñar a los varones a avergonzarse de demostrar dolor o miedo. (Yo fui educado de esa manera.) Pero ello les enseña a reprimir y negar sus sentimientos de todo tipo, inclusive la ternura, y puede interferir, por el resto de su vida, con las buenas relaciones con la familia, los amigos y los compañeros de trabajo.

Simplemente, no exagere la herida. Termine el consuelo tan pronto como sea posible. Espere que los niños, a medida que crezcan, deseen ser más valientes y necesitar menos consuelo por sus pequeñas heridas.

519. Los padres deben ser leves en sus luchas y bromas. Muchos padres, y también los niños, disfrutan con las luchas domésticas con los pequeños. Pero los niños se sobreexcitan con facilidad a causa de ellas, y esto provoca pesadillas a menudo. Es bueno recordar que a los 2, 3 y 4 años, los gustos y odios y miedos de los niños pierden el control con facilidad. Y los niños pequeños no pueden distinguir con demasiada claridad entre la realidad y lo fingido. Para ellos, un padre que finge ser un oso, en determinado momento, en realidad, lo es. A menudo, esto resulta demasiado para que un pequeño lo soporte. De modo que las peleas deben ser moderadas, de buen humor y breves, aunque el niño pida más. Lo más importante es que no se trate de una lucha o una persecución fingidas. Deje que sea simplemente acrobacias. De todos modos, deténgase cuando advierta que el niño está demasiado excitado.

Cuando las personas se sienten enojadas unas con otras, no pueden golpearse o simplemente insultarse. Pero si pueden bromear un poco entre sí, respetando las reglas. De ese modo se aprende a bromear. Entonces, cuando los padres se sienten algo irritados con sus hijos, pueden intentar expresarlo en forma de broma. Los niños se sienten humillados cuando se ríen de ellos y no saben cómo responder. La provocación es demasiado intensa para los pequeños.

La agresión

520. El desarrollo de la agresión. Durante su crecimiento, los niños tienen una tendencia natural a tomar un control cada vez mayor sobre su agresividad, siempre que sus padres los animen a ello. Los de 1 año a 2 años, cuando se enojan con otro niño, pueden morderle un brazo sin la menor vacilación. Pero hacia los 3 ó 4 años, ya han aprendido que la agresión no es correcta. De todos modos, fingirán dispararle a un supuesto niño malo. Fingirán dispararle a su madre o a su padre, pero cuidarán de asegurarles que la pistola y la hostilidad no deben ser tomadas en serio.

En el período de los 6 a los 12 años, los niños juegan a un juego de guerra más formal, pero con montones de reglas. Puede haber discusiones y peleas, pero las luchas reales son relativamente poco frecuentes. En esta edad, los niños no les disparan al padre o a la madre, ni siquiera por diversión. No se trata de que los padres se hayan vuelto más estrictos; pero la conciencia de sí mismo del niño, sí. En la adolescencia, los sentimientos agresivos se vuelven más intensos, pero los niños bien criados, podrán canalizarlos por medio del atletismo y otras competencias, o bromeando con sus compañeros.

521. ¿Qué de jugar con pistolas y juegos de guerra? ¿Es bueno o malo para los niños jugar con armas? Durante muchos años, puse énfasis en que era inofensivo. Cuando los padres conscientes expresaron sus dudas acerca de permitir que sus niños tuvieran pistolas y otros juguetes bélicos, porque no querían inducirlos a volverse delincuentes ni belicistas en el más mínimo grado, expliqué cuán poca conexión había entre ambos hechos.

En otras palabras, yo diría que jugar a la guerra es un paso natural para canalizar la agresividad de los pequeños; que la mayoría de los clérigos y los pacifistas, muy probablemente hayan hecho lo mismo; que no es necesario que un padre idealista, en realidad, se preocupe de estar educando a un delincuente; que la personalidad de un delincuente agresivo no se deformó porque se le hubiera permitido jugar a los bandidos a los 5 ó 10 años, sino por haber sido descuidado y por haber abusado de él en su primer par de años, cuando su carácter estaba comenzando a tomar forma; que estaba condenado antes de tener ningún juguete digno de tal nombre.

Pero, en la actualidad, yo alentaría más a los padres en su inclinación a orientar a sus hijos a alejarse de la violencia. Una cantidad de hechos me han convencido de la importancia de ello.

522. La agresividad en nuestra sociedad. Una de las primeras cosas que me hizo cambiar de opinión fue la observación que me hizo al respecto una maestra de escuela experta de pequeños. Sus niños se golpeaban unos a otros con crueldad, mucho más que antes, sin alguna provocación. Cuando ella los reprendía, protestaban: "Pero esto es lo que hacen Los Tres Chiflados." (Este era un programa infantil realizado sobre la base de cortos de películas viejas, lleno de violencia y bufonería, que se había presentado hace poco tiempo y que se volvió, de inmediato, muy popular.) Esta actitud de los niños me demostró que el ver espectáculos violentos puede hacer descender las normas de conducta de los niños. Experimentos psicológicos recientes han demostrado que lo mismo ocurre con los adultos.

Lo que más me impresionó, al reconsiderar mi punto de vista, fue el asesinato del presidente Kennedy, y el hecho de que algunos niños de escuela se alegraron de ello. (No culparía tanto a los niños, como a esa clase de padres que decían acerca de un presidente que les disgustaba: "¡Si pudiera, lo mataría!")

Estos incidentes me hicieron pensar en otras evidencias de que los norteamericanos, con frecuencia, han sido tolerantes respecto a la crueldad, la ilegalidad y la violencia. Fuimos despiadados en nuestro trato hacia los indios. En algunas áreas de frontera, nos deslizamos hacia una tradición de justicia de vigilantes. Fuimos duros con las últimas oleadas de inmigrantes. En ocasiones, le negamos justicia a los grupos de religiones o ideas políticas diferentes. Tenemos tasas de criminalidad muy superiores a las de otras naciones comparables a la nuestra. Una enorme proporción de nuestros adultos, tanto como de nuestros niños, han estado infinitamente fascinados con los dramas de violencia del oeste y con las historias de crímenes brutales, en el cine y la televisión. Hemos tenido una historia vergonzosa de linchamientos y asesinatos raciales, tanto como de abusos y humillaciones constantes. En años recientes, se ha comprendido que los niños y los bebés llegan a los hospitales con heridas graves causadas por la terrible brutalidad paternal.

Desde luego, estos fenómenos sólo son característicos de un pequeño porcentaje de la población. Inclusive los otros, que se aplican a la mayoría de la población, no necesariamente significan que los norteamericanos tengamos un promedio de agresividad entre nosotros, más alto que el de las personas de otras naciones. Más bien pienso que nuestra agresividad está menos controlada, a partir de la niñez.

523. A fin de tener una vida nacional más estable y civilizada, debemos educar a la próxima generación de norteamericanos con un respeto mayor hacia la ley y a los derechos humanos y susceptibilidades de otras personas, de lo que hemos hecho en el pasado. Existen muchas maneras en las cuales podemos y debemos enseñar tales actitudes. Una oportunidad simple que podemos utilizar, en la primera mitad de la infancia, es mostrar nuestra desaprobación hacia la violencia y el desprecio por la ley en los programas de televisión, y a los juegos bélicos infantiles.

También creo que, en la actualidad, la supervivencia del mundo depende de estar mucho más consciente de la necesidad de evitar la guerra y buscar, en forma activa, acuerdos pacíficos. Hay suficientes armas nucleares como para terminar con la civilización. Un incidente internacional en el cual la beligerancia y la intolerancia fueran llevadas un paso más allá, podría derivar en una aniquilación en pocas horas. Esta situación aterradora requiere una estabilidad mucho mayor, y un autocontrol por parte de los líderes nacionales y los ciudadanos, como nunca se haya visto en el pasado. Se lo debemos a nuestros niños, a fin de prepararlos a propósito para tan pesada responsabilidad. Hay poca evidencia de que esto se esté llevando a cabo en la actualidad.

Cuando permitimos que las personas crezcan sintiendo que la crueldad es correcta, sabiendo que no es verdad, o siempre que haya suficiente desaprobación hacia ciertos individuos o grupos, o cuando la crueldad esté al servicio de su país (sin importar si el país esté equivocado o no), les facilitamos responder con violencia a la provocación.

¿Pero, en realidad, podemos imaginar cómo sería quitarles a los niños norteamericanos sus pistolas de juguete o impedirles mirar su serie favorita del oeste, o los programas sobre crímenes? Creo que deberíamos considerarlo.

Creo que los padres deben parar, con firmeza, los juegos bélicos de los niños, o cualquier otro tipo de juego que degenere en una crueldad deliberada o en una bajeza. (Con esto no quiero decir que deban intervenir en cualquier pequeña pelea o conflicto.)

Si yo tuviera un hijo de 3 ó 4 años, que me pidiera que le compre una pistola, yo le diría —con una sonrisa amistosa, no con el ceño fruncido— que no quiero dársela, ni siquiera para fingir que dispara, porque hay demasiada maldad y asesinatos en el mundo, que todos juntos debemos aprender a entendernos de un modo amistoso. Le preguntaría si quiere algún otro regalo en lugar de ése.

Si poco después lo viera usar un palo como pistola, con el propósito de unirse a una pandilla que anduviera gritando alegremente "bang-bang", fingiendo dispararse unos a otros, no me precipitaría a recordarle mis ideas. Lo dejaría divertirse participando, mientras no hubiera crueldad. Si su tío le regalara una pistola o un casco de soldado para su cumpleaños, yo mismo no tendría ánimo como para quitárselos. Si, cuando tuviera 7 u 8 años, decidiera que desea gastar su propio dinero en equipo de batallas, no se lo prohibiría. La recordaría que yo no quiero comprar juguetes bélicos ni dárselos como regalo; pero desde ese momento él jugará cada vez más, fuera de casa, y tomará sus propias decisiones; puede hacerlo por sí mismo. No hablaría de este tema en una forma tan desaprobatoria que él no se atreviera a decidir en contra de mis ideas. Consideraría que había expuesto mi punto de vista y que él había sido internamente influenciado por mi opinión, tanto como puede serlo. Inclusive si entonces él comprara armas de guerra, es probable que, a la larga —en la adolescencia y la edad adulta— termine siendo tan reflexivo acerca de los problemas de la paz como si le hubiera prohibido comprarlas, y tal vez, más.

Uno de los motivos por los cuales me sigo oponiendo a una prohibición terminante, es el de que pesaría más sobre los individuos que menos la necesitan. Desde mi punto de vista, sería ideal que todos los padres de Norteamérica se convencieran y se pusieran de acuerdo acerca de prohibir el uso de los juguetes bélicos, el primer día del mes siguiente. Pero esto no ocurrirá hasta dentro de mucho tiempo, a menos que un misil nuclear se dispare por error, e impulse al mundo a la prohibición de todas las armas, reales o de juguete. Un pequeño porcentaje de padres —aquéllos más juiciosos y conscientes— serían los primeros que querrían disuadir a sus hijos de usar juguetes de guerra; pero, de todos modos, sus niños tenderán a ser lo más sensibles y responsables. Por lo tanto, creo que para quienes estamos más preocupados por la paz y la bondad, insistir en que nuestros pequeños demuestren un compromiso total con nuestra causa mientras todos sus amigos llevan armas, sería llevar el asunto demasiado lejos. (En un vecindario en el cual todos los padres tuvieran la misma convicción, podría resultar practicable.) El ideal esencial, sería que los niños crecieran con una actitud afectuosa hacia toda la humanidad. Esto derivaría, fundamentalmente, de una atmósfera general en nuestras familias y se vería reforzado por la actitud que mostráramos, específicamente, hacia otras naciones y grupos. La eliminación de los juegos de guerra tendría, además, cierta influencia, pero no tanto como los dos factores mencionados antes.

Me encuentro menos inclinado a transigir en la brutalidad en televisión y en las películas. La visión de un rostro humano real, al que aparentemente se lo golpea con el puño, tiene mucho mayor impacto sobre los niños, que lo que imaginan cuando hacen sus propias historias. Creo que lisa

y terminantemente, los padres deberían prohibir los programas que tratan sobre la violencia. Tampoco creo que sean
buenos para los adultos. Sólo en parte, los pequeños son
capaces de distinguir entre la imaginación y la realidad. Los
padres pueden explicar: "No está bien que las personas se
lastimen unas a otras y no quiero que observes cómo lo
hacen."

Aunque los niños nos engañen y miren esa clase de programas en secreto, sabrán muy bien que sus padres lo
desaprueban, y ello los protegerá, hasta cierto punto, del
efecto desagradable de las escenas.

524. Malas palabras. En ocasiones, a los 3 años y, más a
menudo a los 4 años, los niños atraviesan por una etapa en
que descubren las palabras referidas al cuarto de baño, y se
insultan alegremente unos a otros. Se debe considerarlo
como una etapa normal en el desarrollo. Si a usted le
desagrada, puede decirle a los niños que no lo hagan, o
puede permitirles que se diviertan con ello, hasta que usted
se harte.

A medida que crecen, todos los niños normales que
tienen ocasión de estar con otros niños (y así suele ocurrir),
aprenden a maldecir y a decir palabras "groseras". Mucho
antes de saber lo que significan las palabras, saben que son
malas. Como son humanos, las repiten para demostrar que
tienen sabiduría mundana y no tienen miedo de ser algo
malos. Para los padres conscientes, por lo común, resulta un
impacto bastante fuerte, escuchar semejantes palabras,
viniendo de las bocas que suponen de dulces inocentes.
¿Qué debe hacer un buen padre? Es mejor no sobresaltarse
ni escandalizarse. Esto causa un efecto muy fuerte sobre los
niños tímidos; los preocupa, los hace temer el acercarse a
los niños que usan dichas palabras. Sin embargo, la mayoría
de los niños que descubren que han impactado a sus padres,
se muestran encantados, por lo menos, en secreto. Algunos
de ellos, continúan maldiciendo constantemente en casa,
esperando provocar la misma reacción. Otros, amedrenta-
dos por los regaños, usan su lenguaje soez en cualquier otro
lado. La cuestión consiste en que, cuando uno le dice a los
niños que tienen el poder de escandalizar a todo el mundo,

utilizando ciertos sonidos, ello resulta como si se les entregara un poderoso cañón y se les dijera: "Por Dios Santo, no lo utilices." Por otro lado, no creo que usted deba permanecer inmutable y tolerarlo. Sencillamente, puede decirles con firmeza que a usted, y a la mayoría de las personas, les desagradan esas palabras, y que no desea que las usen.

525. Morder a las personas. Para los bebés de cerca de 1 año, resulta natural dar un mordisco en la mejilla del padre. La dentición los incita a morder todo, y cuando están cansados, esto se acentúa. No creo que ello signifique demasiado, ni siquiera en el caso de que un niño entre 1 año y 2 años, muerda a otro niño, sea con espíritu amistoso o enojado.

Después de los 2 años ó 2½ años, depende de cuán a menudo muerde, y cómo evoluciona el niño en otros aspectos. Si una niña, por lo general, está dichosa y es sociable, pero, en ocasiones, da un mordisco cuando se encuentra en medio de una pelea, no tiene demasiada importancia. Pero si la mayor parte del tiempo está tensa o desdichada, y sigue mordiendo a otros niños sin motivo alguno, es una señal de que algo no anda bien. Tal vez esté siendo demasiado reprendida y disciplinada en casa, y ello le provoque un estado de enojo y tensión exagerados. Es probable que haya tenido poca oportunidad de acostumbrarse a otros niños, e imagina que son amenazadores y peligrosos para ella. O puede ocurrir que esté celosa de un bebé y descargue su miedo y resentimiento sobre otros niños pequeños, como si también fueran competidores. Un psiquiatra infantil estará en condiciones de solucionar el problema, si las causas y el remedio no son tan evidentes (la Sección 861).

Algunos padres que han sido mordidos preguntan si ellos, a su vez, deben morder. Los padres pueden controlar mejor a su niña, haciéndose cargo de su papel como autoridades amistosas, que descendiendo al nivel de la edad de la criatura, para pelear con mordiscos, palmadas o gritos. Además, cuando usted muerde o pega a una niña de 1 año, ella tenderá a protegerse, sea como juego o como pelea. Y si usted se muestra enojado, pone en evidencia su maldad. Lo único que resulta necesario hacer, es evitar que lo vuelva a morder, echándose hacia atrás cuando capta ese brillo en su mirada, mostrándole con claridad que eso no le gusta y que no permitirá que vuelva a suceder.

Irse a la cama

526. Cuidar que el momento de ir a la cama siga siendo agradable. Existen tres o cuatro factores que pueden marcar la diferencia entre un niño que se va a la cama con ganas y otro que se resiste y discute.

Haga que el momento de ir a la cama siga siendo agradable y feliz. Recuerde que, para un niño cansado, resulta delicioso y atractivo, si usted no lo transforma en un deber desagradable. Adopte un aire de alegre seguridad al respecto. Espere que se muestren dispuestos en el momento que usted lo decide, con tanta seguridad como espera que respiren. De vez en cuando (en algún día de fiesta nacional, por ejemplo) es bueno que los niños puedan persuadir a los padres que cambien de idea con respecto al momento de ir a la cama. Sin embargo, este asunto se presta, demasiado a menudo, a constantes discusiones. Por lo común, es conveniente que tomen su siesta de inmediato después del almuerzo, antes de haber tenido tiempo de entusiasmarse con el juego. Es habitual que la relación entre la cena y el momento de ir a la cama sea más complicada, a causa del baño y del regreso al hogar del padre que trabaja.

Hasta que los niños tienen por lo menos, 3 ó 4 años, y de todos modos, hasta que son lo bastante responsables como para desear ir a la cama por sí mismos, condúzcalos, más que inducirlos con palabras. Lleve al pequeño de manera afectuosa. Al niño de 3 ó 4 años, tómelo de la mano, y continúe charlando con él, de lo que habían estado hablando hasta ese momento.

Los pequeños se sienten a gusto con una cierta cantidad de ritos referentes al hecho de irse a dormir. Por ejemplo, poner a la muñeca en la cama y abrigarla. Luego se pone el osito de juguete en la cama del niño. Entonces se arropa al niño y se lo besa. Después, el padre cubre la luz con una

pantalla, o la apaga. Trate de no precipitar las acciones, sin importar cuánta prisa tenga por hacerlo. (Por otro lado, no es conveniente permitir que el niño prolongue las ceremonias.) Manténgalo calmado. Si tiene tiempo, cuéntele un cuento, o léaselo con regularidad. No debe ser de miedo. A muchos niños les ayuda llevar a la cama, para que los acompañe, a su animalito de juguete preferido, o a su muñeca.

Los problemas relacionados con irse a la cama y los del sueño en la infancia se analizan en las Secciones 338–339; a los 2 años, las Secciones 591–592 y 596; después de los 3 años, la Sección 607.

527. De cualquier modo, ¿cuánto tiempo de sueño necesita un niño? Por lo común, usted puede confiar en el niño en cuanto a la cantidad de sueño que necesita. Para cuando el niño tiene 2 años o más, usted no debe dejar que él lo decida. Puede ser que necesite más sueño, pero no se duerma por distintas causas de tensión: soledad, miedo de ser abandonado, miedo a la oscuridad, miedo a las pesadillas, miedo de mojar la cama, la excitación producida por experiencias estimulantes. Puede estar trabado por la competencia con un hermano mayor, o consumido por los celos de una hermanita más pequeña. Es probable que se encuentre en el límite de tensión, porque todos los días, a esa hora, surge una discusión entre sus padres acerca de su hora de irse a dormir, o porque esté preocupado a causa de la tarea escolar, o por algún espectáculo de acción que haya estado mirando por televisión. La prevención de estos problemas se discute en todos lados. Lo que yo quiero puntualizar desde el comienzo, es que usted no puede decir que un niño no necesite más sueño porque no desee irse a dormir.

El promedio de sueño que necesita un niño de 2 años, es de 12 horas por la noche, y de 1 ó 2 horas de siesta. Por lo común, la siesta o el descanso, se va acortando, a medida que crece desde los 2 a los 6 años, y por la noche, permanece igual. Por lo general, entre los 6 y los 9 años, el promedio de sueño nocturno puede disminuir en una hora, de a media hora a la vez, y dormir desde las 8 de la noche, por ejemplo, si se levanta a las 7 de la mañana. Hacia los 12 años, es probable que esté en condiciones de acortar otras dos medias horas, e irse a la cama a las 9 de la noche. Estas cifras son promedios. Algunos niños necesitan más y otros menos.

Muchos niños dejan de tomar su siesta alrededor de los 3 ó 4 años, pero la mayoría, aún necesita un rato de descanso o, por lo menos, un momento de juego tranquilo, dentro de la casa, después del almuerzo, hasta los 5 ó 6 años. Muchas escuelas, con buen criterio, proporcionan un período de descanso hasta el sexto grado. Todo depende del temperamento individual del niño y de su actividad.

Las obligaciones

528. Déjelos disfrutar de sus obligaciones. ¿Cómo aprenden los niños a cumplir varias obligaciones? A causa de su propia naturaleza, comienzan a sentir que, vestirse solos, cepillarse los dientes, barrer, guardar sus cosas, son actividades entretenidas y propias de gente grande. Si los padres logran con éxito mantenerse en buenos términos con ellos a medida que crecen, los pequeños disfrutarán de hacer mandados, cargar bultos, barrer el jardín, porque aún desean tener una parte importante en las tareas y complacer a su padre y a su madre. La mayoría de nosotros (incluyendo a los autores) no estamos en condiciones de educar tan bien a nuestros hijos que siempre obtengamos colaboración, pero si entendemos que los niños prefieren resultar útiles, podremos tender menos a transformar las tareas domésticas, en algo que parezca un deber desagradable o de asignárselas cuando están enojados.

No se puede esperar que los niños siempre sean responsables para con sus obligaciones— ni siquiera a los 15 años. (La mayoría de los adultos también caen en lapsos de irresponsabilidad.) Se les deben recordar. Si puede encontrar paciencia suficiente, trate de recordarlo como un hecho, amable, como si estuviera hablando con un adulto. Lo que destruye el orgullo por el trabajo es el tono despectivo y regañón. También resulta eficaz asignarle a los niños tareas que puedan hacer en compañía de otros miembros de la familia, sea secar la vajilla o cortar el pasto. Luego, los estimulará el carácter de trabajo de adulto y el placer de ayudar.

529. Vestirse solos. Entre 1 año y 1½ años de edad, los niños comienzan a intentar desvestirse solos. Hacia los 2 años, pueden desvestirse bastante bien. En ese momento, se esforzarán bastante por ponerse la ropa, pero se confundirán. Es probable que les lleve un año más aprender a ponerse, en forma correcta, las piezas de vestimenta más sencillas, y todavía otro año más (hasta alrededor de los 4 ó 5 años) para arreglárselas con lo más complicado, como agujetas y botones.

Este período que va desde los 1½ años a los 4 años requiere mucho tacto. Si usted no permite que se pongan las partes que son capaces de ponerse, o interfiere demasiado, es probable que se enojen bastante. Si en el momento en que sienten deseos de hacerlo, no tienen oportunidad de aprender, pueden perder las ganas. Sin embargo, si usted no los ayuda en absoluto, nunca podrán vestirse y se sentirán frustrados por su propio fracaso. Puede ayudarlos con tacto en las tareas en que sea posible. Quite, en parte, los calcetines, de modo que el resto resulte más fácil. Coloque las prendas que querrán ponerse, de manera que empiecen en forma correcta. Manténgalos interesados en las partes fáciles, mientras usted cumple con las difíciles. Cuando se enreden, no insista en quitar por completo la prenda, sino diríjalos a ellos, de manera que puedan continuar. Si sienten que usted está a favor de ellos, y no en contra, serán mucho más cooperativos. No obstante, se requiere paciencia.

Otra fuente de conflicto es quién va a escoger el conjunto del niño. Algunos padres no dejan que el niño escoja nunca. Para otros padres es una batalla cada día. Una solución es ponerse de acuerdo en cuanto a ciertas actividades en que el niño escoge, dentro de lo razonable (nada de zapatos de fiesta para la playa), y ciertos días especiales (fiestas, bodas) en que el padre tomará la decisión final. Yo creo que una de las razones por la cual los padres se preocupan tanto por la ropa es que sienten que serán juzgados por la apariencia del niño.

530. Guardar las cosas. Cuando su hija (o su hijo) es muy pequeña y usted espera a que termine de jugar para recoger las cosas, puede hacerlo con entusiasmo, como parte del juego. "Los bloques cuadrados van aquí, en las pilas grandes, y los alargados van allí. Hagamos de cuenta que aquí hay un garaje, y que todos los automóviles vienen a dormir, por la noche." Para cuando ella tenga 4 ó 5 años, habrá adquirido el hábito de guardar las cosas, y disfrutará con ello. Muchas veces lo hará sin que se lo recuerde. Pero si en ocasiones necesita ayuda, hágalo en forma sociable.

Si le dice a una niña de 3 años: "Ahora, guarda las cosas", suena desagradable. Aunque goce haciéndolo, usted le está imponiendo una tarea que, en la práctica, ningún niño de esa edad tiene la perseverancia de realizar. Aún más, todavía está en una etapa muy reacia.

Ayudar a una niña con alegría a guardar sus cosas, no sólo desarrolla una buena actitud en ella, sino que también es más fácil para el padre que una larga discusión.

531. Holgazanear. Si usted observó, alguna vez, al padre de un niño perezoso por la mañana cuando lo incita, le hace advertencias, lo regaña para que se levante de la cama, para que se lave, se vista, tome su desayuno, salga para la escuela, usted pedirá no encontrarse nunca en semejante aprieto. El niño perezoso no nació así. En la mayoría de los casos, se fue volviendo así, por la constante presión.

"Apresúrate, y termina su desayuno." "¿Cuántas veces debo decirte que te prepares para ir a la cama?" Es fácil caer en el hábito de molestar a los niños, y ello les crea una actitud terca y ausente. Los padres dicen que deben instarlos, porque, de lo contrario, los niños jamás harán nada. Es un círculo vicioso, pero son los padres quienes lo inician, en especial, el padre impaciente, o aquel que no deja tiempo suficiente para permitir que los niños hagan las cosas con lentitud.

En los primeros años, antes de que un niño sea capaz de seguir indicaciones, diríjalo a través de distintas rutinas. Cuando sea lo suficientemente grande como para desear tomar responsabilidades, déjelo hacerlo solo tan pronto como le sea posible. Cuando afloje y se olvide, vuelva a dirigirlo. Cuando vaya a la escuela, deje que lo considere como un trabajo al cual debe llegar con puntualidad. Es preferible dejar, con tranquilidad, que llegue una o dos veces tarde a la escuela, o que pierda el camión y la escuela al mismo tiempo, y que descubra por sí mismo cuán apenado se siente. Un niño odia perder cosas, mucho más de lo que sus padres odian que él las pierda. Este es el mejor resorte para impulsarlo.

Usted podría sacar la conclusión de que yo opino que no se debe imponer ninguna obligación a los niños. Al contrario. Creo que se sentarían a la mesa cuando la comida estuviese lista y se levantarían de la cama a la hora adecuada. Sólo deseo señalar que, si se les permite usar su propia iniciativa, la mayor parte del tiempo, se les recuerda las cosas como un hecho, cuando es evidente que han olvidado hacerlas por sí mismos, y no se los insta por anticipado, no se les empuja demasiado, por lo común, querrán hacer estas cosas.

532. En ocasiones, déjelos estar sucios. A los niños les gusta hacer muchas cosas que los ensucian, y estas cosas son buenas para ellos. Les encanta excavar en la tierra y en la arena, meter los pies en el lodo, chapotear en el agua del lavabo. Les gusta rodar por la hierba, apretar barro entre las manos. Cuando tienen oportunidad de hacer estas cosas deliciosas, ello enriquece su carácter, los vuelve personas cálidas, del mismo modo que la música bella, o enamorarse, mejora el temperamento de los adultos.

Los niños pequeños a quienes siempre se advierte con severidad que no ensucien sus ropas o que no hagan desorden, y que lo toman al pie de la letra, resultarán limitados. Si se vuelven demasiado temerosos de ensuciarse, también serán demasiado prudentes respecto de otras cosas, y ello será un obstáculo para que se transformen en las personas libres, cálidas, que aman la vida como debía de ser.

No quiero dar la impresión que usted siempre debe contenerse y permitir que su hijo haga toda clase de desorden que le dicte su fantasía. Pero cuando deba detenerlos, no intente asustarlos ni disgustarlos; sencillamente, cambie lo que está haciendo, por algo un poco más práctico. Si desean hacer pasteles de lodo cuando tienen puesta su mejor ropa, haga que primero se cambien. Si toman un pincel viejo y quieren pintar la casa, póngalos a trabajar (con un cubo de agua para "pintar") en la cerca de madera o en el suelo de azulejo del cuarto de baño.

533. Los buenos modales aparecen de modo natural. En realidad, enseñar a los niños a decir "¿Cómo está usted?" o "Gracias", no es el primer paso. Lo más importante es tratarlos como personas. Si no se lo hace, es difícil enseñarles siquiera los modales más superficiales.

El segundo paso consiste en evitar ponerlos demasiado en evidencia frente a los desconocidos. En especial con nuestro primer hijo, solemos presentarlo de inmediato a un adulto que no conocen, y lo hacemos decir algo. Pero cuando usted lo hace con un niño de 2 años, lo hace sentir avergonzado. Aprende a sentirse incómodo cuando observa que usted saluda a alguien, porque sabe que está a punto de ser puesto en un aprieto. En los primeros 3 ó 4 años, cuando el niño necesita tiempo para observar al desconocido, es importante conducir la conversación **lejos** del tema del niño, y no **hacia** él. Un niño de esa edad, tendrá tendencia a observar al desconocido que conversa con sus padres durante algunos minutos, y de pronto, irrumpirá en la conversación con algún comentario: "El agua se derramó del excusado, por todo el piso." No son los modales de un marqués, pero son los reales, porque él siente que está compartiendo una experiencia fascinante. Si mantiene ese humor respecto de los desconocidos, muy pronto aprenderá a ser amistoso en una forma más convencional.

El tercer paso, y probablemente el más importante para un niño, es crecer en una familia cuyos miembros sean considerados unos con otros. De ese modo, absorberán la amabilidad. Desearán decir "gracias", porque el resto de la familia lo dice, y eso es lo que quieren manifestar. Les agradará estrechar manos y decir: "Por favor."

Por cierto, también es necesario enseñar a los niños cómo ser corteses y considerados. Si ello se realiza con un humor amigable, estarán orgullosos de aprender. Más importante, a todas las personas les agradan los niños con apreciables buenos modales, y se ofenden con los que son rudos o desconsiderados. Por lo tanto, los padres deben enseñarles a ser agradables. A su vez, el aprecio que obtienen, los vuelve aún más amistosos.

Cuando enseñe buenos modales a un niño, trate de hacerlo cuando esté solo con él, en vez de en la presencia vergonzosa de extraños.

La disciplina

534. Durante la mitad del siglo pasado, la psicología infantil le dedicó gran cantidad de estudios, llevada a cabo por educadores, psicoanalistas, psiquiatras infantiles, psicólogos y pediatras. Los padres se mostraron ansiosos de conocer los resultados; los periódicos y las revistas se vieron obligados a publicarlos. Poco a poco, hemos aprendido mucho: que los niños necesitan el amor de los buenos padres más que ninguna otra cosa; que se esfuerzan mucho por su propia voluntad en ser más maduros y responsables; que muchos de los que tienen problemas, sufren por falta de afecto, más que por falta de castigo; que los niños están ansiosos de aprender si se les presentan proyectos escolares adecuados para su edad y si sus maestros son comprensivos;

que algunos sentimientos de celos hacia los hermanos y hermanas y los sentimientos ocasionales de enojo hacia los padres, son naturales, y que un niño no debe sentir una profunda vergüenza por ellos; que el interés infantil en los hechos de la vida y en ciertos aspectos del sexo es normal; que la represión demasiado severa de los sentimientos de agresión y el interés sexual pueden provocar neurosis; que los pensamientos inconscientes pueden ser tan influyentes como los conscientes; que cada niño es un individuo y se le debe permitir serlo.

Hoy en día, todas estas ideas suenan comunes, pero cuando fueron expresadas por primera vez, causaban sobresalto. Muchas de ellas, iban en contra de creencias que habían sido sostenidas durante siglos. No es posible cambiar tantas ideas acerca de la naturaleza y las necesidades de los niños, sin confundir a muchos padres. Los padres que habían tenido una infancia muy agradable y que eran personas muy estables, resultaron menos confundidos. Podían interesarse en escuchar acerca de las nuevas ideas, y podían estar de acuerdo. Pero cuando se trató de controlar a sus hijos, lo hicieron de manera muy parecida a aquella en que fueron educados ellos mismos. Y fue tan exitosa con sus niños como lo había sido con ellos. Esta es la manera natural de aprender a cuidar a los niños, de haber sido un niño en una familia razonablemente feliz.

535. Algunos errores comunes de la disciplina. Los padres que tuvieron más dificultades con las nuevas ideas, por lo común, son aquéllos que no fueron bastante felices durante su propia crianza. Muchos de ellos se sintieron, al mismo tiempo, resentidos y culpables, acerca de las relaciones tensas que existieron, en ocasiones, entre ellos y sus padres. No quisieron que sus hijos sintieran lo mismo hacia ellos. De modo que recibieron con alborozo las nuevas ideas. A menudo, sacaron de ellas conclusiones que los científicos no habían intentado sacar; por ejemplo, que **todo** lo que necesitan los niños es amor; que no se los debía hacer conformistas; que debía permitírseles expresar sus sentimientos agresivos contra sus padres y los demás; que siempre que algo anduviera mal, era culpa de los padres;

que cuando los niños se comportaran mal, los padres no debían enojarse ni castigarlos, sino tratar de mostrar más amor. Todos estos mal entendidos son impracticables, si se llevan hasta las últimas consecuencias. Alientan a los niños a volverse exigentes y desagradables. Los hacen sentir culpables por su excesivo mal comportamiento. Hace a los padres realizar esfuerzos sobrehumanos. Cuando aparece la mala conducta, los padres tratan de ocultar su ira durante un tiempo. Pero, llegado el momento, deben explotar. Entonces se sienten culpables y desconcertados. Esto acarrea una conducta peor de parte de los hijos. (Véase la Sección 536.)

Algunos padres que son personas muy corteses, permiten que sus hijos sean asombrosamente desagradables, no sólo con ellos sino también con los extraños. Parecen no darse cuenta de lo que ocurre. Cuando se estudian con cuidado, algunas de estas situaciones revelan que los padres siempre se vieron obligados a ser demasiado buenos en su propia infancia, y a ocultar todo su resentimiento natural. Ahora obtienen un regocijo sutil en el hecho de permitir que su propia sangre manifieste todas las cosas desagradables que ellos tuvieron que ocultar, y tratan de educarse de acuerdo a las nuevas teorías de la crianza de los niños.

536. De qué modo los sentimientos de culpa de los padres, acarrean problemas de disciplina. Hay muchas situaciones en las cuales los padres siempre se sienten algo culpables hacia un hijo u otro. Algunas de ellas fueron mencionadas en las Secciones 21–23. Existen otros casos obvios: la madre que sale a trabajar, sin antes convencerse que no estará descuidando a su hijo; los padres que tienen un hijo con un retraso mental o físico; los padres que han adoptado a un bebé y no pueden evitar el sentir que deben hacer una tarea sobrehumana para justificarse por haberse hecho cargo de un niño ajeno; los padres que han sido educados en medio de tanta desaprobación, que siempre se sienten culpables, hasta que se pruebe que son inocentes; los padres que han estudiado psicología infantil en el colegio o la universidad, que saben acerca de las trampas, pero que, sin embargo, esperan hacer una tarea mejor, debido a su entrenamiento.

Cualquiera sea el motivo del sentimiento de culpa, tiende a conducir a un manejo flojo del hijo. Los padres se inclinan a esperar demasiado poco del niño, demasiado de sí mismos. A menudo están intentando ser dulces y pacientes, cuando su abuso de paciencia está verdaderamente exhausta y, de hecho, el niño está fuera de control y necesita una corrección definitiva. O bien vacilan cuando el niño necesita firmeza.

Tal como un adulto, la niña sabe cuando está traspasando la línea, cuando es demasiado mala o grosera, aunque sus padres traten de cerrar los ojos frente a ello. Por dentro se siente culpable. Desearía que se la frenara. Pero si no se la corrige, estará predispuesta a comportarse cada vez peor. Es como si estuviera diciendo: "¿Cuán mal debo comportarme para que alguien me detenga?"

En cierto momento, su conducta se vuelve tan provocativa, que la paciencia de los padres estalla. La regañan o la castigan. Se restablece la paz. Sin embargo, el problema con los padres que se sienten culpables es que se avergüenzan demasiado de perder el control. Entonces, en lugar de dejar las cosas como están, se echan hacia atrás con el castigo, y permiten que la niña, a su vez, los castigue. Tal vez permitan que la niña sea grosera con ellos, precisamente en medio del castigo. O retiran la penitencia antes de que se cumpla a medias. O bien, fingen no advertir que la niña comienza a comportarse mal otra vez. En ciertas situaciones, si un niño no toma ninguna represalia, un padre comienza a provocarlo con sutileza para que lo haga, sin comprender, por supuesto, lo que él o ella pretenden.

Todo esto puede parecerle demasiado complicado o poco natural. Si usted no es capaz de imaginar a un padre que permite a su hijo hace lo que quiere y siempre sale impune o, lo que es peor aún, que lo anima a hacerlo, sólo significa que usted no tiene el problema de sentirse culpable. En realidad, no es un problema poco común. Una mayoría de padres concienzudos permiten que sus hijos se salgan de los límites cuando, en ocasiones, sienten que han sido injustos o negligentes. Pero pronto recuperan el equilibrio. De cualquier modo, cuando los padres dicen: "Todo lo que hace este niño me irrita" es una señal evidente de que esos padres se sienten demasiados culpables, se conducen en forma permisiva y sumisa, de manera crónica, y que el niño reacciona a esto con una provocación constante. Ningún niño puede ser irritante en forma accidental. Si los padres pueden determinar en qué aspectos son demasiado permisivos y reafirmar la disciplina, y si están en el camino correcto, descubrirán encantados que su hijo, no sólo comienza a comportarse mejor, sino que se muestra más feliz. Por lo tanto, podrán amar mejor a su hijo, y éste, a su vez, responder a ello.

537. Usted puede ser firme y amistoso al mismo tiempo. Una niña necesita sentir que su madre y su padre, aunque sean agradables, tienen sus propios derechos, saben cómo ser firmes, no le permitirán ser irrazonable o grosera. De ese modo, ella se siente mejor. Esto la entrena, desde el comienzo, para llevarse razonablemente bien con las otras personas. Los niños malcriados no son criaturas felices, ni siquiera en sus propios hogares. Y cuando salen al mundo, aunque tengan 2, 4 ó 6 años, están condicionados para recibir un golpe duro. Descubren que nadie está dispuesto a hacer todo lo que ellos quieren; de hecho, desagradan a todos por su egoísmo. Deben pasar por la vida resultando impopulares, o bien, deben aprender cómo ser agradables de la forma más difícil.

Los padres concienzudos a menudo permiten que su hijo se aproveche durante un tiempo —hasta que su paciencia se agota— y luego se enojan con el niño. Pero ninguna de estas situaciones es, en realidad, necesaria. Si los padres tienen un saludable respeto por sí mismos, pueden mantenerse firmes mientras aún se sienten inclinados a ser amistosos. Por ejemplo, si su hija continúa insistiendo en que usted siga jugando, aunque usted esté agotado, no tema decir, en forma alegre pero decidida: "Estoy muy cansado. Ahora voy a leer un libro, y tu también puedes leer tu libro."

Si se pone demasiado terca en lo referente a dejar de jugar con el trencito que trajo otro niño, y que ahora debe llevar otra vez a su casa, aunque usted haya tratado de distraerla con otra cosa, no crea que debe seguir siendo siempre dulce y razonable. Sáquela, a pesar de que grite durante un minuto.

538. Deje que el niño sepa que los sentimientos de enojo son normales. Cuando un niño se comporta groseramente con su padre —tal vez porque esté frustrado, o porque siente celos hacia su hermano o hermana— el padre debe pararlo de inmediato e insistir en que sea cortés. Pero al mismo tiempo, puede decir que él sabe que, en ocasiones, su hijo está furioso, que todos los niños a veces se enfurecen con sus padres. Esto puede parecerle contradictorio; se podría creer que conduce a quitar el castigo. El trabajo de orientación infantil nos enseña que, en todos los casos, un niño es más feliz y se conduce mejor, si sus padres insisten en que su **comportamiento** sea razonablemente bueno. Pero, al mismo tiempo, ello lo ayuda a comprender que sus padres conocen sus **sentimientos** de ira y que no están furiosos con él o alejados a causa de dicha situación. Esta comprensión lo estimula a superar su coraje y evita que se sienta demasiado culpable o asustado por esa razón. En términos prácticos reales, poder hacer esta distinción entre los sentimientos hostiles y las acciones hostiles, funciona bien en la práctica.

539. No diga: "¿Quieres...?" o "¿Está bien?"; sólo haga lo que sea necesario. Es sencillo caer en el hábito de decirle a un niño pequeño: "¿Quieres sentarte y tomar tu almuerzo?" o "¿Nos vestimos?", "¿Quieres hacer pipí?" Otra forma corriente puede ser: "Es hora de salir, ¿está bien?" El problema consiste en que la respuesta normal de un niño, en particular entre 1 año y 3 años, será: "No." Entonces, el pobre padre se verá obligado a persuadir al niño para que haga algo que, de todos modos, es necesario. En las discusiones se emplean miles de palabras. Es mejor no dar lugar a elegir. Cuando sea el momento de almorzar, condúzcalo o llévelo a la mesa, mientras conversan de lo que le interesaba en ese momento. Cuando advierta señales de que necesita ir al baño, llévelo, o traiga la bacinica. Comience a desvestirlo sin siquiera mencionar lo que se propone.

Usted podría sacar la conclusión de que la estoy aconsejando que le arrebate y lo "tome por sorpresa". No es precisamente esto lo que quiero decir. De hecho, cada vez que usted saca al niño de algo en lo que está entretenido, resulta útil actuar con tacto. Si su niño de 15 meses está ocupado metiendo un cubo hueco dentro de otro, a la hora de la cena, puede llevarlo a la mesa, aún con los cubos en la mano, y quitárselos cuando le da la cuchara. Si su hijo de 2 años está jugando con su perrito de juguete, a la hora de irse a la cama, usted puede decirle: "Ahora llevemos al perrito a la cama." Cuando su hijo de 3 años esté jugando con un carrito en el suelo, en el momento del baño, usted puede sugerir que el automóvil haga un viaje largo, largo, hasta el cuarto de baño. Cuando usted demuestra interés en lo que él está haciendo, ello lo predispone a ser cooperativo.

A medida que su hijo crezca, será más difícil distraerlo, estará más concentrado. Entonces resultará más eficaz hacerle una pequeña advertencia amistosa. Si un niño de 4 años ha pasado media hora construyendo un garaje con bloques, usted puede decir: "Guarda los autos pronto; quiero verlos guardados antes de que te vayas a la cama." Esto es más conveniente que precipitarse sobre él sin aviso, cuando aún está por llegar la parte más interesante del juego, o que advertirle con fastidio, como si usted nunca hubiera visto nada bueno en un garaje, excepto el revoltijo que hay en el piso. Sin embargo, esto requiere paciencia y usted no siempre la tendrá.

540. No le dé demasiadas explicaciones a un niño pequeño. A veces se ve a un niño entre 1 año y los 3 años de edad que se preocupa demasiado porque recibe demasiadas advertencias. La madre de un niño de 2 años de edad, siempre trata de controlarlo por medio de ideas: "Johnnie, no debes tocar la lámpara del doctor, porque puede romperse, y entonces el doctor no podrá ver." Johnnie contempla la lámpara con expresión afligida y murmura: "El doctor no podrá ver." Un instante después, intenta abrir la puerta de calle. La madre le advierte: "No salgas afuera. Johnnie podría perderse, y Mamá no lo podrá encontrar." El pobre Johnnie da vuelta al nuevo peligro en su mente y repite: "Mamá no podrá encontrarlo." No es bueno para él escuchar tantos finales desastrosos. Esto desarrolla una imaginación morbosa. Un niño de 2 años no debería preocuparse por las consecuencias de sus actos. Este es el período en el cual aprende actuando y observando lo que ocurre. No le estoy aconsejando que nunca advierta a su hijo con palabras, sino sólo que no siempre debe tratar de orientarlo con **ideas** más allá de su capacidad.

Pienso en el padre demasiado consciente, que siente que debe darle una explicación razonable para **todo,** a su hija de 3 años de edad. Cuando llega el momento de salir, nunca se le ocurre vestir a su hija de manera despreocupada, y salir. Comienza: "¿Nos ponemos el abrigo?" "No", dice la niña. "Pero queremos salir y tomar un poco de aire fresco." Ella está habituada al hecho de que su padre se siente obligado a darle razones para todo, y esto la induce a hacerlo discutir cada punto. Por lo tanto, ella pregunta: "¿Por qué?", pero no porque, en realidad, quiera saber. "El aire fresco te hará más fuerte y saludable, de modo que no te enfermas." Ella dirá: "¿Por qué?" Y así durante todo el día. Este tipo de discusión sin sentido y explicaciones, no la volverán más cooperativa, ni la harán sentir más respeto por su padre como persona razonable. Será más feliz y obtendrá mayor seguridad, si él adopta un aire de confianza en sí mismo y la orienta de una manera amistosa y práctica, a través de las rutinas diarias.

Cuando su hija es pequeña, confíe con más fuerza en sacarla físicamente de situaciones peligrosas o prohibidas, distrayéndola con algo interesante pero inofensivo. A medida que crece y aprende la lección, adviértale de manera despreocupada: "No, no", y más distracción. Si ella quiere una explicación o un motivo, désela en términos simples. Pero no dé por un hecho que ella quiere una explicación para cada indicación que usted le da. Para sus adentros, sabe que es inexperta. Cuenta con usted para mantenerla fuera de peligro. El que usted la oriente, la hace sentir segura, con tal de que usted lo haga con tacto y sin excederse.

541. Berrinches. Casi todos los niños hacen berrinches entre 1 año y los 3 años de edad. Han adquirido sentido de sus propios deseos e individualidad. Cuando están frustrados, lo saben y se enojan. Sin embargo, por lo común, no atacan al padre que ha intervenido con ellos. Tal vez el mayor le resulte demasiado importante y muy grande.

Además, su instinto de pelea aún no está muy bien desarrollado.

Cuando el sentimiento de ira hierve dentro de ellos, no se
les ocurre nada mejor que arrojarlo al suelo, junto con ellos
mismos. Se tiran al piso gritando, y golpean con las manos
y los pies, y quizá, con la cabeza.

Un berrinche de vez en cuando no significa nada; están
relacionados con ciertas frustraciones. Si ocurren con regularidad, varias veces por día, podría significar que el niño
está demasiado cansado o tiene alguna perturbación física
crónica. Las pataletas frecuentes, se deben, más a menudo,
al hecho de que los padres no han adquirido la habilidad de
manejar al niño con tacto. Existen varias preguntas que formular: ¿tiene el niño bastantes oportunidades de jugar, con
libertad, al aire libre, en un sitio donde los padres no deben
estar pendientes del él, y donde haya objetos que pueda
arrastrar y de los que pueda jalar, o a los cuales treparse?
Dentro de la casa, ¿tiene suficiente juguetes y objetos
domésticos, con los cuales jugar, está la casa acondicionada
como para que los padres no deban prohibirle tocar cosas?
¿Los padres lo inducen, sin advertirlo, a armar alboroto,
diciéndole que se ponga la camisa, en lugar de ponérsela
sin hacer comentarios, **preguntándole** si desea ir al baño,
en vez de llevarlo allí, o traerle la bacinica? Cuando es
necesario interrumpir su juego, para entrar a comer, ¿lo
frustran en forma directa o lo distraen con algo agradable?
Cuando los padres ven que la tormenta se acerca, ¿lo
enfrentan de modo directo, con severidad, o distraen con
alguna otra cosa?

No se pueden eludir todos los berrinches. Los padres no
serían normales si tuvieran tanta paciencia y tanto tacto.
Cuando el escándalo se desata, usted trata de tomarlo a la
ligera y de ayudar a superarlo. Por cierto, usted no cede con
debilidad y deja que el niño se salga con la suya; de otro
modo, provocaría berrinches con frecuencia, adrede. Usted
no discute con él, porque no está en condiciones de percibir
lo equivocado de su conducta. Si usted se enfada, sólo lo
impulsa a entercarse en su posición. Déle una posibilidad de
salida cortés. Un niño se calma con rapidez si los padres se
retiran y continúan con sus propias ocupaciones, como si

nada, como si no pudieran ser molestados. Otro, más decidido y orgulloso, permanece gritando y agitándose, durante una hora, hasta que sus padres hacen un gesto amistoso. Podrían aparecer con alguna sugerencia para hacer algo divertido, y un mimo, para demostrar que desean terminar con el alboroto, tan pronto como haya pasado lo peor.

Que una niña arme un escándalo en la calle, resulta penoso. Tómela con una sonrisa, si puede forzarse a ello, y llévela a un sitio tranquilo donde ambas puedan calmarse en privado.

Las rachas de contener el aliento, durante las cuales un niño puede tornarse azul e, inclusive, perder la conciencia, por unos instantes, pueden ser una expresión de temperamento. Para los padres, resultan alarmantes, pero deben aprender a manipularlas con sensatez, tal como en el tema anterior, con el propósito de impedir que el niño lo utilice en forma deliberada, cada vez más. (Véase la Sección 368.)

542. ¿Es necesario el castigo? Muchos buenos padres consideran que, de vez en cuando, deben castigar. Pero otros descubren que pueden manipular con éxito a sus hijos sin que les sea preciso castigarlos. En gran medida, depende de cómo fueron educados los padres. Si fueron castigados en ciertas ocasiones, por buenas razones, naturalmente esperarán tener que castigar, en ocasiones similares. Y si sólo fueron controlados por medio de una orientación positiva, estarán predispuestos a hacer lo mismo con sus hijos.

Por otro lado, también existe una buena cantidad de niños con una conducta incorrecta. Los padres de algunos de ellos los castigan mucho, y los de otros, no lo hacen nunca. De tal modo que, no podemos decir ni que el castigo sea eficaz, ni que lo sea la falta de él. Todo depende, en general, de la naturaleza de la disciplina impuesta por los padres.

Antes de seguir adelante con el tema del castigo, sería preciso comprender que **nunca** debe ser el elemento básico de la disciplina; sólo representa una reafirmación vigorosa de que los padres consideran fundamentados sus actos. Todos hemos observado niños a los que se golpeaba, daba nalgadas y castigaba demasiado, y aun así, seguían comportándose mal. Muchos criminales crónicos, pasaron la mitad de sus vidas adultas en la cárcel, y sin embargo, cada vez que salían, pronto volvían a involucrarse en otro crimen.

La fuente principal de la buena disciplina es crecer en una familia afectuosa, ser amado y aprender a querer en respuesta. Deseamos ser bondadosos y serviciales (la mayor parte del tiempo) porque nos agradan las personas y deseamos agradarles. (Los criminales comunes son personas que, en su infancia, nunca tuvieron suficiente cariño como para que les importara, y además, muchos de ellos padecieron abusos.) Poco a poco, los niños disminuyen su posesividad y comienzan a compartir, en algún momento, alrededor de los 3 años de edad, en lo esencial, no porque sus padres se lo recuerden (aunque eso puede ayudar un poco), sino porque sus sentimientos hacia otros niños —de goce y afecto— se han desarrollado lo suficiente.

Otro elemento vital es el intenso deseo de los niños de ser tan parecidos a los padres como sea posible. En el período de los 3 a los 6 años, se esfuerzan, en particular, por ser corteses, civilizados y responsables (la Sección 602). Fingen cuidar a sus muñecas con gran seriedad, cuidar la casa, ir a trabajar, como ven hacerlo a sus padres. Un varón trata de ser tal como su padre, en sus intereses y en sus modales, una niña, como su madre.

543. El trabajo diario del padre es mantener al niño en el camino correcto por medio de la firmeza y la constancia. A pesar de que los niños ponen su mayor esfuerzo por civilizarse, a través del amor y la imitación, siempre queda mucho para que los padres hagan, como todos ustedes saben. En términos automovilísticos, el niño suministra la energía, pero los padres deben conducir. Algunos niños son más difíciles que otros —pueden ser más activos y tercos que la mayoría— y exigen más energía mantenerlos en la senda correcta.

Los motivos de los niños son buenos (la mayor parte del tiempo), pero no tienen la experiencia ni la estabilidad como para permanecer en camino. Es preciso que los padres continúen diciendo: "Para cruzar la calle, debemos darnos la mano", "No puedes jugar con eso, podría lastimar a alguien", "Dile gracias a la señora Griffin", "Vamos, que hay una sorpresa para el almuerzo", "Tenemos que dejar el trencito, porque es de Henry, y él lo quiere tener", "Es hora de ir a la cama, para que crezcas grande y fuerte", etc., etc. Que semejante orientación tenga éxito, depende de factores tales como el hecho de que los padres sean razonablemente sólidos (nadie puede serlo por completo), que respalden lo que digan (que no sólo emitan sonidos), y de que den indicaciones y prohiban cosas a su hijo por buenos motivos (no sólo porque prefieren ser mandones y autoritarios).

No es posible que usted se siente y observe cómo su hijo destroza algo y después lo castigue. Usted llega al castigo (si llega), muy de vez en cuando, cuando su sistema de firmeza se rompe. Quizá su hijo, provocado en exceso, se pregunte si usted mantiene la prohibición que estableció un par de meses atrás. O tal vez esté furioso y se comporte mal de modo deliberado. Es probable que haya roto algo muy precioso para usted, por un tonto descuido. O bien, se comporta con ligera grosería hacia usted, en un momento en que usted se encuentra tensa por otro motivo. Puede ser que apenas haya escapado de ser atropellado, porque no miró. En usted, surgen la indignación y el justo enojo. En semejante momento, usted castiga o, al menos, siente deseos de hacerlo.

La mejor prueba acerca de un castigo consiste en saber si consigue sus propósitos, sin traer otros efectos graves. Si hace que el niño se vuelva furioso, desafiante, y se comporte peor que antes, por cierto, ha sido una equivocación. Si parece romperle el corazón, entonces es probable que haya sido demasiado duro para el niño. Cada niño reacciona de un modo diferente.

Hay ocasiones en que un niño rompe un plato, o rasga sus ropas en forma accidental, o por descuido. Si la relación con sus padres es buena, se sentirá tan apenado como ellos, y no hará falta ningún castigo. (De hecho, algunas veces deberá consolarlo.) Precipitarse sobre un niño que ya se siente apenado, a veces disipa su remordimiento y le provoca el deseo de discutir.

Si usted tiene que tratar con un niño mayor, que siempre

juguetea con los platos y los rompe, será justo hacer que compre otros para remplazarlos, con su propio dinero. Un niño mayor de 6 años, ha desarrollado un sentido de justicia, y puede darse cuenta de la ecuanimidad de los castigos razonables. De cualquier modo, yo sería prudente con los castigos legalistas del tipo de "asume las consecuencias", antes de los 6 años y no intentaría usarlos antes de los 3. No es conveniente que un pequeño desarrolle un **pesado** sentimiento de culpa. La tarea de un padre consiste en mantener al niño alejado de meterse en problemas, más bien que actuar como un juez severo, si éstos ocurren.

Algunos padres han comprobado que da buen resultado poner a un niño en su cuarto y decirle que puede salir cuando se sienta en condiciones de cooperar. En el sentido teórico, la desventaja consiste en que podría hacerle sentir su cuarto como una prisión.

Evite las amenazas cuanto le sea posible. Tienden a debilitar la disciplina. Podría parecer razonable decir: "Si sales a la calle con tu bicicleta, te la quitaré." Pero, en cierto sentido, una amenaza acarrea un riesgo: admite que el niño podría desobedecer. Le causaría mayor impresión que se le diga, con firmeza, que debe mantenerse fuera de la calle, si sabe por experiencia que sus padres respaldan lo que dicen. Por otro lado, si usted ve que es preciso imponer un castigo drástico, tal como quitarle, por unos días, una bicicleta amada, es preferible hacer una justa advertencia. Por cierto, resulta tonto y destruye con rapidez la autoridad de los padres, hacer amenazas que nunca se llevan a cabo, o que no pueden cumplirse. Las amenazas que producen terror resultan por completo equivocadas en todos los casos.

544. Hay varios motivos para tratar de evitar el castigo físico. Le enseña al niño que la persona más grande, más fuerte, tiene el poder para salirse con la suya, esté o no en lo cierto, y pueden resentirse contra sus padres por ello aun para toda la vida. Algunos niños que han sido castigados se sienten lo bastante justificados como para golpear a los más pequeños. La tradición norteamericana de dar palizas, podría ser una de las causas del hecho de que haya **mucha** más violencia en nuestro país que en cualquier otra nación comparable; asesinatos, robos armados, abuso hacia las esposas, abuso hacia los niños.

Cuando un ejecutivo en una oficina, o un gerente en una tienda, está inconforme con el trabajo de un empleado, no se arroja sobre él gritando y lo golpea en el trasero. Le explica, de modo respetuoso, qué le gustaría que hiciera, y en la mayoría de los casos, esto resulta suficiente. Los niños no son diferentes en su deseo de ser responsables y de agradar. Reaccionan bien a los elogios y las grandes expectativas.

En tiempos anteriores, a la mayoría de los niños les daban nalgadas creyendo que ello resultaba necesario para que aprendieran a comportarse bien. En el siglo XX, en la medida en que padres y profesionales han observado a los niños, aquí y en otros países, se ha llegado a la conclusión de que los niños pueden comportarse bien, ser colaboradores y corteses, sin haber sido nunca castigados en forma física, o de otras formas. Yo mismo he conocido cientos de niños, y existen países en el mundo, donde los castigos físicos son desconocidos.

545. Los padres que no pueden controlar a sus hijos o que deben castigarlos con frecuencia, necesitan ayuda. Unos pocos padres tienen extrema dificultad para controlar a sus hijos. Dicen que su hijo "no obedece", o que es "en realidad, malo". Lo primero que se advierte al observar a esa madre (digamos que es una madre), es que no parece, en realidad, esforzarse, a pesar de desearlo, y de creer que así lo hace. Ella amenaza, regaña o castiga con frecuencia. Pero semejante madre, casi nunca cumple una amenaza. Otra, a pesar de que castiga, en último término, nunca logra que su hijo haga lo que le dice. Y otra logra hacerse obedecer, pero 5 minutos tarde, y 10 minutos después, le permite salirse con la suya. Una tercera se ríe en mitad de un regaño o castigo. Una cuarta sólo sigue gritándole a su hijo que es malo, o le pregunta a un vecino, si alguna vez vio a un niño peor. De modo inconsciente, semejantes padres esperan que la conducta de su hijo continúe como es, y no pueden hacer nada eficaz para que cambie. Sin comprenderlo, están incitándolo a que lo haga de ese modo. Sus regaños y castigos sólo son una expresión de frustración. Lo que buscan obtener, cuando se quejan a los vecinos, es cierto acuerdo consolador, acerca de que el niño es, en verdad, imposible. Los padres frustrados como éstos, a menudo han tenido una infancia insatisfactoria, durante la cual nunca recibieron suficiente seguridad de que, en lo esencial, eran buenos y se comportaban bien. Como consecuencia de ello, no tienen suficiente confianza en sí mismos ni en sus hijos. Necesitan mucho apoyo por parte de un médico comprensivo, o de una clínica de orientación infantil, o bien, de una agencia social familiar (las Secciones 861 y 862).

Gemir

546. Es durante los años preescolares y los primeros años escolares en que el gemir parece más común. Quiero hablar del problema especial de los que gimen de manera crónica y continua. Es una actitud de exigencias excesivas que requiere semanas y meses para establecerse del todo y que requiere un buen rato para vencer. (Esto es el gemir constante del niño que está sano físicamente. Hay otros casos menos comunes en que los niños gimen por una enfermedad física crónica o por una tristeza aguda, después de eventos como el divorcio de los padres.)

La letra que va con la música varía. "No hay nada que hacer", el niño dice en un día de lluvia. O "¿Por qué no puedo mirar este programa?" cuando el padre ya lo ha explicado. No es una sóla petición, sino la misma petición repetida una y otra vez como una queja. La mayoría de las demandas son muy naturales, en el sentido de que se tratan de cosas normales que los niños quieren o gustan, pero son presentadas de una manera irracional y repetida.

Muchos niños sólo gimen con un padre, no con los dos. (Hay excepciones.) Así que el gemir a menudo expresa no un hábito ni un humor sino una actitud hacia un padre o una relación un poco desequilibrada con ese padre. A menudo, un padre con dos o más hijos tolerará el gemir en un solo niño. Me acuerdo de haber pasado un día con una familia en que la madre era muy seria con sus otros tres niños —eran corteses, cooperativos, independientes y amables— pero la niña de 5 años molestaba a su madre sin cesar. Se quejaba de aburrimiento, hambre, sed, frío, cuando fácilmente hubiera podido remediar todas estas pequeñas necesidades. La madre no le haría caso durante un rato. Luego, sugeriría que la niña coja lo que quería. Pero lo decía de una manera no decidida o disculpándose. No se puso decisiva nunca, aun después de una hora de constante gemir.

En un sentido, el problema de gemir no es un trastorno grave. Pero molesta a los otros miembros de la familia y a los amigos, y puede llevar a un montón de frustraciones de parte del padre quien lo tiene que escuchar más a menudo.

547. ¿Qué hace que los padres toleran el gemir? Por lo menos de una manera inconsciente, sienten que el niño tiene derecho a hacer estas demandas excesivas, que tienen que ser sumisos porque son culpables de algo— de ser tacaños, tal vez, en no dar al niño lo que quiere o de no amarle lo bastante. Los padres muy concienzudos que fueron muy criticados por sus padres, a menudo empiezan la crianza de sus hijos con un sentido de culpabilidad por lo menos ligero por su falta de conocimientos y con un miedo de que cometerán errores.

Hay varios motivos por los cuales los padres sienten culpables hacia sólo uno de sus hijos. Pueden no haber estado listos para el embarazo. O un padre puede haber comenzado mal con un niño que era, por ejemplo, muy exigente o nervioso. O el niño puede recordar al padre de un hermano o pariente que hizo la vida del padre miserable en el pasado y que creó mucha hostilidad y culpabilidad, las emociones que ahora determinan el comportamiento del padre.

Así que a menudo es una culpabilidad que hace que el padre no sabe poner límites, o resistir en seguida, con firmeza, sin dudas. Esto cesaría el gemir porque los niños siempre saben cuando los padres están realmente diciendo que no. Pero los padres de los niños que gimen no suelen poder ser tan definidos. En vez de decir "No, no puede merendar, es casi la hora de comer", dicen, "Bueno, a lo mejor un pequeña merienda." Los niños son expertos en percibir estas pistas de la falta de certeza y, por supuesto, en aprovecharlos.

548. Hay pasos definidos y prácticos que puede hacer, si tiene el problema de un niño que gime de una manera crónica. Primero, tiene que decidir si es una actitud suya que alienta el gemir. Usted puede estar expresando duda o culpabilidad, mezclada con la irritabilidad inevitable que viene de sentirse víctima. Este es el paso más difícil, porque los padres suelen ser bastante inconsciente de cualquier otra cosa que no sea su propia impaciencia y la exigencia del niño. Si no puede ver una falta de certeza en su propio comportamiento, puede ayudar consultar a un profesional que le ayudará a analizar la causa del gemir y otros factores en la situación familiar.

Cuando los padres tienen una confianza en sí mismos sobre cómo criar a sus hijos y cuando están haciéndolo bien, suelen poder mostrarse **amables,** junto con una claridad y firmeza. El niño se mantiene de un humor cooperativo por la amabilidad, y la certeza del padre le da al niño la dirección explícita necesaria.

Los padres pueden hacer tantas reglas como les parezcan necesarias y luego defenderlas con determinación. La hora de acostarse siempre es a cierta hora, no importa la solicitud. Sólo ciertos programas de televisión pueden ser mirados. Pueden invitar a amigos a comer pero según un horario determinado.

Si su hijo gime que no hay nada que hacer, es mejor no empezar a sugerir la variedad de actividades posibles, las cuales, cuando de este humor, el niño atacará una por una. Devuelva la responsabilidad al niño, diciendo "Bueno, yo, sí, tengo mucho que hacer y luego tengo una docena de cosas agradables que hacer, si me da tiempo." En otras palabras, "Siga mi ejemplo; encuentre cosas que hacer. No espere que yo te entretenga."

Está bien que los niños pidan cosas especiales de vez en cuando. Y está bien dar generosamente lo que piden, con tal de que usted crea que ellos lo merecen. Pero aprenda a prevenir su gemir y su propia frustración: ponga límites con confianza y rapidez, antes de que sus demandas se hagan incesantes y malhumorados.

Los celos y la rivalidad

549. Los celos pueden resultar útiles, tanto como dañinos. Es una emoción intensa, aun en los adultos. Resulta más perturbadora para los más pequeños, porque no saben qué es lo que los ha lastimado.

Si es un sentimiento intenso, puede amargar su visión de la vida durante un buen tiempo. Sin embargo, los celos son un hecho de la vida y no pueden ser prevenidos por completo, de modo que los padres no deben esperar realizar lo imposible. A pesar de ello, pueden hacer mucho para disminuirlos y ayudar al niño a convertirlos en otros sentimientos menos dolorosos y más constructivos. Si llega a comprender que no hay motivo para temer tanto a un rival, esto fortalece su carácter, de tal manera que estará en mejores condiciones de afrontar situaciones de rivalidad en la vida, en el trabajo y en el hogar.

550. Preparar el camino para el bebé. Para un niño, es bueno saber por anticipado que tendrá un hermanito o una hermanita, si es lo bastante grande como para entender tal idea, de modo que pueda habituarse poco a poco. (No le prometa que será una niña o un niño; un pequeño toma con seriedad una promesa como ésa.) El tema acerca de dónde viene el bebé se analiza con más profundidad en "Los hechos de la vida" (las Secciones 626–633). La mayoría de los educadores y psicólogos infantiles, consideran que es suficiente para un niño saber que el bebé está creciendo dentro de la madre, y sentirlo moverse. Es difícil explicarle demasiado a un niño menor de 2 años.

La llegada del bebé debe cambiar lo menos posible la vida del niño, en especial si, hasta ese momento, ha sido el único hijo. Es conveniente hacer todos los cambios posibles, varios meses antes. Si se le dará su cuarto al bebé, cámbielo de habitación con varios meses de anticipación, de modo que sienta que está siendo promovido, porque es un muchacho grande, y no porque el bebé lo esté desplazando de su propio lugar. Lo mismo se aplica respecto de pasarlo a una cama más grande. Si asistirá a un jardín de niños, debería comenzar un par de meses antes. Nada provoca tanto rechazo en un niño hacia el jardín de niños como la sensación de que se lo envía allí para echarlo afuera. Pero si él ya está habituado, continuará agradándole, y su vida satisfactoria allí evitará que se preocupe demasiado por lo que sucede en casa.

Cómo se sienta el niño cuando el bebé llega a casa depende, en gran parte, de cómo esté mientras la madre se encuentra en el hospital. Lo más importante es quién lo cuida. Esto se examina en las Secciones 60, 63 y 593.

551. Cuando la madre trae al bebé a casa. Por lo común, cuando la madre vuelve del hospital, es un momento difícil. Ella está cansada y preocupada. El padre se encuentra atareado, ayudando. Si el niño mayor está allí, merodea por la casa, sintiéndose cansado y abandonado. ¡De modo que éste es el nuevo bebé!

Si hay tendencia a que ocurra de este modo, es preferible que el niño salga de paseo, siempre que ello pueda arreglarse. Cuando, una hora después, el bebé y los bolsos estén en su lugar y la madre, por fin, esté descansando en la cama, será el momento adecuado para que el niño vuelva a casa. La madre puede acariciarlo y conversar con él, y brindarle su atención completa. Déjelo tocar el tema del bebé cuando se encuentre dispuesto a ello.

En las primeras semanas, se debe tener el tacto de dejar un poco de lado al nuevo bebé. Trátelo de manera despreocupada. No se comporte con demasiada excitación, al respecto. No lo contemple embobada. No hable demasiado acerca de él. Trate de atenderlo mientras el mayor no esté a la vista, siempre que sea posible. Establezca la hora de su baño y de algunas de sus comidas cuando el mayor esté fuera de casa, o tomando su siesta. Muchos pequeños sienten terribles celos cuando la madre alimenta al bebé, en especial al pecho. Si se encuentra allí, se le debe permitir que ande con libertad. Pero si está afuera, jugando feliz, no atraiga su atención acerca de lo que está pasando.

Si desea tomar un biberón, sugeriría que se le permita, de modo alegre. Resulta un poco triste ver a un niño mayor tomar un biberón por envidia hacia el bebé. El cree que será delicioso. Cuando se anima a tomar un sorbo, en su cara se refleja la desilusión. Es sólo leche, que fluye con lentitud, con sabor a hule. Es posible que, durante algunas semanas, tome y abandone el biberón, pero no existe demasiado riesgo de que desee continuar siempre, en tanto los padres se lo den de buena gana y si hacen las otras cosas que lo ayuden a superar los celos.

También otras personas juegan un papel, con respecto a los celos. Cuando el padre vuelve a casa del trabajo, debería reprimir el impulso de preguntar al niño: "¿Cómo se encuentra hoy el bebé?" Es mejor que actúe como si hubiera olvidado que el bebé se encuentra en la casa, que se siente, y deje pasar el tiempo. Más tarde, podrá acercarse y echar una mirada al recién nacido, cuando el mayor esté interesado en alguna otra cosa. También la abuela, que acostumbraba a ser tan efusiva con el niño, puede constituir un problema. Si se encuentra con el niño en el vestíbulo del frente, llevando un gran paquete atado con cinta de raso y le dice: "¿Dónde está tu querido hermanito? Le he traído un regalo", entonces su alegría por verla se transformará en amargura. Si los padres no tienen suficiente confianza con el visitante como para instruirlo acerca de cómo actuar, pueden tener guardada una caja con un regalo barato, y entregársela al niño, cada vez que llegue una visita para ver al bebé.

Mientras la madre esté atendiendo al bebé, jugar con muñecas puede resultar en gran entretenimiento para el niño o la niña. Querrá entibiar el biberón de su muñeca, tal como lo hace la madre, y tener una imitación adecuada de los demás objetos del equipo para vestir al bebé, que usa su mamá. Pero el juego con muñecas no puede sustituir la ayuda para el cuidado del bebé real; sólo resultará un suplemento.

552. Ayudar al niño a sentirse mayor en este momento.
Una inmensa mayoría de los pequeños, reaccionan a la lle-

gada de un bebé, anhelando volver a ser bebés, por lo menos parte del tiempo, y esto es bastante normal. En ocasiones, desean un biberón. Es posible que mojen la cama y los pantalones, y los ensucien. Pueden retroceder y hablar como bebés, y actuar como si no supieran hacer cosas por sí mismos. Creo que resulta sabio para un padre aceptar el ansia por ser bebés, cuando es muy intensa **en esos momentos.** Inclusive, pueden llevar al niño, de buena manera, a su cuarto y desvestirlo, como si fuera un juego amistoso. El advertirá, entonces, que no se le niegan estas experiencias, que imagina encantadoras, pero que pueden ser decepcionantes.

Sin embargo, creo que los padres pueden ayudar al hijo, la mayor parte del tiempo, de un modo más agradable, dirigiéndose a la parte de éste que desea crecer. Pueden recordarle lo grande, fuerte, inteligente, o habilidoso que es. No quiero decir que haya que importarle un gran discurso promocional, entusiasta en exceso, pero deberían proporcionarle una felicitación sincera, siempre que resulte apropiado. De vez en cuando, los padres pueden referirse a algún aspecto de lo desválido que es el bebé, en tono de compasión.

Usted podrá advertir que no estoy sugiriendo comparaciones directas, que impliquen que los padres, en definitiva, lo prefieren al bebé. El sentirse preferido puede gratificar a un niño, sólo en forma temporal. Pero a la larga, se sentirá inseguro con padres que sean parciales; podrían cambiar su preferencia. Por supuesto, los padres deben permitir que su amor por el bebé resulte evidente. Sólo estoy tratando de subrayar la importancia de otorgar al mayor, la oportunidad de sentirse orgulloso de su madurez, y de recordar que el hecho de ser bebé tiene muchas desventajas.

Sin embargo, no se debe exagerar en alentar a un niño para que sea maduro. Si en forma constante, los padres llaman "cosas de bebé" a todo lo que el niño ansia hacer en ese período, y "cosas de grande", a todas las que el niño se resiste a hacer, sólo podrá llegar a la conclusión de que, con seguridad, él desea ser un bebé.

553. Transformar la rivalidad en el sentimiento de ser útil. Una de las maneras por medio de las cuales un niño pequeño trata de superar la pena de tener un rival más joven, consiste en actuar como si él ya no fuera un niño, que competiera con el bebé en la misma categoría, sino como si fuera un tercer padre. Por supuesto, cuando se siente muy enojado, es posible que actúe como un padre desaprobador. Pero si se siente más seguro, puede resultar la clase de padre que enseña al bebé a hacer cosas, le da juguetes, quiere ayudar a alimentarlo, bañarlo y vestirlo, lo consuela cuando se siente desdichado, lo protege de los peligros. Intenta deslizarse al papel paternal, aun sin demasiada ayuda por parte de los padres. Pero los padres tienen ocasión de brindarle una enorme ayuda, sugiriendo de qué manera puede, en ocasiones, asistirlos, cuando no se le ocurre cómo hacerlo, y demostrándole que, en realidad, aprecian sus esfuerzos. De hecho, padres de mellizos, que se encontraban desesperados por la necesidad real de ayuda me contaron que estaban asombrados de descubrir cuánta ayuda honesta y esforzada obtuvieron de su niño de sólo 3 años, de tal modo que no tuvieron que fingir, en absoluto. Inclusive, un niño pequeño puede alcanzar la toalla de baño, un pañal, o un biberón del refrigerador. El podrá fingir que ayuda al bebé, que lo "vigila", mientras los padres no están a la vista.

Casi siempre, un niño pequeño quiere sostener al bebé, y los padres suelen dudar, por temor a que lo deje caer. Pero si el niño se sienta en el suelo (sobre una alfombra o manta) o en una silla con suficiente acolchado, o en el centro de la cama, existe poco riesgo, aunque deje caer al bebé.

De semejantes maneras, los padres pueden estimular al niño a transformar, en realidad, sus sentimientos de rencor, en otros de deseos de colaborar y de altruismo legítimo.

Por lo general, la sensación de ser dejado a un lado tiende a ser experimentada por el primer hijo, cuando llega el segundo, porque está habituado a ser el centro de la atención, y no tiene práctica en compartir con otros el afecto de los padres. Un segundo hijo, no necesita decidir entre ser un padre o ser un bebé, cuando llega otro hermano. Puede ver que aun es sólo uno de los niños, como siempre lo ha sido. Creo que la mayor necesidad que tiene el niño promedio de verse a sí mismo como padre, ayuda a explicar por qué tantos primeros hijos, más tarde disfrutan de ser padres y tienen tanta inclinación hacia las profesiones como la enseñanza, el trabajo social, la enfermería, la medicina, que están relacionadas con el cuidado de los demás.

554. Los celos adoptan distintas formas. Si el niño toma un bloque grande y ataca al bebé con él, la madre advierte muy bien que está celoso. Pero otro niño puede ser más cortés. Admirará al bebé durante un par de días, sin entusiasmo, y luego dirá: "Ahora, vuelve a llevarlo al hospital." Otro pequeño sentirá todo el resentimiento contra su madre, y removerá con seriedad las cenizas de la chimenea, esparciéndolas sobre la alfombra del comedor de un modo tranquilo y atareado. Otro, con diferente disposición, se volverá tristón y dependiente, perderá su alegría de jugar en el arenero y con los bloques, rondará alrededor de su madre, agarrándose de la falda y succionándose el pulgar. Es probable que vuelva a mojar la cama, e inclusive, a mojarse y

Por lo común, el niño siente una mezcla de
amor y celos hacia el bebé.

ensuciarse durante el día. A veces se ve a un niño pequeño, celoso, que se vuelve ensimismado. Se encuentra preocupado por su hermanito. Cuando ve a un perro, todo lo que se le ocurre decir es: "Al bebito le gusta el perro." Cuando ve a sus amigos montando sus tricicletas, dice, "Bebito también tiene un triciclo." Es cierto que se encuentra molesto, pero no puede admitirlo, ni siquiera para sí mismo. Este niño necesita aun más apoyo que aquél que sabe con exactitud lo que le molesta.

En ocasiones, un padre dice: "Hemos comprobado que no debemos preocuparnos en absoluto por los celos. Johnnie está muy **encariñado** con el nuevo bebé." Es reconfortante cuando el pequeño le demuestra amor al bebé, pero ello no significa que deban ignorarse los celos. Pueden manifestarse de maneras indirectas, o sólo bajo circunstancias especiales. Tal vez lo quiera dentro de la casa, pero sea grosero con los desconocidos que lo admiran por la calle. Durante meses, puede ocurrir que un niño no demuestre rivalidad, hasta que, un día, el bebé se arrastra y le arrebata alguno de sus juguetes. Algunas veces, este cambio de sentimientos se produce el día que el bebé comienza a caminar.

Un padre puede decir: "Johnnie parece muy orgulloso del bebé. En rigor, siempre lo abraza con tanta fuerza que lo hace gritar." En realidad, esto no es un accidente. Sus sentimientos se encuentran mezclados.

Es sabio admitir que siempre existe algo de celos y algo de afecto, aunque ninguno de estos sentimientos aparezca en la superficie. La cuestión no consiste en ignorar los celos, ni en tratar de forzar a suprimirlos, ni hacer que el niño se avergüence demasiado de ellos, sino en ayudar a que los sentimientos de afecto salen por encima de los celos.

555. Cómo manejar las distintas clases de celos. Cuando el niño ataca al bebé, el impulso natural del padre lo lleva a reaccionar y avergonzarlo. Esto no resulta conveniente, por dos motivos. El odia al bebé porque tiene temor de que los padres lo amen al bebé, en lugar de a él. Si lo amenazan con dejar de quererlo, ello lo hace sentir, por dentro, más afligido y cruel. El avergonzarlo, también lo podría inducir a

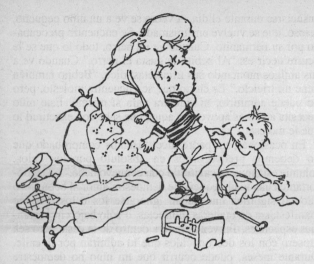

El celoso debe ser sujetado, pero también
necesita reafirmación.

ocultar sus celos. Si ello ocurre, los celos serán más dañinos y durarán más tiempo, que si se les permite manifestarse abiertamente.

Existen tres objetivos: proteger al bebé, demostrar al niño que sus padres no le permitirán **poner en práctica** acciones que expresen sus celos, y afirmarle que sus padres todavía lo aman. Cuando los padres lo ven avanzar hacia el bebé con gesto fiero y con un arma en la mano, deben precipitarse y sujetarlo, decirle, con firmeza, que no puede lastimar al bebé. (Cada vez que tenga éxito en mostrarse cruel, ello lo hará sentirse más culpable y preocupado, en su interior.) Pero, en ocasiones, pueden transformar el sujetarlo en un abrazo y decir: "Sé como te sientes a veces, Johnnie. Desearías que no existiera aquí ningún bebé al que Mamá y Papi deban cuidar. Pero no te preocupes, nosotros te amamos tanto como antes." Si, en una situación semejante, puede comprender que sus padres aceptan sus sentimientos de ira (no sus acciones), y que todavía lo aman, es la mejor prueba de que no necesita preocuparse.

Con respecto al niño que hace revoltijo en el piso del cuarto de estar, es natural que los padres se sientan exasperados y enojados, y es probable que, de todos modos, lo regañen. Pero si comprenden que lo hizo a causa de una profunda sensación de desesperación y amargura, más tarde estarán en condiciones de tranquilizarlo también, y traten de recordar qué fue lo que hicieron para que él no pudiera soportarlo más.

El niño que se vuelve triste a causa de los celos, por ser de naturaleza más sensible e introvertido, necesita cariño, afirmación, e impulsarlo a manifestarse, más aun que el niño que expresa sus sentimientos por medio de la violencia. Con respecto al niño que no se atreve a expresar, en forma directa, lo que le molesta, en realidad, podría ayudarlo a sentirse mejor, que su madre (o su padre) puedan decir de modo comprensivo: "Sé que, a veces, te sientes furioso con el bebé, y también con Mamá porque lo atiende", y así de seguido. Si luego de un tiempo, no responde, los padres podrían querer tomar una ayuda temporal para el bebé, aunque hubieran decidido de antemano que no estaban en condiciones de afrontarlo. Si resulta eficaz y lo ayuda a recobrar su antigua alegría de vivir, tendrá un valor permanente, mucho más allá del costo que involucre.

Vale la pena consultar a un psiquiatra infantil, con respecto al niño que ha volcado hacia adentro todos sus celos, y se encuentra bloqueado por ellos, tanto si adopta la forma de tristeza, o de obsesión por el bebé. El psiquiatra será capaz de extraer los sentimientos hacia la superficie otra vez, de modo que el niño pueda comprender qué es lo que lo angustia y sacarlo fuera.

Si los celos recrudecen, sólo en el momento en que el bebé es lo bastante grande como para arrebatarle al mayor sus juguetes, resultará muy conveniente darle un cuarto para él, donde pueda sentir que él, sus juguetes y sus construcciones, están a salvo de interferencias. Si esto resulta imposible, los padres, o un carpintero, pueden construir para él un gran arcón, o un armario para sus cosas, con un maravilloso candado. Esto no sólo protegerá sus juguetes, sino que le permitirá tener una llave propia en su bolsillo y una cerradura de persona grande para abrir, lo que le otorgará una gran sensación de importancia.

¿Debe ser obligado o convencido a compartir sus juguetes con el bebé? Nunca forzado. Puede resultarle muy atrayente una sugerencia de regalarle al bebé los juguetes que ya no usa, y también estimular su generosidad. Pero la generosidad auténtica, debe provenir de adentro, y una persona necesita sentirse antes segura y amada. Forzar a un niño a compartir sus posesiones cuando se siente inseguro y egoísta, refuerza dichos sentimientos y los hace más duraderos.

Hablando en términos generales, los celos hacia el bebé son más fuertes en los niños menores de 5 años, porque dependen más de los padres y tienen menos intereses fuera del círculo familiar. El niño mayor de 6 años, ya se encuentra algo apartado de los padres, y está construyendo una posición para sí mismo, entre sus amigos. No estar en el centro de la atención familiar no lo hiere tanto. Sin embargo, sería un error pensar que los celos no existen en el niño mayor. También él necesita consideración y manifestaciones visibles del amor de los padres, en particular, al comienzo. El niño demasiado sensible, o que no ha encontrado su lugar en el mundo exterior puede necesitar tanta protección como el común de los niños pequeños. Inclusive la adolescente, con su deseo creciente de ser una mujer, podría sentir, en forma inconsciente, envidia de la nueva maternidad de su madre.

Me gustaría añadir aquí otra observación, que podría considerarse contradictoria. En ocasiones, los padres responsables se preocupan tanto respecto de los celos y se esfuerzan tanto por prevenirlos, que hacen sentir al mayor más inseguro, en lugar de menos. Podrían llegar a un punto en que se sintieran, en realidad, culpables de haber tenido otro bebé, avergonzados cuando fueran sorprendidos atendiéndolo, excederse al trata de apaciguar al niño mayor. Si un niño descubre que sus padres se sienten incómodos, y con necesidad de disculparse hacia él, esto también lo pondrá incómodo a él. Reafirma su propia sospecha de que, detrás de ello hay algo turbio, y se inclina a ser más odioso, tanto hacia el bebé, como hacia los padres. En otras palabras, los padres deberían emplear tanto tacto como fuera posible hacia el hijo mayor, pero no afligirse ni disculparse.

556. ¿Acaso el bebé nuevo no necesita también atención? Por cierto, sólo hemos pensado, con exclusividad, en los celos del hijo mayor, e inclusive, hemos hablado acerca de ignorar al bebé, por el bien del otro niño. Los nuevos bebés también necesitan atención y afecto. Pero durante los primeros días, ellos duermen bastante, y son pocos los momentos del día en que estén disponibles para recibir cariños. Esto se ajusta a las necesidades del mayor. Es en los primeros días cuando necesita más muestras de afecto. Si se actúa bien, desde el comienzo, poco a poco se acostumbrará al bebé, y perderá su temor. Para el momento en que el bebé necesite la atención completa de la familia, el hijo mayor se sentirá lo bastante seguro como para permitirlo.

Si el nuevo bebé tiene cólicos, o por cualquier otra razón necesita mucho cariño, habrá que asegurar al niño mayor de que sus padres le quieren tanto como antes. (También habrá que asegurarle que él no ha pensado ni ha hecho nada para que el bebé se enferme.) Puede ayudar que los padres dividan las tareas, para que uno de los padres esté siempre disponible para el niño mayor.

557. Los celos entre los niños mayores. Es casi inevitable que exista algo de celos, y si no son demasiado graves, es probable que ello ayude a los niños a crecer más tolerantes, independientes y generosos.

En un sentido general, cuanto mejor se lleven los padres uno con otro, y con los hijos, menos celos existirán. Cuando todos los niños se encuentran satisfechos con el cálido amor que reciben, tendrán menos motivos para apartar la atención de sus hermanos y hermanas.

En esencia, aquello que afirma a un niño en el seno de la familia, es el sentimiento de que sus padres lo aman y lo aceptan, por ser quien es, sea un varón o una niña, inteligente o tonto, guapo o de rasgos toscos. Si lo comparan con sus hermanos o hermanas, bien sea en forma abierta o en sus pensamientos, él lo percibe, se siente triste en su interior, resentido hacia los otros niños y hacia los padres.

Una madre presionada que se esfuerza por tratar a sus hijos celosos con justicia perfecta, podría decir: "Bien, Susie, aquí hay un pequeño automóvil rojo de bomberos para ti. Y para ti, Tommy, aquí hay otro exactamente igual." Sin embargo, cada niño, en lugar de sentirse satisfecho, examinará con suspicacia ambos juguetes, para ver si existe alguna diferencia. Su observación, les ha llamado la atención con respecto a su rivalidad. Es como si ella dijera: "Compré éste para ti, de modo que no te quejaras de que prefiero a tu hermano", en lugar de decir: "Compré esto, porque sabía que te gustaría."

Cuantos menos comparaciones se establezcan entre hermanos y hermanas, sean de elogio o no, mejor. Decirle a un niño: "¿Por qué no puedes ser cortés como tu hermana?" lo hará odiar a su hermana, a su madre y a la misma idea de cortesía. Y decirle a un adolescente: "No importa que tú no tengas citas, como Barbara. Tú eres mucho más inteligente que ella, y eso es lo que importa", no alivia sus sentimientos.

En general, resulta eficaz que los padres se mantengan al margen de la mayoría de las peleas entre los niños, que pueden solucionarlas por sí solos. Si se dedican a encontrar un culpable, siempre quedará, al menos un contrincante, que se sienta más celoso. En mayor o menor grado, los niños riñen por causa de sus celos, porque cada uno querría ser el favorito de los padres. Si los padres siempre están dispuestos a tomar partido, en el sentido de intentar decidir quién está en lo correcto y quién no, ello los anima a volver a pelear muy pronto. Cada uno tendrá la esperanza de ganar el favor de los padres, y ver que se regañe al otro. Si resulta preciso que los padres deban detener una pelea, con el propósito de protegerlos, o de evitar que se cometa una injusticia, o bien para restaurar la paz, en su propio beneficio, es preferible, simplemente, pedir que terminen las hostilidades, rehusarse a escuchar explicaciones, actuar en forma desinteresada en la discriminación (a menos que resulte bastante evidente que uno de los niños fue culpable), concentrarse en lo que debe hacerse en adelante, y dejar que lo pasado se olvide. En algún caso, pueden sugerir, en forma sencilla pero firme, que se establezca un compromiso; en otro distraer a los niños con una nueva ocupación.

O bien, los niños pueden ser separados, y cada uno enviado a un lugar neutral, no demasiado interesante.

Encajarse en la familia

558. El hijo único. Actualmente, muchas familias, sobre todo las con dos padres trabajando fuera de la casa, están teniendo un solo hijo. Un hijo único puede criarse tan feliz y cómodamente como un niño con hermanos. Pero usted tiene que tener cuidado para no imponer todos sus aspiraciones y sueños a este único hijo, pues es una carga demasiada pesada para cualquier niña o niño. (Véase las Secciones 336, 407, 559 y 634.)

559. Ayudar al primer hijo a ser sociable. La mayoría de los primeros hijos crecen felices y bien adaptados, como la mayoría de los segundos hijos en una familia. Pero algunos de ellos tienen que esforzarse para adaptarse al mundo exterior.

Los padres suelen decir: "El segundo bebé es tan fácil. No llora. Rara vez tiene un problema serio. Juega contento, por su cuenta, y además es muy amigable si alguien se le acerca." Cuando tiene algunos años más, los padres dicen: "El segundo es un niño tan amigable, tan sociable, que todos lo adoran con naturalidad. Cuando caminamos por la calle, los desconocidos le sonríen, y nos detienen para preguntarnos qué edad tiene. Sólo después advierten al mayor, por cortesía y esto lastima sus sentimientos. El necesita mucha más atención que el segundo."

¿En qué consiste la diferencia? Uno de los problemas es el hecho de que el primer bebé, en ciertas familias, crea más alboroto de lo conveniente para él, en especial, después de los 6 meses de edad, cuando comienza a ser capaz de entretenerse por sí mismo. Los padres pueden atenderlo, sugerirle cosas, levantarlo, mucho más de lo necesario. Esto le da muy poca oportunidad de desarrollar sus propios intereses. Con demasiada frecuencia, recibe el primer saludo, porque sus padres se dirigen a él, en primer término.

Puede estar demasiado aislado de los otros más grandes. Naturalmente, cuando el primer hijo está enfermo, los padres no se mueven de su lado, con más preocupación y ansiedad que la que sentirán luego, cuando hayan adquirido más experiencia. Cuando esté molesto, tenderán a tomarlo en serio, y a alborotar demasiado al respecto.

Una atención constante hacia el niño, tiende a consentirlo un poco, hacia el mundo exterior, de dos maneras. Crece pensando que es el centro del universo, y que todos, en forma automática, deben admirarlo, sea atrayente o no. Por otro lado, no ha tenido ocasión de practicar como entretenerse por sí mismo, o cómo ser sociable y atractivo para las personas.

Por supuesto, la respuesta no consiste en ignorar al primer hijo. El necesita una buena dosis de afecto, atención y respuestas. Pero, déjelo jugar sus propios juegos, mientras se encuentre dichoso y entretenido, con el menor grado posible de interferencia, indicaciones, regaños y preocupaciones ansiosas. En ocasiones, déle una oportunidad de comenzar la conversación. Cuando llegue un visitante, permítale presentarse por sí mismo. Cuando se acerque a usted para jugar, o buscar afecto, sea cálido y amistoso, pero déjelo ir, cuando vuelva a sus propios asuntos.

Hay otro factor que parece volver poco sociable al primer hijo, y que constituye una actitud muy grave por parte de los padres. No se trata de que los padres sean personas prepotentes; pueden tener buen humor hacia sus amigos y sus hijos posteriores. Sólo que se empeñan demasiado con el primero.

Usted entenderá lo que digo si ha visto a una persona tensa, tratando de montar un caballo por primera vez. Se sientan rígidos, como muñecos de porcelana, no saben cómo acomodarse a los movimientos del caballo, y tienen tendencia a ser innecesariamente autoritarios. Resulta un esfuerzo duro, tanto para caballo como para el jinete. Los jinetes expertos saben cómo relajarse, cómo ceder y adaptarse a ciertos movimientos del animal sin caerse de la montura, cómo guiar al animal con suavidad. Educar a un niño, no se parece mucho a montar a caballo, pero en ambos casos, actúa la misma tensión.

Un ejemplo parecido es el del joven oficial de ejército o ejecutivo que asume un cargo por primera vez. Si no está demasiado seguro de sí mismo, puede ser innecesariamente solemne y estricto, al comienzo, por miedo a perder el control. La persona con más experiencia no tiene temor de ser amistosa y razonable.

Usted podría decir: "El problema es que **soy** inexperto." Sin embargo, no es indispensable que usted tenga experiencia para educar maravillosamente a su hijo. Todo lo que necesita es comenzar con buen humor. Un niño no lo hará caer como lo haría un caballo (por lo menos no lo hará hasta ser mucho mayor), y no se reiría de usted, como podría hacerlo un pelotón de soldados. No tema relajarse, ser agradable. Es mejor ser demasiado afable que demasiado rígido.

560. El niño de en medio. Se habla tanto del niño de en medio que a veces se oye hablar del "Síndrome del Niño de en Medio", como si fuera una enfermedad. No hay tal cosa, pero es cierto que a veces el niño de en medio siente que sus hermanos mayores y menores son considerados "especiales" por sus padres, y esto le hace sentir abandonado. (Sentirse de en medio puede pasar a cualquier niño que no es el mayor ni el menor en un grupo de hermanos.) Creo que lo mejor que puede hacer es evitar compararle con sus hermanos mayores y menores. Si su niño de en medio sabe que le ama y le aprecia como un individuo, eso es lo que cuenta.

561. El niño menor de una familia puede ser considerado "especial" por varios motivos. A menudo se oye a los padres decir de un niño menor, "siempre será mi bebé". Por supuesto no hay nada malo en este sentimiento, salvo que interfiera en dejar que el niño crezca. Luego, existe la situación en que los padres han sido desilusionados por sus niños previos. A lo mejor no conseguían el atleta o el erudito que querían, y presionan al niño menor. O tal vez querían un niño varón para guardar en nombre de la familia, y cuando el menor es otra niña dejan ver su desilusión y la hace sentir como si hubiera algo mala en ella. Sólo estar consciente de estas posibilidades le ayudará evitarlas.

EL USO DEL EXCUSADO

¿Qué significa?

562. Cuando están listos los padres. Todo el mundo habla de cuándo están listos los niños, pero los padres tienen que estar listos también. Muchos padres se sienten ansiosos acerca del asunto del entrenamiento a usar el excusado, y tienen buenas razones. Creo que la ansiedad tiene mucho que ver con el hecho de que vivimos en una sociedad que nos enseña avergonzarnos de la orina y las evacuaciones. Esto puede dificultar el proceso con el interés intenso que los niños muestran de una manera natural sobre cómo funcionan nuestros cuerpos.

La ansiedad puede venir también de la presión interior de que su hijo tenga éxito con el entrenamiento del excusado de la manera "correcta" y en el momento "apropiado". En cuanto a los padres que trabajan, a menudo existe una presión exterior para lograr el aprendizaje del excusado tan pronto como posible: para no necesitar una nana a tiempo completo, o para poder dejar al niño en una guardería que no acepta los niños en pañales.

Entonces, como paso primero del aprendizaje del excusado, puede analizar sus propios sentimientos mezclados. Si tiene unos sentimientos negativos, trate de encontrar una manera de usar un tono de voz por lo menos neutro si no interesado, por ejemplo, cuando está cambiando los pañales de un bebé de 2 años y ha hecho una suciedad enorme. En vez de comentarios sobre cuán sucio y maloliente es, ella necesita oír algo como, "¡Dios mío, que evacuación mas grande hoy! Si la hacías en su silla del excusado, no tendrías que quedarse quieta así tanto tiempo mientras yo te cambio."

Una vez familiarizada con sus propios sentimientos, estará más lista para el entrenamiento de su niño. A medida que reconoce los señales de estar listo en su niño, estará en una buena posición para ayudarla lograr esta tarea importante.

563. Aprender a usar el excusado es un importante paso hacia adelante para los niños, en varios sentidos. El comienzo de la preparación para el uso del excusado suele coincidir con la nueva sensación del bebé como ser separado e independiente. Lo que los niños quieren a esta edad es más independencia y más control sobre todo lo que hacen. Están aprendiendo qué es lo que les pertenece a ellos y aprenden que pueden decidir guardarlo o regalarlo. Es natural que les fascina lo que sale de ellos y que les agrada su creciente dominio sobre cuándo sale o dónde va.

Obtienen el dominio de dos aperturas del cuerpo, que antes funcionaban de manera maquinal, y ello les da un gran orgullo. De hecho, se sienten tan orgullosos al comienzo, que tratan de ir al baño cada pocos minutos. Aceptan la primera responsabilidad seria que les han encomendado sus padres. La colaboración exitosa en este importante proyecto otorgará a los padres y al niño una nueva confianza recíproca. Y el niño que antes era un indiferente con la comida y las evacuaciones, ahora comienza a encontrar satisfacción en la limpieza. Es posible que usted considere que este cambio significa, ante todo, que ya no habrá más pañales sucios. Ello tiene importancia, por supuesto. Pero la preferencia por la limpieza que un niño adquiere alrededor de los 2 años es mucho más que eso. En realidad, constituye la base para una preferencia, a lo largo de toda la vida, de manos no pegajosas, ropas limpias, un hogar pulcro, una manera ordenada de hacer las cosas. Es de la preparación para el uso del excusado que los niños extraen algunos de sus sentimientos, con respecto a que hay una manera de hacer las cosas bien y otra que no lo es; esto los ayuda a desarrollar un sentido de responsabilidad y a volverse personas sistemáticas. De modo que el entrenamiento para el uso del excusado juega un papel en la formación de los caracteres de los niños, y en edificar una confianza básica entre ellos y sus padres.

El control del intestino

564. El primer año. En el primer año, un bebé muestra muy poca conciencia, y no participa —en un sentido voluntario— en sus evacuaciones. Cuando el recto queda lo bastante repleto, y en especial después de una comida en que la actividad muscular del estómago estimula todo el conducto intestinal, el movimiento presiona contra la válvula interior del ano, y hace que éste se abra un tanto. Por medio de un reflejo nervioso, éste estimula una acción de los músculos abdominales, que oprimen y empujan hacia abajo. En otras palabras, el bebé no decide empujar como lo hace el niño mayor o un adulto, sino que empuja en forma maquinal.

Durante el primer año existe una pequeña porción de disposición al adiestramiento parcial, en algunos bebés, en el sentido de que siempre tienen su primera evacuación del día dentro de los 5 ó 10 minutos posteriores al desayuno. Si los padres quieren hacerlo, pueden sentar a esos bebés en la silla orinal, todos los días, a tiempo para "pescar" el movimiento. Al cabo de varias semanas, el sistema nervioso queda "condicionado", como lo denominan los psicólogos, de modo que maquinalmente comienzan a empujar en cuanto sienten el orinal debajo de ellos. Este es apenas un adiestramiento en un grado menor, porque los bebés no tienen, en verdad, conciencia del movimiento intestinal, o de lo que están haciendo ellos mismos. No colaboran a sabiendas.

Se cree que los bebés que han sido "pescados" temprano, de esa manera, tienen más tendencia a rebelarse después, durante un tiempo, ensuciando o mojando la cama. No recomiendo esfuerzo alguno en el adiestramiento durante el primer año.

565. Actitudes entre los 12 y los 18 meses. Durante la primera mitad del segundo año, los niños adquieren poco a poco una mayor conciencia del momento en que se produce el movimiento intestinal. Pueden interrumpirse en la actividad que están haciendo, o cambiar la expresión facial por un instante, aunque no se encuentren listos a informar a un padre.

Si han tenido la posibilidad de ver sus evacuaciones —formados en el pañal, o caídos en el suelo, o si han sido recibidos por la bacinica— es probable que desarrollen un sentimiento claramente posesivo de ellos. Se enorgullecen, tal como están orgullosos de su nariz o de su ombligo, a esa altura. Es posible que aspiren el olor con satisfacción, tal como se les ha enseñado a aspirar el perfume de una flor.

Un aspecto de esa posesividad, como lo han descubierto los padres que lograron "pescar" los movimientos a principios del segundo año, es la hostilidad a entregar las evacuaciones a la bacinica y al padre. Otro aspecto es la ansiedad al ver cuando la materia fecal es arrastrada por el agua, en el inodoro. Para los niños pequeños, esto es tan inquietante como si vieran que su propio brazo es succionado por el inodoro.

566. Señales indirectas de ganas. Al comienzo del segundo año, aparecen otros aspectos de ganas que no vinculamos, por lo general, con el adiestramiento para el excusado. Los niños sienten entonces el impulso de ofrecer regalos, y encuentran gran satisfacción cuando lo hacen, aunque casi siempre quieren que se los devuelvan en seguida. (Sus sentimientos contradictorios pueden aparecer en la forma en que tienden sus juguetes a un visitante, pero se niegan a soltarlo.)

A esa edad, los niños quedan fascinados por la actividad de poner cosas en recipientes, lo cual constituye un elemento en el uso de la bacinica. Cuando adquieren interés en guardar sus juguetes y ropas, han asimilado la idea siguiente, de que ciertas cosas tienen su sitio en ciertos lugares.

Poco a poco quieren imitar, cada vez más, las actividades de sus padres, o de sus hermanos y hermanas mayores. Este impulso puede desempeñar un papel de importancia en el adiestramiento.

Experimentan un gran orgullo cuando aprenden cualquier cosa que pueden llevar a cabo en forma independiente, y disfrutan cuando se los elogia por sus logros.

567. Resistencia. En décadas anteriores, los niños que se habían habituado a la idea de usar la bacinica o el asiento del excusado a comienzos del segundo año, a menudo cambiaban de idea en forma repentina. Se sentaban de buena gana, pero no evacuaban mientras se encontraban sentados ahí. Inmediatamente después de levantarse, evacuaban en el rincón o en sus pantalones. Los padres decían, en ocasiones: "Creo que mi hijo ha olvidado como se hace esto." No me parece que los niños olviden con tanta facilidad. Creo que su sentimiento posesivo respecto de la evacuación, se vuelve temporalmente más fuerte, por algún motivo psicológico, y que, sencillamente, no se muestran dispuestos a entregarlo. Al comienzo del segundo año, tienen un ansia cada vez mayor de hacerlo todo por sí mismos, a su manera, y es posible que el uso del excusado o de la bacinica les parezca una intervención excesiva de los padres. De manera que contienen la evacuación, por lo menos hasta que pueden alejarse del asiento, el cual simboliza la entrega y la concesión.

Si la resistencia persistiera durante varias semanas, es posible que los niños se contuviesen, no sólo en el asiento, sino durante el resto del día, si conseguían hacerlo. Ese era un tipo psicológico de estreñimiento.

Es más probable que la resistencia se produzca en la primera mitad del segundo año, y no en la segunda mitad. Esta es una de las razones para esperar hasta mediados del año para iniciar el adiestramiento, y para permitir que los niños sientan que son **ellos** quienes han decidido controlar sus intestinos y su vejiga, y no que están cediendo a las exigencias de los padres.

568. Mayor disposición entre los 18 y los 24 meses. Más o menos entre los 18 y los 24 meses, una mayoría de los niños muestran señales más definidas de disposición. Tienen una mayor conciencia de cuándo está a punto de llegar una evacuación, o cuándo ha pasado. Es posible que dejen de jugar durante algunos segundos, o que después se muestren un tanto incómodos. Pueden emitir algún tipo de señal o sonido, destinado al padre, para indicar que el pañal está sucio, como si quisieran que los limpiasen. Esta notificación tiende a surgir si el padre ha sugerido que el niño la haga. Por lo general, hace falta un poco más de tiempo, fuera de cierto estímulo por parte del padre, antes de que los niños tengan suficiente conciencia de la evacuación inminente —antes de que ya se haya realizado— como para poder notificar a tiempo y ser llevado al baño.

El orgullo concreto con la evacuación, incluido su olor, y el placer de ensuciarse con ella si surge la oportunidad, son reacciones características de este período, y en la segunda mitad del segundo año pueden convertirse, con relativa facilidad, en una aversión y una preferencia por la limpieza. No creo que sea correcto o necesario infundir en un niño una fuerte reacción de disgusto por sus evacuaciones u otras funciones corporales. Pero la disposición a la preferencia por la limpieza es una parte de lo que ayuda al niño a educarse en ese aspecto, y a mantenerse educado en él.

569. Antes de comenzar cualquier adiestramiento, los padres deben poder observar una o más señales de ganas, como las mencionadas en las Secciones 565–566 y 568.

También el pequeño debe haber superado la primera excitación desesperada de aprender a caminar, de modo que pueda sentarse tranquilo, a ratos.

El niño tampoco debería estar en una de esas etapas violentamente negativas, en las cuales explotan en un escándalo, ante cualquier sugerencia que se les hace.

Podría servir de ayuda que él pudiera entender y hablar acerca de su necesidad de ir al baño, aunque esto no sea esencial.

570. Una filosofía de adiestramiento. El doctor T. Berry Brazelton, un pediatra que, durante mucho tiempo, se ha interesado en el adiestramiento para el excusado, elaboró la siguiente filosofía y método, que resumiré con mis palabras. A esta altura, ya ha aconsejado este método a más de dos mil niños de su consultorio, y el 80 por ciento de ellos lograron éxito en su adiestramiento de las evacuaciones y la

orina —en forma brusca y simultánea— a una edad promedio de 28 meses. Adquirieron el control nocturno a una edad
promedio de 3 años. Como quiera que se los mire, estos
resultados son excelentes.

El principio básico del doctor Brazelton consiste en que
los niños deben ser adiestrados por su propia voluntad sin
coerción alguna; de este modo resulta más fácil adiestrarlos,
y también habrá menos posibilidades de problemas posteriores de ensuciar y mojar la cama. (En sus casos, sólo el 1.5
por ciento continuaban mojando la cama a los 5 años. Esto
contrasta con una cifra del 15 por ciento, a la edad de incor-
poración al ejército de un país europeo conocido por su vigorosa filosofía de adiestramiento para el excusado.)
Aconseja a los padres que usen sugestiones llenas de tacto
y halago, pero no desaprobación por algún fracaso.
Ninguna presión para hacerlo sentarse, si el niño no se
muestra dispuesto a ello. Nada de mantenerlo en el asiento
—ni siquiera por un segundo— cuando el niño desea levantarse.

De modo que los niños deciden obtener el control, por su
propia voluntad, cuando se sienten capaces, porque quieren
llegar a ser adultos.

El método exige que los padres confíen en el deseo de
madurar de sus hijos, y que estén dispuestos a esperar sin
impaciencia.

**571. ¿El excusado del adulto o una bacinica del niño, en
el suelo?** Algunos bebés se habitúan, desde el comienzo, a
un asiento para bebé acoplado al asiento de los adultos en el
excusado. Si se usa ese elemento, es preferible que tenga un
apoyapiés, de modo que el niño se sienta más firme. Los
padres también deberían construir una sólida estructura, en
forma de caja, que sirva de escalón, para que el niño aprenda a treparse solo al asiento.

Por mi parte, creo que es preferible el uso de una bacinica hasta los 2½ años. Los niños se sienten más seguros
con una pieza de mobiliario que les es propia, y en la cual
pueden sentarse por su cuenta. Sus pies pueden apoyarse en
el suelo, y no existe una altura que los haga sentir inseguros.

No use el protector de orina para niños que viene con la

bacinica. Demasiado a menudo le hace daño al niño al sentarse o levantarse, y entonces no volverá a usar la bacinica.

572. Familiaridad con la bacinica.

El primer paso en el adiestramiento no debería ser quitar el pañal al pequeño y sentarlo en el asiento. Esto es demasiado extraño y repentino. Después de haberle comprado una bacinica, es mucho mejor permitirle que se habitúe a ella, durante, por lo menos, una semana, como una pieza interesante del mobiliario, de su pertenencia, que se siente en ella sin desvestirse, en lugar de un misterioso plan de los padres (para exagerar el contraste) para quitarle su posesión.

Usted puede conducir a ello a su niña, explicándole que la silla es de ella, y sugiriéndole, en forma casual, que la utilice ahora o más adelante. (A esta edad, los niños se alarman con facilidad, si se los urge o se los impulsa hacia una situación desconocida.) Puede mostrar a su niña cómo se sienta usted en el asiento del excusado para los adultos (con sus ropas puestas). Pero abandone la idea de las evacuaciones o la orina, hasta que la niña se sienta amistosa y cómoda respecto de su bacinica, sólo como lugar en que sentarse. Es suficiente con una nueva idea por vez.

Deje que la niña se levante y abandone la bacinica de inmediato, si lo desea. La experiencia será útil, sin importar cuán breve sea. La niña considerará la bacinica como un lugar para sentarse, no bajo un sentido de prisión, sino como un rito voluntario que le produce orgullo llevar a cabo.

Si la niña no ha tenido deseos de sentarse durante una semana, espere un poco más.

573. La segunda etapa.

Luego que la niña se siente familiarizada y cómoda con respecto a su bacinica, se puede introducir la idea de depositar allí un excremento u orinar. Puede explicarle cómo Mamá y Papi utilizan el excusado de esa forma, y tal vez, uno o dos de los parientes mayores de la niña. Podría ser útil permitir que la niña vea hacerlo a un amigo. (Si tiene un hermano o una hermana mayores, es probable que ya haya observado y aprendido.)

¿Qué ocurre respecto de la demostración por parte de los padres, si no hay amigos? Algunos psiquiatras infantiles consideran que es mejor que los padres no exhiban sus partes genitales frente a sus hijos, pero una demostración de movimiento intestinal puede efectuarse sin demasiada exhibición (la Sección 608).

Después que la sugerencia de depositar los excrementos o la orina en la bacinica se ha realizado un par de veces, usted puede quitar el pañal a la niña en el momento en que suele tener una evacuación, conducirla a su asiento, e inducirla a que lo intente. No la obligue si no lo desea. Vuelva a intentarlo en otro momento u otro día. Algún día, cuando la evacuación caiga en la bacinica, esto ayudará enormemente a que entienda y colabore.

Continúe con este ritual cotidiano durante, más o menos, una semana. Además, inmediatamente después que ella haya hecho su evacuación en el pañal, quíteselo, condúzcala al asiento para que se siente, y muéstrele el movimiento en el pañal. Vuelva a explicarle que Mamá y Papi se sientan en su asiento para hacer sus evacuaciones, que ella tiene su propio asiento y que, algún día, ella también hará sus evacuaciones en él— igual que los padres.

Si durante una semana usted no ha tenido éxito en pescar una evacuación o la orina, deje el asunto durante un par de semanas y entonces vuelva a intentarlo con suavidad y brevedad.

574. El agua. A esta altura, no haga que la evacuación del pañal sea arrastrada por el agua del excusado, hasta que el niño haya perdido el interés, en cada ocasión, para dedicarse a alguna otra cosa. La mayoría de los niños de 1 año a 2 años se muestran fascinados, al principio, con el torrente de agua, y quieren hacerlo ellos mismos. Pero más tarde, algunos de ellos se asustan con la forma violenta en que el agua barre con la evacuación, y luego temen sentarse en el asiento. Es probable que temen caer y desaparecer de la misma manera. Hasta los 2½ años considero que se debe vaciar la bacinica y hacer correr el agua después que el pequeño se haya ido.

575. Cuando el niño muestra interés. Si el pequeño comienza a interesarse y a colaborar, llévelo a su asiento dos o tres veces por día, en particular, si ofrece la menor señal de su disposición a orinar o a tener una evacuación.

Si permite que lo "pesquen", por ejemplo, después de una comida, o cuando se ha mostrado seco durante un par de horas, elógielo por ser tan adulto ("lo mismo que Papá", o Mamá, o el hermano, la hermana o un amigo admirado). Pero no exagere. A esa edad, a un niño no le agrada pensar que es demasiado sumiso.

576. Ya van por sí mismos. Cuando está segura que su niño está preparado para el paso siguiente, déjelo jugar durante algún período, sin ropa de la cintura para abajo. Póngale cerca la bacinica, en la casa o fuera de ella, y explíquele que eso es para que pueda ir por su cuenta. Si no se resiste, recuérdele una vez por hora, más o menos, que es posible que quiera ir ella sola. Si se aburre o se resiste, o si tiene un accidente, vuelva a ponerle los pañales y espere.

577. Miedo a las evacuaciones duras y dolorosas. A veces un niño, de repente o poco a poco, tiene una racha de evacuaciones duras de una manera poco común que producen dolor. (No todas las evacuaciones duras son dolorosas.) Las reuniones de bolitas duras —resultado de lo que a veces se denomina estreñimiento espástico— son muy pocas veces dolorosas. Lo que produce dolor es, por lo general, la evacuación dura, en un solo trozo grande. Cuando sale, es posible que produzca una leve herida o "fisura", en el borde del ano ensanchado, que podría sangrar un poco. Cuando se ha producido una fisura, puede que vuelva a abrirse otra vez, en cada ocasión en que se produce una evacuación. Esto resulta muy doloroso, y de esa manera es posible que la fisura no se cure durante varias semanas. Es muy fácil entender que un niño que ha sido lastimado en una ocasión puede temer una repetición, y que se resista a volver al excusado. Esto puede convertirse en un círculo vicioso, porque si el pequeño logra retener la evacuación durante varios días, lo más probable es que sea dura.

Es importante notificar al médico en seguida si un niño comienza a tener evacuaciones duras, en especial en ese segundo año tan sensible, de modo que el médico pueda pensar en algún cambio de la dieta, o en alguna medicina para mantenerlas blandas. Por lo general da resultado agregar ciruelas o jugo de éstas a la dieta, todos los días, si al niño le agradan. Pueden ser de ayuda una mayor cantidad de trigo y avena integrales en el cereal, el pan y las galletas. También es conveniente hacer que el niño se siente en agua tibia, en la tina, con las piernas cruzadas, un par de veces por día, durante 10 a 15 minutos. Un ungüento que contenga una mezcla de vaselina y lanolina puede pasarse con suavidad por la zona anal, con tanta frecuencia como resulte necesario.

Es útil decirle a menudo al niño, durante un tiempo, que usted sabe que él se encuentra preocupado, por temor de que otra evacuación lo lastime, como la anterior, pero que no tiene por qué inquietarse más, porque las evacuaciones son ahora mantenidas blandas gracias a la medicina.

Un niño que se mantiene asustado y resistente, o que parece continuar teniendo dolores, debe ser revisado por el médico, en busca de la posibilidad de que se haya creado una fisura que no se cicatriza.

Control de la orina

578. Control simultáneo del intestino y de la vejiga. La exactitud del enfoque del doctor Brazelton queda demostrada por el hecho de que, cuando los niños se sienten en condiciones de dominarse, por lo general logran el control de las evacuaciones y de la orina casi al mismo tiempo. En otras palabras, para la primera mitad del tercer año, existe suficiente disposición —en términos de conciencia y de capacidad física— para el control de los intestinos y de la vejiga. Sólo es necesario, además, el deseo del niño de crecer en esos aspectos, y no hace falta ningún otro esfuerzo especial, por parte de los padres, para el control de la orina.

579. Actitudes hacia las evacuaciones y la orina. Existen interesantes diferencias en las actitudes de los niños hacia sus defecaciones y su orina, que pueden ayudarla a entender la conducta de los pequeños.

El control de la vejiga tiende a ser un tanto más lento que el de los intestinos, porque al esfínter anal le resulta más fácil retener un sólido que al esfínter uretral retener la orina. (El esfínter anal se vuelve mucho más eficaz durante la diarrea, como se sabe.)

Los niños convierten pocas veces la orina diurna en un problema. En apariencia, esa orina no les interesa como una posesión, tal como ocurre con las evacuaciones. Por otro lado, es posible que el hecho de mojar la cama por la noche exprese una variedad de tipos de protesta y excitación.

La función de la vejiga tiende a madurarse por sí misma, no importa cuáles sean los esfuerzos para educarla. La vejiga se vacía con frecuencia en el primer año. Pero de los 15 a los 18 meses comienza a retener orina durante un par de horas, aunque no se haya comenzado a educar al pequeño. Es un hecho que uno que otro niño se mantiene espontáneamente seco por la noche, cerca del año de edad.

La vejiga retiene la orina durante períodos más prolongados en las horas de sueño que en las de estar despierto. Y es posible descubrir al pequeño seco, después de una siesta de 2 horas, muchos meses antes de haber logrado el control diurno.

Puede que siga habiendo alguna que otra mojadura "accidental" durante el día, a lo largo de varios meses después que los niños han logrado el control general de la orina, cuando están ocupados con sus juegos y no quieren molestarse en interrumpirlos.

580. Pantalones de adiestramiento. Después que su niño domina con éxito sus evacuaciones y su vejiga, póngale pantalones de adiestramiento, que puede bajarse él mismo. Este nuevo paso hacia su independencia puede aminorar el riesgo de un retroceso. Pero no use los pantalones antes de que el niño haya tenido éxito; no le harán ningun bien al niño que no haya tenido exito, y usted habrá derrochado el valor de refuerzo de la prenda.

581. Incapacidad para orinar fuera de casa. En ocasiones ocurre que un niño de alrededor de 2 años ha sido tan bien educado en lo que se refiere a su propia bacinica o al asiento del excusado, que ya no puede hacerlo en ninguna otra parte. Y no es posible instarlo o regañarlo para que lo haga. Es probable que, en alguna que otra ocasión, se moje los pantalones, cosa por la cual no debe ser regañado. Es mejor hacer que un niño se habitúe a orinar en distintos lugares, inclusive fuera de casa. Existen bacinicas portátiles para varones y para niñas, a los cuales pueden habituarse en casa, y que se pueden llevar cuando van de visita o de viaje. Algunos niños se muestran más cómodos con sus pañales, cuando están lejos de casa, o cuando se las puede tranquilizar de que podrán elegir los pañales cuando salen del hogar.

582. El ponerse de pie para orinar llega más adelante. A veces los padres se preocupan porque un niño de 2 años no realiza el cambio a la posición de orinar de pie. No es necesario convertir esto en un problema. Tarde o temprano entenderá la idea, cuando tenga la oportunidad de ver, en algún momento, a niños mayores, o a su padre. Algunos niños orinan en una lata u orinal que se sostiene ante ellos, como paso para hacerlo en el excusado. Véase la Sección 608 acerca de la desnudez de los padres.

583. Mantenerse seco durante la noche. Muchos padres dan por supuesto que el único motivo de que un niño aprenda a mantenerse seco durante la noche es que ellos lo llevan al excusado a hora avanzada de la noche. Preguntan: "Ahora que se mantiene razonablemente seca durante el día, ¿cuándo debo comenzar a llevarla al excusado por la noche?" Esta es una idea equivocada, y hace que el no mojarse durante la noche se parezca demasiado a un trabajo. Se acerca más a la realidad decir que una niña se mantiene seca durante la noche, cuando su vejiga se hace lo bastante madura, siempre que la pequeña no sea rebelde o nerviosa (la Sección 768). Esto lo demuestra con claridad el hecho de que un bebé de cada cien se mantiene seco regularmente, por la noche, a partir de los 12 meses, aunque los padres no han hecho esfuerzo alguno para educarlo, y aunque el niño se moja durante el día. Y unos pocos niños, a finales del segundo año, o a comienzos del tercero, permanecen secos durante la noche antes de haber logrado mucho control a lo largo del día. El motivo de que la vejiga pueda contener la orina en períodos más prolongados durante el sueño, y no a lo largo del día, consiste en que cuando una persona está tranquila y dormida, los riñones producen automáticamente menos orina, y hacen que ésta sea menos concentrada.

La mayoría de los niños se mantienen secos por la noche alrededor de los 3 años. Los varones tienden a demorar más que las niñas, y los niños nerviosos más que los tranquilos. En ocasiones, la demora en mantenerse seco parece ser un rasgo de familia.

No creo que sea necesario que los padres hagan nada especial en cuanto a la educación nocturna. La maduración natural y normal de la vejiga, más la idea que el niño adquiere durante el día —que la orina corresponde al excusado— soluciona el problema en la mayoría de los casos. Por supuesto, es de alguna utilidad que los padres compartan el orgullo de los pequeños, cuando éstos comienzan a tener sus noches secas.

Limpiar

584. Enseñar cómo limpiar correctamente. Cuando su niña se muestra interesada en limpiar, usted tendrá que negociar, dejándole a ella limpiar primero y acabando usted, hasta que ella pueda hacer la tarea por sí misma. Ahora es el momento para enseñarles a las niñas **limpiar desde la parte delantera hacia la parte de atrás,** para prevenir las infecciones de la vía urinaria. (Véase la Sección 777.)

Retrocesos

585. Espere retrocesos. El dominio de las funciones de la orina y las evacuaciones ocurre paso a paso para la mayoría de los niños. Puede esperar contratiempos entre todos los pasos hacia adelante. Trastornos emocionales, enfermedades, viajar, un nuevo bebé, éstas son las cosas que pueden ocasionar retrocesos aun en un niño que parecía totalmente entrenado. Evite castigar cuando esto pasa. Cuando los accidentes inevitables ocurren, su niño necesitará ser asegurado que volverá a tener control pronto y que usted sabe que todavía quiere ser maduro en este asunto.

586. Retroceso en el control de las evacuaciones, después que se ha logrado el control de la orina. Muchos niños, a menudo los varones, cuando se adiestran para controlar la orina, dejan de entregar sus evacuaciones al excusado. En apariencia, no pueden ceder de golpe a todos los pedidos de los padres. Si a esta altura, usted los presiona o los adula, es posible que haga que el niño retenga sus evacuaciones en el interior, cosa que podría conducir a evacuaciones duras, dolorosas, y agregaría una nueva razón poderosa para contenerse. Dígale al niño que puede esperar a hacer las evacuaciones hasta que tenga un pañal puesto.

LOS NIÑOS DE DOS AÑOS

Cómo son

587. El niño de 2 años aprende por imitación. En el consultorio del médico, una niña coloca, con solemnidad, la bocina del estetoscopio en distintos lugares de su pecho. Luego coloca la luz para el oído en su oreja, y parece algo sorprendida porque no puede ver nada. En casa, sigue a sus padres por todos lados, barre con una escoba cuando ellos barren, quita el polvo con un paño cuando ellos lo hacen, cepilla sus dientes cuando lo hacen los padres. Todo lo realiza con gran seriedad. Está efectuando esfuerzos gigantes, con el propósito de volverse diestra y comprender, por medio de la imitación constante.

Alrededor de los 2 años, puede ser bastante dependiente. Parece comprender con claridad quién le brinda su sensación de seguridad, y lo demuestra de diferentes modos. Una madre se queja: "Mi niña de 2 años parece transformarse en una niña madre. Cuando estamos fuera de casa, se cuelga de mis faldas. Si alguien le habla, se esconde detrás de mí." Es una etapa de muchos lloriqueos, lo cual es una forma de apego. Es probable que una niña de 2 años salte de la cama por la noche, para unirse a la familia, o llamar desde su cuarto. Quizá le provoque temor ser dejada en cualquier lado por sus padres. Le afecta si un padre, u otro miembro de la familia se va por algunos días, o si la familia se muda a una nueva casa. Resulta prudente tomar en cuenta su sensibilidad, cuando se piense hacer cambios en la casa.

588. Los 2 años es la edad para alentar la sociabilidad. A esta edad, los niños no juegan demasiado **con** los otros, en forma cooperativa. Sin embargo, les encanta observar las ocupaciones de los demás, y disfrutan de jugar uno junto a otro. Vale la pena tomarse el trabajo de llevar al niño de esta edad, si es posible, todos los días, o, al menos, varias veces por semana, a un lugar donde otros niños estén jugando. Los niños de 2½ años ó 3 años, no estarán dispuestos a compartir, o a juegos rudos y revolcones, hasta que hayan pasado unos meses acostumbrándose a otros niños.

Antes de jugar juntos, lo hacen cerca y observan.

Negativismo

589. La oposición entre los 2 y los 3 años. En el período entre los 2 y los 3 años, los niños tienden a mostrar señales de oposición y otras tensiones interiores. Los bebés comienzan a oponerse y ser negativos desde hace tiempo, cuando tienen un año, de modo que no es nada nuevo. Sin embargo, después de los 2 años, alcanza otros niveles, y toma nuevas formas. Johnnie, de un año, contradice a sus padres. Johnnie, de 2½ años, inclusive se contradice a sí mismo. Le cuesta mucho decidirse, y luego, desea cambiar. Se comporta como alguien que recibe demasiadas ordenes, aun cuando nadie lo esté molestando. Simplemente insiste en hacer cosas, en hacerlas a su manera, en hacerlas tal como siempre las ha hecho antes. Lo pone furioso que alguien interfiera en sus asuntos, o reacomode sus posesiones.

Parecería que la naturaleza del niño, entre los 2 y los 3 años lo apura a decidir cosas por sí mismo, y a resistir a la presión de otras personas. Se advierte que, intentar pelear estas dos batallas, sin demasiada experiencia del mundo, le produce una tensión interna, en especial, si los padres son algo autoritarios. Es similar al período de entre los 6 y los 9 años, cuando el niño trata de deshacerse de la dependencia con los padres, asume mucha responsabilidad acerca de su propia conducta, se vuelve muy susceptible con respecto a su manera de hacer las cosas, y muestra su tensión a través de distintos hábitos nerviosos.

A menudo, resulta duro entenderse con un niño entre los 2 y los 3 años. Esa es la razón por la cual, en general, se denomina a este período, "los terribles dos años". Los padres deben ser comprensivos. La cuestión consiste en evitar interferir demasiado, tratando de apresurarlo. Cuando siente la necesidad, permítale que colabore para vestirse y desvestirse. Comience con el baño lo bastante temprano como para que tenga tiempo de holgazanear y de lavar la tina. Déjelo comer solo, sin apresurarlo, durante las comidas. Si se detiene, déjelo levantarse de la mesa. Cuando sea el momento de ir a la cama, salir, o entrar, condúzcalo mientras conversan de cosas agradables. Hágale hacer las cosas sin provocaciones. No se desanime: más adelante, habrá períodos de mayor calma.

590. El niño que no soporta a los dos padres al mismo tiempo. Algunas veces, una niña de más o menos 2½ años ó 3 años, se entiende con uno de los padres, pero en cuanto el otro aparece en escena, se pone furiosa. En parte, podría tratarse de celos, pero imagino que, a una edad en que está sensible con respecto a recibir órdenes, e intenta ser, ella misma, autoritaria, se siente sobrepasada al tener que hacerlo con dos personas importantes a la vez. Más a menudo, es el padre quien resulta el más impopular en este período y, en ocasiones, él siente que es puro veneno. No debería tomarlo muy en serio. Resultará útil que la niña juegue con su padre a solas, a veces, de modo que pueda conocerlo como a una persona amigable, a quien disfrutar, y no sólo como a un intruso. Pero es preciso que la niña también aprenda que los padres se aman uno a otro, que desean estar juntos y que ella no podrá impedírselos.

Las preocupaciones alrededor de los 2 años

591. El temor a la separación. Muchos niños normales desarrollan un temor de ser separados de sus padres que comienza alrededor del año de edad. (Véase la Sección 492.) Sospecho que esto expresa un nuevo reconocimiento de cuánto depende su sentido de seguridad estando cerca de los padres. Es probable que se trate del mismo instinto que hace que las crías de otras especies, como las ovejas y las cabras, sigan a sus madres de cerca, y balen cuando se separan. Es natural que los corderos y los cabritos sientan esta ansiedad desde el nacimiento, porque pueden caminar de inmediato. Pero los bebés humanos, la adquieren alrededor del año de edad, cuando, por fin, aprenden a caminar, de tal modo que cuando se alejan, de inmediato sienten urgencia de volver.

He aquí lo que ocurre, en ocasiones, cuando un niño sensible, dependiente, digamos un varón, de 1 año y 9 meses,

2 años o 2 años y 3 meses —en particular, si es hijo único— es separado en forma repentina del padre con el que ha pasado la mayor parte del tiempo. Quizá sea la madre quien debe ausentarse de la ciudad, de modo inesperado, durante un par de semanas. O bien, es probable que decida ir a trabajar, y arregla que un desconocido venga a cuidar al niño durante el día. Es probable que el niño no arme escándalo mientras la madre está fuera de casa, pero en cuanto ella regrese, se prenderá de ella como una sanguijuela y se niega a permitir que se le acerque ninguna otra persona. Resulta presa del pánico en cualquier momento en que cree que su madre podría volver a salir. A la hora de acostarse, la ansiedad recrudece. El niño, aterrorizado, se resiste a ser llevado a la cama. Si la madre se aleja, es probable que llore, asustado, durante horas. Si ella se sienta junto a la cuna él permanece acostado sólo durante el tiempo en que ella permanezca allí. Al más ligero movimiento de ella hacia la puerta lo hace levantarse.

En varios casos, también lo preocupa la posibilidad de orinarse. El niño dice, a menudo: "Pipí, pipí" (o cualquier otra palabra que utilice). La madre lo lleva al excusado, orina unas pocas gotas y de inmediato, apenas es vuelto a poner en la cama, vuelve a repetir: "Pipí." Usted podría decir que sólo está utilizando una excusa para que la madre permanezca a su lado. Esto es cierto, pero hay algo más. Los niños así en realidad, se preocupan por la posibilidad de orinarse en la cama. En ocasiones, se despiertan cada 2 horas, durante la noche, por dicha preocupación. Este es el período en el cual los padres tienen predisposición a mostrar su desaprobación cuando surge un accidente. Quizás el niño imagine que, si se moja, los padres no lo querrán mucho y, por lo tanto, tenderán a abandonarlo. Si así ocurre, tiene dos motivos para temer irse a dormir.

592. Si su hijo de 2 años de edad se siente aterrado de irse a la cama, el consejo más seguro, pero más difícil de llevar a cabo, consiste en sentarse junto a la cuna, de modo relajado, hasta que el pequeño se duerma. No se apresure a salir, antes de que esté dormido. Ello lo alarmará otra vez, y le hará más difícil dormirse. Esta campaña puede durar semanas, pero, a la larga, dará resultado. Si su hijo estaba asustado porque alguno de ustedes debió de dejar la ciudad, trate de no volver a salir durante muchas semanas. Si usted **ha tomado** un trabajo por primera vez desde que el niño ha nacido, despídase con afecto, pero con confianza y alegría, todos los días. Si usted adopta una expresión angustiada, insegura, como dudando de estar haciendo lo correcto, ello se agrega a la inquietud del niño.

Mantener al niño levantado hasta más tarde, u omitir la siesta, con el propósito de que esté más cansado, a pesar de que puede contribuir en algo, no constituirá la solución total. Aunque se encuentre exhausto, un niño puede mantenerse despierto durante horas, si siente pánico. También deberá disipar su inquietud.

Si su niño está preocupado respecto de mojarse, asegúrele que no importa si se hace pipí en la cama, de que usted lo querrá lo mismo.

593. Evitar los cambios drásticos, en esta edad. Los niños cuya infancia ha transcurrido alrededor de distintas personas, y a quienes se ha permitido desarrollar independencia y sociabilidad, tendrán menos predisposición a desarrollar temores a la separación.

Si su hijo tiene entre los 15 a 18 meses y los 2 años, sea cuidadoso en lo referente a los cambios drásticos. Si resulta igual de sencillo, para cualquier o ambos padres, aplazar por 6 meses un viaje, o tomar un trabajo, para el padre que, hasta el momento no lo hacía, es preferible esperar, en especial, si es su primer hijo. En el caso de que ninguno de los padres pueda permanecer en casa, organice las cosas de modo que el niño pueda, en verdad, habituarse a la persona que cuidará de él, sea un amigo, un pariente, una niñera o un empleado que cuida familias de día. (Si el niño permanecerá en la casa de otra persona, es aún más importante que se habitúe a la nueva persona y a la nueva casa, poco a poco.) De cualquier modo, emplee 2 semanas. Deje que la persona desconocida esté cerca del niño durante unos cuantos días, sin intentar atenderlo, hasta que él o ella se ganen su confianza y le agraden. Luego, haga que la persona lo tome a su cargo en forma gradual. Al principio, no lo deje durante un día completo. Comience con media hora y vaya aumentando poco a poco. Su rápida reaparición, le asegurará que usted siempre regresará pronto. No se vaya por un mes, después de haberse mudado, o de que otro miembro de la familia se haya ido. En esa edad, un niño necesita un largo tiempo para adaptarse a cada uno de estos cambios, por separado.

594. La sobreprotección aumenta los temores de los niños. Una niña que le teme a la separación —o a cualquier otra cosa— se encuentra muy sensibilizada al modo como se sienten los padres al respecto. Si se comportan de forma dubitativa o culpable, cada vez que tienen que apartarse de su lado, si se precipitan a entrar en su cuarto por la noche, la ansiedad de los padres, reforzará su temor de que, en realidad, resulta muy peligroso apartarse de ellos.

Esto podría parecer contradictorio, después que hemos aconsejado que un padre debe sentarse junto a la cama de un niño de 2 años que está asustado, y que no debe apartarse, ni emprender un viaje durante varias semanas. Quiero decir que los padres deben darle una consideración especial, del modo en que se le brinda un cuidado especial a un niño enfermo. Pero deben intentar mostrarse alegres, confiados, sin temor. Es preciso que estén atentos a las señales de que la niña está dispuesta a abandonar su dependencia, paso a paso, animarla y felicitarla. Esta actitud es el factor más poderoso para ayudarla a superar el miedo.

Esta relación entre los sentimientos de sobreprotección en los padres y la dependencia extrema en el niño, se aplica a muchas otras situaciones de temor, problemas para dormir, y de niños consentidos, en la infancia y la niñez.

595. Algunas causas de la sobreprotección. En la mayoría de los casos, los sentimientos de sobreprotección aparecen en los padres muy devotos, tiernos, que se encuentran predispuestos a la culpa, en tanto que no existe real necesidad de ello (las Secciones 22 y 536). Lo principal, en casi todas las situaciones, es la incapacidad de los padres para admitir que, en ocasiones, están resentidos o furiosos con el niño (la Sección 25).

El padre y el hijo que temen reconocer la existencia de momentos en que, como es natural, sienten ira el uno hacia el otro, en que desearían que algo malo le pasara al otro, en cambio, imaginan que **todos** los peligros del mundo llegarán desde cualquier lado, y los exageran en exceso. La niña que niega la rabia de sus padres y la suya propia, coloca, en ese sitio, todos los cocos, brujas, ladrones, perros, dinosaurios, etc., según su edad y experiencia. Y se apega estrechamente a sus padres para protegerse a sí misma, y para asegurarse de que nada malo les pasará a ellos. Y una madre, por ejemplo, podría suprimir sus ocasionales pensamientos de ira, y exagerar el peligro de secuestros, tos ferina, accidentes domésticos o una dieta inadecuada. Le será preciso permanecer junto a su hija, para asegurarse de que los peligros no la atacarán, y su expresión de ansiedad confirma a la niña de que sus propios temores son bien fundados.

Por supuesto, no se debe sacar la conclusión de que los padres necesitan expresar todos sus sentimientos de enojo hacia la niña, o permitirle que se abuse de ellos. Ninguna de estas cosas serviría de nada. Sin embargo, por cierto les resultará útil a los padres reconocer que, en ocasiones, es inevitable estar furioso con la niña, y admitirlo uno frente a otro, bromeando. El que un padre, algunas veces, admita frente al hijo que está muy enojado, ayuda a despejar la atmósfera —en especial si el enojo no era demasiado justo— y, si se hace de modo sensato, no perjudica la buena disciplina. De tanto en tanto, es bueno decirle al hijo: "Sé lo enojado que estás conmigo, cuando debo hacerte esto."

596. Las dificultades comunes de la hora de acostarse. No quisiera dar la impresión de que es preciso sentarse junto a la cama de cada niño de 2 años que se niegue a acostarse. La ansiedad aguda por la separación no es común, pero sí lo es la resistencia común para acostarse. Existen dos variedades. La primera consiste en intentar que el padre permanezca en la habitación. Un varón dirá, con urgencia: "¡Pipí, pipí!" aunque haya ido al excusado pocos minutos antes. Esto provoca desconcierto en la madre. Ella sabe que es una excusa, sin embargo, por otro lado, desea alentar la buena disposición del niño, por medio de la suya propia. De modo que dice: "Otra vez." Tan pronto como lo vuelve a poner en la cama, grita: "¡Un trago de agua!" y parece tan patético como alguien que está muriendo de sed. Si su madre accede, continuará alternando estos dos pedidos durante toda la noche. Considero que ese niño sólo está **algo** preocupado acerca de que se le abandone. Por lo común, la mejor forma y la más práctica en que un padre puede darle confianza, es recordarle, en tono amistoso, firme y airoso que sólo tomará un trago de agua, e irá una vez al excusado, y entonces, le dirá buenas noches y abandonará la habitación sin dudarlo. Si los padres permiten que se los detenga o parecen apurados y dudosos, es como si dijeran: "Bien, es probable que haya algo por que ponerse nervioso." Aun en el caso de que el niño se queje y llore durante algunos minutos, considero que es mejor no volver. Para el niño es mucho más fácil aprender la lección de inmediato, con algo de desdicha, que mantener la batalla durante semanas.

La otra clase de ansiedad con respecto a ir a dormir, es aquella en que el niño de 2 años aprende a trepar fuera de la cuna, tan pronto como se le pone a dormir, y aparece junto a los padres. Es bastante listo como para parecer encantador, en semejante momento. Está feliz de charlar y ser acariciado... cosas para las que no tiene tiempo durante el día. Ello hace que a los padres les resulte muy difícil mantenerse firmes. Sin embargo, es preciso que lo sean, y que lo hagan de inmediato. Además, el trepar repetidas veces para salir de la cuna, puede convertirse en una prolongada batalla, que continúe durante una hora o más, todas las noches.

Cuando esta situación del niño de 2 años que sale de la cuna, se ha vuelto imposible de manejar, a veces los padres preguntan si es correcto cerrar con llave la puerta del cuarto del niño. No me agrada la idea de un niño que llora, antes de dormirse, tras una puerta cerrada con llave. Creo que, en esta situación, es preciso que usted lo comente con el médico de su hijo, o con algún otro consejero, para averiguar qué es necesario hacer si se desea controlar el problema.

Pienso que resulta sensato mantener al niño de 2 años en la cuna, hasta que no haya aprendido a salir de ella, inclusive en el caso de que haya que comprar otra cuna para un nuevo bebé. He escuchado montones de historias acerca de niños de esa edad, que se volvían vagabundos nocturnos, tan pronto como eran pasados a una cama sin barandal. Al llegar el momento en que son capaces de trepar, ya no tiene importancia.

Cuando un niño tiene miedo de ir a la cama, algunas personas intentan resolver el problema, poniendo junto a él a un hermano o hermana, bien sea mayor o menor que el niño, pero ello puede causar un conflicto al hermano o hermana mayor. Resulta sorprendente, pero poner a un bebé en el cuarto, puede resolver la situación.

597. Cómo ayudar a un temeroso niño de 2 años. En el momento de manejar el temor del niño, ello depende en gran medida de lo importante que resulte para ellos superarlo de inmediato, o no, desde un punto de vista práctico. Con un niño ansioso, no existe gran necesidad de urgirlo a hacerse amigo de un perro, o sumergirse en la parte profunda de un lago, o realizar un viaje en ómnibus. Tan pronto como se atrevan, desearán hacer todas estas cosas. Por otro lado, si ya han comenzado a asistir al jardín de niños, considero que es mejor insistir en que vayan al menos que esten profundamente aterrados. No se les debe permitir meterse en la cama de los padres, por la noche; es preciso entrenarlos para permanecer en la suya propia. Un niño en edad escolar que esté sufriendo una fobia, tarde o temprano deberá volver a la escuela; cuanto más se prolongue esta situación, peor será. Resulta prudente, por parte de los padres, en relación con estos temores de separación, tratar de percibir si su propia actitud protectora interviene en su superación. Es difícil acometer ambos conflictos por separado, y, por cierto, los padres tienen derecho a obtener ayuda por parte de una clínica de orientación infantil o de una agencia familiar.

598. Los niños utilizan la ansiedad por la separación, para controlar. Un niño desarrolla un apego hacia su madre (o padre), porque le ha surgido un miedo genuino a quedar separado de ella. Pero si descubre que a ella le preocupa tanto que hará cualquier cosa para calmarlo, puede comenzar a usarlo como un látigo. Por ejemplo, existen niños de 3 años, que se angustian cuando son dejados en el jardín de niños y cuyos padres no sólo permanecen allí durante días, sino que se quedan junto al niño y hacen lo que les pide, para tranquilizarlo. Se puede advertir que, tales niños, después de un rato exageran su inquietud, porque han aprendido a gozar de la autoridad que ejercen sobre sus padres. Un padre podría decir: "Creo que ya eres grande y no tienes miedo de estar en la escuela. Sólo quieres que yo haga lo que quieres. Mañana ya no voy a quedarme aquí."

El tartamudeo

599. El tartamudeo es común entre los 2 y los 3 años. No entendemos por completo el tartamudeo (o el balbuceo), pero conocemos varias cosas acerca de él. Por lo común, aparece en familias, y es mucho más común en los varones. Esto significa que es **más fácil** que aparezca en ciertas personas. En ocasiones, el tratar de corregir a un niño zurdo, parece hacerlo surgir. La parte del cerebro que controla el habla está íntimamente conectada con la parte que controla la mano preferida por una persona, por naturaleza. Si se le fuerza a usar su mano equivocada, ello parece confundir el mecanismo nervioso del habla.

Sabemos que el estado emocional del niño tiene mucha relación con el tartamudeo. La mayoría de los casos aparecen en los niños algo tensos. Algunos tartamudean cuando están excitados o cuando hablan con una persona, en particular. He aquí algunos ejemplos. Un pequeño comienza a tartamudear cuando su nueva hermanita es traída a casa del hospital. Nunca manifestó sus celos en forma abierta. Nunca intentó pegarle o pellizcarla. Sólo se puso inquieto. Una niña de 2½ años comenzó a tartamudear, después de la partida de un pariente muy querido, que había estado viviendo con la familia durante largo tiempo. En 2 semanas, el tartamudeo cesó. Cuando la familia se mudó a una nueva casa, sintió nostalgia de la casa antigua, y el tartamudeo volvió, por cierto tiempo. Dos meses más tarde, el padre fue llamado al ejército. La familia se encontraba preocupada, y la niñita volvió a tartamudear. Los padres informan que el tartamudeo empeora en forma definida, cuando ellos mismos se encuentran tensos. Creo que los niños a quienes se les habla mucho durante todo el día, se les cuentan cuentos, se los apura para que hablen, reciten, se exhiban, son, en especial susceptibles. El tartamudeo podría comenzar cuando un padre decide adoptar una disciplina más estricta.

¿Por qué el tartamudeo es tan común entre los 2 y los 3 años? Existen dos explicaciones posibles. Este es el período de edad en que el niño se esfuerza mucho por hablar. Cuando era más pequeño, usaba oraciones cortas, que no necesitaba pensar: "Mira el auto", "Quiero salir", etc. Pero cuando pasa de los 2 años, intenta armar oraciones más largas para expresar nuevas ideas. Comienza una frase tres o cuatro veces, sólo para interrumpirse en la mitad, porque no puede encontrar las palabras apropiadas. Los padres cansados por su parloteo constante, no le prestan demasiada atención. Dicen: "Aha," de un modo ausente, mientras continúan con sus asuntos. De tal modo, que el niño se siente aún más frustrado, por no ser capaz de mantener el interés de su público.

También es posible que la oposición que forma parte de su estado de tensión, en esta etapa de desarrollo, también afecte su habla.

600. Qué hacer respecto del tartamudeo. Usted puede sentirse especialmente agobiado, si usted mismo o algún pariente, ha luchado durante toda su vida contra la tartamudez. Sin embargo, no existe motivo de alarma. Creo que nueve de cada diez niños que comienzan a tartamudear entre los 2 y los 3 años, lo superan en pocos meses, si se les da la oportunidad. Sólo se vuelve crónico en casos excepcionales. No trate de corregir el habla del niño, ni se preocupe por enseñarle, hasta los 2½ años. Observe para poder ver qué podría estar causándole tensión. Si está molesto porque estuvo separado de usted durante una cantidad de días, trate de evitar otras separaciones, por un par de meses

(Sección 593). Si usted considera que ha estado hablándole demasiado, insistiéndole demasiado para que hable, trate de habituarse a no hacerlo más. Juegue con él, **haciendo** cosas, en lugar de **hablar** siempre de dichas cosas. ¿Tiene suficientes oportunidades de jugar con otros niños, con quienes se entienda con facilidad? ¿Tiene suficiente juguetes y equipo dentro y fuera de la casa, de modo que pueda inventar sus propios juegos, sin recibir demasiadas indicaciones? No quiero decir que haya que ignorarlo o aislarlo, sino que, cuando esté con él, permanezca relajada, y permítale tomar la iniciativa. Cuando él le hable, préstele su atención, de modo que no se enoje. Piense qué más puede hacer para evitar los celos, si éstos lo están molestando. En la mayoría de los casos, con ascensos y descensos, la tartamudez dura unos meses. No espere que se vaya de inmediato; confórmese con un progreso gradual. Si algo no está bien, y usted puede advertir de qué se trata, coméntelo con un psiquiatra infantil. El "frenillo" (cuando el freno, el pliegue de piel que va desde el centro de la cara inferior de la lengua hasta el piso de la boca, parece ser más corto de lo necesario, como para permitir el movimiento libre de la lengua), no tiene relación con el tartamudeo, y no debe ser cortado.

Hay terapeutas del lenguaje que se especializan en trabajar con niños muy pequeños. Algunos colegios y hospitales poseen clases especiales de habla o clínicas, en los cuales, los niños mayores pueden recibir una enseñanza especial. Ello resulta beneficioso, a menudo, pero de ningún modo, siempre. Es más valioso para el niño en edad escolar, que desea recibir ayuda. Para el niño que se encuentra dentro de un tipo nervioso definido, podría ser mejor consultar a un psiquiatra infantil, con el propósito de averiguar si es posible descubrir la causa de la tensión, y eliminarla.

La Consumer Information Division of the American Speech, Language and Hearing Association tiene una lista de terapeutas del lenguaje en todas partes del país. Llame al (800) 638-8255, o escriba a 10801 Rockville Pike, Rockville, MD 20852.

DE LOS TRES A LOS SEIS AÑOS

La devoción a los padres

601. Por lo común, los niños de esta edad son más fáciles de guiar. Los varones y las niñas de más o menos 3 años han alcanzado una etapa de su desarrollo emocional, en la cual sienten que sus padres y madres son personas maravillosas y desean ser como ellos. (Véase la Sección 45.)

La oposición automática y la hostilidad que se encontraban justo por debajo de la superficie en el período de los 2½ años, parecen disminuir después de los 3 años. Sus sentimientos hacia los padres no sólo son amistosos; son cálidos y tiernos. De todos modos, los niños no son tan devotos de sus padres, como para siempre obedecerlos y comportarse bien. Aún son personas reales, con ideas propias. Desean afirmarse a sí mismos, aunque ello signifique, en ocasiones, ir en contra de los deseos de sus padres.

Al mismo tiempo que enfatizo lo agradables que son los niños de entre los 3 y los 6 años, debo hacer una excepción parcial, con respecto a los de 4 años. A dicha edad, aparece en muchos niños una gran autoafirmación, descaro, hablar en voz alta y provocar, y ello requiere mano firme por parte del padre.

602. Ahora los niños se esfuerzan por parecerse a los padres. Un tiempo antes, a los 2 años, los niños imitaban con ansiedad las actividades de sus padres, ya fuera limpiar el piso, o martillar un supuesto clavo. La atención estaba concentrada en el trapeador o el martillo. Hacia los 3 años de edad, desean ser idénticos a los padres, como personas. (Véase la Sección 50.) Juegan ir a trabajar, atender la casa (cocinar, limpiar, lavar la ropa), cuidar a los niños (utilizando una muñeca o un niño más pequeño). Fingen salir a pasear en el auto de la familia, o salir por la noche. Se visten con las ropas de sus padres, imitan sus conversaciones, sus modales y sus modismos particulares. Este proceso es llamado, a veces, identificación.

La identificación es mucho más importante que el simple juego. Se trata de cómo se forma un carácter— mucho más por medio de lo que los niños perciben en sus padres, que lo que éstos tratan de enseñarles con palabras. Se trata de la forma en que se establecen sus ideales básicos y sus actitudes —hacia el trabajo, hacia las personas, hacia sí mismos— aunque esto se modifique más tarde, a medida que se vuelven más maduros y conocen más. Constituye el modo en que aprenden a ser la clase de padres que serán, 20 años después, como se puede ver en la manera afectuosa o regañona en que cuidan a sus muñecas.

Es en esta edad que la niña se vuelve más consciente de que pertenece al sexo femenino y crecerá para ser una mujer. Por lo tanto, observa a su madre con atención especial y trata de amoldarse a la imagen de ella: cómo se siente en relación al marido (por ejemplo: dueño y señor, gusano o compañero amado), y en relación al sexo masculino en general; con respecto a las mujeres (confidentes o competidoras); en relación a la niña y al niño (si el hijo de un sexo es más favorecido que el de otro, o si cada individuo es apreciado por sí mismo); hacia el trabajo y las tareas domésticas; si se hacen de corazón o constituyen un desafío.

La pequeña no se transformará en una réplica exacta de su madre, pero con seguridad, será influenciada por ésta en todos los aspectos.

A esta edad, un varón comprende que está en camino de convertirse en un hombre, y, por lo tanto, se esfuerza por modelarse en forma predominante, sobre la imagen de su padre: cómo éste se siente hacia su esposa y al sexo femenino, en general, hacia los demás hombres, hacia el niño y la niña, hacia el trabajo fuera y dentro de la casa.

A pesar de que la identificación predominante sea hacia el padre del mismo sexo, en esta etapa de empatía, también existe cierto grado de identificación con el padre del sexo opuesto. Este es el modo en que los dos sexos llegan a entenderse lo bastante bien como para poder vivir juntos.

603. Los niños y las niñas se vuelven fascinados con todos los aspectos relacionados con los bebés. Quieren saber de dónde vienen. Cuando descubren que los bebés crecen dentro de la madre, ansían llevar adelante este asombroso acto de creación por sí mismos, tanto los varones como las niñas. Quieren atender a los bebés y amarlos, de la misma forma que comprenden que se hizo con ellos. Obligan a un pequeño, para que juegue el papel de bebé, y pasan horas actuando como padre y madre con él, o bien, emplean una muñeca.

Por lo general, no se reconoce que los varoncitos están tan ansiosos como las niñas de hacer crecer bebés dentro de ellos. Cuando los padres les dicen que ello es imposible no están dispuestos a creerlo, durante mucho tiempo. Dirán: "Yo también tendré un bebé", y en realidad creen, en su omnipotencia, que si desean algo con la suficiente fuerza, pueden lograrlo. En ciertos lugares no industrializados, aislados del mundo, cuando una mujer está en trabajo de parto, el esposo también lo finge, y es llevado por sus compañeros comprensivos a la cabaña de los hombres, mientras gime y retuerce.

604. Los niños adquieren un sentimiento romántico hacia sus madres; las niñas hacia sus padres. Hasta esta edad, el amor del varón hacia la madre, es de tipo dependiente, como el de un bebé. Pero en este momento, se vuelve cada vez más romántico, como el de su padre. Para cuando tiene 4 años, tiende a insistir que se casará con su madre cuando crezca. Todavía no le resulta claro en qué consiste el matrimonio, pero está absolutamente seguro de que es la mujer más importante y atractiva del mundo. La niñita que crece de modo normal, adoptando los patrones de amor de su madre, desarrolla el mismo sentimiento respecto del padre.

Estos fuertes cariños románticos, ayudan al crecimiento espiritual de los niños, y los hacen adquirir sentimientos plenos hacia el sexo opuesto, los que, más adelante, los orientarán hacia buenos matrimonios. Pero existe otro aspecto de la cuestión que crea una tensión inconsciente en la mayoría de los niños a esta edad. Cuando las personas, viejas o jóvenes, aman mucho a alguien, no pueden evitar desear la posesión completa de esa persona, para sí. Entonces, un pequeño de 3, 4 ó 5 años, se vuelve más consciente de su devoción posesiva hacia su madre; también se da cuenta que ella ya pertenece a su padre. Este hecho lo irrita en su interior, no obstante amar y admirar mucho a su padre. A veces desea, en secreto, que su padre desaparezca, y luego se siente culpable por estos sentimientos desleales. Tal como razona un niño, imagina que el padre tiene el mismo resentimiento y los mismos celos hacia él.

Si se desarrolla con normalidad, la niña adquirirá el mismo amor posesivo hacia su padre. En ocasiones, desea que le ocurra algo a su madre (a quien ama tanto, en otros aspectos), de modo que pueda tener al padre para ella sola. Inclusive puede decirle a su madre: "Puedes hacer un largo viaje, y yo cuidaré a Papi." Pero entonces, imagina que su madre también está celosa de ella, y esto le preocupa en forma inconsciente. Los niños intentan quitar de sus mentes estos sentimientos espantosos, pues los padres son más grandes y fuertes que ellos, pero tienden a aparecer en sus sueños. Creemos que estos sentimientos mezclados —de amor, celos y temor— hacia el padre del mismo sexo, son la causa principal de las pesadillas que los niños de esta edad suelen tener, de ser perseguidos por gigantes, ladrones, brujas y otras figuras atemorizantes. (Véase la Sección 612.)

Estos temores de los niños —acerca de que sus padres están enojados con ellos— se mezclan con su preocupación relacionada con el motivo por el cual los niños y los hombres tienen una forma diferente que las niñas y las mujeres. Esto será examinado in la Sección 615.

Creemos que, como todos los pequeños atraviesan por esta etapa, ello no debe ser motivo de preocupación para los padres, a menos que el niño se vuelva demasiado miedoso o en contra del padre del mismo sexo, o demasiado apegado al padre de su mismo sexo. En ese caso, será prudente conseguir la ayuda de una clínica de orientación infantil.

605. El apego no está destinado a ser total. Este apego romántico hacia el padre del sexo opuesto que se produce entre los 3 y los 6 años, es lo que podríamos llamar el modo en que la Naturaleza modela los sentimientos de los niños, para su eventual vida como esposa y madre o marido y padre. Sin embargo, es un sentimiento que no suele ir demasiado lejos, o volverse tan intenso que dure toda la vida, ni siquiera, toda la infancia. La Naturaleza espera que los niños, a los 6 ó 7 años, se desanimen en considerable medida de la posibilidad de tener a sus padres por completo para sí. Los miedos inconscientes hacia el supuesto enojo de los padres y acerca de las diferencias genitales, transformarán el placer de soñar con un romance, en aversión. De ahora en adelante, los niños se avergonzarán por los besos del padre del otro sexo. Vuelven, con alivio, su interés hacia temas impersonales, tales como la tarea escolar y la ciencia. En ese momento intentarán ser como otros niños de su propio sexo, más que como sus padres.

El intenso apego anterior hacia ambos padres habrá servido a su esencial propósito constructivo, y será, de más y más reprimido y superado. (Este cambio fue denominado por Freud como resolución del complejo de Edipo.)

Un padre que comprende que su hijo adolescente, en ocasiones, tiene resentimiento hacia él, no lo ayudará siendo demasiado amable y permisivo, ni fingiendo que, en realidad, no ama mucho a su esposa. De hecho, si el muchacho esté convencido de que su padre tuvo miedo de ser un padre firme y un esposo normalmente posesivo, creerá que él mismo ha tenido demasiado a su madre para sí mismo y se sentirá realmente culpable y asustado. Y carecerá de la inspiración que otorga un padre seguro que deberá tener para desarrollar su propia seguridad.

Del mismo modo, a pesar de saber que, en ocasiones, su hija joven siente celos hacia ella, la mejor manera en que una madre puede ayudarla a madurar, es la de tener confianza en sí misma, no permitirse ser influenciada, saber cómo y cuándo ser firme, y no temer demostrar su amor y devoción a su esposo.

Si una madre resulta mucho más consentidora y afectuosa hacia un muchacho de lo que lo es su padre, ello complica la vida del muchacho. Lo mismo ocurre si demuestra mayor apego y simpatía a él que a su marido. Esta actitud tiende a alejar al muchacho de su padre, y a hace que le teme. En correspondencia con ello, el padre que resulte arcilla en manos de su hija, y que siempre contradiga la disciplina de la madre, o el padre que se comporte como si disfrutará más de la compañía de la hija que la de la madre, no sólo será perjudicial para su esposa, sino también para su hija. Ello obstaculizará las buenas relaciones que deben existir entre una hija y su madre, para que aquella se transforme en una mujer feliz.

A propósito, resulta enteramente normal que un padre sea más indulgente con su hija y una madre, con su hijo, como también, que un hijo se sienta un poco más cómodo con su madre, y una hija, con su padre, porque existe menor rivalidad entre mujer y varón que entre dos varones o dos mujeres.

En la familia promedio, existe un equilibrio saludable en los sentimientos entre padre, madre, hijos e hijas, que los orienta a través de estas etapas del desarrollo, sin ningún esfuerzo especial, ni pensamiento consciente. Traigo a colación estos puntos, sólo con el propósito de proporcionar las claves para aquellas familias en las cuales las relaciones no funcionan bien; en las cuales, por ejemplo, los padres siempre tienen problemas para disciplinar a sus hijos, o bien, un muchacho se vuelve tímido hacia todos los muchachos y hombres, o una niña, en exceso desafiante con su madre.

606. Los padres pueden ayudar a sus hijos a pasar esta etapa de romance y celos, aclarando, con delicadeza, acerca del hecho de que los padres se pertenecen uno al otro, que el niño nunca puede tener a la madre para sí, ni la niña al padre, pero que los padres comprenden que, a veces, sus hijos se enojan por dicha causa.

Cuando una niña declara que se casará con su padre, éste puede mostrarse complacido por el elogio que representa, pero también, explicar que ya está casado y que, cuando ella crezca, encontrará otro hombre de su propia edad con quien casarse.

Si los padres se están haciendo mútua compañía, no necesitan ni deben permitir que una niña interrumpa su conversación. Pueden recordarle, con alegría pero con firmeza, que tienen cosas sobre las cuales conversar, y sugerir que ella también se ocupe. Deben evitar, con tacto, prolongadas manifestaciones de afecto mútuo frente a ella (como lo harían, si hubiera otras personas presentes), pero no es necesario que se aparten bruscamente, con culpa, si ella entre en forma inesperada a la habitación.

Cuando un niño se comporta en forma grosera con su padre, porque se siente celoso de él, o con su madre, porque es la causa de los sentimientos, aquél debe insistir en que sea cortés. Lo opuesto también es valido, si es la niña la que se comporta con grosería. Pero, al mismo tiempo, los padres pueden calmar los sentimientos de ira del niño, diciéndole que saben cómo se siente enojado con ellos. (Véase la Sección 538.)

607. Los problemas del sueño a los 3, 4 y 5 años. Se ha descubierto que muchos de los problemas del sueño en los niños de 3, 4 y 5 años, que han sido estudiados en las clínicas de orientación infantil, son causados por los celos románticos. La niña merodea por la habitación de los padres, en mitad de cada noche, y desea meterse en la cama de ellos porque, en forma subconsciente, no desea que estén juntos, solos. Tanto para ella, como para los padres, es mejor que se la lleve de vuelta a su propia cama, con prontitud y firmeza, pero sin enojo. (Véase la Sección 279.)

608. ¿Qué grado de pudor en el hogar? En menos de un siglo, los norteamericanos han dado un cambio completo, desde el pudor excesivo del período victoriano, hasta la desnudez parcial de los trajes de baño, y la desnudez completa en ciertos hogares hoy en día. La mayoría de las per-

sonas están de acuerdo (y yo, por cierto, lo estoy), de que
la actual actitud despreocupada resulta mucho más saludable. Los maestros del jardín de niños, los psiquiatras
infantiles y los psicólogos, en general, están de acuerdo en
que resulta más sano, para los niños **pequeños** de ambos
sexos contemplarse unos a otros, sin ropa, en algunas ocasiones, en el hogar, en la playa, y en el cuarto de baño del
jardín de niños.

De todos modos, a través del trabajo de psiquiatras infantiles, y de las clínicas de orientación, existen evidencias de
que, a la larga, ciertos niños pequeños se sienten preocupados, si ven, con regularidad, a sus padres desnudos. El motivo principal consiste en que los niños pequeños tienen sentimientos muy intensos hacia sus padres. Un varón ama a su
madre mucho más que a cualquier niñita. Siente mucha más
rivalidad hacia su padre, y se siente mucho más incómodo
con él, que con cualquier niño. De tal modo, la visión de su
madre puede ser demasiado excitante, y la ocasión de com-
pararse de forma tan desfavorable con su padre, todos los
días, puede hacerlo sentir deseos de cometer un hecho violento hacia él. (Los padres nudistas me refirieron acerca de
sus hijos de 3 y 4 años, quienes hicieron gestos de cortar el
pene del padre, durante el momento de afeitarse, por la
mañana.) Luego el niño se siente culpable y asustado. Una
pequeña puede ser demasiado estimulada, si ve a su padre
desnudo con regularidad.

No quiero proclamar que todos los niños se inquietan por
la desnudez de sus padres. No se han realizado estudios
estadísticos, pero como existe la posibilidad, creo que sería
más prudente que los padres otorgaran a sus hijos el beneficio de la duda y, como regla general, mantenerse razonablemente cubiertos, y evitar la presencia de los niños
mientras se bañan o utilizan el excusado. Esto no debe ser
llevado a su extremo. En ocasiones, un padre puede ser sor-
prendido con la guardia baja, y no debería actuar en forma
sobresaltada o furiosa. Sólo es necesario decir: "¿Puedes
esperar afuera mientras me visto?" Después de los 6 ó 7
años, los niños desean algo más de intimidad para sí mismos, al menos en ocasiones, y considero que es bueno
respetárselos.

Curiosidad e imaginación

609. La curiosidad de los niños es intensa a esta edad.
Desean conocer el significado de todo lo que ven. Su imaginación es rica. Suman dos más dos y sacan conclusiones. Todo lo relacionan consigo mismos. Si escuchan hablar de trenes, de inmediato quieren saber: "¿Viajaré algún día en tren?" Si oyen hablar acerca de una enfermedad, en seguida piensan: "¿Tendré eso?"

610. Un poco de imaginación es algo bueno. Cuando los niños de 3 ó 4 años cuentan una historia inventada, no están mintiendo, en el sentido de los adultos. Para ellos, su imaginación es vívida. No están seguros de donde termina lo real y comienza lo irreal. Es por ello que les encanta que les cuenten o les lean cuentos. Es también la razón por la cual se asustan de los programas de televisión violentos, y no es conveniente que los vean.

No es preciso echársele encima a un niño que inventa historias de vez en cuando, ni hacerlo sentir culpable, ni siquiera, que usted se preocupe por ello, mientras, en sentido general, se entienda bien y sea feliz con otros niños. Por otra parte, si pasa buena parte de todos los días hablando acerca de amigos imaginarios o aventuras, no como un juego, sino como algo en lo cual cree, surge la cuestión de si se encuentra lo bastante satisfecho con su vida real. Parte de la solución consistirá en encontrar niños de su misma edad con quienes jugar y ayudarlo a que disfrute de ello. Otra pregunta consiste en saber si tiene suficiente compañía amable por parte de los padres.

Los niños necesitan que se les acaricie y se les lleve a caballito. Necesitan compartir las bromas, y las conversaciones amistosas de los padres. Si los adultos que los rodean no son demostrativos, sueñan como compañeros de juego alentadores y comprensivos, como el hombre hambriento sueña con barras de chocolate. Si los padres siempre lo desaprueban, los niños inventan un compañero travieso, para culparlo de las cosas malas que han hecho, o que les gustaría hacer. Si los niños viven, en gran medida, en la imaginación, y no se adaptan bien a otros niños, en especial alrededor de los 4 años de edad, un psiquiatra podrá descubrir qué es lo que le falta.

En ocasiones, un padre que ha vivido demasiado en la imaginación, y a quien le encanta descubrir cuán imaginativo es su niño, lo llena con historias, y ambos viven, durante horas, en un país de ensueño. Los juegos y los cuentos que inventan otros niños, resultan pobres, en comparación con los de los padres. El niño puede ser alejado del interés en las personas y las cosas reales, y más tarde, tendrá dificultades para adaptarse al mundo. No quiero decir que un padre deba temer los cuentos fantásticos, o un poco de imaginación, pero sólo creo que deben ser moderados.

Los miedos alrededor de los 3, 4 y 5 años

611. En esta edad, las preocupaciones imaginarias son comunes. En las secciones anteriores, analizamos de qué modo las ansiedades son diferentes, en las distintas edades. Alrededor de los 3 ó 4 años, emergen nuevas clases de miedos: temor a la oscuridad, a los perros, a los camiones de bomberos, a la muerte, a las personas lisiadas. En este período, la imaginación de los niños ha llegado a un estado en el cual pueden ponerse en el lugar de otras personas, y concebir peligros que, en realidad, no han experimentado. Su curiosidad los impulsa en todas direcciones. No sólo desean saber la causa de todo, sino qué tienen que ver con ellos. Oyen por ahí algo acerca de morir. De inmediato quieren saber qué significa morir y, tan pronto como tienen una vaga idea, preguntan: "¿Moriré yo?"

Estos miedos resultan más comunes en los niños que han librado tensas batallas acerca de cuestiones tales como la alimentación, y el aprendizaje respecto del uso del excusado, en niños cuyas imaginaciones se han visto sobreestimuladas por cuentos de terror, o excesivas advertencias, que no han tenido demasiada oportunidad para desarrollar su independencia y sus relaciones, los que tienen padres demasiado protectores (la Sección 594). En ese momento, parece cristalizar la inquietud acumulada antes, a causa del nuevo rumbo de su imaginación, hacia terrores definidos. Con esto parecería como si estuviera diciendo que todo niño que desarrolla temores ha sido manejado en forma errónea en el pasado, pero no es mi intención llegar tan lejos. Considero que algunos niños nacen más sensibles que otros; no obstante lo bien que hayan sido educados, todos los niños se asustan por algo. Véase la Sección 604, respecto de los sentimientos de los niños hacia sus padres.

Si aparece en su hija el **miedo a la oscuridad,** trate de calmarla. Más que sus palabras, lo importante es el modo. No se burle de ella, ni se impaciente, ni trate de darle explicaciones acerca de su temor. Si desea hablar sobre ello, como pocos niños lo hacen, permítaselo. Déle la impresión de que usted desea entender, pero de que está segura de que nada malo va a pasarle. Por supuesto, jamás deberá amenazarla con el coco, el policía o el demonio. Evite las películas y los programas de televisión atemorizantes, y los cuentos de hadas crueles. Está lo bastante aterrada por sus propias creaciones mentales. Recuerde cualquier pelea en la que se haya visto involucrada, acerca de la comida o el no mojar la cama por la noche. Haga que su comportamiento se mantenga correcto, por medio de un guía firme, más bien que permitirle que sea malo, para luego hacerla sentir culpable. Organice las cosas como para que tenga, todos los días, una vida de relación plena, con otros niños. Cuanto más entretenida se encuentre en juegos y proyectos, menos se preocupará por sus miedos interiores. Si ella lo desea, deje su puerta abierta, por la noche, o deje una luz suave en su cuarto. Es un precio pequeño por mantener alejados a los espíritus malignos. La luz, o las conversaciones que lleguen desde el cuarto de estar, no la mantendrán tanto tiempo despierta como los temores. Cuando éstos desaparezcan, estará en condiciones de tolerar otra vez la oscuridad.

A veces, los niños utilizan, de modo creciente, sus fobias, con el propósito de controlar a sus padres. Véase la Sección 598.

Tenga en cuenta, con anticipación, que las **preguntas acerca de la muerte,** tenderán a aparecer en esta edad.

Trate de hacer que las primeras explicaciones sean despreo-cupadas, no demasiado atemorizantes. Podría decir: "Todos debemos morir algún día. La mayoría de las personas mueren cuando envejecen mucho, se encuentran cansadas y débiles, y sólo dejan de vivir." Algunos padres desean expli-carlo en términos religiosos: "Estaba muy, muy enfermo, y Dios lo llevó al Paraíso para cuidarlo." Recuerde abrazarla, y sonreírle, y hágale notar que ustedes permanecerán juntas durante muchos años.

Como durante este período, los niños suelen confundir, de modo normal, la muerte con el sueño, resulta especial-mente importante no referirse a la muerte como "irse a dormir". Esto suele ocurrir a menudo, cuando una mascota familiar se encuentra muy enferma, y se la lleva al veteri-nario para ser sacrificada. Muchos padres se refieren a ello, diciendo que "se ha puesto a dormir" al animalito. Considero que es mucho mejor explicar que el veterinario dio al animal un tipo especial de medicamento, que hará detener su corazón, sin causarle ningún dolor, y que ello hará que se muera.

Todas las personas sanas, de cualquier edad, tienen cier-to grado de temor y resentimiento hacia la muerte. No existe modo de presentar este tema a los niños, eludiendo esta actitud humana. Pero si usted piensa en la muerte como algo con lo cual, en su momento, uno se encuentra con dig-nidad y fortaleza, estará en condiciones de proporcionar algo de ese sentimiento a su hijo.

Muchos padres se preguntan si deben permitir que su hijo asista al funeral de un pariente o de un amigo cercano. Creo que, si el niño desea asistir a un funeral, y los padres se sienten lo bastante cómodos con la idea, de modo de poder prepararlo para lo que ocurrirá, entonces, los niños de más de 3 años, pueden asistir, e inclusive, acompañar a la familia al cementerio, para el entierro. Resulta importante que un adulto a quien el niño conozca bien, lo acompañe en todo momento, para contestar preguntas y, si es necesario, para llevárselo, en caso de que se preocupe demasiado.

Aun en el caso de los niños que no han tenido malas experiencias al respecto, el **miedo a un animal,** es común en este período. No lo fuerce a acercarse a un perro, para tranquilizarlo. Cuanto más lo fuerce, en ese sentido, tanto más lo hará sentir que debe jalar al lado opuesto. A medida que transcurren los meses, él mismo intentará superar su temor, y se acercará a un perro. Lo hará más rápido por sí mismo, que si usted lo trata de persuadir. Esto me recuerda el **temor al agua.** Nunca arroje a un niño que grita, al mar o a una piscina. Si bien es cierto que, en ocasiones, un niño a quien se fuerza, descubre que es divertido, y pierde el miedo de pronto, en la mayoría de los casos, opera en sentido contrario. Recuerde que a pesar de su terror, el niño desea hacerlo.

Con respecto al temor hacia los perros, los camiones de bomberos, los policías, y otras cosas concretas, un niño puede intentar habituarse a ellos y superarlos, por medio de juegos. Si el niño es capaz de realizar estas actividades, resulta una gran ayuda. Se supone que un temor nos impulsa a actuar. En nuestros cuerpos fluye la adrenalina, lo que hace latir más rápido el corazón, y suministra azúcar para un abastecimiento inmediato de energía. El correr y pelear consumen la ansiedad. El permanecer quieto no hace nada por aliviarlo. Si un niño que teme a un perro puede jugar juegos en los cuales quitan el relleno a un perro de peluche, se siente aliviado, en parte. Si su hijo desarrolla un temor, o una cantidad de ellos, o bien, pesadillas frecuentes, es preciso recurrir a la ayuda de un psiquiatra infantil.

612. Las pesadillas. Todos los niños empiezan a tener por lo menos unas pocas pesadillas entre los 3 y los 6 años. No sabemos por qué. Seguramente se debe en parte a la culpa normal que sienten por sentirse competidor con el padre del mismo sexo para la atención del padre del sexo opuesto. (Véase la Sección 604.) Cuando a esta edad los niños hablan de casarse con sus padres o sus madres cuando son mayores, saben por sus adentros que tendrían que desembarazarse del otro padre, y esto los hace temer algún castigo. Así que podrían tener una pesadilla en la cual un monstruo (el padre que quieren liquidar) viene por ellos. Otra causa posible de las pesadillas es que ésta es la edad en que los niños luchan para comprender el concepto de la muerte, y la diferencia entre el sueño y la muerte. Esta confusión entre el sueño y la muerte, y la falta de certeza sobre lo que es la muerte de todas maneras, puede llegar a la superficie durante el sueño en la forma de una pesadilla. Por fin, las pesadillas pueden venir de una tensión en la vida cotidiana del niño.

Cuando su niña se despierta de una pesadilla, tal vez llorando o gritando, puede consolarla primero pidiendo que le cuente lo que pueda sobre la pesadilla (para que usted sepa los temas relevantes), y luego asegurándola que no era más que un sueño (como fingir) y quedando con ella hasta que vuelva a dormirse. Los niños pueden recordar partes de o todas sus pesadillas cuando se despiertan por la mañana, y de vez en cuando tienen la misma pesadilla varias veces.

613. Terrores de noche. Estos también ocurren normalmente, aunque con mucho menos frecuencia, entre los 3 y los 6 años. Son muy diferentes de las pesadillas. Parecen deberse a un trastorno temporal del sistema nervioso durante el sueño profundo, tienden a repetirse dentro de ciertas familias, y todos los niños que los padecen, los dejan atrás dentro de unos años como mucho. Cuando un niño tiene un terror de noche, se despierta gritando y aunque sus ojos están abiertos, no responde cuando le habla y parece que ni se da cuenta de su presencia. El terror de noche cesa de manera espontánea después de haber durado 30 a 40 minutos, el niño se duerme, y por la mañana, no se acuerda nada del episodio.

Para consolar al niño que tiene un terror de noche, sosténgale muy firmemente (él puede luchar), arrúllele y asegúrele que está bien, que sólo está teniendo un sueño malo y que quedará con él hasta que se duerma. No trate de despertarle. Los terrores de noche parecen hundirse con más rapidez y más fácilmente si no trata de interrumpirlos.

De vez en cuando, un niño tendrá terrores de noche con frecuencia, y en ese caso, el médico puede recetar una medicina especial que se da a la hora de acostarse durante varios días o semanas, hasta que los terrores se vayan.

614. Somnambulismo. Esto también parece deberse a un trastorno temporal del sistema nervioso durante el sueño profundo, tiende a repetirse dentro de ciertas familias, y en la enorme mayoría de los casos, desaparece dentro de unos meses o años sin ningún tratamiento especial. Usted debería conducir al niño a la cama, asegurándole que se volverá a dormir en seguida y que usted estará con él hasta que se duerma. Los niños no recuerdan ser somnámbulo nunca. El médico recetará la misma medicina que se usa con los terrores de noche para el niño que es somnámbulo con frecuencia o que puede lastimarse mientras lo está. La medicina es efectiva y sólo se la necesita durante varios días o semanas.

615. El temor a las heridas. Quisiera analizar por separado el temor a las heridas corporales, en el período que va de los 2½ años a los 5 años, porque existen cosas especiales que usted puede hacer para prevenirlas o aliviarlas. Los niños de esta edad desean saber la causa de todo, se preocupan con facilidad, y aplican los peligros a sí mismos. Si ven a una persona tullida o deformada, primero quieren saber qué le ocurrió a esa persona, luego se ponen en su lugar, y se preguntan si puede ocurrirles el mismo infortunio.

Este es también el período en el cual se produce, de modo natural, un gran interés por las destrezas físicas de todo tipo (saltar, correr, trepar; observe a cualquier grupo de esta edad en el patio de juegos), lo cual otorga gran importancia a la vulnerabilidad del cuerpo y produce mucha inquietud por los accidentes. Ello explica por qué un niño de 2½ años ó 3 años, por ejemplo, puede preocuparse tanto por una galleta partida, rechazar un bizcocho que esté en dos pedazos y pedir uno entero.

Los niños sufren estos miedos no sólo con respecto a las heridas reales. También se confunden, y se afligen con respecto a las diferencias naturales entre los niños y las niñas. Si un niño de más o menos 3 años de edad ve a una niña desnuda, puede causarle asombro que no tenga un pene como el suyo. "¿Dónde está su pito?" Si no recibe de inmediato una respuesta satisfactoria, puede sacar la conclusión de que le ha ocurrido algún accidente. Luego aparece el pensamiento ansioso: "Esto podría ocurrirme también a mí." El mismo error puede preocupar a la niñita, cuando comprende, por primera vez, que los niños son diferentes. Primero pregunta: "¿Qué es eso?" Luego querrá saber, con inquietud: "¿Por qué no tengo uno así? ¿Qué pasó con el mío?" Este es el modo en que trabaja la mente de un niño de 3 años. De inmediato, puede sentirse tan inquieto, que inclusive, teme preguntárselo a sus padres.

Esta inquietud acerca de por qué los niños y las niñas tienen diferente forma se manifiesta de distintas maneras. Recuerdo a un niño algo menor de 3 años, que contemplaba con expresión ansiosa a su hermanita mientras se la bañaba, y le dijo a su madre: "La bebita tiene bubú." Era su modo de expresar que estaba lastimada. La madre no pudo comprender a qué se refería, hasta que el niño tuvo la suficiente audacia como para señalar. Más o menos, en el mismo momento, comenzó a sostener su pene, de un modo preocupado. Su madre se sintió triste, e interpretó que estaba adquiriendo un mal hábito. Nunca se le ocurrió que hubiera una relación entre estos dos hechos. Recuerdo a una niñita que comenzó a preocuparse después que descubrió cómo eran los varones, y empezó a intentar desnudar a diferentes niños, para poder observar también, cómo estaban constituidos. No lo hacía con timidez; se podía advertir que estaba temerosa. Más tarde, comenzó a manipular sus genitales. Un varón de 3½ años, se volvió inquieto respecto del cuerpo de su hermana menor, y luego comenzó a darle miedo de todo lo que se rompía en la casa. Le preguntaba a sus padres, con nerviosismo: "¿Por qué se rompió este soldadito?" Su pregunta no tenía sentido, porque él mismo lo había roto el día anterior. Cada cosa dañada que veía, parecía recordarle sus miedos con respecto a sí mismo.

Resulta prudente comprender, con anticipación, que los niños normales tienen predisposición a preguntar acerca de cosas tales como las diferencias corporales, entre los 2½ años y los 3½ años, y que, si no se les proporciona una respuesta tranquilizadora la primera vez que sienten curiosidad, tenderán a sacar conclusiones inquietantes. No tiene sentido esperar a que digan: "Quiero saber por qué un varón no está constituido como una niña", porque no podrán ser tan claros. Es posible que hagan algún tipo de pregunta, o insinuaciones, o simplemente, esperar y preocuparse. No lo considere como un interés total en el sexo. En principio, para ellos, sólo resulta como cualquier otra pregunta importante. Usted podrá advertir, por qué razón resultaría dañino hacerlos callar, regañarlos o avergonzarlos y negarse a contestar. Ello podría darles la idea de que se encuentran en terreno peligroso, que es lo que usted debe evitar. Por otro lado, no es necesario que usted sea solemne, como si estuviera dictando una conferencia. Es más simple. Ante todo, lo que resulta útil, es hacer que el miedo del niño se manifieste en forma abierta, diciéndole que es probable que él (o ella) piense que la niña tenía un pene, pero que algo le ha ocurrido con él. Luego, intente aclarar, de un modo natural, alegre, que las niñas y las mujeres están **constituidas** de manera diferente que los niños y los hombres; así **debe** ser. Un pequeño capta mejor la idea a través de ejemplos. Usted puede explicar que Johnnie está constituido tal como Papi, Tío Henry, David, y así de seguido, y que María es como Mamá, la señora Jenkins y Helen (enumerando a todos los individuos que el niño conoce bien). Una niñita necesitará en mayor medida que se la tranquilice, porque es natural que desee tener algo que pueda ver. (Escuché acerca de una niñita que se quejó a su madre: "Pero él es tan vistoso, y yo tan simple.") Le ayudará saber que a su madre le gusta como es, que sus padres la aman tal como está constituida. Este también podría ser un buen momento para explicar que las niñas, cuando crecen, pueden tener bebés dentro suyo, y tener pechos para amamantarlos. Esta es una idea estimulante, a los 3 ó 4 años.

616. El temor a la guerra nuclear es casi universal entre niños y es realista. Los pequeños lo expresan como el temor a que sus padres sean asesinados, y les preocupa quién cuidará de ellos. Los niños mayores advierten el peligro directo para sí mismos. Los adolescentes se ven impulsados al pesimismo, y preguntan cuál es la importancia de estudiar, o conservar su salud, si morirán antes de transformarse en trabajadores y padres.

Los padres pueden dar a sus hijos una tranquilidad parcial, si les dicen: "Sí, existe el peligro, pero no es indispensable que ocurra, si trabajamos políticamente por la paz.

Votaremos por aquellos candidatos para presidente, senador y al congreso que estén a favor del congelamiento nuclear, el desarme, y la discusión pacifica de las discusiones. Le escribiremos a nuestros militares, no sólo una vez, sino a menudo. Pertenecemos a grupos pacifistas y asistimos a manifestaciones. Tú puedes colaborar, escribiendo cartas y asistiendo también a manifestaciones."

Los niños demasiado pequeños para escribir cartas o acudir a manifestaciones pueden ser tranquilizados, si se les dice que sus padres y otros adultos trabajan duro para evitar que la guerra nuclear ocurra.

El morderse las uñas

617. El morderse las uñas es una señal de tensión. Resulta más común en los niños muy nerviosos y los que se preocupan mucho. Comienzan a morderse las uñas cuando se encuentran ansiosos— por ejemplo, mientras esperan a que los llamen en la escuela, cuando miran un episodio de temor en una película. No es necesariamente una señal grave en un niño que, en términos generales, se encuentra feliz, pero siempre vale la pena volver a observarlo.

El regañarlo o el ponerle una sustancia amarga en las uñas, por lo común, no lo detiene durante más de medio minuto, porque rara vez advierten que lo están haciendo. A la larga, ello podría aumentar la tensión. Rara vez, la sustancia amarga en las uñas resulta eficaz y el niño lo ve como un castigo. Esto no hace otra cosa que darle más de que preocuparse, y intensifica el hábito.

El mejor modo consiste en descubrir cuáles son las presiones que se ejercen sobre el niño, y tratar de aliviarlas. ¿Se lo apresura, corrige, advierte o regaña demasiado? ¿Esperan demasiado los padres de su rendimiento escolar? Consulte a la maestra, respecto de su adaptación escolar. Si las películas, la radio, la televisión, le inquietan más que al término medio de los niños, es preferible evitar que mire los peores programas.

Se puede ayudar a un niño de más de 3 años, ofreciéndole un equipo de manicura, siempre que se lo haga con ganas de cooperar.

Masturbación

618. Diferentes opiniones sobre la manipulación de los genitales. Antes del siglo XX, había mucha vergüenza y culpa en los países cristianos sobre el sexo en general y la masturbación en particular. Se decía a los niños que la masturbación se les lastimaría los genitales —hasta hacer que el pene se cayera— y causaría la locura.

Los médicos, sobre todo psiquiatras, y los psicólogos, quienes han estudiado estos miedos sobre la masturbación en nuestros tiempos han descubierto que son infundados, que una gran mayoría de niños y adultos se han masturbado, más durante ciertas etapas, a pesar de la culpabilidad, y que no hay daño ni físico ni psicológico aparte de la culpabilidad excesiva en ciertos individuos sensibles. Estos profesionales creen que la masturbación es normal, que es una manera positiva en que los niños pueden aprender sobre sus propios cuerpos y las diferencias de los géneros, y que alivia la tensión y les da consuelo.

Los bebés descubren sus genitales en la última parte de su primer año del mismo modo que descubren sus dedos de las manos y los pies, y también los manosean de la misma forma. A los 3, 4 y 5 años, hay un período de interés sexual más alto, creen la mayoría de los profesionales, que es menos intenso que el de un adolescente y que involucra a la mayoría de los niños en los juegos sexuales, en formar afecciones románticas al padre del sexo opuesto, en la curiosidad sobre de dónde viene los bebés y en el deseo de hacer uno, y normalmente en un aumento de masturbación. Estos intereses sexuales se hacen cohibidos durante el período entre los 6 y los 11 años (y sublimados en intereses más aceptados por la sociedad como la naturaleza, la ciencia, temas de escuela) porque los niños se vuelven ansiosos sobre la competencia romántica con el padre del mismo sexo, sobre por qué las niñas no son como los niños, sobre la desaprobación de los padres de la masturbación y otras actividades sexuales. Luego, los cambios de hormonas de la pubertad y la adolescencia empujan los sentimientos sexuales al primer plano de nuevo, con más fuerza que nunca.

Estas conclusiones de los profesionales sobre la normalidad y aceptabilidad de la sexualidad de los niños y la masturbación dejan problemas para los padres con creencias religiosas y morales contrarias. Para estos padres, sugiero ciertos compromisos. Evitaría las amenazas de la locura o que el niño podría lastimarse, porque podrían asustar a los niños sensibles y podrían causar dificultades emocionales y sexuales permanentes. Sugiero, en cambio, que tales padres usen tipos de inhibición leves como "Ojalá no hicieras esto", o "Va en contra de nuestras creencias que te tocaras así".

619. Los bebés. En la segunda mitad del primer año, los bebés descubren sus genitales del mismo modo que descubren sus dedos de las manos y los pies, explorando sus cuerpos al azar. Sienten placer cuando manosean los genitales, y a medida que se maduran, se acuerdan de estas sensaciones de placer. Entonces de vez en cuando, se tocarán de modo intencional.

620. Los niños de edad preescolar. Para cuando tienen entre los 18 y 30 meses, los niños se dan cuenta de las diferencias de los géneros, en específica enfocando en el pene del niño y la falta de ello en la niña. Esto es como lo ven los niños, hasta que aprenden que las niñas tienen una vagina y un útero en los cuales pueden criar a bebes, cosas que no tienen los niños. Este interés natural en los genitales conduce a un aumento en el número de niños que se masturban.

Para cuando tienen 3 años, creemos que los niños que no han sido prohibidos de masturbarse, lo harán de vez en cuando. Además de manipularse los genitales con sus manos, pueden frotar sus muslos o mecerse de una manera rítmica, o empujar sus pelvis mientras se sientan en un brazo de un sofá o una silla o acostados sobre un animal rellenado preferido.

A esta edad, los niños estarán interesados de una manera abierta en los cuerpos de los niños del sexo opuesto y, si se lo permite, se mostrarán y se tocarán de una manera espontánea. Jugar a "tener una casa" o al "médico" ayuda satisfacer la curiosidad sexual, mientras permite que los niños practiquen ser maduros de modos más generales.

Los niños a esta edad se tocan los genitales para consolarse a sí mismos cuando se sienten tensos o asustados. En la Sección 615, se dieron ejemplos acerca de niños de 3 años, que se tocaban demasiado, de modo preocupado, después de haber descubierto que las niñas no estaban constituidas como los niños. Para los padres, es importante saber que una de las causas más comunes para la manipulación **excesiva** de los genitales y la masturbación en la primera infancia, es el temor de que algo les ocurrirá o les ha ocurrido a dichos genitales.

Resulta peor decirles a tales niños que se lastimarán. El decirles que son malos y que usted no los amará más, les añade un nuevo temor. Lo prudente consiste en intentar desvanecer el miedo tan pronto como se advierte que está surgiendo. Si los padres del pequeño que dijo: "La bebita tiene bubú", hubieran sabido que este error y esta preocupación eran comunes, hubieran podido tranquilizarlo la primera vez que lo dijo. Lo mismo se puede decir de los padres de la niñita que intentaba, con ansiedad, desvestir a otros niños.

Todo padre ha visto al niño que se agarra los genitales cuando necesitan orinar, pero esto no es la masturbación.

621. Los niños de edad escolar. La psicología de Freud mantiene que hay un período latente de interés y actividad sexual disminuidos entre los 6 ó 7 años y la pubertad. Sin embargo, los investigadores en el desarrollo de los niños han observado que la mayoría de estos niños siguen masturbándose, aunque con menos frecuencia y de una manera menos abierta, por placer; y siguen usando los efectos calmantes de la masturbación para ayudar calmar las inquietudes de toda clase.

El comparar el tamaño del pene entre niños, y la apariencia y tamaño del clítoris entre niñas, es normal a esta edad. Es parte del proceso general de ver cómo se compara con sus colegas y no indica una inclinación homosexual.

622. Adolescentes. El impulso natural biológico y psicológico en el adolescente conlleva una calidad plenamente sexual a las fantasías que acompañan la masturbación. La mayoría de niños, aunque no todos, comenzarán a tener "sueños mojados" en los cuales eyaculan sin masturbarse, y eyaculan con regularidad cuando sí se masturban. Con las niñas, la eyaculación se manifiesta por el humedecerse de la vagina después de sueños mojados o de masturbación.

La masturbación para aliviar la tensión sexual ahora se hace común, y sigue aliviando las tensiones e inquietudes por otras causas también. A medida que la adolescencia progresa, muchos amantes jóvenes se masturbarán mutuamente mientras se acercan a estar listos para el sexo.

623. La masturbación excesiva puede ser una señal de tensión y preocupación. En cualquier edad, existen unos pocos niños que manipulan demasiado sus genitales, a veces en público. Apenas parecen darse cuenta de lo que están haciendo. Por lo común, son niños tensos y preocupados. No están nerviosos porque se masturben; se masturban porque están nerviosos. La cuestión consiste en averiguar la causa de su tensión, en lugar de atacar la masturbación de modo directo. Un muchacho de 8 años está aterrado por la idea de que su madre enferma se vaya a morir. No puede concentrarse en la tarea escolar, sino que toca sus genitales, con aire ausente, mientras mira por la ventana. Otra, se encuentra por completo desadaptada, no sabe cómo entenderse con los demás niños, no tiene relación íntima con el mundo a su alrededor. Aislada del exterior, se ve obligada a vivir hacia dentro de sí misma. Tales niños y sus padres, necesitan el apoyo de un psiquiatra, o de una clínica de orientación infantil (la Sección 861).

624. Los sentimientos de los padres acerca de la masturbación. Si hay un fuerte desacuerdo entre los padres, se debe encontrar un término medio cómodo antes de que pueda decidir cómo manejar el asunto con sus niños. Y es posible que necesite ayuda profesional, de su médico o pastor o de un profesional de salud mental, para encontrar aquel término medio. Yo pienso que sean lo que sean las creencias y los sentimientos que usted tiene, debe evadir amenazar o castigar a sus niños cuando revelan su sexualidad natural. Esto sólo haría que hagan más esfuerzos para ocultar sus sentimientos sexuales, y darles un sentimiento de culpabilidad. Puede explicarles la manera en que usted se crió, y pedirles que no hagan ciertas cosas delante de usted, porque verlo le pone a **usted** incómodo.

Si los niños hacen preguntas o, más a menudo, repiten algo negativo que han oído de otro niño o adulto sobre la masturbación, intente a responder en la manera más tranquilizadora como puede. Primero, tendrá que corregir errores de los hechos. Pero luego es importante intentar a decir algo sobre la normalidad y la universalidad de la actividad. Les resulta bien a los niños sentir que pueden preguntar a sus padres sobre el sexo.

Si su pequeño niño empieza a masturbarse delante de miembros de la familia o visitantes, usted puede querer explicarle que es una actividad privada que se debe hacer a solas. Podría decir algo como, "Sabemos que te gusta tocarte así, y está bien. Pero pensamos que debes hacerlo en tu habitación, a solas." Para contestar al "por qué" tiene que irse a su habitación, usted puede necesitar añadir, "Porque algunos niños y adultos se ponen incómodos cuando ven a una persona haciendo eso, y no es bueno hacer que otros se sientan incómodos."

A muchos padres les da vergüenza hablar de la masturbación y de otros aspectos agradables del sexo. Así que la mejor manera de dirigirse a la curiosidad natural de su niño es ser honesto sobre sus propios sentimientos. Siempre puede decir algo como, "Me siento incómodo hablando del sexo, porque mis padres me dijeron que era malo pensar en o hablar de ello".

Hay muchos libros buenos sobre el sexo para niños y adolescentes, e incluyen discusiones sobre la masturbación. Creo que está bien dar a sus niños libros sobre el tema, pero no como un sustituto de hablar con ellos. La lectura debe servir como estímulo para una charla y como una fuente de información basada en los hechos.

625. Son perjudiciales los mitos y las amenazas. La ciencia moderna nos ha dado estos hechos: La masturbación no conduce a la locura, retardo mental, malformaciones físicas, ceguera, granos, pelo en las palmas de las manos, epilepsia, esterilidad, homosexualidad, ni la perversión sexual.

Estos mitos y amenazas no hacen que el niño pare de masturbarse, pero sí, sin duda hacen que muchos se masturban con más culpa y más inquietud. Y cuando no se cumplen ninguna de las amenazas, hace que los niños dudan las otras cosas que sus padres les dicen sobre el sexo.

"Los hechos de la vida"

626. La educación sexual comienza pronto, lo planee usted o no. Resulta común pensar que la educación sexual consiste en una conferencia en la escuela, o una conversación solemne, con el padre, en casa. Esta es una visión muy estrecha del tema. A través de toda su infancia, el niño aprende "los hechos de la vida", sea de una manera adecuada o sea de una manera errónea. El sexo es mucho más amplio que el modo en que se hacen los bebés. Incluye toda la cuestión acerca de cómo se entienden unos con otros, los hombres y las mujeres, y cuáles son sus respectivos lugares en el mundo. Permítame darles algunos malos ejemplos. Supongamos que un muchacho tiene un padre que se comporta en forma desagradable y abusiva con la madre. No es posible educarlo con una conferencia en la escuela, en la cual se diga que el matrimonio es una relación de mútuo amor y respeto. Su experiencia le indicará que los hechos son diferentes. Cuanto aprenda acerca del aspecto físico del sexo, lo adaptará a la visión que obtuvo de un hombre grosero hacia una mujer. O bien, tomemos el ejemplo de una niña que crece, sintiendo que no se la quiere, porque cree que sus padres prefieren a su hermano menor. Tendrá predisposición a estar resentida hacia los hombres, porque considera que provocan todas las desdichas —que las mujeres son siempre víctimas— y que dicha situación no puede cambiarse. No importa cuántos libros o cuántas charlas le dé usted acerca del sexo y el matrimonio. Todo lo que escuche o experimente, lo ajustará al modelo fijado en su mente: es el hombre quien toma ventaja sobre la mujer, la que es incapaz de modificar dicho modelo. Aun cuando se case, no podrá modificar su visión.

Por lo tanto, la educación sexual comenzará en cuanto que ellos perciban la relación entre su padre y su madre, en general, cómo se sienten respecto de sus hijos e hijas y en cuanto adviertan las diferencias entre sus cuerpos y los de sus padres, tanto como de sus hermanos y compañeros de juego de sexo opuesto.

627. Yo creo que el sexo es tanto espiritual como físico y que los niños necesitan saber que sus padres sienten lo mismo. Esto es por qué el enamorarse resulta una experiencia emocional tan intensa. Los amantes quieren cuidarse, agradarse, consolarse el uno al otro. Eventualmente, quieren tener hijos juntos. Si son religiosos, quieren que Dios sea parte de su matrimonio. Estas aspiraciones son parte de lo que hace un matrimonio fuerte y idealista. Esto no se lo puede explicar a un bebé de 1 año, claro, aunque el amor intenso y dependiente entre él y sus padres está formando la base. Pero, para cuando el niño tiene 3, 4 ó 5 años, la edad en que el amor generoso del niño se dirige hacia los padres, especialmente el amor romántico-sexual que se dirige al padre del sexo opuesto, es bueno que los niños vean que sus padres no sólo quieren abrazarse y besarse, sino que también anhelan ser simpáticos y respetuosos el uno al otro. Cuando los padres responden a las preguntas de sus niños a esta edad y mayor, acerca de dónde vienen los bebés y qué es el papel del padre, es importante que los padres hablen del papel que desempeña su devoción mútua, de cómo les gusta hacer cosas el uno para el otro, regalar cosas el uno al otro, tener hijos juntos, cuidarlos juntos, y cómo esto va junto con el afecto físico y el deseo de poner la semilla del pene dentro de la vagina. En otras palabras, los padres no deberían ofrecer la explicación anatómica y física del sexo sin relacionarla con los aspectos espirituales y idealistas.

Los padres deberían mostrar un buen ejemplo para sus niños mostrándose ansiosos de ayudar, considerados, simpáticos, respetuosos, aun cuando no están de acuerdo. De vez en cuando pueden indicar la necesidad de estas cualidades en un matrimonio (sin jactarse) cuando hablan de otra pareja.

628. Los niños hacen preguntas alrededor de los 3 años.
Más o menos a los 2½, 3 ó 3½ años, los niños comienzan a tener ideas más exactas con respecto a las cosas relacionadas con el sexo. Es la etapa del "por qué", cuando la curiosidad se ramifica en todas direcciones. Es probable que quieran saber por qué los varones están constituidos de modo diferente que las niñas (lo cual se analiza en la Sección 615). No lo consideran una cuestión sexual. Sólo representa una pregunta importante. Pero si adquieren una visión equivocada, entonces se confundirán respecto del sexo, y ello les dará ideas distorsionadas.

629. ¿De dónde vienen los bebés?
Es casi seguro que esta pregunta surgirá en el período de alrededor de los 3 años. Es preferible y más fácil comenzar con la verdad, que contar una historia fantástica, y tener que cambiarla más adelante. Trate de contestar la pregunta con tanta sencillez como es formulada. Usted puede decir, por ejemplo: "Un bebé crece en un lugar especial, dentro de la madre, llamado útero o matriz." Si los satisface, no es preciso decir más que eso, en ese momento. Sin embargo, unos pocos minutos después, o tal vez, meses después, querrán saber un par de cosas más. ¿Cómo llega el bebé allí, y cómo sale? La primera pregunta suele ser vergonzosa para los padres, que pueden sacar la conclusión de que están preguntando acerca de la concepción y las relaciones sexuales. No tienen semejante idea, por supuesto. Imaginan cosas que llegan al estómago cuando se comen, y quizá se pregunten si el bebé también llega de ese modo. Decir que el bebé crece a partir de una semillita que siempre estuvo dentro de la madre, puede ser una respuesta simple. Pasarán meses antes de que quieran saber

qué parte tiene el padre en ello. Algunas personas consideran que a los niños se les debe decir, en el momento en que
formulan su primera pregunta, que el padre contribuye,
colocando también una semilla dentro de la madre. Tal vez
esto sea lo correcto, en especial en el caso del varoncito,
que siente que el hombre queda desplazado. Sin embargo,
la mayoría de los expertos están de acuerdo en que, a los 3
ó 4 años, no es necesario intentar dar una imagen exacta de
los aspectos físicos y emocionales de la relación sexual.
Cuando formulan dicha pregunta, se podría decir que es
más de lo que esperaban. Satisfacer su curiosidad, en el
nivel de su comprensión, es todo lo que se necesita.

Con respecto a la pregunta de por dónde salen los bebés,
una buena respuesta puede ser algo aproximado a esto:
cuando son lo bastante grandes, salen a través de una abertura especial, llamada la vagina, que existe precisamente
con ese fin. También es importante aclarar que no es una
abertura para los movimientos intestinales ni la orina.

Un pequeño tiene gran predisposición a sobresaltarse
ante alguna evidencia de menstruación, e interpretarlo
como una señal de herida. Una madre debería estar en
condiciones de explicar que todas las mujeres tienen tal
flujo, todos los meses, y que no proviene de ninguna herida. Se les puede explicar algo acerca del propósito de la
menstruación a los niños de 4 años en adelante.

630. ¿Por qué no la cigüeña? Usted podría preguntar:
"¿Por qué no es más sencillo y menos vergonzoso contarles acerca de la cigüeña?" Existen varios motivos. Sabemos
que un niño tan pequeño de más o menos 3 años, puede
imaginar dónde está creciendo el bebé, cuando su madre o
su tía están embarazadas, observando la figura de la mujer,
y a través de cosas que escucha. El que su padre le diga,
nervioso, algo distinto de lo que sospecha como verdadero,
tenderá a confundirlo y preocuparlo. Aun cuando, a los 3
años, no sospeche nada, con seguridad descubrirá la verdad, o una verdad a medias, cuando tenga 5, 7 ó 9 años. Es
preferible no comenzar de modo equivocado y hacer que,
más adelante, lo considere un mentiroso. Y si percibe que,
por alguna razón, usted no se animó a decirle la verdad,

ello pondrá una barrera entre ustedes, lo pondrá inquieto. No obstante lo preocupado que esté, se encontrará menos predispuesto a formularle, más adelante, otra pregunta. Otro motivo para decirles la verdad a los 3 años es que, a dicha edad, los niños se conforman con respuestas simples. Usted adquiere práctica para las preguntas difíciles que vendrán luego.

En ocasiones, los pequeños a quienes se les ha explicado dónde crece el bebé, confunden a sus padres, hablando como si aún creyeran en la teoría de la cigüeña. O bien pueden mezclar dos o tres teorías al mismo tiempo. Los niños pequeños creen parte de todo lo que escuchan, porque tienen una imaginación muy vívida. A diferencia de los adultos, no tratan de encontrar una respuesta correcta, y de deshacerse de la equivocada. También es preciso recordar que los niños no lo aprenden todo la primera vez que se les dice. Cada vez aprenden un poco, y vuelven sobre la misma pregunta, hasta que se sienten seguros de que lo han entendido bien. Así, en cada nueva etapa del desarrollo, están preparados para un nuevo enfoque.

631. Por lo común, un paso a la vez los satisface. Tenga en cuenta por anticipado que las preguntas de su hijo, nunca llegarán, con exactitud, en el momento y la forma en que usted lo espere. Un padre tiende a imaginar la escena, a la hora de acostarse, cuando el niño se encuentra de un humor de confianza. En realidad, la pregunta suele surgir, más bien, en medio de la tienda de comestibles, o mientras usted conversa con una vecina embarazada en la calle. Si así ocurre, trate de desviar el impulso de hacer callar al niño. Si puede, conteste de inmediato. Si no es posible, diga, de modo ligero: "Te lo diré después. Estos son temas de los cuales querremos hablar cuando no haya otras personas cerca." No haga de ello una situación demasiado solemne. Si su hijo le pregunta por qué la hierba es verde, o por qué los perros tienen cola, usted le responde de manera espontánea, lo cual le da la sensación de que es la cosa más natural del mundo. Cuando responda acerca de los hechos de la vida, trate de infundirle el mismo espíritu de naturalidad. Recuerde que, si bien este tema posee sentimientos vergonzosos para usted, para ellos, es una cuestión de simple curiosidad. Si usted percibe que su vergüenza es demasiado evidente, puede decir algo así: "Me avergüenza hablar de estos temas, porque mis padres siempre me dijeron que, hablar o pensar sobre el sexo, era algo malo. Yo no estoy, en absoluto, de acuerdo con ellos, pero no he tenido mucha práctica al respecto, de modo que me resulta difícil." Las preguntas tales como: "¿Por qué no llegan los bebés hasta que no te casas?" o "¿Qué papel tiene el padre en ello?" pueden no surgir hasta que los niños tienen 4 ó 5 años, hasta que contemplan a los animales. Entonces usted puede decir que la semilla sale del pene del padre, y se introduce en el útero, un lugar especial, diferente del estómago, donde crecerá el bebé. Puede transcurrir cierto tiempo, hasta que puedan utilizar sus propias palabras mencionando el amor y los abrazos.

632. El niño que no ha preguntado. ¿Qué ocurre con el niño que ha llegado a los 4 ó 5 años, y no ha preguntado nada en absoluto? A veces, los padres interpretan que el niño es muy inocente, y nunca ha pensado en estos temas. La mayoría de las personas que han trabajado en proximidad con niños, lo dudan. Ya sea que los padres hayan querido dar esa impresión o no, es más probable que los niños hayan percibido la vergüenza de los padres al respecto. Se puede advertir a través de las preguntas indirectas, las insinuaciones y las pequeñas bromas que hacen los niños, para probar la reacción de los padres. Pienso en varios ejemplos. Un niño de 7 años de quien se suponía que no sabía nada acerca del embarazo, de un modo medio preocupado, medio en broma, llamó con insistencia la atención, respecto del enorme abdomen de su madre. Más bien tarde que nunca, éste podría ser un buen momento para explicar. Una pequeña que está en el período de preguntar por qué no está constituida como un varón, en ocasiones, hace grandes esfuerzos para orinar de pie. Entonces, los padres tienen una oportunidad para ofrecerle una explicación tranquilizadora, aunque la niña no haya hecho una pregunta directa. En la conversación de un niño, todos los días surgen oportunidades, con respecto a los seres humanos, los animales y las aves, en las cuales, un padre que está atento a las preguntas indirectas, puede ayudar a su hijo a preguntar lo que él o ella desea saber.

633. Cómo puede ayudar la escuela. Si la madre y el padre han respondido de manera cómoda a las primeras preguntas a medida que los niños crecen, seguirán dirigiéndose a los padres, en busca de conocimientos más precisos. Sin embargo, también la escuela puede contribuir. Muchas escuelas hacen hincapié en permitir que los niños cuiden animales, tales como conejos, conejillos de Indias, o ratones blancos. Ello les brinda una oportunidad de familiarizarse con todos los aspectos de la vida de los animales: la alimentación, la pelea, el acoplamiento, el nacimiento, y el amamantamiento de las crías. En cierto sentido, resulta más fácil aprender acerca de estos hechos, en una situación impersonal, y complementa lo que los niños han aprendido de sus padres. A pesar de ello, es probable que quieran analizar en casa, para aclararlo aún más, lo que han aprendido en la escuela.

Hacia el quinto grado, resulta bueno tener una clase de biología, brindada de manera simple, que incluya un análisis sobre la reproducción. En efecto, algunas niñas de la clase estarán ingresando en el período de la pubertad, y necesitarán ciertos conocimientos precisos sobre lo que les está ocurriendo. El análisis desde un cierto punto de vista científico, ayudaría al niño a presentarlo en casa, de modo más personal.

Yo creo que la educación sexual, incluido sus aspectos espirituales, debe formar parte de una educación amplia de salud y de la moralidad desde el jardín de niño hasta el grado 12, realizada idealmente por los padres y los profesores trabajando en armonía.

Guardería, preescolar y escuela Montessori

634. La mayoría de los niños se beneficiarían con una experiencia de grupo entre los 2 y los 3 años y el jardín

de niños, pero por cierto, no siempre resulta necesario. Es, en particular, valioso para el único hijo, para el que no tiene demasiada oportunidad de jugar con otros, para el que vive en un apartamento pequeño, para el que sus padres, por una u otra razón, encuentran difícil de manejar. Todos los niños, hacia los 3 años, necesitan otros niños de la misma edad, no sólo para entretenerse, sino también para aprender a entenderse con ellos. Este es el cometido más importante de la vida de un niño. Los pequeños necesitan espacio para correr y gritar, aparatos a los cuales treparse, bloques, cajas y tablas con los cuales construir, trenes de juguete y muñecas para jugar con ellos. Necesitan aprender a relacionarse con otros adultos, además de sus padres. En nuestros días, pocos niños poseen estas ventajas en su propio hogar. La atención en un buen grupo es tan crucial para los padres como para los niños, teniendo en cuenta el creciente número de familias, en las cuales ambos padres trabajan fuera de casa.

635. Las guarderías de día es un término que se emplea desde hace pocos años, para referirse de modo específico al cuidado de los niños, durante las horas de trabajo de sus padres (a menudo, entre las 8 de la mañana y las 6 de la tarde), en ocasiones, subsidiado por agencias gubernamentales, o por compañías privadas. Aporta al cuidado de los niños, todas las ventajas del preescolar— una filosofía educativa, maestros entrenados, y un equipo educativo completo.

El concepto de guardería surgió durante la Segunda Guerra Mundial, cuando el gobierno federal deseaba alentar a las madres, aun con niños pequeños, a trabajar en la industria bélica. En esencia, se emplea para la atención de niños de entre 2 ó 3 años y 5 años. Pero a menudo incluye la atención de niños de jardín de niños y de segundo grado, durante el tiempo en que terminan sus clases regulares hasta que sus padres los van a buscar, a las 5 ó 6 de la tarde. El requerimiento básico consiste en que, al menos, la maestra que dirige, esté entrenada, calificada por la escuela de maestras de párvulos. A menudo, se utiliza a los padres, otros vecinos adultos, estudiantes de colegios y escuelas superiores, como ayudantes. Es importante planificar con anticipación qué se hará cuando su niño esté enfermo y no pueda concurrir al centro de cuidado diurno.

Véase las Secciones 60–63, para un análisis de los centros de cuidados diurnos, para niños menores de 2 ó 3 años.

636. El concepto del preescolar norteamericano fue desarrollado a comienzos del siglo XX, no para el cuidado de los niños cuyas madres trabajaban y no sólo para preparar a los niños, de modo específico, para el aprendizaje de la escuela primaria. El objetivo consistía en darles, a los niños de 3 y 4 años, durante la mitad, o las dos terceras parte del día, bajo la atención de maestros entrenados, una variedad de experiencias importantes, las cuales los ayudarían a crecer en todos los aspectos, y hacerlos personas más sensibles, capaces y creativas: bailar y ejecutar música rítmica, pintar en bastidor de su propia inspiración, modelado en arcilla, construcción con bloques, y juegos vigorosos al aire libre. Ellos elaboran sus experiencias de vida, y se preparan para la edad adulta, por medio del juego de muñecas, y la dramatización de situaciones familiares, propias y de sus padres.

En teoría, existen rincones tranquilos, para el juego individual para cuando un niño siente esa necesidad. El objetivo consiste en desarrollar una amplia variedad de capacidades— académicas, sociales, artísticas, musicales y musculares. El énfasis está puesto en la iniciativa, la independencia, la cooperación (discutir y compartir, en lugar de pelear por el equipo de juego), y en poner en práctica las propias ideas de los niños.

637. Preescolares en cooperativa. Algunos padres que no pueden afrontar el gasto de un preescolar, se reúnen y juntan suficiente dinero entre ellos, con el propósito de contratar un maestro bien entrenado para dirigir un preescolar, quizá con uno o dos maestros más, también con buena preparación, y empleando a los padres como ayudantes. Dichos padres tienen ocasión de aprender de los maestros entrenados, y de tener cierto tipo de contracto con sus hijos y con otros niños, que de otro modo no tendrían.

638. Las escuelas Montessori toman su nombre de María Montessori (1870–1952), la primera mujer de hacerse doctora en Italia. La doctora Montessori trataba la educación de jóvenes como una ciencia, por medio de la observación y de experimentos. El método que desarrolló se basa en el deseo natural de aprender del niño, e incluye la adquisición gradual de habilidades cada vez mas difíciles.

Durante un período de años, realizó experimentos, desarrollando grandes series de objetos que iban requiriendo cada vez mayor destreza y madurez para ser manipulados; por ejemplo, tarjetas coloreadas, que debían ser apareadas por color, cubos de distintos tamaños, que debían ser ordenados, dos trozos de tela, con ojales, a las cuales había que abrochar juntos, agujetas para formar con ellos un moño, etcétera. Luego que un niño hubiera dominado una destreza, se le daba un objetivo que requiriera mayor habilidad. Después de un período de 2 ó 3 años, que comenzaba a los 2 ó 3 años de edad, un niño avanzaba, en pequeños pasos, hacia las etapas de comienzo de lectura, escritura y aritmética.

En principio, la doctora Montessori creó su método para los niños con dificultades en su desarrollo. Siguió y aplicó su método a los niños normales, y encontró entre otras cosas, que teniendo en cuenta sus intereses y las habilidades, le conviene al niño promedio aprender la escritura y la lectura alrededor de los 4 ó 5 años de edad, lo cual es mucho más temprano que se las aprende en las escuelas convencionales. Hoy en día, la adquisición temprana de la escritura y la lectura (en ese orden) es a lo mejor la característica que más sobresale de las escuelas Montessori, aunque no es de ninguna manera su objetivo central.

Los elementos del método Montessori incluyen la adquisición de habilidades sociales, artísticas y culturales, además de habilidades académicas. La actitud hacia la educación se caracteriza por una libertad con que el niño puede trabajar a su propio ritmo; estructura y armonía en el medio ambiente; contacto con la naturaleza a través de actividades al aire libre y el cuidado de los animales y plantas. Los niños trabajan solos o en pareja y a veces en grupos más grandes. En la educación Montessori no hay lugar para la competencia, ni premios ni castigos. Se consideran a los padres como asocios en la educación del niño. La maestra sirve como guía cuando hace falta.

Para los padres que quieren una educación Montessori para su niño, conviene visitar a las escuelas Montessori en su vecindad, hablar con la maestra y observar a los niños. Algunas escuelas Montessori adoptan una mezcla de sus métodos y los desarrollados por el movimiento de la escuela norteamericana del preescolar. Asegure que la escuela que usted está considerando está autorizada por L'Associazione Montessori Internationale o por la American Montessori Association. Muchas escuelas se refieren a sí mismas como escuelas Montessori, pero no están autorizadas.

639. El juego y la dramatización en los preescolares y las guarderías. Las palabras como "juego" y "dramatización" les dan a ciertas personas la idea de que sólo se trata de diversión, sin ningún propósito serio. Nada puede estar más lejos de la verdad. La mayor parte del juego es un asunto serio para los pequeños. Es su manera de imitar y practicar las actividades de los adultos para poder aprenderlas y madurar. El dramatizar situaciones tensas de las vidas de sus padres, y de las suyas propias, es su manera de dominar las emociones fuertes. Es probable que se hayan asustado del médico, y entonces, se transformarán ellos mismos en doctores, y clavan agujas en una muñeca. (Esto representa la superación de la ansiedad a través de lo que se conoce, en psicología, como transformar lo pasivo en activo.) Pueden estar dolorosamente celosos de un hermano o hermana, y haberse sentido culpables al respecto. Para tranquilizarse, acerca de haber superado ese "mal" comportamiento, inventan situaciones dramáticas, en las cuales, ellos son los padres, y castigan a su muñeca, por ser celosa y portarse mal.

El expresar sus sentimientos en el juego, otorga madurez emocional a todos los niños. El preescolar lo facilita, proveyendo una riqueza de equipo de juego y amigos, para desempeñar papeles en los dramas de los demás.

Por medio del juego, los niños también aprenden cómo relacionarse con otros niños y con adultos de distintas personalidades, cómo gozar de dar y recibir, cómo solucionar conflictos. El juego en el patio, con hamacas, estructuras para gimnasia, triciclos y carritos, contribuye a la coordinación corporal y a la cooperación social.

La cooperación, la imitación y la creatividad que los niños desarrollan en un buen preescolar o guardería, los preparan en el sentido social, emocional e intelectual, no sólo para el preescolar y los grados de primaria, sino también para sus carreras como adultos.

640. Elegir la clase de preescolar o guardería. Algunas de las escuelas Montessori que se han establecido en norteamérica en los últimos veinte años han tomado libremente las actividades del movimiento de preescolares de nuestro país. Por lo tanto, la diferencia actual entre las escuelas de ambas categorías a veces no es demasiado grande.

Para aconsejar a los padres acerca de la selección de un preescolar entre los que se encuentran disponibles, pondría el acento en la importancia de los maestros entrenados, que disfruten, comprendan y puedan conducir a los niños, y en el hecho de contar con amplias oportunidades para el trabajo creador y el juego imaginativo. Lo que, en realidad, otorga su calidad a la escuela es la forma en que los maestros se relacionan con los niños. Dentro de cada categoría —jardines de niños, escuelas Montessori, y guarderías— existen grandes diferencias, en calidad y espíritu. Visite —durante varias horas, a lo largo de varios días— el preescolar que usted está considerando, hasta que se sienta satisfecho.

¿Cómo se puede saber si un preescolar, una escuela Montessori o una guardería es bueno? El espacio interior y exterior, el equipo, lugares pequeños donde uno o dos niños puedan jugar con tranquilidad, alejados del grupo, suficientes maestros y ayudantes (uno para cada cinco niños), son todos aspectos importantes.

Sin embargo, lo más significativo es la actitud de los maestros, y la respuesta de los niños. ¿Los maestros se fastidian por cuestiones técnicas, le hablan a todo el grupo, en conjunto, sermonean con frecuencia? ¿Se muestran agobiados?

¿O pasan la mayor parte de su tiempo con los niños, ayudándolos con sus demandas y frustraciones, observándolos con atención, animándolos a encontrar sus propias respuestas, a crear sus propias pinturas, construcciones y situaciones dramáticas?

¿Los niños se encuentran relajados? ¿Confían en sus maestros y recurren a ellos en busca de ayuda? ¿Cooperan con otros niños, y se involucran pocas veces en peleas? Una relación amistosa entre los maestros y los niños, influirá en las relaciones entre éstos.

Los padres deberían sentirse bienvenidos en la escuela, y sus visitas deberían permitirse a cualquier hora, cualquier día.

Estoy a favor del mantenimiento gubernamental para todos los preescolares y guarderías —de buena calidad— cuyos padres lo deseen, con equipo de maestros entrenados, seleccionados.

641. Cuándo comenzar el preescolar o la guardería.
Ciertos preescolares y guarderías comienzan a los 2 años de edad. Esto puede funcionar bien si el niño es lo bastante independiente y se relaciona bien (muchos son muy dependientes, hasta los 2½ años ó 3 años), si la clase es pequeña (de no más de 8 niños), y si la maestra es lo bastante cálida y comprensiva como para hacer que los niños se sientan seguros, muy pronto.

Sin embargo, ciertos niños son, en realidad, demasiado inmaduros para incluirse en un grupo tan grande a esa edad, sobre todo cuando pasan todo el día. Todavía son dependientes de los padres, son tímidos con otros niños, y con predisposición a ensimismarse, o apegarse a la maestra. No quiero decir que tales niños deban permanecer siempre atados a sus padres. Necesitan toda oportunidad para estar cerca del lugar donde juegan otros niños, de modo que se habitúen a ellos, se interesen por ellos, y puedan abandonar su dependencia. Pero esto lleva un poco de tiempo. Si usted duda acerca de cuán preparado está su niño para el preescolar, o la guardería, coméntelo con una buena maestra del jardín.

Personalmente, prefiero un tipo de cuidado familiar para

los niños menores de 2 ó 3 años. Es preferible que, entre el padre y la madre, atiendan al niño, por lo menos durante la mitad de sus horas de estar despiertos, por medio de adaptaciones en sus horarios de trabajo. El resto del día, sea que ello represente 2 u 8 horas, el niño puede ser atendido por una persona dentro o fuera de la casa, o por medio de un sistema de "atención familiar diurna", en otra familia. (Véase la Sección 62.)

642. Los primeros días en el preescolar o la guardería. Un niño sociable, a los 4 años de edad, se siente en el preescolar, como pez en el agua, y no necesita ser introducido con delicadeza. Puede resultar diferente con un niño sensible, de 3 años, que aún se siente íntimamente ligado a su padre o a su madre. Si ésta lo deja en la escuela, el primer día, puede ser que no alborote de inmediato, pero después de un rato, es probable que la extrañe. Es factible que se asuste cuando descubra que ella ya no está allí. Tal vez al día siguiente, no quiera salir de casa. Con un niño tan dependiente, es preferible habituarlo a la escuela en forma gradual. Su madre podría permanecer cerca, mientras juega, durante varios días, y llevarlo de vuelta a casa, luego de un cierto tiempo. Cada día, la madre y el niño permanecerían por más tiempo. Entretanto, el niño establece relaciones con la maestra y los otros niños, lo que le dará una sensación de seguridad, cuando la madre ya no esté. A veces, un niño parece bastante feliz, durante varios días, aun después que su madre se ha ido de allí. Luego, se lastima, y de pronto, desea a su madre junto a él. En ese caso, la maestra puede ayudar a la madre a decidir si debe volver a quedarse durante una cantidad de días. Si la madre permanece en la escuela, es preferible que se quede en el patio. La idea consiste en permitir que el niño adquiera su **propio** deseo de pertenecer al grupo, de modo de olvidar que necesita a su madre.

En ocasiones, la ansiedad de la madre es mayor que la del niño. Si lo saluda tres veces, con expresión afligida, lo hace pensar: "Su expresión me dice que podría ocurrir algo horrible, si me quedo aquí sin ella. Es mejor que no la deje ir." Es natural que una madre tierna se preocupe por cómo se sentirá su hijo cuando lo deje por primera vez. Permita que la maestra la aconseje. Ella tiene mucha experiencia.

Un niño que comienza con cierta ansiedad genuina, por separarse de los padres, puede descubrir que ello le otorga gran control sobre un padre con elevada dosis de simpatía hacia él, y explotar luego dicho control, de modo progresivo. (Véase la Sección 598.)

Cuando un niño se vuelve renuente o temeroso de volver a una escuela donde tiene una maestra comprensiva, pienso que es preferible que, por lo común, los padres actúen de manera bastante confiada y firme, y expliquen que todos van a la escuela, todos los días. A la larga, es mejor para los niños superar la dependencia, que dejarse vencer por ella. Cuando un niño tiene gran dificultad en separarse de su madre en la escuela, resulta eficaz que lo lleve el padre, durante unas pocas semanas. Si el pánico del niño es excesivo, debería analizarse la situación con un psiquiatra, o una clínica de orientación infantil. La relación entre la sobreprotección y los temores se analiza en la Sección 594.

643. Las reacciones en casa. Ciertos niños tienen dificultades acerca del preescolar, durante los primeros días y semanas. El grupo grande, los nuevos amigos, las cosas nuevas para hacer, lo mantienen tenso y fatigado. Si al comienzo su niña está demasiado fatigada, ello no significa que no pueda adaptarse a la escuela, sino sólo que usted debe colaborar durante un tiempo, hasta que se habitúe. Examine con la maestra la posibilidad de acortar, durante un tiempo, su permanencia en la escuela, en forma temporal. En algún caso, llegar a la escuela a mitad de la mañana puede ser la mejor solución. Llevar a la niña, que se cansa con facilidad, de vuelta a casa, antes del fin de las actividades escolares, no resultará tan eficaz, porque aborrecerá partir en medio de la diversión. El problema de la fatiga que aparece en las primeras semanas es aun más complicado en la escuela de jornada completa, por el hecho de que una cantidad de niños están demasiado excitados o nerviosos para tomar su siesta, al principio. También puede ser una solución para este problema temporal, que el niño permanezca en casa uno o dos días por semana. Algunos pequeños que comienzan a asistir al preescolar conservan su propio control, a pesar de la fatiga, mientras están en la escuela, pero lo pierden en familia, cuando vuelven a casa. Ello demanda una sobredosis de paciencia y una conversación con la maestra.

Una maestra de jardín de niños bien entrenada debería ser, y por lo común lo es, una persona muy comprensiva. Un padre no debe titubear en comentar con ella los problemas del niño, estén o no relacionados con la escuela. Una maestra tendrá un enfoque diferente, y es probable que haya enfrentado el mismo problema en otros casos.

644. Cómo conseguir preescolar. Usted podría decir: "Estoy convencido de la importancia de que mi hijo asista al preescolar o la guardería, pero no hay ninguno en mi comunidad." Tales escuelas no resultan sencillas de iniciar. Se necesita maestros bien entrenados, mucho equipo, espacio interior y exterior, y todo ello cuesta dinero. Las buenas escuelas nunca son baratas, porque una maestra sólo puede atender, en forma satisfactoria, a un pequeño número de niños. En su mayor parte, se constituyen sobre la base de donativos privados, y los padres pagan el costo total; o bien, por medio de iglesias que suministran el espacio; o por universidades con el propósito de que los estudiantes se entrenen en el cuidado de los niños. A la larga, se creará una cantidad suficiente de preescolares y centros de atención infantil, y funcionarán por medio de fundaciones gubernamentales, sólo si los ciudadanos de la comunidad convencen al gobierno de que los desean, y votan por los candidatos que se comprometan a trabajar para lograrlo.

DE LOS SEIS A LOS ONCE AÑOS

El ajuste al mundo exterior

645. Después de los 6 años, se producen muchos cambios. Los niños se vuelven más independientes de sus padres, inclusive se impacientan con ellos. Están más preocupados por lo que dicen y hacen otros niños. Desarrollan un fuerte sentido de responsabilidad con respecto a temas que **ellos** consideran importantes. Su conciencia puede volverse tan aguda, que les impide hacer cosas sin sentido, tales como pisar una grieta. Se interesan en temas impersonales, como la aritmética y las máquinas. En síntesis, comienzan el proceso de liberarse de sus familias, y tomar su lugar como ciudadanos responsables del mundo exterior.

Anteriormente, en la Sección 605, mencioné la explicación de Freud acerca de lo que ocurre con los sentimientos inconscientes del niño, y que le provoca tantos cambios. Entre los 3 y los 5 años son, en general, cariñosos, afectuosos niños de familia, que imitan con orgullo las actividades, modales para comer, y lenguaje de sus padres. La niña intenta, durante todo el día, ser como su admirada madre, y siente un fuerte apego romántico hacia su padre. Lo mismo ocurre con el varón, pero a la inversa. Pero los sentimientos románticos, posesivos, producen una rivalidad cada vez más perturbadora con el padre del mismo sexo. El temor inconsciente al resentimiento de dicho padre, y la preocupación por las diferencias genitales pueden causar, eventualmente, una aversión a las expresiones abiertas de cariño, y una alteración de muchos sentimientos. En ese momento, los niños pueden avergonzarse cuando sus padres tratan de besarlos. Esta aversión se extiende para incluir a los niños del sexo opuesto. Gruñen cuando ven escenas de amor en las películas. Creemos que es esto lo que los vuelve tan ansiosos de inclinarse hacia temas impersonales y abstractos, como la lectura, la escritura, la aritmética, la mecánica, la ciencia, el estudio de la naturaleza. Esta es, en parte, la explicación de por qué los niños, desde el punto de vista emocional, se encuentran aptos para el trabajo escolar, en esta edad.

Otro punto de vista para observar los cambios psicológicos que suceden en los niños, alrededor de los 6 ó 7 años, lo constituye la forma en que se relacionan con la evolución de los seres humanos, desde sus ancestros prehistóricos. Creo que cada individuo que atraviesa el período de los 6 a los 12 años, se retrae a esa etapa particular de la evolución. Millones de años atrás, nuestros antepasados solían adquirir una maduración plena y plenos instintos, más o menos a los 5 años de edad. Es probable que, en sus actitudes hacia la vida familiar, fueran muy parecidos a nuestros niños de 5 años; felices de continuar viviendo con la familia, aun después de haber crecido, esforzándose por ser como ellos y aprender de ellos. En otras palabras, dichos antepasados estaban ligados entre sí, de por vida, por estrechos lazos familiares. Sólo fue más tarde, en el curso de la evolución, que adquirieron la habilidad de volverse más independientes de sus padres, aprendieron a vivir en sociedades más grandes, por medio de la cooperación, las normas, el control de sí mismos, la reflexión. A cada individuo le lleva varios años aprender a relacionarse, de este modo complicado, adulto. Es probable que, por este motivo, los seres humanos deban ser apoyados durante tanto tiempo, mientras continúan su crecimiento físico. Como el animal, el niño aumenta con rapidez su tamaño, y lo mismo sucede con el niño mayor en la pubertad. Pero mientras tanto, dicho crecimiento se hace más y más lento, sobre todo en los 2 años que preceden al comienzo del desarrollo en la pubertad. Es como si su naturaleza dijera: "¡Oh! Antes de que se te pueda confiar un cuerpo poderoso e instintos por completo desarrollados, debes aprender a pensar por ti mismo, a controlar tus deseos e instintos, en resguardo de los demás, aprender cómo entenderte con tus compañeros, comprender las reglas de conducta en el mundo fuera de tu familia, estudiar las habilidades de vivir de las personas."

646. Independizarse de los padres. Para sus adentros, en lo profundo, los niños mayores de 6 años continúan amando a sus padres, pero, por lo común, no lo demuestran demasiado. También se manifiestan con más frialdad hacia otros adultos, a menos que estén seguros de que son personas buenas. Ya no desean ser amados como una posesión, o como un niño atrayente. Adquieren un sentido de dignidad como individuos, y así desean ser tratados.

A causa de la necesidad de ser menos dependientes de sus padres, se dirigen más hacia otros adultos que no pertenezcan a la familia en busca de ideas y conocimientos. Si, por error, un admirado maestro de ciencias les da la idea de que los glóbulos rojos son más grandes que los blancos, nada de lo que los padres digan puede hacerlos cambiar.

No han olvidado los conceptos de bien y mal que les enseñaron sus padres. De hecho, los han sumergido a tal profundidad, que piensan en ellos como si fueran propios. Se impacientan cuando sus padres les recuerdan lo que deben hacer, porque ya lo saben y quieren ser considerados responsables.

647. Malos modales. Los niños apartan de su vocabulario las palabras de los adultos, y toman un lenguaje difícil. Desean adoptar el modo de vestirse y el corte de cabello que tienen los otros muchachos. Es probable que dejen desamarradas las agujetas de sus zapatos, con la misma decisión con que las personas usan los distintivos de diferentes partidos durante una campaña política. Pueden olvidar, en cierta medida, sus modales en la mesa, sentarse a comer con las manos sucias, hundir el rostro en el plato y llenarse la boca. Tal vez, distraídos, den puntapiés a la pata de la mesa. Siempre arrojan sus abrigos al suelo. Golpean las puertas, o las dejan abiertas. Sin darse cuenta de ello, en realidad, hacen tres cosas a la vez. Con respecto a sus modelos de conducta, se vuelven hacia los de su propia edad.

Los modales parecen haberse perdido.

Declaran su derecho a ser más independientes de los padres. Se mantienen en línea con su propia conciencia, porque no hacen nada incorrecto, en el sentido moral.

Estos malos modales y malos hábitos, suelen hacer desdichados a los buenos padres. Imaginan que su hijo ha olvidado todo lo que le enseñaron con tanto cuidado. En realidad, estos cambios prueban que los niños han aprendido a fondo, lo que significa el buen comportamiento; de otro modo, no se molestarían en rebelarse contra él. Cuando sientan que han establecido su independencia, volverá a la superficie. Entretanto, los padres comprensivos pueden tranquilizarse, y saber que su hijo está creciendo con normalidad.

No quiero decir que todos los niños sean patanes durante este período. El que evoluciona con felicidad, con padres sociables, puede no mostrar ninguna rebelión abierta; la mayoría de las niñas la expresan menos que los varones. Sin embargo, si se observa con cuidado, se advierten señales de cambios en las actitudes.

¿Qué puede usted **hacer?** Después de todo, los niños deben tomar un baño de vez en cuando, estar limpios para las fiestas. Usted podría estar en condiciones de pasar por alto algunos de los modales irritantes, de menor importancia, pero debe ser firme a sus convicciones en cuestiones importantes para usted. Cuando tenga que pedirles que se laven las manos, trate de mostrarse despreocupada. Lo que ellos encuentran molesto es el tono regañón, autoritario, y esto los conduce, de modo inconsciente, a volverse más rebeldes.

648. Los clubes. Esta es la edad en que florecen los clubes. Algunos muchachos, que ya son amigos, deciden formar un club secreto. Trabajan confeccionando distintivos para los miembros, estableciendo un sitio de reunión (de preferencia, escondido), anotando una lista de reglas. Nunca imaginan cuál es el secreto. Sin embargo, es probable que la idea del secreto represente la necesidad de probar que pueden gobernarse a sí mismos, sin que los mayores los molesten, sin ser estorbados por otros niños más dependientes.

Cuando los niños tratan de madurar, parece ayudarlos el estar junto a otros niños que atraviesan por la misma situación. Entonces, el grupo intenta mantener a raya a los de afuera, haciéndolos sentir ajenos, o molestándolos. Para los adultos, parece presumido y cruel, pero ello ocurre porque estamos habituados a emplear métodos más refinados de desaprobarnos unos a otros. Los niños sólo sienten el instinto de conseguir una vida social organizada. Esta es una de las fuerzas que mantiene unida nuestra civilización.

649. Ayudar a los niños a ser sociables y populares. Estos son algunos de los primeros pasos, en el proceso de enseñar a los niños a ser sociables y populares: no preocuparse por ello en sus primeros años; permitirles estar con niños de su tamaño desde el año de edad; dejarles libertad para desarrollar su independencia; la menor cantidad posible de cambios, con respecto al lugar donde vive la familia y donde asisten a la escuela; lo más posible, permitir que se vistan, hablen, jueguen, tengan permiso y demás privilegios, tal como el promedio de los niños de la vecindad, aunque usted no apruebe la forma en que son criados. (Por supuesto, no quiero decir que se los deje reunirse con los peores bribones de la ciudad. Y usted no debe aceptar la palabra de su hijo con respecto a las cosas que se les permite hacer a los otros niños.)

La manera feliz en que las personas se relacionen, como adultos, en sus empleos, en la vida social y familiar, depende, en gran parte, de cómo se entendieron con los demás niños, cuando eran pequeños. Si los padres, en el hogar, proporcionan a sus hijos altas normas de conducta e ideales elevados, a la larga, ello formará parte de su carácter, y se manifestará, a pesar de que atraviesen por una etapa de hablar mal, y mostrar malos modales en medio de un período de su niñez. Pero si los padres se sienten descontentos con respecto a la vecindad en que viven, y a los compañeros de sus hijos, les inducen el sentimiento de que son diferentes de los demás, los desalientan con respecto a hacer amigos, es probable que, al crecer, sean incapaces de relacionarse con nadie. Por lo tanto, las normas de conducta elevadas resultarán inútiles, tanto para el mundo como para ellos mismos.

Si un niño tiene dificultades para hacer amigos, le ayuda poder estar en una escuela y en una clase cuyo programa sea flexible. De ese modo, el maestro puede organizar las cosas de modo que tenga oportunidad de usar sus habilidades, y contribuir al proyecto de la clase (la Sección 667). Así, los otros niños aprenderán a valorar sus buenas cualidades y a apreciarlo. Un buen maestro, respetado por la clase, también puede elevar la popularidad de un niño en el grupo, mostrando que él o ella estiman a dicho niño. Incluso resulta útil sentarlo junto a un niño muy popular, o permitirles ser compañeros durante las actividades, los mandados por la escuela, etc.

También existen cosas que los padres pueden hacer. Ser amistosos y hospitalarios cuando su hijo invita a otros niños a jugar en casa. Animarlo a que los invite a comer y ofrecerles, entonces, las comidas que ellos consideran "super". Cuando proyecte viajes de fin de semana, picnics, excursiones, ir al cine u otros espectáculos, invite a otro niño del que su hijo quiera hacerse amigo (no necesariamente el que usted desearía que fuera amigo de su hijo). Como los adultos, los niños tienen su lado mercenario y tenderán a ver más rasgos positivos en otro niño que les proporcione ventajas. Por cierto, usted no deseará que la popularidad de su hijo sea sólo "comprada"; de todos modos, ese tipo de popularidad no duraría. Lo que usted pretende es resaltar sus valores, darle oportunidad de integrarse en el grupo que, de otro modo, podría cerrarse, a causa de la natural hostilidad de esa edad. Luego, si el niño tiene cualidades atractivas, podrá superar el aislamiento y hacer amistades reales, por sí mismo.

650. Evite demasiadas actividades organizadas. Para cuando tienen 7 años, algunos niños participan en actividades organizadas después de la escuela cada día. Esto suele ser el caso especialmente en las familias de un solo padre y en las en que los dos padres trabajan fuera de la casa. No hay nada malo en los deportes, la gimnasia, la música y el baile, si se los hacen en moderación y sin una competencia excesiva. Pero todos los niños necesitan un tiempo para sólo estar, sin planes, solos o con amigos, usando sus propias imaginaciones creativas para decidir qué hacer. Para las familias con dos padres trabajando y las de un solo padre esto resulta difícil arreglar, pero me parece importante hacer el esfuerzo.

651. La paga debe ser separada de los quehaceres. Una paga es una manera de enseñar a los niños cómo manejar el dinero y cómo ahorrar y gastar. La mayoría de los niños pueden empezar a entender estos temas alrededor de los 6 ó 7 años, así que ésta es una buena edad para empezar a darles una paga. La cantidad dependerá de las costumbres y finanzas de su familia, y las de su comunidad. Creo que los niños deben tomar sus propias decisiones sobre cómo gastar su dinero, con tal de que no compren cosas que los padres han prohibido, como los caramelos.

No creo que la paga debe usarse como pago de los quehaceres, porque los quehaceres sirven otro propósito. Son una de las maneras en que los niños aprenden hacer lo suyo en la casa, del mismo modo que luego participarán en la sociedad. Debe haber quehaceres rutinarios para cada niño, como hacer o levantar la mesa, o fregar los platos. Si usted actúa de una manera consistente y firme, los niños actuarán igual. Si hace excepciones, no hace bien a nadie.

Siempre hay quehaceres de sobra, y éstos pueden ser una manera para que el niño gane más dinero. Pagar a un adolescente para cuidar a un niño menor depende de cada familia. Creo que lo mismo se aplica a los trabajos rutinarios más pesados como lavar el coche o cortar el césped.

Autocontrol

652. Después de los seis años, se vuelven estrictos respecto de algunas cosas. Pensemos en los juegos que los niños disfrutan a esta edad. Ya no están interesados en imaginar sin un plan. Prefieren juegos que tengan reglas y que requieran habilidad. En la rayuela, las cantillas y saltar la cuerda, se deben hacer las cosas en cierto orden, que se vuelve más difícil, a medida que avanza el juego. Si uno se equivoca, se debe dar un castigo a sí mismo, volver al punto de partida, y empezar nuevamente. Lo que les atrae es lo estricto de las reglas. Es la edad de comenzar a coleccionar, sean estampillas, tarjetas, o piedras. El placer de coleccionar, contribuye a adquirir orden y plenitud.

En esta edad, **en ocasiones,** los niños sienten deseos de poner en orden sus pertenencias. De pronto, ordenan su escritorio, colocan etiquetas en los cajones, o acomodan los montones de libros de historietas. No conservarán durante mucho tiempo sus cosas ordenadas. Pero usted podrá advertir que el deseo debe ser lo bastante fuerte para hacerlos comenzar.

653. Compulsiones. La tendencia hacia la rigidez, en muchos niños de más o menos 8, 9 y 10 años, se vuelve tan

"Pisa la grieta, rompe la espalda de tu madre."

fuerte, que aparecen hábitos nerviosos. Es probable que usted los recuerde de su propia niñez. El más común es el de no pisar las grietas de la acera. No tiene sentido, sólo surge el sentimiento supersticioso de que no debe hacerlo. Es lo que un psiquiatra denomina compulsión. Otros ejemplos pueden ser tocar cada tercer estaca de una cerca, numerar cosas de una determinada manera, decir ciertas palabras al pasar por una puerta. Si usted piensa que ha cometido algún error, debe retornar al punto en que estaba, por completo, seguro de que lo había hecho en forma correcta, y comenzar de nuevo.

El significado oculto de una compulsión aparece cuando en el refrán inconsiderado de la niñez: "Pisa la grieta, rompe la espalda de tu madre." Todos, a veces, tenemos sentimientos hostiles hacia quienes están cercanos, pero su conciencia se impresionaría ante la idea de hacerles daño, en realidad, y le advierte mantener tales pensamientos fuera de su mente. Y si la conciencia de una persona se torna **demasiado** aguda, continúa protestando acerca de tan "malos" pensamientos, aun después de haber logrado ocultarlos con éxito en su subconsciente. Todavía se siente culpable, aunque no sabe por qué. Al ser muy cuidadoso y correcto, con respecto a semejantes cosas, tales como atravesar una grieta de la acera, ello alivia su conciencia.

El motivo por el cual un niño de más o menos 9 años tiene tendencia a adquirir compulsiones, no reside en que sus pensamientos sean más malos que antes, sino sólo que su conciencia se vuelve más aguda, en esta etapa de desarrollo. Quizás, ahora lo aflige su deseo reprimido de herir a su hermano, a su padre, o a su abuela, cuando lo irritan. Sabemos que ésta es la edad en que también tratan de reprimir sus pensamientos sobre el sexo, y ello, en ocasiones, juega un papel en la aparición de las compulsiones.

Es también una edad en la cual las compulsiones son una manera de mantener bajo control el mundo de los compañeros de juego. Ahora se encuentran libres del constante control y supervisión de los adultos, y si bien ello resulta maravilloso en cierto sentido, en otro, es aterrorizante.

Las compulsiones leves son tan comunes alrededor de los 8, 9 y 10 años de edad, que el adulto se pregunta si deben ser consideradas normales, o bien, un síntoma de nerviosismo. Yo no me preocuparía por las compulsiones moderadas, tales como saltar las líneas de la acera, en un niño de más o menos 9 años, si se encuentra bien, es sociable, y marcha bien en la escuela. Por otro lado, consultaría a un psiquiatra, en caso de que un niño tuviera una compulsión que consumiera gran parte de su tiempo (por ejemplo, lavarse las manos con demasiada frecuencia, una preocupación por los gérmenes), o si se encontrara tenso, apurado, insociable.

654. Los tics. Los tics son hábitos nerviosos, tales como guiñar los ojos, encogerse de hombros, las muecas faciales, movimientos convulsivos del cuello, el carraspeo, los estornudos, las toses secas. Así como ocurre con las compulsiones, los tics aparecen, por lo común, alrededor de los 9 años de edad, pero pueden surgir a cualquier edad a partir de los 2 años. En general, el movimiento es rápido, y se repite con regularidad, y siempre del mismo modo. Se hace más frecuente cuando el niño se encuentra sometido a tensión. Un tic puede aparecer y desaparecer durante una cantidad de semanas, o meses, y quitarse para siempre, o bien, surgir otro en su lugar. Los guiños, estornudos, carraspeos, toses secas, a menudo comienzan con un resfriado, pero continúan cuando éste se ha curado. El encogimiento de hombros puede surgir cuando el niño tiene ropa nueva, holgada, que siente que se le cae. Los niños pueden copiar un tic de otro muchacho, pero no se fijará, si no ha estado padeciendo ya una situación tensa.

Los tics son más comunes en los niños tensos, con padres bastante estrictos. Es probable que exista demasiada presión en casa. A veces, el padre o la madre es demasiado duro con el niño, le da órdenes, lo corrige cada vez que lo ve. O bien, puede ocurrir que los padres le demuestren una desaprobación constante, de un modo apacible, que establezcan pautas demasiado elevadas, le suministren demasiadas actividades como danza, música y clases de atletismo. Si el niño fuera lo suficientemente valiente como para defenderse, quizá se sentiría menos tenso en su interior. Sin embargo, en la mayoría de los casos, como está demasiado bien educado, oculta su coraje, y desahoga su ira a través del tic.

El niño no debe ser reprendido ni corregido por causa de sus tics. En la práctica, están fuera de su control. Todo el esfuerzo debería dirigirse a hacer su vida hogareña más relajada, agradable, con la menor cantidad posible de regaños, y en hacer que su vida escolar y social resulte agradable. Los tics deben ser diferenciados del estado general de inquietud.

Si un tic dura más de un mes, debe ser examinado por un doctor.

Postura

655. El tratamiento de una mala postura depende de la causa. La buena o mala postura está compuesta de una cantidad de factores. Uno de ellos —tal vez el más importante— es el esqueleto con el cual nace el niño. Uno ve a personas que han tenido hombros caídos desde la infancia, como su madre o su padre. Algunos niños parecen nacer con músculos y ligamentos flojos. Otros chicos tienen un aspecto fuerte, activos o en reposo. Les resulta difícil caerse. Existen enfermedades que afectan la postura, tales como el raquitismo, la polio y la tuberculosis ósea. Las enfermedades crónicas y la fatiga crónica, de cualquier causa que fueren, que mantienen a los niños por debajo del nivel normal, pueden hacer que tengan una postura caída y floja. En ocasiones, el exceso de peso produce una espalda curvada, piernas chuecas y pie plano. Una estatura poco común hace que el adolescente tímido incline la cabeza. Un niño con mala postura necesita ser objeto de exámenes regulares para asegurarse de que no existen razones físicas para ello.

Muchos niños adoptan malas posturas por falta de confianza en sí mismos. Ello puede ser también el resultado de demasiadas críticas en casa, o de dificultades en la escuela, o de una vida social poco satisfactoria. Las personas abiertas y seguras de sí mismas lo demuestran en la forma en que se sientan, se ponen de pie y caminan. Cuando los padres se dan cuenta hasta qué punto los sentimientos tienen relación con la postura, pueden manejarlo con más facilidad.

El impulso natural de un padre ansioso de que su hijo tenga buen aspecto, es el de corregir la postura: "Recuerda los hombros", o "Por amor de Dios, ponte derecho". Pero los niños que mantienen la espalda encorvada porque sus padres los han perseguido siempre demasiado no mejorarán con más reproches. Hablando en términos generales, los mejores resultados se obtienen cuando el niño recibe ejercicios para la postura en la escuela, o en una clínica especializada, o en el consultorio de un médico. En esos lugares, el ambiente es más práctico que en casa. Es posible que los padres ayuden mucho a un niño para que realice sus ejercicios en casa, si él desea ayuda y si ellos se la pueden ofrecer en forma amistosa. Pero la tarea principal para ellos consiste en ayudar el estado de ánimo del niño, colaborando en su adaptación a la escuela, creando una vida social feliz, y haciendo que se sienta respetado por su familia y que la respete.

656. La escoliosis. Esta es una curva de la columna vertebral que suele aparecer entre los 10 y los 15 años. Es un problema de crecimiento y no de postura. Las escuelas en muchos estados hacen exámenes para esta condición. Aproximadamente un 4 por ciento de todos los niños a esta edad tienen una curva detectable de la columna vertebral, pero sólo un 2 a 3 por ciento de los que tienen una curva necesitan recurrir a un médico para más observación o tratamiento. Los demás pueden ser examinados con regularidad y mandados a un médico sólo si la curva se empeora. Es dos veces lo común en niñas como en niños y tiende a repetirse en familias. No se sabe la causa.

Los tratamientos para la escoliosis —correctores y cirugía— son complicados, caros y polémicos. Si se recomienda tratamiento para su niño, usted o el médico de su niño debería comunicarse con la Scoliosis Research Society of the American Academy of Orthopedic Surgeons para sus recomendaciones más corrientes. Su dirección es 222 South Prospect Avenue, Park Ridge, IL 60068, su teléfono (708) 698-1627.

La televisión, las películas y las historietas

657. La brutalidad en la televisión, las películas y las historietas. Más atrás, en la Sección 523, dije que creía que los padres debían evitar que sus niños miraran la crueldad por televisión, y lo mismo ocurre con las películas. Los libros de historietas no resultan tan dañinos, porque lo que muestran no parece tan real, pero se aplican los mismos principios.

658. La obscenidad. Cuando un niño crece lo suficiente como para comprar historietas y otra literatura, y va al cine, también surge el problema de la obscenidad. Solía existir una considerable protección hacia los niños, en la censura previa de las películas en Hollywood y en diversos estados, y también, respecto de las leyes contra la obscenidad, por parte de los distribuidores de películas y los vendedores de literatura. De todos modos, la Corte Suprema ha eliminado todas las prohibiciones, con excepción de la pornografía más deliberada, de modo que, en la actualidad, los padres deben ser los guardianes. El problema de la obscenidad en la televisión también va en aumento, sobre todo en los canales por cable.

En la Sección 45, expliqué que el idealismo y la creatividad de los seres humanos están relacionados con la inhibición y la sublimación de la sexualidad, lo cual tiene lugar durante toda la niñez, pero en particular, en el período que va de los 6 a los 12 años, y más aun, cuando los padres establecen normas elevadas. Para ser específico, creo que las potencialidades de los niños para la productividad, en su vida de trabajo futura, y en realizar matrimonios de fuerte espiritualidad, pueden resultar deterioradas —al menos levemente— si adquieren en la niñez, una visión vulgar de la sexualidad. No me refiero aquí a unas pocas miradas accidentales, lamentables, a pesar de los mejores esfuerzos de los padres, como las hemos experimentado todos. Me refiero a que los niños no deberían recibir la impresión de que sus padres enfocan el sexo de un modo grosero, o que no les importa la impresión que sus niños tomen de otros.

Considero que los padres sólo deberían permitir que sus hijos vieran películas y compraran literatura que ellos supieran con seguridad —a través de una crítica o de los vecinos— que poseen un tono moral y espiritual que ellos aprobaran.

659. Las horas de ver la televisión deben limitarse. Existe un problema con los niños que se pegan a la televisión desde el momento en que llegan, por la tarde, hasta que son obligados a irse a dormir, por la noche. No desean tomarse tiempo para cenar, o hacer la tarea escolar, o aun saludar a la familia. También los padres sufren la tentación de permitir que sus niños vean la televisión, sin límite, mientras ella los mantenga tranquilos. Para los padres y el niño, es mejor llegar a un acuerdo razonable, pero definitivo, respecto de las horas que son para estar fuera de casa, para la tarea escolar, y para los programas y luego, que cada uno se atenga al compromiso. De otro modo, los padres estarán predispuestos a regañar a los niños acerca de sus deberes, cada vez que los sorprendan ante el televisor, y los niños a encenderlo, cada vez que supongan que los padres no están prestándoles atención. Ocurre lo mismo con los juegos de video, y la televisión por cable. Action for Children's Television, 20 University Road, Cambridge, MA 02138 es una organización nacional para consumidores que puede darle muchas sugerencias prácticas y ayuda general para controlar la manera que su familia utiliza la televisión. Puede llamar al (617) 876-6620.

Ciertos adolescentes y adultos pueden trabajar bien mientras escuchan a la radio (ellos dicen que mejor), a pesar de que ello ocurre menos con los programas hablados que con los musicales. Si los niños continúan haciendo su tarea escolar, no hay objeción a ello.

660. El terror en los programas de televisión. Las películas son un tema riesgoso antes de los 7 años. Usted oye hablar de un programa, digamos que se trata de un dibujo animado, que parece un perfecto entretenimiento para un pequeño. Pero cuando usted lo ve, tres veces de cada cuatro, descubre que tiene algún episodio en la historia, que aterroriza a los niños pequeños. Usted debe recordar que, un niño de 4 ó 5 años no distingue con claridad entre la fantasía y la vida real. Para un niño, una bruja en la pantalla, resulta tan viva como para usted sería un asaltante de carne y hueso. La única regla segura que conozco, consiste en no llevar a un niño menor de 7 años al cine, a menos que usted, o alguna otra persona que conozca bien a los pequeños, la haya visto y esté **segura** de que no contiene nada inquietante. Ni siquiera lleve a un niño mayor que se asuste con facilidad en el cine.

Existen niños sensibles que también se asustan de los

cuentos de hadas, las historias de aventuras, y los dramas del oeste en televisión. No se les debería permitir que los vieran.

El robo

661. Tomar cosas durante la primera infancia. Los niños pequeños de 1, 2 y 3 años, toman cosas que no les pertenecen, pero esto no es, en realidad, robar. No tienen un sentido claro de lo que les pertenece y lo que no. Sólo toman las cosas porque las anhelan. Es preferible no hacer que un niño pequeño se sienta malo. Los padres sólo necesitan recordarle que el juguete es de Peter, que pronto Peter querrá jugar con él, y que "tú tienes montones de juguetes en casa".

662. Lo que significa el robo, para el niño que sabe mejor. El robo consciente aparece en ocasiones, en el período entre los 6 años y la adolescencia. En esta edad, cuando los niños toman algo, saben que están haciendo mal. Tienen más tendencia a robar en secreto, a esconder lo que han robado, y negar que lo han hecho.

Cuando los padres o los maestros descubren que un niño ha robado algo, se sienten muy molestos. Su primer impulso es el de saltar sobre el niño, y avergonzarlo. Esto resulta muy natural, porque se nos ha enseñado que el robo es un delito grave. Nos asusta verlo aparecer en nuestro hijo.

Resulta esencial que los niños sepan con claridad que los padres desaprueban cualquier robo, y que insistan en la restitución inmediata. Por otro lado, no resulta prudente asustarlos demasiado, o comportarse como si ya nunca los van a querer.

Para comenzar, tomemos el caso de un muchacho de alrededor de 7 años que ha sido educado con cuidado, por padres concienzudos, que tiene una cantidad razonable de juguetes y otras posesiones, y que recibe una paga. Si roba algo, es probable que sean pequeñas cantidades de dinero a su madre, o a sus compañeros de clase, o la lapicera de su maestra, o un paquete de tarjetas del armario de otro niño. Por lo general, el robo no tiene sentido, porque, de todos modos, él podría obtener esos objetos. Podemos advertir que sus sentimientos están confusos. Parece tener un anhelo ciego por algo, y trata de satisfacerlo tomando un objeto que, en realidad, no necesita. ¿Qué es lo que, en verdad, desea?

En la mayoría de los casos, el niño se encuentra un poco desdichado y solo. Es probable que no tenga una relación tan cercana como antes con sus padres. Puede no sentirse por completo exitoso, en el hacerse amigo de niños de su misma edad. (Podría sentirse de ese modo, aunque, en realidad, fuese un niño bastante popular.) Creo que el motivo por el cual los robos ocurren con más frecuencia alrededor de los 7 años es que los niños de dicha edad suelen sentirse demasiado distantes de sus padres. Entonces, si no tienen la posibilidad de adquirir amistades tan cálidas y satisfactorias, ingresan a la tierra de nadie, y se sienten desolados. Ello explica por qué ciertos niños que roban dinero lo usan para intentar comprar amistad. Uno les dará monedas a sus compañeros de clase. Otro lo empleará para comprar caramelos para la clase. No significa que los niños estén apartando un poco de los padres. Los padres tienden a desaprobarlos en mayor medida, en esta edad poco atractiva.

La primera parte de la adolescencia es otro período en el cual algunos niños se vuelven más solitarios a causa de ser más conscientes de sí mismos, sensibilidad, y deseo de independencia.

Tal vez un anhelo de más afecto juegue algún papel en el robo, en todas las edades, pero, por lo común, existen otros factores individuales, tales como los miedos, los celos, el resentimiento. Una niña que siente una profunda envidia hacia su hermano, puede robar, en forma repetida, objetos que, en su mente, estén ligados con los varones.

663. Qué hacer por el niño que roba. Si usted está completamente segura de que su hijo (o su alumno) ha robado algo, dígaselo, muéstrese firme en lo referido a querer saber dónde lo obtuvo, insista en su restitución. En otras palabras, no le facilite la mentira. (Si los padres aceptan la mentira con demasiada facilidad, es como si estuvieran perdonando el hurto.) El niño debe devolver el objeto al niño, o a la tienda de donde lo tomó. Si se trata de una tienda, el padre tendrá que ir con él y dar una explicación al vendedor, acerca de que el niño lo tomó sin pagar, y desea devolverlo. Una maestra puede devolver un objeto a su dueño, para evitar al niño la vergüenza pública. Dicho de otro modo, no es necesario humillar al niño que roba, sólo para reafirmar con absoluta claridad que no debe permitirse.

Es el momento de volver a pensar si el niño necesita más afecto y aprobación en el hogar, y apoyo para obtener amigos más cercanos fuera de casa (la Sección 649). Sería el momento de darle, si es posible, una cuota de más o menos, la misma cantidad que las de otros niños que él conozca. Lo ayudará el considerarse a sí mismo como miembro de la pandilla. Si el robo persiste, o el niño se encuentra mal adaptado, en otros sentidos, los padres deben solicitar ayuda para él, de una clínica de orientación infantil, o de un psiquiatra infantil.

El siguiente tipo de robo resulta completamente diferente. Hay muchos vecindarios en que los muchachos piensan en robar cosas como algo audaz. No es correcto, pero no se trata de un vicio, ni representa una señal de mala adaptación. Lo considero como una cierta prueba de grupo de la conciencia individual. Los niños de padres concienzudos que viven en vecindarios como ésos, podrían necesitar una conversación comprensiva, pero no deben ser tratados como criminales, por unirse a semejantes aventuras. Sólo obedecían a su impulso natural de tomar un lugar en el grupo. La solución se encuentra en un buen regaño, y en asegurarse de que los padres no estén influenciando este tipo de conducta, a través de hablar (a veces con alardes), acerca de engañar en sus pagos de impuestos, o cargar sus llamadas telefónicas personales a sus teléfonos del negocio.

Por fin, existe el robo del niño agresivo, o del adulto que tiene poca conciencia de su sentido de responsabilidad. Una persona sólo se vuelve así, si ha tenido una infancia muy carente de amor y seguridad. La única esperanza consiste en un buen tratamiento psiquiátrico, y estar en condiciones de vivir con gente bondadosa y afectuosa.

Mentir

664. ¿Por qué miente un niño mayor? Con el niño que dice una mentira, para engañar, la primera pregunta es: ¿por qué necesita hacerlo? Todos, personas mayores o niños, a veces nos encontramos en un aprieto, del cual, sólo podemos salir con elegancia, por medio de una pequeña mentira, y ello no es motivo de alarma.

Por naturaleza, un niño no es mentiroso. Si una niña miente con regularidad, ello significa que se encuentra bajo demasiada presión de alguna clase. Cuando fracasa en su rendimiento escolar, y miente al respecto, no es porque no le importe. Sus mentiras demuestran que sí le importa. ¿Será demasiado difícil su tarea? ¿No puede concentrarse, porque está confundida por otras preocupaciones? ¿Han establecido los padres pautas demasiado elevadas? El problema consiste en descubrir, con la colaboración de la maestra, el profesor guía, el psicólogo de la escuela, o un psiquiatra, qué es lo que está mal. No debe fingir que no se da cuenta. Usted podría decir, con delicadeza: "No es preciso que me mientas. Dime cuál es el problema, y veremos qué podemos hacer." Sin embargo, ella no estará en condiciones de contarle el problema de inmediato, porque es probable que no lo sepa. Aunque conozca algunas de sus preocupaciones, no puede expresarlas de pronto. Necesita tiempo y comprensión.

LAS ESCUELAS

Para qué sirve la escuela

665. La lección principal que brinda la escuela es cómo convivir en el mundo. Las distintas materias sólo llevan a ese objetivo. En tiempos anteriores, se solía pensar que todo lo que debía lograr la escuela era que los niños aprendieran a leer, escribir, calcular y memorizar una serie de hechos acerca del mundo. Escuché decir a un gran maestro que, en sus días escolares, debió memorizar una definición de preposición, que decía lo siguiente: "Una preposición es una palabra que, en general, posee cierto significado de posición, dirección, tiempo u otra relación abstracta, y se emplea para conectar un sustantivo o pronombre, con alguna otra palabra, en sentido adverbial o adjetivo." Desde luego, cuando memorizó esto, no aprendió nada. Aprendemos sólo cuando las cosas **significan** algo para nosotros. Uno de los objetivos de la escuela es hacer que las materias sean tan interesantes que los niños deseen aprenderlas y recordarlas.

No se puede lograr esto sólo con libros y conversación. Usted, en realidad, aprende mejor viviendo las cosas que estudia. Los niños captan mejor la aritmética en una semana de administrar el almacén de la escuela, realizar intercambios, y llevar los libros, que lo que aprenden en un mes de un libro, y de los números fríos.

No tiene sentido saber mucho, si usted no puede ser feliz, relacionarse con las personas, mantener el empleo que desea. El buen maestro trata de entender a cada niño, con el propósito de ayudar a cada alumno a superar sus puntos débiles, y volverse una persona madura. Un niño que carece de confianza en sí mismo necesita oportunidades para tener éxito. El que tiene conflictos, y trata de llamar la atención, debe aprender a ganar el reconocimiento que anhela a través de realizar un buen trabajo. El niño que ignora cómo hacerse amigos, necesita ayuda para volverse sociable y agradable. El que parece ser perezoso, necesita descubrir su propio entusiasmo.

Una escuela no puede alcanzar esos objetivos por medio de un árido programa, en el cual cada uno lea al mismo tiempo desde la página 17 hasta la página 23, en su libro de lectura, y haga el ejemplo de la página 128 del libro de aritmética. Para el niño promedio que, de todos modos, se encuentra adaptado, funciona bastante bien. Pero es demasiado aburrido para los alumnos brillantes, demasiado rápido para los lentos. Para el que odia los libros, le da una oportunidad de pegar sujetapapeles en las trenzas de la niña de adelante. No ayuda, en absoluto, a la niña que se siente sola, o al muchacho que necesita aprender a cooperar.

666. Cómo se logra que el trabajo escolar resulte real e interesante. Si usted comienza con un tema interesante y real, puede utilizarlo para enseñar toda clase de materias. Tomemos el caso de una clase de tercer grado, en el cual el tema gire alrededor de los indios. Cuanto más descubran acerca de los indios, más querrán saber. La lectura es una historia de los indios, y ellos desean saber lo que dice. Con respecto a la aritmética, estudiarán como contaban los indios, y qué usaban como dinero. Por lo tanto, la aritmética no será, en absoluto, una materia separada, sino una parte útil de la vida. La geografía no la constituyen lugares en un mapa; se trata de dónde vivían los indios, y por dónde viajaban, y cuál era la diferencia entre la vida en la llanura y la vida en los bosques. Al estudiar ciencia, los niños fabricarán tinturas con bayas, teñirán telas, o cultivarán maíz. Podrán hacer arcos y flechas y vestimentas indias.

A veces, las personas se inquietan si la tarea escolar resulta demasiado interesante, consideran que, sobre todo, el niño necesita aprender cómo hacer lo que le resulta desagradable y difícil. Pero si nos detenemos a pensar en las personas que tienen éxito en un grado poco común, en la mayoría de los casos conocidos son los que aman su trabajo. Cualquier trabajo trae mucha fatiga, pero usted la tolera, porque percibe la relación con el aspecto fascinante de dicho trabajo. Darwin era un pésimo alumno en todas las materias escolares. Pero en su vida más tarde, comenzó a interesarse por la historia natural, realizó uno de los trabajos de investigación más minuciosos que el mundo ha conocido jamás, y elaboró la teoría de evolución. Un muchacho de secundaria, puede no encontrar sentido en la geometría, puede odiarla, y no estudiarla bien. Pero si piensa ser aviador, y se da cuenta para qué sirve la geometría, y entiende que podría salvar las vidas de la tripulación y de los pasajeros, entonces la estudiará como un demonio. Los maestros de una buena escuela saben bien que cada niño necesita desarrollar su propia disciplina, para transformarse en un adulto útil. Sin embargo, han aprendido que no se puede inculcar la disciplina desde afuera; es algo que los niños deben desarrollar desde adentro, como una vértebra, comprendiendo primero el objetivo de su trabajo, y adquiriendo un sentido de responsabilidad hacia los demás, en el modo en que lo realizan.

667. Cómo ayuda la escuela a un niño con dificultades. Un programa flexible, interesante, hace algo más que volver atrayente la tarea escolar. Puede ser adaptado a cada alumno individual. Tomemos el caso de una niña que ha pasado sus 2 primeros años en una escuela en la que se enseña por materias separadas. Ha sido una niña que ha tenido grandes dificultades para aprender a leer y escribir. Se ha retrasado con respecto al resto de la clase. En su interior se siente avergonzado de ser un fracaso. En lo exterior, lo único que admitirá será que odia la escuela. De todos modos, nunca se ha podido relacionar bien con los otros muchachos, aun antes de que comenzaran sus problemas escolares. Las dificultades se agravaron, porque se sentía una torpe en los ojos de los demás. De vez en cuando, se muestra a la clase de un modo inteligente. Su maestra solía pensar que sólo estaba tratando de ser mala. Por supuesto, a su triste manera, lo que en realidad intentaba era lograr cierto tipo de atención por parte del grupo. Era un impulso saludable de evitar ser apartada.

Fue transferida a una escuela que estaba interesada en ayudarla, no sólo a leer y escribir, sino a encontrar su lugar en el grupo. En una conferencia a la que asistió, junto con la madre, el maestro supo que ella manejaba bien las herramientas, y que le encantaba pintar y dibujar. Encontró un modo de utilizar sus puntos fuertes en la clase. Los niños estaban pintando juntos un gran cuadro sobre la vida de los indios para colgar en la pared. También estaban trabajando en conjunto, sobre una maqueta de una aldea india. El maestro arregló las cosas de manera que la niña tuviera intervención en estas tareas. Allí había cosas que podía hacer bien, sin nerviosismo. A medida que transcurrían los días, se fue interesando cada vez más en los indios. Con el propósito de pintar bien su parte del cuadro, con el propósito de hacer, de modo correcto, su parte en la maqueta, necesitaba saber más acerca de los indios. Ella **quería** aprender a leer. Lo intentó con más esfuerzo. Sus nuevos compañeros no la consideraban una torpe porque no pudiera leer. Más bien, la veían como una gran ayuda en la pintura y la maqueta. En ocasiones, comentaban cuán bueno era su trabajo, y le pedían ayuda para sus partes del mismo. Ella comenzó a animarse. Después de todo, había estado anhelando reconocimiento y amistad, durante mucho tiempo. Como se sintió más aceptada, se volvió más amistosa y abierta.

668. Relacionar la escuela con el mundo. Una escuela quiere que sus alumnos aprendan, desde el principio, acerca del mundo exterior, acerca de los trabajos de los granjeros de la localidad, de la gente de negocios y de los trabajadores, de tal manera que perciban la relación entre su tarea escolar y la vida real. Organiza excursiones a las fábricas cercanas, pide a las personas de afuera que vengan a dar conferencias, alienta la discusión en el aula. Una clase que esté estudiando los alimentos, por ejemplo, podría tener la oportunidad de observar algunos de los pasos en el proceso de recoger, pasteurizar, embotellar y distribuir la leche, o en el transporte y la comercialización de las verduras.

669. La democracia construye la disciplina. Otra cosa que debe enseñar una buena escuela es la democracia, no sólo como un motivo patriótico, sino como un modo de vivir y hacer las cosas. Un buen maestro sabe que él (o ella), no puede enseñar la democracia por medio de un libro, si se comporta como un dictador en persona. Alienta a sus alumnos a decidir cómo se abordarán ciertos proyectos, y las dificultades que se presentarán, permitiéndoles resolver, entre ellos, quién hará una parte de la tarea, y quién hará otra. De este modo aprenden a apreciarse unos a otros, no sólo en la escuela, sino también en el mundo exterior.

Experimentos recientes han demostrado que los niños cuya maestra les dice, a cada paso, cómo deben hacer una tarea mientras ella está en el aula, cuando no se encuentra allí, dejan de trabajar, comienzan a hacer tonterías. Imaginan que las lecciones no son responsabilidad de ellos, sino de la maestra, y que, en ese momento tienen la oportunidad de ser ellos mismos. Pero dichos experimentos mostraron que, aquellos niños a quienes se ayudó a elegir y planear su propio trabajo, y que han cooperado entre sí para llevarlo a cabo, lo realizan, tanto cuando la maestra se encuentra allí, como cuando no lo está. ¿Por qué? Conocen el objetivo de la tarea, y los pasos a cumplir para realizarla. Sienten que es asunto de ellos, no de la maestra. Cada uno quiere hacer bien su parte, porque está orgulloso de ser un miembro respetado del grupo, y siente la responsabilidad con respecto a los otros.

Esta es una clase de disciplina muy elevada. Este adiestramiento, este espíritu, es el que hace los mejores ciudadanos, los trabajadores más valiosos, e inclusive, los mejores soldados.

670. La cooperación con otros especialistas de niños. Ni siquiera los mejores maestros pueden resolver, por sí solos, todos los problemas de sus alumnos. Necesitan la colaboración de los padres, a través de reuniones, en las asociaciones de padres y maestros, y en conversaciones individuales. De ese modo, el padre y el maestro comprenderán lo que está haciendo el otro, compartirán lo que saben sobre el niño. Inclusive, el maestro debería estar en condiciones de ponerse en contacto con el jefe del grupo de *scouts*, el ministro, el médico, y viceversa. En contacto con los demás, cada uno podrá hacer una tarea mejor. Esto resulta importante, en particular en el caso del niño que padece de una enfermedad crónica, para que el maestro sepa qué es, cómo está siendo tratado, qué puede hacer, o a qué observar en la escuela. También es importante para el médico saber cómo afecta la enfermedad al niño durante las horas de clase, cómo puede contribuir la escuela, y qué tratamiento debe aconsejar para que no interfiera con lo que la escuela está intentando lograr con el niño.

Existen niños que tienen problemas que el maestro regular y los padres, no obstante lo comprensivos que sean, podrían resolver mejor con la ayuda de un especialista en orientación infantil. Todavía hay pocas escuelas que tengan un psiquiatra. Sin embargo, algunas tienen consejeros de orientación, psicólogos, o maestros visitantes, entrenados para ayudar a los niños, los padres y los maestros de clase, para entender y superar las dificultades escolares del niño. Donde no existe consejero, psicólogo, o cuando el maestro considera que el problema está profundamente arraigado, resulta prudente dirigirse a un psiquiatra infantil particular, o a una clínica de orientación infantil, si ello es posible.

671. Cómo trabajar para obtener buenas escuelas. En ocasiones, los padres dicen: "Está muy bien hablar sobre las escuelas ideales, pero la escuela a la que asiste mi hijo tiene pautas rígidas y no puedo hacer nada al respecto." Esto podría ser verdad, o no. Si una ciudad tiene escuelas superiores, es porque los padres conocen su valor, y han luchado para obtenerlas. Sin embargo, un grupo de vecinos en una ciudad más grande puede no ejercer poder frente a la burocracia del consejo central de educación y la indiferencia de los funcionarios municipales, quienes sirven a intereses especiales, en lugar de los de las personas en general. Sería importante una reforma, remplazar cada consejo central de educación, por consejos vecinales, constituidos por representantes de los padres y maestros de la localidad, las personas que más se preocupan por la educación de los niños.

Los padres pueden unirse a las asociaciones de padres y maestros, asistir con regularidad a las reuniones, mostrar a los maestros, directores y superintendentes, que están interesados, y los respaldarán, cuando empleen métodos razonables. También pueden votar y promover a los funcionarios locales que se esfuercen por el mejoramiento constante en las escuelas, y apoyen, de modo activo, su compromiso en los logros de éstas.

Hay muchas personas que no se dan cuenta de cuánto pueden lograr las escuelas en cuanto al desarrollo de ciudadanos útiles y felices. Se oponen a los aumentos de los presupuestos escolares para clases más pequeñas, sueldos mejores para los profesores, tiendas de carpintería, laboratorios y programas de recreo de la tarde. Sin comprender el propósito o el valor de estos proyectos, naturalmente los consideran "lujos innecesarios" sólo para entretener a los niños o crear más puestos para los profesores. Aun desde un punto de vista estrictamente económico, ésto no hace sentido. El dinero que se gasta **prudentemente** para el mejor cuidado de niños devuelve a la comunidad cien veces. Las escuelas de primera clase que logran hacer que cada niño se sienta que verdaderamente **pertenezca,** como un miembro útil y respetado del grupo, reducen dramaticamente el número de individuos que se crian irresponsables o criminales. El valor de tales escuelas se manifiesta todavía más en todos los demás niños (que no serían criminales de todas maneras) que toman sus lugares en la comunidad como mejores trabajadores, ciudadanos más cooperativos, individuos más felices. ¿Cómo puede una comunidad gastar su dinero mejor?

Dificultades con las lecciones

672. Existen muchos motivos para el fracaso escolar. Los problemas individuales resultan más frecuentes cuando la escuela emplea métodos de enseñanza rígidos, cuando la actitud hacia los niños es rígida y brusca, cuando las clases resultan demasiado grandes para la atención individual.

Con respecto a los niños en sí, existen varias razones para una mala adaptación. Desde el punto de vista físico, hay defectos de los ojos, sordera, fatiga ocasional o enfermedad crónica. En el aspecto psicológico, hay niños incapaces de leer, porque existe una dificultad en reconocer las palabras, otros demasiado nerviosos y preocupados por otras cosas, el que no puede entenderse con el maestro o los alumnos. Está el niño que resulta demasiado inteligente, y aquél cuya inteligencia no es aplicable al trabajo. Existe el niño que no puede poner atención o permanecer en su asiento el tiempo necesario para aprender. (El niño lento es analizado en la Sección 877.)

No hace ningún bien regañar o castigar al niño que tiene dificultades. Usted debe intentar descubrir dónde reside el problema. Consulte con el director o el maestro. Obtenga la ayuda del consejero de orientación escolar, si lo hay. Haga que el psicólogo de la escuela realice una prueba al niño, si éste resulta ser el próximo paso. Consulte a una clínica de orientación infantil, a un psiquiatra privado o un psicólogo, si no los hay en la escuela. La Association for Children with Learning Disabilities, 4156 Library Road, Pittsburgh, PA, 15234, puede ayudarle encontrar facilidades diagnósticas y de rehabilitación. Haga que se le realice un examen físico completo, que incluya la vista y el oído.

673. El niño superdotado. En una clase en la cual todos hacen las mismas lecciones, el niño más inteligente que los demás de su edad, puede sentirse aburrido, porque la tarea le resulta demasiado sencilla. La única solución parece ser adelantar un año. Esto puede no resultar mal si el niño es grande para su edad, y adelantado en el aspecto social. En cambio, si no es así, puede sentirse, desde el punto de vista social, aislado y perdido, en especial, si sus compañeros de clase están en la adolescencia. Podría resultar muy pequeño para competir en los deportes, o ser popular en los bailes. Tendrá tendencia a interesarse en asuntos más juveniles que los otros miembros de su clase, quienes impedirán que se una a ellos con facilidad. ¿Qué bien podrá hacerle ingresar a una escuela secundaria o universidad, siendo demasiado joven, si ello lo convertirá en una persona solitaria?

En la mayoría de los casos, al niño brillante le resulta mejor permanecer en una clase de una edad cercana a la suya, si suponemos que la escuela posee un programa flexible, que pueda ser "enriquecido", para los alumnos más avanzados. El será el primero, por ejemplo, en leer los libros de referencia más difíciles en la biblioteca. Si un niño superdotado trabaja para obtener notas y para agradar a la maestra, los otros niños, de inmediato lo llamarán "impertinente", y "preferido de la maestra". Pero si colabora en proyectos de grupo, lo apreciarán más, por la ayuda extra que puede proveer.

Aunque usted piense que su hija es muy inteligente, nunca intente ponerla en un grado más elevado del que la escuela recomienda. Por lo general, quien mejor sabe acerca de la ubicación, es la maestra. Para un niño, resulta cruel ser ubicado por encima de su capacidad. Al final, realizará un trabajo pobre, o volverá a quedar retrasado.

Esto trae a relucir el tema de enseñar a un niño superdotado a leer y calcular, en casa, antes de comenzar el primer grado. Un padre podría decir que el niño hace preguntas acerca de letras y números y, en la práctica, insiste en que se le enseñe. Hasta cierto punto, esto es cierto con algunos niños, y no hace daño el contestar sus preguntas, de modo casual.

Pero, en muchos de tales casos, existe otro aspecto del asunto. A menudo, se advierte que son los padres mismos quienes tienen más ambiciones con respecto a su hijo, de lo que ellos mismos perciben, una ansiedad mayor porque se destaque. Si juegan juegos infantiles, o pelean en broma, los padres sólo le otorgan un grado normal de atención. En cambio, si demuestran interés por leer a una edad temprana, los ojos de los adultos se iluminan, y lo apoyan con entusiasmo. Los niños perciben su alegría, y responden con mayor interés. Podrían ser desviados de las ocupaciones naturales de su edad, y hacerlos alumnos antes de tiempo.

Los padres no resultarían buenos padres si no estuvieran encantados con las buenas cualidades de sus hijos. Pero es necesario distinguir entre lo que son las necesidades del niño y las ansiosas esperanzas de los padres. Si los padres naturalmente ambiciosos pueden admitir esto con honestidad ante sí mismos, y están alertas para no permitir que dicha ambición los haga apresurar las vidas de sus hijos, éstos crecerán más felices, más capaces, y serán un orgullo mayor para esos padres. Esto no sólo se aplica al aprendizaje precoz de la lectura y la escritura, sino a ejercer presión sobre el niño, a cualquier edad, sea en la tarea escolar, lecciones de música, de danza, atletismo, o vida social.

674. Mal trabajo escolar por causa del "nerviosismo". Cualquier tipo de problemas, preocupaciones y fricciones familiares, pueden obstaculizar el rendimiento escolar del niño. He aquí algunos ejemplos, aunque de ningún modo cubren todas las posibilidades:

Una niña de 6 años que arde de celos hacia su hermano menor, podría estar tensa, "distraída", incapaz de prestar atención, y atacar, de pronto, a otros niños, sin motivo aparente.

Un niño podría estar preocupado por una enfermedad en el hogar, una amenaza de separación de los padres, o confusiones acerca del sexo. Especialmente en los primeros grados, puede estar asustado por algún niño abusivo, el ladrido de un perro en el camino hacia la escuela, el portero de la escuela, un maestro de aspecto severo, pedir permiso para ir al excusado, o recitar delante de la clase. Estas podrían parecer cuestiones de poca importancia para un adulto, pero para un niño tímido de 6 ó 7 años, podrían resultar lo bastante atemorizantes como para paralizar su mente.

La niña de 9 años a quien se la regaña y corrige en exceso, en su hogar, puede volverse tan tensa e inquieta, que no consigue concentrarse en nada.

Los niños "flojos" que, por lo común, no tratan de hacer sus lecciones, no son, en absoluto, perezosos. Los animales jóvenes de todas las especies nacen dotados de curiosidad y entusiasmo. Si los pierden, es porque han sido inducidos a ello. Los niños **parecen** perezosos en la escuela, por varias razones. Algunos se resisten siempre a ser demasiado presionados. Se advierte que son lo bastante apasionados, en lo relacionado con sus propias aficiones. En ocasiones, los niños temen intentar cosas en la escuela (o en cualquier otro lugar), por miedo de fracasar. Ello podría deberse a que la familia ha criticado siempre sus logros, o ha fijado niveles demasiado elevados.

Aunque parezca extraño, a veces los niños hacen un mal trabajo escolar porque son demasiado concienzudos. Continúan estudiando las lecciones que ya han aprendido, o los ejercicios que ya han terminado, por temor a que haya algo incompleto o incorrecto. Están siempre sobre la tarea, preocupados.

El niño que no ha recibido el amor y la seguridad necesarios, en sus primeros años, llegue a la edad escolar como una criatura tensa, inquieta, irresponsable, con poca capacidad para interesarse por la tarea escolar, o de entenderse con los maestros o los alumnos.

Cualquiera sea la causa de la dificultad del niño en la escuela, el problema debe atacarse desde dos direcciones. Trate de descubrir la causa, como se sugiere en la Sección 672. Sin embargo, descubra o no lo que molesta por dentro al niño, debería ser posible que los padres y el maestro, compartiendo lo que saben sobre el niño, utilicen sus intereses y buenas calidades, para conducirlo, poco a poco, hacia el grupo y hacia las cosas en las que se está trabajando.

675. Mala lectura, a causa de un desarrollo lento de la memoria visual. Para usted y para mí, la palabra "amor" y la palabra "roma" son, por completo, distintas. Cuando apenas comienzan a leer, la mayoría de los niños pequeños piensan que son muy parecidas, porque cada una se deletrea a la inversa de la otra. A veces leen "sopa" en lugar de "paso", y "esa" en lugar de "sea". En ocasiones, invierten las letras, en especial aquellas como la "b" y la "p" minúsculas, que confunden con la "d" y la "q". Pero, a medida que transcurren los meses, aprenden a observarlas con mayor precisión, y estos errores se vuelven menos frecuentes al llegar al segundo grado.

Sin embargo, existe alrededor de un 10 por ciento de niños —la mayoría de ellos, varones— que sufren una dificultad mayor que la del promedio, para reconocer y recordar la imagen de las palabras. Continúan invirtiendo muchas palabras y letras durante varios años. Les lleva mucho más tiempo aprender a leer razonablemente bien, y algunos de ellos continúan siendo lectores mediocres durante toda su vida, a pesar de que se les estimule.

Tales niños rápidamente creen que son **tontos**, y a menudo odian la escuela, porque no pueden estar en el nivel de los demás. Necesitan que sus padres y maestros los tranquilicen, asegurándoles que es un problema particular de memoria (tal como otros niños no son capaces de entonar); de que no son tontos ni perezosos; de que aprenderán a leer y escribir tan pronto como sean capaces.

A la mayoría de estos niños se les puede ayudar ejercicios adicionales de **fonética**, por medio de los cuales formen el **sonido** de las letras y las sílabas de las palabras, y al mismo tiempo, las señalen con el dedo. De ese modo, pueden superar una parte de su debilidad en el reconocimiento visual de las palabras. Si la escuela no puede proporcionar ayuda especial, el padre debe consultar al maestro o director, con respecto a si sería conveniente obtener ayuda, fuera de las horas de clase, sea con un tutor que posea tacto, o un padre muy paciente. También sería prudente considerar un examen realizado por un psiquiatra infantil, o una clínica de orientación; en especial, si el niño tiene otros problemas emocionales, pues éstos pueden tener gran influencia en problemas de lectura. Pero antes de hacer algo complicado, debe efectuar al niño un examen médico de su vista y oído, la visión, por un oftalmólogo o un oculista, el oído, por un otólogo. Esto le puede hacer la enfermera de la escuela o en un centro de salud público o en la oficina del pediatra.

A los niños que tienen dificultades con leer o escribir, se les dan etiquetas tales como "dislexia" o "incapacidad de aprender". Desgraciadamente, estas etiquetas se usan imprecisamente para describir muchas condiciones diferentes. Así que los padres y los niños se confunden y se asustan, porque parece que el niño tenga una enfermedad. Si se aplica un tal etiqueta a su niño, pida una explicación en palabras sencillas.

676. La hiperactividad. En los últimos tiempos se ha prestado mucha atención al problema del niño hiperactivo, en especial, al que tiene dificultad para prestar atención en la escuela.

Se ha relacionado la hiperactividad —en la mentalidad de ciertos médicos y maestros y en artículos del dominio público— con el concepto de "mínimo daño cerebral". Este término es tan vago e incluye todo, que casi no significa nada. Las expresiones "déficit de atención" y "dislexia", así como otra cantidad de términos, son usados por muchas personas del mismo modo que "mínimo daño cerebral", para describir a estos niños con "hiperkinesis" (hiperactividad). Por cierto, existe algo que se puede llamar daño cerebral, manifestado por una clase de comportamiento y por síntomas neurológicos (un ejemplo básico es la parálisis cerebral). Pero en la mayoría de los niños catalogados como teniendo "mínimo daño cerebral", no existe evidencia definida de enfermedad; por lo tanto, en dichos casos, la categoría representa una conveniencia hipotética y, probablemente, equivocada. Además, en los niños en que se han comprobado un daño cerebral al nacimiento, la hiperactividad no es una consecuencia frecuente.

En años recientes, se han empleado con amplitud las drogas estimulantes para niños que son denominados hiperactivos o desatentos, o que sólo tienen dificultades con el estudio. Esto se ha hecho, a menudo, sin una cuidadosa evaluación del estado intelectual, emocional, social, escolar o físico del niño. Esta es medicina irresponsable. La conducta y el rendimiento escolar de algunos de los niños tratados han mejorado definidamente, por lo menos de modo temporal. Pero el estudio del mejoramiento a largo plazo no ha sido adecuado. En la mayoría de los casos, los problemas emocionales y sociales subyacentes siguen existiendo años después. Todavía no se sabe lo suficiente acerca del efecto del uso prolongado de tales drogas.

Han habido reclamaciones de que el quitar el azúcar y colorantes alimenticios y otros aditivos de la dieta del niño eliminará la hiperactividad. Han dicho también que un "entrenamiento de visión" especial terminará la hiperactividad. Estas reclamaciones han recibido publicidad en los periódicos, en artículos de revistas y en la televisión. No existen pruebas científicas para ninguna.

Los niños hiperactivos o con bajo rendimiento escolar merecen una minuciosa investigación, que sea realizada por personal de la escuela, por un médico, un psicólogo clínico y, tal vez, por un psiquiatra infantil o una clínica de orientación infantil. Existen tres partes para una correcta evaluación de tales situaciones: el examen físico y emocional del niño, un análisis de toda la situación familiar y una evaluación del rendimiento escolar. Puede haber una variedad de enfoques en el asesoramiento y la terapia. Si se incluye medicamento, debe haber un control permanente.

677. La fobia a la escuela. En ocasiones, un niño adquiere un temor de repente de ir a la escuela. Ello ocurre a menudo, después que ha estado ausente por unos días a causa de una enfermedad o un accidente, sobre todo si la enfermedad comenzó o el accidente se produjo en la escuela. Por lo general, el niño no tiene la menor idea de qué cosa de la escuela teme. Los estudios de orientadores infantiles acerca de tales casos demuestran que, a menudo, la causa real tiene poca relación con la escuela. Un niño extraordinariamente concienzudo puede haberse vuelto más dependiente de su madre, a causa de la culpa que siente con respecto a sus sentimientos hostiles hacia ella (la Sección 594). El hecho de haberse enfermado en la escuela y luego permanecer en casa, ha hecho brotar dichos sentimientos. Si se le permite quedar libremente en casa, por lo general, su terror de volver a la escuela aumenta. Se incrementa por el temor de haber quedado retrasado en su trabajo, y de que el maestro y los otros niños lo critiquen por su ausencia. Lo mejor para los padres es que se mantengan firmes con respecto a que regrese a la escuela de inmediato, y que se nieguen a ser convencidos por dolores físicos, o de obtener un justificante médico. (Por supuesto, debe ser revisado por el médico, ante cualquier dolor físico.) Si ello fuera posible, el niño y el padre deberían obtener orientación infantil. Por lo general, la clínica de orientación infantil considera esto como una emergencia, pues se sabe que el transcurso del tiempo lo empeora.

Hay una excepción importante en cuanto a la regla de hacer que el niño vuelva a la escuela cuanto antes. El **ado-**

lescente que comienza a distanciarse de la escuela como parte de una retirada de contacto social con la familia y con sus amigos puede estar mostrando señales de un trastorno emocional grave. En este caso, forzándolo que vuelva a la escuela empeorá las cosas. El primer paso debería ser una evaluación realizada en seguida por un profesional de salud mental.

678. El niño que no puede comer su desayuno antes de ir a la escuela. Este problema aparece de modo ocasional, en especial con los niños de primero y segundo grado, en el momento en que comienza la escuela. El niño consciente es quien se encuentra muy asustado por lo grande de la clase, y la maestra mandona, y no puede comer su primer bocado por la mañana. Si los padres lo fuerzan a tomarlo, sólo conseguirán que vomite, camino a la escuela, o cuando esté allí. Esto añade un sentimiento de desdicha a sus problemas.

La mejor manera de manejar esto es dejar al niño en paz en el momento del desayuno; permítale que tome sólo jugo de fruta y leche, si eso es lo que puede tomar con más facilidad. Si no puede beber, déjelo ir a la escuela en ayunas. Comenzar el día con hambre no es lo ideal para un niño, pero si lo deja en paz, pronto se sentirá más relajado y podrá tomar su desayuno. Tales niños, por lo común, comen bastante bien durante el almuerzo, y luego lo compensan con una cena abundante. A medida que se habitúen a la escuela y a su nuevo maestro, poco a poco sus estómagos se vuelven más hambrientos para el desayuno, siempre y cuando no tengan que luchar también contra sus padres.

Para el niño tímido que comienza la escuela, es aun más importante que el padre converse con el maestro, de modo que este último pueda comprenderlo y ayudarlo a superar la dificultad en la escuela. El maestro puede hacer un esfuerzo especial para ser amistoso y apoyar al niño en los proyectos en los cuales está trabajando, a fin de encontrar un lugar cómodo dentro del grupo.

679. Ayudar al niño con sus lecciones. A veces, el maestro sugiere que el niño se está retrasando y necesita apoyo en determinada materia, o bien, los padres mismos tienen **la**

idea. Esto es algo con lo cual se debe ser cuidadoso. Si la escuela recomienda un buen tutor que usted pueda pagar, hágalo. Con demasiada frecuencia, los padres son malos preceptores, no porque no conozcan lo suficiente, ni porque no se esfuercen bastante, sino porque se preocupan demasiado, los inquieta mucho que su hijo no entienda. Cuando un niño ya se encuentra confundido con sus lecciones, un padre tenso es el colmo. Otro problema lo constituye el hecho de que el método de los padres puede ser diferentes del que se usa en clase. Si el niño ya se encuentra confundido por una materia en la escuela, cuando los padres se la expliquen de modo diferente, en casa, es probable que el niño resulte aun **más** confundido.

No quisiera llegar tan lejos como para decir que un padre **nunca** debe explicar las lecciones a un niño, porque de vez en cuando, esto funciona muy bien. Sólo deseo aconsejar a los padres que primero, lo platiquen completamente con el maestro, y si no resulta exitoso, lo abandonen de inmediato. Quienquiera que sea el tutor del niño debe ponerse en contacto con el maestro, en intervalos regulares.

¿Qué debe hacer usted si los niños piden ayuda para sus tareas escolares? Si de vez en cuando se encuentran atorados, y le piden ayuda, para aclarar, no resultará perjudicial que se les oriente. (Nada agrada tanto a los padres como tener la oportunidad, de vez en cuando, de demostrar a su hijo que, en realidad, ellos saben algo.) Pero si los niños le piden ayuda para que usted les haga su trabajo, porque ellos no lo entienden, es preferible consultar al maestro. Una buena escuela prefiere ayudar al niño a entender, y luego, permitir que confíen en sí mismos. Si el maestro se encuentra demasiado ocupado para atender a su hijo, usted podría colaborar; pero aun en ese caso, ayúdelo a entender, no lo haga por él.

680. El padre y el maestro. Si su hijo es el orgullo y la alegría del maestro y si marcha bien en la clase, resulta fácil entenderse. Pero si el niño tiene problemas, la situación es más delicada. Los mejores padres y los mejores maestros son seres humanos. Todos se sienten orgullosos de los trabajos que realizan y tienen sentimientos posesivos hacia el niño. Cada uno, no obstante lo razonable que sea, siente en secreto que el niño iría mejor si el otro lo manejara de un modo algo diferente. Para los padres, resulta útil comprender, desde el comienzo, que el maestro es tan sensible como ellos, y que llegarán a un mejor entendimiento a través de una conversación amistosa y cooperativa. Ciertos padres comprenden que les atemoriza enfrentar al maestro, pero olvidan que, con igual frecuencia, éste teme enfrentarse con ellos. El objetivo principal de los padres consiste en suministrar una versión clara de la historia del niño, cuáles son sus intereses, a qué responde bien, a qué cosa no, y colaborar con el maestro para aplicar lo mejor posible esta información en la escuela. No olvide felicitar al maestro, por las partes del programa de clases, en las cuales su hijo tiene un gran éxito.

A veces, los temperamentos de un niño y un maestro simplemente no "congenian", a pesar de los esfuerzos que hagan ambos, al respecto. En dichos casos, el director de la escuela intervendrá, para decidir si se cambia al niño a otra clase.

LA ADOLESCENCIA

La adolescencia va en dos direcciones. Los adolescentes y sus padres tienen que encontrar una manera de soltar el uno al otro, poco a poco y con tanta gracia como resulta posible. En algunas familias, esto pasa con pocos problemas. En muchas otras, hay luchas, frecuentemente causadas por la falta de conciencia de parte de los padres en cuanto a los temas del desarrollo normal en la adolescencia. Creo que todo el proceso se hace mucho más fácil cuando los padres se acuerden de que sus hijos adolescentes no quieren lastimarles, sino que sólo están tratando de establecer su propia identidad adulta.

Cambios físicos

681. El desarrollo pubescente en las niñas. Con el término desarrollo pubescente me refiero a los 2 años de muy rápido crecimiento y desarrollo que aparecen antes de la "madurez". Se dice que un niña ha madurado cuando ha tenido su primer período menstrual. En los varones, no existe una señal tan definida. Entonces, analicemos primero el desarrollo de la niña.

Lo primero a comprender es que no existe una edad normal para el comienzo de la pubertad. La gran mayoría de las niñas comienzan su desarrollo alrededor de los 10 años, y tienen su período más o menos 2 años más tarde, a los 12. Sin embargo, muchas comienzan su desarrollo más temprano, a los 8 años. Quienes desarrollan más tarde pueden no comenzar hasta los 12. Existen casos extremos, en los cuales algunas niñas comienzan a los 7 años, o a los 14.

El hecho de que el desarrollo pubescente de una niña comience mucho más temprano, o mucho más tarde que el promedio, por lo común, no significa que sus glándulas no funcionen bien. Sólo significa que se opera en ella lo que podríamos llamar un horario más rápido, o más lento. Este horario individual parece ser un rasgo de nacimiento. Los padres que han desarrollado de modo tardío, tenderán a tener hijos también con desarrollo tardío, y viceversa. Otro factor lo constituye la alimentación adecuada. En épocas anteriores, cuando las familias de los trabajadores industriales seguían una dieta pobre, la edad promedio de madurez de las niñas era de 16 años.

Describamos lo que ocurre en el caso de una niña típica, cuyo desarrollo pubescente se inicia a los 10 años. Cuando tuvo 7 años, creció de 2 a 2½ pulgadas por año. Parecería que la Naturaleza la hubiera puesto entre paréntesis. Durante los siguientes 2 años, comenzará a incrementar, de pronto, su tasa de crecimiento, a más de 3 ó 3½ pulgadas. En lugar de aumentar de entre 5 y 8 libras, ahora aumenta entre 10 y 20 libras de peso por año, sin volverse más gorda. Para que dicho aumento sea posible, su apetito se volverá enorme.

Pero también ocurren otras cosas. Al comienzo de este período, sus pechos se empiezan a desarrollar. En principio, la aréola (la zona oscura que rodea el pezón), se agranda, y se hincha un poco. Luego, todo el pecho comienza a tomar forma. Durante el primer año y medio, tiene una forma redondeando, acercándose más a la forma de un hemisferio. Luego que comienzan a crecer los pechos, en seguida empieza a brotar el vello púbico. Más tarde, aparece en las axilas. Se ensanchan las caderas. La piel cambia su textura.

La niña promedio tiene su primer período menstrual a los 12 años. Para ese momento, su cuerpo ya es el de una mujer. Ya tiene casi todo su peso completo. Desde entonces, su crecimiento disminuye con rapidez. Durante el año que sigue a su primer período, tal vez crezca algo menos de 1½ pulgadas, y en el próximo, quizá crezca un poco menos de una. En la mayoría de las niñas, durante el primer año a los 2 primeros, los períodos son irregulares e infrecuentes. Esto no significa que algo no funcione bien, sólo manifiesta la inmadurez del organismo.

682. La pubertad comienza a diferentes edades. Hemos hablado del promedio de las niñas, pero sólo una cierta cantidad de ellas se acercan a dicho promedio, en algún aspecto. Muchas de ellas comienzan su desarrollo pubescente más temprano, y muchas, más tarde. La niña en quien comienza a los 8 años, como es natural, tenderá a sentirse extraña y consciente de sí misma, cuando advierta que es la única de su clase que se ha adelantado, y que ha adquirido forma de mujer. No siempre esta experiencia resulta dolorosa, para todas las que se desarrollan temprano. Por supuesto, depende de cuán buena sea su adaptación, y de lo preparada y ansiosa que esté por crecer. La niña que se

La pubertad llega a diferentes edades.

entiende bien con su madre y quiere ser como ella, tendrá inclinación a sentirse contenta, cuando se da cuenta que está creciendo, esté o no adelantada a sus compañeras de clase. Por otro lado, la niña que está inconforme de serlo —por estar celosa de su hermano, por ejemplo— o la que teme crecer, tendrá tendencia a sentirse molesta o alarmada, por sus señales precoces de feminidad.

También la niña con un horario lento, se sentirá molesta. La niña de 12 años que no ha tenido síntomas de desarrollo pubescente, ha observado que casi todas sus compañeras de clase han crecido con rapidez, en altura, y se han convertido en mujeres. Ella misma se encuentra aún en el período de crecimiento muy lento que precede al florecer de la pubertad. Se siente como un animalito subdesarrollado. Imagina que debe ser anormal. Necesita que se le tranquilice, que se le asegure que su crecimiento en altura y su desarrollo corporal llegarán con tanta certeza como sale y se pone el sol. También necesita que se le explique, si su madre y parientas cercanas desarrollaron en forma tardía. Se le puede asegurar que, cuando llegue su momento, tendrá 7 u 8 pulgadas más de altura, antes de que su crecimiento termine por completo.

Además de la edad en que comienza el desarrollo pubescente, existen otras variantes. En algunas niñas, el vello pubescente comienza a crecer antes que los pechos. Y, de vez en cuando, el vello en las axilas es la primera señal de cambios, en lugar de la última. El lapso entre las primeras señales de desarrollo pubescente y la aparición del primer período es, por lo general, de 2 años, pero las niñas que comienzan precozmente su desarrollo tienden a tener dicho lapso menos prolongado, en ocasiones, menor de un año y medio. Por otro lado, las niñas cuyo desarrollo pubescente es más tardío, tendrán una tendencia mayor a tomar más de 2 años, hasta la aparición del primer período menstrual. A veces, uno de los pechos comienza a crecer unos meses antes que el otro. Esto es bastante común, y no hay por qué preocuparse. El desarrollo precoz de los pechos tiende a durar más tiempo, a lo largo de la etapa pubescente del desarrollo.

683. El niño promedio comienza 2 años después que la niña. Lo primero que es preciso comprender acerca del desarrollo pubescente del varón es que en el niño **prome-dio,** éste se inicia 2 años más tarde que en la niña promedio, a los 12 años, en lugar de a los 10. Los que desarrollan antes, lo hacen a los 10, y aun un poco más pequeños. Muchos de los que tienen un desarrollo tardío, lo comienzan a los 14 y existen unos pocos que demoran más. El varón puede crecer, en altura, dos veces más rápido de lo que lo hacía antes. Tanto el pene, como los testículos y el escroto (el saco en el que se encuentran los testículos), crecen con rapidez. El vello púbico aparece temprano. Luego crece el de las axilas y el rostro. La voz se quiebra y se vuelve más profunda.

Después de más o menos 2 años, el cuerpo del varón ha completado, casi, su transición al de un hombre. En los 2 años siguientes, crecerá entre 2 y 2½ pulgadas, y después, se detendrá.

Así como la niña, el muchacho puede atravesar por un período de cierta dificultad física y emocional, mientras trata de aprender a controlar su nuevo cuerpo y sus nuevos sentimientos. El modo en que fluctúa su voz, quebrándose hacia los tonos agudos o hacia los graves, es un ejemplo de que todavía es, al mismo tiempo, un niño y un hombre, aunque no lo sea por completo.

Es una buena oportunidad para hablar de las dificultades de la vida social en la escuela durante el desarrollo pubescente y la adolescencia. Los varones y las niñas, en una clase, tienen, más o menos, la misma edad. Sin embargo, entre los 10 y los 14 años, en particular, la niña promedio se encuentra 2 años completos adelantada al niño promedio, en su desarrollo; sobrepasándolo en altura, y más madura en sus intereses. Comienza a desear ir a bailar, y a ser tratada como una mujer atractiva, mientras que el muchacho es aun un niño incivilizado, que siente vergüenza de prestarle atención. Durante todo este período es preferible mezclar grupos de distintas edades, en las actividades sociales, para lograr mayor equilibrio.

El niño con un esquema lento de desarrollo, que a los 14 años es aún un "enano", mientras que la mayoría de sus amigos se han vuelto hombres crecidos, necesita más apoyo que la muchacha de desarrollo tardío. En esta edad, el tamaño y la habilidad física y atlética resultan muy importantes. Lo que ocurre en ocasiones es que, en lugar de tranquilizar al muchacho, explicándole que, en su momento, comenzará a desarrollarse y crecerá entre 8 y 9 pulgadas, los padres, preocupados, lo llevan rápidamente a ver a un médico, quien recomendará un tratamiento hormonal. Esto contribuye a convencerlo de que tiene algo malo. Existen preparados hormonales que hace aparecer las señales de la pubertad, a cualquier edad en que se proporcionen. Dichos preparados, muy bien pueden hacer que el niño termine siendo más bajo de lo que hubiera sido normalmente, a causa de haber detenido el crecimiento de sus huesos de modo prematuro. Me opongo a estorbar a la Naturaleza en un asunto tan vital.

En los casos poco comunes en que puede haber una producción descomunal o insuficiente de la hormona para crecer, un endocrinólogo pediatra (especialista hormonal) debe ser consultado antes de tomar cualquier decisión sobre darle hormonas a un niño o una niña.

684. Los problemas de la piel en la adolescencia. Uno de los primeros cambios en la adolescencia es una **transpiración** más abundante, y de olor más fuerte, en las axilas. Ciertos niños, lo mismo que sus padres, no advierten el olor, pero éste puede causar desagrado en sus compañeros. El lavado diario con jabón, y tal vez el uso regular de un desodorante apropiado, podrá controlar dicho olor.

La pubertad modifica la textura de la piel. Los poros se dilatan y segregan más grasa. Se forman puntos negros, por la combinación del sebo y el polvo y la suciedad. Esta obstrucción, agranda aun más los poros. De ese modo, los gérmenes comunes penetran con facilidad por debajo de dichos puntos negros y provocan pequeñas infecciones o **granos.**

De todos modos, los adolescentes tienen tendencia a tener aguda conciencia de sí mismos, y a preocuparse por cualquier defecto en su apariencia. Los granos los irritan, y suelen tocarlos y apretarlos. El problema consiste en que, cuando los granos se abren, los gérmenes se esparcen en grandes cantidades, en la piel circundante y en los dedos. Entonces, el niño toca otra parte de su rostro, e inocula dichos gérmenes dentro de otros puntos negros, dando comienzo a nuevos granos. A menudo, el grano se agranda, si se lo aprieta y, por lo tanto, será más probable que deje cicatriz. Algunos adolescentes, preocupados por el sexo, imaginan que los granos son causados por pensamientos culpables o por la masturbación.

Por lo común, los padres aceptan con fatalismo los granos de sus hijos, sabiendo que sólo el tiempo los podrá curar. Este es un enfoque muy pesimista. Con los métodos modernos de tratamiento, en algunos casos se puede obtener una gran mejoría, en menor medida en otros. Los niños merecen toda la ayuda que les pueda brindar su médico habitual, o un especialista de piel, con el objeto de mejorar su apariencia actual y su ánimo, y con el de prevenir la formación de cicatrices. En ciertas situaciones, el médico puede prescribir un antibiótico o un medicamento que contenga vitamina A.

Cualesquiera que sean los métodos específicos que recomiende el médico, existen precauciones generales que se consideran útiles. Los ejercicios vigorosos, diarios, el aire fresco y la exposición al sol (evitar quemar la piel), parecen mejorar muchos tipos de cutis. Con frecuencia, se ha recomendado el lavado del rostro dos veces por día, aunque, en algunos casos, los especialistas dudan de esta práctica. El procedimiento habitual consiste en limpiar el rostro con firmeza, pero con suavidad, con un esponja y jabón (o un preparado especial, prescrito por el médico), y luego enjugar, con agua caliente y fría. Hay barras de cosmético, del color de la piel, en varios matices, en envases como los del lápiz de labios, para cubrir los granos y otras manchas mientras la Naturaleza sigue su rumbo.

Cambios psicológicos

685. La conciencia de sí mismo y la susceptibilidad.
Como consecuencia de todos los cambios físicos y emocionales, los adolescentes se vuelven mucho más cons-

cientes de sí mismos. Pueden exagerar y preocuparse por cualquier defecto. Una niña puede pensar que sus pecas hacen que su aspecto sea "horrible". Cualquier ligera peculiaridad del cuerpo o de su funcionamiento, los convence de que son "anormales".

Puede ocurrir que no puedan desenvolverse con tanta coordinación, con su nuevo cuerpo, como estaban habituados a hacerlo, y lo mismo sucede con sus nuevos sentimientos. Tienen tendencia a ser susceptibles, y a ofenderse con facilidad si se los critica. De pronto, se sienten grandes y quieren ser tratados como tales. Luego, vuelven a sentirse como niños y esperan ser cuidados como si lo fueran.

686. La rivalidad con los padres. Con frecuencia, no se comprende que la rebeldía de los adolescentes es, en lo esencial, una expresión de la rivalidad con los padres, sobre todo del hijo con el padre, y de la hija con la madre, que anteriormente aparece en el período de los 4 a los 6 años. Esta rivalidad se vuelve más intensa en la adolescencia, porque tienen emociones más fuertes y porque sienten que son personas casi adultas, en condiciones de competir al nivel de sus padres, se podría decir. Ahora es su momento de desairar al mundo, de fascinar al sexo opuesto, de ser cabezas de familia. Entonces, anhelan sacar del poder, a codazos, a los padres antiguos. De modo subconsciente, los padres lo perciben y, por supuesto, no les causa mucha gracia.

La rivalidad rebelde adopta varias formas. Un hijo de 16 años podría enojarse con su padre durante una discusión y, sin premeditación, tirarlo de un golpe. Entonces, sentiría que ya no es más digno de permanecer en la casa paterna, y en forma repentina, partir en busca de trabajo. Otro muchacho podría continuar llevándose bastante bien en la superficie, pero desplazar su rebeldía hacia las autoridades escolares o la policía.

En las familias, cuyos hijos van a la universidad, el padre y el hijo suelen ser tan disciplinados, que mantendrán su coraje bajo control, y se entenderán en términos razonables. A un muchacho que provenga de semejante ambiente, le resultará difícil encontrar quejas contra un padre tan considerado, que puedan justificar sus sentimientos ocultos de furiosa rivalidad. A veces, en familias como éstas, la rivalidad se expresa de modo inconsciente, a través de 16 años de fracasos inesperados en la escuela —en la escuela secundaria, o la universidad— a pesar de que el muchacho posea un alto grado de inteligencia, sea escrupuloso y haya tenido un excelente desempeño escolar anterior. El estudiante, con mayor frecuencia el varón, es sincero al decir que no sabe por qué no puede estudiar, entregar sus escritos, o tomar un examen, cualquiera sea el problema. Cuando un joven de este tipo busca consejo, en especial si estudia la misma carrera que su padre, puede descubrirse que tiene temor, **de modo inconsciente,** de fracasar vergonzosamente o, por el contrario, sobrepasar a su padre y que éste se enfurezca con él. (La niña que fracasa puede tener el mismo problema en relación con la esfera de trabajo de su madre o su padre.) En cualquier caso, el fracaso escolar es la peor clase de golpe para los padres; sin embargo, el niño no debe sentirse responsable por ello, porque no lo controla de manera consciente. (Algunos, no todos los jóvenes que abandonan la escuela por un fracaso inesperado, advierten que recuperan su eficiencia académica y una elevada ambición, después de realizar algún trabajo, durante un par de años; es decir, superan su miedo inconsciente. La psicoterapia es una manera más directa de encarar este problema.)

Otros niños pueden expresar su ansiosa competitividad, eludiendo, de modo decidido, la ocupación de sus padres, aunque algunos vuelvan a ella más adelante, cuando han madurado lo suficiente como para superar el temor irracional.

El psicoanálisis también ha descubierto que muchos niños que se sienten demasiado intimidados por sus padres, reprimen su resentimiento y su antagonismo hacia ellos, y lo desplazan hacia sus madres, enojándose con ellas ante cualquier requerimiento razonable o un desprecio imaginario.

Por lo general, una adolescente se siente, con mucha menor frecuencia, intimidada por su madre, de lo que siente un varón hacia su padre, por lo tanto, su rivalidad suele expresarse de manera más abierta en el seno del hogar y no a través de fracasos escolares. Inclusive, una muchacha puede coquetear con su padre bajo las narices de su madre, o reprocharle que no es lo suficiente bueno con él. Pocos muchachos se atreverían a provocar así a sus padres.

Si los jóvenes no fueran rebeldes, carecerían de motivos para abandonar el hogar y hacer su propio camino en el mundo. La rivalidad también les proporciona a los jóvenes la motivación para tratar de mejorar el mundo, encontrar nuevos métodos que superan a los antiguos, realizar descubrimientos, crear nuevas formas artísticas, desplazar a los viejos tiranos, corregir errores. Las personas que se encontraban, precisamente, en los umbrales de la edad adulta, han realizado una cantidad sorprendente de progresos científicos, y obras maestras en distintas artes. No eran más inteligentes que sus mayores, en sus disciplinas, y por cierto, tenían menos experiencia. Pero criticaban los modos tradicionales, se inclinaban por lo nuevo y aún no experimentado, y solían atreverse lo suficiente como para lograrlo. Así es como el mundo progresa.

Cierta vez, un padre desconocido dijo: "Ojalá fuera la mitad de maravilloso de lo que mi niño cree que soy, y la mitad de estúpido de lo que me considera mi hijo adolescente."

687. La identidad.

El problema principal del adolescente y del joven consiste en descubrir qué clase de persona será él o ella, en qué trabajará, bajo qué principios vivirá. Es, en parte, un proceso consciente, pero en mayor medida, se trata de un proceso inconsciente. Erik Erikson lo ha denominado la crisis de identidad, y está ejemplificado en la obra de J. D. Salinger, *El receptor en el centeno* (New York: Bantam Books, 1984).

Los jóvenes necesitan separarse emocionalmente de sus padres, para descubrir quiénes son y qué quieren ser. Sin embargo, en lo esencial, están formados por sus padres; no sólo en el sentido de que han heredado sus genes, sino de que, a lo largo de toda su vida, han tomado sus modelos. En consecuencia, deben despegarse de ellos. El logro eventual de este propósito sufrirá la influencia de tres factores: su impulso hacia la dependencia, la intensidad de su rebeldía y la clase de mundo exterior con el que se encuentren y lo que éste parezca demandarles.

Al intentar encontrar su identidad, los adolescentes pueden probar una variedad de papeles: soñador, cosmopolita, cínico, líder de causas perdidas, asceta.

A medida que los adolescentes intentan emanciparse de sus padres, suelen tener una gran necesidad de encontrar una compensación en crear lazos estrechos con los amigos de su misma edad; al comienzo, más a menudo con los de su mismo sexo, a causa de los residuos de tabúes hacia el sexo opuesto. Estas amistades, dentro del mismo sexo o no, contribuyen a prestar apoyo externo al joven —tal como las vigas que se colocan para sostener una construcción, mientras se la modifica— para abandonar su identidad como hijos de sus padres, antes de haber encontrado la propia.

Un joven se encuentra a sí mismo, a través del descubrimiento de cosas similares en su amigo. Dice que adora determinada canción, odia a cierto profesor, o ansía cierto elemento de vestimenta. Su amigo exclama asombrado que siempre ha tenido exactamente la misma inclinación. Ambos están encantados y se sienten reafirmados. Cada uno ha perdido parte de su sentimiento de desolación, de peculiaridad, y obtenido una placentera sensación de pertenecer.

Dos niñas hablan con rapidez durante todo el camino a casa, desde la escuela, hablan durante media hora más, frente a la casa de una de ellas, y por fin, se despiden. Pero ni bien la segunda llega a casa, llama por teléfono y continúan sus confidencias mútuas.

La mayoría de los adolescentes, para superar su sentimientos de soledad, se apoyan en una conformidad servil, hacia los estilos de sus compañeros de clase; ya se trate de ropa, peinados, lenguaje, temas de lectura, canciones o entrenamientos. Estos estilos deben ser diferentes de los de la generación de sus padres. Y si sus propios estilos irritan o escandalizan a los padres, tanto mejor. Sin embargo, resulta revelador que, inclusive aquellos jóvenes que adoptan estilos exagerados para diferenciarse de sus padres, deban aceptar los estilos de, por lo menos, algunos de sus amigos.

La mayor parte de los adolescentes, durante algunos años, se avergüenzan de sus padres, en particular cuando sus amigos están presentes. En parte, esto se relaciona con su ansiosa búsqueda de su propia identidad. En parte, representa el extremo de conciencia en sí mismos, de este período. Ante todo, constituye la intensa necesidad de ser tal como sus amigos, de ser totalmente aceptados por sus amigos. Temen que si sus padres se apartan, de cualquier modo, de las maneras del vecindario, ellos mismos pueden ser rechazados por sus propios amigos. En ocasiones, lo que un muchacho elige criticar a sus padres, es ridículo. Pero los padres no deben aceptar la descortesía. Cuando se encuentran con los amigos de sus hijos, su mejor recurso es el de ser agradables, pero no hablar demasiado. Desde el punto de vista de sus hijos, es importante que no traten de hablar o actuar como si fueran jóvenes.

Mientras intentan adquirir independencia emocional, los jóvenes buscan señales de hipocresía en sus padres. En tanto los padres sean sinceros en lo que respecta a sus ideales, sus hijos se sentirán obligados a seguir adhiriendo a ellos. No obstante, si encuentran hipocresía, esto los releva del deber moral de aceptarlos. También les otorga buena oportunidad para hacer reproches a sus padres.

688. Las exigencias de libertad, y el miedo a la libertad.

Una crítica que los adolescentes les hacen con frecuencia a los padres, es que éstos no les dan suficiente libertad. Es natural que los jóvenes que se acercan a la edad adulta insistan en sus derechos, y que sus padres necesiten que se les recuerde que están cambiando. Sin embargo, los padres no deben tomar cada reclamo por su valor aparente. Es un hecho que los adolescentes también tienen miedo de crecer. No están seguros acerca de su capacidad de ser tan sabios, competentes, sofisticados y encantadores como desearían. Pero su orgullo no les permitirá reconocerlo. Si dudan, de modo inconsciente, de su capacidad para llevar a cabo cierto desafío o aventura, están listos a encontrar evidencia de que sus padres obstruyen su camino. Les reclaman indignados, o los culpan, cuando hablan con sus amigos. En especial, los padres pueden sospechar esta maniobra cuando sus hijos, de pronto, anuncian un proyecto de su grupo para alguna aventura —por ejemplo, una velada en una insípida salón de baile— que se aparta de todo lo que han hecho antes. Podrían estar deseando que se les detenga.

689. La huida, la excentricidad, el radicalismo. En ocasiones, los jóvenes necesitan de 5 a 10 años para descubrir, en verdad, su propia, positiva identidad. Mientras tanto se quedan detenidos en una etapa transitoria que se caracteriza por una resistencia pasiva, y un apartamiento de la sociedad común (a la que pertenecen junto con sus padres) o por un radicalismo en exceso rebelde.

Pueden rechazar el tomar un empleo ordinario y acentuar su modo no convencional de vestirse, arreglarse, tener amigos, elegir su lugar de residencia. Esto podría parecer una prueba de fuerte independencia de parte de ellos. Sin embargo, aún no mantiene establecido un modo de vida, ni una contribución constructiva al mundo. Inclusive cuando la inclinación hacia la independencia sólo se manifiesta en forma de excentricidades, en su apariencia, puede reconocerse como un paso en la dirección correcta, que puede transformarse, más adelante, en una etapa constructiva, creativa. De hecho, los jóvenes que deben esforzarse tanto para ser libres, suelen provenir de familias con lazos firmes poco comunes y elevados ideales.

Otros jóvenes que tienen un carácter altruista e idealista, por lo común, adoptan una visión en extremo radical o pura de las cosas, durante una cantidad de años— en política como en el arte o en otros terrenos. Distintas tendencias actúan en conjunto, durante esta etapa, para conducirlos a esas posiciones extremas: elevado sentido crítico, cinismo con respecto a la hipocresía, intolerancia hacia el compromiso, valor, deseo de sacrificio, en respuesta a su primera impresión por las injusticias horrorosas —la mayoría de ellas, innecesarias— de la sociedad en que viven. Unos pocos años más tarde, habiendo adquirido un grado satisfactorio de independencia emocional respecto de los padres, y habiendo descubierto cómo ser útiles en los terrenos elegidos, se vuelven más tolerantes hacia la fragilidad de sus hermanos humanos y más dispuestos a contraer compromisos constructivos. No quiero decir que todos se vuelvan conservadores complacientes. Muchos permanecen

progresistas, algunos, radicales. Sin embargo, la mayoría
resultan más fáciles para convivir, para colaborar.

690. La orientación de los padres a los adolescentes.
Siempre ha resultado difícil ser un padre sabio de adolescentes. Si los niños son de buena madera, se verán impulsados a sentir rivalidad y rebeldía, sean sus padres razonables
o no. En el siglo XX, la tarea se complica por el hecho de
que los padres han leído psicología de un tipo o de otro y
ello les ha creado preocupación por la posibilidad teórica de
hacer daño, a pesar de bien intencionados esfuerzos. Esto es
bastante malo, porque en la mayoría de los casos es preferible hacer lo que, supuestamente, está equivocado, pero con
un aire de confianza, que lo que se supone correcto, con
dudas o culpas. También hay el hecho de que muchos niños
de hoy en día son muy independientes y tienen a sus padres
al trote.

Sin embargo, la mayoría de los adolescentes no son ene-
migos de los padres. Buena parte del tiempo se muestran
razonables. Considerando las tormentas emocionales que
experimentan en su interior y las docenas de nuevos ajustes
que deben hacer entre sus nuevas personalidades y las
nuevas vidas que son llamados a vivir, y los pesados planes
académicos que la mayoría de ellos llevan adelante, esto
resulta asombroso.

El primer punto y el más importante de todos consiste en
que los adolescentes necesitan y desean la guía de sus
padres —e inclusive sus reglas— no obstante lo mucho que
discutan con ellos. (Su orgullo no les permite admitirlo con
franqueza.)

Todos los maestros confiables y los trabajadores de
orientación infantil han oído decir a los adolescentes:
"Desearía que mis padres me dieran reglas definidas, como
lo hacen los padres de mis amigos." Perciben que éste es un
aspecto del amor de sus padres, el querer evitar a sus hijos
los malos entendidos y las situaciones vergonzosas del
mundo exterior, los cuales provienen de conceptos equivocados, de crearse una mala reputación, o de crearse problemas por causa de la inexperiencia.

Esto no significa que los padres puedan ser arbitrarios o

imponerse en exceso. Los adolescentes tienen demasiado dignidad, y esto los enfurece; desean discutir las decisiones sobre una base de adulto a adulto. Sin embargo, si la discusión sale de su cauce, los padres no deberían ser tan escrupulosamente democráticos como para considerar que sus hijos pueden tener tanta razón como ellos, se debe suponer que la experiencia de los padres cuenta mucho. Por último, los padres deben expresar con confianza su juicio y, si lo consideran apropiado, su reclamo explícito. Les deben a sus hijos esta claridad y definición.

Sin embargo, los padres preguntan: "¿Y si el niño rechaza el reclamo en forma abierta o desobedece tranquilamente?" Si la relación padre-hijo se va constituyendo con solidez, el muchacho no discutirá ni desobedecerá en los primeros años de la adolescencia, y podría ocurrir que tampoco lo hiciera más adelante. En los últimos años, inclusive, los padres pueden considerar que resulta prudente dar permiso al joven para ir en contra de las ideas de sus padres; esto no significa que los padres no confíen en lo correcto de sus juicios.

Las actitudes de los padres, sin expresarlas necesariamente en palabras, indicarían que ellos comprenden que el joven estará la mayor parte del tiempo fuera de su vista y, por lo tanto, si obedecen es por tener conciencia y respeto hacia sus padres, y no porque ellos puedan forzarlo o porque puedan estar observándolo en forma constante.

Inclusive en el caso de que un adolescente mayor desafíe o desobedezca una indicación paterna, ello no significa que dicha indicación no le hizo algun bien. Por cierto resulta útil a las personas sin experiencia oír ambas partes. Si deciden no aceptar la orden de los padres, por supuesto, es probable que estén tomando una decisión razonablemente sólida; tal vez tengan un conocimiento o visión de la que sus padres carecen. En efecto, a medida que avanzan hacia la edad adulta, deben estar preparados para rechazar consejos, en ocasiones, y hacerse responsables de su decisión. Si los jóvenes rechazan las indicaciones paternas y esto les causa problemas, esta experiencia aumentará el respeto hacia el juicio de sus padres, aunque es probable que no lo admitan.

Supongamos que los padres no saben qué decir o pensar acerca de cierta decisión. Pueden conversarlo, no sólo con sus hijos, sino también con otros padres, tal vez hacer una reunión. En algunas ciudades existen las PTA (o APM, Asociaciones de Padres y Maestros), las cuales organizan reuniones oficiales entre padres y adolescentes, y en ellas se ha llegado a un código bastante uniforme de comportamiento, el cual resultó reconfortante para todos los involucrados.

Pero es probable que los padres considerados en forma individual no quieran adherir a los códigos de otras personas, aunque sean los únicos padres que estén en desacuerdo. A la larga, los padres sólo pueden hacer una buena tarea si están convencidos de que están haciendo lo correcto. Y lo que es correcto para ellos, es lo que sienten como tal, después de escuchar las discusiones.

691. Sugerencias específicas. Yo mismo tengo opiniones firmes acerca de los principios generales de la orientación paterna, pero dudaría en convertirlas en arbitrios específicos. Los tiempos cambian. Las costumbres varían en las diferentes partes del país y en los distintos grupos de una misma comunidad. Los niños individuales varían en gran medida en su madurez y seguridad.

Creo que existen algunas reglas simples:

Tanto los adolescentes como los adultos, por respeto a sí mismos y a los demás, deberían bañarse con regularidad y usar ropas limpias.

Tanto en forma individual, como en grupo, se debe esperar que sean corteses con las personas, en general, y definidamente corteses con sus padres, amigos de la familia, maestros, y con las personas que los atienden. Es natural que los jóvenes sientan, al menos una hostilidad moderada, interna, hacia los adultos, a quienes sienten, de modo inevitable, como rivales, aunque no se den cuenta. Sin embargo, no les hará ningún daño controlar dicha hostilidad y ser, de todos modos, amables. Para los adultos involucrados, por cierto, la cortesía representa una gran diferencia.

Los jóvenes deberían tener la seria obligación de ayudar a sus familias con tareas regulares y trabajos especiales, adicionales. Esto los beneficia, dándoles un sentido de dignidad, participación, felicidad, del mismo modo que ayuda a los padres.

Estos principios no pueden ser forzados. Sólo quiero decir que los padres tienen derecho a expresarlos en las conversaciones con sus hijos. Aunque no estén de acuerdo, ayudará a los jóvenes escuchar los principios de sus padres.

Sexualidad

692. La sexualidad y el romance resultan tensos para el adolescente, por varias razones. (Utilizo la palabra **sexual** cuando pongo el acento en los instintos biológicos, el término **romántico** cuando quiero expresar los aspectos tiernos, altamente personales, idealistas del amor entre los sexos, los cuales se aprenden, principalmente, durante una infancia transcurrida entre padres cuyo amor es de esta clase. Comprendo que este lenguaje padece de varias imprecisiones; también que, en nuestros días, calificar a algo de romántico, lo hace parecer, para alguna gente, insípido o falso.) El adolescente ha salido de dos etapas anteriores, contradictorias, que han sido descritas brevemente con anterioridad, en la Sección 45 y, con más detalle, en los capítulos "De los tres a los seis años" y en "De los seis a los once años."

Entre los 3 y los 6 años, el niño crece en el aspecto espiritual, sobreidealizando a ambos padres, y se ha interesado en el romance, el sexo y los bebés. Entre los 6 y los 12 años, a través de una compleja interacción de emociones, el niño ha reprimido gran parte de su interés en el romance y el sexo, se ha apartado de los padres y está absorto en el mundo exterior, impersonal, de la escuela, la adaptación social, las leyes y las leyendas.

En la adolescencia, la presión biológica obliga al niño a volver a estar preocupado por los intereses románticos y sexuales. Pero los impulsos sexuales revividos seguirán estando en conflicto con los primeros tabúes, durante varios años más, provocando vergüenza interior y culpa, e incomodidad exterior. El ejemplo más simple es el de la timidez del joven en el trato con el sexo opuesto.

Las emociones conflictivas también causan problemas en las relaciones del niño con los padres. Cuando la urgencia de fuertes sentimientos románticos emerge por primera vez en la adolescencia temprana, al comienzo —tal como un arroyo de primavera corriendo por el lecho seco— se dirige hacia el padre del sexo opuesto. Sin embargo, el adolescente comprende, de modo inconsciente, que esto no es del todo correcto. De manera que la tarea, en este período, consiste en desviar esos sentimientos del padre hacia alguien ajeno a la familia. En realidad, el niño oculta estos sentimientos positivos hacia un padre con otros negativos. Esta es, al menos, una explicación parcial de por qué el muchacho escoge tan a menudo pelear con su madre y por qué la niña puede ser, en ocasiones, sorprendentemente hostil hacia su padre.

Al principio, la adolescente (y esto es igualmente cierto para el varón), no sabe con toda claridad dónde pertenecen esos sentimientos. Se vuelve, en general, intensamente romántica hacia distintos tipos de personas. Inclusive, puede estar próxima al momento en que pueda manifestar dichos sentimientos hacia un individuo de la misma edad y de sexo opuesto, en especial si es tímida e idealista. Es posible que desarrolle una gran admiración por una maestra del mismo sexo, o por una heroína de ficción. Sólo en forma gradual, van cayendo las barreras entre los sexos. Puede ocurrir que el adolescente se atreva, al comienzo, a pensar en alguien de Hollywood. Luego, los niños y las niñas, en el mismo colegio, pueden soñar unos con otros; pero es posible que lleve algo más de tiempo, hasta que los tímidos puedan manifestar cara a cara sus sentimientos.

Aun después que los instintos de una adolescente han salido a través de las inhibiciones del primer período y la joven tenga citas, una parte de su energía permanecerá en reserva y se presentará en forma de metas idealistas. Una parte de ello asegurará que su actitud hacia el sexo opuesto sea romántica y tienda a idealizar. Pero otra parte, inclusive en esta etapa relativamente tardía del desarrollo, se sublimará en aspiraciones que, en la superficie, pueden parecer no relacionadas con el sexo e inclusive del romance: por ejemplo, crear cosas bellas, o hacer una gran contribución a la humanidad.

En el comienzo mismo de su interés por los miembros del sexo opuesto, es posible que la adolescente no esté en condiciones de reconocer ningún sentimiento sexual hacia una persona por quien siente respeto y ternura, sino sólo por aquellos que de alguna manera, parecen degradados. (Para unas pocas personas, desgraciadamente, este patrón de conducta dura toda la vida.) Esta es una señal de un conflicto serio y los padres que ven este patrón de conducta deben pedir ayuda de una clínica que los guíe o un psiquiatra.

Antes de que los niños se hayan vuelto seguros acerca de su sexualidad, o la hayan integrado a su personalidad, aquélla continúa siendo un instinto más bien extraño, incómodo, compulsivo, separado. Sienten una curiosidad molesta con respecto a lo que es el sexo, en última instancia, y una compulsión a descubrirlo, a través de la experiencia. Por supuesto, dichos sentimientos van en contra de las emociones idealistas. Es probable que estén tiernamente enamorados de una persona, y aun así, sentirse impulsados a hacer avances —tímidos o atrevidos— hacia otras personas, de una forma más bien impersonal, promiscuo.

Los niños en los primeros años de la adolescencia suelen experimentar una serie de fuertes enamoramientos, y en cada uno, sentir un intenso amor. Pero pueden dejar de amar con tanta rapidez como se han enamorado. Descubren que, en realidad, ellos y sus amados, tienen poco en común. A veces, el motivo es que uno, o ambos, han cambiado. Más a menudo, ocurre que, al comienzo, se habían enamorado del ideal que veían en la otra persona, el que tenía poco que ver con la verdad. A medida que pasan los años, se vuelven más precavidos, y más realistas con respecto a la clase de persona que necesitan y con la cual pueden llevarse bien. A medida que maduran, poco a poco, también tienen más para darse uno a otro, elemento vital en el verdadero amor.

693. Hablar del sexo. Si usted lee artículos, puede concebir la idea de que resulta fácil para los padres, si son personas íntegras, hablar acerca del sexo con sus hijos adolescentes. Esto no es así de simple. La aguda percepción de la sexualidad y de la rivalidad con los padres que tienen los adolescentes, puede hacer, en ocasiones, que semejante conversación resulte penosa en muchos casos, en especial entre el hijo y el padre. Numerosos padres e hijos no pueden llevarla a cabo en absoluto, como tampoco muchas madres e hijas. Por lo tanto, la información —o mala información— proviene de los amigos, los hermanos o hermanas mayores, de los libros. Un libro adecuado, proporcionado por un padre, puede resultar eficaz, bien por sí solo, o mejor aún, respaldado por las respuestas de los padres a las preguntas.

Tal como en la primera infancia, es preferible hablar del sexo de vez en cuando, en tono casual, más que en una única solemne conversación. Sin embargo, es preciso que los padres estén dispuestas traerlo a colación al comienzo de la pubertad, puestos que a menudo, el niño no lo hace.

Mantenga el tono tranquilo. Uno de los errores que se cometen con facilidad, en especial si los padres mismos han sido educados en el miedo al sexo, es el de concentrarse en sus aspectos peligrosos. Una madre nervioso puede hacer que su hija sienta tanto pavor hacia el embarazo, que la pobre niña experimentará terror hacia los muchachos, en cualquier circunstancia. O puede ocurrir que el padre asusta a su hijo con el temor a las enfermedades venéreas. Por supuesto, un muchacho que está atravesando la adolescencia, necesita conocer cómo se produce un embarazo y que, siendo promiscuos, existe el peligro de enfermedad, pero estos aspectos perturbadores del sexo no deben mencionarse en primer lugar. El adolescente debe verlo como algo, en esencia, íntegro, natural y hermoso.

Estas conversaciones deben incluir una discusión de los métodos anticonceptivos, con detalles específicos acerca de las responsabilidades del muchacho y de la muchacha.

Si es totalmente imposible que logre sentirse cómodo hablando del sexo con su adolescente, es importante que encuentre a otro adulto, en quien ambos tienen confianza, para hacerlo.

Lo que a los padres preocupados les da trabajo creer, pero que las personas que han estudiado a los jóvenes conocen bien, es que los adolescentes felices, sensatos, y con éxito, rara vez tienen problemas con el sexo. Todo el sentido común, respeto por sí mismos, y buenos sentimientos hacia las personas que los han formado, a través de los años, los mantienen navegando a través de una fase completamente nueva de su desarrollo. Para decirlo de otro modo, los adolescentes que se meten en problemas con la clase equivocada de compañeros, por lo común, son niños que han estado confundidos consigo mismos, y con los demás, durante años.

El peligro de asustar a un niño con respecto al sexo, en parte consiste en que usted puede volver a un niño sensible, tenso y aprensivo, y en parte, porque puede obstaculizar su capacidad para adaptarse luego al matrimonio.

694. Es preciso decirle a una niña al comienzo de su desarrollo pubescente (edad promedio, 10 años) que, durante los próximos 2 años, sus pechos crecerán, aparecerá vello en su zona genital y debajo de los brazos, que aumentará con rapidez en altura y peso, que la textura de su piel cambiará, y es probable que se llene de granos que, en más o menos 2 años, tal vez tenga su primer período menstrual. (Estos cambios se analizan en las Secciones 681–682 y 684.) La diferencia reside en cómo le habla acerca de sus períodos menstruales. Ciertas madres ponen énfasis en que resultan una maldición. Sin embargo, constituye un error acentuar esta parte, para una niña que aún es inmadura e impresionable. Otras madres subrayan el hecho de que las niñas se vuelven delicadas en esos momentos, y deben ser muy cuidadosas. Este tipo de conversación produce mala impresión, en particular en aquellas niñas que crecieron sintiendo que sus hermanos tenían todas las ventajas, o que se sintieron inclinadas a preocuparse por su salud. Cuanto más aprendieron los médicos y los educadores de mujeres acerca de la menstruación, se convencieron más de que las niñas y las mujeres pueden vivir de modo perfectamente normal, saludable, vigorosa, durante sus períodos menstruales. Y aun en el caso ocasional de la niña que tiene dolores lo bastante fuertes como para no realizar sus actividades, hoy existen buenos tratamientos para dichos dolores.

Cuando una niña está en el umbral de su feminidad, es preferible que la espere con feliz ansiedad, y no que se sienta atemorizada o resentida. Lo mejor resulta subrayar que el útero se está preparando para recibir un bebé.

Resulta útil preparar a la niña durante los meses previos a la aparición del primer período, dándole una caja de toallas sanitarias. Esto lo hace sentir que ya creció y en condiciones de resolver la situación, en lugar de estar esperando que la vida le haga algo.

Los consejos acerca de los sueños sexuales y la masturbación en la Sección 695 se aplican a las niñas también.

695. Los muchachos, en el momento en que comienzan su etapa de desarrollo pubescente (la edad promedio es de 12 años), necesitan que se les explique que las erecciones y las emisiones nocturnas son naturales. Las emisiones nocturnas, que a veces se llaman "sueños húmedos", constituyen una eyaculación de semen (el fluido almacenado en la glándula prostática) durante el sueño, a menudo en el transcurso de un sueño de índole sexual. Los padres que saben que las emisiones nocturnas están por aparecer, y que, en ocasiones, surgirá una fuerte necesidad por masturbarse, a veces dicen al niño que estas cosas no hacen daño, siempre que no sucedan con demasiada frecuencia. Considero que es un error que un padre establezca un límite. El problema es que los adolescentes se preocupan fácilmente con respecto a su sexualidad, imaginan con facilidad que son "diferentes" o anormales. El decirles: "Tanta cantidad es normal, tanta otra es anormal", tenderá a preocuparlos más con respecto al sexo. Los niños necesitan que se les diga que es tan normal tener muchas como pocas emisiones nocturnas y que, en ocasiones, un muchacho perfectamente normal puede no tener ninguna.

Los niños también necesitan que se les hable de los cambios físicos que se analizan en las Secciones 683 y 684.

696. El embarazo en la adolescente. En tiempos anteriores, una joven que quedaba embarazada era considerada poco menos que una delincuente, porque había desobedecido a sus padres y sus propios principios. Hoy en día, las normas sexuales mucho más relajadas y, en menor medida, el conocimiento de la prevención del embarazo, han contribuido a un gran aumento en la frecuencia de la actividad sexual íntegra, en edades tempranas, y el embarazo entre las adolescentes y las jóvenes solteras. Para los adultos, el aspecto más sorprendente y casi incomprensible de este hecho, consiste en que sólo una minoría de las adolescentes que tienen actividad sexual, practican el control de la natalidad, aunque hayan sido bien instruidas a través de los esfuerzos de los padres y los médicos.

¿Por qué no toman responsabilidad por su actividad sexual? Hay varias explicaciones que coinciden. Para algunas jóvenes, estar preparadas significa que esperan relaciones sexuales repetitivas, las cuales muchas de ellas no se encuentran en condiciones de aceptar; prefieren pensar en cada episodio, como en un estallido inesperado de pasión que no se repetirá. Algunas sostienen que, como ellas (o sus amigas) han tenido relaciones una cantidad de veces sin que se produjera embarazo, suponen que están, de algún modo, inmunizadas. Otras consideran que el *coitus interruptus* es una precaución confiable. Algunas que tienen conflictos con sus padres, no se sienten queridas y se ven a sí mismas como amando y siendo amadas con intensidad por un bebé. Algunas jóvenes se involucran sexualmente con una persona a la que han llegado a amar en forma más o menos tierna e idealista. Otras responden, de modo primario, a una urgencia física y una intensa curiosidad acerca de la experiencia de la relación sexual. Con bastante frecuencia, esta última clase de jóvenes, evitan, de modo instintivo, experimentar con la persona que podrían amar y respetar y, en cambio, eligen a alguien como puro atractivo físico.

Yo solía temer que, si los padres tomaban la iniciativa en organizar para sus hijos adolescentes una instrucción específica, en la prevención del embarazo, fuera por parte de la madre, o del obstetra de la niña, o bien por el padre u otro médico, para el varón, esto sería tomado como un aliento para las experiencias sexuales precoces, y para los romances casuales, sin amor. En la actualidad estoy convencido de que el mayor peligro reside en el embarazo causado por la ignorancia y la irresponsabilidad. Creo que los padres deben tomar la iniciativa. No sólo deben instruir u organizar que se los instruya, sino reafirmar, de vez en cuando, en especial si creen que habrá actividad sexual, que **las personas que tienen relaciones deben asumir una responsabilidad seria en el control de los nacimientos, en toda ocasión,** tanto por parte del muchacho como de la niña, por consideración al bebé, a sus padres, y por sus estudios y su vida futura. Al mismo tiempo, los padres pueden hablar de sus propios ideales: que el sexo es tanto espiritual como físico, que ellos mismos, los padres, así como mucha gente joven, consideran que, para los jóvenes es preferible esperar hasta que tengan confianza en la profundidad y durabilidad de su amor, antes de tener relaciones sexuales, de que el retrasarlo no significa carencia alguna de potencia sexual o normalidad.

697. La orientación homosexual o lesbiana. En las Secciones 54 y 55, hablé de la homosexualidad y el lesbianismo. La mayoría de los adolescentes quienes sienten este tipo de orientación sexual se sienten forzados a ocultar sus sentimientos por la desaprobación y el miedo a estas orientaciones en nuestra sociedad. En la escuela y en las comunidades, no suelen tener la oportunidad de encontrarse con otros adolescentes que sienten las mismas cosas. Suelen volverse muy solos y aislados. A veces, tratando de encontrar a otros que tengan sentimientos semejantes, entran en un mundo secreto donde la posibilidad de relaciones sexuales casuales y enfermedades transmitidas sexualmente, inclusive el SIDA, es mucho más grande.

Si usted cree que su adolescente podría ser homosexual o lesbiana, lo primero que debería hacer es controlar sus propios miedos e inquietudes. Luego, con la ayuda de profesionales si es necesario, puede ofrecer el apoyo y la dirección que necesitará su hijo. Puede ser beneficioso investigar si hay un grupo de apoyo o de habla para los adolescentes homosexuales y lesbianas en su comunidad.

Cambios sociales

698. El estilo de la vestimenta y el peinado de los jóvenes es, en parte, su manera de aceptar el criterio de sus semejantes; y la mayoría de los adolescentes necesitan esta conformidad para sentirse seguros y aceptados. Algunos eligen determinados estilos para afirmar su sentido de sí mismos y su individualidad. También puede ser una manera de desafiar a los padres, los vecinos o la escuela. En este caso, pueden intentar, de modo deliberado, provocar la ira de los adultos, como un desafío a su autoridad. Los padres pueden ayudar más a los adolescentes, si tratan de entender su comportamiento, y luego colaborar a que lo entiendan los jóvenes mismos. Si usted explica por qué rechaza determinado estilo, puede lograr convencer a sus hijos de cambiar, sin que sea preciso concluir con una orden del tipo: "o si no..." Por otro lado, el adolescente que se siente en libertad para conversar y discutir con sus padres, podría lograr convencer a sus padres de considerar y aceptar su propio punto de vista. Los adultos suelen ser más lentos que los jóvenes para aceptar los estilos nuevos. Aquello que un día puede horrorizarnos o disgustarnos, más adelante puede volverse bastante aceptable, tanto para nosotros como para nuestros hijos. Esto ocurrió con la moda de los cabellos largos y las túnicas que comenzaron a usar los jóvenes en los años sesenta, y con los pantalones para las niñas, que tanto escandalizaron, en un tiempo, a las autoridades escolares.

699. Las citas. Como todos sabemos, desde los años cincuenta, ha habido una moda de citas a temprana edad, muchas de las cuales no estaban basadas en el amor sino en una costumbre social. Proporciona seguridad social, confianza en la propia popularidad, y una sensación de ser grande. Pero a menudo, alienta la intimidad física, mucho antes de que exista demasiada capacidad para un amor generoso, respeto mútuo, ni siquiera una comunicación real, y juega un papel importante en el gran aumento de los embarazos adolescentes. Los embarazos sin amor, y expuesto a las actitudes de censura de muchas personas, pueden ocasionar desilusión y amargura en los individuos sensibles.

Por lo contrario, cuando una niña y un niño maduros comienzan a amarse con más profundidad, porque son uno para el otro, el deseo físico aumenta, pero siempre estará integrado con los sentimientos tiernos y generosos, y bajo su control.

En la actualidad, un problema común entre los adolescentes que aún no se encuentran preparados para una experiencia sexual completa (más o menos la mitad de ellos), es que sus compañeros más audaces, con su desprecio, los hacen sentir anormales en el aspecto sexual.

A los adolescentes les resulta tranquilizador saber que, para muchas personas jóvenes que han sido educadas con ideales de respeto al sexo y al sexo opuesto, es normal que deseen esperar hasta sentirse lo bastante seguros de su amor hacia una persona, antes de llegar al amor físico.

700. Supervisión de los padres sobre las citas. Creo que los padres tienen derecho a hablar con sus hijos jóvenes acerca de la hora en que esperan que regresen a casa de fiestas y citas, de dónde irán y con quién, y de quién conducirá. Si el niño pregunta por qué desean saber, pueden contestar que los buenos padres se sienten responsables por sus hijos, por lo menos hasta que parten para ingresar en la universidad o a trabajar; la sociedad espera que conserven dicha responsabilidad. Los padres pueden decir: "Supongamos que algún accidente te demora. Deberíamos saber dónde preguntar o buscar." O bien pueden decir: "Si ocurriera alguna emergencia familiar, querríamos estar en condiciones de comunicarnos contigo." (Por el mismo motivo, los padres deberían decirles a sus hijos dónde estarán **ellos,** y a qué hora volverán.) De paso, si se produce una demora, o un cambio de planes, los adolescentes (y los padres) deben llamar a casa para explicarlo, antes de que se haga tarde. El hecho de que, de acuerdo con sus hijos, los padres fijen una hora determinada y los esperen, les recuerda a los muchachos que sus padres se preocupan en forma auténtica acerca de su conducta y de su seguridad. Cuando los niños hacen una fiesta en casa, los padres deberían estar allí.

Los padres no pueden ser dictadores o despectivos con sus hijos adolescentes. Pero pueden tener conversaciones de adulto a adulto, con respeto mútuo. Los jóvenes nunca desearon ser guiados por sus padres más allá de cierto punto, pero esto no significa que no se beneficien con las conversaciones.

701. La delincuencia juvenil. Este tema resulta demasiado complejo para dar algo más que una breve definición y unos pocos ejemplos. El término resulta confuso porque cubre todo aquello por lo cual un joven puede ser llevado a la corte, desde hurto hasta asesinato. Es tanta la agresividad de los varones en la adolescencia, que se implican en delitos tales como hacer novillos, pequeños hurtos (por ejemplo, los tapacubos de las ruedas de los automóviles), o travesuras (rotura de ventanas en edificios vacíos), en un momento u otro aunque la mayoría de ellos no son atrapados. Por lo general, tales delitos no tienen gran importancia psicológica, si un muchacho sólo lo comete una o dos veces, y en grupo. Pero la sociedad debe desaprobarlo con firmeza, y también los padres. Sin embargo, cuando los delitos de este tipo son repetidos, en el caso de un muchacho educado en un ambiente muy estricto, significa que, o bien tiene un problema neurótico definido (por ejemplo, el robo compulsivo); o bien que nunca ha sido lo bastante amado y no le importa demasiado lo que sus padres y la sociedad piensen de él; o que sus padres tienen tendencias delictivas inconscientes, no obstante su apariencia convencional, y disfrutan, proyectándose en las briboneríaserías del hijo. La misma clase de delitos menores, repetidos en una vecindad estricta, puede significar que el joven sólo está probando su hombría, a través del desafío a la policía.

Los delitos que tienen mucha agresión hostil (robos), o destrucción (dañar una aula por la noche), o crueldad (un asalto sexual o una golpiza severa) significan que el muchacho no sólo no tuvo suficiente amor, sino que, además, fue objeto de mucha hostilidad o crueldad.

Por otra parte, el mirón, o el muchacho que trata de

manosear, cautelosamente, a una niña sentada a su lado en un cine, por lo común, no posee excesiva agresividad— a menudo ocurre lo contrario. Está restringido a una expresión incompleta de su sexualidad, a causa de una excesiva represión y, tal vez, por una timidez anormal.

Las niñas muestran una medida de agresividad mucho menor que los varones y, por lo común, sus delitos no toman la forma de desafío a las autoridades o de ataque a las personas. En cambio, están destinados a hacer desdichados a sus padres. Una forma moderadamente grave de delincuencia femenina es huir del hogar. Ocurre con las muchachas que son inmaduras e inestables y que, por lo común, han tenido una larga historia de desarmonía con los padres.

Un ejemplo de delincuencia más y grave es la de la muchacha que se involucra en una conducta sexual promiscua, en la comunidad de sus padres, con el objeto de escandalizarlos y enfurecerlos, y porque siente muy poco amor propio. Por lo común, existen serios conflictos en el seno de la familia, y una deficiencia en el amor de los padres hacia la niña.

Muchas personas culpan a la presión de los amigos a casi todo tipo de problemas en los cuales se involucran los adolescentes. No creo que un adolescente normal, proveniente de una familia normal, tenga problemas graves sólo por causa de los amigos.

El punto principal que quisiera señalar con respeto a las formas más graves de delincuencia es que no aparecen de pronto en adolescentes que, hasta ese momento, se encontraban bien adaptados. Aparecen en familias inestables, en las cuales las relaciones entre los padres y entre los padres y los hijos han estado fuera de control durante largo tiempo, en las cuales ha habido muy poco amor y en las cuales el comportamiento de los niños ha mostrado serias aberraciones, mucho antes de la adolescencia. Por supuesto, la prevención de la delincuencia consiste en la orientación precoz de la familia con problemas y, más importante aún, en una sociedad más justa y estable.

702. Alcohol y otras drogas. El alcohol es la droga abusada con más frecuencia y más gravemente por los adolescentes. Las otras drogas reciben más publicidad, y la expresión "drogas y alcohol" da la impresión de que el alcohol no se defina como una droga. Pero el alcohol hace más daño a más adolescentes que todas las demás drogas juntas. La mayoría de los adolescentes observan a sus padres tomar el alcohol y ven todavía más en la televisión, donde exponen los malos efectos muy raramente.

El acostumbramiento o la dependencia a las drogas se encuentra, en gran parte, confinado a la mitad de la adolescencia hasta los 30 años, etapa en la cual muchos individuos intentan constituir una identidad positiva, eso es, un lugar y una función activa en el mundo.

El abuso grave de drogas ocurre a menudo en jóvenes que son, de algún modo, inmaduros, egocéntricos, pasivos, y aún tienen poco sentido de la dirección de su vida. Sin embargo, varias de las características de los adolescentes normales favorecen la experimentación con drogas:

Tienen una fuerte curiosidad por descubrir todo lo que se pueda saber de la vida, en especial aquellos aspectos que parecen misteriosos.

Muchos poseen el impulso de sacrificarse, en el sentido de exponerse a riesgos salvajes, aceptar desafíos peligrosos, sentirse orgullosos de quemar la vela por las dos puntas, demostrando su valor. (Esta es una de las razones por las que se dedican a fumar con entusiasmo, mientras que los adultos luchan por abandonar el tabaco.)

Al mismo tiempo, en secreto, tienen temor de enfrentar situaciones nuevas, difíciles. Una droga, como el alcohol, puede proporcionar la promesa de disipar las inhibiciones, borrar las aprensiones, aumentar el valor, lo suficiente como para que un joven pueda enfrentar un desafío, por ejemplo, el de hacer el amor.

En el joven, existe una atracción particularmente intensa a seguir el modelo de sus semejantes; y si dicho modelo preocupa a los padres, mucho mejor.

703. El uso de la marihuana se encuentra en una categoría claramente diferente de la de las drogas más peligrosas. Un gran porcentaje de personas jóvenes —inclusive en los grados menores y mayores de la escuela secundaria— la han probado, por lo menos algunas veces. Al contrario de la creencia popular, no posee elementos de adicción física, ni existe evidencia que el uso de marihuana se dirige al uso de otras drogas.

La mayoría de los jóvenes que han usado marihuana, la han probado sólo unas pocas veces, o la han usado con mucho menor frecuencia que diariamente. La persona poco común que la fuma con regularidad, varias veces al día, y se mantiene en un estado de intoxicación moderada, yo diría que no debe ser considerado como alguien arruinado por la marihuana, sino que se puede hablar de una persona que busca refugio en la droga, así como otros han abusado en forma crónica del alcohol o de otras drogas peligrosas.

A pesar de que la marihuana ha sido acusada de ocasionar muchas clases de disturbios físicos y psicológicos, y a pesar de que nadie puede asegurar que ninguna sustancia será confirmada como inofensiva, el hecho es que, hasta el momento en que se escribe este libro, el único daño comprobado ha sido el de disminuir las hormonas sexuales y el número de espermatozoides en los hombres que la usan mucho y con regularidad. Los jóvenes se mantienen informados acerca de las novedades sobre la marihuana y sólo pierden la confianza en los adultos que hacen afirmaciones exageradas o la desacreditan.

Por cierto, es verdad que la marihuana es mucho menos peligrosa que el tabaco y el alcohol, los cuales matan o incapacitan a decenas de miles cada año.

704. Antes de hablar al adolescente sobre las drogas, es preciso que los padres estén cómodos con el tema (con ayuda profesional si es necesario), para que no den lecturas ni amenazas. (Un libro excelente sobre este tema es *Saying No Is Not Enough* del Dr. Robert Schwebel, publicado en Nueva York de Newmarket Press, 1990.) Luego, diría en efecto:

El tabaco causa muchas muertes por cáncer y enfermedades cardíacas. La mayoría de los médicos lo han abandonado, motivados por lo que han visto, a pesar de que dejarlo resulta difícil y doloroso. El alcoholismo provoca enfermedad y muerte, y arruina a millones de familias. El período de la vida por el cual estás atravesando ahora es el más difícil de todos, con muchos cambios y tensiones; algunas personas pierden su rumbo y su sentido de dirección. Desearía que esperaras hasta tener 18 ó 20 años, cuando las cosas estuvieran establecidas, y supieras mejor lo que deseas de la vida, antes de decidir si beber o no, fumar tabaco, fumar marihuana. Pero, por supuesto, eres tú quien debe tomar la decisión.

Este consejo es mucho más persuasivo si los padres no usan alcohol, tabaco, tranquilizantes o estimulantes.

Luego, contaría con el sentido común de mis hijos. En ocasiones, bien podrían usar varias drogas. (La mayoría de nosotros, los padres, en nuestra juventud, estuvimos en contra de las exigencias de nuestros padres que estaban en contra del uso del tabaco o del alcohol, al menos en ocasiones.)

Sin embargo, yo debería saber que mis sucesivos sermones —o preguntas suspicaces de espiar— no sólo no harán ningún bien, sino que provocarán a mi hijo, y lo tentaran a rebelarse.

No estoy abogando por el uso de ninguna droga, ni justificándolo. Si tuviéramos una sociedad más feliz y con menos tensiones —la que creo que podríamos tener— la gente no tendría necesidad de tranquilizarse con ninguna droga. Sólo estoy sugiriendo a los padres que, en el presente, no hay ninguna razón conocida que justifique el pánico, por el uso ocasional de marihuana.

Desde todo punto de vista, por supuesto, la heroína es extremadamente peligrosa. El LSD ("ácido") provoca, a menudo, graves perturbaciones emocionales. El abuso de anfetaminas ("acelerador") conduce al agotamiento físico y a graves trastornos emocionales. La cocaína, sobre todo en la forma que se la fuma, "crack," es muy peligrosa y hacerse adicto es muy fácil.

ENFERMEDADES

El cuidado de un niño enfermo

705. Es fácil malcriarlo. Cuando los niños están enfermos de verdad, uno les dedica muchos cuidados y consideraciones especiales, no sólo por motivos médicos prácticos, sino también porque se siente apenado por ellos. No le molesta prepararles bebidas y comidas a intervalos frecuentes, e inclusive dejar a un lado una bebida que se niegan a tomar, y preparar otra en el acto. Se alegra de conseguirles juguetes nuevos para mantenerlos felices y tranquilos. Les pregunta cómo se sienten, y lo hace en forma ansiosa.

Los chicos se adaptan con rapidez a esta nueva situación en la casa. Si tienen una enfermedad que los vuelve caprichosos, es posible que llamen y den órdenes a los padres, como adultos tiranos.

Por fortuna, por lo menos el 90 por ciento de las enfermedades infantiles se encuentran en vías de recuperación en pocos días. Tan pronto como los padres dejan de preocuparse, también dejan de rendir pleitesía al niño que se muestra irrazonable. Luego de un par de días de choques de poca importancia, todos vuelven a la normalidad.

Pero si los niños tienen una larga enfermedad, o una que amenaza con volver, y si el padre tiende a ser una persona que se inquieta, el permanente ambiente de excesiva preocupación puede ejercer un mal efecto sobre el humor de ellos. Asimilan parte de la ansiedad de quienes los rodean. Muestran tendencia a volverse exigentes. Si son demasiado corteses para ello, es posible que se vuelvan excitables y temperamentales, como actores mimados. Les resulta fácil aprender a gozar con su enfermedad y recibir lástima. En parte, su capacidad de ser agradable se debilita, como en el caso del músculo que no se usa.

706. Manténgalos atareados y amables. Entonces, es prudente que los padres traten de volver al equilibrio normal con el niño enfermo, lo más pronto posible. Esto significa cositas tales como tener una expresión amistosa, desenvuelta cuando entran en la habitación, y no una de preocupación; preguntarles cómo se sienten hoy, con un tono de voz que espera buenas noticias y no malas (y tal vez preguntarlo una sola vez por día). Cuando descubre, por experiencia, que sienten deseos de beber y comer, sírvalo con normalidad. No pregunte con timidez si les agrada, ni actúe como si fuesen maravillosos cuando aceptan un poco de alimento. Mantenga a estricta distancia todas las presiones, a menos que el médico sienta que son necesarias. El apetito de un niño enfermo se echa a perder con más rapidez si se le empuja y se le obliga, que en el caso de un niño sano.

Si usted compra juguetes nuevos, busque en especial los que hacen que el niño trabaje con ellos y déles una oportunidad de utilizar su imaginación (cubos, materiales para armar, para coser, trenzar, ensartar cuentas, pintar, modelar, estampillas para coleccionar). Esto les impone exigencias, y los ocupa durante períodos prolongados, mientras los juguetes que son nada más que pertenencias hermosas aburren muy pronto, y que no hacen otra cosa que ampliar el apetito de nuevos regalos. Entregue un nuevo juguete por vez. Existen cantidades de ocupaciones caseras, como recortar figuritas en revistas viejas, organizar un álbum de deportes, coser, tallar maderas, construir una granja o ciudad o casa para muñecas, con cartulina, y con cinta adhesiva o cemento líquido. Evite el ver la televisión en exceso.

Si los niños deben pasar en cama mucho tiempo, pero están lo bastante bien, consiga un maestro o el mejor maestro de la familia, para hacer que reanuden sus tareas escolares durante un período regular, todos los días, y lo antes posible.

*A una niña se le permite levantarse cuando se siente
bastante bien, con raras excepciones.*

Como son humanos, quieren estar acompañados una
parte del tiempo, y usted puede participar en algunas de sus
ocupaciones, o leerles. Pero si quieren cada vez más atención, trate de eludir las discusiones y los regateos. Disponga
de horarios regulares en los cuales puedan contar con que
usted estará con ellos, y otros en los que sepan que se
encontrará ocupado en otra parte. Si tienen una enfermedad
que no es contagiosa, y el médico les permite tener compañía, invite a otros chicos, con regularidad, para jugar con
ellos y para las comidas.

La parte más difícil puede ser aquélla en que la niña ha
superado su enfermedad pero todavía no ha vuelto a ser la
de siempre. Usted deberá usar su buen juicio para decidir
hasta qué punto necesita todavía un trato especial. Todo se
resume en el hecho de permitir que los niños hagan una vida
normal tanto como sea posible en esas circunstancias,
esperar una conducta razonable hacia el resto de la familia,
y evitar las conversaciones como también las miradas y los
pensamientos de preocupación.

707. La cuarentena o aislamiento para las enfermedades contagiosas. En Estados Unidos, las regulaciones actuales de la cuarentena, por parte de los departamentos de salud y otras agencias gubernamentales, son raras en nuestros días, excepto en el caso de la cuarentena de animales que ingresan al país. Como principio general, pienso que es correcto mantener a un niño que padece una enfermedad contagiosa dentro de la casa, hasta que no tenga fiebre, y el médico determine que ya no contagia. Considero que es sensato reducir al mínimo los contactos íntimos (besos, abrazos y caricias), entre el niño con una enfermedad contagiosa y los otros miembros de la familia, con excepción de la persona que está atendiendo al enfermito. Esto es, en primer lugar, para la prevención de los otros que no han padecido la enfermedad —tanto adultos como niños— del contagio innecesario. Si sus otros hijos han estado expuestos antes de que usted supiera de qué enfermedad se trataba, es probable que, de todos modos, la contraigan, pero sigue siendo importante para ellos, que no se vean continuamente sobreexpuestos. Otro motivo para aislar al niño enfermo es que no sea contagiado por otros gérmenes que compliquen su enfermedad.

En casi todos lados, los adultos de la familia —excepto aquéllos que son maestros o los que manipulan alimentos— no necesitan tener restringida su salida de la casa para ir a trabajar, en **ninguna** de las enfermedades. Por lo tanto, usted debe aplicar su sentido común con respecto a visitar familias que tengan niños susceptibles de contagio. Las probabilidades de que usted porte los gérmenes a otros niños son casi nulas, si usted se mantiene alejado de ellos. De todos modos, usted no será bien recibido si los padres están inquietos, en especial con respecto a una enfermedad muy temida, como las paperas en el caso de un hombre, o la tos ferina en el caso de un bebé. Lo culparán, si cualquier miembro de la familia contrae la enfermedad, en cualquier momento del año siguiente. Por otro lado, no dude en ir, si la enfermedad de su hijo es una de las menos temidas, como la varicela, si usted ha tenido la enfermedad, y su amigo no está preocupado al respecto y sus niños no están en casa y lo ha invitado.

Para protección de otros pequeños y por su propia tranquilidad, mantenga a sus hijos apartado de otros niños de la vecindad, en particular durante el período en que sus hijos pueden caer enfermo.

A menudo, las guarderías permanecen abiertas y mantienen a los niños juntos, al aparecer una enfermedad infantil. La razón médica subyacente consiste en que, como todos los niños ya han estado expuestos a la enfermedad, se les puede observar con cuidado, en lugar de enviarlos a casa. Si los padres trabajan y el niño es enviado a casa, puede ocurrir que sea llevado a casa de amigos, vecinos u otros parientes, quienes probablemente no sean observadores entrenados y, de ese modo, la enfermedad se extendería a más niños.

La dieta durante la enfermedad

La dieta durante la diarrea se analiza en la Sección 350.

Su médico le dirá qué dieta adoptar en cada enfermedad de su hijo, teniendo en cuenta la naturaleza de la enfermedad y el gusto del chico. Lo que sigue son principios generales, para orientarlo en una emergencia, cuando usted no puede obtener asesoramiento médico.

708. La dieta para un resfriado sin fiebre. La dieta, durante un resfriado sin fiebre, puede ser por completo normal. De todos modos, es probable que los niños pierdan el apetito, aunque sea un resfriado moderado, porque están adentro, porque no hacen la cantidad habitual de ejercicios, porque no se sienten del todo bien, y porque tragan moco. No los obligue a tomar más de lo que desean. Si comen menos que de costumbre, ofrézcales cantidades extra de líquido entre las comidas. No les hará mal beber todo el líquido que deseen. A veces, las personas tienen la idea de que, cuanto más líquido, mejor será el tratamiento. Las cantidades excesivas de líquidos no serán más eficaces que las cantidades razonables.

709. La dieta cuando hay fiebre (consejos hasta que pueda consultar al médico). Cuando los niños tienen más de 102 grados F de temperatura con un resfriado, influenza, anginas, o una de las enfermedades contagiosas, por lo común, al comienzo pierden su apetito casi por completo, en especial para los sólidos. En el primero o los dos primeros días de una fiebre como ésa, no les ofrezca ningún alimento sólido, sino líquidos cada media hora o cada hora, mientras esté despierto. Los más populares son el jugo de naranja, el de piña, y el agua. No olvide el agua. No es nutritiva, pero en estas ocasiones, resulta importante. Es por esta razón que al niño enfermo le atrae tanto. Con respecto a los otros líquidos, depende del gusto del niño y de la enfermedad. A algunos niños les encanta el jugo de toronja, la limonada, el jugo de peras, de uvas, el té ligero con azúcar. Los niños más grandes prefieren las bebidas gaseosas, como el *ginger ale*, los refrescos con sabor a fruta, y las bebidas de cola. Algunas de éstas contienen pequeñas cantidades de cafeína, un estimulante, de modo que es preferible no suministrárselas, dentro de las dos horas anteriores al momento de dormir.

Es difícil establecer una norma con respecto a la leche. Por lo común, los bebés enfermos beben más leche que ninguna otra cosa. Si no la vomitan, es porque su organismo la pide. Existe la posibilidad de que los niños mayores la rechacen o la vomiten. A menudo, es aceptada y la retienen.

Cuando la fiebre continúa, el niño tenderá a tener algo más de apetito después de un día o dos. Si su niña tiene hambre a pesar de la fiebre elevada, es posible que esté en condiciones de comer sólidos sencillos, como pan tostado, galletas, cereales, flan, gelatina, queso cremoso, puré de manzanas, huevos pasados por agua.

Los alimentos que, por lo general, no desean y no se digieren bien durante la fiebre, son las verduras (cocidas o crudas), las carnes, las aves, el pescado, las grasas (tales como manteca, margarina, crema). De todos modos, la doctora Clara Davis, en sus experimentos sobre la dieta, descubrió que los niños a menudo necesitan carnes y verduras durante la **convalecencia** —cuando la fiebre se ha ido— y las digieren bien.

La regla más importante consiste en no obligar a un niño enfermo a comer nada que no desee, a menos que el médico tenga un motivo especial para que se le obligue. Sólo se logrará que vomite, provoque un trastorno intestinal, o dé comienzo a un problema de alimentación.

710. La dieta cuando hay vómitos (consejos hasta que usted pueda consultar a un médico). Por supuesto, los vómitos aparecen en muchas enfermedades diferentes, sobre todo al comienzo cuando hay fiebre. Esto ocurre porque el estómago está revuelto a causa de la enfermedad y no se encuentra en condiciones de asimilar el alimento. La dieta depende de muchos factores, y debe ser prescrita por el médico. Sin embargo, si usted no puede ponerse en contacto de inmediato con el profesional, puede adoptar las siguientes sugerencias.

Resulta una buena idea darle un descanso completo al estómago, por lo menos durante un par de horas después del vómito. Luego, **si el niño lo pide,** déle un sorbo de agua, al principio no más de media onza. Si lo retiene, y pide más, permítale beber un poco más, digamos una onza, después de 15 ó 20 minutos. Aumente la cantidad en forma gradual, hasta 4 onzas (medio vaso), si lo pide. Si ha llegado bien hasta este punto, puede intentar darle un poco de jugo de naranjas o de piña, o una bebida carbonada. El primer día, es mejor no pasar de 4 onzas cada vez. Si han pasado varias horas desde que se produjo el vómito y el niño ansía alimentos sólidos, déle algo simple, como una galleta, o una cucharada de puré de manzanas. Si pide leche, désela descremada.

El vómito que acompaña las enfermedades febriles tiene más tendencias a aparecer en el primer día, y puede no continuar, aunque la fiebre siga.

Cuando un niño tiene violentas arracadas, aparecen pequeñas manchas o estrías de sangre en el vómito. Ello no es grave en sí.

711. La dieta cuando hay diarrea. Para cuando un niño tiene dos años o más, existe menos posibilidades que tiene una diarrea grave y crónica. Hasta que se pueda comunicar con el médico, el mejor tratamiento es el descanso y tanto de su dieta normal como parezca apetecerle. Las investigaciones han demostrado que la "dieta de diarrea" tradicional de líquidos azucarados, gaseosas, o jugo de manzana aumenta y prolonga la diarrea, así que ya no se recomienda este tratamiento.

712. Evitar los problemas de alimentación al terminar la enfermedad. Si un niño tiene fiebre durante varios días y desea comer poco, naturalmente perderá peso con rapidez. Esto preocupa a los padres las primeras veces que ocurre. Cuando la fiebre por fin desaparece, y el médico dice que es el momento para volver a la dieta normal, están ansiosos por alimentar al niño otra vez. Pero ocurre a menudo que el niño rechaza las comidas que se le ofrecen al principio. Si los padres lo fuerzan, comida tras comida y día tras día, puede suceder que el niño jamás recupere el apetito.

Un pequeño en esa situación no ha olvidado cómo comer, ni se ha vuelto demasiado débil para hacerlo. En el momento en que la temperatura ha vuelto a la normalidad, todavía hay suficiente infección en el organismo como para afectar al estómago y a los intestinos. Tan pronto como vio esos primeros alimentos, su sistema le advirtió que aún no estaba preparado para recibirlos.

Cuando se fuerza u obliga a recibir alimentos a un niño que todavía siente náuseas a causa de la enfermedad, su desagrado se solidifica con más facilidad y rapidez que si tuviera un apetito normal para comenzar a comer. Así es como puede adquirir un problema de alimentación permanente, en pocos días.

Tan pronto como el estómago y los intestinos se hayan recobrado de los efectos de la mayoría de las enfermedades, y estén en condiciones de digerir otra vez los alimentos, el hambre de los niños se recuperará de pronto, y no sólo como era antes. Por lo común, están muy hambrientos durante una semana o dos, para recuperar el tiempo perdido. En ocasiones, se ve a los niños, en esas situaciones, exigir más 2 horas después de una abundante comida. Alrededor de los 3 años, es posible que pidan los alimentos específicos que les exige su organismo agotado.

El camino que deben tomar los padres, al final de una enfermedad, es el de ofrecer a los niños sólo los alimentos líquidos y sólidos que deseen, sin ninguna prisa, y esperar, con paciencia pero con confianza, que aparezcan las señales de que están en condiciones de recibir más. Si en una semana su apetito no se recupera, se debe volver a consultar al médico.

Administración de medicinas y enemas

713. Para dar medicinas. A veces resulta todo un problema lograr que un niño tome una medicina. La primera regla consiste en hacérsela tragar en forma práctica, como si jamás se le hubiera ocurrido a una que no lo aceptaría. Hable de cualquier otra cosa mientras le introduce la cuchara en la boca. La mayoría de los niños pequeños abren la boca en forma maquinal, como los pájaros en su nido.

Las tabletas que no se disuelven puede ser trituradas hasta convertirlas en polvo, y mezcladas con un alimento de buen sabor, como por ejemplo la compota de manzanas. Mezcle la medicina con una sola cucharada de compota por si la pequeña decide que no quiere demasiado de ésta. Las píldoras de sabor amargo pueden mezclarse con una cucharadita de azúcar y agua, o con miel, o con jarabe de arce o jalea. Los ungüentos o pomadas para los ojos pueden aplicarse en ocasiones durante el sueño. También pueden aplicársele a un niño pequeño sosteniendo a éste en el regazo, con las piernas en torno de su cintura, de modo que no pueda patalear, y la cabeza sostenida con suavidad pero firmeza entre sus rodillas, apoyado en una mano, mientras usted aplica el remedio con la otra mano. (Esta posición también sirve para absorber las mucosidades de la nariz o para poner gotas nasales.)

Cuando se ofrece medicina con una bebida, es mejor elegir un líquido poco habitual, que el niño no ingiera con regularidad, como por ejemplo jugo de uvas o de ciruela. Si usted hace que la leche o el jugo de naranja tenga un sabor extraño, es posible que el pequeño lo reciba durante varios meses con sospecha.

Conseguir que un niño pequeño trague una tableta o una cápsula entera es tarea difícil. Trate de ponerla en algo más denso y sabroso, como un plátano, y haga que la cucharadita sea seguida con rapidez por un trago de algo que a la pequeña le agrade.

714. No dé medicamentos sin asesoramiento de un médico y no lo continúe sin mantenerse en contacto con dicho médico. He aquí algunos ejemplos de por qué no debe hacerse eso. Un niño tiene una tos junto con un resfriado, y el médico receta cierta medicina contra la tos. Dos meses después, al niño le aparece una nueva tos, y los padres hacen renovar la receta sin consultar con el médico. En apariencia resulta útil durante una semana, pero después la tos empeora tanto, que de todos modos tienen que llamar al médico. Este advierte en seguida que en esta ocasión no se trata de un resfriado, sino de tos ferina, y lo habría sospechado una semana antes si los padres lo hubiesen llamado. En ese caso el niño habría sido aliviado en el acto y no hubiese tenido un contacto innecesario con muchos otros niños.

Los padres que han tratado resfriados o dolores de cabeza o de estómago unas cuantas veces, de la misma manera, llegan a sentir que son verdaderos expertos, cosa que en efecto ocurre, aunque de manera limitada. Pero no están en condiciones, como lo está un médico, para pensar primero con cuidado en el diagnóstico. Para ellos, dos dolores de cabeza distintos (o dos dolores de estómago) parecen iguales. Para el médico, una de estas enfermedades tiene un significado muy distinto de la otra, y exige un tratamiento diferente. Las personas que han sido tratadas por un médico con uno de los antibióticos (por ejemplo, la penicilina), sienten a veces la tentación de volver a usarlo para síntomas similares. Consideran que produce resultados maravillosos, que es fácil tomarla, y conocen la dosis de la última vez; entonces, ¿por qué no?

De vez en cuando surgen graves reacciones como consecuencia del uso de estas drogas: fiebres, salpullidos, anemia. Por fortuna, estas complicaciones son raras, pero tienden a aparecer con más frecuencia cuanto más se usan las drogas, y en especial si se las emplea en forma incorrecta. Por eso deben ser administradas sólo cuando un médico ha decidido que el peligro de la enfermedad y la posibilidad de beneficiarse con el remedio superan los riesgos del tratamiento. Inclusive la ingestión continuada de un remedio tan común como la aspirina puede causar, en ocasiones, graves problemas. Por tales razones, nunca debe darse el remedio de un vecino, de un amigo o un pariente a un niño.

Los catárticos o laxantes (drogas para hacer mover los intestinos) no deben usarse por ningún motivo —y en particular, menos aún para los dolores de estómago— sin consultar con un médico. Algunas personas tienen la idea errónea de que el dolor de estómago es causado a menudo por el estreñimiento, y deciden utilizar un laxante en primer lugar. Son muchos las causas de los dolores de estómago (las Secciones 755–756 y 758–760). Algunas, tales como una apendicitis y obstrucción de los intestinos, se ponen peores con la utilización de un laxante. Por lo tanto, ya que usted no sabe con certeza cuál es la causa del dolor de estómago de su hijo, resulta peligroso ofrecerle un laxante.

715. Enemas y supositorios en otros tiempos eran recetados a menudo por los médicos, o usados por los padres sin esperar los consejos de éstos. Se daba por entendido —sin prueba científica alguna— que el estreñimiento representaba un papel de importancia en la enfermedad, y que la cura no podía lograrse hasta que los intestinos quedasen limpios. Por fortuna, ahora hemos dejado atrás esa obsesión. Sin embargo, aunque **en muy raras ocasiones** estos tratamientos siguen usándose, por ejemplo, un supositorio para un niño pequeño que tiene miedo de expulsar un movimiento intestinal grande y duro, o un laxante para la preparación con vistas a determinados rayos X abdominales.

Nunca dé a su niño un enema, un supositorio o un laxante, a menos que su médico lo haya aconsejado.

Un supositorio para el estreñimiento se desliza hacia el

interior del recto, donde se disuelve. Contiene una sustancia levemente irritante, que lleva la humedad al recto y estimula el movimiento.

El médico le dirá qué debe poner en un enema. Cuando está listo, tienda una sábana impermeable sobre una cama, y cúbrala con una toalla de baño. Haga que el niño se acueste en ella, de lado, con las piernas dobladas hacia el pecho. Tenga una bacinica al alcance de la mano.

En el caso de un niño pequeño, es más fácil y seguro usar una perilla de hule con una punta blanda del mismo material. Llene la pera de hule por completo, de modo de no inyectar aire. Engrase la punta con vaselina, aceite o jabón. Introdúzcala con suavidad de 1 a 2 pulgadas. Oprima la pera con suavidad y lentitud. Cuanto más despacio la introduzca, menos posibilidades existen de que el bebé se sienta incómodo y lo rechace. Los intestinos se contraen y se aflojan en oleadas. Si usted siente una resistencia fuerte, espere hasta que "ceda," en lugar de empujar más aún. Por desgracia, los bebés tienden a empujar en cuanto sienten algo en el ano, de modo que es probable que usted no pueda introducirla mucho.

Cuando extraiga la punta, oprima las nalgas una contra la otra, para tratar de retener el agua durante unos minutos, de modo que cumpla con su tarea de ablandar la evacuación. Si el agua no ha salido en 15 ó 20 minutos, o si ha salido sin demasiada evacuación, puede repetir el enema si el doctor lo autoriza. El enema que no se expulse no ofrece peligro alguno.

En el caso de un niño de más edad que colabore, puede usar una perilla o irrigador, o un recipiente para enemas, con un tubo de plástico, y una punta pequeña, de plástico duro. No cuelgue el recipiente por encima de 1 ó 2 pies del recto (la altura determina la presión). La menor altura, que hace que el agua corra con lentitud, produce menos incomodidad y mejores resultados.

716. Recetas genéricas. Una receta genérica es la que no usa el nombre comercial para un medicamento, sino el nombre químico. En muchos casos, los medicamentos recetados de esta manera son más baratos que si se los receta según el nombre comercial publicado, aunque sea exactamente el mismo medicamento. Hable con su médico en cuanto a la posibilidad de recibir recetas genéricos.

Fiebre

ADVERTENCIA: Nunca dé aspirinas a un niño o adolescente para la fiebre, ni para síntomas de influenza o resfriado, a no ser que el médico lo recete. Sólo el acetaminofen y otros productos sin aspirina deben usarse para estos síntomas en los niños y adolescentes. Si al final resulta una enfermedad de un virus, sobre todo la varicela o influenza, la aspirina puede dejar al niño más susceptible al Síndrome Reye, una condición poco común pero muy peligrosa. (Véase la Sección 822.)

717. ¿Qué es fiebre y qué no lo es? La primera cosa para tener en cuenta es que la temperatura de un niño sano no se mantiene siempre igual a 98.6 grados F. Siempre hay variaciones en ambos sentidos, según sean las horas del día, y las actividades que desarrolle. Pero la diferencia no es mucha. Es mayor la desproporción entre el estado de reposo y el de actividad. La temperatura normal de un niño dotado de excelente salud puede ser de 99.6 grados F, pudiendo llegar a 100 grados F, si un poco antes ha realizado algún esfuerzo. (Pero una temperatura de 101 grados F es probablemente síntoma de enfermedad, aunque el niño haya efectuado momentos antes algún ejercicio físico.) En niños mayores, la actividad tiene menos efecto sobre la temperatura. Por consiguiente, para saber con exactitud la temperatura, sólo hace falta basarse en la cifra obtenida una hora después, como mínimo, de terminado cualquier ejercicio.

Muchos padres dan por un hecho que la misma fiebre es mala, y quieren administrar remedios para hacerla descender, no importa en qué grado se encuentre. Pero es bueno recordar que la fiebre no es una enfermedad. **La fiebre es uno de los métodos que usa el cuerpo para ayudar a superar la infección.** Es también una ayuda para seguir la pista del avance de la enfermedad. En un caso, el médico quiere bajar la fiebre porque obstaculiza el sueño del pequeño, o agota al paciente. En otro caso, está dispuesto a dejar la fiebre en paz, y concentrarse en la tarea de curar la infección.

En la mayoría de las enfermedades febriles, la temperatura más baja se da a primeras horas de la mañana, y alcanza el máximo por la tarde. En otras enfermedades, la fiebre no experimenta variación y se mantiene siempre alta. Las más frecuentes son la neumonía o pulmonía, y el sarampión. Algunas veces se observa una temperatura por debajo de lo normal (inferior a 97 grados F) en la fase final de la enfermedad, y en los mismos niños, en las noches de invierno. Tal temperatura no debe ser motivo de alarma, siempre que el niño se encuentre bien.

718. El termómetro. La única diferencia entre un termómetro bucal y uno rectal consiste en la forma del bulbo. El bulbo del termómetro rectal es redondo, de modo que no ofrezca aristas. Un termómetro bucal tiene un bulbo largo y delgado, para que el mercurio pueda ser calentado con más rapidez por la boca. Las marcas de los dos termómetros son exactamente las mismas y equivalen a las mismas indicaciones. (En otras palabras, no están marcados en forma distinta para tener en cuenta la diferencia de temperatura entre la boca y el recto.) Un termómetro muy popular tiene una forma de bulbo intermedia entre el bulbo redondo del termómetro rectal y el bulbo largo del bucal, cosa que los hace convenientes para su uso en cualquiera de los dos lugares. Cualquier de estos puede usarse para tomar una temperatura axilar.

Ahora en cuanto a la diferencia entre las temperaturas de la boca, la axila y el recto. La del recto es la más alta porque se encuentra bien dentro del cuerpo donde el cuerpo es más grueso. La de la boca es la más baja porque la boca se enfría con el aire inhalado a través de la nariz. La diferencia entre la temperatura del recto y la de la boca es generalmente menos de un grado. La de la axila se encuentra en el medio.

La mayoría de los termómetros registran bastante bien en un minuto en el recto. Si se observa el termómetro en un momento en que se encuentra en el recto del bebé, se podrá ver que asciende con rapidez al principio. Llega a un grado en el cual se detendrá en los primeros 20 segundos. Y luego sube apenas. Esto significa que si usted está nerviosa cuando toma la temperatura a un bebé que forcejea, puede sacar el termómetro en menos de un minuto, y tener una idea aproximada de cuál es su temperatura.

Hace falta más tiempo para registrar la temperatura correcta en la boca: de 1½ a 2 minutos. Ello se debe a que la boca necesita un rato para calentarse después de haber estado abierta, y porque el bulbo se encuentra rodeado de aire. Hacen falta unos 4 minutos para tomar una temperatura correcta en la axila, pero usted puede tener una idea aproximada en un par de minutos.

719. Leer la temperatura. El hecho de tomar la temperatura es un problema para muchos padres. Encuentran que un termómetro es de difícil lectura.

Resultaría más fácil que consiga que alguien le muestre cómo leer uno, pero he aquí cómo se hace. La mayoría de los termómetros están graduados de la misma manera. Tienen una línea larga para cada grado y una línea corta para cada dos décimos de un grado, o sea 0.2, 0.4, 0.6, 0.8. Sólo los grados pares —94, 96, 98, 100, 102, 104— están marcados por falta de espacio. El número 98.6 indica la temperatura normal del cuerpo humano, y está escrita en rojo, o señalada con un punto o una flecha roja.

La lectura del termómetro resulta muy fácil una vez que se la aprende. La mayoría de los termómetros tienen una sección transversal un tanto triangular, con un borde más delgado que los otros. Este borde afilado tiene que apuntar hacia usted. En esa posición, las marcas de los grados están arriba, y los números abajo. Entre ellos se encuentra el espacio en el cual se ve el mercurio. Haga girar el termómetro apenas, hasta ver el mercurio. No se preocupe demasiado por las fracciones de grado.

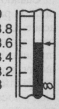

720. Para tomar la temperatura. Primero es preciso hacer descender la columna de mercurio. Para eso se sujeta con firmeza el termómetro por su parte más gruesa, con el pulgar y el índice, y se le sacude en el aire, con fuerza, varias veces. Es preciso llevar el mercurio, por lo menos, hasta los 97 grados F. Si no desciende, significa que no lo agita con suficiente fuerza. Hasta que tenga más práctica, hágalo sobre una cama o sofá. De este modo, si se le cae de la mano, no se romperá. El cuarto de baño es el peor lugar para agitar el termómetro, porque tiene superficies duras.

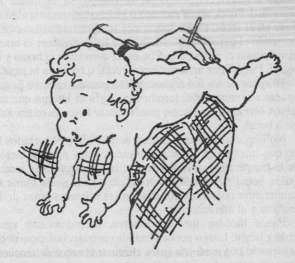

Cuando se coloca el termómetro **en el recto,** hay que untar la parte más delgada del instrumento con vaselina o aceite. La manera más cómoda de hacerlo es poner al niño boca abajo sobre las rodillas, introducir con suavidad el termómetro en el ano una pulgada o menos, y dejar que se incline por sí solo, ya que, si se lo sujeta con fuerza, se podría inferir daños al pequeño. Cuando el termómetro está bien colocado, no intente mantenerlo en la posición que ha adoptado, ya que el niño podría moverse, y asimismo dañarse. Apoye la mano sobre sus nalgas, y sujete el termómetro entre los dedos como se ve en la ilustración.

Se puede tomar una temperatura rectal también poniendo al niño de costado, las piernas encogidas. Así no habrá dificultad alguna en introducir el termómetro en el recto. Cuando el niño está acostado boca abajo, o boca arriba, es más difícil colocar el termómetro, además, cuando se encuentra boca arriba, puede mover las piernas y dar una patada a las manos de usted.

Para cuando un niño cumple 1 año de edad, es preferible psicológicamente tomar la temperatura **axilar.** Está comenzando a tomar conciencia de su cuerpo, su dignidad, su seguridad. Puede sentir molesto o incluso alarmado si algo se mete en el recto. Puede lograr una temperatura satisfactoria poniendo el termómetro en la axila y luego sostener el brazo plano contra el pecho. No debe haber ropa entre el brazo y el pecho. Puede usar un termómetro rectal o bucal en la axila.

Después de los 5 ó 6 años, por lo general, un niño puede ayudar en mantener el termómetro **bajo la lengua** con los labios cerrados. Entonces, puede tomar la temperatura axilar o bucal.

No importa si la temperatura es de 99.8 ó 99.6 grados F. Lo que interesa es poder dar al médico una **aproximación** de la temperatura, y indicarle que la temperatura es rectal, axilar, bucal o inguinal. A un enfermo se le suele tomar la temperatura dos veces por día: en las primeras horas de la mañana y al atardecer.

Puede **limpiar un termómetro,** lavándolo con agua **tibia** y jabón. Luego puede limpiarlo con alcohol, pero debe enjuagarlo con agua fría (para eliminar el sabor de alcohol) antes de volver a usarlo.

721. ¿Cuántos días es preciso comprobar la fiebre? En general, pasa lo siguiente. Un niño tiene un resfriado grave con fiebre. El médico examina al niño o recibe informes con regularidad y pide que los padres tomen la temperatura dos veces al día. Por fin, la fiebre se va, el niño se está poniendo mejor, y no tiene más que una tos leve y una nariz que moquea. El médico dice a los padres que puedan dejar al niño salir afuera tan pronto como el resfriado se vaya por completo. Dos semanas más tarde, los padres llaman diciendo que están desesperados quedando en casa, que hace 10 días que la nariz del niño no moquea, ni tiene tos, pero la fiebre sigue a 99.6 grados F cada tarde. Como he dicho, esto no constituye una fiebre en un niño activo. Los 10 días en casa y toda la preocupación sobre la fiebre han sido en vano y un error.

Cuando la temperatura se ha mantenido un par de días por debajo de los 101 grados F, ya no es necesario comprobarla, a no ser que el médico indique lo contrario, o que el niño siga enfermo. Los niños no deberían asistir a la escuela hasta que la temperatura sea normal durante 24 horas, aunque no todos los síntomas del resfriado tengan que haber desaparecido. No se acostumbre a tomar la temperatura a un niño sano.

722. Tratamiento de emergencia de las fiebres altas, hasta encontrar el médico. Entre las edades de 1 y 5 años, los niños pueden llegar a tener una fiebre de hasta 104 grados F (y a veces aún más), al comienzo de infecciones leves tales como resfriados, dolores de garganta, influenza, con tanta frecuencia como en el caso de infecciones graves. Por otro lado, una enfermedad peligrosa podría no producir una temperatura superior a los 101 grados F. Por lo tanto, no se deje influir demasiado, en un sentido o en otro, por el nivel de la fiebre, y comuníquese con el médico cuando su niño parezca enfermo o raro.

Si en el primer día de una enfermedad, la temperatura de un niño es de 104 grados F o más, y si pasará una hora o más antes que pueda hablar con el médico, aunque sea por teléfono, resulta prudente, como medida de emergencia, hacer bajar un poco la fiebre con una frotación húmeda y acetaminofen. El acetaminofen viene en formas sólidas y líquidas. (Mantenga el acetaminofen fuera del alcance de su hijo, y en un recipiente que éste no pueda abrir.)

El remedio para hacer bajar la fiebre debe ser dado una sola vez, salvo que todavía no haya podido comunicarse con el médico, al cabo de 3 ó 4 horas, en cuyo caso puede administrarle una segunda dosis.

El objetivo de la frotación húmeda consiste en llevar la sangre a la superficie por medio de la fricción y refrescarla con la evaporación del agua de la piel. (El alcohol se ha usado en forma tradicional para las fricciones húmedas, pero si se aplica en exceso en una habitación pequeña, es posible inhalar un exceso de él. De todos modos, el agua es igualmente buena, aunque no tenga un olor tan importante.)

Desnude al niño y cúbralo sólo con una sábana o una manta liviana. Mójese la mano en una palangana de agua tibia. Descúbrale uno de los brazos y frótelo con suavidad durante un par de minutos, volviendo a mojarlo en cualquier momento en que haya quedado demasiado seco. Luego, vuelva a ponerlo debajo de la sábana. Pase, por turno, al otro brazo, a cada una de las piernas, el pecho y la espalda. Vuelva a tomar la temperatura media hora más tarde, y si no ha bajado de los 104 grados F, déle al niño líquidos fríos por vía oral y póngalo en un baño tibio durante unos 15 minutos. Cuando la fiebre de un pequeño es muy alta y está muy rojo, use sólo mantas livianas, a una temperatura ambiente normal, y tal vez sólo una sábana.

A veces a los padres les preocupan que una fiebre alta prolongada puede causar una convulsión. No es cierto. Es el **aumento rápido** en la temperatura al principio de una enfermedad que causa en ocasiones una convulsión en los niños pequeños (la Sección 817). Entonces, el motivo para tratar de bajar una fiebre alta es para hacer el niño sentirse menos miserable, no prevenir una convulsión.

Los resfriados y sinusitis

723. El virus del resfriado, y los gérmenes que traen complicaciones. Es probable que su niño sufra diez veces más resfriados que todas las otras enfermedades juntas. En la actualidad, sólo en parte comprendemos los resfriados. La mayoría de ellos comienzan por un "virus filtrable". Este es un virus tan pequeño que puede pasar (filtrarse) a través de la porcelana no esmaltada, tan pequeño que no se puede ver por medio de los microscopios comunes. Se cree que el virus sólo puede causar un resfriado moderado, con una descarga nasal clara y, tal vez, una ligera picazón en la garganta. Si no ocurre nada más, el virus desaparece en un lapso que va de 3 a 10 días. Pero a menudo ocurre algo más. El virus del resfriado disminuye la resistencia de la nariz y la garganta, y por lo tanto, facilita el camino a otros gérmenes que ocasionan más problemas, bacterias que pueden verse al microscopio, como los estreptococos, los neumococos y el bacilo de la influenza. En estas situaciones, son llamados invasores secundarios. (En otros casos, pueden iniciar infecciones por sí mismos.) Estas bacterias comunes, a menudo habitan en las gargantas de las personas sanas, durante los meses de invierno y primavera, pero no causan daño porque están frenados por la resistencia del organismo. Sólo después que el virus del resfriado ha disminuido su resistencia, los otros gérmenes tienen oportunidad de multiplicarse y expandirse, y de causar bronquitis, neumonía, infecciones del oído y sinusitis.

Lo mejor que se puede hacer para evitar un resfriado es mantenerse lejos de cualquier persona que lo padece.

724. Los resfriados en el niño. Si su bebé tiene un resfriado durante su primer año, lo más probable es que sea moderado. Al principio, podría estornudar; su nariz estará moqueando, o tapada. Es posible que tenga algo de tos, pero es difícil que tenga fiebre. Cuando su nariz secrete, usted desearía poder sonarse por él. Sin embargo, no parece molestarlo. Por otro lado, si su nariz está tapada con mucosidad, ello puede ponerlo de mal humor. La congestión lo molestará más cuando trate de mamar del pecho o del biberón, de tal modo que, a veces, se niegue a hacerlo del todo.

La secreción y la obstrucción, a menudo, pueden aliviarse, succionando la mucosidad con una jeringa nasal.

Oprima el bulbo, inserte la punta en la nariz y suelte el bulbo.

El añadir humedad en la habitación (la Sección 729) ayuda a evitar la congestión. Si es grave, el médico puede indicar un tipo de gotas nasales constrictoras, para suministrar antes de que el bebé se alimente, o bien, un medicamento oral. En otros aspectos, puede ocurrir que el bebé no pierda demasiado el apetito. Por lo común, el resfriado se irá en una semana. Sin embargo, a veces, el resfriado de un bebé pequeño puede durar un tiempo increíble, aunque se mantenga ligero.

Por supuesto, los resfriados de los bebés **pueden** agravarse y derivar en bronquitis y otras complicaciones, pero son menos comunes durante el primer año que más adelante. Si tienen tos frecuente, tos profunda o convulsiva, es preciso que los examine el médico, aunque no tengan fiebre. Lo mismo se aplica si **parecen** enfermos cuando están resfriados. En otras palabras, **un bebé puede estar bastante enfermo y no tener fiebre,** en especial en los 2 ó 3 primeros meses de vida.

725. Resfriados y fiebre después de la infancia. Algunos chicos siguen teniendo los mismos resfriados moderados, sin fiebre ni complicaciones, que han tenido durante la infancia. Sin embargo, cuando los niños pasan de los 6 meses, resulta más frecuente que ocurra algo diferente con sus resfriados y anginas. He aquí una historia repetida. Una pequeña de 2 años, por la mañana, está bien. Al mediodía, parece algo cansada y tiene menos apetito de lo que acostumbra. Cuando se levanta de su siesta, está molesta, y sus padres advierten que está caliente. Le toman la temperatura, y es de 102 grados F. Para cuando el médico la examina, su temperatura es de 104 grados F. Es posible que no quiera nada de su cena, o que tome una buena cantidad. No tiene síntomas de resfriado, y el médico no encuentra nada definido, salvo que, tal vez, su garganta está algo roja. Es posible que al día siguiente tenga algo de fiebre, pero ahora, su nariz estará congestionada. Quizá tosa de cuando en cuando. Desde ese momento, sólo es un resfriado común que puede durar tanto 2 días como 2 semanas.

Existen distintas variantes de esta típica historia. A veces, la niña vomita y, al mismo tiempo, su fiebre aumenta. Esto suele ocurrir, en particular, cuando los padres, con imprudencia, han intentado hacerla comer más de lo que deseaba de su almuerzo. (Acepte siempre la palabra de los niños cuando han perdido el apetito.) En ocasiones, la fiebre dura varios días al comienzo, antes de que aparezcan los síntomas del resfriado. Uno de los motivos de que la nariz no secrete, al comienzo, es que la fiebre la seca. A veces la fiebre dura un día o dos, y luego desaparece, sin que haya secreción ni tos. En ese caso, el médico lo llamará **gripe o influenza.** Por lo común, estos términos se emplean para denominar infecciones que no tienen síntomas **localizados** (como la nariz moqueante o la diarrea), sino sólo síntomas **generalizados** (como fiebre, o un malestar general). Usted sospecha que este tipo de fiebre de un día es, a veces, un resfriado, que ha sido detenido: un día o dos después que la fiebre ha desaparecido, el niño parece estar muy bien, y luego, de pronto, su nariz empieza a secretar, o tiene tos.

Quiero señalar que los resfriados en los niños de más de 6 meses, por lo común, comienzan con una fiebre súbita, elevada, de modo que usted no debe alarmarse si esto ocurre. Por supuesto, debe consultar al médico siempre que su hijo esté enfermo con fiebre, porque, en ocasiones, puede significar una infección más grave.

Cuando los niños tienen 5 ó 6 años, otra vez tienden a comenzar sus resfriados sin mucha fiebre.

La fiebre que comienza después que un resfriado ya lleva varios días, tiene un significado muy distinto de la que aparece el primer día. Por lo común, indica que el resfriado se ha extendido o empeorado. Esto no debe considerarse necesariamente grave o alarmante. Sólo significa que el médico debe volver a examinar al niño, para asegurarse de que los oídos, las vías bronquiales y el sistema urinario aún están sanos.

726. La sinusitis. Los senos son cavidades de los huesos que rodean la nariz. Cada cavidad sinusoide se comunica con el interior de la nariz a través de una pequeña abertura. Los senos maxilares se encuentran en los pómolos. Los senos frontales están en la frente, por encima de las cejas. Los senos etmoidales están por encima de los conductos nasales. Los esfenoidales están más atrás, por detrás de los conductos nasales. Los senos maxilares y etmoidales son los únicos que se encuentran bien desarrollados en los primeros años de la infancia y, por lo tanto, los que pueden sufrir infecciones. Los frontales y esfenoidales se desarrollan de modo gradual, después de los 6 años. Cuando hay un resfriado de nariz serio o prolongado, la infección puede extenderse desde la nariz hacia alguna de estas cavidades sinusales. Por lo general, las infecciones de los senos duran más que los simples resfriados de nariz, porque son más internos y no pueden drenar bien. Una infección de los senos puede ser muy leve, y manifestarse sólo a través de una descarga crónica de pus desde la parte posterior de la nariz hacia la garganta (llamada drenaje posnasal). A menudo, esto provoca tos crónica, cuando el niño se acuesta en la cama, o cuando se levanta por la mañana. Por otro lado, la sinusitis puede ser grave, con fiebre alta y dolor. A veces, cuando sospecha la existencia de ésta, el médico puede investigar con radiografías, o iluminando los senos en un cuarto oscuro. Se emplean varios tratamientos, tales como gotas nasales, succión, antibióticos, dependiendo del caso.

Cualquier método específico que utilice el médico, recuerde que también es importante el cuidado general del niño. Después de todo, una infección de los senos sólo es una forma más avanzada y persistente de un resfriado.

727. Llamar al médico. No es preciso que usted llame al médico cuando sólo hay una nariz que moquea o una tos ligera. Pero sí debe llamarlo si aparecen nuevos síntomas, tales como dolor de oídos, o fiebre, varios días después del comienzo del resfriado, lo cual sugiere cierta complicación.

728. Tratamiento. La mayoría de los médicos y los padres no mantienen al niño en casa ni prescriben ningún tratamiento por un simple resfriado.

Si su hijo es especialmente susceptible a los resfriados frecuentes y prolongados, o a complicaciones tales como las bronquitis y las infecciones de oídos, es probable que se queje al respecto. A partir de observar los resfriados de los niños, y los míos propios, tengo la impresión de que el enfriamiento los empeora. (Los experimentos han demostrado que un enfriamiento no da comienzo a un resfriado.) Por lo tanto, considero sensato mantener a una niña adentro, hasta que el resfriado pase, salve en tiempo templado, e inclusive, mantenerla abrigada, tanto en las piernas y tobillos, como en el pecho.

729. Mantener el aire húmedo en una habitación calentada. En ocasiones, el médico recomienda humidificar o vaporizar la habitación durante un resfriado. Eso contrarresta la sequedad del aire, y alivia la nariz y la garganta inflamadas. Es importante, en especial, en el tratamiento de la tos seca o del crup. El añadir humedad no es necesario durante el tiempo cálido, cuando la calefacción está apagada.

El mejor, y el mas caro, equipo es un **humidificador ultrasónico,** que sale a $40 y puede llegar hasta $400, y produce un vapor frío. Pero un **humidificador de vapor frío,** con un precio de $30 o menos, funciona también. Con los dos tipos, es importante cambiar el agua al menos una vez por semana con una mezcla de una taza de clorina y un galón de agua.

Un **vaporizador eléctrico** humedece el aire hirviendo agua, por medio de un calentador eléctrico, que se coloca en una gran jarra de vidrio con agua. Es mucho más barato. Pero es menos cómodo y menos seguro. Si compra uno de estos vaporizadores eléctricos, compre uno que sea grande, para contener un cuarto de agua, y uno que se apaga automáticamente cuando el agua se evapora.

730. Gotas nasales. Es posible que el médico recomiende gotas nasales. Hablando en general, existen dos grupos. La primera son las gotas de agua salada.

La otra clase general de gotas nasales, son las soluciones que contraen los tejidos de la nariz. Esto despeja más espacio para la respiración y da más lugar al pus y a la mucosidad para que drenen. La principal desventaja consiste en que, luego que los tejidos se han contraído, se forma una reacción y vuelven a expandirse. Esto puede dejar la nariz más cargada aún, e inclusive puede irritar las delicadas membranas, si se hace muy a menudo. Existen tres situaciones en las cuales este tipo de gotas puede resultar útil. La primera es cuando la bebita está tan taponada que se pone muy enojada. No puede mamar sin sofocarse, y se le interrumpe el sueño. (Esta condición puede aliviarse con sólo succionar por medio de la jeringa nasal.) La segunda es en las etapas finales de un resfriado serio o de una sinusitis, cuando la nariz está repleta de una secreción espesa, que no drena por sí misma. La tercera es cuando el médico quiere abrir la trompa de Eustaquio, que conecta el oído con la laringe, durante una infección de éste.

Las gotas nasales hacen mucho mejor si llegan a las partes internas y superiores de la nariz. Absorba el moco en el frente de la nariz, con la jeringa nasal. Luego acueste a la niña, boca arriba, atravesada en la cama, de modo que su cabeza cuelgue hacia abajo sobre el borde de aquélla. Instile las gotas e intente mantenerla en esa posición durante medio minuto, mientras las gotas penetran hacia atrás y arriba.

Las gotas nasales sólo deben usarse por indicación médica, con no menos de 4 horas de intervalo. No las emplee durante más de una semana, a menos que el médico indique continuar. Uno de los inconvenientes de estas gotas, es que los pequeños no permiten que se las coloquen. Sólo hay unas pocas situaciones en las cuales las gotas nasales producen tanto beneficio como para molestar al niño con ellas.

En algunos casos, el médico puede recetar una medicina por vía oral, para contraer los tejidos de la nariz.

731. Medicamentos para la tos. Ningún medicamento para la tos puede curar un resfriado, en el sentido de eliminar los gérmenes. Sólo puede aliviar el cosquilleo en la traquea, lo que hará la tos menos frecuente, o puede aflojar la mucosidad. Una persona que tiene una infección en la traquea, o en los conductos bronquiales, **debe** toser de vez en cuando, para expectorar el moco y el pus. Tiene particular importancia que la tos del bebé no sea demasiado reprimida. El médico indica un medicamento para la tos, para que ésta no sea tan frecuente que la persona se agote, o para que no interrumpa el sueño o irrite la garganta. Cualquier niño o adulto que tenga una tos frecuente debe estar bajo atención del médico, que es el único que puede indicar el medicamento correcto para la tos.

732. La resistencia a los resfriados. Muchas personas creen que son más susceptibles a los resfriados cuando están cansadas o cuando sufren enfriamientos, pero esto nunca ha sido demostrado. Las personas tienen menos tendencia al enfriamiento, si han fortalecido su resistencia, saliendo con regularidad durante el tiempo frío. Es más fácil que un empleado de banco sufra un enfriamiento cuando sale al aire libre, de que le ocurra a un leñador. Este es el motivo por el cual los niños de todas las edades deberían pasar varias horas por día al aire libre, durante el invierno. Es también la razón por la cual no se los debería abrigar en exceso cuando salen, ni taparlos mucho en la cama.

Las casas y los apartamentos que se mantienen demasiado calientes y secos durante la estación invernal, producen la resequedad en la nariz y en la garganta, y esto puede disminuir su resistencia a los gérmenes. Si el aire de una habitación se encuentra a, más o menos 75 grados F, estará demasiado seco. Muchas personas tratan de humedecer el aire, colocando recipientes con agua sobre los radiadores, pero este método es casi inútil. La manera correcta de mantener la humedad ambiente en una habitación, en invierno, consiste en mantener la temperatura por debajo de 70 grados F (68 grados F sería una buena temperatura para tratar de lograr); entonces, no deberá preocuparse por la humedad. Compre un termómetro para interior de confianza. (Vea si corresponde a alguno de los mejores termómetros que tiene su proveedor; uno barato, que tenga un error de más o menos 10 grados, resultará inútil.) Luego, acostúmbrese a mirar el termómetro varias veces por día. Cada vez que la temperatura pase de 68 grados F, apague el calefactor. Al principio, parecerá un trabajo, pero después de vivir varias semanas a una temperatura de 70 grados F, usted estará acostumbrado a ella, y se sentirá incómodo en una habitación más calurosa.

Si no puede controlar el calefactor, puede usar un humidificador para mantener el aire húmedo.

¿Cuál es el efecto de la dieta sobre la resistencia a los resfriados? Por supuesto, se les debe ofrecer a todos los niños una dieta bien balanceada. Pero no existen pruebas de que un niño que reciba una variedad razonable de alimentos tendrá menos resfriados que el que recibe un poco menos de una u otra clase de alimentos.

¿Qué ocurre con las vitaminas? Es verdad que una persona que recibe una cantidad demasiado pequeña de **vitamina A** en su dieta, estará menos protegida de los resfriados y de otras enfermedades. Pero los niños que reciben una buena dieta, no corren este peligro, porque la vitamina A se encuentra en abundancia en la leche, la mantequilla, los huevos, las verduras.

Se cree que un niño que padece de raquitismo (por una gran carencia de vitamina D) es más susceptible a las complicaciones del resfriado, como la bronquitis. Pero no hay razones para creer que un niño sin raquitismo y que recibe una dosis satisfactoria de **vitamina D**, tendrá menos resfriados, si se lo atiborra con **más** vitamina D. Debería haber una cantidad adecuada de vitamina C en la dieta, 50 miligramos, o bien, más o menos 2 onzas de jugo de naranjas (la Sección 439), pero no existen pruebas de que mayores cantidades prevengan más resfriados.

733. La edad es un factor en los resfriados. Habiendo más niños en las guarderías y jardines de niños, los que tienen entre 4 meses y 2 años sufren más resfriados, los tienen durante más tiempo y con más complicaciones. (El promedio en las ciudades del norte de los Estados Unidos es 7; más, si hay niños en la familia que asistan escuela.) Después de los 2 ó 3 años, la frecuencia y la gravedad aumentan menos. Los de 9 años tienen tendencia a ser la mitad de susceptibles que lo que eran a los 6 años, y los de 12 años, sólo la mitad que los de 9. Esto debería consolar a los padres del pequeño que parece estar siempre enfermo.

734. El factor psicológico de los resfriados. Los psiquiatras están bastante seguros de que **ciertos** niños y adultos son mucho más susceptibles a los resfriados cuando se encuentran tensos y tristes. Recuerdo a un niño de 6 años, que estaba nervioso con respecto a la escuela, porque no podía mantenerse en el nivel de sus compañeros en la clase de lectura. Todos los lunes por la mañana, durante varios meses, tenía tos. Se podría pensar que estaba actuando. No era tan simple. No era una tos seca, forzada. Era real, con catarro. La tos mejoraba a medida que avanzaba la semana, y para el viernes, había desaparecido, sólo para resurgir el domingo por la noche, o el lunes por la mañana. No existe ningún misterio en esto. Sabemos que cuando una persona está nerviosa, tiene frío, las manos húmedas; un atleta puede padecer de diarrea antes de una carrera. De modo que resulta perfectamente posible que el nerviosismo influya en la circulación de la sangre por la nariz y la garganta, como para que los gérmenes tengan mayor oportunidad de reproducirse.

735. El contagio de otros niños. Existe otro factor que influye en la cantidad de resfriados que padece un niño. Lo constituye la cantidad de niños con quienes juega, en especial al aire libre. El niño **promedio** que vive en una granja aislada, tiene pocos resfriados porque está poco expuesto a los gérmenes. Por otra lado, el niño **promedio,** en la guardería o la escuela primaria, tiene muchos, a pesar de que la escuela excluya con cuidado a cada chico que presenta síntomas. Es probable que las personas pasen su infección a otros, por lo menos un día antes de presentar síntomas de ella y, en ocasiones, pueden ser portadores de los gérmenes y pasárselos a otro, sin presentar los síntomas. Hay niños afortunados que rara vez se contagian, no obstante de haber muchas personas resfriadas a su alrededor.

736. ¿Puede controlarse el contagio en la familia? La mayoría de los resfriados son llevados a la familia por los niños más pequeños, por lo menos en forma moderada, en especial si la casa es pequeña y todos deben utilizar las mismas habitaciones. Los gérmenes de los resfriados y de otras infecciones no sólo pasan de una persona a otra, a través de los estornudos y toses, sino que flotan en el aire de la habitación, en apreciables cantidades, sólo por el hecho de ser expulsados con el aire de la respiración. Las pruebas han demostrado que el cubreboca no evita la penetración de la mayoría de los gérmenes que se encuentran en el aire. Todo esto indica que no representa una gran ventaja que los padres usen cubreboca o traten, sin entusiasmo, que los niños no se les acerquen. Los bebés sufren pocos resfriados y sería conveniente que los padres —sobre todo cuando tienen dolor de garganta— eviten estornudar, toser o respirar directamente en la cara del bebé. Deben lavarse las manos antes de manipular las cosas que irán a la boca del bebé —la parte honda de la cuchara, la parte del chupón que va en la boca, la mordedera, los alimentos que comen con la mano— para prevenir el contagio de un gran número de bacterias.

Si se sospecha que una persona de afuera puede tener un resfriado o cualquier otra enfermedad, se debe ser muy firme en cuanto a no permitir que dicha persona esté en la misma casa con el bebé al aire libre, o a un par de yardas del coche. Diga que su médico le indicó que lo alejara de las personas resfriadas.

¿Qué se puede decir respecto de los resfriados crónicos de nariz o de la sinusitis? Si una persona ha tenido una infección así durante 2 semanas o más, es probable que ya no importe mantenerla fuera de la habitación. Sin embargo, yo sugeriría las otras precauciones: lavarse las manos, apartar la cara cuando haga algo con el bebé.

En circunstancias especiales, podría ser conveniente ir más allá para proteger al bebé o al pequeño que es frágil o, en particular susceptible a las infecciones; si la casa es lo bastante grande, mantener al bebé en un cuarto separado, con la puerta cerrada, y donde un adulto sin síntomas pueda cuidarlo. Quizá sea preferible que este adulto, quien también está en contacto con el resto de la familia y que, por lo tanto, es portador de los gérmenes, no duerma en el cuarto del bebé o sólo permanezca allí cuando el pequeño necesite atención.

737. Prueba cutánea para tuberculosis a cualquiera que tenga tos crónica. Cualquier habitante de una casa que tenga tos crónica, debe ser examinado por un médico y se le debe efectuar una reacción dérmica, para asegurarse de que no sea tuberculosis. Esta regla es particularmente importante cuando hay un bebé o un niño pequeño en la casa, o si se espera uno. Si usted se encuentra en esa situación, y contrata un ama de llaves o cuidadora, debe ser examinada y es preciso que se le haga la prueba cutánea para tuberculosis, antes de comenzar a trabajar en la casa.

Infecciones del oído

738. Las infecciones leves del oído son comunes en los niños pequeños. Algunos niños tienen inflamación de oídos con cada resfriado, y otros no. Los oídos tienen más tendencia a infectarse en los 3 ó 4 años de la vida. De hecho, a esta edad, la mayoría de los resfriados van acompañados por una ligera inflamación de oídos que, por lo común, nunca pasa a ser seria, y el niño no tiene síntomas.

Por lo general, el oído nunca se inflama lo suficiente como para provocar dolor, hasta después que han pasado varios días de que se hubiera curado el resfriado. El niño mayor de 2 años puede decir qué le pasa. Un bebé puede frotarse una oreja o sólo llorar de modo agudo durante varias horas. Puede aparecer fiebre o no. Es posible que el médico, en este período, descubra si se trata sólo de una inflamación leve de la parte superior del tímpano. Con el tratamiento adecuado, la mayoría de las infecciones leves del oído se curan en pocos días.

En cualquier momento que su hijo tenga dolor de oídos, es preciso que se ponga en contacto con el médico, ese mismo día si hay fiebre. Los medicamentos que se utilizan cuando es necesario, actúan mucho mejor durante las primeras etapas de la infección de oídos.

Supongamos que pasarán varias horas antes de que pueda comunicarse con el médico. ¿Qué puede hacer para aliviar el dolor? Una botella de agua caliente o un cojín eléctrico que dé calor puede ayudar algo. Los pequeños se impacientan con ellas. El acetaminofen alivia algo el dolor (la Sección 722). Lo que alivia aun más, si por casualidad usted lo tiene en casa, es una dosis de medicamento para la tos, que contenga codeína, y que el médico haya indicado **para ese niño en particular.** (Un medicamento indicado para un niño mayor o para un adulto, podría contener demasiada droga.) La codeína es un eficiente analgésico, así como un remedio para la tos. Si el dolor de oídos es intenso, puede utilizar todos estos remedios juntos, pero nunca emplee más de una dosis de la codeína contenida en el medicamento para la tos, sin consultar con el médico.

De vez en cuando, se produce la rotura del tímpano al principio mismo de una infección, y brota un pus ligero. Puede ocurrir que usted encuentre la descarga en la almohada por la mañana, sin que el niño se haya quejado de dolor o haya tenido fiebre. Sin embargo, por lo común, el tímpano sólo se abre después que un absceso ha estado madurando durante varios días, con fiebre y dolor. De cualquier modo, si usted descubre que el oído de su hijo supura, lo mejor que puede hacer es colocar un tapón flojo de algodón estéril absorbente en el orificio, para que absorba el pus, quitar el pus del exterior del oído con agua y jabón (no introduzca agua dentro del oído), y comunicarse con el médico. Si de todos modos la superación se derrama e irrita la piel, lave el pus y proteja la piel con vaselina.

En ocasiones, si un niño ha tenido infecciones serias y frecuentes del oído, o supuración del tímpano, durante 2 a 3 meses, lo que acarrea problemas de audición, el médico indicará una operación menor, hecho por un especialista de oído. Se colocan pequeños tubos plásticos a través del tímpano, de modo que la presión del aire sea igual, a ambos lados de éste. Se considera que esto puede reducir los riesgos posteriores de infecciones o supuración, y puede ayudar cualquier dificultad permanente de audición.

Las amígdalas y las adenoides

739. Las amígdalas y las adenoides no deben extirparse a menos que causen trastornos. Se ha culpado a las amígdalas y las adenoides de tantas cosas durante este siglo, que muchas personas las consideran como villanos que, eventualmente, deben ser extirpadas, y cuanto antes, mejor. Es el modo equivocado de considerarlas. Existen para ayudar a superar la infección y elaborar la resistencia del organismo a los gérmenes.

Las amígdalas y las adenoides están constituidos de lo que se denomina tejido linfoide, y son similares a las glándulas de los costados del cuello, las axilas y las ingles. Cualquiera de estas glándulas, inclusive las amígdalas y las adenoides, cuando existe una infección cerca, se inflaman, porque trabajan para eliminar los gérmenes y elaborar la resistencia.

740. Las amígdalas. En los niños normales, sanos, las amígdalas crecen poco a poco, hasta los 7, 8 ó 9 años de edad, y luego, gradualmente, disminuyen de tamaño. Antaño se creía que todas las amígdalas agrandadas en exceso estaban enfermas y debían ser extirpadas. Hoy en día, se considera que el tamaño no tiene importancia. Sólo en casos extremadamente raros las amígdalas (o las adenoides) necesitan ser extraídas.

Las amigdalitis recurrentes, los resfriados frecuentes, las infecciones de oído, la fiebre reumática, no son motivo de amigdalectomía. Aunque estén agrandadas, no es preciso extirparlas, si el niño está perfectamente sano y tiene unos pocos resfriados de nariz e infecciones de garganta. No es necesario operar a causa de un problema de alimentación, de tartamudeo, o nerviosismo; de hecho, la operación puede hacer que el niño esté peor. **Las tres razones por las cuales se debe extirpar** son amigdalitis estreptococicas recurrentes, obstrucción grave causada por unas amígdalas o adenoides agrandadas en exceso y un absceso en las amígdalas.

En la Secciones 826–830 se dan sugerencias en cuanto a cómo manejar las operaciones.

741. Las adenoides. Las adenoides son grupos de tejido linfático situadas por arriba y detrás del paladar blando, donde las cavidades nasales se unen a la garganta. Cuando su tamaño aumenta en exceso, pueden obstruir dicho paso por la nariz, y provocar respiración por la boca y ronquidos. Es probable que impidan el libre drenaje de la mucosidad y pus de la nariz, y esto contribuye a mantener los resfriados serios y las sinusitis. Estas condiciones eran consideradas, antes, por lo general, como motivos para extirpar las adenoides. Sin embargo, hoy en día, se tratan con éxito con sustancias para contraer los tejidos, y antibióticos para tratar las infecciones.

No necesariamente el extirpar las adenoides hará que un niño respire por la nariz. Muchos niños respiran por la boca a causa del hábito (parecen haber nacido con él), y no por una obstrucción. Y la nariz de algunos niños no está obstruida por las adenoides sino por la inflamación de los tejidos en la parte frontal de la nariz (por ejemplo, a causa de la fiebre del heno u otras formas de alergia). La extirpación de las adenoides tiene muy poco o ningún efecto sobre la frecuencia de las infecciones de oído.

Si se extirpan las amígdalas, en ocasiones, también se hace con las adenoides. Por otro lado, pueden existir razones para quitar las adenoides solas si provocan obstrucciones persistentes y, en cambio, dejar las amígdalas.

Las adenoides siempre crecen hasta cierto punto y el organismo siempre intenta formar nuevos grupos de tejido linfoide donde solían estar aquéllas. Esto no significa que la operación se haya realizado en forma incompleta, o que deba ser repetida. Sólo indica que el organismo manifiesta la necesidad de tener tejido linfático en esa zona y se esfuerza por remplazarlo.

Dolores de garganta, amigdalitis y glándulas inflamadas

742. La preocupación principal con los dolores de garganta consiste en detectar con rapidez los causados por los peligrosos estreptococos. Es prudente llamar al médico en todos los casos de dolor de garganta, en especial, si hay una temperatura mayor de 101 grados F. Si sospecha algo, el médico efectuará un cultivo de garganta y, de cualquier modo, empleará algún medicamento efectivo, para prevenir posibles complicaciones. (Véase la Sección 743.)

Si el médico descubre que el dolor de garganta no se debe a un germen de estreptococos sino a un virus, no tendrá que recetar antibióticos. En cambio, se puede dar acetaminofen al niño y muchos líquidos y tal vez una gárgara de agua salada.

La **"strep throat"** es el nombre común para cualquier infección de garganta causada por el germen de estreptococos. La **fiebre escarlatina** es una infección por estreptococo de la garganta con erupción. La erupción no suele aparecer hasta un día o dos después. Se inicia en las partes tibias y húmedas del cuerpo, como los lados del pecho, la ingle, la espalda, si el niño ha estado acostado boca arriba. Desde cierta distancia se ve como un enrojecimiento uniforme, pero si se observa más de cerca, se advierte que está formado de manchas minúsculas de piel enrojecida. Es posible que se extienda por todo el cuerpo y los lados de la cara; sin embargo, la zona de alrededor de la boca se mantiene pálida. La garganta está roja, a veces de un rojo muy intenso, y después de un tiempo, por lo común, la lengua también se pone roja, comenzando por el borde. Por supuesto, usted debe llamar al médico si su hijo tiene fiebre y dolor de garganta. El tratamiento es el mismo para cualquier dolor de garganta causado por estreptococos.

A pesar de habérsele extirpado las amígdalas, una persona puede padecer infecciones estreptococicas de garganta.

743. Un dolor de garganta con amígdalas inflamadas se llama amigdalitis. La amigdalitis grave es provocada, más a menudo, por los estreptococos. Por lo común, el niño tiene fiebre alta durante algunos días y se siente mal. Son comunes los dolores de cabeza, de estómago y los vómitos. Las amígdalas toman un color rojo intenso y se inflaman. Después de uno o dos días, aparecen en ellas manchas o zonas blancas. Los niños mayores suelen quejarse de un dolor de garganta tan intenso que apenas pueden tragar. Los más pequeños suelen padecer poco dolor de garganta, por extraño que parezca.

Ante un caso de amigdalitis, es preciso consultar al

médico, aunque sea leve. Es importante tratarlo de inmediato y de modo directo con uno de los antibióticos, que son tan eficaces para superar la infección y prevenir las complicaciones. La medicina debe ser administrada de modo que el tratamiento continúe durante 10 días. Si el niño sigue pareciendo decaído o sigue teniendo algo de fiebre, manténgase en contacto con el médico. Las complicaciones, que por lo común sólo aparecen en los casos no tratados, son la fiebre reumática y la nefritis (inflamación de los riñones, en la cual la orina adquiere un color oscuro).

744. Otras infecciones de garganta. Existen todo tipo y grado de infecciones de garganta, provocados por una variedad de gérmenes. El término médico que las designa es **faringitis**. Muchas personas sufren un ligero dolor de garganta al comienzo de cada resfriado. Cuando examina a un niño con fiebre, un médico a menudo encuentra un leve enrojecimiento de la garganta, como única señal de enfermedad. El niño puede percibir o no el dolor de garganta. La mayoría desaparece pronto. Es preciso que el niño permanezca adentro si se siente enfermo o tiene fiebre. Resulta imprescindible llamar al médico si el niño tiene fiebre, si parece enfermo, o si la garganta duele bastante (aunque no haya fiebre).

Algunos niños se despiertan muchas mañanas de invierno con un dolor de garganta. En otros aspectos, parecen bien, y el dolor de garganta desaparece pronto. Este tipo de dolor de garganta se debe al aire seco del invierno, y no tiene importancia.

745. Las glándulas inflamadas. Las glándulas linfáticas que se encuentran diseminadas por arriba y por abajo, a los lados del cuello, a menudo resultan infectadas e inflamadas, como consecuencia de alguna enfermedad de la garganta, sea leve o grave. La causa más común es la amigdalitis. Puede surgir en mitad de ella, o una semana o dos más tarde. Si las glándulas están tan inflamadas como para resultar visibles, o si hay una fiebre de 101 grados F o más, por cierto, se debe llamar al médico. En ciertos casos, se puede recurrir al tratamiento con medicamentos, y resulta más eficaz si comienza pronto.

Las glándulas del cuello pueden mantenerse ligeramente agrandadas durante semanas, u aun meses, después de ciertas infecciones de garganta. Pueden haber sido provocadas también por otras causas, tales como infección de los dientes, del pericráneo y enfermedades generales, como la rubéola. Es necesario consultar al médico acerca de ello. Pero si éste encuentra satisfactorio el estado general de salud del niño, no se preocupe por las glándulas algo inflamadas.

El crup y la epiglotitis

Crup es la palabra que se utiliza comúnmente para designar varios tipos de laringitis en los niños. Por lo general, aparece una tos característica, ronca, seca (tos del crup) y cierta dificultad en la respiración. La tos es ocasionada por una inflamación de las cuerdas vocales.

746. El crup espasmódico sin fiebre, el de tipo más común, y el más leve, aparece de pronto, durante la noche. Es probable que el niño haya estado perfectamente sano durante el día, o que haya tenido un tipo de resfriado ligero, sin tos, pero de pronto, se levanta con un violento acceso de tos de crup, está bastante ronco y tiene dificultad para respirar. Lucha y jadea para inspirar. Es un cuadro bastante desesperante, al verlo por primera vez, pero no es tan grave como parece. Ante cualquier tipo de crup, usted debe llamar al médico.

El tratamiento de emergencia de crup, hasta que se pueda comunicar con el médico, es el aire húmedo. Use un humidificador de vapor frío, si lo tiene. Véase la Sección 729 acerca de otras formas de humidificación. Es preferible una habitación pequeña, pues se la puede humidificar más rápido. Si el agua sale caliente, usted puede llevar al niño al cuarto de baño, y hacer correr el agua de la tina (para producir vapor, no para poner al niño en ella). Si hay ducha, eso será lo mejor. Un baño de vapor de 20 minutos, con el niño sentado en su regazo, es el mejor tratamiento para comenzar.

El vapor de los humidificadores o vaporizadores debe ser concentrado por medio de una tienda improvisada. Se puede armar una tienda cubriendo la cuna o una mesa pequeña con sábanas, o bien, sujetándolas a la pared. Cuando el niño respira el aire húmedo, por lo común el crup comienza a mejorar rápidamente. Es preciso que un adulto permanezca levantado mientras haya síntomas de crup y levantarse cada 2 ó 3 horas, después que se haya curado, para asegurarse de que el niño respira con comodidad.

El crup espasmódico sin fiebre a veces vuelve la siguiente noche o las dos siguientes. Para evitarlo, haga que el niño duerma en un cuarto humidificado durante 3 noches. Este tipo de crup, en apariencia, es causado por la combinación de un resfriado infeccioso, un niño con una laringe sensible y el aire seco.

Los tres elementos más importantes en el tratamiento son el baño de vapor durante 20 minutos, mantener al niño erguido, y darle abundante líquido.

747. Crup con fiebre (laringobronquitis). Esta es una forma de crup más grave, que suele aparecer acompañada por un verdadero resfriado de pecho. La tos de crup y la respiración difícil pueden aparecer poco a poco o de pronto, en cualquier momento del día o de la noche. El vapor sólo lo alivia en parte. **Un niño con ronquera, fiebre y dificultades para respirar, debe estar bajo la supervisión estrecha y continua del médico, sin demora.** Si no puede comunicarse con el médico de inmediato, busque otro médico. Si el médico no puede llegar a su casa, es preciso llevar al niño al hospital.

748. La epiglotitis. Esta es una infección que a veces parece como una forma grave de crup con fiebre. La inflamación de la epiglotis (repliegue que cubre la traquea cuando usted ingiere el alimento). Es causada por el germen de la hemofilo influenza. Por lo común, un niño que padece de epiglotitis por el bacilo de la influenza, empeora con rapidez, tiene mal aspecto, se inclina hacia adelante y no quiere mover la cabeza en ninguna dirección, babea y tiende a no emitir ningún sonido, excepto la tos de crup característica.

El motivo por el cual se niega a mover la cabeza es la necesidad de mantener el cuello en una posición que favorezca en lo posible el paso del aire a través de la epiglotis y la traquea inflamadas. La epiglotitis es una verdadera emergencia médica, y se debe hacer todo lo necesario para llevar al niño a un médico lo antes posible.

749. La difteria de la laringe es otra causa más de crup. Aparece un aumento gradual de la ronquera, tos, dificultad para respirar y fiebre moderada. Prácticamente no hay peligro en el desarrollo de esta forma de crup si el niño ha recibido la vacuna contra la difteria.

De todos modos, ante cualquier tipo de crup, el niño debe ser llevada rápidamente al médico. La urgencia es mayor cuando la ronquera y la dificultad para respirar persisten, aunque sea en forma leve, y cuando la temperatura es de 101 grados F o más.

La gripe, bronquitis y neumonía

750. La gripe puede ser una enfermedad miserable con dolor de cabeza, de garganta, de los muslos, fiebre, tos y nariz que moquea. A veces hay vómitos y diarrea. De vez en cuando el dolor de los pantorrillas es tan intenso que el niño no quiere andar. La fiebre puede durar una semana, la tos todavía más.

Una persona puede mostrar los síntomas de gripe unos pocos días después de haber sido expuesta. Estará contagioso antes de sentirse mal y hasta la fiebre se vaya. Es por eso que la extensión de la enfermedad es tan rápida.

Hay vacunas contra la gripe, pero debido a la manera en que el virus cambia, se necesitan nuevas vacunas cada año para estar corriente. Hable con su médico sobre si su hijo se beneficiará de una vacuna contra la gripe.

El tratamiento consiste en mantener a su hijo cómodo: descansar en casa hasta que la temperatura se mantenga a un nivel normal durante 24 horas, ofrecer líquidos que le apetecen al niño cada hora o media hora, pero no a la fuerza, y acetaminofen para la fiebre y los dolores. (No dé aspirinas a niños o adolescentes con la gripe; aumenta su susceptibilidad al Síndrome Reye. Véase la Sección 822.)

Se debe llamar al médico al principio y otra vez si el niño parece extraordinariamente enfermo, si tiene dolor del oído o le resulta difícil respirar, o si no se pone mejor dentro de unos días. Las infecciones del oído, sinusitis o neumonía pueden aparecer después de una gripe como infecciones secundarias, y exigen tratamiento con antibióticos.

751. Bronquitis. Existen muchos grados de bronquitis, desde las muy leves, sin fiebre, hasta las graves. La bronquitis significa, simplemente, que el resfriado se ha extendido a los conductos bronquiales. Por lo común, aparece con mucha tos. A veces, se pueden oír desde lejos los ruidos silbantes de la respiración de un niño y se puede sentir la vibración de la mucosidad si se toca el pecho.

Una bronquitis muy leve, sin fiebre, sin mucha tos, ni pérdida de apetito, sólo es un poco más grave que un resfriado de nariz. Sin embargo, si el niño parece enfermo, tose con frecuencia o tiene una temperatura mayor de 101 grados F, se debe hablar con el médico ese mismo día, porque existen medicinas modernas que son de gran ayuda cuando se las necesita.

El pequeño que ha tenido tos frecuente, debe ser examinado, tenga o no fiebre, pues en el primero o los dos primeros meses de vida puede haber infecciones graves, sin fiebre. Entretanto, usted no debe preocuparse si el apetito y el aspecto general del bebé son satisfactorios.

752. Neumonía. La neumonía bacteriana aparece, por lo común, después que el niño ha tenido un resfriado durante varios días, pero puede iniciarse sin ninguna señal previa. Usted lo sospecha cuando la temperatura asciende hasta 103 ó 104 grados F, la respiración se vuelve rápida y hay tos. Al comienzo, aparecen vómitos a menudo e inclusive, puede haber una convulsión en un niño pequeño. Los antibióticos modernos curan con rapidez las neumonías de tipo bacteriano, si el tratamiento se comienza pronto. Por supuesto, si su hijo tiene fiebre o tos, usted deberá llamar al médico.

Las más comunes son las neumonías víricas (a las cuales muchas personas llaman "neumonías ambulatorias"). A menudo, estas neumonías también son tratadas con antibióticos, porque algunas de ellas son difíciles de distinguir de las bacterianas. Por lo general, el niño está menos enfermo, aunque esta enfermedad puede durar mucho tiempo. El cuadro común consiste en un mejoramiento continuo pero lento, durante un período de 2 a 4 semanas.

753. Bronqueolitis. La bronqueolitis es una enfermedad en la cual la respiración es entrecortada; afecta a los niños y a los bebés. Es ocasionada por un virus y, por lo común, el bebé tiene un resfriado además de la tos y los jadeos. Los bebés pueden tener la respiración tan entrecortada que no pueden comer ni descansar bien. No hay medicamentos que la curen, pero es importante que usted se comunique con el médico para que pueda aliviar los síntomas de su hijo. Por lo general, el bebé se encuentra mejor en una semana, pero unos pocos bebés pueden tener jadeos con los resfriados posteriores.

Dolores de cabeza

754. Dolores de cabeza son comunes entre los niños y adolescentes. Aunque un dolor de cabeza puede ser una señal temprana de una variedad de enfermedades desde el resfriado común hasta las infecciones más graves, la causa más frecuente es la tensión. Piense en el niño que ha estado memorizando una parte de una obra de teatro para la escuela durante días, o en el niño que ha estado practicando la gimnasia para las pruebas del equipo. A menudo el cansancio y la tensión y la anticipación se combinan para producir cambios verdaderos en el flujo de sangre a los músculos de la cabeza y el cuello, causando un dolor de cabeza.

Cuando un niño pequeño se queja de un dolor de cabeza, lo mejor es llamar al médico en seguida, pues es más probable a esta edad que el dolor de cabeza es un síntoma de una enfermedad por venir. A los niños mayores y adolescentes que tienen dolores de cabeza se les puede dar la dosis apropiada de acetaminofen, seguida por un período de descanso —acostado o jugando tranquilamente— mientras el medicamento empieza a funcionar. A veces el hielo puede ayudar. Si un dolor de cabeza se prolonga después de haberse tomado el acetaminofen, o si otros síntomas empiezan a desarrollarse, debe llamar al médico.

Un niño con dolores de cabeza frecuentes debe tener un examen físico completo, incluso un examen de su visión. En tales casos, vale la pena considerar si hay algo en la vida, escuela, o actividades sociales del niño que le están dando mucha tensión.

Si un dolor de cabeza viene después de una caída o un golpe a la cabeza, comuníquese con un médico en seguida. (Véase la Sección 846.)

Dolores y trastornos de estómago

La diarrea infantil también se analiza en las Secciones 350 y 351, los vómitos en los bebés en las Secciones 342 y 343, y los vómitos en los niños mayores en la Sección 710.

755. Llame al médico. No dé purgantes ni laxantes. Por supuesto, deberá comunicarse con el médico ante un dolor de estómago que dure más de una hora, sea grave o no. Existen decenas de causas. Unas pocas son graves; la mayoría no lo son. Un médico está entrenado para distinguir entre ellas y aconsejar el tratamiento adecuado. Las personas suelen sacar la conclusión de que un dolor de estómago se debe a algo que se comió o a la apendicitis. En realidad, ninguna de éstas es una causa común. Por lo general, los niños pueden comer alimentos no comunes, o cantidades poco habituales del alimento que suelen comer, sin sufrir indigestión.

No es correcto suministrar un purgante antes de que el médico haya examinado al niño, porque existen dolores de estómago para los cuales resulta peligroso. Antes de llamar al médico, tome la temperatura al niño, de modo que pueda informarle cuál es. Hasta que llegue el médico, el tratamiento debe consistir en poner al niño en cama y no darle nada de comer. Si tiene sed, déle sorbos de agua.

756. Causas comunes de dolor de estómago. En las primeras semanas de vida, el dolor de estómago es común en la **indigestión** y el **cólico.** Estos son analizados en las Secciones 328 y 344.

Después del año de edad, una de las causas más comunes de dolor de estómago es el trastorno de un simple **resfriado, dolor de garganta** o **gripe,** en especial cuando hay fiebre. No es otra cosa que una indicación de que la infección trastorna los intestinos, así como otras partes del cuerpo. Del mismo modo, casi cualquier infección puede causar vómitos y estreñimiento, en particular, al comienzo. Una pequeña suele quejarse de que le duele la pancita, cuando en realidad, siente náuseas. A menudo, después de esta queja, vomita.

El estreñimiento es un motivo común de dolor abdominal. Puede ser sordo y repetirse, o repentino y muy intenso (aunque también puede irse de pronto).

Existen muchas clases diferentes de **infecciones intestinales y estomacales** que producen dolor de estómago y, a veces, vómitos, en ocasiones con diarrea, a veces, ambos. A menudo, con ligereza, se los llama "influenza intestinal" o "gripe intestinal", o "un virus", queriendo referirse a una enfermedad contagiosa, causada por un germen desconocido. Con frecuencia, estas infecciones se contagian a varios miembros de la familia, uno tras otro. Ciertas epidemias de influenza intestinal resultan ser disentería o infecciones paratifoideas. En ellas puede aparecer fiebre o no.

La "intoxicación con alimentos" es ocasionada por alimentos que contienen toxinas elaboradas por ciertas bacterias. El alimento puede no tener sabor extraño. Esta intoxicación raras veces ocurre con alimentos que han sido bien cocidos, pues el cocimiento elimina estos gérmenes. Con más frecuencia, es causada por pasteles rellenos con flan o crema batida, ensaladas con crema y rellenos para ave. Si estas sustancias se dejan fuera del refrigerador durante horas, los gérmenes se multiplican de inmediato. Otra causa son los alimentos mal envasados en casa.

Por lo común, los síntomas de la intoxicación con comida son los vómitos, diarrea y dolor de estómago. A veces se presentan escalofríos, y a veces, fiebre. Cualquiera que ingiera alimentos contaminados puede ser afectado por ellos en cierto grado, aproximadamente al mismo tiempo, en contraste con una influenza intestinal, que, por lo común, se extiende a los miembros de la familia a lo largo de varios días.

Los niños con **problemas de alimentación** tienen, a menudo, dolores de estómago cuando se sientan a comer, o después que han comido un poco. Los padres suelen pensar que el niño finge el dolor de estómago, como excusa para no comer. Pienso que es más probable que el pobre estómago esté contraído por la tensión del niño durante las comidas, y que el dolor es real. En estos casos, el tratamiento consiste en que los padres manejen las comidas de tal manera que el niño disfrute del alimento. (Véase las Secciones 470–477.)

También existen otras causas poco frecuentes de dolor de estómago: indigestión crónica con gas, alergias intestinales, glándulas linfáticas inflamadas en el abdomen, trastornos renales, y así sucesivamente. Como puede verse, un niño con dolor de estómago —sea agudo e intenso o moderado y crónico— necesita un buen examen médico.

757. La deshidratación puede seguir los vómitos o la diarrea. La deshidratación (pérdida excesiva de agua corporal) puede llegar a constituir un problema, en particular en una diarrea grave. Suele aparecer en los bebés o los niños muy jóvenes, porque no tienen la reserva de agua que tienen los niños mayores y los adultos, y porque no pueden comprender la necesidad de tomar más líquidos cuando están enfermos.

Los siguientes son algunos síntomas de deshidratación, hacia los cuales usted puede estar atenta: pañales que se mojan menos de cada 6 a 8 horas; carencia de lágrimas cuando el bebé llora; carencia de saliva en la boca del bebé; el punto blando de la parte superior de la cabeza parece hundido y los ojos están hundidos.

Si su bebé comienza a mostrar señales de deshidratación, tendrá que llevarlo a un médico o a un hospital lo antes posible.

758. Muchos trastornos de humor pueden ocasionar dolores de estómago. Los niños que nunca han tenido problemas de alimentación, pero tienen otras **preocupaciones**, también pueden tener dolor de estómago, en especial a la hora de las comidas. Pensemos en el niño que está nervioso porque va a comenzar la escuela a la mañana siguiente y, en lugar de tener apetito para el desayuno, siente dolor de estómago, o en el niño que se siente culpable en relación con algo que aún no se ha descubierto. Toda clase de emociones, desde los miedos hasta la excitación placentera, pueden afectar el estómago y los intestinos. No sólo pueden ocasionar dolores o falta de apetito, sino también vómitos, diarrea y estreñimiento. En estos casos, el dolor suele presentarse en el centro del abdomen. Como no hay infección, el niño no tendrá fiebre.

Este tipo de dolor de estómago es común entre los niños y los adolescentes, y a menudo recurre 2, 3 o más veces por semana.

El tratamiento requiere que se identifique los problemas en la casa, en la escuela, los deportes, en la vida social del niño, y hacer lo necesario para hacerlos desaparecer.

Los médicos han estudiado esta condición y lo llaman **"síndrome de dolor abdominal recorrente"**. Es muy importante darse cuenta de que el dolor que estos niños experimentan es real y no es "sólo para atraer la atención".

759. La apendicitis. Para empezar, permítame refutar ciertas nociones comunes acerca de la apendicitis. No es necesario que haya fiebre. El dolor no es siempre intenso. Por lo común, el dolor no se instala en el costado inferior izquierdo del abdomen, hasta que el ataque ya lleva cierto tiempo. No siempre aparecen vómitos. Un análisis de sangre no prueba que el dolor de estómago se deba a una apendicitis o no.

El apéndice es una pequeña ramificación del intestino grueso, del tamaño aproximado de una lombriz de tierra.

Por lo común, yace en la parte central del cuarto derecho inferior del abdomen. Pero puede encontrarse más abajo o más alto, a la altura de las costillas. Cuando se inflama, es un proceso gradual, como la formación de un forúnculo. Este es el motivo por el cual un dolor intenso, repentino del abdomen, que dura unos pocos minutos y luego se disipa por completo, no es apendicitis. El peor riesgo consiste en que el apéndice inflamado puede abrirse, en forma muy similar a como se abre un forúnculo, y esparcir la infección por todo el abdomen. Esto se denomina peritonitis. Una apendicitis que se desarrolla con mucha rapidez, puede alcanzar el punto de estallar en menos de 24 horas. Es por eso que es preciso llamar al médico ante cualquier dolor de estómago que dure más de una hora, aunque en nueve de cada diez casos, resulten ser alguna otra cosa.

En los casos más típicos, aparece un dolor alrededor del ombligo, durante varias horas. Sólo más tarde éste se traslada al costado inferior derecho. Suele haber vómitos una o dos veces, pero esto no siempre ocurre. El apetito suele disminuir, pero no siempre. Los intestinos pueden estar normales o estreñidos, rara vez flojos. Después que ha durado unas horas, suele elevarse la fiebre a 100 ó 101 grados F, más o menos, pero puede haber verdadera apendicitis, sin fiebre en absoluto. Es probable que la persona sienta más dolor cuando eleva su rodilla derecha, cuando la estira nuevamente, o cuando camina. Usted puede advertir que los síntomas de apendicitis varían mucho en los distintos casos, y que es preciso que el médico diagnostique. Los médicos se orientan, en la mayor parte, si descubren una zona blanda en el costado derecho, cuando palpan profunda pero suavemente cada parte del abdomen. Usted notará que no preguntan si duele cada vez que oprimen sino, por el contrario, tratan de distraer al niño de lo que están haciendo. Ello se debe a que, a muchos niños, en especial a los más pequeños, les encanta decir: "Sí, eso duele", cada vez que se les pregunta. Cuando el médico encuentra una zona blanda en el costado derecho del abdomen, sospecha de apendicitis, pero a veces solicita un análisis de sangre que los ayude a definir. Un análisis exhaustivo de sangre indica con precisión si hay infección en algún sitio. No indica dónde.

A menudo es imposible, para el más experto de los médicos, estar absolutamente seguro de que un niño tiene apendicitis. Cuando existe una fuerte sospecha, el médico aconseja la operación, y ello por una muy buena razón. Si es apendicitis, es peligroso demorar. Si no lo es, no hará ningún daño una operación urgente.

Cuando el doctor sospecha la presencia de apendicitis o de otras causas serias de dolor abdominal, es probable que realice un examen rectal.

760. La intususcepción es una situación poco común, en la cual el intestino se "mete" en sí mismo y se obstruye. Los dos síntomas más sobresalientes son los vómitos y los cólicos intermitentes en un bebé que, desde otro punto de vista, parece saludable. En algunos casos, es más saliente el dolor, en otros, los vómitos. El vómito es más copioso y repetido que la "regurgitación" normal de un bebé. Los cólicos son repentinos y, por lo común, intensos. Aparecen con unos minutos de intervalo, y entre ellos, es probable que el bebé se sienta bastante bien. Los vómitos suelen aparecer y ser repetidos. Después de algunas horas (en las cuales las evacuaciones pueden ser normales o flojas), surge una evacuación que contiene mucosidad y sangre; una evacuación con consistencia de "jalea fluida" o "jugo de ciruelas". Esta situación aparece con mayor frecuencia entre los 4 meses y 2 años de edad, aunque puede surgir fuera de este período. A pesar de ser poco común, requiere tratamiento médico urgente, sin demora, y por eso la mencionamos aquí.

También poco frecuentes pero graves son otras clases de **obstrucción intestinal.** Una parte del intestino se enrosca y se atora en un pliegue del abdomen; más frecuentemente en una hernia inguinal (la Sección 811). Por lo común, aparecen vómitos y cólicos agudos.

761. Diarreas crónicas. El tipo de diarrea crónica más común ocurre en un niño joven que parece perfectamente bien y no se queja de sentirse enfermo. La diarrea puede comenzar de manera espontánea o con una gripe del estómago. Hay tres, cuatro o cinco evacuaciones blandas y malolientes cada día, aunque puede empezar el día con una evacuación normal. El apetito se mantiene bien y el niño juega tanto como siempre. Es importante comunicarse con el médico, pero en esta situación, el niño sigue aumentando de peso normalmente y las pruebas del laboratorio no muestran nada raro. La condición suele mejorarse por sí mismo. A menudo puede ayudar reducir el azúcar en la dieta del niño. La causa más probable es el jugo de manzana, aunque podría ser galletas o pasas. (Por eso a veces denominan esta condición "diarrea de manzana" o "diarrea de bebes".)

Existen varias enfermedades digestivas diferentes que ocasionan diarreas crónicas en los bebés y niños pequeños:

Fibrosis quística. Los dos síntomas más comunes de esta enfermedad son la diarrea maloliente y la tos, pero existe una gran variación en los síntomas. Es probable que haya frecuentes evacuaciones de aspecto normal en la primera infancia, pero luego se vuelven blanduzcos, grasosos y pestilentes cuando se agregan los alimentos sólidos. El recto puede llegar a sobresalir. Los intestinos suelen obstruirse con meconio seco, inmediatamente después del nacimiento, y en los años siguientes, volver a taparse de vez en cuando con materia fecal dura y seca. Casi todos los niños que padecen esta enfermedad tienen apetito bueno o voraz. De todos modos, se produce desnutrición a causa de la incapacidad para digerir correctamente los alimentos. Se desarrolla una bronquitis persistente, pero esto puede no ocurrir en un caso con poca intensidad, en edad más avanzada.

Esta es una enfermedad hereditaria progresiva, de ciertas glándulas, que proviene de ambas ramas de la familia. El páncreas no segrega suficientes jugos digestivos. Las glándulas que se encuentran a lo largo de los conductos bronquiales sólo segregan mucosidad seca, en cantidades escasas, por lo cual las infecciones no pueden prevenirse o curarse. Las glándulas sudoríparas elaboran demasiada sal y los padres lo perciben al besar al bebé. (La prueba de la sal resulta eficaz para el diagnóstico.) El mayor riesgo en los casos severos, sin tratamiento, en los bebés y los niños pequeños, proviene de la infección bronquial.

El objetivo principal del tratamiento consiste en mantener los conductos bronquiales libres por medio de un drenaje postural y antibióticos, si es necesario. Los síntomas digestivos se tratan con una dieta abundante en proteínas, baja en grasas, con vitaminas adicionales y agregando de enzimas pancreáticas a las comidas.

El niño debe ser evaluado y su tratamiento debe ser supervisado en un centro especial para fibrosis quística. La organización nacional se llama: Cystic Fibrosis Foundation, 6931 Arlington Road, Bethesda, MD 20814. Llame 800-FIGHTCF.

Existen **otras situaciones de intolerancia,** siendo la más conocida de ellas, la incapacidad para digerir cierto tipo de azúcares comunes. Esto produce evacuaciones flojas pero no pestilentes. Siempre hay diarrea, a veces maloliente, a veces con cólicos. Es importante que colabore con su médico para asegurar que la dieta sigue siendo adecuada en términos de nutrición.

Si se investiga una diarrea prolongada, es probable que se advierte un problema en la digestión de la lactosa, el azúcar de la leche. En el pasado, se decía que esos niños eran alérgicos a la leche. Por lo común, el trastorno es temporal; se puede emplear un sustituto de la leche.

762. La presencia de lombrices no es terrible, pero necesita tratamiento. Los padres se horrorizan cuando encuentran lombrices en la materia fecal de su hijo, pero no hay motivo para inquietarse ni imaginar que el niño no ha sido bien cuidado.

Los oxiuros son las variedades más comunes. Semejan hilos blancos, de menos que media pulgada de largo. Viven en la parte baja del intestino, pero emergen entre las nalgas, por la noche para depositar huevos. Ocasionan comezón alrededor del ano, y esto puede perturbar el sueño del niño. Anteriormente se creía que eran la causa principal de que el niño rechinara los dientes por la noche, pero es probable que no sea así. Guarde una muestra para mostrarle al médico. Hay un tratamiento eficaz contra los oxiuros, que debe ser supervisado por el médico.

Las lombrices intestinales se parecen mucho a las lombrices de tierra. La primera sospecha surge cuando se encuentra una en la evacuación. Por lo común no dan síntomas hasta que ya hay una gran cantidad. El médico aconsejará tratamiento.

Los anquilostomas son comunes en algunas partes del sur de los Estados Unidos. Pueden ocasionar desnutrición y anemia. La enfermedad se contrae por caminar descalzo sobre un suelo contaminado. El médico aconsejará tratamiento.

Estreñimiento

Hablando en términos generales, el estreñimiento se refiere a las evacuaciones duras y secas, dificultosas a pasar. No se trata del número de movimientos de los intestinos cada día que determina si un bebé o niño (o adulto) esté estreñido.

763. El estreñimiento temporal es común durante las enfermedades, en especial si hay fiebre. En otros tiempos los padres y médicos consideraban que era el síntoma de tratamiento más importante, y que los niños no podrían comenzar a recuperarse hasta que quedasen "limpios". Ciertas personas creían, inclusive, que el estreñimineto era la causa principal de la enfermedad. Resulta más sensato advertir que cualquier enfermedad, causante de que una persona se sienta indispuesta por completo, tiende a afectar el estómago y el sistema intestinal, a endurecer los intestinos, a disminuir el apetito y tal vez a provocar vómitos. Es posible que estos síntomas aparezcan varias horas antes que cualquier otro. Si usted demora en consultar a un médico, no necesita pensar que ha perdido un tiempo valioso.

Si **tiene** que tratar a un niño enfermo sin un médico, no se preocupe demasiado por los intestinos. Es mejor hacer de menos que de más. Si un niño no come algo, los intestinos no tienen gran cosa con lo cual moverse.

764. Estreñimiento crónico. Es menos común en el bebé de mayor edad o en el niño, en especial los que tienen una dieta variada que incluye los cereales integrales, las verduras y las frutas. Si su niño parece estreñido, hable de ello con el médico. No intente tratarlo usted misma, porque no sabe con certeza a qué se debe. Sea cual fuere el tratamiento que utiliza, es importante que no haga que los niños se preocupen respecto de su función intestinal. No entable conversaciones serias con ellos, ni lo vincule con gérmenes, o con su salud, o con la forma en que se sienten. No los aliente a seguir la pista de sus evacuaciones, ni dé usted misma la impresión de prestarles demasiada atención. Evite los enemas. Haga lo que el médico recomiende, y hágalo con sencillez, alegremente, y lo más rápido posible, se trate de una dieta, de un medicamento o de ejercicios, sin entrar con el niño en los porqués y los cómos; de lo contrario, puede convertir a éste en un hipocondriaco.

Pero suponga que no ha podido consultar a un médico, y que su pequeño, en otros aspectos muy sano, entra poco a poco en un período de estreñimiento. (Por supuesto, si existe algún síntoma de enfermedad, lleve a su bebé a un médico o al hospital, como le resulte mejor.) Déle más frutas o verduras, si le agradan cualquiera de las dos, dos o tres veces por día. Si le gustan las ciruelas o los higos, sírvalos todos los días. Los jugos de verduras y frutas también son útiles. Trate de que haga bastante ejercicio. Si tiene 4 ó 5 años, o más, y a pesar de sus esfuerzos con la dieta, continúe teniendo evacuaciones más bien estreñidos e irregulares, que no le molestan, tranquilícese hasta que pueda obtener el asesoramiento de un médico.

El aceite mineral no es recomendable para un bebé. Si se atraganta con él una parte podría llegar a los pulmones, y tal vez, provocar un tipo crónico de pulmonía.

765. Estreñimiento psicológico. Existen dos variedades de estreñimiento de origen en gran parte psicológico, y que comienzan, con gran frecuencia, entre las edades de 1 año y 2 años. Si a esa edad los niños tienen uno o dos evacuaciones dolorosamente duras, pueden mostrar tendencia a contenerse durante semanas, o aun durante meses, por temor a volver a sentir dolores. Si contiene la evacuación durante uno o dos días, es posible que ésta vuelva a ser dura, y ello mantiene el problema en vigencia. Se lo analiza en la Sección 577. En ocasiones, cuando un padre analiza los hábitos higiénicos en una forma demasiado imperiosa, los niños pequeños, que se encuentran en una etapa independiente de su desarrollo, se resisten en una forma maquinal y retienen la evacuación, cosa que conduce al estreñimiento. Esto se analiza en la Sección 567.

766. Evacuaciones dolorosas y cómo suavizar las evacuaciones. Las evacuaciones dolorosas y duras deben ser tratadas inmediatamente en un niño de 1, 2 y 3 años, para romper el círculo vicioso de la retención y el mayor estreñimiento. Su medico puede recomendar una de las varias fórmulas con las cuales usted puede ablandar la materia fecal del niño pequeño. El medicamento debe ser ofrecido durante un mes más, o todo el tiempo que resulte necesario. Ninguno de estos medicamentos actuará como un catártico para ablandar una evacuación que ya es dura. (Un catártico es una medicina que hace que los músculos intestinales se contraigan y produce un movimiento de los intestinos.)

Ensuciarse (encopresis)

767. Ensuciar la ropa con deposiciones (encopresis), como la enuresis, no es una enfermedad; es un síntoma.

Una clase de encopresis aparece cuando el niño nunca ha aprendido el control del esfínter. Seguir las explicaciones en las Secciones 562–577, y 586, con la ayuda de su médico, puede brindar una solución a esta situación con bastante facilidad.

El tipo más común de encopresis aparece en el niño que ha sido entrenado y, más adelante, ensucia sus pantalones una o más veces a la semana. Esto casi siempre ocurre después de una situación tensa que ha surgido en la familia, en especial, si ha habido una separación repentina de un miembro importante de la familia. A menudo, esta situación puede continuar durante muchos meses, y los padres y el niño se sentirán demasiado avergonzados como para hablar de ello al médico. Mientras tanto, el padre (por lo común la madre) tenderá a esforzarse más y más por enseñar otra vez al niño, cosa que lo pondrá más tenso aún. Este tipo de encopresis, en su forma más severa, hace que el niño retenga sus evacuaciones y se junte en el recto una gran cantidad de materia fecal dura y seca. De vez en cuando, se escurre algo de materia fecal líquida, a través de esa otra dura, seca (compacta) y ensucia los pantalones del niño. Este tipo de evacuación debe ser atendida por el médico del niño, y cuanto antes, mejor. En situaciones así, que hayan perdurado por mucho tiempo, causando mucho trastorno familiar, a menudo se hace necesario que los padres del niño vean a un psiquiatra o psicólogo infantil o asistente social, al mismo tiempo que el médico prescribe la dieta y los medicamentos que se requieran.

Trastornos urinarios

768. Los niños mayores que mojan la cama (enuresis). La enuresis no es una enfermedad sino un síntoma. Tiene muchas causas, algunas de las cuales no se comprenden bien. Parece ser una tendencia familiar. Cuatro de cada cinco casos aparecen en los varones, y un 10 por ciento de los varones mojan la cama a los 12 años de edad. La mayoría de ellos dejan de hacerlo en la adolescencia. Unos pocos casos se deben a una enfermedad orgánica. En ellos aparecen, por lo común, síntomas tales como la incapacidad para retener la orina durante el día, lo que despierta sospechas en el médico. Este es el tipo que es de tendencia familiar. Otros casos son producidos por tensiones de una amplia variedad. La enorme mayoría de los casos se deben a una combinación de estas dos causas.

Existen situaciones que perturban a los niños **pequeños**, de modo que en forma inconsciente, les hacen querer volver a ser bebés. Es probable que un niño de 3 años, que se ha mantenido seco durante 6 meses, vuelva a mojarse en la cama, cuando se muda a una nueva casa para pasar el verano. Aunque se sienta feliz en el nuevo ambiente, es evidente que, inconscientemente, extraña su hogar. Cuando, al comienzo de la Segunda Guerra Mundial, los niños de Londres eran trasladados al campo, apartados de la familia, los amigos y el ambiente conocido, era común que se orinaran en la cama, inclusive los adolescentes. Resultaba frecuente en ciertos orfanatos. Los niños también suelen orinarse después de una experiencia excitante, como una fiesta de aniversario o una velada en el circo.

La situación más corriente durante la infancia es la llegada de un nuevo bebé al hogar.

Es importante entender que, en esas situaciones, los niños no se orinan de modo deliberado. Después de todo, están profundamente dormidos. Los que dominan durante la noche son los sentimientos inconscientes y ellos se expresan a través de los sueños. A menudo, el niño moja la cama durante la noche, cuando sueña que se encuentra en una situación angustiante y se siente impotente para hacer algo. El niño que se orina cuando siente nostalgia por el hogar, o que está preocupado por la llegada de un bebé, puede soñar que él mismo es un bebé perdido, buscando a la madre para que atienda todas sus necesidades corporales, sin quejarse, como solía hacer.

En el caso de un varón que siente nostalgia por el hogar, la tarea de los padres consiste en estar a su lado un poco más, durante algunos días, para aliviar su soledad y ayudarlo a encontrar los placeres de la nueva casa. Si hay otro bebé, el punto importante es asegurar al niño que no necesita sentirse desplazado (las Secciones 550–556). No es preciso regañarlo o avergonzarlo por haberse orinado; a menudo se siente mal con respecto a ello. Si usted le manifiesta su confianza, lo ayudará a permanecer seco otra vez.

¿Qué se puede decir con respecto al niño de 3, 4 ó 5 años, que, en primer lugar, nunca ha estado seco? (La mayoría de los niños dejan de mojarse por la noche alrededor de los 2 ó 3 años de edad.) En muchos de estos casos, ha existido tensión acerca del entrenamiento diurno del uso del excusado. El niño se ha resistido durante mucho tiempo, y los padres se han vuelto más impacientes. Eventualmente, aceptó el entrenamiento de día, pero parece que la resistencia continúa de modo inconsciente por la noche, junto con el sentimiento de culpa de que aún es un bebé desobediente. Resulta prudente eliminar todo conflicto acerca de la enseñanza diurna, si aún existe, y toda vergüenza relacionada con mojar la cama. En la mayoría de los casos, es aconsejable dejar de levantar al niño por la noche, porque suele recordarle que sólo es un bebé. Lo que necesita es la confianza de sus padres, y la suya propia, de que está creciendo y que algún día podrá permanecer seco por su cuenta.

Los distintos tipos de excitación pueden tener influencia. Una niña con un sentimiento posesivo romántico hacia su padre, puede excitarse mucho, si éste le responde con demasiado entusiasmo. Es posible que un varón se exalte bastante, si juega a luchar con su padre (lo cual produce una mezcla de miedo y placer), o por hacerlo con su hermana (lo que sobreestimulará su agresividad y su sexualidad inconsciente).

Por fin, hay bastante niños que quedan secos durante el día pero se mojan la cama por la noche debido a una inmadurez de la parte del sistema nervioso que controla la orina mientras duerman. No tienen trastornos emocionales salvo los causados por el mojarse la cama. Necesitan ser asegurados que ya no se mojarán la cama tan pronto como el sistema nerviosos se les madure.

769. Un tipo común en los varones.

Ciertos psiquiatras que han estudiado la enuresis en los niños, consideran que una de las clases más comunes en los varones (y el 80 por ciento de los niños con enuresis son varones) es la siguiente: el niño es algo inseguro, y se convence con demasiada facilidad de que es torpe. Es probable que tema competir con otros muchachos o mantenerse a su nivel. Tiene tendencia a sentirse dominado por su madre. Ella lo adora, pero a causa de la personalidad particular del niño, a veces se impacienta con él, interfiere demasiado en su vida. Está demasiado bien educado para rebelarse abiertamente. Resiste de modo pasivo, demorándose, o simplemente, irritándola. Por lo tanto, su madre no puede evitar sentirse menos satisfecha con él. En estos casos, a menudo el padre no le brinda suficiente apoyo moral. (Véase las Secciones 30, 56 y 57.)

Las medidas que adoptan los padres en este tipo de enuresis a veces actúan en sentido inverso. Arrastrar a un niño adormilado fuera de la cama (los niños con enuresis suelen tener sueño profundo) y llevarlo al excusado todas las noches, sólo lo convence más de que es un bebé. El restringirle los líquidos a partir de las 5 de la tarde, lo hace imaginar de inmediato que tiene sed (a usted o a mí nos ocurriría lo mismo) y casi asegura una discusión permanente entre el niño y los padres, todas las tardes, lo que no es bueno para nadie. Todo niño de más de 5 años daría lo que tiene para superar el problema. Desea cooperar, pero tiene poco control sobre sus sentimientos inconscientes, que son los que ocasionan la orina durante el sueño.

Lo que necesita un niño con enuresis es confiar más en que es una persona competente, y esto sólo podrá ganarlo poco a poco, con ayuda. Pero, ya sea que los padres quieran o puedan conseguir ayuda exterior o no, hay muchas cosas que pueden hacer, según las circunstancias. Su actitud general debe ser la de animarlo. Pueden explicarle que se han enterado de que unos pocos niños sufren este problema y que casi todos lo superan, en su momento. Pueden manifestarle su confianza en que su hijo también lo hará.

Creo que, en la mayoría de los casos, es preferible dejar de lado métodos tales como levantar al niño por la noche y restringirle los líquidos.

En ocasiones, puede resultar eficaz adherir estrellas doradas en una tarjeta para un niño de 5, 6 ó 7 años. Una recompensa muy deseada por el niño —patines, una bicicleta, un equipo deportivo— podrían ser un buen intento. Inclusive creo que es mejor, aunque a usted no le parezca sensato, entregar de inmediato al niño una posesión que ha anhelado, pero que los padres han estado reteniendo. La idea es hacer que el niño se sienta igual que los demás chicos y seguro de la confianza de sus padres.

Si el padre ha estado demasiado abstraído con lo suyo en casa, será de mucha utilidad que tome una participación más activa en el manejo de su hijo y, si es posible, que encuentre un entretenimiento del que, en ocasiones, puedan disfrutar juntos. Si la madre lo ha forzado e insistido demasiado en otras actividades, como la tarea escolar, o vestirse por la mañana (Sección 531), puede intentar relajar la presión, o trasladar esas tareas al padre.

770. La enuresis en las niñas. El cuadro común de enuresis en las niñas es bastante diferente que en la mayoría de los varones. La niña tiende más a tener un temperamento vivaz, y a ser muy competitiva con su hermano o con su madre. (Por ejemplo, puede creer que es capaz de cuidar a su padre y hacerle compañía mejor que su madre.) Es probable que esté resentida por ser una niña, a causa de la discriminación que esto suele involucrar.

En el caso de la niña con enuresis, la cuestión consiste en hacer que se sienta cómoda por serlo, en disminuir los motivos de rivalidad con su hermano, en que los padres le demuestren que la quieren más por ser una niña, que su padre le manifieste que la quiere como su hija, pero que, basicamente, comparta sus preocupaciones e intereses con su esposa.

771. ¿Cómo considerar un tratamiento psiquiátrico o psicoanalítico en relación con la enuresis? Estoy por completo a favor de un tratamiento si un niño tiene otros problemas además de la enuresis; por ejemplo, si un muchacho sufre de una cantidad de temores, es tímido, los otros niños lo intimidan con facilidad, va mal en sus estudios o tiene frecuentes conflictos con su madre; si una niña siente excesiva rivalidad hacia su madre o hermano, o se siente siempre desdichada por el hecho de ser una niña. En tales casos, el tratamiento es más importante por los otros problemas que por el de mojar la cama, el que, de todos modos, es probable que cese en la adolescencia. En muchos casos la enuresis cede sólo después de una prolongada terapia, o no lo hace en absoluto.

Si los padres están confundidos con respecto a la adaptación de su hijo hacia otros niños, la tarea escolar, los maestros o, inclusive, hacia ellos mismos, pueden obtener ayuda de la evaluación del maestro o el director, de una agencia social familiar o de una clínica de orientación infantil.

772. Otros tratamientos para la enuresis. En años recientes se ha utilizado de modo extenso una medicina contra la enuresis. A menudo resulta muy eficaz al comienzo, pero a medida que transcurre el tiempo ya no lo es tanto, y el niño puede sufrir un retroceso cuando deja de ser empleada.

Asimismo, para enseñar a los niños a permanecer secos, se ha usado, con éxito moderado, un aparato eléctrico que hace sonar un timbre cuando se moja la cama. No soy partidario de utilizar un método mecánico tan agresivo con un niño sensible que tiene una cantidad de problemas (la psicoterapia sería más apropiada) o con un niño menor de 5 años.

773. La enuresis diurna. El orinarse de día (digamos, después de los 3 años) es ocasionado muy de vez en cuando por una enfermedad orgánica. En esos casos, por lo común, el niño pierde una pequeña cantidad con frecuentes intervalos. Necesita un examen médico minucioso. Es preciso examinar la orina en **todos** los casos de enuresis.

En la mayoría de los casos de enuresis diurna, también ocurre por la noche, y los distintos tipos de nerviosismo, se podrían repetir aquí.

Pero se deben señalar dos factores. La mayoría de los niños que siguen orinándose de día, tienen tendencia a oponerse y no decidirse. Al observar a tales niños, se puede advertir que saben perfectamente que su vejiga está repleta y merodean inquietos y cruzan las piernas. Sin embargo, la otra parte de ellos está absorta en el juego, y se niega a hacer algo al respecto. No hay motivo para preocuparse si, de vez en cuando, ocurre un ligero "accidente" cuando el pequeño está profundamente concentrado. Pero si se enterca y le da largas constantemente a todas las cosas, por lo común, esto es una señal de que se le trata de un modo demasiado autoritario y se le obliga demasiado. El resistirse se ha vuelto un hábito, que lo hace no sólo con sus padres, sino cuando su propio interior le indica que debe hacer algo. A menudo se llama a esto pereza pero, en realidad, requiere un enorme esfuerzo. Es como conducir un automóvil con los frenos puestos.

Unos pocos niños tienen problemas con el control de la vejiga cuando están excitados, asustados, o se ríen de pronto. En esas situaciones advierten que se han orinado sin darse cuenta. Esto no constituye una enfermedad ni es algo raro. Muchos animales vacían su vejiga de modo automático, cuando se asustan. El niño sólo necesita que se le asegure que no tiene nada de qué avergonzarse.

774. Orinar con frecuencia.

Orinar con frecuencia se debe a diferentes causas. Cuando aparece en un niño al que no le ocurría antes, es probable que indique alguna enfermedad, tal como una infección del sistema urinario o diabetes. El niño debe ser examinado de inmediato por el médico y se debe efectuar un análisis de la orina.

Unas pocas personas, inclusive las más tranquilas, parecen tener vejigas con menor capacidad de retención que el promedio, y ello puede formar parte de su constitución. Sin embargo, la mayoría de los niños (y también los adultos) que, con regularidad, necesitan orinar frecuentemente, se encuentran algo tensos o preocupados. En un caso, se debe a una tensión temporal; en otro, es una tendencia crónica. Inclusive el atleta sano, normal, suele ir al excusado cada 15 minutos antes de una carrera. Por lo tanto, la tarea de los padres consiste en descubrir qué es lo que le pone tenso al niño, si hay algo que lo haga. En cierto caso, será el manejo en el hogar, en otro, será la escuela. Con más frecuencia, será una combinación de ambas cosas. Una historia común involucra al niño tímido y la maestra que parece exigente. En principio, el temor del niño impide que su vejiga se relaje lo suficiente como para retener bastante la orina. Luego, no se atreve a pedir permiso para ir al baño. Si la maestra hace una cuestión acerca de esto, resulta aún peor. Es prudente obtener una nota del médico, no sólo pidiendo que se permita al niño salir, sino explicando la naturaleza de éste, y por qué su vejiga funciona de este modo. Si la maestra es accesible y el padre tiene tacto, una entrevista personal resultará útil.

775. Dificultad para orinar.

Muy de vez en cuando un bebé, por lo común varón, nace con un conducto u orificio urinario tan pequeño, que tiene que esforzarse para pasar la orina, o ésta sale en chorritos o gotas. El conducto urinario debe ser agrandado de inmediato por el médico. La obstrucción de dicho conducto es perjudicial para los conductos internos y los riñones.

A veces, durante el tiempo de calor, cuando un niño transpira mucho y no bebe lo suficiente, su orina puede volverse escasa, tal vez cada 8 horas o más. Cuando aparece, es poca y oscura, y puede producir ardor. Lo mismo puede ocurrir durante una fiebre. En tiempo de calor, o cuando tiene fiebre, al niño se le deben ofrecer líquidos con frecuencia, entre las comidas, en especial cuando es muy pequeño para pedir lo que desea.

Un caso bastante frecuente de dolor al orinar, en las niñas, es el de la infección de la vagina, que también inflama el conducto urinario inferior. (Véase la Sección 584.) Ello la hace sentir que necesita orinar a menudo, aunque es probable que esté demasiado asustada para hacerlo, o sólo pase unas gotas. Se debe consultar al médico y hacer un cultivo de orina. Hasta que se pueda llamar al médico se la puede aliviar mediante un baño de asiento tibio, al que se le añade media taza de bicarbonato de sodio. Después de secar con suavidad la zona urinaria, se aplica una capa gruesa de jalea o ungüento que contenga vaselina o lanolina, para suavizarla y protegerla.

776. Llaga en la punta del pene. En ocasiones, aparece una pequeña zona áspera alrededor del orificio o meato del pene. Es probable que haya tanta inflamación, que se obstruya el meato urinario, y el niño tenga dificultades para orinar. Esta pequeña llaga es una erupción localizada del pañal. Lo importante es hervir los pañales, las sábanas y cobijas todos los días, o tratarlos con un antiséptico para pañales mientras exista la llaga. Entretanto, la llaga puede ser aliviada y protegida con aplicaciones frecuentes de un ungüento que contenga vaselina y lanolina, en especial, antes de ir a acostarse. Si el niño no puede orinar durante varias horas, a causa del dolor, se le puede dar un baño de asiento tibio, de media hora. Si esto no lo hace orinar, es preciso llamar al médico.

777. Infecciones de las vías urinarias (piuria, pielitis, pielonefritis, nefritis, cistitis). Las infecciones en los riñones o la vejiga pueden ocasionar enfermedades violentas, con fiebre elevada e irregular. Por otro lado, en ocasiones, la infección se detecta por accidente, en análisis de orina rutinarios, en un niño que no se ha sentido enfermo en absoluto. Es posible que un niño mayor se queje de orinar con frecuencia y sentir ardor, pero a menudo no existen indicios que señalen a las vías urinarias. Tales infecciones son más comunes en las niñas, y en los 2 primeros años de vida. Es preciso un tratamiento médico inmediato.

Si contiene mucha pus, es posible que la orina esté turbia, pero si es poca, será difícil advertirlo a simple vista. Por otro lado, la orina normal de un niño puede estar turbia, en especial cuando se enfría, a causa de los minerales que contiene comúnmente. Por lo tanto, observando la orina, no se puede decir si está infectada o no.

Si una infección urinaria no se cura en forma satisfactoria, o si la niña siempre padece de una infección urinaria secundaria, se debe examinar todo su sistema urinario con cuidado, con análisis especiales. Dichas infecciones son más comunes en los niños que tienen vías urinarias malformadas. Si existe algo que indique semejante anormalidad, se debe corregir antes que produzca un daño permanente a los riñones. Por este motivo, después que la niña ha sufrido una infección urinaria, es prudente volver a investigar su orina 1 ó 2 meses después, para asegurarse de que la mencionada infección no se ha repetido, aunque ella parezca estar bien. Luego, se efectuarán varios controles, durante un lapso de tiempo, para observar si han reaparecido pus o bacterias en la orina.

Es muy importante enseñar a las niñas limpiarse de adelante hacia atrás, después de haber orinado o defecado. Esto evita el pasar los gérmenes desde la región anal hacia el orificio de la uretra (el conducto entre la vejiga y el exterior). Se considera que el limpiarse de atrás hacia adelante, produce con frecuencia infecciones repetidas de las vías urinarias en las niñas.

778. El pus en la orina de una niña puede no significar

una infección urinaria. Siempre existe la posibilidad de que provenga de una infección vaginal, aunque sea tan leve que no haya inflamación visible o flujo. Por esta razón, nunca se debe llegar a la conclusión de que el pus en una muestra común indique infección de su sistema urinario, sin hacer más exámenes. El primer paso consiste en asegurar una muestra "limpio" de orina. Esto significa separar los labios, higienizar brevemente y con suavidad la zona genital con un trozo de algodón absorbente y secarlo con una toalla suave u otro trozo de algodón, antes de hacerla orinar para obtener la muestra. El análisis importante es el cultivo de la muestra, para ver si hay bacterias y cuáles son.

Flujo vaginal

779. Trate a la niña con consideración. Es bastante común que las niñas pequeñas tengan algo de flujo vaginal. La mayoría de estos casos se debe a gérmenes sin importancia, y se curan en poco tiempo. Un flujo espeso e irritante puede estar ocasionado por una infección más grave y necesita tratamiento médico inmediato. Un flujo ligero, que persiste durante días, también debe ser examinado. A veces, un flujo que contiene en parte pus y en parte sangre, ha sido provocado porque la pequeña ha introducido algún objeto en su vagina, y queda allí produciendo irritación e infección. Si éste es el caso, resulta prudente que los padres le pidan que, por favor, no lo vuelva hacer; pero es preferible no hacer que la niña se sienta demasiado culpable, o que se ha hecho un daño grave o podría habérselo hecho. La exploración y experimentación que ha hecho no es muy diferente de la que hacen la mayoría de las niñas a esa edad. Tal como se explica en la Sección 615, las pequeñas suelen inquietarse con respecto a las diferencias genitales y a veces llegan a la conclusión de que no son como los varones, porque se han lastimado manipulando sus genitales. Las acusaciones de los padres, tanto respecto de la masturbación como de las heridas en los genitales, pueden reforzar esos temores.

Si existe demora en comunicarse con el médico, se puede

aliviar la sensación de ardor proveniente de un flujo leve, sin preocuparse, haciendo a la niña un baño de asiento superficial, al cual se la añade media taza de bicarbonato de sodio. Usar ropa interior blanca de algodón, papel higiénico blanco, no perfumado, y ropas que provean de una adecuada ventilación a la zona vaginal, puede ser útil para prevenir y tratar la irritación de dicha zona.

Las alergias

780. La alergia a la leche y las fórmulas especiales. La alergia a la leche es mucho menos común de lo que la mayoría de las personas creen. Los bebés pequeños tienen muchas molestias de estómago, pero la mayoría se deben a su inmadurez, más que a la alergia. Los bebés realmente alérgicos tienden a tener los síntomas clásicos de la alergia y suelen provenir de familias alérgicas. (Véase las Secciones 781-785.) La alimentación al pecho es ideal para los bebés de tales familias, pero para los que ya se alimentan con fórmulas y tienen problemas intestinales, usted podría considerar, con su médico, cambiar de fórmula. Lo más probable es que éste le recomiende una fórmula de soja (hecho de frijoles de soja en lugar de leche de vaca). Unos pocos bebés tampoco toleran el preparado de soja, y en ese caso, su médico recomendará una fórmula más especializada, basada en los problemas específicos de su bebé. Hacia 1 año ó 2 años de edad, casi todos los bebés están en condiciones de beber leche común de vaca.

781. Los problemas alérgicos nasales, incluyendo la fiebre del heno. Es probable que usted conozca algunas personas que padecen de fiebre del heno. Cuando el polen se esparce en el viento, en primavera, comienzan a estornudar, su nariz se inflama, sienten comezón y secretan. Esto significa que la nariz es **alérgica** o hipersensible al polen, que no molesta en absoluto a otras personas. Algunas personas tienen fiebre del heno en primavera, porque son alérgicos a ciertos polenes de los arboles. Si a su hijo le da un resfriado con picazón en la nariz y goteo, y éste persiste durante semanas, todos los años en la misma época, es preciso que lo lleve a su médico. Este podrá determinar si se trata de fiebre del heno, a través del aspecto que adquiere la nariz en esa estación del año, y de pruebas dermatológicas, con los polenes de los cuales se sospecha. El tratamiento puede consistir en inyecciones frecuentes, aplicadas durante un período prolongado. Con frecuencia, el médico procurará un alivio temporal con medicamento.

Sin embargo, hay otras alergias nasales además de las fiebres del heno de estación, que pueden resultar menos dramáticas pero que provocan más preocupación. Es la nariz sensible a las plumas con que se rellenan las almohadas, al pelo de perro, al polvo de la casa, o a cualquier cantidad de sustancias. Dichas alergias temporales pueden hacer que la nariz del niño permanezca taponada o con moqueo, que respire por la boca, un mes sí y otro no. La obstrucción crónica puede hacer que un niño alérgico se vuelva más sensible a las infecciones de los senos. Si su niño sufre muchas molestias por esta causa, su médico o un especialista en alergias podría encontrar el motivo. En cada caso se da un tratamiento diferente, según cuál sea la causa. Si se trata de plumas de ganso, será preciso cambiar la almohada. Si es el pelo de perro, deberá sacar al animal de la casa y sustituirlo por algún juguete. Si se trata de algo difícil de evitar, como el polvo de la casa, el médico puede indicar inyecciones de la sustancia que provoca alergia, durante un período prolongado. Es probable que recomiende "vaciar la habitación", para disminuir el polvo en ella, en especial, si los síntomas aparecen preferentemente por la noche, o apenas comienza la mañana. Usted puede quitar las alfombras y cortinas, y trapear el piso con un trapo húmedo, todos los días. Elimine todos los objetos de lana y los juguetes de peluche del cuarto. También debe comprar cubiertas a prueba de polvo para el colchón y la almohada, o emplear unas hechas de hule espuma, o bien, utilizar un catre de lona, sin almohada.

Los síntomas de alergia, por lo común, no pueden ser eliminados por completo. Usted debe estar satisfecho con una mejoría parcial.

782. El asma. El asma es otra clase de alergia. En lugar de ser la nariz el órgano sensible, como en la fiebre del heno, lo son los conductos bronquiales. Cuando la sustancia irritante llega a los pequeños conductos de los bronquios, éstos se inflaman, secretan una mucosidad espesa, y los pasos de aire se vuelven tan angostos, que la respiración se hace difícil, trabajosa y jadeante. Aparece tos.

Cuando un niño mayor padece de asma, suele deberse a sustancias que son transportadas por el aire, como caspa de animales, pelos de perro, etcétera. Los alergólogos las denominan "inhalantes". En el niño pequeño, la alergia a los alimentos puede ser la causa o parte de ella. Al niño que padece de asma crónico en grado elevado, por lo común, se le efectúan pruebas, para descubrir las sustancias irritantes y luego indicar el tratamiento. Si la enfermedad no es atendida, los ataques repetidos pueden tener un efecto dañino sobre la estructura de los pulmones y del tórax. El tratamiento depende de la causa y es distinto en cada caso. Se eliminan de la dieta los alimentos a los que el niño es sensible. Cuando las causas son las inhalantes, los tratamientos son similares a los que se efectúan en el caso de las alergias de estación de nariz (la Sección 781).

El asma no es una simple cuestión de alergia a ciertas sustancias. Una persona tiene un ataque en determinado momento y no en otro, aunque se encuentre en el mismo lugar, y lleve la misma vida. Los ataques son más comunes por la noche. En los diferentes casos, la estación del año, el clima, la temperatura, el ejercicio, el estado de ánimo, juegan un papel. A menudo, los resfriados inician un ataque. Ciertos niños tienden a sufrir ataques de asma (o de otras alergias) cuando están ansiosos —de manera consciente o inconsciente— por ejemplo, con respecto a la separación de uno de los padres, o a un conflicto entre los padres. Pueden mejorar mucho cuando se resuelven los conflictos, tal vez con ayuda de un psiquiatra. En otras palabras, usted debe tratar de atender al niño en su totalidad, y no sólo el asma.

El tratamiento del ataque individual de asma depende mucho de su gravedad, y de lo que el médico considere eficaz para ese caso. Existen medicamentos que se suministran por vía oral, en inyecciones, o que pueden inhalarse en forma de vaporización, para obtener un alivio temporal, cuando el niño tiene verdadera dificultad para respirar.

Si su hija (o hijo) padece asma por primera vez, cuando usted no puede comunicarse con el médico, no se alarme. Rara vez la situación es tan peligrosa como parece serlo. Si la respiración es muy dificultosa, manténgala en cama. Si es invierno y la casa está muy caliente, humedezca el aire (la Sección 729). Si la niña tose mucho y usted tiene medicamento para la tos **sin codeína,** que le ha sido recetado antes, puede darle una dosis. Manténgala ocupada jugando o leyendo, mientras usted se ocupa de sus quehaceres, o léale usted misma. Si usted la observa con ansiedad, la asustará y esto podría empeorar el asma. Si el jadeo persiste o empeora, la niña debe ponerse bajo atención médica, sin demora.

Si su hija continúa teniendo ataques, puede intentar vaciar su habitación (la Sección 781), hasta que pueda consultar a un médico.

No se puede predecir nada acerca del asma. Algunos casos que comienzan en la primera infancia suelen desaparecer en pocos años, en menos tiempo que los que comienzan más tarde. Ciertos casos desaparecen al llegar la pubertad. Pero a veces, aparece la fiebre del heno en lugar del asma.

783. La bronquitis asmática debe mencionarse por separado. Alguno que otro bebé o niño pequeño tiene ataques de respiración jadeante, no como antes, del modo típico en que ocurre con el asma crónica, sino sólo cuando tiene un verdadero resfriado. Esta tendencia es más común en los primeros 3 años de vida. Es penoso tener un bebé que sufre, con regularidad, tantos trastornos con los resfriados, pero existe el lado bueno de la moneda. La tendencia a la bronquitis asmática suele desaparecer al cabo de un par de años. Por supuesto, se debe llamar al médico. Es posible que la infección y la tos necesiten tratamiento, así como la respiración jadeante. Si la casa está calentada, resultará conveniente humidificarla (la Sección 729). Existen medicamentos especiales para abrir los conductos bronquiales.

784. Urticarias. Por lo menos en algunos casos, se considera que las urticarias se deben a una alergia de la piel. El tipo más común consiste en llagas sobresalientes. A menudo se ven pálidas en la parte que sobresale, porque la sangre se ha retirado a causa de la inflamación. Producen comezón que, a veces, es insoportable. Unas pocas personas sufren de urticaria en forma repetida, e inclusive, casi todo el tiempo. En ocasiones, se descubre que son producidas por ciertos alimentos. También son causadas por algunos medicamentos y al final de ciertas infecciones. Es posible que, en muchos casos, la causa no se descubra. En muchos casos el médico puede aliviar el ataque de la urticaria con medicamento o inyección.

En muy raras oportunidades, la urticaria aparece acompañada de inflamación en el interior de la boca y la garganta. Si esto ocurre, se debe llevar al niño al médico de inmediato.

785. El eccema es una erupción áspera, roja, que aparece por zonas. Siempre se encuentra asociado con una piel muy seca. La comezón que resulta —y el rascado— ocasionan muchos de los problemas del eccema. Es ocasionado por alergia, como la fiebre del heno y el asma. En la fiebre del heno, la nariz es sensible al polen. En el caso del eccema, la piel puede ser alérgica a algunos de los alimentos de la dieta. Cuando dicho alimento penetra en la sangre y llega a la piel, ésta se inflama. En otros casos, la piel puede ser alérgica a alguna tela, como lana, seda, pelo de conejo, o a alguna sustancia, como por ejemplo, raíz de lirio en polvo, que entra en contacto directo con la piel. Un bebé cuyos parientes padecen de asma, fiebre del heno, urticaria o eccema, tendrá más tendencia a padecer de este último.

Inclusive cuando el eccema se deba, basicamente, a una alergia hacia los alimentos, es posible que la irritación exterior de la piel juegue un papel secundario. Un bebé tiene eccema sólo cuando la piel se irrita a causa del clima frío, otro, sólo cuando hace calor, a causa de la transpiración, otro, sólo en la zona del pañal por la orina. Si el bebé sufre de eccema sólo cuando la lana entra en contacto con su piel, es posible que, en realidad, sea directamente alérgico a la lana, o tal vez sea alérgico a algún alimento, y la lana actúa como un simple irritante.

En los niños mayores que tienen una historia familiar, los factores emocionales juegan un papel en la aparición del eccema, y la tensión emocional puede empeorar, de tanto en tanto, la erupción.

Por supuesto, usted necesita un médico que diagnostique y trate la enfermedad. El eccema más fácil de describir es el que aparece en manchas de piel áspera, roja, gruesa, escamosa. Cuando el eccema es leve, o acaba de aparecer, el color tiende a ser de un rojo claro, o rosado intenso, pero si se agrava, se vuelve de un rojo intenso, por lo general, pica, y el bebé se rasca y se frota. Esto provoca marcas y "lágrimas" (supuración). Cuando el suero de la supuración se seca, forma costras. Mientras una zona del eccema se está curando, inclusive cuando ya ha desaparecido lo rojo, aún se puede percibir la aspereza y grosor de la piel.

El sitio más común en que aparece el eccema en un bebé pequeño, es en las mejillas y la frente. Desde allí, puede extenderse hacia la parte posterior de las orejas y el cuello. Las escamas se ven desde lejos, como si allí se hubiera depositado sal, en especial en las orejas. Cerca del año de edad, el eccema puede comenzar en cualquier sitio: los hombros, la zona del pañal, los brazos, el pecho. Entre 1 año y 3 años de edad, los lugares más típicos son los pliegues de los codos y detrás de las rodillas.

El eccema grave puede resultar una enfermedad muy difícil de tratar. El bebé se vuelve loco a causa de la comezón. Los padres se vuelven locos, también, tratando de que el niño no se rasque. Puede durar meses. Es importante mantener cortas las uñas del bebé. Cuanto menos se rasque la piel, habrá menos riesgo de infección secundaria en las zonas rascadas, provocada por los gérmenes habituales en la piel. Para los bebés que pueden tolerarlos, se puede usar unos mitones de algodón blanco, que cubran las manos durante la noche, que es cuando el bebé más se rasca, mientras duerme.

786. Existen varios ángulos para el tratamiento del eccema. Lo que hace el médico al estudiar y tratar un caso, depende de muchos factores, inclusive, la edad del bebé, la ubicación y las características de la erupción, la historia de los nuevos alimentos que se incorporaron antes de que comenzara dicha erupción, y cómo responde el bebé a distintas formas de tratamiento. En muchos casos, se produce una gran mejoría, sólo por medio de ungüentos. En los más persistentes, se hace un esfuerzo por descubrir qué alimento o alimentos causan alergia al niño. En ocasiones, se descubre que la leche fresca de vaca es la causa en niños pequeños. En esas situaciones, resulta eficaz un cambio a la leche evaporada, porque cualquier alimento tenderá a curar menos alergia si está bien cocido. Unos pocos bebés pueden curarse con sólo abandonar la leche común por completo y tomando una artificial, tal como la que se hace de frijol de soja.

En los casos de eccema grave, cuando los bebés mayores y los niños comen una cantidad de alimentos, el médico experimenta con cuidado, eliminando algunos de la dieta. En los casos graves y persistentes, se pueden efectuar "pruebas de piel", inyectando muestras de los distintos alimentos. Alrededor de la inyección que contiene el alimento al cual el niño es sensible, brotará urticaria.

Si parece que un irritante externo influye, ello también requiere atención. Por lo común, la lana produce irritación del eccema y, en general, se elimina a través del cambio de ropa. Si el eccema está en la región del pañal, vale la pena tomar las precauciones que se analizan en la Sección 352 acerca de la erupción de los pañales. Si el tiempo frío y ventoso produce eccema, encuentre un lugar resguardado para los paseos al aire libre. A veces, el agua y el jabón irritan el eccema, en cuyo caso, se puede lavar al bebé con agua solo o con aceite mineral empapado en un algodón. Hay algunas sustitutos para jabón disponibles. Pregunte a su farmacéutico.

Si a su bebé le aparece un eccema repentino, grave, con picazón, y usted no puede comunicarse con un médico, no le hará daño y es posible que lo ayude, pasar de la leche fresca a la evaporada. En caso de que ocurra lo mismo con un bebé algo mayor que, por ejemplo, desarrolla un eccema grave después de comenzar con el huevo, no se lo vuelva a dar hasta que pueda conseguir consejo médico. Pueden transcurrir 2 semanas hasta que se manifieste la mejoría. El trigo es otro elemento irritante común. Sin embargo, es un error que los padres eliminen un **número** de alimento de la dieta y los padres no deben eliminar ni un solo alimento si es posible que el doctor los ayude. Este es el motivo: un caso de eccema varía de semana en semana, inclusive con la misma dieta. Si usted comienza a cambiar la dieta por sí misma, tenderá a pensar que la causa es primer alimento suprimido, luego otro. Cada vez que el se empeora de nuevo, se confunde más. El peligro es que la dieta del niño llegue a ser tan desequilibrada que su nutrición sufre. Si el eccema no lo molesta demasiado, no intente ningún cambio en la dieta, hasta que consiga atención médica.

Los padres se alarman por un eccema grave y están preocupados por la necesidad de impedir que el bebé se rasque. Esta combinación puede hacer que teman abrazarlo y acariciarlo. Pero él necesita este tipo de cariño y afecto visibles.

Lo que hay que recordar acerca del eccema es que es una tendencia interna del niño, no una infección, como el impétigo que se pueda curar por completo. En la mayoría de los casos, puede darse por satisfecho con mantener la erupción en un grado leve. Casi todos los eccemas que comienzan en la primera infancia, desaparecen por completo, o al menos, se vuelven muy moderados en los siguientes dos años.

787. Los problemas de conducta y las alergias. En años recientes, se ha considerado a la "alergia" como causante de toda clase de problemas de conducta, por ejemplo, a dudosas sustancias en el aire, aditivos de los alimentos, colorantes, etcétera. Ninguna de estas creencias ha sido demostrada científicamente. Muchos padres han llevado a sus hijos con profesionales no médicos, que han realizado pruebas muy costosas y prescrito dietas muy complicadas, así como otros tratamientos. Ninguno de los resultados sostenidos por este tipo de enfoque ha sido probado por los métodos comunes, aceptados, científicos. Creo que es mejor tener una conversación franca con el médico, si usted considera que su hijo tiene un problema de conducta ocasionado por una alergia y si usted desea efectuarle un tratamiento por el método de un practicante no médico.

Las condiciones de la piel

788. Para distinguir las erupciones comunes. Esta sección no tiene el propósito de hacer de usted un diagnosticador. Si su hijo tiene una erupción, usted necesita la ayuda de un médico. Las erupciones debidas a la misma causa varían tanto en los diferentes individuos, que inclusive para un dermatólogo son difíciles de diagnosticar. Confunden a las personas menos expertas con toda facilidad. El propósito de esta sección sólo consiste en darle unos cuantos consejos generales acerca de las erupciones más comunes de los niños, para despreocuparlo hasta que pueda comunicarse con un médico.

El sarampión. La fiebre y los síntomas de resfriado aparecen 3 ó 4 días antes de que comience la erupción. Esta consiste en manchas planas, rosadas, que brotan primero alrededor de las orejas y luego descienden. Cuando empieza la erupción, la fiebre es alta (la Sección 797).

Rubéola ("sarampión alemán"). Manchas planas, rosadas, a menudo pálidas, que se esparcen rápidamente por todo el cuerpo. Poco o nada de fiebre. No hay síntomas de resfriado, pero se inflaman las glándulas de la parte posterior de la cabeza y el cuello (la Sección 798).

Varicela. Pústulas separadas, sobresalientes. Algunas de éstas tienen pequeñas ampollas blandas en el extremo que se abren en pocas horas, dejando una pequeña costra. Brotan unas pocas pústulas por vez, y pueden comenzar, en el cuerpo, en el rostro, o en el cuero cabelludo. Para realizar el diagnóstico, el médico busca entre las costras secas algunas de las ampollitas frescas.

Escarlatina. El niño se siente enfermo un día antes de que aparezca la erupción, por lo común con dolor de cabeza, fiebre, vómitos y dolor de garganta. La erupción comienza en las partes húmedas y cálidas del cuerpo, axilas, ingles y espalda (la Sección 742).

Erupción y prurito por el calor. Aparece en los bebés al comienzo del tiempo cálido. Se inicia alrededor de los hombros y el cuello. Consiste en placas constituidas por muchas pústulas pequeñas, de color rosado oscuro, en algunas de las cuales se forman vesículas (la Sección 354).

Salpullido del pañal. En toda la zona humedecida por la orina. Granitos rosados o rojos, de distintos tamaños, o zonas de piel áspera, enrojecida (la Sección 352).

Eccema. Manchas de piel roja, áspera, que al comienzo, aparecen y desaparecen. Tiende a comenzar en las mejillas en los niños muy pequeños, más adelante, al final del primer año, en el tronco. Después del año, las zonas más comunes son detrás de las rodillas y en los pliegues de los codos (la Sección 785).

Urticaria. Ronchas rojas levantadas por todo el cuerpo. Aparecen y desaparecen y producen comezón (la Sección 784).

789. Picaduras de insectos. Los hay de muchas clases diferentes, desde protuberancias grandes y acolchadas del tamaño de una moneda de medio dólar, hasta una simple mancha con costra de sangre, sin hinchazón. Pero existen dos características comunes en la mayoría de las picaduras. Hay un pequeño orificio o un bulto minúsculo en el centro, en el sitio por donde penetró el aguijón. Y en la mayoría de los casos, las picaduras están situadas en las partes expuestas de la piel.

Cualquier picadura de insecto produce comezón (por ejemplo, el de mosquito), pero la comezón puede ser aliviada, en parte, aplicando una pasta hecha con unas pocas gotas de agua mezcladas con una cucharadita de bicarbonato de sodio. Para la **picadura de abeja,** extraiga el aguijón con unas pinzas, si se encuentra visible, y aplique bicarbonato de sodio. Para la **picadura de avispa o avispón,** lo más efectivo resulta frotar la zona con una gota de vinagre.

Las garrapatas llevan una cantidad de enfermedades, como la Rocky Mountain Spotted Fever y la Lyme Disease que tienen salpullidos característicos. Si vive en una zona donde hay garrapatas, hable con su médico sobre qué precauciones debe tomar. No trate de quitar una garrapata hasta que pregunte a su médico sobre el método más corriente de quitarla y tratar la mordida.

790. La sarna. Grupos de espinillas con costras encima, y numerosas marcas producidas por el rascado, a causa de la incesante comezón. Se localiza en las partes del cuerpo que se manipulan con frecuencia: la palma de las manos, las muñecas, la zona púbica, el abdomen. Por lo común, no aparecen en la espalda. Es contagiosa y se necesita tratamiento.

791. La culebrilla. Manchas circulares de piel áspera, el tamaño más común es el de una moneda pequeña. El borde exterior está constituido por pequeñas protuberancias. En la culebrilla del cuero cabelludo, aparecen manchas redondas de piel escamosa, en las cuales el cabello se quiebra, se corta. La culebrilla es una infección por hongos, contagiosa y requiere tratamiento.

792. El impétigo. En un niño que ha pasado la primera infancia, aparecen costras o capas, en parte color café, en parte color miel. De hecho, cualquier infección suele comenzar con un granito que tiene una ampolla amarillenta o blanca en el extremo, más comúnmente en el rostro, pero pronto se abre, y aparece la escara en su lugar. En el rostro y en cualquier parte del cuerpo a la cual las manos puedan llevar la infección, aparecen otras localizaciones. Es preciso llamar de inmediato al médico, para que diagnostique e indique el tratamiento. Si se descuida, se esparce con facilidad, y contagia a otras personas.

793. Hiedra venenosa. Aparecen racimos de pequeñas ampollas de distintos tamaños sobre la piel enrojecida, brillosa, en primavera y verano. Da comezón y sale en las partes expuestas del cuerpo. Si es extensa, hay que consultar al médico acerca del tratamiento.

794. Piojos de cabeza. Es más fácil encontrar los huevos que los piojos. Son objetos minúsculos, de color blanco perlado, con forma de huevo, y cada uno se prende con firmeza a un cabello. Puede haber ronchas que produzcan comezón, cuando el cabello roza la parte posterior del cuello. Observe, en particular, en el nacimiento del cabello y detrás de las orejas. Muchas personas creen que los piojos sólo aparecen en muy malas condiciones higiénicas, pero pueden contagiarse a cualquier niño que asista a una escuela o guardería. Son sumamente contagiosos y se necesita tratamiento.

795. Las verrugas. Existen diferentes clases de verrugas comunes, que aparecen en las manos, las plantas de los pies, el rostro. Son levemente contagiosas y es conveniente que las vea un médico. Además, existe un tipo especial, conocido como "verrugas contagiosas". Al comienzo, son redondas, suaves, cerosas, del tamaño de la cabeza de un alfiler y de color blanco o rosado. Luego se multiplican, se agrandan y se vuelven cóncavas en el centro. Es preciso tratarlas para evitar que se extiendan.

796. Herpes. Muchos padres han sido atemorizados por los periódicos y las historias de la televisión acerca del herpes. El herpes es un virus que se encuentra en todo el mundo, es probable que haya existido durante miles de años y no es más contagioso que otras enfermedades.

Existen dos tipos principales de herpes: el Tipo I, que se encuentra, principalmente, en la boca y no se transmite sexualmente. Por lo común causa una enfermedad en los niños que se caracteriza por una fiebre alta y por la apariencia de erupciones en la boca y que es una enfermedad miserable. En los niños mayores pueden desarrollarse "erupciones de fiebre" en los bordes de los labios, justo como se les pasa a los adultos. Estas se deben también al Tipo I del virus del herpes.

El Tipo II suele ocurrir en o alrededor de los genitales y casi sin excepciones es una enfermedad que se transmite sexualmente. Hay pequeñas erupciones que se pueden romper y formar úlceras dolorosas. El tipo genital es el que ha recibido más publicidad y ha preocupado a las personas.

El agua y el jabón eliminan el virus del herpes. Por lo tanto, si una madre o una nana que padece de herpes genitales se lava las manos con agua y jabón después de tocar su zona genital, no contagiará al bebé que está cuidando.

Si usted está preocupada por las historias que ha oído o visto, hable con su médico, o con el médico de su hijo.

El sarampión, la rubéola, la roséola y la varicela

797. El sarampión. El sarampión, durante los primeros 3 ó 4 días, no presenta erupción. Parece un resfriado que comienza a empeorar. Los ojos están enrojecidos y acuosos. Si usted da vuelta al párpado inferior, observará que está muy enrojecido. Aparece una tos dura y seca que se vuelve frecuente. Por lo común, la temperatura aumenta cada día. La erupción brota hacia el cuarto día, cuando la fiebre es elevada, y consiste en manchas indefinidas detrás de las orejas. Se extienden en forma gradual, sobre el rostro y el cuerpo, volviéndose más grandes y oscureciéndose.

La fiebre se mantiene alta, la tos frecuente (a pesar de la medicina), y el niño se siente realmente mal, a medida que la erupción se hace más plena, cosa que ocurre en 1 ó 2 días. Luego, todo puede mejorar con rapidez.

Si la fiebre se mantiene alta durante más de 2 días, usted puede sospechar una complicación, en el momento en que brota la erupción, lo mismo que si la fiebre desciende durante un día o más, y luego vuelve a aparecer. Las complicaciones más comunes son los abscesos en el oído, la bronquitis y la neumonía. En caso de sarampión, es preciso llamar al médico por lo menos una vez, ya sea que usted espere una complicación o no, a causa de la tos y la fiebre. Si ésta se mantiene o vuelve después de 2 días de brotar la erupción, es preciso llamar de inmediato al médico o llevar al niño al hospital. Las complicaciones pueden ser graves, y al contrario del sarampión mismo, pueden ser atendidas con éxito, por medio de las medicinas modernas.

En la etapa febril de la enfermedad, los niños pierden casi por completo el apetito. Por lo común, lo que más toman es líquido, que se les debe ofrecer con frecuencia. Es necesario enjuagar la boca más de tres veces por día. Se solía pensar que era preciso mantener la habitación a oscuras para proteger los ojos. Pero en la actualidad, se sabe que no hay demasiado riesgo. Todo lo que hace falta es oscurecer un poco la habitación, si el niño se siente incómodo. Se debe mantener el cuarto confortablemente tibio, para evitar un enfriamiento. Por lo general, se permite a los niños levantarse 2 días después que ha descendido la fiebre. Una semana después que ha comenzado la erupción, se les puede permitir salir y jugar con otros niños, siempre que se hayan ido por completo todos los síntomas de tos y resfriado.

Los primeros síntomas de sarampión surgen entre 9 y 16 días después del contagio. Se contagia de otras personas desde el comienzo mismo de la aparición de los síntomas de resfriado. No es habitual que una persona sufra de verdadero sarampión dos veces.

El sarampión puede prevenirse por medio de la inmunización alrededor de los 15 meses de edad. Pero si un niño que no ha sido protegido queda expuesto, aún se puede prevenir o atenuar el ataque, si se suministra a tiempo una gammaglobulina. Es prudente prevenir el sarampión antes de los 3 ó 4 años de edad, porque ése es el período en que las complicaciones resultan más graves y frecuentes. También conviene prevenirlo en un niño mayor que se encuentra débil o enfermo. Póngase de inmediato en contacto con el médico, para analizar con él la administración de gammaglobulina, mientras haya tiempo de que resulte eficaz.

798. La rubéola ("sarampión alemán").

La erupción de la rubéola se parece mucho a la del sarampión, pero son dos enfermedades completamente distintas. En la rubéola, no existen síntomas de resfriado (catarro de nariz o tos). Puede haber cierto dolor de garganta. Por lo general, la fiebre es baja (por debajo de 102 grados F). Es muy posible que la persona casi no se sienta mal. La erupción consiste en manchas planas, rosadas que, por lo común, cubren el cuerpo el primer día. Al segundo día, suelen desvanecerse y agruparse, de modo que el cuerpo parece enrojecido en lugar de manchado. La señal más característica es la inflamación de las glándulas blandas de la parte posterior del cráneo, detrás de las orejas, y a los lados del cuello hacia la espalda. Es probable que estas glándulas se inflamen antes de que brote la erupción, y la inflamación suele durar algún tiempo después que la enfermedad se ha curado. En ciertos casos, la erupción es tan leve que pasa inadvertida.

La rubéola suele aparecer de 12 a 21 días después del

contagio. Por lo general, no es necesario que el niño esté en cama. Es preciso que un médico efectúe el diagnóstico, porque la rubéola es fácil de confundir con el sarampión, la fiebre escarlatina y ciertas infecciones por virus.

Durante los 3 primeros meses de embarazo, es perjudicial que la mujer contraiga rubéola, porque existe la posibilidad de que el bebé adquiera defectos por esa causa. Si en ese momento ella resulta expuesta, debe analizar, de inmediato, la situación con su médico.

La inmunización contra la rubéola se debe suministrar a todos los niños a los 15 meses y se debe repetir la inmunización en la adolescencia.

799. La roséola. El nombre correcto de esta enfermedad es *exantema súbito,* pero es más fácil llamarla roséola, reducción de roséola infantum. Es una enfermedad contagiosa, menos conocida. Por lo común, aparece entre el año y los 3 años de edad, y rara vez más tarde. El niño tiene una fiebre elevada durante 3 ó 4 días, sin ningún síntoma de resfriado, y por lo común, sin parecer demasiado enfermo. (En ocasiones, surge una convulsión en el primer día a causa de la fiebre.) De pronto, la fiebre desciende a una temperatura normal y brota en el cuerpo una erupción plana, rosada, parecida a la del sarampión. En ese momento, el niño ya no parece enfermo, pero es probable que esté molesto. La erupción desaparece en uno o dos días, y no hay complicaciones por las que preocuparse.

800. La varicela. Por lo general, la primera señal de varicela son unos pocos granos característicos en el cuerpo, el rostro y el cuero cabelludo. Estos granos son levantados como pequeños granos comunes, pero algunos tienen ampollas de agua amarilla en la punta. La base del grano y la piel que lo rodea están enrojecidos. La frágil cabeza de la ampolla se abre en pocas horas y se seca, formando una costra. Cuando intenta diagnosticar, el médico busca entre los granos secos para encontrar alguno fresco, que aún conserve la ampollita. Durante 3 ó 4 días, continúan brotando granos.

Es probable que un niño mayor o un adulto se sienta mal

o tenga dolor de cabeza el día anterior a la aparición de los granos, pero un niño más pequeño no advierte estos síntomas. Por lo común, al comienzo la fiebre es ligera, pero puede elevarse uno o dos días después. Algunos niños no se sienten enfermos ni tienen temperaturas más altas de 101 grados F en ningún momento. Otros, se sienten bastante mal y tienen fiebre elevada. La varicela suele producir comezón.

Usted debe llamar a un médico para que diagnostique y trate a su hijo si existe erupción y, por supuesto, si tiene fiebre o se siente mal. (La varicela, por ejemplo, puede confundirse con la viruela y con otras enfermedades.) Se puede aliviar la comezón con un baño de maicena o un baño de bicarbonato, durante 10 minutos, 2 ó 3 veces por día. Cuando se usa maicena o bicarbonato, se debe usar 1 taza para una tina pequeña, 2 para una grande. Debe poner la maicena seca en un recipiente de entra 2 y 4 tazas. Luego agregue agua fría lentamente, mientras se mueve constantemente hasta que la maicena se diseulva por completo. (Esto previene la formación de grumos.) Entonces agregue la solución de maicena al agua del baño.

Es posible que el médico recete un antihistamínico ligero para aliviar la comezón. El acetaminofen ayuda al niño sentirse mejor, sobre todo si hay fiebre. (No dé aspirinas a los niños o los adolescentes con varicela; aumenta su vulnerabilidad al Síndrome Reye. Véase la Sección 822.)

No arranque las costras. La única complicación común es la aparición de forúnculos, producidos por el rascado de los granos. Lave con jabón las manos del niño tres veces por día, y mantenga las uñas muy cortas. Si el niño no se resiste, puede ser útil que use un par de guantes delgados, de algodón, para dormir, lo que evitará el daño que produce el rascarse.

A menudo, la varicela brota entre 11 y 19 días después de la exposición. La regla habitual consiste en permitir que el niño salga y regrese a la escuela, una semana después de haber comenzado la enfermedad, o 2 días después que hayan dejado de aparecer nuevos granos. Las costras secas no son contagiosas y no deben ser motivo para que el niño sea mantenido en cuarentena. De todos modos, algunas escuelas insisten en que el niño no asista hasta que no se hayan caído todas las costras.

Véase la Sección 315 sobre la vacuna contra la varicela.

801. Otras enfermedades infecciosas con erupción. Se ha comprendido que existen varias clases de enfermedades respiratorias (resfriados), provocadas por virus (con nombres tales como adenovirus, ECHO, Coxsackie), las cuales pueden presentar erupciones similares a la del sarampión. A menudo son erupciones ligeros en el cuerpo, a veces esparciendo a la cara, los brazos y las piernas.

Tos ferina (tos convulsa), paperas, difteria y poliomielitis

802. La tos ferina (tos convulsa). En la primera semana de esta enfermedad, no hay nada que la haga sospechar. Sólo parece un resfriado común, con la nariz que fluye y una pequeña tos seca. Hacia el final de la semana, los padres suelen pensar que el resfriado está curándose y envían al niño a la escuela. "Era sólo un poco de tos, que ya pasó." Es en la segunda semana que aparecen los primeros síntomas. En ese momento, se percibe que el chico tiene prolongados accesos de tos, por la noche. Tose ocho o diez veces **con cada respiración.** Después de varios de estos accesos prolongados, una noche tiene náuseas y vomita. O puede ser que aparezcan convulsiones. La convulsión es el sonido áspero que emite, tratando de recuperar el aliento después de una racha de tos. Es posible contagiar la tos ferina aún después de ser inmunizado. Muchos casos nunca llegan a la etapa convulsiva, y en algunos, ni siquiera aparecen los vómitos. Por lo tanto, el diagnóstico se basa en las características de la tos durante la segunda semana (tos, tos, tos, tos, tos, tos, tos— una serie de toses en rápida sucesión, sin respiración entre ellas), y en el hecho de que existan otros casos en el vecindario.

Usted nunca debe sacar la conclusión de que su hijo tiene tos convulsa porque él o ella tenga una tos fuerte durante los primeros días de un resfriado. De hecho, una tos fuerte al comienzo de un resfriado contradice el diagnóstico de tos convulsa.

La tos convulsa dura semanas. En un caso promedio, la etapa convulsiva se mantiene durante 4 semanas; en los casos graves, 2 ó 3 meses. Siempre que una tos dure un mes, el médico considera la existencia de tos ferina.

Cuando existe un caso dudoso, y resulta importante efectuar el diagnóstico, hay unos análisis de laboratorio que pueden ser eficaces.

Su médico aconsejará el tratamiento de acuerdo con la edad del niño y la gravedad del caso. Por lo común, se emplean medicamentos para la tos, pero a menudo tienen poca reacción. En la mayoría de los casos, el aire fresco resulta beneficioso, pero, por supuesto, el niño debe ser protegido contra un enfriamiento. En ocasiones, se permite que los niños robustos jueguen al aire libre durante la enfermedad, siempre que no tengan fiebre. Por supuesto, no deben jugar con otros niños. Algunos niños tienen muy pocos ataques de tos, si permanecen en cama. Cuando aparece el problema de los vómitos, es preferible suministrar varias comidas más pequeñas que las tres comidas completas habituales. El momento más seguro para dar de comer al niño, es inmediatamente después que ha vomitado, pues, por lo general, es poco probable que vuelva a tener otra racha de tos, durante algún tiempo.

Como la tos ferina es, a veces, una enfermedad grave, en especial en los bebés y niños pequeños, cuando se sospecha su aparición, es importante llamar de inmediato al médico. Existen dos razones principales: hacer un diagnóstico seguro, si es posible; y recetar el tratamiento correcto. Se requiere uno especial y es importante para los niños. Se trata de una enfermedad a la que es preciso evitar como a una plaga si hay un bebé en la familia. En esta edad, el peligro principal consiste en la extenuación y la neumonía.

La regulación de la cuarentena es distinta en las diferentes comunidades. Por lo común, el niño no va a la escuela hasta 5 semanas después del comienzo de la enfermedad y hasta que los vómitos hayan cesado. El contagio de la tos ferina no finaliza de pronto después de cierta cantidad de semanas. Disminuye en forma gradual, con más rapidez cuanto más leve haya sido el caso. Con respecto al hogar, usted puede considerar que ya no es un riesgo para los demás, cuando la tos ha mejorado mucho durante 2 semanas. La tos ferina se desarrolla entre 5 y 14 días después de la exposición.

Véase la Sección 311 acerca de la inmunización contra la tos ferina.

803. Las paperas. Las paperas son, en lo básico, una enfermedad de las glándulas salivales, por lo común, de las glándulas parótidas, que están situadas en el hueco debajo del lóbulo de la oreja. Al comienzo, la glándula llena el hueco, luego se inflama todo el lado de la cara. Empuja el lóbulo de la oreja hacia arriba. Si usted recorre con los dedos la parte posterior del hueso de la mandíbula hacia arriba y hacia abajo, puede sentir la dureza de la inflamación, que cubre parte de dicho hueso.

Si un niño tiene una inflamación al costado del cuello, siempre surge la cuestión de si puede tratarse de paperas (una infección específica de la glándula parótida), o de alguna de las otras enfermedades de la parótida, más raras (las cuales pueden ser recurrentes), o si se trata de una simple inflamación glandular (una de las glándulas linfáticas está situada en el costado del cuello). La glándula linfática común, que a veces se inflama después de una angina, está situada más abajo, en el costado del cuello, y no introducida debajo del lóbulo de la oreja. La fuerte inflamación no atraviesa el maxilar.

Cuando un niño contrae paperas, por lo común, lo primero en advertirse es la inflamación debajo de la oreja. Es probable que un niño mayor se queje de dolor alrededor de la oreja o al costado del cuello, en particular cuando traga o mastica, y esto ocurre el día anterior al comienzo de la inflamación. Es probable que sienta un malestar general. A menudo, al comienzo, la fiebre es baja, pero puede elevarse al segundo o tercer día. Casi siempre, la inflamación comienza de un lado, pero en un día o dos, se extiende al otro. En ocasiones, tarda una semana o más en extenderse y en algunos casos, por supuesto, el otro lado no se inflama en absoluto.

Además de las parótidas, hay otras glándulas salivales y, en ocasiones, las paperas también se extienden a ellas. Están las glándulas submaxilares, metidas debajo de la parte inferior del maxilar. Las sublinguales están exactamente debajo del extremo de la barbilla. De vez en cuando, una persona padece una de las complicaciones de las paperas, sin sufrir la inflamación de ninguna de las glándulas salivales.

Unas paperas muy leves pueden curarse en 3 ó 4 días. El término medio es de una semana a 10 días.

En los hombres y los muchachos que han llegado a la pubertad, las paperas pueden extenderse a los testículos. Por lo general, involucra a uno o ambos testículos. Pero aun cuando ambos estén inflamados, esto, por lo común, no causa esterilidad (incapacidad para engendrar bebés). Los varones adolescentes y los hombres deben evitar el contagio. También pueden resultar afectados los ovarios en la mujer, pero rara vez perjudican la fertilidad en la vida posterior.

A veces, una persona que cree haber tenido paperas con anterioridad, volverá a sufrir la inflamación de la glándula parótida. La mayoría de los médicos consideran que uno de los ataques ha sido ocasionado por un germen distinto al virus de las paperas, o por una pequeña piedra que obstruye el conducto salival; creen que una persona no puede padecer dos veces de paperas, porque piensan que un ataque confiere inmunidad de por vida. Aunque una persona haya tenido o no paperas dos veces, por cierto puede contraerlas si **cree** que las ha tenido antes. Por lo tanto, aconsejo a los padres y muchachos púberes que no se expongan innecesariamente, si hay paperas en la familia.

Todos los niños deben recibir la vacuna contra las paperas a los 15 meses de edad y otra vez al comienzo de la adolescencia. Se suministra combinada con las del sarampión y rubéola.

En caso de sospechar de paperas, usted debe llamar al médico. Es importante efectuar un diagnóstico seguro. Si resulta ser una glándula linfática inflamada, el tratamiento es muy diferente.

Algunas personas, mientras padecen de paperas, no toleran los alimentos de sabor ácido, como el jugo de limón (provoca dolor en las glándulas inflamadas), pero otras pueden seguir disfrutándolos. De modo que el limón o los encurtidos no son prueba de la enfermedad.

Las paperas tardan de 2 a 3 semanas en incubar, luego de la exposición.

804. La difteria. La difteria es una enfermedad grave pero completamente evitable. Si su hijo recibe tres inyecciones cuando es bebé, y dosis de refuerzo a los 18 meses, entre los 4 a los 6 años y luego, cada 10 años, en la práctica, no hay posibilidad de que la contraiga. Comienza con malestar general, dolor de garganta y fiebre. En las amígdalas aparecen manchas de un blanco sucio que pueden extenderse al resto de la garganta. A veces, comienza en la laringe, con ronquera y tos perruna; la respiración se vuelve tensa y dificultosa. De cualquier modo, usted debe llamar al médico de inmediato si su hijo tiene dolor de garganta y fiebre, o si aparece cualquiera de los síntomas del crup. El tratamiento de cualquier caso que se considera difteria consiste en la aplicación inmediata de suero, junto con otras medicinas. La enfermedad se incuba una semana después de la exposición.

805. Poliomielitis. Esta enfermedad ha sido casi eliminada dondequiera que se ha empleado la vacuna antipolio, de modo sistemático. Todos los niños deben ser protegidos con la vacuna Sabin oral, en la primera infancia, contra las tres clases de polio.

Como muchas otras infecciones, la enfermedad comienza con un malestar general, fiebre y dolor de cabeza. Es posible que haya vómitos, estreñimiento, o algo de diarrea. La mayoría de los casos no derivan en parálisis, y un bueno número de ellos se recuperan por completo. Si después de haber pasado la etapa aguda de la infección, queda algo de parálisis, es de vital importancia que el niño continúe recibiendo atención médica de forma experta regular.

La tuberculosis

806. La tuberculosis es distinta en los bebés, los niños y los adultos. La mayoría de las personas creen que la tuberculosis es una enfermedad típica de los adultos. Aparece una "mancha" o cavidad en los pulmones y se producen síntomas tales como fatiga, pérdida de apetito, pérdida de peso, fiebre, tos, esputos.

En la infancia, por lo común, la tuberculosis adopta otras formas. En los 2 primeros años de vida, la resistencia no es tan buena como en los posteriores, y existen más probabilidades de que la infección se extienda por otras partes del cuerpo. Es por ello que no se debe correr el mínimo riesgo de exponer a un bebé a un caso conocido de tuberculosis, hasta que el médico y la radiografía garanticen que la persona está completamente curada. Este es el motivo por el cual también toda persona de la familia que sufra de tos crónica, debe ser examinada y efectuársele la reacción tuberculínica. Cuando se contrata a un ama de llaves, nana u otra persona que conviva en la casa, también es prudente que realice el análisis mencionado. Si resulta positivo, debe hacerse unos rayos X de tórax.

En los niños mayores, la tuberculosis es una enfermedad más común y con menos tendencia a producir problemas graves. Esta no es una razón para tomarla con ligereza ni correr riesgos. La reacción tuberculínica demuestra que, en algunas ciudades, el 10 por ciento de los niños han tenido una infección leve con tuberculosis, alrededor de los 10 años de edad. La mayoría de los casos han sido tan leves que, en ese momento, nadie sospechó que existía algún problema. Como máximo, la radiografía mostrará una pequeña cicatriz en el pulmón, donde la infección se ha curado, o en las glándulas linfáticas que se encuentran en la base de los pulmones.

De todos modos, a veces, un tipo infantil de tuberculosis es lo bastante activa como para presentar síntomas, como fiebre, disminución del apetito, irritabilidad, fatiga y, tal vez, tos. (No hay demasiado esputo y, por supuesto, el que hay, es tragado.) Es probable que la infección se presente en otras partes del cuerpo, como los huesos o las glándulas del cuello, pero las más comunes son las glándulas linfáticas que están en la base de los pulmones. En la mayoría de estos casos activos, la curación gradual se produce después de un período de 1 ó 2 años, si el niño es bien atendido, y sólo queda una cicatriz. Con el tratamiento adecuado por medio de medicamentos, se refuerza la curación y se evita una extensión grave de la infección. Por lo común, los niños con tuberculosis no contagian y, con frecuencia, no necesitan ser separados de sus familias para ser tratados.

A medida que los niños se acercan a la adolescencia, se vuelven más susceptibles de contraer el tipo adulto, grave, de tuberculosis. Esto debe tenerse en cuenta siempre que el adolescente o el adulto joven esté decaído, cansado, pierda el apetito o el peso, haya o no tos.

807. La reacción tuberculínica. Pocas semanas después que el bacilo de la tuberculosis ha entrado al organismo, la persona se vuelve "sensible" a él. Después de eso, el médico inyecta tuberculina (sustancia de gérmenes tuberculosos muertos) en la piel y se forma una mancha roja. Esta es la prueba tuberculínica positiva. (En la actualidad, "la prueba de púa" se utiliza como análisis de rutina en los empleos. Las púas son varias puntas pequeñas de plástico, recubiertas con tuberculina, que emergen de una base plástica; de ese modo, no es necesario emplear la aguja hipodérmica, más dolorosa.) La mancha roja demuestra que el organismo ya ha tenido experiencia con los gérmenes de la tuberculosis y reaccionan contra ellos. Si no aparece dicha mancha, significa que el organismo no ha contenido antes los gérmenes. Hablando en términos generales si la persona ha tenido alguna vez una infección tuberculosa, reaccionará de modo positivo a la prueba durante toda su vida, aunque la infección se haya curado mucho tiempo atrás.

Los médicos efectúan la prueba de tuberculina en los exámenes de rutina. También se realiza cuando un niño no se siente bien, o tiene tos crónica, o cuando se ha descubierto tuberculosis en otro miembro de la familia.

Si su hijo reacciona de modo positivo a la prueba de

tuberculina (lo que no es imposible si se considera que existen muchos niños positivos), usted debe mantener el equilibrio. No es necesario alarmarse, pues una enorme mayoría de los casos descubiertos a lo largo de la mitad de la infancia, o bien ya se han curado, o se curarán gradualmente, si reciben cuidados. Por otro lado, usted no querrá pasar por alto ninguna precaución.

El primer paso consiste en que el médico investigue el caso del niño. En todos los casos es esencial una radiografía de los pulmones, para ver si hay alguna señal de infección activa, o cicatrices curadas. Todos los niños que han tenido reacción tuberculínica positiva, aun aquéllos sin evidencia de enfermedad activa, deben recibir medicina contra la tuberculosis específica, por lo menos durante un año. Durante ese tiempo, si la enfermedad permanece inactiva, pueden llevar una vida activa, normal. Es probable que el médico aconseje nuevas placas, a intervalos. Recomendará otras precauciones, para evitar la rubéola y la tos ferina que podrían reavivar la tuberculosis recién curada. En general, la terapia con medicamentos modernos es eficaz, y está libre de efectos colaterales.

Además del niño afectado, el médico controla a todos los otros miembros de la familia (y a cualquier otro adulto que esté en contacto regular con el niño), para descubrir, si es posible, de dónde provino el germen de la tuberculosis, y si algún otro niño de la familia también ha resultado contagiado. Se les puede efectuar la reacción de tuberculina a los otros niños. Todo niño con una reacción positiva debe ser examinado y se le debe realizar una radiografía de pulmones. No importa si los demás miembros de la familia se sienten sanos, o que consideren innecesario todo este relajo. Muchas veces no se encuentra ninguna enfermedad en ninguno de los adultos de la familia, y se debe concluir que el niño ha recibido el germen de alguna fuente exterior al hogar. Por otro lado, a veces se descubre un caso activo de tuberculosis en el adulto del que menos se imagina. La persona a quien se le descubre la enfermedad en su etapa inicial puede considerarse afortunada, y también lo es el resto de la familia, pues se evita el peligro. Ninguna persona con tuberculosis activa debe permanecer en la casa con los

niños, sino que debe ir a otro sitio, para recibir los medicamentos terapéuticos hasta que el médico determine que no
hay posibilidad de contagio.

Fiebre reumática, dolores articulares
y soplo cardíaco

808. La fiebre reumática adopta muchas formas. Es una
enfermedad que afecta las articulaciones, el corazón y otras
partes del organismo. Los médicos consideran que es la
reacción de cierta parte del cuerpo (por ejemplo, una articulación o el corazón) a una infección por estreptococo en
la garganta. Si no está tratada de inmediato y de modo adecuado, un ataque suele durar semanas o meses. Más aún, es
una enfermedad con tendencia a repetirse una y otra vez
durante la infancia, cada vez que el niño sufre otra infección
de la garganta por estreptococo.

A veces adopta una forma muy aguda, con fiebre elevada. En otros casos, se mantiene en estado latente durante
semanas, con poca fiebre. Cuando existe una artritis grave,
se traslada de articulación en articulación, y éstas se
encuentran inflamadas, rojas y muy sensibles. En otras
situaciones, puede ocurrir que la artritis sea leve; tan sólo un
dolor que aparece y desaparece, en una articulación y en
otra. Si el corazón resulta muy afectado, el niño se encuentra visiblemente postrado, pálido, y sin aliento. En otros
casos, se descubre que el corazón ha quedado afectado por
algún ataque anterior, tan leve que, en su momento, pasó
inadvertido.

En la actualidad, contamos con varios medicamentos que
resultan eficaces para eliminar la infección por estreptococo
de la garganta —la raíz de la enfermedad— y en apresurar el
fin de la inflamación reumática en las articulaciones o el
corazón. Como resultado de ello, el corazón ya no estará tan
predispuesto a ser dañado ante el primer ataque. Más importante aun, los niños que han padecido un ataque de fiebre
reumática, por lo común, pueden ser protegidos de sufrir
nuevos ataques, y consecuentes daños cardíacos. Deben con-

tinuar de modo indefinido, bajo la constante supervisión del médico, tomar medicamento por vía oral o en inyecciones (para prevenir nuevas infecciones por estreptococo) con **absoluta regularidad,** hasta llegar a adultos.

Es importante comprender que la fiebre reumática es ahora una enfermedad posible de prevenir. No es necesario que aparezca si al niño con anginas se le efectúa un cultivo de garganta y si las anginas por estreptococo son tratadas correctamente. En nuestros días, la fiebre reumática es mucho menos frecuente que en el pasado.

809. Dolores articulares y "de crecimiento". En tiempos anteriores, se lo consideraba natural que los niños se quejaran de dolores de crecimiento en las piernas y los brazos, y nadie se preocupaba por ellos.

Por ejemplo, existe el caso del niño entre 2 y 5 años de edad, que se levanta llorando y se queja de un dolor alrededor de la rodilla, en el muslo, o en la pantorrilla. Sólo ocurre durante la tarde, pero puede repetirse todas las noches, durante semanas enteras. A menudo se cree que es debido a calambres en los músculos.

Por lo general, si los dolores se desplazan de un sitio a otro, si no existe inflamación, enrojecimiento, sensibilidad local o cojera y si, por otro lado, el niño se encuentra bien, no es muy probable que se encuentre una causa seria para los dolores de crecimientos. Si el dolor se localiza siempre en el mismo lugar, en el mismo miembro, o si se presentan otros síntomas, decididamente se debe consultar el problema con un médico.

Hay muchas otras causas de dolores en los brazos y las piernas, y usted puede advertir que es necesario que un médico examine, pruebe y decida en cada caso.

810. Soplos cardíacos. La expresión "soplo cardíaco" suena alarmante para los padres. Es importante entender que la gran mayoría de los soplos cardíacos no significan nada serio. Hablando en términos generales, existen tres tipos: funcional (o "inocentes"), adquiridos y congénitos.

Las palabras **soplo funcional o inocente,** sólo son una manera torpe de decir que el niño tiene un ruido que no proviene de una malformación congénita ni de una fiebre reumática. Estos soplos inocentes son **muy** comunes en los primeros años de la infancia. Suelen desaparecer a medida que el niño se acerca a la adolescencia. Su médico le informa acerca de un murmullo inocente en su hijo, de modo que, si más adelante, otro médico lo descubre, usted puede explicarle que ya había sido hallado.

La mayoría de los soplos **adquiridos** en la infancia provienen de la fiebre reumática, la cual inflama las válvulas y posteriormente puede dejar cicatrices en ellas. Esto ocasiona que se produzca un "escape" de sangre o que obstruyan el flujo sanguíneo. Cuando el médico escucha un soplo en el corazón de un niño, que no se encontraba antes allí, por un lado, puede significar que la inflamación reumática **activa** continúa. En este caso, habrá otras señales de infección, como fiebre, pulso acelerado, elevado recuento sanguíneo y otros resultados anormales. El médico trata tal caso con medicamentos, hasta que desaparezcan todos los síntomas de inflamación, aunque lleve meses. Por otro lado, si no hay señales de infección activa durante cierto tiempo, el soplo puede ser ocasionado por cicatrices antiguas, que quedaron de un ataque previo.

Hace algunos años, se trataba al niño con un soplo antiguo, como a un semiinválido; durante años, se le prohibían los juegos activos o los deportes, aunque no existieran señales de infección activa. La tendencia actual del médico es la de permitir que el niño que ha superado **por completo** la etapa de inflamación activa, vuelva de modo gradual a una vida tan normal como sea posible (incluyendo los juegos y deportes que pueda practicar con facilidad), en caso de que las cicatrices curadas no interfieran de modo notable con el funcionamiento del corazón. Existen dos motivos para ello. Mientras no estén inflamados, los músculos del corazón se fortalecen con la actividad normal. Es aún más importante mantener sano el espíritu del niño, evitando que sienta lástima por sí mismo, que sienta que no tiene remedio, que es diferente de los demás. Sin embargo, tales niños deben recibir **medicamentos con absoluta regularidad,** para prevenir posibles infecciones posteriores por estreptococo.

Por lo común, un soplo ocasionado por una **enfermedad cardíaca congénita** se descubre en el momento del nacimiento, o pocos meses después (a veces no se descubre hasta varios años después). En general, un soplo semejante no es producido por la inflamación, sino que significa que el corazón está mal formado desde el principio. Lo más importante no es el soplo en sí mismo, sino si la malformación interfiera con el funcionamiento eficaz del corazón. Si ocurre así, es probable que el bebé tenga crisis de cianosis, respire con mucha dificultad, o crezca con lentitud.

Un niño o un bebé con un soplo cardíaco congénito necesita ser cuidadosamente examinado por especialistas. Ciertos casos graves pueden ser curados por medio de una operación.

Si un niño con un soplo cardíaco congénito puede hacer ejercicios sin ponerse cianótico o perder el aliento de modo anormal, y crece a ritmo normal, es importante para su desarrollo emocional que no se lo considere o trate como un inválido, sino que se le permita llevar una vida normal. Es preciso que evite las infecciones innecesarias y que esté bien cuidado durante sus enfermedades, pero lo mismo ocurre con todos los niños.

Estos niños deben recibir terapia con antibióticos si se les extrae un diente o tienen otras operaciones en la boca, para evitar que los gérmenes se viajen de la herida en la boca hacia el corazón.

Las hernias y el hidrocele

811. Las hernias, o rupturas. La hernia más común, la del ombligo, se analiza en la Sección 360.

La que le sigue, es la que los médicos denominan hernia inguinal. Consiste en un pequeño trayecto que va desde el interior del abdomen, a lo largo de la ingle, hacia el escroto (en el caso de los varones), a través de los vasos sanguíneos y los nervios que entran en los testículos. Este pasaje debe atravesar los músculos que forman la pared abdominal. Si tales aberturas en el músculo son más grandes que lo habitual, puede ocurrir que una porción del intestino salga del abdomen a través de dicho pasaje, cuando el niño hace algún esfuerzo o llora. Si el intestino sólo sale en parte, forma un bulto en la ingle. Si sale por completo y se introduce en el escroto (el receptáculo de los testículos que se encuentra detrás del pene), éste aparece muy agrandado en ese momento. La hernia inguinal sí ocurre en niñas, aunque con menos frecuencia. Se ve como una protuberancia en la ingle.

Ruptura es una denominación mala para semejante situación, porque da la impresión de que algo se rompe cuando el intestino es empujado hacia afuera por el esfuerzo. Este concepto hace que los padres se preocupen innecesariamente cuando el bebé llora. En realidad, nada se rompe. El pasaje agrandado está presente cuando el bebé nace: forma parte de su constitución.

En la mayoría de las hernias, el intestino se desliza hacia el abdomen cuando el bebé o el niño están acostados, quietos. Puede empujar hacia abajo cada vez que se pone de pie, o de tanto en tanto, cuando realiza un gran esfuerzo.

De vez en cuando, una hernia inguinal se "estrangula". Esto significa que el intestino se ha atorado en el pasaje y que los vasos sanguíneos lo han rodeado y encerrado. Es una forma de obstrucción intestinal. Esto ocasiona dolor abdominal y vómitos. Requiere atención quirúrgica urgente.

La estrangulación de la hernia inguinal ocurre con mayor frecuencia en los primeros 6 meses de vida. Por lo común, es una hernia que no se ha advertido antes. El padre cambia al bebé, que está llorando mucho, y nota el bulto en la ingle por primera vez. No es prudente tratar de empujar el bulto con los dedos. De todos modos, mientras se espera al médico, usted puede elevar sus caderas con una almohada y aplicar una bolsa de hielo (o bien, hielo picado puesto dentro de un calcetín, cubierto con una bolsa plástica) sobre la hernia. Estos dos procedimientos combinados pueden ayudar a que el intestino se introduzca de nuevo en el abdomen. Usted no debe alimentar al bebé (pecho o biberón) pues es preferible que el estómago esté vacío, si se necesita anestesia y cirugía.

Si usted sospecha que su hijo tiene hernia, por supuesto, debe informarlo de inmediato al médico. En la actualidad, por lo común las hernias se curan rápidamente por medio de la cirugía. No es una operación grave, casi siempre resulta exitosa, y por lo general, el niño sale del hospital el mismo día.

812. Hidrocele, o inflamación alrededor de los testículos. A menudo, el hidrocele se confunde con la hernia o ruptura inguinal, porque también produce inflamación en el escroto. Dentro del escroto, cada testículo está rodeado de un delicado saco que contiene unas pocas gotas de líquido. Esto ayuda a protegerlo. En los bebés recién nacidos, a menudo existe una cantidad excesiva de líquido en ese saco que rodea al testículo, y esto le da la apariencia de tener un tamaño varias veces mayor que el normal. A veces, esta inflamación aparece en un período posterior.

El hidrocele no debe causar preocupación. En casi todos los casos, el líquido disminuye a medida que el bebé crece, y entonces, no es preciso hacer nada al respecto. En ocasiones, un niño mayor tiene hidrocele crónico, el que debe ser operado si su tamaño resulta molesto. Usted no debe intentar diagnosticar por sí mismo. Deje que el médico determine si se trata de hernia o de hidrocele.

Problemas de los ojos

813. Los motivos para consultar a un oftalmólogo. Los niños necesitan que los vea un especialista de ojos si éstos se desvían hacia adentro (estrabismo) o hacia afuera (leucoma), a cualquier edad (la Sección 364); si tienen **cualquier** problema con su tarea escolar; si se quejan de dolor, ardor o cansancio en los ojos; si éstos se encuentran inflamados; si tienen dolor de cabeza; si se acercan mucho el libro para leer; si inclinan la cabeza hacia un lado cuando miran algo cuidadosamente; o si se descubre que tienen defectos de visión a través de la tarjeta, examen que debe hacer el médico que lo atiende, entre los 3 y los 4 años, y luego, una vez por año, por su médico o por un examinador escolar. Sin embargo, el que los niños puedan leer la tarjeta de modo satisfactorio en la escuela, no asegura que sus ojos estén bien. Si tienen señales de cansancio ocular, de todos modos, deben ser examinados.

La miopía, que es uno de los trastornos oculares más comunes que obstaculizan la tarea escolar, aparece con mayor frecuencia en el período entre los 6 y los 10 años. Puede agravarse con rapidez, por lo tanto, no ignore los síntomas (acercar mucho el libro a los ojos, tener dificultad para ver el pizarrón en la escuela) sólo porque la visión del niño ha sido correcta hasta pocos meses atrás.

La inflamación de los ojos (conjuntivitis) puede ser ocasionada por muchas infecciones diferentes o por alergia. La mayoría de los casos moderados se deben a los gérmenes comunes del resfriado y acompaña a los resfriados de nariz. Cuando no hay resfriado, la inflamación es más sospechosa. De todos modos, es bueno comunicarse con el médico, en especial cuando lo blanco del ojo enrojece o cuando hay pus.

814. Los orzuelos. Un orzuelo es una infección del folículo piloso de las pestañas, y es similar a un grano que aparezca en cualquier otro lado. Es causado por gérmenes comunes de pus, que han sido frotados contra el párpado por casualidad. Por lo común, el orzuelo forma una cabecilla y revienta. Es probable que el médico recomiende un ungüento para ayudar a la curación y prevenir que se extienda. Un adulto que tenga un orzuelo, se sentirá mejor si se aplica fomentos calientes, y esto puede acelerar la maduración y apertura, pero no hay demasiada diferencia. Un niño no querrá que se le moleste. El problema principal del orzuelo es que, en general, hace aparecer otros, probablemente porque cuando revienta, los gérmenes se introducen en los otros folículos. Esta es la razón por la cual conviene evitar que el niño se frote o se toque los párpados cuando el orzuelo tiene formada la cabecilla o está drenando. Un niño que ha tenido una sucesión de orzuelos, debe ser examinado por un médico, porque en ocasiones, esto significa que existe una situación que disminuye las resistencias del individuo.

Un padre que tiene un orzuelo debe lavarse las manos con cuidado antes de tocar las cosas del bebé o el niño pequeño, sobre todo si ha tocado dicho orzuelo, porque los gérmenes se contagian con facilidad de una persona a otra. Si es posible, en este caso es preferible que el padre con un orzuelo no atienda al bebé durante un tiempo.

815. Las cosas que no dañan los ojos de los niños. El mirar televisión, sentarse demasiado cerca del aparato, leer demasiado, o sostener el libro muy de cerca, no hará daño a los ojos. (Sin embargo, si se sostiene el libro muy cerca, se deben examinar los ojos para ver si hay miopía.) De todos modos, existe cierta evidencia de que puede haber exposición a radiaciones perjudiciales, al sentarse demasiado cerca de los aparatos de televisión en color. Creo que es mejor asegurarse y mantener a los niños (y a los adultos), por lo menos a 10 pies de tales pantallas.

Las convulsiones

816. Una convulsión es algo aterrorizante de ver en un niño, pero en la mayoría de los casos, no es peligrosa en sí misma. Casi siempre cesan en poco tiempo, con o sin tratamiento.

En la mayoría de las convulsiones, el niño pierde el conocimiento, los ojos giran, los dientes están apretados y el cuerpo, o partes de él, se sacuden con movimientos espasmódicos. La respiración es pesada y puede haber un poco de espuma en los labios. A veces, se orina y tiene una evacuación, sin advertirlo.

Telefonee al médico. Si no puede comunicarse con alguno, no se preocupe. Por lo común, de todos modos la convulsión pasa y, para el momento en que llega el médico, el niño duerme.

Impida que el niño se lastime. Póngalo de lado, para permitir que la saliva se escurra por un lado de la boca.

No intente darle un baño tibio; no servirá para nada.

Si el niño tiene fiebre elevada, déle una fricción húmeda

para bajar la temperatura. Quítele la ropa. Humedezca su mano y friccione un brazo por un par de minutos, luego el otro, cada pierna, el pecho. Siga humedeciendo su mano mientras sea necesario. La fricción suave lleva la sangre a la superficie, y la evaporación ayuda al enfriamiento. Si la convulsión continúa o la temperatura se mantiene por encima de 103 grados F, puede seguir con la fricción. Cuando está tratando de bajar la temperatura al niño, no la cubra con mantas.

Las convulsiones son provocadas por una irritación del cerebro, que puede deberse a una cantidad de causas diferentes. Las causas son diferentes en distintos períodos de edad. Cada convulsión debe ser evaluado por el médico del niño, o el médico de la sala de urgencias.

817. En el niño pequeño, entre 1 y 5 años, la causa más común es una fiebre repentina que aparezca con los resfriados, anginas y gripes. Las fiebres que suben tan súbitamente, parecen irritar al sistema nervioso. Muchos niños de esta edad, tiritan al comienzo de las fiebres, aunque no sufran convulsiones. De modo que si su niño, alrededor de los 2 ó 3 años, sufre una convulsión, esto no significa necesariamente que tenga una enfermedad grave y tampoco que vaya a tener más convulsiones en su vida futura. Inclusive una convulsión atribuida a la fiebre debe ser evaluada por el médico. Es raro que se presenten después del primer día de fiebre.

818. La epilepsia es el nombre que se le da a las convulsiones que aparecen de modo repetido en el niño mayor, sin nada de fiebre u otra enfermedad. En la mayoría de los casos, nadie conoce la causa real. Hay dos tipos más comunes de epilepsia. En los ataques de "grand mal", la persona pierde la conciencia por completo y tiene convulsiones. En el "petit mal", el ataque es tan breve, que la persona no se cae, ni pierde el control de sí misma, sino que, simplemente, se queda estática o tiesa por unos momentos. Cada caso de epilepsia debe ser investigado por un médico familiarizado con la enfermedad. A pesar de que, por lo general, la enfermedad es crónica, existen varios medicamentos que ayudan a detener o reducir la frecuencia de los ataques.

Hay otras causas menos comunes de convulsiones además de las mencionadas.

Para información acerca de los servicios locales, puede escribir a: Epilepsy Foundation of America, 4351 Garden City Drive, Landover, MD 20785 (301) 459-3700.

Otras condiciones

819. Síndrome de muerte súbita infantil ("muerte en la cuna"). Entre dos y tres de cada mil bebés mueren del síndrome de muerte súbita infantil. En la mayoría de los casos, un bebé de entre 3 semanas y 7 meses de edad se encuentra muerto en la cama. Nunca hay una explicación adecuada, aunque se haga una autopsia. Es probable que haya sido un resfriado muy ligero, sin fiebre ni postración. Puede haber un poco de espuma sanguinolenta en los labios del bebé. Este hecho y el que algunos de estos bebés tengan su carita en el colchón o la cabeza tapada con las mantas, llevaban a la conclusión, en el pasado, de que se habían sofocado. Encontrar vómitos, hace suponer que el bebé podría haberse ahogado con ellos.

Los padres quedan impactados— una muerte súbita es más hiriente que la que sigue a una enfermedad grave. Están destruidos por la culpa, suponiendo que debieron haber prestado más atención al resfriado, si lo hubo, que debieron haber advertido algo, o que debieron haber ido a ver al bebé, inclusive aunque no hubiera razón para hacerlo. Pero ningún padre sensato llama al médico por un resfriado leve de su hijo. Y si hubiera venido el médico, no hubiera recetado ningún tratamiento porque no había motivos para hacerlo. No hubiera podido anticipar la tragedia.

A pesar de que la muerte en la cuna ha sido estudiada minuciosamente, no hay una explicación satisfactoria, científica. Se ha especulado que se relacione con la alergia, bajo nivel de azúcar en la sangre, y con infecciones aplastantes, súbitas, pero no hay pruebas de ello.

Lo único cierto con respecto a la muerte en la cuna es que no se debe a asfixia, sofocación o estrangulación (la espuma en los labios aparece después de muchas clases de muerte), y que no se conoce ninguna infección específica que la produzca. No es una característica familiar.

No es ocasionada por ninguna cosa moderna como las píldoras de control de la natalidad, la fluoración, el tabaquismo, la alimentación con biberón o los medicamentos modernos, pues ocurrió desde los tiempos bíblicos y fue tan común en el siglo XVIII como en el XX. La causa no es, como se sospechaba a principios de siglo, un crecimiento del timo. Tampoco una lesión en la médula espinal en los accidentes automovilísticos. Ocurre en todo el mundo y en todos los climas.

Se mencionan con frecuencia las nuevas teorías acerca del síndrome de muerte súbita infantil. Coméntelo con su médico. Lo que es importante recordar es que **no** se debe a algo que los padres hayan hecho o dejado de hacer. Que se sepa, es imprevisible.

Por lo común, los padres tendrán depresión durante semanas, por momentos más profunda, a veces, menos. Pueden sufrir dificultades para concentrase y para dormir, mal apetito, síntomas cardíacos o estomacales. Pueden sentir una imperiosa necesidad de irse o de estar solos. Si hay otros niños, es probable que los padres teman tenerlos fuera de su vista, deseen rehuir la responsabilidad de cuidarlos o los traten con irritación. Algunos padres quieren hablar, otros ocultan sus sentimientos.

Los otros niños de la familia, seguramente estarán alterados, muestren o no su dolor. Los pequeños pueden, simplemente apegarse, o portarse mal para llamar la atención de los padres. Es probable que los más grandes manifiesten un asombroso desinterés; pero la experiencia psiquiátrica nos indica que están tratando de protegerse de la presión provocada por la pena y la culpa. Para un adulto es difícil comprender por qué un niño puede sentirse culpable. Sin embargo, todos los niños, a veces, tienen sentimientos hostiles hacia sus hermanos y hermanas. Su inconsciente primitivo les dice que esos sentimientos atrajeron la muerte.

Si los padres evitan hablar sobre el bebé muerto, esto refuerza el sentimiento de culpa de los otros niños. Por lo tanto, es bueno que los padres hablen del bebé, que expliquen que fue una enfermedad especial de los bebés lo que causó la muerte y que no es culpa de nadie. (Los eufemismos como "el bebé se fue" o "nunca se levantará" agregan más misterio y ansiedad.) Resulta en especial eficaz si los padres tratan de responder de un modo amable a todas las preguntas y comentarios de los niños de modo que también sientan que pueden hablar de sus angustias más profundas.

Los padres pueden solicitar alguna clase de asesoramiento —de una agencia social familiar, una clínica de orientación, un psiquiatra, un sacerdote— para que puedan expresar y llegar a comprender sus sentimientos opresivos.

La National Sudden Infant Death Syndrome Foundation, Inc., 10500 Little Patuxent Parkway, Suite 420, Columbia MD 21044 (800) 221-SIDS, tiene oficinas en muchas ciudades donde los padres pueden ir en busca de ayuda de otros que han tenido que pasar por esta tragedia. La fundación prepara información, solicita donaciones y apoya las investigaciones.

820. Anorexia y bulimia. Estos son problemas que se ven en forma casi exclusiva en las niñas adolescentes, pero en muy raras ocasiones se las encuentra en los varones adolescentes. Se ha producido un repentino aumento importante de éstas condiciones en los Estados Unidos, desde los primeros años de los años sesenta, tal vez en conexión con el hecho de que se han convertido en una moda entre grandes grupos de adolescentes.

La anorexia (el término médico es anorexia nervosa) es una pérdida de peso progresiva, casi siempre rápida, debida a intensas dietas, autoimpuestas, y estas jóvenes rebajan más del 25 por ciento de su peso corporal. Sienten un temor morboso a aumentar de peso, hacen ejercicios constantes y se muestran preocupadas por la obsesión de que son espantosamente obesas, aunque todos los demás les ven delgadas hasta el punto de la demacración.

La bulimia es un problema en el cual las niñas se atiborran periódicamente con enormes cantidades de comida, y luego la vomitan toda en secreto, o bien ingieren grandes cantidades de laxantes para expulsar todo lo que han comido. Estas jóvenes no muestran tendencia a bajar de peso, sino que, más bien, se mantienen en el mismo peso durante todo el tiempo, en lugar de aumentar en forma normal.

Los padres —y en ocasiones los médicos— podrán discutir, regatear, sobornar y amenazar, en un desesperado intento por hacer que la niña con anorexia termine comiendo, y que la bulímica deje de vomitar y de tomar laxantes; ninguno de estos métodos funciona.

Tanto la anorexia como la bulimia son enfermedades graves, que pueden poner en peligro la vida, y que representan grandes problemas emocionales, que abarcan, tanto a la adolescente como a los padres. Es preciso consultar a un psiquiatra para niños en cuanto exista alguna sospecha de la existencia de estos problemas, aunque le resulte necesario viajar varias millas para ver a uno de ellos.

821. Problemas glandulares. Existen varias enfermedades glandulares determinadas, y unas pocas medicinas glandulares que producen un efecto definido sobre los seres humanos. Por ejemplo, cuando la glándula tiroides no segrega lo suficiente, el desarrollo físico y mental del niño se hace más lento. La pequeña es torpe, tiene piel reseca, cabello grueso y voz ronca. Es posible que su cara parezca hinchada. (Una secreción tiroidea insuficiente también puede provocar obesidad.) Su metabolismo basal, que es el ritmo en que su cuerpo quema combustibles cuando descansa, se encuentra por debajo de lo normal. La dosis adecuada de medicamento tiroidea produce notable mejoría.

Algunas personas que han leído artículos populares sobre el tema glandular, suponen que todas las personas de baja estatura, todos los alumnos lentos, todas las jóvenes nerviosos, todos los niños obesos de genitales pequeños, tienen un simple problema glandular que puede ser curado por medio de la tableta o la inyección adecuada. Este entusiasmo no se justifica por lo que se conoce en la actualidad en el plano científico. Hace falta más de un síntoma para constituir una enfermedad glandular. Un niño cuyo peso se encuentra dentro de la gama normal, no es probable de tener una enfermedad glandular.

En muchos casos, cuando un varón está gordito durante los años anteriores al desarrollo de la pubertad, su pene **parece** más pequeño de lo que es en realidad, dado que sus muslos rollizos son tan grandes en comparación, y porque la capa de grasa de la base del pene puede ocultar las tres cuartas partes de la longitud de éste. La mayoría de estos varones tienen un desarrollo sexual normal en la pubertad, y muchos de ellos reducen en esa época su exceso de peso. (Véase las Secciones 374 y 615 acerca del daño que se hace al inquietar a un varón respecto de sus genitales.)

Por cierto que todo niño que no crece según el ritmo habitual o en las formas habituales, o que parece apagado o nervioso, o distinto en cualquier otro sentido, debe ser examinado por un médico competente. Pero si éste descubre que la estatura de la niña es sólo su constitución física innata, o que su estado mental se debe a problemas reales de su vida diaria, lo que necesita ésta, entonces, es ayuda en su adaptación a la vida, y no una mayor búsqueda de soluciones mágicas.

822. El síndrome Reye es una condición poco común pero grave que puede causar daño al cerebro y a otros órganos, o la muerte. No se comprende su causa por completo, pero suele ocurrir durante una enfermedad vírica. **Ahora se sabe que los niños o adolescentes que toman aspirinas durante una enfermedad vírica, sobre todo la varicela o gripe, tienen una probabilidad mucho más alta de contraer el síndrome Reye** que los que toman el acetaminofen o otros productos sin aspirina.

823. El SIDA (síndrome de inmunodeficiencia adquirida) es causado por el virus immunodeficiencia humano (VIH). Una vez que entre el corriente sanguíneo, puede destruir la capacidad del cuerpo para desarrollar inmunidades a otras infecciones ordinarias. De manera que una persona con SIDA puede morirse de una infección común que, en una persona sana, se curaría pronto por los propios mecanismos protectores del cuerpo.

El SIDA se transmite más comúnmente del semen a la sangre durante el sexo, y también de sangre a sangre entre los que abusan de drogas, compartiendo agujas sin esterilizarlas. Una mujer infectada también puede transmitirlo, a pesar de no tener síntomas, a un hombre durante relaciones sexuales. Puede ser transmitido por una transfusión de sangre y pasado de madres infectadas a bebés todavía no nacidos. La frecuencia del SIDA es alta entre hombres homosexuales que practican relaciones sexuales anales, porque el forro del recto se lastima con más facilidad que el forro de la vagina.

El SIDA no se esparce por las manos o por el contacto de cuerpos, ni por besar ni vivir en la misma familia ni sentarse en la misma aula o piscina que una víctima del SIDA, ni por comer o beber de los mismos utensilios, ni por sentarse en el mismo excusado. No es una enfermedad muy contagiosa pero es altamente mortal. Y se está extendiendo por todo el mundo.

824. Cómo hablar del SIDA a los niños y adolescentes. Mencionando el tema de una manera casual lo hace posible que sus hijos puedan hacer preguntas y conseguir su consuelo y apoyo.

Las dos mejores formas de protección contra el SIDA, creo yo, son la educación y una creencia de que los aspectos espirituales del amor —incluyendo el deseo de muchos adolescentes criados con ideales altos para posponer las relaciones sexuales hasta que haya un compromiso profundo— son tan importantes y tan respetables como los puramente físicos. He explicado en las Secciones 627 y 696 por qué creo que los aspectos positivos del sexo y amor, incluyendo la parte espiritual, deben ser lo primero, durante un tiempo bastante largo. Esto es para prevenir, si es posible, una actitud casual que permite relaciones sexuales después de un encuentro breve. La razón principal para empezar temprano es que los preadolescentes están mucho más dispuestos a escuchar a sus padres. Si los preadolescentes o adolescentes se han vuelto ansiosos acerca del SIDA, necesitan saber todas las maneras en que la enfermedad se transmite, y necesitan saber cómo mantener sus contactos sexuales "seguros".

En cuanto a cómo evitar contraer el SIDA, los niños deben saber que el riesgo mayor del SIDA viene de la promiscuidad, de tener relaciones sexuales con un número de personas que probablemente también han tenido relaciones sexuales con muchos otros. Tanto más alto el número de parejas sexuales, más alta la posibilidad de que una de ellas tenga el SIDA, o el virus sin haber desarrollado los síntomas. Como un ideal, deben conocer también, antes de tener relaciones sexuales, la salud de las parejas anteriores. La manera más segura, claro, es demorar las relaciones sexuales hasta casarse o hasta estar seguro del apego el uno al otro.

También deben saber que los condones (de látex, no de piel de cordero) ofrecen mucha protección, aunque no total, si están teniendo relaciones sexuales.

Preadolescentes y adolescentes deben saber también los riesgos que toman los adictos a drogas cuando comparten el equipo no esterilizado.

Cuánto decir a un preadolescente o adolescente sobre los aspectos homosexuales del SIDA debe depender, creo yo, de la edad, la personalidad, y el nivel de sofisticación de cada niño. Los niños oyen hablar del sexo anal relacionado con el SIDA en la televisión, de modo que hasta el niño que parece inocente puede necesitar información basada en los hechos, presentada de una manera honesta, sin demasiados detalles.

825. Los efectos de "fumar pasivamente". Ahora se han comprobado que las personas que viven con fumadores son susceptibles al cáncer de los pulmones, arteriosclerosis e infartos. Los niños que viven con fumadores son más susceptibles a bronquitis, neumonía, tos crónica y ciertas infecciones del oído. Tienen niveles más altos del promedio de colesterol en su sangre.

Ahora es seguro que cuando la madre fuma durante el embarazo, aumenta el riesgo de defectos de nacimiento, y muchas mujeres dejan de fumar por eso. Ahora hay fuertes motivos por los cuales continuar su abstinencia después del nacimiento del bebé.

Para ir al hospital

826. Cómo ayudar al niño. No existe una manera perfecta de manejar el asunto de llevar al niño al hospital. Casi siempre hay una enfermedad o riesgo que inquieta a los padres.

Entre 1 año y los 4 años, el niño se muestra más preocupado por su separación de sus padres. Siente que los pierde para siempre cuando lo dejan por primera vez, y al final de cada visita en el hospital. Entre una y otra visita puede quedarse ansioso y deprimido. Cuando los padres van a verlo, es posible que les dirija un reproche silencioso, negándose, al comienzo, a saludarlos.

Después de los 4 años, el niño tiene tendencia a mostrarse más temeroso en cuanto a lo que se le hará, el daño que se causará a su cuerpo y el dolor. No sirve para nada que los padres prometan que el hospital será un lecho de rosas, porque si ocurren cosas desagradables, el niño pierde la confianza en sus padres. Por otro lado, si se le dice **todo** lo malo que puede ocurrir, es posible que sufra más de antemano, de lo que ocurrirá cuando se encuentre allí.

La probabilidad de que un niño se inquiete emocionalmente por una operación es mayor en los primeros 5 años de la vida. Esta es una razón por aplazar una operación si el médico no cree que haya una prisa especial, sobre todo si el niño es ya dependiente o tiende a preocuparse o si tiene pesadillas.

Lo más importante es que los padres muestren con toda calma, con la mayor naturalidad, de que sean capaces, sin forzarla tanto como para que dé la impresión de que es falsa. Si el niño no ha sido antes un paciente de hospital, se esfuerza, ansioso, por imaginar cómo será eso, y tal vez teme lo peor. Los padres pueden tranquilizarlo describiéndole la vida de hospital en general, y no discutiendo con él si le dolerá mucho o poco. Pueden decirle que la enfermera lo despertará por la mañana y le dará un baño en su propia cama, que las comidas llegarán en charola y las comerá en su propia cama, que habrá tiempo para jugar, cómo puede usar su bacinica en lugar del baño, que puede decirle a la enfermera si necesita algo. Se le puede hablar acerca de los horarios de visitas, y de todos los otros niños que le harán compañía en la sala.

Si tiene una habitación privada, puede hablarle acerca de los juguetes y libros favoritos que llevará a ella, y de la posibilidad de alquilar un aparato de televisión con control remoto, o si hay una radio pequeña para llevar de casa o pedir prestada. Le interesará el botón eléctrico para llamar a la enfermera.

Es justo hablar de estos aspectos cotidianos más agradables de la vida en el hospital, porque en el peor de los casos el niño pasará buena parte del tiempo divirtiéndose. En su lugar, yo no omitiría del todo el programa médico, sino que haría que el niño viese que se trata de una parte muy pequeña de la vida del hospital.

Si le extirparán las amígdalas, puede hablarle sobre la máscara que le pondrán para cubrirle la nariz y de cómo respirará y respirará hasta caer en un tipo de sueño especial, que le impedirá sentir dolor alguno durante la operación; se despertará al cabo de una hora, y descubrirá que la garganta le duele (tal como el invierno pasado, cuando tuvo amigdalitis); que usted estará allí cuando él despierte (si eso es así), o que irá por él al día siguiente.

La Association for the Care of Children's Health, 7910 Woodmont Avenue, Suite 300, Bethesda, MD 20814 (301) 654-6549, es una asociación internacional de profesionales que trabajan con niños en varios escenas de salud. Este grupo tiene una gran cantidad de libros y folletos disponibles para ayudar a los padres ayudar a los niños enfermos (y a sus hermanos) cuando hace falta ir al hospital. Los libros son baratos y los folletos son gratis. Si hay un hospital para niños cerca de usted, puede preguntar allí si hay una rama de la Association en su vecindario.

Muchos hospitales para niños tienen ahora programas de visitas para los niños cuya hospitalización se planea por anticipado. El chico y los padres pueden ir algunos días antes del ingreso real, y visitar varias partes del establecimiento y recibir respuestas a sus preguntas. En muchos programas de visitas a hospitales previas, se utilizan diapositivas y títeres para explicar por adelantado cómo será la experiencia de un pequeño en el hospital.

827. Permita que le cuenten lo que les preocupa. Más importante que decirle a su hijo lo que se le ocurre a usted, es darle la oportunidad para formular preguntas y decirle a sus padres lo que él se imagina. Los niños pequeños ven estas cosas de maneras que jamás se les ocurrirían a los adultos. En primer lugar, a menudo creen que deberán ser operados o llevados al hospital porque han sido malos, porque no han usado sus botas de hule, o no se han quedado en cama cuando estuvieron enfermos, o se enojaron con otros miembros de la familia. Podrían imaginar que sus cuellos deben ser cortados para extraer sus amígdalas, o que se les debe cortar la nariz para extirparles las adenoides. A raíz de sus preocupaciones y confusiones acerca de las diferencias entre niñas y varones, los niños —en particular entre los 3 y los 6 años— temen a menudo que podría practicárseles una operación adicional en sus genitales, en especial si se sienten culpables por la masturbación. Por lo tanto, facilite a su hijo el hacer preguntas, esté preparado para los miedos extraños, y trate de tranquilizarlo con respecto a ellos.

828. Hágaselo saber con tiempo. Si usted se entera con días o semanas de anticipación que su hijo deberá ser hospitalizado, surge la pregunta de cuándo decírselo. Si no hay modo de que lo descubra, creo que es mejor esperar hasta unos días antes, para decirle a un niño pequeño que es el momento de partir. No le haría ningún bien estar preocupándose durante semanas. Si un muchacho de 7 años es de la clase que toma las cosas razonablemente, podría ser mejor decírselo con unas semanas de anticipación, en especial si tiene algunas sospechas. Por cierto, no le mienta a un niño, a ninguna edad, si hace preguntas, y jamás lo atraiga hacia el hospital, fingiendo que es alguna otra cosa.

829. La anestesia. Si a su hijo se le practicará una operación, y usted tiene la posibilidad de decidir sobre los arreglos para ella, puede conversar con el médico acerca del tema del anestesista y la anestesia. La forma en que un niño acepte la anestesia puede representar una gran diferencia, con respecto a si se encuentra emocionalmente preocupado por la operación, o la espera de buen humor. En un hospital, a menudo existe uno u otro anestesista que es particularmente eficaz para dar confianza a los niños y hacerlos afrontar la situación sin miedo. Es de gran importancia conseguir los servicios de un anestesista así, si usted tiene la posibilidad. En ciertos casos, también es posible elegir el tipo de anestesia que el médico considere, y esto es importante para el niño, desde el punto de vista psicológico. Hablando en términos generales, comenzar con gas es menos aterrador para un niño, que utilizar éter, que resulta incómodo para respirar. La clase de anestesia que se suministra a través de un pequeño enema (en el recto) —aun antes de que el niño vaya a la sala de operaciones— es la que menos lo asustará, pero no en todos los casos resulta adecuada en el aspecto médico. Por supuesto, es el médico quien conoce todos los factores y es él quien debe tomar la decisión. El factor psicológico entra en consideración, cuando el médico piensa que, desde el punto de vista científico, hay una elección igual. Cuando le explique la anestesia a un niño, no debe usar la expresión "hacer que se duerma". Esto puede llevar a problemas con el sueño, después de la cirugía. En lugar de ello, explíquele que la anestesia provoca una clase especial de sueño, del cual el anestesista lo despertará en cuanto termine la operación.

Ha sido probado que la presencia de un padre a la hora de darle al niño la anestesia les hace a los niños sentir menos asustados y menos nerviosos sobre la cirugía y reduce la necesidad de drogas para tranquilizarles.

830. Las visitas. El padre debería permanecer en el hospital con un niño de entre 1 año y 5 años de edad si es posible, en especial durante el día. Por lo menos, debería visitarlo todos los días. En la actualidad, muchos hospitales tienen comodidades para que el padre, o algún otro adulto bien conocido por el niño, puedan pasar la noche en la habitación de éste.

Las visitas crean dificultades con un niño pequeño. El ver a los padres le recuerda cuánto los extraña. Podría echarse a llorar con desconsuelo cuando se van, y hasta llorar durante todo el período de visita. Los padres suelen tener la impresión de que él es desdichado allí, todo el tiem-

po. En realidad, los pequeños se adaptan sorprendentemente bien a la vida del hospital, mientras los padres no
están presentes, inclusive a pesar de sentirse mal o estar
sometidos a tratamientos desagradables. No quiero decir
que los padres deban permanecer apartados. El niño se
siente seguro cuando comprende que los padres siempre
vuelven, después que se van. Lo mejor que pueden hacer los
padres es comportarse del modo más alegre y despreocupa-
do que puedan. Si los padres tienen una expresión angustiada, esto pone más ansioso al niño.

PRIMEROS AUXILIOS

Heridas, mordidas, hemorragias y quemaduras

831. El agua tibia y el jabón para heridas y rasguños. El mejor tratamiento para las rasguños y pequeñas heridas es lavarlas con agua tibia y jabón, con un trozo de algodón absorbente o tela limpia. Luego, enjuague el jabón con abundante agua limpia. Pregunte a su médico si el agua que usted emplea es lo bastante pura como para lavar con ella las heridas. Si no, usted puede tener guardada una botella de agua oxigenada al 3 por ciento, para usar en el enjabonado y enjuagado.

Un antiséptico no es tan importante como un lavado cuidadoso, y algunos médicos prefieren que no se use ninguno. No utilice yodo. Cubra con un vendaje. El único objetivo del vendaje consiste en mantener la herida lo bastante limpia.

Con respecto a las heridas grandes que se abren, por supuesto, es preciso consultar al médico. Es bueno obtener atención experta para el cuidado de las heridas en el rostro, aunque sean pequeñas, pues en ese sitio, las cicatrices son más visibles, y también en relación con las heridas en la mano y la muñeca, por el riesgo de que se corten los nervios y los tendones.

Las heridas que podrían contaminarse por alguna suciedad de la calle o del suelo que contenga abono, deben informarse a su médico. Con frecuencia, los abonos tienen gérmenes de tétanos. Es posible que el médico recomiende una dosis de refuerzo del toxoide del tétanos, o antitoxina, en especial para heridas profundas o perforadas.

832. Mordidas de animales (o de humanos). Póngase en contacto con el médico en el acto. Mientras tanto, los primeros auxilios son los mismos que para las heridas. El cuidado inmediato de una mordida es importante. Además de lavarla con agua y jabón, abra los bordes de la piel alrededor de la herida tanto como pueda y póngala bajo agua tibia durante 5 minutos.

Lo importante es controlar al animal, para asegurarse de que no tiene rabia. Los que son portadores de la rabia varían según la zona del país de que provengan. Los gatos y perros que no han sido vacunados son posibles portadores, en cualquier lado, lo mismo que los murciélagos. En algunas zonas, pueden serlo el zorrino, el mapache y el zorro. Rara vez deberá preocuparse de que los gerbos, hámsters o conejillos de Indias sean portadores de rabia. Si el animal la contrae, o no puede encontrarse, el médico administrará al niño las vacunas.

La complicación más común de una mordida de un animal (o humano) es la infección. Por lo tanto, su médico puede querer administrar un antibiótico.

833. Las hemorragias. Casi todas las heridas sangran un poco durante unos minutos, y esto es bueno, porque arrastra algunos de los gérmenes que se habían introducido en ellas. Sólo las hemorragias abundantes y persistentes necesitan tratamiento especial.

Las hemorragias en la mano, brazo, pie, o pierna se detienen más rápido si la zona se coloca elevada. Acueste al niño, y ponga una almohada debajo del miembro. Si la herida continúa sangrando mucho, presione sobre ella con una gasa estéril, o con cualquier tela limpia, hasta que cese, o hasta que usted decida vendarla. Limpie y vende la herida mientras aún está en posición elevada.

Si la herida se produjo con algo limpio (por ejemplo, con un cuchillo) y sangra en abundancia, no intente lavarla, sino limpie en torno de ella con suavidad (agua y jabón, o agua oxigenada y jabón, con algodón estéril). Si tiene impurezas, limpie también dentro de la herida.

Cuando vende una herida que ha sangrado mucho o que aún sangra, emplee una cantidad de gasa (o trozos plegados de tela limpia), uno sobre otro, de modo que se forme un apósito grueso sobre la herida. Luego, cuando usted ajuste la tela adhesiva o el vendaje de gasa, ello ejercerá más presión sobre la cortada y esto evitará que vuelva a sangrar. Este es el principio del "vendaje a presión".

834. Hemorragias graves. Si una herida sangra en cantidades alarmantes, no espere hasta encontrar el vendaje adecuado. Detenga de inmediato el sangrado con presión, y espere que otra persona traiga los vendajes. Si es posible, eleve el miembro. Haga un apósito con el elemento más limpio que pueda conseguir, sea una gasa, un pañuelo limpio, o el pedazo de tela más limpio de la ropa del niño o de la suya. Presione el apósito contra la herida, hasta que llegue la ayuda o hasta que la hemorragia se detenga. No quite el apósito original. A medida que se impregne, coloque otro encima. Si el sangrado comienza a disminuir y usted tiene el material adecuado, aplique un vendaje de presión. El apósito sobre la herida, formado por una cantidad de gasa o de la tela más limpia que haya estado disponible, plegada, debe ser lo suficientemente gruesa, como para que presione sobre la herida, cuando se venda. Para un dedo, es suficiente con uno pequeño, pero para una herida en el abdomen o en la cadera, es necesario uno grueso. Vende con firmeza con vendaje de gasa, cinta adhesiva o tiras largas de cualquier material. Si el vendaje de presión no detiene la hemorragia, continúe presionando directamente sobre la herida. Si no tiene tela ni ningún tipo de elemento con el cual hacerlo, presione con sus manos sobre los bordes o directamente sobre la herida.

La enorme mayoría de las hemorragias, inclusive las graves, pueden ser detenidas por simple presión directa. Si usted tiene que curar una que no cesa y si ha aprendido a aplicar un torniquete, en una clase de primeros auxilios, hágalo. Sin embargo, rara vez es necesario, y no es algo que un novicio debe tratar de aprender por primera vez en una emergencia. **Debe** aflojarse cada 30 minutos, si no, interferirá con la circulación.

835. Los vendajes. El tipo de vendaje que se emplee depende del tamaño y de la localización del rasguño o de la herida. Los vendajes pequeños, estériles, ya preparados, sirven para casi todas las pequeñas heridas. Para rasguños y heridas más grandes, utilice gasa que viene en un sobre esterilizado, o un trozo plegado de tela de algodón limpio. Para niños que se enrojecen de los vendajes y cintas adhesivas corrientes, ahora existen cintas y adhesivas hipoalergénicas.

Para que resulte eficaz, cualquier vendaje debe ser cómodo. (Un pequeño puede aflojar un vendaje de inmediato.) No ponga cinta adhesiva alrededor de todo el brazo o la pierna (de modo que se adhiera a sí misma) porque puede cortar la circulación. Si después de vendar la mano o el pie, éstos se hinchan o se ponen más oscuros, significa que el vendaje está demasiado ajustado. Debe ser aflojado de inmediato. Es correcto envolver un dedo en un pequeño apósito, si no está muy apretado. Si son lo bastante largos, unos trozos de cinta adhesiva sujetarán el vendaje en su lugar.

Si no se toca el vendaje muy a menudo, una herida se cura con más rapidez y tiende a infectarse menos. Si se afloja mucho o está muy sucia, coloque uno nuevo encima del anterior. Pero si el vendaje se ha mojado, tendrá que cambiarlo.

Quite el vendaje con suavidad. Tire del apósito interior en el mismo sentido de la herida. (Por ejemplo, si la cortada va de arriba hacia abajo del brazo, tire del vendaje hacia arriba o hacia abajo.) De este modo, habrá menos posibilidad de separar los bordes de la herida. Si un vendaje queda adherido, remuévalo con agua oxigenada al 3 por ciento. Es posible que una cortada palpite el primer día y la primera noche, y esto no tiene importancia. Si luego se vuelve cada vez más dolorosa, es probable que haya infección. En ese caso, se debe quitar el vendaje para observar qué ocurre. Si hay hinchazón o enrojecimiento, debe verla el médico.

Después de haberlos lavado, es preferible dejar sin vendar los rasguños en las rodillas hasta que se forme una costra seca. De otro modo, el vendaje se pega y arranca la costra, cuando se lo cambia.

Si un pequeño se lastima cerca de la boca, debe mantenerse limpio sin vendaje (para que no retenga el alimento y la saliva).

836. Los apósitos húmedos para las infecciones de la piel hasta que se comunique con el médico. Si un niño tiene una llaga, o una infección en el extremo del dedo, alrededor de la uña del dedo de la mano o del pie, una herida infectada o cualquier otro tipo similar de infección bajo la piel, debe ser revisado por un médico.

Si existe una demora inevitable en comunicarse con el médico, el mejor tratamiento de primeros auxilios que se puede aplicar es un apósito constantemente húmedo y tibio. Esto ablanda la piel, acelera el momento en que se abre para permitir el drenaje del pus, e impide que el orificio vuelva a cerrarse demasiado pronto.

Haga un vendaje bastante grueso sobre la infección y vierta abundante solución tibia sobre él, de modo que se humedezca por completo. Déjalo empapar durante 20 minutos, y luego reemplace el vendaje húmedo con uno que sea seco y limpio. Repita este proceso de empaparlo tres o cuatro veces al día mientras intenta comunicarse con el médico.

Si el niño con una infección en la piel tiene fiebre, o si tiene estrías rojas a lo largo del brazo o la pierna, o las glándulas linfáticas de la axila o la ingle están blandas, significa que la infección se extiende de modo grave y debe ser considerada una urgencia verdadera **envenenamiento de sangre.** Lleve al niño al médico o al hospital, aunque tenga que viajar toda la noche. Las drogas modernas son vitales para combatir las infecciones graves.

837. Hemorragias nasales. Existe una cantidad de remedios simples contra las hemorragias nasales. A menudo resulta suficiente con mantener al niño quieto durante pocos minutos. Para evitar que trague mucha sangre, hágalo sentar con la cabeza echada hacia adelante, o si está acostado, vuelva su cabeza hacia el costado, de modo que su nariz apunte levemente hacia abajo. Impida que se suene la nariz o que la apriete y remueva con el pañuelo. Es correcto sostener el pañuelo con suavidad contra las fosas nasales, para absorber la sangre, pero manosear la nariz hará que el sangrado prosiga.

Por lo común, la hemorragia nasal aparece en la parte delantera de la nariz. A veces, usted puede detener una hemorragia grave, apretando con suavidad el extremo de la nariz durante 5 minutos. Suéltela con lentitud y suavidad.

Si se aplica frío en cualquier parte de la cabeza, ello contrae los vasos sanguíneos y ayuda a detener la hemorragia. Aplique algo frío contra la parte posterior del cuello, la frente o el labio superior. Se puede emplear una tela empapada en agua helada, una bolsa de hielo o una botella fría del refrigerador.

Si la hemorragia continúa durante 10 minutos, a pesar de estas medidas, comuníquese con el médico. Si tiene un frasco de gotas nasales, del tipo de las que son vasoconstrictoras, humedezca con ellas un hisopo de algodón flojo e introdúzcalo en la parte delantera de la fosa nasal.

Con frecuencia, las hemorragias nasales son causadas por sonarse la nariz, por apretarla y por resfriados y otras infecciones. Si un niño tiene hemorragias repetidas, sin causa aparente, es necesario que lo examine un médico, para asegurarse de que no padece de ninguna de las enfermedades generales que, a veces, ocasionan hemorragias nasales. Si no se encuentra ninguna enfermedad, podría ser necesario cauterizar (obturar) el vaso sanguíneo expuesto que siempre se abre. Se puede descubrir cuál es el vaso que es preciso cauterizar sólo a continuación de una hemorragia.

838. Las quemaduras. En la actualidad, el tratamiento de las quemaduras ha cambiado mucho, y continúa haciéndolo. Sería prudente consultar a su médico con anticipación qué recomienda para un caso de urgencia.

En caso de quemadura, aplique agua fría (**no** agua helada) sobre ella, tan pronto como sea posible. Luego, antes de hacer ninguna otra cosa, llame al médico para pedirle indicaciones. Si no se encuentra allí, pida en su consultorio que lo localicen y le digan que la llame a usted tan pronto como pueda. Mientras tanto, suministre tratamiento de primeros auxilios. Luego, si la quemadura es grave y considera que puede llegar al hospital antes de recibir la llamada del médico, diríjase hacia allá.

Hoy en día, la mayoría de los cirujanos recomiendan **agua fría** como primeros auxilios para las quemaduras, pues alivia el dolor y limpia un tanto la herida. (Ya no aconsejan ungüento ni grasa.) Prepare un recipiente con agua fría limpia y vierta en gotas sobre la quemadura, antes de aplicar vendaje.

El vendaje ideal sería el de gasa estéril (que se presenta en sobres individuales), sostenido por venda de gasa, con la cual se rodea el miembro, el pecho o la cabeza quemado. (Un niño pequeño podría negarse a que se le cubran los ojos, la nariz y la boca con un vendaje circular, pero usted puede colocar vendajes sobre los párpados y los labios.)

Pero si usted carece de los vendajes apropiados, utilice la tela de algodón más limpia que tenga para colocar apósitos sobre las zonas quemadas y sujételas con cintas. Después, vierta gotas de agua fría cada pocos minutos sobre el vendaje hasta que llegue el médico o usted lleve al niño al hospital.

Si usted debe curar una o dos ampollas pequeñas que no se han abierto, sin la ayuda del médico, no las abra, ni intente pincharlas con una aguja. Si las deja como están, habrá menos riesgo de infección. A veces, las ampollas pequeñas se reabsorben sin reventar; o si lo hacen después de varios días, la nueva piel que se encontraba debajo, está bien formada. Cuando una ampolla se abre, es preferible cortar toda la piel suelta alrededor. Utilice unas tijeras para uñas o pinzas, a las que debe hervir durante 5 minutos. Luego, cubra con vendaje estéril. Si se infecta una ampolla, como lo indica el pus que aparece en ella y el enrojecimiento alrededor, por cierto, debe consular al médico. Si no es posible, corte la ampolla y aplique vendas húmedas (la Sección 836).

Nunca emplee iodo ni otro antiséptico similar en ninguna quemadura de cualquier grado. La empeorará.

839. Quemaduras de sol. Lo mejor para las quemaduras de sol es no sufrirlas. Las quemaduras de sol graves son dolorosas, peligrosas y evitables. Media hora de sol directo en la playa en verano, es suficiente para causar quemaduras a una persona de piel blanca, que no está habituada a la exposición. (Véase la Sección 302.)

Para aliviar las quemaduras de sol, usted puede aplicar agua fría y un analgésico suave que no contenga aspirina (acetaminofen). Con una insolación moderadamente grave, una persona siente escalofríos, fiebre y malestar. Por lo tanto, es preciso consultar al médico, pues la quemadura de sol puede ser tan grave como la producida por otra fuente de calor. Hasta que se disipe el enrojecimiento, mantenga las áreas quemadas totalmente protegidas del sol.

Objetos en la nariz y los oídos

840. Objetos en la nariz y los oídos. A menudo, los pequeños se meten objetos tales como cuentas y bolitas de papel en la nariz y los oídos. Lo más importante es no empujar el objeto más hacia adentro, en su esfuerzo por sacarlo. No intente sacar un objeto duro y liso. Es casi seguro que lo introducirá más. Es probable que pueda atrapar un objeto blando que no esté muy metido, con unas pinzas.

Con los objetos introducidos en la nariz, haga que el niño se la suene. (No lo intente si es tan pequeño que puede inspirar cuando usted le indica que se suene.) Es probable que, después de un rato, lo expulsen con un estornudo. Si el objeto no es expulsado, lleve al niño al médico o a un especialista de nariz. Por lo común, los cuerpos extraños que permanecen en la nariz durante varias días ocasionan un drenaje maloliente, teñido de sangre. Este tipo de descarga de una fosa nasal debe hacerla imaginar tal posibilidad.

841. Las partículas en los ojos deben ser eliminadas de inmediato. Siempre es preferible que lo haga un médico, si es posible. Si la partícula no ha sido extraída al cabo de media hora, es absolutamente necesario acudir al médico. Una partícula que ha permanecido sobre la pupila o el iris durante varias horas, puede producir una infección grave. Si le resulta difícil comunicarse con el médico, existen tres métodos que usted puede intentar. El primero consiste en llevar el párpado superior hacia abajo y afuera, sosteniéndolo por las pestañas. Eso da oportunidad a las lágrimas para que arrastren la basurita. Luego puede utilizar un vaso ocular, que contenga una solución estéril de ácido bórico al 2 por ciento (2 cucharaditas rasas de ácido bórico en polvo en una taza de agua hervida enfriada) o un cuarto de cucharadita de sal en una taza de agua hervida. El niño echa la cabeza hacia atrás, aplica la taza llena, luego endereza la cabeza, parpadea varias veces, con la taza apoyada en el ojo. El tercer método es revisar el interior del párpado superior. Este es el sitio donde se acumulan la mayoría de las partículas. Usted necesitará dos hisopos de algodón limpios (del tipo de los que se presentan con varillitas plásticas). Haga que el niño mire hacia abajo y que **mantenga** la vista así. Esto relaja el párpado superior. Tome las pestañas de dicho párpado, tire de él hacia abajo tanto como se pueda, apoye uno de los hisopos en forma horizontal en el centro del párpado y mueva a éste en torno al hisopo. Mientras mantiene el párpado así plegado, con firmeza, tome el otro hisopo. Si ve la basura en el párpado, sáquela con suavidad con dicho hisopo. Necesitará una luz intensa. (El aspecto de un párpado dado vuelta es extraño, pero no causa dolor.) Si no puede encontrar la partícula y el dolor continúa, o si se ha alojado en el globo del ojo, acuda de inmediato a un especialista. No trate de quitar una partícula del globo ocular por su cuenta.

Astillas

842. Quitar las astillas. Después de cortaduras y moretones pequeños, las astillas son las heridas menores más comunes durante la niñez. A mí me gusta usar el método de "empapar y empujar". Lave la zona con agua y jabón. Luego empapela en agua caliente durante 10 minutos. (Tendrá que volver a calentar el agua cada 2 ó 3 minutos.) Luego, si un extremo de la astilla está saliendo de la piel, agárrelo con unas buenas pinzas, y tire suavemente. Si la astilla está totalmente debajo de la piel, necesitará una aguja limpiado con alcohol. El empapamiento ablanda la piel para que pueda picarla, abriendo la piel hasta poder agarrar la astilla con las pinzas. Después de quitar la astilla, ponga un antiséptico sobre la herida y cúbrala con un vendaje.

No empuje la piel demasiado. Si no puede sacar la astilla después del primer empapamiento, empápelo durante 10 minutos más, y luego vuelva a tratar. Si todavía no lo consigue, el médico debe tratar.

Todo esto se aplica a las astillas de madera. Astillas de metal o cristal se debe quitar sólo en la oficina del médico.

Luxaciones, fracturas, traumatismos de cráneo

Si una persona con un traumatismo grave debe permanecer durante cierto tiempo en un lugar frío, protéjala razonablemente con mantas o con otra ropa. Ponga un cobertor debajo de ella. Ya no se considera prudente mantener demasiado abrigada a una persona accidentada con muchas mantas abrigadas o botellas de agua caliente.

843. Por lo común, las luxaciones necesitan revisión y tratamiento. Si su niño sufre una torcedura en un tobillo, una rodilla o una muñeca, acuéstelo durante más o menos media hora, y eleve la parte torcida por medio de una almohada. Esto reduce al mínimo la hinchazón y la hemorragia interna. Si aparece la inflamación, debe consultar al médico, pues es posible que se haya fisurado o roto el hueso.

Una rodilla luxada debe ser siempre examinada por un médico y ser sometida a cuidadoso tratamiento. Si se descuida una luxación semejante, en la que se ha lastimado el cartílago, puede no curar correctamente y ocasionar trastornos durante años. Si un niño cae sobre una muñeca y ésta continúa doliéndole, esté quieto o no, se debe sospechar una fractura, aunque no haya curvatura ni hinchazón.

Por lo tanto, se puede decir que, cualquier luxación, que continúe doliendo o que se inflame, debe ser examinada. No sólo por la posibilidad de fractura, sino también porque casi todas las torceduras molestan menos si se entablillan y vendan correctamente. Muchas luxaciones y fracturas parciales se mantienen insensibles durante más o menos una hora y luego se van haciendo cada vez más dolorosas.

Si un miembro sigue doliendo o el niño lo emplea de modo extraño, haya habido traumatismo o no, es probable que el médico quiera efectuar una radiografía, a menudo, en ambos miembros, para establecer una comparación.

844. Las fracturas. Los huesos quebradizos de los adultos se fracturan realmente. Los de los niños, más blandos, tienen más tendencia a curvarse y astillarse un poco. Otro tipo de fractura en los niños es el dislocamiento o la ruptura del núcleo de crecimiento del hueso. Esto suele ocurrir, en particular, en la muñeca. (El cuadro que aparece cuando se disloca dicha parte de un hueso (epifisis), puede no advertirse al comienzo, ni siquiera con rayos X.) Si el niño ha sufrido una fractura grave, cualquiera puede notarlo con facilidad. Pero hay ciertas fracturas comunes que no parecen especialmente deformadas. Un tobillo roto puede parecer bastante derecho, pero hay una considerable inflamación y dolor. Después de algunas horas, aparece un moretón. Sólo un médico puede distinguir entre el tobillo con una luxación grave y uno roto, y a menudo necesita ver una radiografía para determinarlo. Es probable que la muñeca se rompa, sin que se advierta la deformación lo suficiente como para que usted pueda notarlo. A menudo los huesos de los dedos se astillan, cuando se atrapa una pelota con la punta de los dedos. Sólo aparece hinchazón, y luego, se ponen un poco azules. A veces, una vértebra (uno de los huesos de la columna) se aplasta ligeramente, cuando una niña se cae sobre la espalda. Por fuera no se advierte nada, pero ella se queja de dolor cuando inclina el cuerpo hacia adelante o cuando salta y corre. En términos generales, se sospecha de fractura cuando el dolor en el miembro continúa, cuando hay inflamación o aparece un moretón.

845. El entablillado. Cuando hay sospecha de fractura, evite traumatismos posteriores. No mueva el miembro lastimado. No permita que la niña lo mueva. Si está en un sitio más o menos cómodo y usted puede conseguir pronto un médico, déjela quieta donde está. Si tiene que moverla, colóquele primero algún tipo de entablillado.

Para resultar eficaz, un entablillado debe extenderse bien hacia arriba y hacia abajo del miembro. Para un traumatismo en el tobillo, el entablillado debe llegar hasta la rodilla; para una fractura en la pantorrilla, debe llegar hasta la axila. Para hacer un entablillado largo, se requiere una tabla. Para un niño pequeño, se puede hacer un corto con un trozo de cartón doblado. Mueva el miembro con suma suavidad, cuando está colocando el entablillado, y trate de evitar todo movimiento en la zona de la fractura. Ate el entablillado al miembro con firmeza en 4 ó 6 lugares, usando pañuelos, tiras de tela o vendas. Dos de las ataduras deben estar cerca de la fractura, a cada lado de ella, y debe haber una a cada extremo del entablillado.

Para un traumatismo en la espalda es aún más importante dejar a la paciente donde está si puede estar cómoda. Si debe moverla, utilice una camilla o una puerta. Cuando se debe mover a una persona con un traumatismo en la espalda, es preciso mantenerla derecha o arqueada hacia adentro (tal como está en la posición de "balanceo hacia atrás"). (Si la persona herida está boca abajo, déjela así pero no la cambie de la posición de espaldas a ésta.) Nunca deje que la espalda se curve hacia afuera. Esto significa que, cuando se la levanta o se la transporta en una manta o alguna otra camilla improvisada que cuelgue, la persona accidentada debe ser mantenida derecho o, si tiene que curvarse, que lo sea hacia atrás. (La cabeza no debe inclinarse hacia adelante.)

846. Traumatismos de cráneo. Una caída sobre la cabeza es común a la edad en que el bebé puede rodar (y por lo tanto, caerse de una cama). Por lo común, un padre se siente culpable la primera vez que esto ocurre. Pero si una niña es observada con tanto cuidado que **jamás** tiene un accidente, eso significa que se la sobreprotege demasiado. Es posible que se preserven sus huesos, pero se estropeará su temperamento.

Si después de caerse y golpearse la cabeza, el bebé deja de llorar en unos 15 minutos, tiene buen color y no vomita, existe poca posibilidad de que se haya lesionado el cerebro. Se lo puede dejar reanudar de inmediato su vida normal.

Cuando un golpe en la cabeza es más grave, suele ocurrir que el niño vomite, pierda el apetito, esté pálido durante algunas horas, manifieste señales de dolor de cabeza, se duerma con facilidad, pero se le puede despertar. Si el niño presenta cualquiera de estos síntomas, usted debe ponerse en contacto con el médico, quien revisará al niño y tomará una radiografía de cráneo. Durante 2 ó 3 días, el niño debe estar tan quieto como sea posible y se debe informar al médico de inmediato de cualquier nuevo síntoma. Es prudente levantar al niño dos veces durante la noche siguiente a la caída, para asegurarse de que no está inconsciente. Si al día siguiente no se siente como de costumbre, se debe informar otra vez al médico.

Si el niño pierde la conciencia en seguida después de la caída, o más tarde, por supuesto debe ser examinado de inmediato por el médico. Lo mismo se aplica si no hay pérdida de conciencia, pero el niño sigue quejándose de dolor de cabeza, problemas de visión o si, más tarde, vomita.

Una inflamación que crece rápidamente en el cráneo de un niño, después de una caída, no significa nada serio en sí misma, si no aparece ningún otro síntoma. Es ocasionada por la ruptura de un vaso sanguíneo debajo de la piel.

Objetos tragados

847. Objetos tragados. Los bebés y los niños pequeños tragan huesos de ciruela, monedas, seguros, botones— de hecho, cualquier cosa que podamos mencionar. Parecen ser capaces de hacer llegar cualquiera de estas cosas a su estómago e intestinos con la mayor facilidad, inclusive, seguros abiertos o trocitos de vidrio roto. Los objetos más peligrosos son las agujas y los alfileres de cabeza.

Si su hijo ha tragado sin problema un objeto liso, tal como un hueso de ciruela o un botón, no debe preocuparse ni darle un pedazo de pan para hacerlo descender. Simplemente, observe durante unos días las evacuaciones, para asegurarse de que ha salido.

Por supuesto, si el niño comienza a vomitar, tiene dolor de estómago, si un objeto se incrusta dolorosamente en la garganta, o si lo que ha tragado es puntiagudo, como por ejemplo, un seguro abierto o una aguja, usted debe consultar al médico o una sala de urgencias o el Poison Control Center de inmediato. Nunca dé una purga a un niño que ha tragado algún objeto. No resultará eficaz y puede hacerle daño.

Un objeto agudo incrustado en la garganta, como una espina de pescado, aunque es muy molesto y produce arcadas, no es tan peligroso como uno que obstruya la respiración. Es preciso ver al médico en seguida, pero no es cuestión de vida o muerte. Muchas veces el médico no puede encontrar el objeto cuando examina la garganta, aunque el niño siga diciendo que aún está allí. En tales casos, la espina o lo que haya sido tragado, ha sido tragada, pero el niño aún siente la irritación que ha producido en su garganta.

Tóxicos

Tenga a mano, cerca del teléfono, el número del Centro de Control o Centro de Intoxicaciones más cercano y el de su hospital.

Siempre tenga a mano una botella de 1 onza de **jarabe de ipecacuana** para **cada niño** de la familia.

848. Líquidos dañinos en los ojos. Si por casualidad, el niño ha chapoteado algún líquido dañino en el ojo, enjuague el ojo en seguida. Ponga al niño boca arriba y pídale que parpadee tanto como pueda, mientras usted enjuague la piel con abundante agua tibia (no caliente). No mantenga el párpado abierto por fuerza. Continúe durante 15 minutos y luego llame al Centro de Intoxicaciones o a su médico.

849. Tóxicos en la piel. Quite toda ropa contaminada y enjuague la piel con abundante agua durante 10 minutos. Luego lave la zona suavemente con jabón y agua y enjuague bien. Llame al Centro de Intoxicaciones o a su médico.

850. Llame al Centro de Intoxicaciones si cree que su niño puede haber tragado una sustancia dañina. Si el niño puede haber tragado cualquier medicina, llame al

Centro de Intoxicaciones en seguida. No lo deje tomar nada hasta que tenga sus consejos.

Si el niño puede haber tragado **un producto de la casa o un producto químico,** déle leche o agua en seguida, salvo que no esté consciente o si está teniendo convulsiones, o si no puede tragar. Luego llame al Centro de Intoxicaciones, y ellos le dirán qué hacer.

Si no hay un Centro de Intoxicaciones cerca, o no puede, **llame a la sala de urgencias del hospital más cercano o su médico,** el con quien pueda comunicarse antes.

No demore en buscar auxilio aunque su niño parezca sentirse bien. Los efectos de muchos tóxicos —por ejemplo, las aspirinas— tardan horas en manifestarse.

851. Si su niño ha ingerido una sustancia dañino y usted no puede comunicarse con el Centro de Intoxicaciones ni con un médico ni llegar a un hospital, lea la lista en el cajón abajo, para ver si debe inducir el vómito, y siga las indicaciones en la página siguiente.

NO PROVOQUE EL VOMITO PARA ESTAS SUSTANCIAS

queroseno	trementinas
amoníaco	gasolina
cera para autos	soda cáustica; limpia-
bencina	dores de desagües
cera líquida para muebles	cal viva
insecticidas	blanqueador
	quitamanchas líquidas

ácidos fuertes (sulfúrico, nítrico, clorhídrico, fénico) cualquier medicina

No provoque el vómito en una persona inconsciente o que tiene convulsiones.

SI EL NIÑO HA TRAGADO CUALQUIER MEDICI-NA O SUSTANCIA EN LA LISTA EN EL CAJON, no le dé jarabe de ipecacuana, ni trate de inducir el vómito de cualquier otra manera.

Sólo salga por el hospital más cercano en seguida. Lleve la botella de medicina o el recipiente del veneno. Lleve también un recipiente para recoger el vómito, por si acaso la niña vomita espontaneamente, para que pueda ser analizado en el hospital.

Los derivados del petróleo son más dañinos cuando se inhalan o se introducen en los pulmones, y esto puede ser producido por el vómito. Los ácidos y los limpiadores cáusticos pueden volver a quemar la garganta al subir con el vómito.

SI LA SUSTANCIA INGERIDA NO SE ENCUENTRA EN LA LISTA EN EL CAJON, déle a su hijo una sola dosis de jarabe de ipecacuana, seguida por uno o dos vasos de agua.

Para el niño de un año o más, déle 1 onza de ipecacuana (toda la botella).

Para el bebe menor de un año, déle media onza de ipecacuana (una cucharada, que equivale media botella).

Luego salga para el hospital. No le dé más ipecacuana. Lleve un recipiente para recoger el vómito, con el fin de que sea analizado en el hospital, y lleve con usted la medicina, el recipiente con el veneno, o la parte de la planta.

El objetivo consiste en vaciar el estómago lo antes posible a menos que el médico esté seguro de que la sustancia ingerida no resulta peligrosa.

852. Algunas sustancias son peligrosas aunque no lo parezcan: el tabaco (la ingestión de un cigarrillo es peligrosa para un niño de 1 año); el ácido bórico; las aspirinas; las píldoras que contienen una mezcla de hierro; quinina y estricnina (un tónico tradicional); los aerosoles para plantas e insecticidas; ciertas plantas; el removedor para esmalte de uñas; el perfume; el lavajillas de trastes.

Ahogarse y la respiración artificial

Una persona puede dejar de respirar a causa de una asfixia, ahogo, choque eléctrico, inhalación de gas. Unos pocos minutos después de que una persona deja de respirar, su corazón dejará de latir, con la excepción del choque eléctrico, cuando el corazón puede pararse inmediatamente. Entonces, el primer paso cuando una persona ha dejado de respirar es comenzar en seguida con la respiración artificial. Continúe hasta que vuelva a respirar por sí misma, o hasta que llegue el auxilio, durante 2 horas. **Nunca practique la respiración artificial a alguien que respira.** (Véase la Sección 855.)

Se dan clases de resucitación cardiopulmonaria (CPR en inglés) en la mayoría de las ciudades. Estas clases le enseñan cómo tratar de revivir el corazón si ha dejado de latir. Conviene tomar las clases si se las ofrecen en su comunidad. Son gratis y exigen muy poco tiempo.

853. Cuando una niña ha tragado algo y tose fuertemente para tratar de subirlo, dele una oportunidad para hacerlo. Toser es lo mejor manera de sacar un objeto de la tráquea. Manténgase cerca per **no** le dé palmadas en la espalda, ni la ponga patas arriba, ni trate de sacarle el objeto metiendo la mano en su boca.

854. Cuando un bebé se ahoga, no puede respirar, ni llorar ni hablar, ha tosido o respirado algo en su tráquea. Si está consciente, empieza al principio de los pasos urgentes detallados abajo. Si el niño no está consciente y no respira, haga que alguien llame al 911 mientras usted comienza con los pasos urgentes para un niño inconsciente.

Para un bebé que se ahoga
(hasta 1 año de edad):

1. *Si el bebé está consciente, deslice una mano debajo de su espalda y cuello. Con la otra mano, mantenga la mandíbula del bebé entre su pulgar y sus dedos, y deja que su antebrazo quede sobre el abdomen del bebé.*

2. *Utilice el brazo que está debajo de la espalda del bebé para darle una vuelta para que esté boca abajo sobre su antebrazo. Continúe sosteniendo su mandíbula para que no mueva su cabeza. Apoye su antebrazo sobre su propio muslo o regazo, inclinándose para que la cabeza del bebé esté debajo de su cuerpo.*

3. *Con la base de su mano dé cuatro palmadas vigorosamente en su espalda entre los hombros.*

4. Si el objeto no es expulsado, ponga al bebé boca arriba sobre una superficie dura y firme (una mesa, el suelo). Ponga el dedo índice y el del medio sobre el esternón del bebé, en el centro de su pecho, justo debajo de la línea del pezón. Dé cuatro empujes, empujando el esternón entre media y una pulgada cada vez.

5. Si el bebé no empieza a respirar, o ha perdido la consciencia, haga que alguien llame para pedir ayuda o lleve el bebé consigo al teléfono. Luego, con el bebé sobre una superficie llana, abre su boca, agarrando la lengua y la parte baja de la mandíbula entre su pulgar y sus dedos, y levante su mandíbula. Busque el objeto en su garganta. Si ve algo, deslice su dedo pequeño por el interior de su mejilla hasta la base de la lengua, y utilice un movimiento de enganchar para barrer el objeto. (No introduzca el dedo en su boca si no ve nada; podría empeorar la obstrucción.)

6. *Si el bebé todavía no ha comenzado a respirar, incline su cabeza, levante su mentón y cubra su boca y nariz por completo con sus propios labios. Respire dos veces, de un segundo y medio cada respiración, y con la presión suficiente para hacer que su pecho suba.*

7. *Si el bebé todavía no respira por sí mismo, entonces el pasillo del aire sigue obstruído. Empiece con las palmadas a la espalda de nuevo, y repita los pasos 3 a 6. Continúe los pasos hasta que el bebé comience a toser, respirar o llorar, o hasta que llegue ayuda.*

Para un niño que se ahoga
(mayor que 1 año de edad)

1. *Si el niño está consciente, empiece con la maniobra de Heimlich. Póngase de pie o de rodillas detrás del niño y deslice sus brazos alrededor de su cinturón. Forme un puño con una mano y coloque el costado del pulgar del puño justo arriba del ombligo del niño, bien debajo del esternón.*

2. *Cubra su puño con la otra mano, y presione el abdomen con un movimiento rápido de sacudida-empuje. Repita este movimiento entre 6 a 10 veces. Esto debería expulsar el objeto o hacer que el niño tose o respire. (Si este tratamiento termine el episodio del ahogo, llame al médico aunque el niño parezca recuperado del todo; la maniobra Heimlich a veces puede ocasionar daños internos.)*

3. *Si el niño todavía no respira, póngalo boca arriba sobre una superficie plana. Abre su boca, agarrando la lengua y la parte baja de la mandíbula entre su pulgar y sus dedos, y levante su mandíbula. Busque el objeto en su garganta. Si ve algo, deslice su dedo pequeño por el interior de su mejilla hasta la base de la lengua, y utilice un movimiento de enganchar para barrer el objeto. (No introduzca el dedo en su boca si no ve nada; podría empeorar la obstrucción.)*

4. **Si el niño está inconsciente, o no puede expulsar el objeto**, *haga que alguien llame para pedir ayuda o lleve al niño consigo al teléfono. Con el niño boca arriba, abre el pasillo del aire, inclinando su cabeza hacia atrás y levantando la parte baja de la mandíbula y la lengua entre su pulgar y sus dedos. Pellizque su nariz y cubra su boca por completo con sus propios labios. Respire dos veces, de un segundo y medio cada respiración, y con la presión suficiente para que su pecho suba. Suelte la nariz y la boca a ver si ha comenzado a respirar. Si no, déle dos respiraciones más, y vuelva a ver.*

5. Si todavía no respira, o el objeto no es expulsado, póngase de rodillas a sus pies. (O, en el caso de un niño más grande, póngase en posición de horcajadas encima de sus piernas.) Ponga la base de una mano arriba de su ombligo, bien debajo del esternón. Con la otra mano, cubra la primera, con los dedos de las dos manos apuntando hacia la cabeza del niño. Presione el abdomen con un movimiento rápido de sacudida-empuje. Repita de 6 a 10 veces, con los movimientos dirigidos hacia arriba.

6. Si el niño no ha comenzado a respirar, toser o hablar, repita los pasos 4 y 5. Continúe alternando la respiración boca a boca y los empujes al abdomen hasta que el niño vuelva a respirar o hasta que llegue ayuda.

855. La respiración artificial. Si una persona **se ha ahogado,** primero despeje la boca. Luego, haga drenar el agua de los pulmones, poniéndola boca abajo durante 10 segundos, con las caderas un pie más altas que la cabeza (sobre algo inclinado, sobre sus rodillas, una caja, etcétera).

Luego ponga a la víctima boca arriba y comience en seguida con la respiración artificial. Continúe hasta que vuelva a respirar por sí misma, o hasta que llegue el auxilio, durante 2 horas. **Nunca la practique a alguien que respira.**

Cada una de sus exhalaciones penetra en la víctima. En caso de un adulto, respire a su ritmo natural. En el de un niño, emplee un ritmo más corto y rápido.

1. Es vital despejar los conductos de aire, alzando el cuello, echando la cabeza hacia atrás.

2. Luego mantenga levantado todo el tiempo el mentón de la víctima, para mantener despejados los conductos.

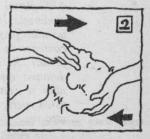

3. *En el caso de un niño de rostro pequeño, usted puede respirar en la nariz y la boca al mismo tiempo. (Si se trata de un adulto, respire en la nariz o en la boca y mantenga la otra parte tapada.)*

4. *Sople el aire con fuerza moderada. (Los pulmones de un niño pequeño no pueden contener su exhalación completa.) Retire los labios, dejando que el pecho del niño se contraiga, mientras usted vuelve a inhalar. Sople otra vez.*

SITUACIONES ESPECIALES

Viajar con niños

856. Existen diversos métodos para preparar y llevar la fórmula para viajar. Cual le convendrá más depende de las comodidades de las que usted disponga y durante cuánto tiempo carecerá de una cocina y un refrigerador.

Ante todo, pregunte a su médico si desea hacerle alguna recomendación. Pregunte a la línea de ferrocarríl o aerolínea si pueden proveerla de refrigerador, y para cuántos biberones.

Compre fórmulas listas para usar en biberones desechables, con chupones también desechables. Presentan toda clase de ventajas. No necesitan refrigerarse. No hay nada que deba ser esterilizado. Son costosos, pero es probable que usted no haga un viaje muy largo.

La fórmula en polvo es más barata. El polvo y el agua pueden ser medidos con anticipación, en recipientes separados, y mezclados justo antes de alimentar a su bebé.

857. Alimentos sólidos. Casi todos los alimentos sólidos deben estar en frascos. Se puede alimentar al bebé directamente de ellos. Luego deséchelos, aunque estén por la mitad. No se preocupe por conseguir todo lo que el bebé come habitualmente (por ejemplo, papas). Sólo lleve bastante de las cosas que más le gustan y que digiere con más facilidad. Muchos bebés no querrán comer tanto cuando viajan como cuando están en casa. No los fuerce a comer nada que no quieran, aunque coman mucho menos que lo habitual. Es probable que deseen comer pequeñas cantidades, a intervalos más frecuentes.

858. Alimentos para un niño. Es preferible evitar que un pequeño coma comida distinta de la habitual. Cuando compre comida para él en sitios públicos, evite, en particular, las tortas y pasteles con rellenos húmedos, budines de leche, carnes frías, pescado frío y huevos fríos, aderezos cremosos para ensaladas (incluyendo los sándwichs y ensaladas que los contienen). Estos alimentos se contaminan con facilidad por las bacterias tóxicas, si son manipulados con descuido o no están adecuadamente refrigerados. Es preferible atenerse a las comidas calientes, las frutas que usted misma pelará, leche en recipientes separados. (Por supuesto, usted puede llevar sus propios sándwiches, como por ejemplo, de crema de cacahuete y jalea.) Aunque usted piense dar de comer a su hijo en un restaurante del camino, en el coche comedor, o con las comidas provistas en el avión, lleve una bolsa con comida para meriendas en caso de que las comidas se demoren. Queso y huevos duros en su cáscara (si le agradan), fruta, una botella de leche envasada al vacío, un frasco de puré de ciruelas, para el caso de estreñimiento pueden ayudar.

859. Otros consejos. Con un bebé, vale la pena viajar con las mayores comodidades posibles.

En el caso de un niño pequeño, no olvide tener a la mano sus **juguetes** preferidos, los que suele llevar a la cama. Representarán un consuelo extra durante el viaje. Además de sus juguetes predilectos, es prudente llevar algunos nuevos, de los que tienen muchas cosas para hacer: coches o trenes en miniatura, muñequitas con varias prendas de ropa u otro equipo, un libro para colorear o recortar, un nuevo libro de estampas, casas de cartón, u otros objetos para plegar y armar, un bloc de papel, lápiz y crayones. A los niños de 3 años en adelante les gusta llevar sus juguetes favoritos en sus propias pequeñas maletas.

Algunos bebés y niños tienen problemas con el dolor de oídos, cuando el avión en que viajan comienza a descender para aterrizar. A los niños mayores, que pueden entender, si se les dice que traguen para evitar el dolor, se les puede dar algo para chupar o masticar. A los bebés, es preciso despertarlos cuando el avión comienza a descender, y ofrecerles el pecho o el biberón, para que traguen. Si están resfriados, consulte a su médico con respecto a un medicamento de acción prolongada, que se les pueda dar, para mantener despejados los conductos de Eustaquio durante el viaje.

Es esencial una caja grande de pañuelos desechables. Resulta útil un par de **manteles de plástico** grandes, uno para proteger el colchón si el niño se orina, y otro para cubrir la alfombra cuando come en el cuarto del hotel, cuando el bebé se sienta en el suelo, o para cubrir la cama cuando se le cambia. Puede ser muy útil un paño húmedo para limpiar la cara, guardado en una bolsa plástica para que se mantenga húmedo. En la actualidad, muchas personas compran toallitas húmedas que se presentan en envases individuales para viajar. (Evitan las que contengan alcohol y perfume. Pueden irritar la piel.) Los **pañales desechables,** que a lo mejor en otras circunstancias evitaría, ayudan mucho.

Durante los **viajes en auto,** es prudente detenerse, no sólo a las horas regulares de las comidas, sino también a media mañana y a media tarde, para tomar un bocado y darle oportunidad al niño de corretear durante unos minutos por el lugar, quizás el campo, o un patio de juegos en el parque de la ciudad, donde no haya que cuidar constantemente que no estén en el camino.

Puede ser importante llevar el **bacinica** al que el pequeño está habituado.

Es vital que los bebés viajen en un portabebés para auto aprobado por el gobierno, los de menos de 45 libras, en asientos aprobados por el gobierno, y que los más grandes, y los adultos, utilicen cinturones y correas de seguridad todo el tiempo. (Véase las Secciones 104 y 420.)

Si su hija tiene tendencia a sufrir **malestar a causa del movimiento,** la ayudará estar sentada lo bastante alta como para mirar fuera del automóvil. Su médico podrá aconsejarle algún medicamento que prevenga dicho malestar.

Una buena regla para viajes en automóvil es organizarse como para detenerse alrededor de las 4 de la tarde, de modo que pueda conseguir un cuarto en un hotel y así evitar seguir viajando durante horas cuando los niños ya están cansados. Muchos conductores se enfrascan en cubrir determinada distancia y se niegan a detenerse, aunque se haga tarde. Pero si están firmemente de acuerdo en detenerse a una hora determinada, hay más posibilidad de que sean razonables.

860. Para ir a un restaurante con los niños. La mayoría de los niños se cansan de esperar que los atiendan en un restaurante (salvo en los de servicio rápido). En muchas ciudades hay restaurantes que atienden a familias con niños pequeños y cuentan con actividades especiales para que no se aburran. Pero en muchos otros restaurantes, es preferible llevar papel y lápices y, tal vez, uno o dos libros para colorear, para mantener a los niños ocupados hasta que se sirve la comida. Esto también los mantendrá ocupados cuando han terminado de comer y los adultos quieren tomar una segunda taza de café. (Un niño aburrido, correteando por un restaurante, puede resultar molesto para los otros compañeros y puede involucrarse con facilidad en un accidente.) Usted puede llevar la comida de la casa para su bebé.

La orientación infantil

861. Los psiquiatras, los psicólogos, los asistentes sociales y las clínicas de orientación infantil. Los padres tienden a confundirse, respecto de lo que son los psiquiatras y los psicólogos, y la diferencia entre ellos.

Un psiquiatra infantil es un médico con un entrenamiento que le permite comprender y tratar todos los problemas de conducta y los problemas emocionales de los niños. Tiempo atrás, en el siglo XIX, los psiquiatras, en esencia, estaban relacionados con la atención de los enfermos mentales, y por ese motivo, muchas personas todavía se resisten a consultarlos. Sin embargo, a medida que los psiquiatras comprendieron que pueden aparecer problemas graves en las personas normales, se han dedicado cada vez más a la atención de los problemas cotidianos. De esta manera, hacen mucho bien en poco tiempo. Ya no existe motivo para esperar a que los niños se encuentre en un problema grave para consultar a un psiquiatra, del mismo modo que no se debe esperar a que una neumonía llegue a una condición desesperada, para llamar a un médico clínico. En las grandes ciudades, existen psiquiatras infantiles que atienden en forma privada. Pregúntele al médico de la familia.

El de **psicólogo** es un título muy general, empleado por las personas no muy médicas, que se especializa en alguna de las ramas de la psicología. Los psicólogos que trabajan con niños están entrenados en materias tales como las pruebas de inteligencia y de aptitudes, así como de las causas y del tratamiento de los problemas de aprendizaje y de conducta en la escuela.

Un asistente social psiquiátrico ha tenido 2 años de entrenamiento en el aula y en las clínicas, conduciendo a un licenciatura superior. Los asistentes sociales psiquiátricos pueden evaluar a un niño, su familia y su situación escolar, y puede tratar problemas de comportamiento en el niño y en la familia.

En una **clínica de orientación infantil** (o clínica psiquiátrica para niños), el caso de un niño puede estar en manos de un psiquiatra, un psicólogo, o un asistente social, que se dedica a conocer al niño y el origen de sus dificultades, lo ayuda a entender y superar dichas dificultades. Un psicólogo puede efectuar pruebas de inteligencia, para detectar dónde están los puntos débiles y fuertes del niño, o para proporcionarle enseñanza terapéutica, si surge, por ejemplo, un problema de lectura. Un asistente social psiquiátrico, puede visitar la escuela, para entender, con más exactitud, a través del maestro, qué dificultades tiene el niño allí y para ayudar al maestro con la comprensión del problema que se ha obtenido en la clínica. Otro miembro del personal entrevista a los padres, para averiguar más acerca del niño, y ayudar a los padres a manejarse. Algunas clínicas de orientación para niños están relacionadas con hospitales; otras son independientes.

En algunas ciudades existen clínicas de orientación para niños, que están relacionadas con el consejo de educación, y cuyo personal está integrado por psiquiatras, psicólogos, asistentes sociales, a fin de atender todo tipo de problemas de conducta. Algunos estados poseen clínicas ambulantes, que visitan diferentes comunidades. Muchos otros sistemas escolares, locales y estatales, tienen psicólogos que efectúan pruebas, y enseñanza terapéutica, para los niños que tienen problemas escolares.

En una ciudad, puede preguntar a su propio médico, o bien, en un buen hospital, al director o al superintendente del colegio, o a una agencia de servicio social, por una clínica de orientación para niños o por un psiquiatra infantil privado, para realizar las pruebas. O bien, usted puede consultar el directorio telefónico para ver si existe un Comité o Sociedad de Higiene Mental, en la localidad. Si vive en un lugar más pequeño, puede escribir a la National Mental Health Association, 1021 Prince Street, Alexandria, VA 22314-2971, o llame (800) 969-6642, y ellos le dirán dónde puede conseguir ayuda.

Los psiquiatras, los psicólogos, y los asistentes sociales pueden efectuar tratamiento terapéutico a los niños y a sus familias, y todos ellos obtienen resultados igualmente buenos.

Espero que, algún día, haya clínicas de orientación para niños, relacionadas con todo el sistema escolar, de modo que los niños, los padres y los maestros, puedan pedir consejo acerca de toda clase de problemas menores, con tanta facilidad y naturalidad como ahora preguntan por las vacunas, las dietas y la prevención de las enfermedades físicas.

862. Agencia social para la familia. En la mayoría de las ciudades hay, por lo menos, una agencia social para la familia, y en algunas ciudades grandes, las hay católicas, judías y protestantes. Su personal está constituido por trabajadores sociales, entrenados en brindar ayuda a los padres, con problemas comunes de familia como, por ejemplo, el manejo de los niños, la adaptación conyugal, el presupuesto, las enfermedades crónicas, el conseguir trabajo, obtener atención médica. A menudo tienen consejeros — psiquiatras o psicólogos— quienes ayudan en los casos más difíciles.

Muchos padres se han hecho a la idea de que las agencias sociales para la familia sólo son para las personas desamparadas y que, en esencia, brindan caridad. Hoy en día, esto es contrario a la verdad. La agencia familiar moderna se siente tan dichosa de ayudar a resolver los problemas pequeños, como los grandes (éstos son más fáciles), como de apoyar a familias que pueden pagar una cuota, como a aquéllas que no pueden (de ese modo, pueden extender sus servicios).

Si usted tiene un problema con un hijo y puede establecer pronto una cita con un psiquiatra infantil privado, o una clínica de orientación infantil, ése podría ser la manera más directa de afrontar la situación. Pero si no hay clínica, o la lista de espera es larga, puede ser prudente consultar a una agencia social. Si el problema es uno que pueden atender de modo satisfactorio, proseguirán con su caso. Si consideran que se requiere un tratamiento de orientación infantil, es probable que estén en condiciones de conseguir una cita a la brevedad.

Pregunte al United Way o, en una zona rural, el County Welfare.

Condiciones de minusvalía crónica

863. Cuidados médicos constantes. Los padres de un niño con algún impedimento, por supuesto, deberían recibir asesoramiento experto de algún médico privado, o de alguna buena clínica con hospital. Si no se sienten satisfechos, o si el tratamiento sugerido parece drástico, tienen derecho a pedir otra opinión, en consulta con el primer médico. De vez en cuando, los padres que han recibido lo que parece ser buenos consejos, recurren a uno o dos más, "para estar seguros", pero es posible que se sientan confundidos por pequeñas diferencias en el tratamiento o la terminología, y terminen con más dudas de las que tenían al comienzo.

Si usted ha encontrado un médico competente que entiende los problemas de su hijo, siga con él y consúltelo con regularidad. El médico que ha conocido al niño y a la familia durante determinado período se encuentra en mejores condiciones para recetar con más certeza que el facultativo que acaba de ser llamado. En términos psicológicos, es probable que resulte inquietante para el niño que tiene un impedimento, que se lo lleve a cada instante a ver a otro médico. Si usted lee algo referente a un nuevo descubrimiento en la condición que tiene su hijo, consulte al respecto a su propio médico, en lugar de precipitarse al que ha descubierto la novedad. Si se ha demostrado que el nuevo método es beneficioso, su propio médico lo sabrá, o podrá averiguar si existe alguna esperanza en el caso de su hijo.

864. Tratarlos con naturalidad. Los niños con alguna minusvalía pueden necesitar algún tratamiento especial. Pero más aún necesitan ser tratados con naturalidad, ya sea que el problema consista en la lentitud mental, estrabismo, epilepsia, sordera, baja estatura, una marca de nacimiento desfigurante o una deformidad de cualquier otra parte del cuerpo. Esto se dice con más facilidad de lo que se hace. Es muy natural que un defecto inquiete a los padres, en cierta medida. He aquí ejemplos de distintas reacciones que pueden mostrar.

865. La alegría de los niños minusválidos depende de su actitud, no de su impedimento. Un varón ha nacido con sólo un pulgar y un dedo en la mano izquierda. A los 2½ años vive feliz, y puede hacer casi tantas cosas con su mano izquierda como con la derecha. Su hermana de 6 años lo adora y está orgullosa de él, quiere llevarlo consigo a todas partes, jamás parece preocuparse por la mano del pequeño. Pero la madre es muy consciente de los dedos que faltan. Hace una mueca cuando ve que otro niño le ve la mano y la observa con atención. Cree que es más justo para el pequeño tenerlo en casa, donde no se verá sometido a la curiosidad y a las observaciones de los demás, le ofrece excusas cuando él quiere salir de compras con ellas. ¿Qué actitud es mejor para él, la de la madre o la de su hermana? Primero tenemos que responder a otra pregunta. ¿Un impedimento, por sí mismo hace que un niño se avergüence gravemente? Hablando en términos generales, no.

Por supuesto, todos nosotros somos un poco tímidos, y todos nos concentramos en lo que consideramos nuestros rasgos más débiles. Como es natural, quienes tienen impedimentos, se preocupan por ellos, en cierta medida. Pero quien haya conocido a muchas personas minusválidas se da cuenta de que algunos de los que tienen mayores deficiencias son tan felices y despreocupados como cualquiera que tenga sus miembros sanos. En el otro extremo, es probable que usted recuerde a algún conocido muy desdichado, por ejemplo, en cuanto a sus orejas demasiado grandes, que en realidad no lo son tanto como él cree.

En otras palabras, la gravedad del impedimento tiene muy poco que ver con el hecho de que una persona crezca sintiéndose tímida, desdichada, avergonzada.

Los factores importantes que hace que una persona (**con o sin impedimientos**) crezca feliz y abierta son los de tener padres que disfruten a fondo de él, lo aprueben tal como es, se inquieten muy poco, que no lo insten, no alboroten, no lo critiquen; que cuente con oportunidades para aprender la diversión del toma y daca con otros niños, desde una edad temprana. Si desde el principio los padres se muestran desdichados o avergonzados en cuanto al aspecto de un hijo, y siempre desean que sea distinto, lo sobreprotegen, le impiden que se mezcle con otros, lo más probable es que crezca concentrado en sí mismo, insatisfecho, sintiendo que es raro. Pero si toman su oreja deforme o su marca de nacimiento desfigurante como cosa de poca importancia, si actúan como si lo considerasen un niño normal, si lo dejan ir a cualquier parte como todos los otros pequeños, y no se preocupan por las miradas y las frases en secreto, el niño se hace a la idea de que es una persona común, y presta muy poca atención a su singularidad.

En cuanto a las miradas y frases en secreto, un niño con un impedimento perceptible puede habituarse a todo ello, y cuanto antes mejor. Si le oculta durante la mayor parte de la semana y recibe una mirada un domingo, le resulta más inquietante que diez miradas todos los días, porque no está habituado a ellas.

866. Los niños serán más felices si no les tengan lástima. Un varón de 6 años tiene una marca de nacimiento que le cubre la mitad del rostro. Para sus padres ha sido un golpe, y sienten mucha pena por él. Son estrictos con sus dos hijas mayores, pero relevan al varón de las tareas de la casa, y le permiten que sea grosero con ellos y grosero con sus hermanas. No es demasiado querido por éstas o por otros niños.

Resulta comprensible que los padres de un niño minusválido muestren tendencia a sentir demasiada lástima por él, y que esa lástima sea excesiva para el bien del pequeño; también, es posible que esperen muy poco de él. La lástima es como una droga. Aunque al comienzo le resulte desagradable a una persona, es probable que llegue a depender de ella. Por supuesto, un niño con un impedimento necesita comprensión, y a menudo le hace falta un trato especial. No se puede esperar que el niño torpe realice una tarea que se ha demostrado que es superior a su desarrollo mental. Y a otro que tiene las manos rígidas no se le debería criticar por su mala caligrafía. (Por otro lado, no menosprecie a su niño hasta el punto de suponer que no puede hacer algo, o no es posible enseñarle que lo haga. La confianza de los padres y maestros es lo que hace que el niño siga progresando.) El niño con un impedimento puede ser razonablemente cortés y puede hacer lo que le toca a él en cuanto a las tareas de la casa. Todos se sienten más felices y complacidos cuando él sabe que se espera de él que muestre consideración para los demás. Un niño con un defecto quiere que se le trate de la misma manera y se le haga cumplir las mismas reglas que a los otros pequeños.

867. Justicia para toda la familia. Una niña de 4 años ha resultado ser muy lenta en su desarrollo mental y físico. Los padres la han llevado de médico en médico, y de clínica en clínica. Y en cada ocasión escuchan la misma historia. No se trata de un defecto mental para el cual exista algún tratamiento curativo, si bien hay muchas cosas que se pueden hacer para que crezca feliz y útil. Como es natural, los padres quieren más que eso y terminan recorriendo grandes distancias y pagando honorarios exorbitantes a cualquier charlatán que promete una cura mágica. Como consecuencia de ello, los otros niños de la familia reciben menos de la parte de atención que les correspondería. Sin embargo, algunos padres se sienten más contentos si gastan el dinero y realizan el esfuerzo.

Por supuesto, es correcto y normal que los padres quieran hacer todo lo razonable en lo que respecta a ayudar a un niño que tiene un impedimento. Pero existe otro factor oculto. Es humano que sientan, interiormente, que en cierta medida la culpa es de ellos, aunque todos los médicos y los libros expliquen que el estado del pequeño es un puro accidente de la naturaleza. En nuestra crianza, a todos nosotros se nos ha hecho sentir culpables en relación con cosas que hicimos y cosas que habríamos debido hacer. Si tenemos un hijo con un impedimento, ese sentimiento de culpa que nos sigue desde la juventud, puede quedar concentrado en dicho impedimento.

Ese sentimiento irracional de culpa impulsa a menudo a los padres, en particular si son personas muy concienzudas, a hacer algo, **aunque no sea sensato.** Es una especie de penitencia, aunque no la consideren así.

Si los padres se dan cuenta de esta tendencia, podrán elegir mejor el tratamiento correcto para el niño, y de paso, ahorrarles a los otros pequeños (y ahorrarse a sí mismos) privaciones innecesarias.

868. Quererlos por sí mismos. Cierto niño, a los 10 años de edad, es claramente más bajo que el común de los pequeños, y más aún que su hermana de 8 años. Los padres sienten que ésta es una verdadera tragedia, y lo llevan constantemente a que lo vean nuevos médicos, todos los cuales coinciden en que no hay una enfermedad de deficiencia; es solamente un niño que parece haber nacido con una constitución pequeña. Los padres también muestran su preocupación de otras maneras. Lo instan a menudo a comer más, de modo que crezca con mayor rapidez. Cuando hay alguna alusión a su estatura, en comparación con la de su hermana o la de otros niños, le recuerdan, ansiosos, cuánto más inteligente es él.

Existe suficiente rivalidad entre los varones, de modo que uno que es de baja estatura sienta, de cualquier modo, alguna desilusión. Pero los dos factores que constituyen la diferencia más importante son la felicidad general del niño y su confianza en sí mismo, y la facilidad con que los padres acepten su baja estatura.

El hecho de que se le diga que coma le recuerda cuán inquietos se sienten sus padres, y es más probable que le quite su apetito, en lugar de mejorárselo. La comparación favorable con su hermana y sus amigos en relación con otras cualidades no hace que se sienta mejor respecto a su estatura, y sólo subraya la idea de la competencia y la rivalidad. Hay ocasiones en que los padres intuyen que un niño bajo, o feo, o miope, quiere que se le diga cuán poco importante es el defecto. Entonces, la seguridad y la confianza resultan de gran ayuda. Pero si los padres son inquietos y siempre mencionan el tema, ello convence al pequeño de que sí, el defecto es algo muy grave.

869. Los hermanos y hermanas adoptan su actitud copiando la de los padres. Una niña, que ahora tiene 7 años, nació con parálisis cerebral. Su inteligencia no ha sido afectada en modo alguno, pero su habla es difícil de entender, y su cara y sus miembros realizan constantes y extrañas contorsiones, sobre las cuales tiene muy poco dominio.

Su madre adopta una actitud sensata en relación con los impedimentos. Trata a su hija lo mismo que a su hijo menor, aparte de que la lleva varias veces por semana a una clínica especial, donde la pequeña recibe instrucciones en cuanto a las actividades cotidianas de la vida como la alimentación, habla, hábitos higiénicos, caminar. (Sus padres también aprenden a ser instructores.) Su hermano mayor y los niños del vecindario la adoran a causa de su índole amistosa y su entusiasmo. La pequeña participa en todos los juegos de ellos, y aunque a menudo no puede seguirlos, los demás la toleran. Concurre a la escuela normal del vecindario. Por supuesto, tiene problemas en algunos sentidos, pero dado que el programa es flexible y que los niños participan en la planificación y elaboración de sus proyectos, las buenas ideas de la niña, y su espíritu de colaboración, la convierten en una integrante popular de la clase. Su padre, quien puede ser propenso a preocuparse un poco más, piensa que la niña estaría más contenta, a la larga, si se la enviase a una escuela especial, junto con otros niños con impedimentos parecidos. También teme que cuando el niño menor crezca un poco, se sentirá apenado con el aspecto singular de la otra.

Si los padres aceptan de buena gana y con normalidad al niño con defectos, los hermanos y hermanas también harán lo mismo. No les molestan demasiado las observaciones de otros niños. Pero si sus padres se sienten avergonzados y tienden a ocultarla, estará en los pensamientos de los hermanos y hermanas, tal como si estuviese a la vista.

870. Cambios en los sentimientos de los padres. Muchos padres que descubren que han tenido un hijo con un impedimento grave pasan por las mismas etapas de sentimientos. Primero llega el golpe doloroso y el resentimiento natural. "¿Por qué tiene que ocurrir esto en nuestra familia?" Luego llega, a menudo, la culpabilidad (examinada en la Sección 867). "¿Qué hice de malo o qué no hice que habría debido hacer?" El médico explica sin cesar: "Usted no habría podido impedir este defecto." Pero hace falta mucho tiempo para que los padres comiencen a sentirse interiormente convencidos.

Una dificultad que surge entonces y más tarde es la de que varios parientes y conocidos llegan con relatos que han escuchado respecto de expertos y de nuevos tratamientos por todo el mundo. Insisten en que los padres deberían consultar a cada uno por turnos. Se muestran escandalizados cuando no se siguen sus consejos. Son todos bien intencionados, pero mantienen inquietos a los padres.

La etapa siguiente es a menudo aquella en la cual los padres se vuelven tan preocupados con el impedimento y su tratamiento, que pierden en parte la visión del niño como persona. Dejan de disfrutar de todas las otras buenas cualidades que se conservan intactas. Y entonces, cuando poco a poco vuelven a colocarse en foco, y comienzan a pensar en su hijo como en otro agradable ser humano que sólo tiene determinada dificultad, no pueden evitar el sentirse irritados por los parientes y amigos que todavía no saben hablar de otra cosa que no sea el impedimento del niño.

Resulta útil para los padres que pasan por estas penosas etapas, saber y tener en cuenta el hecho de que cientos de miles de otros padres han tenido la misma experiencia.

871. La mayor parte de los padres también necesita ayuda. El cuidado de un niño con un impedimento significa, por lo general, mayores esfuerzos y tensiones. Hacer los mejores planes para él impone una verdadera sabiduría, que es difícil de conseguir cuando los padres están inquietos y poseen poca experiencia. Todo esto se resume en el hecho de que los padres que tienen hijos deficientes necesitan a menudo orientación, y por cierto que tienen derecho a ella. No pienso sólo en el asesoramiento médico. Pienso en oportunidades para discutir el manejo del niño en el hogar, los problemas que se crean para los otros miembros de la familia, los pros y los contras de la escuela local, en comparación con escuelas más alejadas, las frustraciones y el resentimiento de los propios padres. La aclaración de todos estos temas ocupa, por lo general, muchas conversaciones prolongadas, durante años, con un asesor que tenga experiencia en ese terreno y con el cual resulte consolador conversar. Su medico le puede ayudar encontrar tal asesor.

Para encontrar a la persona apropiada para ayudarle con sus problemas, escriba, si vive en un pueblo pequeño o en una zona rural, al departamento de bienestar en la capital de su estado. Si vive en una ciudad más grande, llame al United Way o al United Good Neighbors. Ellos le pueden informar sobre la agencia apropiada.

Los padres de niños minusválidos han organizado sucursales locales y asociaciones nacionales. Hay varios propósitos, todos con valor. Comparten sus problemas y soluciones especiales. Presionan para conseguir facilidades mejores para sus niños. Reúnen fondos para investigaciones y tratamientos.

Debería poder conseguir información de las organizaciones nacionales bajo los minusvalías en este capítulo y en otras partes del libro como retraso mental, fibrosis quística, epilepsia.

He aquí algunas otras organizaciones:
Muscular Dystrophy Association of America, Inc.
810 Seventh Avenue
New York, NY 10019
(212) 586-0808

National Hemophilia Foundation
110 Green Street, Room 303
New York, NY 10012
(212) 219-8180

Council for Exceptional Children
1920 Association Drive
Reston, VA 22091
(703) 620-3660

Puede conseguir información sobre las escuelas especiales del Departamento de Educación de su estado, sobre recursos profesionales del Departamento de Salud de su estado, sobre asistencia financiera del Departamento de Bienestar Social. Todos estos departamentos se encuentran en la capital de su estado. O puede escribir a su senador o miembro de congreso en Washington.

Un libro que ayuda mucho se titula *The Chronically Ill Child,* de Audrey T. McCollum (New Haven, CT: Yale University Press, 1981). (También se lo puede comprar en una edición de bolsillo.)

872. La escuela común, cuando sea posible. Supongamos que los niños tienen impedimentos que no impiden que acudan a la escuela común del vecindario, y que no les representa un obstáculo en su aprendizaje en una clase regular. Ejemplos de ello serían pequeñas deficiencias ortopédicas, una enfermedad cardíaca curada que no limita demasiado la actividad del niño, características de apariencia tales como alguna marca de nacimiento. Es mejor que tales niños vayan a la escuela normal del vecindario. Vivirán el resto de su vida entre gente común, y es mejor para ellos comenzar de esa manera, considerándose normales en casi todos los aspectos.

En tiempos anteriores se creía que los niños con impedimentos que obstaculizan el aprendizaje en el salón de clase común —como por ejemplo, un defecto de audición o de visión— debían ser enviados desde el comienzo a escuelas diurnas especializadas, de su propia comunidad o, si no existían, a internados especializados. En años más recientes se ha advertido que, si bien la educación de los niños minusválidos es de suma importancia, más importante aún es su adaptación y felicidad. Esto significa tener en cuenta la sociabilidad que adquirirán por la circunstancia de estar con niños sin defectos y otros que los poseen; el sano panorama que tendrán acerca del mundo y de sí mismos si crecen pensando que son normales en todo sentido; la seguridad que adquirirán por el hecho de formar parte de la familia. Sin duda, es preferible que los niños vivan en el hogar, si ello es posible. Los niños menores (en particular hasta los 6 u 8 años) son los que más necesitan los cuidados íntimos, afectuosos, comprensivos, y el sentimiento de pertenecer a su grupo familiar, que con toda probabilidad recibirán en el hogar, en mucha mayor medida que en el mejor de los internados. Por lo tanto, se han desarrollado cada vez mayores esfuerzos para recibir a niños con defectos en las escuelas comunes del vecindario y, cuando ello es posible, mantenerlos en las clases regulares, durante la mayor parte posible del día. Ello impone la necesidad de aumentar los presupuestos de las escuelas y entrenar a más maestros especializados, de modo que las escuelas locales cuenten con esas posibilidades. En un caso, significa que el niño minusválido pueda pasar parte de cada día en una clase especial, y otros períodos en el aula regular, con los niños normales. Para los otros niños es bueno conocer y entender a los minusválidos, de manera de superar parte de sus morbosos temores. En algunos casos, un maestro especializado puede preparar a un maestro común en cuanto a la manera de enseñar una materia, de modo que el niño minusválido pueda entender y participar, o bien a enseñar directamente a dicho niño.

La forma en que esta filosofía funciona en cualquier comunidad o escuela depende de muchos factores: de la cantidad y capacidad de los maestros especializados, de la capacidad de las clases y aulas, del tipo de impedimento, de la gravedad de tal impedimento, de la edad y entrenamiento anterior del niño minusválido.

873. Escuelas para niños leve o moderadamente sordos. Estos niños necesitan, ante todo, instrucción en cuanto a la lectura de los labios, corrección del lenguaje y un aparato de ayuda auditiva. Con la colaboración de todos estos elementos, casi siempre pueden ocupar sus lugares en la escuela normal de la localidad.

874. Escuelas para niños de audición más gravemente deteriorada. Estos niños no pueden obtener gran cosa en un salón de clase común hasta que han aprendido a comunicarse con los demás. Esto exige un largo adiestramiento en una escuela especial para sordos, o en una escuela diurna normal, con un maestro capacitado para la enseñanza a los sordos. Es importante que los niños comiencen a asistir a programas de adiestramiento, que se imparten en las clínicas y escuelas para sordos que existen, **desde la infancia,** cuando la capacidad de los pequeños es flexible, y grande su avidez por aprender. Es mucho mejor que los niños pequeños vivan en su hogar, si ello es posible, porque allí se podrán satisfacer sus necesidades especiales de cariños y pertenencia a un grupo humano. Si no existe una escuela local, la familia puede pensar en trasladarse a otro lugar que la tenga.

Se ha discutido mucho el tema de si, para favorecer la lectura de los labios y el aprendizaje del habla, debería impedirse al niño sordo el lenguaje por señas y por el movimiento de los dedos. Por supuesto, los padres que quisieran que su hija fuese capaz de entender y hablar en compañía de personas que oyen, y que ansían que la pequeña no parezca diferente, se han mostrado partidarios, por supuesto, de la filosofía de impedir el lenguaje por señas o por el movimiento de los dedos.

Pero la lectura de los labios es una forma incompleta, inexacta, de comprensión, inclusive para el alumno más capaz. Distintos sonidos son emitidos con los mismos movimientos exactos de los labios, de modo que debe confiarse demasiado en la intuición. Muchos niños —incluidos los más inteligentes— nunca llegan a ser buenos lectores de labios, a pesar de los aprendizajes más intensos. La enseñanza del habla a los niños de sordera muy grave es penosamente lenta, y a menudo resulta muy poco satisfactoria. Por lo tanto, en la mayoría de los casos, resulta útil permitir y alentar **todas** las formas de comunicación para los sordos: el lenguaje por señas y por el movimiento de los dedos puede complementar la lectura por el movimiento de los labios.

Puede consultar la Alexander Graham Bell Association, 3417 Volta Place, N.W. Washington, D.C. 20007 (202) 337-5220, acerca de facilidades locales.

875. Los niños con impedimentos visuales pueden obtener mucho en la clase normal de la escuela (o en el jardín de niños normal), aunque necesitan alguna instrucción especial, al mismo tiempo. Resulta asombroso ver hasta qué punto un niño ciego de 3 ó 4 años puede avanzar en una clase de niños con visión normal. El maestro inexperto, lo mismo que el padre sin experiencia, tiende a mostrarse ansiosamente sobreprotector al comienzo, pero poco a poco llega a darse cuenta de que la sobreprotección no es necesaria y sólo constituye un obstáculo. Por supuesto, es preciso adoptar precauciones sensatas y prudentes. Los otros niños aceptan al minusválido con facilidad, luego de algunos interrogatorios. Por lo general, son tolerantes, y ayudan en forma muy sensata. Se puede obtener información sobre clases especiales y escuelas residenciales para los niños con defectos visuales del Board of Education de su estado, o de la Commission for the Blind de su estado o de la American Foundation for the Blind, 15 West 16th Street, New York, NY 10011 (800) 232-4563. Los niños con impedimentos visuales graves pueden recibir becas federales otorgados por la American Printing House for the Blind, 1839 Frankfort Avenue, Louisville, KY 40206 (502) 895-2405.

876. Escuela y entrenamiento para los niños con la parálisis cerebral y otros problemas neuromusculares. Algunos de estos niños no requieren clases especiales sino tratamientos musculares muy sofisticados que se ofrecen sólo en unos pocos lugares. Se puede conseguir información sobre las clases, escuelas y otras facilidades del Departamento de Educación de su estado. Los lugares donde se ofrecen el entrenamiento muy especial para los niños con parálisis cerebral pueden conseguirse de la United Cerebral Palsy Association, Inc., 7 Penn Plaza, New York, NY 10001 (212) 268-6655, o la National Easter Seal Society, 70 East Lake Street, Chicago, IL 60601 (800) 221-6827.

Si no hay entrenamiento y tratamiento satisfactorios cerca de donde una familia vive, pueden considerar trasladarse.

877. Retraso mental. Se pueden dividir, en forma aproximada, los casos de verdadero retraso mental, en cuatro grupos: orgánico, glandular y experiencial (o ambiental), y idiopático. Los casos orgánicos son aquéllos en las cuales existe una lesión física del cerebro, causada, por ejemplo, por una cantidad insuficiente del oxígeno que llega al cerebro durante el nacimiento, o por encefalitis. Los casos glandulares se deben a un funcionamiento deficiente de la tiroides; si son diagnosticados temprano y tratados de manera correcta, la deficiencia mental puede ser mantenida en un nivel mínimo.

Muchos casos de retraso mental son experienciales, en el sentido de que ha habido un bajo nivel de estímulo mental en la forma en que se crió al niño, o alguna otra causa psicológica. Una enfermedad o una lesión no es una causa de este tipo de retraso mental. A menudo resulta difícil distinguir entre los casos orgánicos y los experienciales. La inteligencia del niño con retraso experiencial continúa desarrollándose, pero a un ritmo más lento que en el común de los pequeños.

Muchos otros casos de retraso mental son idiopáticos, que quiere decir que nunca se puede determinar la causa. Pero estos niños se beneficiarán de los mismos tipos de ayuda que se da otros niños con retraso mental.

878. Ser aceptados les permite aprovechar al máximo sus capacidades. Los problemas de conducta que desarrollan algunos niños con retraso no se deben por lo general, a una escasa inteligencia, sino a métodos erróneos de manejo. Si los padres sienten que el niño es raro o vergonzoso, por ejemplo, es posible que no le entreguen su amor en suficiente medida como para darle seguridad y felicidad. Si creen, por error, que son culpables de su personalidad, puede que insistan en un "tratamiento" imprudente que lo perturbe sin beneficiarlo. Si llegan en forma apresurada a la conclusión de que es un caso sin esperanzas, que jamás será "normal", es posible que no le proporcionen los juguetes, los compañeros, la educación adecuada que necesitan **todos** los niños para sacar el máximo de provecho de sus capacidades. Uno de los grandes peligros consiste en que los padres, haciendo caso omiso de las señales que indican que tiene retraso, y de demostrarse a sí mismo y al mundo que es tan inteligente como cualquier otro pequeño, lo empujen y traten de enseñarle modales y capacidades antes de que esté listo para aprenderlos, apresuren su aprendizaje de los hábitos higiénicos, lo inscriban en una clase escolar para la cual no está preparado, lo ayuden en su casa, con sus lecciones. La constante presión lo vuelve terco e irritable. El hecho de encontrarse a menudo en situaciones en las cuales no puede salir adelante le quita la confianza en sí mismo.

Por desgracia, el niño con retraso cuyos padres sólo han tenido una educación promedio y viven felices, en escala modesta, sale adelante con frecuencia, mucho mejor que el niño que nació en una familia universitaria, o en la que tiene elevadas ambiciones de éxitos. Es más probable que estas últimas supongan que es vital obtener buenas calificaciones en la escuela, e ir a la universidad, y tener alguna profesión.

Existen muchos trabajos útiles y dignos que pueden ejecutar mejor las personas que tienen una inteligencia menos que promedio. Todas las personas tienen derecho a crecer lo bastante bien adaptadas y educadas como para poder llevar a cabo la mejor tarea para la cual están dotadas por su inteligencia.

Es preciso permitir que el niño con retraso se desarrolle según sus propios patrones, tenga los hábitos de alimentación e higiénicos que sean adecuados para su etapa de crecimiento mental y no para su edad. Necesita oportunidades para entender, ascender y construir, y para actuar, en los períodos en que se encuentra en condiciones para estas actividades; le hacen falta juguetes que lo atraigan, oportunidades para jugar con niños con quienes se divierte y a cuyo nivel puede mantenerse (aunque tengan un año menos de edad que él, o más aun). Cuando va a la escuela, tiene que ingresar en una clase en la cual se sienta cómodo y considere que está logrando algo.

Por otro lado, los avances de un niño pueden hacerse más lentos a causa de una actitud pesimista por parte de los padres y maestros. Una cuidadosa evaluación educativa y un programa diseñado en especial puede acelerar su crecimiento mental, de modo que compense parte de su retraso. Cualquier niño de cualquier nivel mental se beneficia cuando siente que es cálidamente amado y disfrutado por sus cualidades atractivas.

Cualquiera que haya observado a grupos de niños con retraso sabe cuán naturales, amistosos y atrayentes son casi todos, en especial aquéllos que han sido aceptados con naturalidad en su hogar. Y cuando se encuentran atareados jugando, o en tareas escolares adecuadas para ellos, muestran la misma actitud ávida e interesada que exhiben los niños normales y superiores. En otras palabras, el aspecto de "tonto" proviene más del hecho de sentirse fuera de lugar que de la circunstancia de tener un bajo cociente de inteligencia. La mayoría de nosotros tendríamos una expresión estúpida en una plática avanzada acerca de la teoría de la relatividad.

Se cuida al niño que sólo es moderada o escasamente lento, por supuesto, casi siempre en su hogar. Y ése es el lugar donde, lo mismo que el niño normal, disfruta de mayor seguridad. Será útil para él ir al jardín de niños, en caso posible, donde los maestros podrán decidir si debe estar con niños de su propia edad, o con otros más pequeños.

879. Cuidado en el hogar de un niño con retraso. Cuando quedan convencidos de que un hijo es lento en su desarrollo mental, los padres tienden a preguntar al médico o al asistente social qué juguetes y materiales educativos especiales deberían comprar, y qué instrucción especial deberían ofrecer al niño en el hogar. Esto se debe a la tendencia natural de la gente a pensar, al comienzo, que un niño con impedimentos es muy diferente de los demás. Por supuesto, un niño retrasado puede tener intereses y capacidades que no están a la altura de su edad cronológica; corresponde más bien a su edad mental. Tiende a querer jugar con niños menores que él, y con juguetes adecuados para una edad menor. Es posible que no comience a tratar de amarrarse los cordones de los zapatos o a distinguir letras a los 5 ó 6 años. También puede ser que encuentre dificultades en interpretar lo que ve o escucha. Puede mostrarse torpe o hiperactivo.

Los padres de un niño de inteligencia mediana no necesitan consultar a un médico o leer un libro para averiguar cuáles son los intereses del pequeño. Casi siempre lo verán jugar con sus propias pertenencias, y con las de los vecinos, e intuirán qué otras cosas podrían atraerle. Observan lo que trata de aprender, y le ayudan con gran tacto.

En realidad, lo mismo ocurre con un niño retrasado. Se observa para ver qué lo hace disfrutar. Se le consiguen los juguetes, dentro de la casa y fuera de ella, que resulten sensatos. Se le ayuda a ubicar a los niños con quienes se divierte, todos los días, si es posible. Se le enseñan las habilidades para las cuales necesita más ayuda.

880. Es vital la ubicación de la escuela adecuada. Resulta prudente obtener la opinión y orientación de un psicólogo, en forma privada, por medio de una clínica de orientación infantil, o del sistema escolar, cuando se sospecha que un niño tiene retraso. No debe ingresar en una clase que esté muy por encima de sus posibilidades. Con cada día que no logra mantenerse a la altura de las exigencias, se destruye un poco más su confianza en sí mismo, y el hecho de ser retrasado en un grado le resulta hiriente. Si es apenas un poco lento y el programa escolar es tal que todos los niños pueden contribuir según su capacidad, es posible que logre avanzar con niños de su propia edad. De lo contrario, tendría que estar en una clase especial. No es aconsejable demorar su entrada a la escuela. Muchos niños con retraso necesitan ayuda para concurrir a actividades comunes en el jardín de niños y en la escuela. Hacen falta materiales especiales, bien planificados, y enfoques educativos especiales.

881. El niño con mayor retraso. El niño que a los 1½ años ó 2 años, todavía no sabe sentarse, que muestra muy poco interés en la gente o las cosas, presenta problemas más complicados. Tendrá que ser cuidado como un bebé durante mucho tiempo. No existe una única solución correcta. Todo depende del grado de retraso, del temperamento del niño, de la forma en que afecta a los otros chicos de la familia, de si, para cuando se muestra activo, puede encontrar compañeros de juegos y actividades que lo hagan sentirse feliz, de si hay una clase especial, en una de las escuelas locales que lo acepte y le convenga. Más que nada, depende de si los padres encuentran satisfacción o se sienten tensos en sus cuidados. Algunas de estas preguntas sólo tendrán su respuesta cuando el chico tenga varios años más de edad.

882. Algunos padres están hechos de tal manera, que pueden llevar a cabo la crianza de un niño retrasado con facilidad. Encuentran maneras de cuidarlo que no les resultan agotadoras. Son capaces de disfrutar con sus cualidades agradables, de no molestarse ante las dificultades que impone, y de no volcar sus energías en su cuidado, con exceso. Los otros niños de la familia imitan principalmente a sus padres en estos aspectos. La aceptación por el resto de la familia hace resaltar las mejores cualidades del niño retrasado, y le ofrece un buen comienzo en la vida. Es posible que se beneficie si vive en forma permanente en su hogar.

Otros padres igualmente dedicados encuentran que se sienten cada vez más tensos cuando deben ocuparse de un niño con necesidades tan especiales. Es posible que ello lastime sus relaciones recíprocas y con sus otros hijos. Los padres necesitan mucha ayuda de un médico que se especialice en este terreno, y que por lo general trabaja con un equipo en el cual hay un asistente social y un psicólogo o psiquiatra infantil. Ello llevará a una actitud más cómoda, o bien a la búsqueda de una solución satisfactoria en una residencia que no sea el hogar, de preferencia en un grupo pequeño.

Otros padres advierten que pueden dedicarse al cuidado de un niño con graves deficiencias sin sentir una tensión insoportable, e inclusive hacerlo con devoción y goce. Pero puede que una persona ajena vea que su sentimiento de obligación hacia el niño es tan intenso, que no piensan lo bastante el uno respecto del otro, ni de los otros hijos ni de sus propios intereses normales. A la larga, esto no es saludable para la familia en su conjunto, y ni siquiera para el niño retrasado. Los padres necesitan ayuda para adquirir un sentido de la proporción, y para aligerar sus preocupaciones (la Sección 871).

Cuando los padres se sienten incapaces de enfrentar los problemas de un niño retrasado deben consultar durante un tiempo con una institución social de la familia o una que se especialice en el cuidado de niños retrasados. En ocasiones, el asesoramiento proporciona el apoyo práctico y emocional que necesitan los padres, o bien es posible que conduzca a la búsqueda de un hogar adoptivo o un hogar para grupos pequeños, que se dediquen al cuidado de niños. En los últimos años, la tendencia se ha orientado a eludir, en lo posible, el internado en instituciones de muy grandes dimensiones.

Es posible que la Association for Retarded Citizens of the United States, 500 East Border Street, Suite 300, Arlington, TX 76010, pueda sugerir recursos locales. Su número de teléfono es el (817) 261-6003.

883. Síndrome de Down (mongolismo).

Ese es un tipo especial de deficiencia mental orgánica, pero también hay una perturbación del crecimiento físico. Los ojos se desvían hacia arriba, rasgados, como los de un oriental, y por eso este estado recibió su nombre anterior, mongolismo. Down es el nombre del primer doctor que adelantó en el conocimiento de esta condición en tiempos modernos. Existen otras características. El crecimiento físico es lento, y el niño no llega a su plena estatura. En la mayoría de los casos, la inteligencia se desarrolla con suma lentitud, pero en algunos crece hasta alcanzar un grado bastante bueno. En cuanto a su disposición, muchos de estos niños se caracterizan por tener un carácter dulce.

Las posibilidades de tener un bebé con esta deficiencia aumentan hacia el final del período de fertilidad de una mujer. Es provocado por una anormalidad de los cromosomas, que se desarrolla al comienzo de la vida del embrión. No se trata de una enfermedad hereditaria. Existen varios tipos diferentes de ella. Si una madre tiene uno de estos hijos, es preciso realizar un estudio de los patrones de los cromosomas en el niño y la madre, por intermedio de un especialista en genética, para determinar qué posibilidades existen de que cualquier otro hijo futuro de esta madre tenga las mismas características. El estudio de los cromosomas resulta esencial si la madre es joven. Se puede realizar un análisis especial durante el comienzo de un embarazo.

Como en otras formas de retraso mental, el mejor programa para el futuro depende de cómo se desarrolle el niño, de las posibilidades locales en materia de clases y compañeros de juegos, de lo difícil o cómodo que resulta para los padres continuar con sus otras tareas y, también con ésta especial. Algunos chicos con el síndrome de Down son criados en su hogar, disfrutan con ello, y no imponen una tensión insoportable sobre los padres y los otros niños. En otros casos, ocurre que a medida que el niño crece, él y el resto de la familia se sienten más satisfechos si el pequeño es cuidado en otra residencia, en un grupo reducido. Resulta útil el asesoramiento continuo para llegar a tomar la mejor decisión.

Abuso contra los niños y negligencia en su atención

884. La mayoría de los padres se enojan lo suficiente con sus hijos muy de vez en cuando, como para sentir deseos de hacerles daño— a un bebé que continúa llorando durante lo que parecen ser horas enteras, cuando usted no encuentra nada que ande mal y ha hecho todo lo posible en lo que se refiere a consolarlo; o con un niño que ha hecho trizas su preciosa pertenencia, después que usted le pidió que la dejara. Su enojo justificado llega al máximo. Pero en la mayoría de los casos usted tiene el suficiente dominio sobre sí para no lastimar al niño, salvo, tal vez, en lo que se refiere a darle una bofetada cuando se trata de un niño mayor y descuidado. (Recuerdo que cuando era estudiante de medicina yo mismo tomaba en brazos a mi propio bebé de 6 meses, que lloraba en mitad de la noche, y le gritaba "¡Cállate!" casi sin poder contener el deseo de hacerle algún daño físico. Hacía semanas enteras que no dormía por la noche, debido a una rubéola seguida por una dentición difícil, y su madre y yo nos encontrábamos agotados y sin saber qué hacer.) Es posible que usted se sienta avergonzada y molesto después de un incidente por el estilo. Si recuerda que la mayoría de los padres han pasado por la misma experiencia, podrá conversar con su cónyuge o con el médico del bebé acerca de ello, y obtener el apoyo y la ayuda que merece.

En los últimos años se ha puesto mucho estudio y atención a los abusos contra los niños y a la falta de atención de ellos. Los abusos pueden ser emocionales, físicos o sexuales. La falta de atención puede ser emocional o física. El abuso contra los niños y su falta de atención se da en todas las clases sociales, aunque con frecuencia algo mayor entre las personas pobres, cuya pobreza agrega más tensión a su vida ya llena de tensiones. Si un bebé es prematuro, o si está enfermo en el período justo después del nacimiento, y necesita más cuidados que los habituales, es más probable que sea objeto de abusos. Los abusos sexuales contra las niñas son más frecuentes que los cometidos a los varones.

La mayoría de los padres u otras personas que abusan de un niño o lo descuidan de alguna manera, no son personas salvajes o dementes, sino que han tenido una pérdida momentánea del dominio físico y emocional.

Un contacto más estrecho con una cantidad menor de padres que han perdido el dominio en repetidas ocasiones revela que una mayoría de ellos fueron objeto de abusos, de descuidos o de abusos físicos en su propia infancia, que tienen poco o ningún apoyo físico o emocional por parte de sus parientes y amigos, y que tienden a tener expectativas irracionales en lo que se refiere al niño que ha sido objeto de abusos. Se benefician, en gran medida, con el asesoramiento (clínica de orientación, terapia de familia, institución social para la familia) y, en particular, cuando se incorporan a un grupo de padres u otras personas con problemas similares.

El objetivo de las leyes respecto al abuso y descuido de los niños y las facilidades que se imparten, no consiste en castigar a los padres sino en ayudarlos, por medio del asesoramiento, a entender y evitar las diversas presiones que recaen sobre ellos y que han volcado contra el niño, así como para tener expectativas más realistas en cuanto a la capacidad de éste para adaptarse. De preferencia se orienta siempre a tener al niño en su hogar, mientras los padres son apoyados y ayudados. Pero si el peligro es en algún momento demasiado grande, se le ubica en un hogar adoptivo, hasta que la familia esté en condiciones de volver a ocuparse de él.

885. El abuso sexual. Tiene importancia advertir que una gran mayoría de los ataques sexuales a los niños son llevados a cabo, no por desconocidos depravados, sino por miembros de la familia, amigos de ésta u otras personas a quienes los niños ya conocen.

Una de las recomendaciones que se han hecho en conversaciones con funcionarios policiales en escuelas, previene a los niños contra las personas extrañas que ofrecen golosinas y un viaje en auto. Temo que estas conversaciones, si son desarrolladas por autoridades insensibles, pueden infundir temores excesivos, morbosos, en millones de niños, y al mismo tiempo, tener una utilidad muy limitada.

Sugiero, en cambio, que los propios padres ofrezcan las advertencias que consideren prudentes, según su evaluación de los riesgos. Para hacer que las advertencias resulten menos espantosas, yo le diría a un niño pequeño (de 3 a 6 años) —y de preferencia cuando haga alguna pregunta, o cuando la madre ha descubierto juegos sexuales con otro niño pequeño— que es posible que un varón de más edad quiera tocarle el clítoris o la vagina, pero que no tiene por qué permitírselo. Se le puede decir que diga: "No quiero que lo hagas", y que se lo cuente a su madre. Entonces ésta puede agregar: "A veces es posible que un hombre quiera tocarte, o que tú lo toques, pero no tienes por qué hacerlo. Dímelo. La culpa no será tuya." Esta última idea se menciona debido al hecho de que, por lo general, los niños no hablan, porque se sienten culpables, en particular si la persona que lo ha abusado es un pariente o un amigo de la familia.

Los niños pueden ser abusados lo mismo que las pequeñas, aunque ello ocurre con menos frecuencia.

886. Como conseguir ayuda. En muchos lugares, los padres han organizado sucursales de una institución nacional para la prevención de los abusos contra los niños y la falta de atención de estos. Preparan folletos informativos en lo relativo a la prevención, para padres e hijos, y los llevan a las bibliotecas de las escuelas. Y se ocupan de que celebridades locales, a quienes los niños conocen bien, difundan anuncios de servicios públicos en cuanto a la manera en que los niños pueden protegerse. Dichos anuncios son difundidos en las estaciones locales de televisión y radio.

Una organización nacional de padres y profesionales que ayuda con el problema es: National Committee for Prevention of Child Abuse, 332 South Michigan Avenue, Suite 1600, Chicago, IL 60604 (312) 663-3520. Tienen folletos informativos gratis sobre el abuso, la prevención de ello y cómo ser un buen padre. Pueden decirle cómo conseguir ayuda en su área y si tienen sucursales locales cerca de usted.

887. Secuestros. En los últimos años ha habido mucha publicidad en cuanto a niños desaparecidos. Muchos de los niños que desaparecen son secuestrados por un padre divorciado, que no posee la custodia y se siente injustamente despojado. Muchos otros son adolescentes, la mayoría muchachas, que huyen del hogar porque se sienten no queridos o tratados en forma injusta. Entre los que huyen, los más jóvenes pronto revelan que así lo han hecho, o se entregan a las autoridades. Es probable que los de mayor edad eviten la posibilidad de ser detectados en su fuga, y usen ese medida para abandonar el hogar para siempre.

Algunas personas han recomendado la impresión de las huellas digitales en respuesta a esa situación. Si usted quiere que a su niño se le tomen las huellas digitales, a pesar de la posibilidad muy escasa de que aquello resulte alguna vez útil, sugiero que le diga algo así como, por ejemplo: "Me gustaría que te tomaran las huellas digitales, porque todos las tienen diferentes, unos de otros, tal como lo son las fotos de cada persona, y si alguna vez te pierdes, eso nos ayudará a encontrarte." En otras palabras, no tienen por qué hablar del tema del secuestro para conversar acerca de las impresiones dactilares.

Por supuesto, a todos los niños debe enseñárseles que no salgan nunca con un desconocido, no importa qué les diga éste, en cuanto los pequeños tienen la edad suficiente para salir de su casa por su cuenta.

Adopción de un niño

888. La gente tiene diversas razones para desear adoptar. Una pareja resuelve adoptar sólo si los dos aman a los niños y desean uno con mucha fuerza. Todos los niños, biológicos o adoptados, necesitan sentir que pertenecen al padre y a la madre, y que son profundamente queridos por éstos, y "para siempre", si se desea que crezcan seguros de sí mismos. Para un hijo adoptivo, digamos que es una niña, resulta aun peor intuir una falta de amor en uno de los padres o en los dos. No se siente muy segura, ya que ha pasado por una o más separaciones anteriores. Sabe que ha sido entregada por algún motivo, por sus padres biológicos, y es posible que tema, en secreto, que sus padres adoptivos la entreguen asimismo, algún día. Se entiende, entonces, por qué es un error adoptar cuando sólo uno de los padres lo desea, o cuando ambos padres lo piensan sólo por razones prácticas, como por ejemplo tener un poco de ayuda o alguien que los cuide en su vejez. De vez en cuando, una mujer que teme que está perdiendo a su esposo quiere adoptar un niño en la inútil esperanza de que ello conserve el amor de su esposo. La adopción por tales motivos es injusta para el niño. Y aún más, por lo general resulta equivocada desde el punto de vista de los padres.

Con mucha frecuencia, el niño que no es profundamente amado se convierte en un niño con problemas de conducta.

Los padres que tienen un hijo que no es muy feliz o sociable piensan a veces en adoptar otro para ofrecerle compañía. Es una buena idea hablar de ello con el psiquiatra infantil o con la institución de colocación de niños, antes de seguir adelante. Es posible que el niño adoptado se sienta como un extraño, en comparación con el otro. Y si los padres muestran afecto al recién llegado, puede que ello moleste al hijo biológico, en lugar de ayudarlo. Todo el tema es riesgoso.

También existe el peligro de adoptar para "remplazar" a un niño que ha fallecido. Los padres necesitan tiempo para elaborar su tristeza. Deben adoptar sólo porque quieren un niño a quien amar. No hay peligro alguno en adoptar a uno que sea similar en edad o en sexo o en aspecto al niño que falleció, pero la comparación debe detenerse ahí. Es injusto e imprudente desear que una persona desempeñe el papel de otra. Dicho niño fracasará en la tarea de hacer de fantasma, desilusionará a los padres y se sentirá desdichado. No se le debe recordar lo que hacía el otro niño, ni compararlo con él en voz alta, o en los pensamientos de los padres. Que sea como es. (Parte de esto rige también para el niño que nace después que ha muerto uno mayor.)

889. ¿Qué es lo mejor para el niño? ¿A qué edad se debe adoptar a un niño? Cuanto antes mejor, en beneficio del niño. Por una cantidad de razones complejas, esto aún no ha sido posible para miles de pequeños que viven en orfanatos e instituciones. Las investigaciones han demostrado que los niños mayores también pueden ser adoptados con éxito. La edad de los niños no debe impedir que sean ubicados. La institución ayuda a los niños mayores y a los padres a decidir si es bueno para ellos.

Algunas personas se preocupan con respecto a la herencia y cómo afectará el futuro del niño. Cuanto más aprendemos acerca del desarrollo de la personalidad, incluyendo la inteligencia, más claro resulta que el factor más importante de todos es el ambiente en el cual crece el niño, en especial, el amor que recibe y el sentimiento de pertenencia que adquiere. No existe evidencia de que las anormalidades sociales específicas como la inmoralidad y la delincuencia o la irresponsabilidad sean heredadas.

Una pareja no debe esperar hasta ser demasiado vieja para adoptar un niño. Algunas de ellas se vuelven demasiado aferradas a sus costumbres. Han soñado durante tanto tiempo con una chiquilla de rizos dorados que llenase la casa de canciones, que inclusive el mejor de los niños resulta ser un rudo golpe para ellos. ¿Qué edad es una edad excesiva? No se trata sólo de años, sino de la capacidad de una persona para ofrecer lo que determinado niño necesita. Ese es un tema que debe discutirse con la institución.

890. Una gran mayoría de los niños que esperan ser adoptados son mayores. De modo que la gente que quiere adoptar sólo bebés o niños muy pequeños no podrá hacerlo, o tendrá que esperar durante mucho tiempo. Es posible que tales personas se sientan tentadas de adoptar un bebé por intermedio de un abogado o un médico, quien dice que dispone de uno. Muchas personas creen que no tendrán problemas si obtienen un bebé de "mercado gris", como cosa contraria al "mercado negro", claramente adoptado sin procedimiento legal alguno. Muy a menudo, tales personas descubren que se han metido en tremendas dificultades, legales y otras, como por ejemplo cuando la madre o el padre del bebé deciden que quieren recuperar a éste.

Por muchos motivos, más padres no casados se quedan con sus hijos y los crían. Por lo tanto, no hay tantos niños pequeños que necesiten un hogar. Pero hay otros que esperan a sus padres. Puede que tengan un hermano y hermana de quienes no quieran separarse. Es posible que tengan algún defecto físico, emocional o intelectual. Tal vez sean huérfanos de guerra del sudeste asiático o de América del Sur, o de otras partes del mundo en las cuales las guerras recientes han producido muchos huérfanos. Necesitan tanto amor y atención de los padres como cualquier otro niño. La responsabilidad de las instituciones de adopción consiste en concentrar su atención en encontrar hogares para estos pequeños, y aún más en buscar bebés para los padres.

Si el niño mayor tiene alguna necesidad especial, el personal de la institución, y los médicos de ésta resultarán útiles en lo que se refiere a ofrecer a los padres adoptivos importantes informaciones respecto del niño. La mayoría de las personas tienen suficiente capacidad latente como para cuidar bien a los niños. Es tarea de los profesionales ayudar a los padres adoptivos inexpertos, con el fin de que desarrollen dicha capacidad latente.

En la actualidad, muchos de los padres adoptivos en prospectos que llegan a las instituciones ya tienen sus propios hijos. No son estériles, y han demostrado su capacidad como padres. Acuden por motivos humanitarios, pues quieren hacer algo por el niño.

Los padres que viven solos son objeto de mayor consideración como padres adoptivos. La mayoría de los niños que esperan necesitan padres en el acto. La infancia pasa con rapidez, y un padre permanente ahora es de mayor valor que la posibilidad de dos padres en algún momento del futuro. Por consiguiente, las instituciones que no encuentran parejas han decidido usar a padres que viven solos. Existe otra buena razón para esto en algunos casos. Ciertos niños han sido emocionalmente heridos de tal manera, que es mejor que tengan un padre de determinado sexo. Algunos niños tienen una necesidad tan tremenda de atención y cuidado en el momento de su ubicación, que la ausencia del cónyuge que también necesita atención permite que el padre que vive solo ofrezca todo lo que el niño necesita.

891. Adoptar a través de una buena institución. Es probable que la regla más importante de todas, con respecto a la adopción, sea realizarla a través de una institución de primera categoría en la ubicación de niños. Para los padres adoptivos, siempre es riesgoso tratar directamente con los padres biológicos o con un tercero sin experiencia. Deja el camino abierto para que dichos padres se arrepientan y traten de recuperar a su hijo. A pesar de que la ley lo impide, lo desagradable de la situación puede estropear la felicidad de la familia adoptiva y la seguridad del niño. La institución ayuda a la madre biológica y a sus parientes a tomar la decisión correcta, en primer lugar, acerca de si entregar o no al bebé. Emplea su juicio y experiencia en decidir cuales parejas deben ser disuadidas de adoptar. El trabajador de la institución ayuda al niño y a la familia durante el período de adopción. El objetivo consiste en ayudar a que el niño se transforme en un miembro de la familia. Las instituciones prudentes y las leyes sabias requieren este ajuste antes de que la adopción sea definitiva. Una manera de informarse sobre una agencia de adopciones es llamar al departamento de salud de su estado. Todos los departamentos de salud estatales tienen una división responsable para licenciar las agencias de adopciones.

892. La adopción "abierta". En años recientes, se ha hecho mucho más común que la madre biológica (y a veces el padre biológico) y los padres adoptivos se conocen mucho mejor los unos a los otros. Esto varía desde recibir una descripción general del otro hasta conocerse personalmente en la agencia. A veces la madre biológica puede escoger cuáles padres adoptivos prefiere. Y en algunos casos, se las arregla para que la madre biológica pueda mantenerse en contacto con los padres adoptivos; recibir una foto, por ejemplo, y una carta de los padres adoptivos una vez al año o más.

Todavía no sabemos cómo van a funcionar estos arreglos "abiertos" a la larga, especialmente los que proveen una comunicación entre la madre biológica y los padres adoptivos. Creo que es bueno que los padres adoptivos y la madre biológica se conozcan más al principio. Pero no sé cómo funcionará en términos emocionales para el niño y los adultos al pasar los años. Me parece que podría interferir con el "dejar ir" de parte de la madre biológica, emocionalmente, y podría dificultar el proceso de los padres adoptivos de sentir que este niño realmente les pertenece a ellos.

893. Permita que lo descubra con naturalidad. ¿Se le debe decir a un niño que es adoptado? Toda la gente con experiencia en este campo está de acuerdo en que el niño debe saberlo. Con seguridad lo descubrirá tarde o temprano, de uno u otro, no obstante el cuidado con que los padres crean que han mantenido el secreto. Casi siempre resulta muy molesto que un niño mayor, o inclusive un adulto, descubra de pronto que son adoptados. Puede molestar su sentido de seguridad durante años. Supongamos que una bebita ha sido adoptada durante su primer año. ¿Cuándo se le debe decir? La noticia no se debe reservar para una edad definida. Desde el comienzo, los padres deben tomar el hecho de que es adoptada como algo natural, casual, en sus conversaciones entre sí, con el niño y con sus amistades. Esto crea una atmósfera en la que la niña puede hacer preguntas, cuando esté en un momento de su desarrollo en que el tema le interese. Va comprendiendo poco a poco lo que significa la adopción, a medida que adquiere entendimiento.

Algunos padres adoptivas cometen el error de mantener la adopción en secreto, otros cometen el contrario, acentuándolo demasiado. Como es natural, muchos de los padres adoptivos tienen un exagerado sentido de responsabilidad al comienzo, como si tuvieran que ser literalmente perfectos para justificar el hecho de que les ha sido confiado a su cuidado el hijo de otra persona. Si insisten con demasiado entusiasmo en la tarea de explicar a la niña que es adoptiva, ella comienza a preguntarse: "De todos modos, ¿qué hay de malo en ser adoptiva?" Pero si la aceptan como algo natural, tal como lo hacen con el color de cabello de la criatura, no deben hacer de ello un secreto, o estar recordándoselo. Deben tener en cuenta que, habiendo sido elegidos por la agencia, es probable que sean muy buenos padres y que el niño haya tenido suerte en encontrarlos. No es necesario que teman la nostalgia por los padres biológicos. Los padres necesitan resolver estos temores y ansiedades, para no trasmitírselos a la niña.

Digamos que una niña de más o menos 3 años, escucha a su madre explicarle a algún conocido que es adoptada y pregunte: "¿Qué es adoptada, mamá?" La madre puede responder: "Hace mucho tiempo atrás, yo deseaba mucho tener una bebita para amarla y cuidarla. Entonces fui a un sitio donde hay muchos bebés y le dije a la señora: 'Quiero una pequeña con cabello y ojos castaños.' Luego, me trajo una bebita, y eras tú. Y yo dije: 'Oh, es exactamente la que yo quería. Quiero llevarla a casa y tenerla para siempre.' Y así es como te adopté." Esto significa un buen comienzo, pues subraya el aspecto positivo de la adopción, el hecho de que la madre recibió exactamente lo que quería. La historia encantará a la niña, y querrá escucharla muchas veces.

Los niños que han sido adoptados con más edad necesitan otro enfoque. Pueden tener recuerdos de sus padres biológicos y sustitutos. La institución puede ayudar a los padres y al niño a manejar esto. Es importante entender que las preguntas surgirán en forma repetida, en distintos períodos de la vida del niño. Los padres deben permitir que la niña exprese libremente sus sentimientos y temores.

Entre los 3 y los 4 años de edad, como la mayoría de los niños, ella querrá saber de dónde vienen bebés, al comienzo. La respuesta se analiza en la Sección 629. Es preferible responder la verdad, pero con la suficiente sencillez como para que una niña de esa edad puede entender con facilidad. Pero cuando su madre adoptiva le explique que los bebés crecen dentro del vientre de la madre, esto la hará preguntarse cómo concuerda con la historia de que ella fue recogida en la institución. Es probable que entonces, o meses más tarde, pregunte: "¿Yo crecí dentro tuyo?" En ese caso, la madre adoptiva puede explicar, de modo simple y casual, que creció en el vientre de otra madre, antes de ser adoptada. Es probable que esto la confunda durante un tiempo, pero más adelante le resultará claro.

Eventualmente, surge la pregunta más difícil de por qué sus padres biológicos la entregaron. El hecho de descubrir que no la quisieron puede destruir su confianza en todos los padres. Una explicación muy elaborada puede molestarlo más adelante, de alguna manera. Tal vez la mejor respuesta, y la más cercana a la verdad podría ser: "No sé por qué no podían cuidarte, pero estoy segura de que querían hacerlo." Durante este período, mientras la niña digiera esta idea, necesita que se le recuerde, junto con un mimo, que ahora estará siempre en este hogar.

Naturalmente, todas las personas adoptadas sienten una intensa curiosidad acerca de sus padres biológicos, ya sea que la manifiesten o no. En tiempos anteriores, las instituciones sólo daban a los padres adoptivos vagas referencias generales con respecto a la salud física y mental de los padres biológicos. Ocultaban por completo sus identidades. En parte, esto obedecía preguntas tan difíciles de contestar que hacía una niña con respecto a su origen y el por qué había sido entregada. Y más aún, para proteger la intimidad de los padres biológicos quienes, en la mayoría de los casos, no estaban casados y quienes, en sus vidas futuras, separadas, deseaban mantener aquel embarazo en secreto.

Hoy en día, los tribunales, en reconocimiento del "derecho a saber," han obligado, a veces, a las instituciones a revelar la identidad de los padres biológicos, a un joven adoptado (o a un adulto) que hubiera solicitado la información. En algunos casos cuando esto culminaba en una visita resultó beneficioso para los sentimientos turbulentos y la curiosidad obsesiva del individuo adoptado; en otros, semejante visita resultó perturbadora para el joven y, por lo tanto, para los padres adoptivos, así como para los biológicos. Por supuesto, semejante solicitud por parte de un joven, debe ser analizada de modo exhaustivo con el personal de la institución, con todos sus pros y sus contras, aunque el caso no sea llevado a los tribunales.

894. Debe pertenecer por completo.

El temor secreto que puede sufrir una niña adoptada es el de que sus padres adoptivos, un día la entreguen, como lo hicieron los biológicos, si cambian de opinión, o si ella es mala. Los padres adoptivos deben recordar siempre esto, y prometen que nunca, bajo ninguna circunstancia, la palabra o la idea de abandonarla les ha cruzado por la cabeza. Una amenaza hecha sin pensarlo, en un momento de enojo, puede ser suficiente para destruir para siempre la confianza de la niña en ellos. Deben estar en condiciones de decirle que ella es de ellos para siempre, en cualquier momento que la pregunta parezca rondar su mente; por ejemplo, cuando habla acerca de su adopción. Sin embargo, me gustaría agregar que es un error de parte de los padres preocuparse tanto por la seguridad de la niña, que acentúen en exceso sus manifestaciones de amor hacia ella. En esencia, lo que le dará a la niña adoptada la mayor seguridad es el ser amada, de corazón y con naturalidad. Lo que cuenta no es la letra, sino la música.

El bebé prematuro

Un bebé que pese mucho menos de 5 libras casi con certeza necesita ser llevado a un hospital que cuente con una incubadora y cuidados expertos.

895. Es difícil superar su ansiedad. La mayoría de los bebés prematuros se desarrollan con bastante normalidad, a pesar de serlo. Aunque al comienzo aumenten de peso con lentitud, por lo general, aumentan y crecen más adelante con rapidez, para compensar. Por supuesto, no pueden superar su inmadurez. El bebé que ha nacido 2 meses antes de la fecha indicada y ha llegado al año de edad, debe ser considerado, en realidad, como si tuviera 10 meses.

En el momento en que el bebé prematuro llega a pesar 6 libras, no necesita más cuidados y preocupaciones que cualquier otro bebé, pero a los padres les resulta muy difícil creerlo. Tal vez al comienzo, el médico les advierta que no deben ser demasiado optimistas, y sólo comenzar a confiar poco a poco. Es probable que el bebé deba estar en la incubadora, ser observado constantemente por enfermeras y médicos y, tal vez, al comienzo, deba ser alimentado a través de una sonda. Puede ocurrir que los padres no estén en condiciones de estar a su lado la mayor parte del tiempo, aunque la mayoría de los hospitales, hoy en día, alientan a los padres a tocarlos y, si es posible, llevarlos en brazos y alimentarlos desde que nacen. La madre ha tenido que volver a casa sin él y, por lo tanto, ambos padres viven un tipo de vida parental extraña, durante varias semanas, sabiendo de modo teórico que tienen un bebé, pero sin poder sentirlo por completo. Como dicen dichos padres: "A veces se siente como si el bebé fuera del hospital y no nuestro."

Entonces, no es de extrañar que cuando por fin el médico dice: "Ahora pueden llevarlo a casa", los padres se sientan bastante asustados y que no estén preparados. Es probable que descubran que no tienen toda la ropa y el equipo (la madre había previsto tener más tiempo hacia el final del embarazo). Tal vez descubran que alguno de los dos tiene un ligero resfriado. Toda clase de pequeñas razones parecen terriblemente importantes para impedirles llevar aún al bebé.

Cuando por fin el bebé llega a casa, todas las preocupaciones que experimentan todos los padres recientes —con respecto a la temperatura del cuarto, la respiración, el hipo, los eructos, las evacuaciones, la fórmula del biberón, los horarios, el llanto, los cólicos, consentirlo—perturban a los padres de un bebé prematuro con triple fuerza. Puede llevarles semanas el adquirir confianza en sí mismos, y meses, hasta que se convenzan de que el bebé es tan sano, robusto y puede progresar, como cualquier otro concebido al mismo tiempo.

896. Vecinos y parientes molestos. Entre tanto, otros problemas pueden provenir del exterior. Los vecinos y los parientes se comportan a menudo con más ansiedad, más pavor, más preocupación, que los padres. Interrogan, exclaman, alborotan, hasta que los padres ya no pueden soportar más. Unos pocos de ellos insisten en contarles a éstos todas las historias alocadas que han escuchado acerca de cuán frágiles y susceptibles siguen siendo después los bebés prematuros. Este tipo de conversación sería bastante mala para que la escucharan los padres, si fuera verdad. Por desgracia para ellos, es una pena que se vean sometidos a falsedades de esta clase, en momentos en que tratan de superar su propia ansiedad.

897. Alimentación. Los bebés prematuros son dados de alta, a menudo, del hospital, cuando pesan unas 4 libras. Usted puede averiguar en el hospital cuánto y cuán a menudo son alimentados los bebés en el hospital, y partir de ese punto. Si el bebé es alimentado con biberón, puede esperar poder aumentar poco a poco el tamaño de la comida y el intervalo entre comidas cuando el bebé parece listo, justo como los bebés a tiempo.

La precaución más importante que hay que tener al principio es la de no tratar de hacer que el bebé tome más leche (y más tarde, más sólidos) de lo que quiere. Esta es una gran tentación, porque se le ve tan delgado. Usted siente que podría incitarlo a comer un poco más, que engordaría con más rapidez y por lo tanto, estaría en mejores condiciones de rechazar cualquier germen que pudiese atacarlo. Pero la resistencia a la enfermedad nada tiene que ver con la gordura. Su bebé, como cualquier otro, tiene su pauta personal de crecimiento, y un apetito personal. Si le insisten que coma más de lo que él desea, lo único que hacen es quitarle el apetito y hacer más lento su aumento de peso.

Como en el caso de los bebés nacidos a tiempo, los bebés prematuros no empiezan a ingerir alimentos sólidos hasta los 4 ó 6 meses, en la actualidad. Dada la ansiedad de los padres acerca del crecimiento, también aquí tiene importancia mostrar una actitud cautelosa, darle tiempo de sobra para que aprenda a gustar de los alimentos sólidos, y sólo aumentarlos cuando exhibe su entusiasmo. En otras palabras evitar los problemas de alimentación.

898. Alimentación del pecho para un bebé prematuro.
Una madre que quiere dar el pecho, habrá estar vaciando los pechos con regularidad para proveer su leche para el bebé mientras está en el hospital. A medida que el bebé se vuelva más grande y fuerte, las enfermeras pueden ayudar a la madre a comenzar la alimentación al pecho, generalmente antes que el bebé llegue a la casa. Lograr que el bebé acepte el pecho es un proceso gradual. Está acostumbrada a la botella, se cansa facilmente y tiene la boca pequeña. Usted puede conseguir ayuda de alguien que tiene experiencia y se siente cómoda dando el pecho a un bebé prematuro. A veces las enfermeras en el hospital pueden recomendar a una enfermera en la comunidad que es especialista en lactación, o usted puede llamar la oficina local de La Leche League. (Véase la Sección 156.)

899. Ninguna otra precaución.
Se lo puede bañar en la tina en cuanto vuelva a casa (debe mantenerle cálido). Como cualquier bebé, puede salir de paseo y dormir en una habitación con la ventana abierta, una vez que está aumentando de peso.

Por supuesto, los padres no necesitan usar cubrebocas, ni

siquiera cuando el pequeño llega al hogar por primera vez. Tiene que habituarse a los gérmenes corrientes de la familia. No debe dejarlo expuesto a la presencia de extraños con resfriados u otras infecciones, de la misma manera que no se lo haría con cualquier otro bebé o niño, pero, en todos los demás sentidos, no hacen falta ni son prudentes las precauciones especiales.

Una organización de padres y profesionales que les puede ayudar a usted y a su médico es: Parent Care, Inc., 101½ South Union Street, Alexandria, VA 22314. Puede llamarlos al (703) 836-4678.

Gemelos

Una vez pedí a los padres de gemelos que me dijesen qué soluciones habían encontrado para sus problemas, de modo de poder trasmitirlas. Recibí 200 cartas de gran utilidad. Como es de esperar, exhibían gran diferencia de opinión en algunos sentidos, gran unanimidad en otros.

La National Organization of Mothers of Twins Clubs, Inc., P.O. Box 23188, Albuquerque, NM 87192-1188 (505) 275-0955, tiene un periódico que sale cuatro veces al año y folletos.

900. ¡Socorro! Todos los padres de gemelos coinciden en que el trabajo es abrumador, en especial al comienzo, pero que las compensaciones son grandes.

Usted necesita toda la ayuda que pueda recibir, durante el tiempo en que le resulte accesible. O bien pedir a su madre o a otro pariente que vaya a ayudarla durante uno o dos meses. Cuando no hay lugar ni privacidad en la casa, algunos padres han convertido, inclusive, el garaje, en un dormitorio para la persona que ayuda, en climas adecuados. La ayuda en tiempo parcial es mucho mejor que ninguna: un estudiante de secundaria, después de la escuela, una mujer de la limpieza o una niñera una o dos veces por semana. Aliente a los vecinos a ayudarla con regularidad en ciertas comidas. Resulta asombrosa la cantidad de ayuda que se puede recibir aún de una hermana o hermano de 3 años, de los gemelos.

Este es el momento —si alguna vez lo hubo— de que los padres muestren su capacidad de reflexión y su generosidad recíprocas. Pueden establecer horarios para compartir las interminables tareas. Pueden ofrecerse el uno al otro, el mayor afecto, visible, que los padres necesitan cuando se ven obligados a dar cantidades inhabituales de afecto y cuidado hacia sus hijos.

En algunos casos, el padre puede abreviar el día de trabajo fuera de casa durante unos meses. Puede tomarse sus vacaciones cuando los gemelos llegan a casa del hospital. (Es posible que haya una estadía más prolongada de lo común, porque los gemelos nacen, a menudo, prematuramente.)

Aunque el padre tenga que continuar trabajando en jornadas de 8 horas diarias, puede hacer milagros desde el momento en que llega a casa hasta que sale a la mañana siguiente. En una ocasión vi al padre de quintillizos —y de dos hijos mayores— participar en cuanto llegaba al hogar, ofrecer alimentos sólidos y biberones, bañar a los pequeños, cambiar pañales, preparar la cena de los niños mayores y de los padres, y lavar la vajilla después de la cena, dedicando, asimismo, algún tiempo a los hijos de más edad. Durante los fines de semana hacía las compras, limpiaba la casa, lavaba la ropa.

901. El lavado de la ropa. Los pañales desechables serán doblemente convenientes. Este es el momento, si resulta posible, de conseguir una lavadora y secador automáticas. Ahorran horas de trabajo y ofrecen sábanas limpias, cobijas, camisas, camisones, aun en tiempo lluvioso.

El lavado de la ropa de los bebés puede hacerse todos los días, o cada tres días, según lo que convenga a los deseos de los padres. La frecuencia del cambio de las sábanas y cobijas puede disminuirse, colocando una pequeña sábana impermeable adicional bajo las caderas del bebé.

El servicio de lavado, completo o parcial, para el resto de la familia, también ahorra mucho tiempo y energía.

El volumen de pañales puede ser reducido cambiándolos

sólo una vez durante cada comida, ya sea antes o después de ella.

902. Atajos. Cualquier padre de gemelos tendrá que buscar atajos en las tareas domésticas. O bien pueden recorrer la casa, habitación por habitación, despojándola de los muebles y adornos no esenciales, que prolongan la limpieza del hogar. Además, deberían limpiar la mitad de veces de lo que lo hacían antes. Pueden elegir para la familia ropa que no se arrugue y ensucie con rapidez, que se lave con facilidad y que, hasta donde ello resulte posible, no necesite planchado. Pueden elegir alimentos que exijan el mínimo de preparación y atención, dejar que los platos reposen en agua jabonosa, y que se sequen una vez sacados de allí, por sí solos.

903. El equipo correcto para los gemelos puede ser de enorme utilidad. Muchos padres encuentran que una sola cuna, con una división en medio, diseñada por ellos mismos, resulta muy práctica durante el primer par de meses, hasta que los gemelos se vuelven demasiado grandes y activos. Las cunas con muelles que pueden ser levantadas ahorran dolores de espalda y energía a los padres, y sirven como mesas para el cambio de los pañales y de la ropa. Una cuna adicional en la cual un bebé inquieto pueda ser llevado a otra habitación, ayuda a permitir que el otro bebé siga durmiendo. Es de gran conveniencia, en una casa de dos pisos, la existencia de cunas y ropas adicionales abajo para las horas diurnas, lo cual elimina el constante subir y bajar de escaleras. Buena parte del equipo puede ser pedida prestada o comprada usada.

Es posible que resulte conveniente una mesa de hospital, con ruedas, o una mesa para el té, en el caso de ciertas disposiciones de los muebles, para apilar en ellas pañales, ropas, sábanas, etcétera. Se la puede llevar rodando de cuna en cuna, o de habitación en habitación.

Un cochecito doble para bebés es demasiado ancho para la mayoría de las puertas, y dos bebés que duermen tan juntos, comienzan a molestarse el uno al otro al cabo de pocos meses. Por otro lado, un cochecito doble, de paseo, resulta valioso, por lo general, durante varios meses. Un cochecito de espalda contra espalda, pasa con más facilidad por las puertas. Dos cunitas para auto resultan útiles, pero recuerde que no son lo mismo que asientos para el auto. Cada bebé debe tener su propio asiento para el auto, aprobado por las autoridades. Es mejor conseguirlos del tipo de los que se convierten para bebés mayores, en lugar del que debe ser remplazado cuando el pequeño pesa 20 libras. Dos asientos inclinados son, en verdad, esenciales.

904. El baño puede ser limitado en gran medida, si se adoptan cuidados. La cara puede mantenerse limpia con agua simple, con un empapado. La zona de los pañales puede lavarse todos los días con un paño enjabonado, y el jabón enjuagarse dos veces con un empapado en agua. Luego, mientras la piel se mantenga en buen estado, el baño general puede reducirse cada tres días, dos veces por semana, o inclusive, a una vez por semana. El baño completo puede darse con un paño mojado, sobre una sábana impermeable (un baño de esponja), si ello resulta más conveniente. Es difícil terminar baños para dos bebés con la suficiente rapidez como para evitar los llantos de uno o de los dos. Existen varias soluciones: alguien que ayude a alimentar al bebé que ha sido bañado primero: los baños cuando los dos padres se encuentran presentes; distintos días de baño o de horas de éstos, para distintos bebés. Si se lleva a cabo un baño de tina (en el lavabo o la tina), y si los bebés no pueden esperar lo suficiente, se ahorra tiempo si se baña a uno después del otro, en la misma agua. Todo el equipo para el baño, la ropa, las cunas y los biberones, deben estar preparados y al alcance de la mano antes de comenzar el baño.

905. La alimentación al pecho es práctica y posible. Por las cartas que he recibido, creo que los gemelos son alimentados al pecho durante varios meses, con tanta frecuencia como los que no lo son. (Esto demuestra, una vez más, que no existe un límite fijo para la cantidad de leche que puede producir una madre. Los pechos ofrecen todo lo que el bebé o los bebés necesitan, si la madre se dedica a ello con el método y la actitud correctos.) Si los bebés son demasiado pequeños, para amamantarse bien, o si permanecen en el hospital más tiempo que la madre, se trata, entonces, de establecer el aporte de leche de pecho por medio de la presión manual. Pero en cuanto los bebés puedan alimentarse al pecho, ambos deben ser llevados a éste juntos. La madre debe contar con una silla cómoda, con un buen apoyo para los brazos. Existen por lo menos tres posiciones posibles. Si la madre puede reclinarse a medias, o del todo, cada uno de los gemelos podrá recostarse a lo largo de sus brazos. Si se sienta bastante erguida, con cojines a cada lado, los bebés pueden yacer uno a cada lado, con las piernas hacia la espalda de ella, las cabezas sostenidas en los pechos de la madre, con las manos de ésta. También es posible acostar a los bebés en el regazo de la madre, uno más o menos encima del otro, pero con la cabeza en lados opuestos de la madre. En estas circunstancias, el que está abajo no se opone a esa situación.

906. La elaboración y el almacenado de la fórmula para dos es trabajoso. Por lo general, los gemelos son pequeños en el momento de nacer, y puede que necesiten alimentarse, como término medio cada 3 horas, lo cual suma dieciséis biberones cada 24 horas. Supongamos que usted no necesita esterilizar. Si el espacio en el refrigerador constituye un problema, la fórmula puede refrigerarse en dos jarras de un cuarto de galón. Entonces, en cada comida, dos biberones se llenan con la cantidad correcta de fórmula. La fórmula en polvo ahorra dinero.

907. Horario de alimentación. Una gran mayoría de padres de gemelos han descubierto que es esencial pasar a un horario regular lo antes posible, y alimentar a ambos bebés a la vez, o uno después del otro. De lo contrario, la alimentación ocupa todas las horas del día y de la noche. (Véase las Secciones 130–133.)

908. Cómo dar los biberones. ¿Cómo se ofrecen los biberones a dos bebés, a las mismas horas, si sólo hay un padre en la casa? Algunos pocos padres han adiestrado a un bebé a despertar media hora antes que el otro. Pero la mayoría de aquéllos encuentran que ambos despiertan juntos, y que no existe nada más abrumador que alimentar a uno mientras el otro llora. Una solución, en las primeras semanas, consiste en acostar a los gemelos en un sofá o en una cama, uno a cada lado de la madre, con los pies vueltos hacia la espalda de ésta; en esta posición, ella puede ofrecer dos biberones al mismo tiempo. Otro método consiste en el uso de un soporte para biberones para uno de ellos, mientras la madre sostiene el otro, y alternando a los bebés en cada comida.

Pero algunos padres advierten que un soporte de biberones (o la medida de apoyar el biberón sobre un pañal plegado), no funciona tan bien, por lo menos en las primeras semanas. O bien el bebé pierde el chupón del biberón y llora, o bien se ahoga. Entonces el padre tiene que dejar de prisa al otro bebé, quien llora, mientras ayuda al primero. Estos padres descubren que es más práctico utilizar soportes de biberones, o apoyar ambos para los dos bebés al mismo tiempo, con éstos en asientos inclinados. Se sientan cerca de los bebés, con ambas manos libres para ofrecer la ayuda que haga falta. Como señalan estos padres, con acierto, ahorran suficiente tiempo, con los soportes de biberones, para poder mimar y acariciar más y mejor a los gemelos, en momentos más tranquilos.

Si se encuentra confundida sobre qué ha hecho a cuál gemelo, puede tomar notas de las comidas, los baños, etc. durante una temporada. Un cuaderno o una pizarra puede servir, o una esfera del reloj para cada cuna. Pero no es verdaderamente necesario. Un baño faltado o uno de sobra no hará daño, y un niño le dejará saber de una comida olvidada or rechazará una de sobra.

Muchos gemelos, como los bebés únicos, eructan por su cuenta si se los acuesta boca abajo, después de cada comida. Recuerde, además, que si bien algunos bebés se sentirán incómodos a no ser que el eructo haya salido, otros no parecen sentir diferencia alguna, y entonces no hace falta llevar a cabo el esfuerzo.

909. Las comidas de alimentos sólidos deben hacerse también con eficiencia. Cuando todo es nuevo para los gemelos, muchos padres alimentan a uno de ellos con cuchara, mientras el otro toma el biberón, y luego invierten el procedimiento. Se puede ahorrar más tiempo de otras dos maneras: o bien se reúnen los sólidos, de modo que se les ofrezca todo en dos comidas al día, y no en tres. Para cuando los gemelos han adquirido capacidad para ingerir sólidos, se les puede sentar en las esquinas de la cuna o de un sillón, y alimentarlos con cuchara a los dos. O si no, existe una mesa para dar de comer a los bebés, que viene en el tamaño necesario para los gemelos, con asientos que pueden adaptarse en una posición reclinada, para los bebés que aún no saben sentarse. Los padres la consideran de gran utilidad.

Se ahorra mucho tiempo cuando se alimenta a los gemelos con cuchara, al mismo tiempo. A uno le queda apenas el instante necesario para tragar el bocado, mientras el padre llena la cuchara y la ofrece al otro. Es posible que no parezca higiénico y cortés usar un solo plato y una sola cuchara, pero resulta mucho más práctico.

En el caso de los gemelos, existen otros motivos para un comienzo prematuro con las comidas, con los dedos (costras de pan, galletas integrales, verduras cocidas y picadas, carnes picadas), y para recurrir mucho a ellas. También hay motivos para alentar a los bebés a que coman por sí solos, con la cuchara, por lo menos a la edad de 12 meses.

910. Un corral es de particular utilidad para los gemelos (resulta imposible vigilar a dos bebés que gatean al mismo tiempo), y por fortuna se sienten felices en él durante más horas y hasta una edad más avanzada que los bebés únicos, debido a la compañía que se hacen el uno al otro. (Inclusive es posible usarlos como cuna doble durante los viajes.) Se les debe depositar en ellos para períodos de juegos, a los 2 ó 3 meses, de modo que no se habitúen primero a la libertad. Es preciso eludir los juguetes pesados o de bordes cortantes, porque los gemelos se golpean uno al otro, sin darse cuenta del daño que pueden causar. Más tarde, si comienzan a mostrarse aburridos en el corral, los dos juntos, uno puede ser llevado a un columpio, y luego hacer lo mismo con el otro. Estas variaciones interesan inclusive al que ha quedado en el corral.

Después del año de edad, es muy conveniente tener una habitación separada para que los gemelos jueguen, con una reja en la puerta. Se la puede amueblar de modo que los niños no se lastimen con facilidad (los gemelos son ingeniosos, capaces de colaborar y velocísimos en lo que se refiere a las travesuras), y jugarán en ella, felices, mucho más tiempo de lo que lo haría un bebé único.

911. Ropas y juguetes: ¿iguales o diferentes? Algunos padres señalan que como, por lo general, sólo hay un tipo de ropa para juegos, por ejemplo, en una tienda, que atrae a los padres en términos de diseño, abrigo y precio, resulta difícil, pero no imposible, vestir a los gemelos en forma distinta el uno del otro. Y dicen que sus gemelos casi siempre insisten en usar ropas parecidas al mismo tiempo. Otros padres subrayan lo contrario —en cuanto a la ropa, por ejemplo— en el sentido de que casi siempre es imposible comprar dos conjuntos del mismo tipo, de modo que los gemelos se ven obligados a ser vestidos de manera diferente. Otros dicen que, como los gemelos tienen que usar casi siempre ropa recibida de otros niños, tienen que vestir de manera distinta desde el comienzo, y disfrutar por el hecho de tener su propia ropa diferente.

Algunos padres informan que han tenido que comprar desde el comienzo juguetes idénticos, porque de lo contrario sus gemelos se pelearían entre sí y se sentirían desdichados. Otros dicen que, casi siempre, compran juguetes diferentes (salvo en lo que se refiere a pertenencias valiosas como triciclos, muñecas), y que los gemelos aprenden a compartirlos, dichosos, desde una edad temprana.

Sospecho que la actitud de los padres es la que más importa. Si dan por un hecho que los gemelos tienen que usar ropas distintas casi siempre, y compartir algunos de sus juguetes, ya sea por necesidad o por principio, los gemelos aceptarán esa actitud. Pero si los padres estimulan la expectativa de ropas y juguetes idénticos y, en particular, si ceden cada vez que los gemelos insisten, es muy posible que los niños se vuelvan cada vez más insistentes, a medida que pasa el tiempo. Por supuesto, este mismo principio rige para los hijos únicos: si los padres son firmes, los niños aceptan; si los padres vacilan, los chicos discuten.

Resulta útil para que los gemelos desarrollen un sentimiento de la individualidad en cuanto a sus propias ropas, y al gusto por éstas, que cada uno tenga un cajón y un espacio de armario separados, y que las ropas parecidas sean distinguidas con sus nombres u otras señales. Cuando uno de los gemelos usa siempre la ropa verde y el otro la amarilla, eso ayuda a que todos los distingan.

912. Individualidad. Esto nos trae por último al problema filosófico de cuánto se debe subrayar la condición de gemelos, y cuánto es preciso alentar la individualidad, en especial cuando se trata de gemelos idénticos. Todo el mundo se muestra fascinado con los gemelos, alborota ante ellos, les agrada que se parezcan y se vistan iguales, hacen a los padres preguntas tontas (¿Cuál es el más listo? ¿A cuál quieren más?) A los padres les resulta difícil no corresponder al interés morboso o sentimental de los demás. ¿Por qué no? El problema es que esto puede dar a los gemelos la sensación de que su única fuente de atracción es su simpatía como dos personitas parecidas, y vestidas de igual manera. Esto podrá parecer atrayente a los 3 años. Pero si termina, como de vez en cuando ocurre, en que los gemelos tratan de atraer la atención vistiéndose igual a los 30, y dependen tanto el uno del otro que no pueden enamorarse o casarse, el resultado no es simpático, sino triste.

Ahora bien, esto no significa que los padres deban tener miedo de vestir alguna vez a los gemelos con ropas iguales, o que se avergüencen de disfrutar de la atención que todo el mundo dedica a sus hijos. El hecho de ser gemelos es divertido para los niños y para los padres.

De hecho, los gemelos desarrollan una personalidad especial, por ser gemelos: una independencia temprana respecto de la atención de los padres, una extraordinaria capacidad para colaborar en los juegos, una gran lealtad y generosidad recíprocas.

Pero para no poner excesivo énfasis en los gemelos, resulta prudente que los padres, en especial con los gemelos idénticos o muy similares, se abstengan de ponerles nombres muy parecidos (ya resulta difícil llamar al gemelo con quien uno desea comunicarse, aunque los nombres no sean parecidos), llamarlos por sus nombres y no como "los gemelos", vestirlos de manera similar sólo en ocasiones, presentarlos desde temprano y con regularidad ante otros niños, antes que se acostumbren de manera exclusiva a la compañía del otro, permitirles que establezcan amistades por separado en la medida en que lo deseen, alentar a los vecinos a que inviten, libremente, a uno de ellos a jugar o a una fiesta, de vez en cuando (en tanto que el otro gemelo tiene una posibilidad de disfrutar de sus padres, por sí solo).

En uno que otro caso, uno de los gemelos llega a depender tanto del otro en términos de tareas escolares, que resulta prudente separarlos en dos aulas diferentes. Pero parecería tonto y cruel establecer una regla arbitraria sobre la separación, cuando no hace falta.

913. No se preocupe por el favoritismo. Una palabra más de advertencia. Algunos padres concienzudos se muestran demasiado preocupados al comienzo, por el hecho de que puedan dedicar un poco más de atención a un bebé o servirle siempre primero: porque es más pequeño, por ejemplo, o responde mejor. Esa imparcialidad tan estricta no resulta necesaria; de hecho, alienta un tipo de atención demasiado maquinal, demasiado forzado. Todos los niños quieren y necesitan ser amados, en forma natural, por sus propias cualidades encantadoras. Se sienten satisfechos si saben que tienen un lugarcito propio en el corazón de sus padres, y no se preocupan de la cantidad de afecto que recibe su hermano o su hermana. Pero a la larga intuirá la superficialidad de la atención forzada. Un tratamiento igualitario, legalista, concentraría su atención en sus derechos, y le llevaría a discutir por éstos, como un abogado. Evite los sistemas como: "Mamá pone primero la camisa a A, y luego los pantalones a B", o bien "Hoy es el día en que A se sentará al lado de papá."

914. El lenguaje de los gemelos. Es frecuente que los gemelos desarrollen un lenguaje privado entre ellos —miradas, murmullos, palabras que suenan a idioma extranjero— cosa que podría conducir a una demora en lo referente a hablar el lenguaje de la familia, y que en ocasiones puede provocar un atraso temporal en la escuela. Algunos padres han tenido que insistir en que no se cumplieran los pedidos de los gemelos, si no se expresaban en palabras reales.

DIVORCIO, PADRES SOLOS
Y PADRASTROS

Se ha dicho que la familia como institución en los Estados Unidos está muriendo. Yo no creo que sea verdad. Es cierto que la familia ha estado cambiando. Desde mediados de la década de 1980 menos del 10 por ciento de las familias americanas han sido formadas por un padre que sale a trabajar, una madre que es ama de casa y dos hijos. Pero la familia, no importa a quien incluya, sigue siendo el centro de nuestra vida diaria. La familia es de donde la mayoría de nosotros recibe el amor y el apoyo más importante. Creo que esto es lo que más cuenta, ya sea si la familia tiene dos padres que trabajan, o solo un padre o hijos de matrimonios anteriores, o niños sólo durante fines de semana o días festivos.

Divorcio

La separación y el divorcio se han hecho muy comunes. En los Estados Unidos hay ahora cerca de un millón de divorcios por año. Si bien se puede leer acerca del "divorcio amistoso" en la literatura de ficción y ver ejemplos de ello en las películas, en la vida real la mayoría de las separaciones y divorcios se relacionan con dos personas que han llegado a distanciarse mucho una de la otra.

915. Asesoramiento para los matrimonios. El divorcio es inquietante para todos los miembros de la familia en la mayoría de los casos, por lo menos durante un par de años. Por supuesto, puede que no sea más molesto que un conflicto hostil y continuo. Pero existe una tercera alternativa, que es la del asesoramiento para los matrimonios, la terapia de familia, o la orientación de familia, en una clínica o institución social para la familia o con un terapeuta privado. Por supuesto, es mejor que el marido y la esposa concurran a la asesoría una vez por semana, durante meses, o inclusive a lo largo de varios años, para obtener una visión más clara de lo que ha salido mal y del papel que representa cada uno de los dos cónyuges. Pues es verdad que hacen falta dos para iniciar una pelea. Pero si uno de los cónyuges se niega a considerar su función en el conflicto, es posible que todavía valga la pena que el otro reciba asesoramiento en cuanto a la forma de salvar el matrimonio, si es necesario salvarlo. A fin de cuentas, al comienzo hubo fuertes atracciones positivas, y muchas personas divorciadas dicen más tarde que habrían querido esforzarse más en solucionar los problemas y continuar adelante.

Casi siempre ocurre que cuando una pareja está en desacuerdo, cada uno de sus integrantes siente que el otro es el más culpable. Pero es frecuente que las personas ajenas a la pareja vean que el problema no consiste en que uno o el otro sea un canalla, sino que ninguno de los dos parece darse cuenta de cómo se comporta. En un caso, cada cónyuge quiere, de manera inconsciente, ser mimado por el otro, como un hijo adorado, en lugar de mostrarse dispuesto a contribuir a la sociedad conyugal. En otro caso, un cónyuge autoritario no tiene idea de cuánto hace para tratar de dominar al otro, y puede ser que el que es dominado está pidiéndolo. Es muy frecuente que en el caso de la infidelidad, el infiel no se haya enamorado, en realidad, de una persona ajena, sino que más bien, esté huyendo de un miedo oculto a que, en forma inconsciente, trate de dar celos a su cónyuge.

916. Contárselo a los hijos. Los niños siempre se dan cuenta de los conflictos que existen entre sus padres, y ello los inquieta, se trate o no de un divorcio, y es bueno para ellos sentir que pueden hablar de esto con sus padres, junto o por separado, para que tengan una idea más sensata, y no la que puede sugerir su imaginación morbosa. Como es importante que los hijos crean en los dos padres, a fin de crecer creyendo en sí mismos, de la misma manera es prudente que ambos padres traten de evitar la acumulación de culpas y censuras, cosas que constituye una tentación natural. En cambio, pueden explicar sus peleas en términos generales, sin atribuir la culpa a nadie: "Nos enojamos por cualquier cosita sin importancia", "Reñimos acerca de la forma en que hay que invertir el dinero". "Mamá se siente molesta cuando papá bebe varios tragos."

Es prudente impedir que los niños escuchen la palabra "divorcio" gritada con furia, salvo que el divorcio sea casi seguro. En ese momento tiene que ser analizado, no una sola vez, sino varias. Para los niños pequeños, el mundo está compuesto de la familia, que para ellos es, principalmente, Papá y Mamá. Sugerirles que la familia se romperá es como sugerirles que ha llegado el fin del mundo. De manera que el divorcio tiene que ser explicado con mucho más cuidado de lo que se haría con un adulto: que los niños vivirán la mayor parte del tiempo, digamos, con su madre; que su padre vivirá cerca (o lejos); que los seguirá queriendo y continuará siendo su padre; que vivirán con él de acuerdo con cierto programa; y que pueden telefonearle cuando les parezca, y escribirle cartas.

Tan importante como hablar a los niños acerca del divorcio es ofrecerles amplias oportunidades —durante las discusiones o entre ellas— para formular preguntas. Usted se sentirá asombrada de la cantidad de suposiciones erróneas que se hacen: por ejemplo, que ellos provocaron el divorcio, o que es posible que pierdan a los dos padres. Conviene solucionar estos malentendidos lo antes posible, pero no se asombre si los niños pequeños vuelven otra vez a tener conceptos erróneos extraños.

917. En todos los niños aparecen señales de tensión, por lo menos durante un par de años. En un estudio, niños de menos de 6 años mostraron con frecuencia temores respecto del abandono, problemas de sueño, regresión al hábito de mojar la cama y berrinches, estallidos agresivos. Chicos de 7 y 8 años expresaron congoja y sentimientos de soledad. Los de 9 y 10 años eran más comprensivos en cuanto a las realidades del divorcio; sin embargo, manifestaban hostilidad hacia uno de los padres, o respecto de los dos, y se quejaban de dolores de la cabeza y del estómago. Los adolescentes hablaban de los dolores del divorcio, y de su propia tristeza, cólera y vergüenza. Algunas niñas tenían problemas para desarrollar buenas relaciones con los varones.

La manera mejor de ayudar a los hijos es darles oportunidades regulares para expresar sus sentimientos y acordarles que estos sentimientos son normales, que ellos no causaron el divorcio, y que los dos padres siguen queriéndoles. A menudo los padres tienen demasiado dolor emocional para poder hacer esto con los niños. Entonces, es importante encontrar a un profesional con quien los hijos pueden hablar con regularidad.

918. Las reacciones de los padres. Las madres que obtienen la custodia de los hijos encuentran por lo general que el primer año, o los dos posteriores al divorcio, son muy difíciles. Los hijos se muestran más tensos, exigentes y quejosos; lisa y llanamente, resultan menos atrayentes. La madre echa de menos la parte que el padre desempeñaba en la adopción de decisiones, en la solución de discusiones y en el hecho de compartir la responsabilidad de los planes. Tiende a sentirse cansada como consecuencia de su trabajo fuera de la casa, del cuidado del hogar y de los hijos. Echa de menos la compañía de personas adultas, y entre ellas la atención social y romántica de los hombres. Lo peor de todo, dicen la mayor parte de las mujeres, es el temor de que no pueden ganarse la vida en forma satisfactoria, y dirigir bien la familia. (En el acuerdo de separación deberían tener una asignación adecuada para la manutención de los niños, aunque ello no siempre garantiza que el dinero llegue, o si llegue, que llegue a tiempo.) Muchas mujeres dicen que a la larga hay grandes satisfacciones y compensaciones, cuando se demuestran a sí mismas que pueden mantener y dirigir una familia sin ayuda; y que ello les otorga una sensación de competencia y confianza que nunca habían tenido hasta entonces.

Un método que ha resultado práctico y satisfactorio para algunas mujeres divorciadas, a fin de limitar sus gastos, compartir el cuidado de la casa y los hijos, y contar con compañía, consiste en compartir una casa o apartamento con otra mujer divorciada. Por supuesto, deberían conocerse bien antes de pasar a vivir juntas. No hay motivo para que los hombres no puedan considerar asimismo esta alternativa.

Los padres que tienen la custodia de sus niños tienen los mismos problemas que las madres.

Algunas personas imaginan que los padres divorciados sin custodia se lo pasan maravillosamente bien, y que pueden salir con cualquiera, sin responsabilidades familiares, salvo los pagos para la manutención de los hijos y las visitas de éstos. Estudios actuales muestran que la mayoría de los padres se sienten desdichados buena parte del tiempo. Quedan enredados en relaciones casuales, muy pronto descubren que éstas son superficiales y carentes de sentido. Se sienten desdichados porque no se los consulta acerca de planes importantes o no importantes relacionados con los niños. Echan de menos la compañía de sus hijos. Aun más, echan de menos el hecho de que sus hijos no estén ahí para pedir consejos o permiso, cosa que forma parte de la función de un padre. Las visitas de fin de semana de sus hijos terminan a menudo en una combinación de un almuerzo rápido y una película, cosa que puede satisfacer las necesidades de placer de los niños, pero no su necesidad ni la de su padre, respecto de una relación verdadera. Es posible que tanto el padre como los hijos encuentren difícil la conversación en esta nueva situación.

La custodia y las visitas

919. Custodia. En las primeras tres cuartas partes del siglo XX se dio por entendido que se atiende mejor a las necesidades de los niños, por lo menos hasta la adolescencia, cuando viven principalmente con la madre, bajo la custodia de ésta, a menos de que se demuestre que ella es incapaz en ese aspecto. (Resulta interesante enterarse de que en el siglo XIX, y en los anteriores, cuando el divorcio era poco común, la custodia se otorgaba casi siempre al padre, suponiendo que los niños eran propiedad de él, y de que el padre tenía derecho a la mayor parte de dicha propiedad.)

En años recientes se ha reconocido cada vez más que muchos padres son tan capaces de criar a los hijos como lo son las madres, y ahora hay más jueces que tienen esto en cuenta al dar la custodia. Por supuesto, por desgracia, existen intensos rencores en muchos divorcios. Eso crea una rivalidad entre los padres, por la custodia, y les impide concentrarse en lo que sería mejor para los hijos, o hace que cada uno de ellos suponga que su propia custodia sería la mejor.

Los factores que se deberían tener en cuenta son los siguientes: quién ha ofrecido la mayor parte de los cuidados (sobre todo en el caso de los bebés y los niños pequeños, que echarán mucho de menos a su cuidador habitual); la relación de cada uno de los hijos con cada uno de los padres, y la preferencia que expresa cada uno de aquéllos, en especial en el final de la infancia y la adolescencia; la importancia para cada niño de vivir con determinado hermano o hermana (que puede resultar muy intensa en el caso de los gemelos).

En el pasado, se daba por entendido, en general, que los padres que se divorciaban serían adversarios ante los tribunales, en relación con la custodia, tanto como en lo referente a los alimentos para los niños y la solución de la división de las pertenencias. Cuanto más pueda evitarse esta actitud de pleito, en especial en el caso de la custodia, tanto mejor será para los niños. En los últimos años se ha producido un avance en lo referente a la custodia en común, para impedir que los padres que no han recibido la custodia (más a menudo el padre) sean la parte perjudicada en los derechos de visita y, cosa más importante aún, para impedir que el padre se sienta "divorciado" de sus hijos —sintiendo que ya no es un padre de verdad— sentimiento que a menudo conduce a una separación gradual respecto del contacto con los hijos.

Cuando se habla de la custodia en común, muchos abogados y padres se refieren a una manera igual de compartir la presencia de los niños, como por ejemplo, de 4 días con uno, 3 con el otro, o 1 semana con uno y después 1 semana con el otro. Esto puede ser o no práctico para los padres o cómodo para los niños. Los chicos en edad escolar tienen que seguir yendo a la misma escuela, y lo mismo rige para el jardín de niños. A los niños les agradan los horarios rutinarios, y se benefician con ellos.

Por mi parte, prefiero pensar en la custodia en común como un espíritu de colaboración entre los padres divorciados en cuanto al bienestar de los niños, lo cual significa, primero y principal, que se consultarán uno al otro, en relación con planes, decisiones y respuestas a las importantes demandas de los niños, de modo que ninguno de los padres se sienta excluido. (Puede resultar muy útil tener un asesor, alguien que conozca a los niños, que ayude a los padres a adoptar determinadas decisiones.) La segunda decisión consiste en compartir el tiempo de los niños de tal manera, que cada padre mantenga un contacto tan estrecho con ellos como resulte posible, cosa que tendrá que depender de factores tales como la distancia entre los domicilios de los padres, la amplitud de tales domicilios, la ubicación de la escuela, las preferencias de los niños a medida que crecen. Es evidente que si un padre se muda al otro lado del continente, las visitas tendrán que realizarse durante las vacaciones, aunque el padre podrá continuar manteniendo el contacto por medio de la correspondencia y el teléfono. La custodia en común sólo es práctica cuando ambos padres creen que pueden controlar el rencor que sienten el uno hacia el otro en beneficio de sus hijos. De lo contrario, las peleas serán continuas. Y entonces es mejor que uno de los padres quede con la custodia y que el juez dicte las reglas para las visitas.

Cuando un niño, sobre todo un adolescente, siente una tensión creciente con el padre que tiene la custodia, puede empezar a pensar que estaría mejor vivir con el otro. A veces es mejor dejar al niño vivir con el otro, al menos por un rato. Pero un niño que va del uno al otro varias veces puede estar tratando de escaparse de sus problemas en lugar de resolverlos. De modo que es importante irse al fondo de lo que le está molestando.

920. El horario de las visitas. Cinco días con la madre y los fines de semana con el padre, suena a cosa práctica, y es un programa común, pero es muy posible que la madre quiera pasar algún tiempo durante el fin de semana con los niños, cuando puede estar más relajada, y puede ser que el padre desee la mayoría de los fines de semana con sus hijos, pero luego, uno que otro sin ellos. Es posible que las mismas consideraciones rijan para las navidades y las vacaciones de verano. De manera que cualquier programa puede exigir alguna flexibilidad.

Resulta vital que los padres que no tienen la custodia no violen con indiferencia sus horarios de visita. Los niños se sienten heridos cuando se les deja la impresión de que otras obligaciones son más importantes. Pierden la fe en el padre negligente y en su propio valor. Si las citas tienen que ser canceladas, ello debería hacerse por anticipado, y establecer otras fechas, en lo posible. Lo más importante de todo es que el padre que no tiene la custodia no interrumpa el contacto poco a poco.

921. Mantener la comodidad de las visitas. Algunos padres divorciados sienten timidez o incomodidad cuando llega el momento de las visitas, sobre todo si se trata de la de sus hijos varones. Es posible que las madres tengan los mismos problemas, pero con mucha menos frecuencia, porque por lo general se les asigna la custodia. Además es frecuente que exista una mayor tensión, de cualquier modo, entre los padres y sus hijos, que entre aquéllos y las hijas. A menudo, los padres responden con el solo ofrecimiento de agasajos: comidas afuera, películas, acontecimientos deportivos, excursiones. Esto no tiene nada de malo, de vez en cuando, pero los padres no deberían considerarlos esenciales en cada visita; semejante conducta indicaría que temen los silencios, y hagan que estos agasajos sean cada vez más obligatorios a medida que transcurran las semanas. Por lo general, las visitas de los hijos pueden ser tan tranquilas y tan rutinarias como lo sería si se quedaran en su propio hogar. Lo cual quiere decir que se pueden realizar actividades tales como leer, llevar a cabo tareas domésticas, andar en bicicleta, patinar en la acera, lanzar pelotas de baloncesto o de béisbol, pescar, trabajar en pasatiempos tales como la de construir modelos de vehículos, coleccionar sellos postales, labores de carpintería. Los padres pueden participar en las tareas que les producen alegría, y que ofrecen ocasiones ideales para una conversación casual. Los niños pueden mirar sus programas de televisión habituales, pero como padre, yo me opondría a todo un fin de semana de televisión. Y durante una parte del tiempo el padre puede seguir sus propios intereses, como lo haría en una familia completa.

A menudo los padres encuentran que los niños, sobre todo los más jóvenes, se sienten extraños, al hacer la transición de un padre al otro. (Después de una visita con el padre que no tiene custodia, los niños pueden estar especialmente de mal humor por cansancio.) A veces, es tan sencillo que al niño le cuesta trabajo cambiar desde una escena a otra. Cada vez que sale y vuelve puede acordarle al niño, por lo menos subconscientemente, de la primera vez que se marchó el padre que no tiene custodia.

Los padres pueden ayudar por ser pacientes durante la transición, por ser absolutamente confiables en cuanto a los tiempos y los lugares de recogerlos y por tratar de realizar estas transiciones sin conflicto.

922. Los abuelos después de un divorcio. También es importante que los niños se mantengan en contacto con sus abuelos tanto como antes del divorcio. Puede ser muy difícil mantenerse en contacto con los padres de su ex esposo, sobre todo si usted o ellos sientan enojo o dolor. A veces el padre con custodia dirá: "Los niños pueden ver a sus padres cuando están consigo. Yo no quiero nada que ver con sus padres." Pero los días de cumpleaños, días de fiesta y ocasiones especiales no se arreglan tan sencillamente. Trate de recordar que los abuelos pueden ser una fuente de apoyo y continuidad para los niños, así que vale la pena hacer el esfuerzo. La necesidad de mantenerse en contacto con sus nietos de los abuelos también se debe respetar.

923. Evite tratar de influenciar a los niños. Es vital que uno de los padres no trate de difamar o siquiera criticar al otro ante los niños, aunque ello es una gran tentación. Ambos padres se sienten un tanto culpables en relación con el fracaso del matrimonio, por lo menos de manera inconsciente. Si pueden lograr que sus amigos, parientes e hijos convengan en que el ex-cónyuge es un inútil, logran atenuar la culpa. De modo que sienten la tentación de relatar las peores anécdotas posibles acerca del "ex", y omitir toda mención de su propio aporte en ese sentido. Lo malo es que los niños intuyen que están hechos de elementos de ambos padres, y que si llegan a aceptar la idea de que uno de ellos era una canalla, suponen que han heredado parte de eso. Por lo demás, es natural que quieran conservar a los dos padres y ser amados por ambos. Escuchar críticas los hace sentirse incómodamente desleales.

Para la adolescencia, los niños saben que todas las personas tienen imperfecciones, y no les afecta tan profundamente las que poseen sus propios padres, aunque puedan criticarlos mucho. Hay que dejar que ellos mismos descubran los defectos. Inclusive a esa edad, es una mejor política que uno de los padres no trate de conquistar la fidelidad de sus hijos criticando al otro. Los adolescentes tienen tendencia a enojarse y mostrarse fríos ante cualquier provocación. Cuando se enfurecen contra el padre a quien preferían, es posible que den una media vuelta, y decidan que todas las cosas desagradables que han escuchado en el pasado respecto del otro padre eran injustas e inciertas. Ambos padres tendrán las mejores posibilidades de conservar el amor de sus hijos a la larga, si permiten que los quieran a los dos, crean en los dos, y pasen un tiempo con ambos.

Es un error que uno u otro de los padres interrogue a los niños acerca de lo que ocurrió cuando visitaban al otro progenitor. Ello sólo hace que los chicos se sientan inquietos cuando están con cualquiera de los dos padres. A la larga, eso puede tener las consecuencias contrarias y hacer que se vuelvan rencorosos contra el padre que es sospechoso.

El padre solo

924. Guía general. Aunque los pequeños necesitan estar mucho tiempo con sus padres, y si bien esto significa, en el caso de los padres que trabajan y que viven solos, una gran proporción del horario nocturno y de los fines de semana, no es necesario o sensato que el padre malcríe al niño con regalos y una conducta de sumisión. (Véase las Secciones 39 y 40, al respecto de los padres que trabajan.) De hecho, ni siquiera es prudente que el padre trate de concentrarse en el niño la mayor parte del tiempo en que se encuentran juntos, como si el pequeño fuese un príncipe que ha llegado de visita. El niño puede trabajar en alguno de sus pasatiempos favoritos, hacer los deberes escolares, ayudar con las tareas de la casa durante buena parte del tiempo, mientras el padre hace otro tanto. Pero esto no quiere decir que no deban mantenerse en contacto. Si están bien sintonizados, pueden conversar y comentar, a ratos perdidos, tal como lo pida el estado de ánimo de ambos. (Véase la Sección 52 sobre dos padres, y las Secciones 60–64 respecto del cuidado del niño.)

Es normal que el padre solo recurra a su hijo o hijos, en cierta medida, para hacer frente a algunas de las necesidades emocionales que eran satisfechas por el ex-cónyuge, pero es importante recordar que los niños deben continuar con su propio crecimiento y desarrollo emocionales, que se verán obstaculizados si deben comportarse como adultos sustitutos. Resulta tentador en especial, por ejemplo, pensar e inclusive decir, a la niña o varón mayores: "Eres la mujer (o el hombre) de la familia, a partir de este momento, y dependo mucho de ti." Si bien todos los niños normales pueden enfrentar tareas adicionales, y proporcionar algún apoyo emocional a un padre acongojado, ningún niño puede representar el papel de un adulto sin graves consecuencias para su crecimiento y desarrollo emocionales del futuro.

Los padres solteros tienen que aprender a aguantar la sorpresa, la risa o una actitud sospechosa cuando hacen una cosa que en nuestra sociedad se suele hacer el padre del sexo opuesto. Un ejemplo sería la madre que organiza un partido de béisbol para su hijo de 8 años y sus amigos, o el padre que llama para invitar a la amiga de su hija de 6 años a una fiesta donde se duerme en su casa.

925. La madre como padre solo. Tomemos primero el ejemplo del varón que no tiene padre a consecuencia de un divorcio o fallecimiento, o porque nació fuera del matrimonio, o porque lo adoptó una mujer que vive sola. Resultaría tonto decir que la ausencia de su padre no establece diferencia alguna para el pequeño, o que a la madre le es fácil compensarle la situación de otras maneras. Pero si la tarea se maneja bien, el pequeño, ya sea varón o niña, puede continuar creciendo bien adaptada.

El carácter de la madre es lo más importante. Es posible que se sienta sola, encerrada o malhumorada en ocasiones, y que a veces descargue esas situaciones sobre el niño. Ello es natural, y no le afectará demasiado. Lo importante es que la madre siga siendo un ser humano normal, que conserve sus amistades, sus distracciones, su carrera profesional, si ha tenido una, por lo menos en forma parcial, y sus actividades hasta donde le resulte posible. Esto no es fácil si tiene un bebé o un niño que cuidar, y ninguna ayuda para hacerlo. Pero puede invitar a personas a su casa, y llevar al bebé a la casa de un amigo, por una noche, si el pequeño se adapta a dormir en lugares que no conoce. Le resultará más valioso que su madre se muestre alegre y que salga, y no que su propia rutina se mantenga a la perfección. No le hará ningún bien que ella lo rodee de **todos** sus actividades y pensamientos y afecto.

Los niños, pequeños y grandes, varones o niñas, necesitan la amistad de otros hombres, si el padre no está allí. En el caso de los bebés de hasta un año o dos, se logran buenos resultados si se les puede recordar con frecuencia que **existen** criaturas tales como hombres agradables, de voz baja, ropas distintas y modales distintos que las mujeres. Un tendero amistoso que simplemente sonríe y saluda es de utilidad, aunque no existan amigos íntimos. Cuando los niños avanzan hacia los 3 años y más —ya sean varones o niñas— el tipo de compañía que comparten con los hombres adquiere cada vez mayor importancia. Necesitan posibilidades de estar cerca de otros hombres y varones mayores, y sentirse cerca de ellos. Los abuelos, los tíos, los primos, los maestros en la escuela, el sacerdote, los antiguos amigos de la familia, o una combinación de todos ellos, pueden servir como padres sustitutos, si disfrutan de la compañía del pequeño, y lo ven con alguna regularidad. Los niños de 3 años o más construyen una imagen de su padre que es su ideal e inspiración, lo recuerden o no. Los otros hombres amistosos a quienes ven y con quienes juegan dan sustancia a la imagen, influyen en su concepto sobre su propio padre, y hacen que éste signifique más para ellos. La madre puede ayudar si se muestra más hospitalaria con los parientes masculinos, si envía a su hijo o a su hija a algún campamento que tenga algunos asesores masculinos, si escoge una escuela, en la medida de lo posible, que tenga maestros varones, si estimula al niño a incorporarse a clubes y otras organizaciones en las cuales haya dirigentes masculinos.

El niño sin un padre necesita en especial oportunidades y estímulo para jugar con otros pequeños, todos los días si es posible, para cuando tiene 2 años, y estar ocupado principalmente en actividades infantiles. La tentación de la madre que no tiene otros vínculos igualmente fuertes consiste en convertirlo en su compañero espiritual más íntimo, interesarlo en sus preocupaciones especiales, en sus gustos y sus pasatiempos. Si logra hacer que su mundo resulte más atrayente para él, más fácil de participar en él, que el mundo de los niños (en el cual tiene que abrirse paso por sí mismo), es posible que el pequeño crezca como una persona precoz, con intereses predominantemente adultos. Es muy bueno que una madre pueda pasar algún tiempo y divertirse mucho con su hijo, siempre que también le permita seguir su camino a su manera, que comparta sus intereses en lugar de hacer que comparta demasiado los de ella. Resulta útil invitar a otros niños a casa, con regularidad, y llevarlos consigo a los agasajos y viajes.

926. El padre como padre solo. Todo lo que he dicho en la Sección 925 sobre una madre que cuida a un niño por sí sola se aplica al padre que cuida a un niño por sí solo. Pero a menudo hay un problema adicional. Pocos padres en nuestra sociedad se sienten totalmente cómodos jugando el papel de nutrir. Así que a la mayoría de los padres les resultará difícil, por lo menos al principio, dar el afecto suave que necesitan los niños, sobre todo los niños jóvenes.

927. Cuando muere uno de los padres. Es importante recordar que los niños enfrentan la muerte de manera distinta en diferentes edades y que, en general, la mayoría de los adultos y los niños de todas las edades necesitan un año para volver a organizar su vida. La mayor parte de los niños no entienden la muerte como un suceso biológico irreversible hasta que llegan a los 9 ó 10 años. El niño menor puede dar la impresión de no reaccionar demasiado frente a la muerte del padre, al comienzo, porque piensa que éste regresará. Ese es el momento en que el padre sobreviviente debe compartir sus creencias personales y religiosas acerca de lo que ocurre después de la muerte, como manera de apoyar al pequeño. Miedo, coraje, culpa y tristeza se encuentran presentes, juntos, en cierta medida, en cada uno de los involucrados en la pérdida, y estas emociones necesitan ser expresadas poco a poco, de modo que todos puedan dejarlas atrás y continuar adelante con sus vidas.

Cuando un padre empieza a tener citas después de la muerte de su esposo, los niños suelen sentirse ambivalentes. De un lado, pueden sentirse alegres ante la posibilidad de conseguir un nuevo "padre" o "madre". Al otro lado, han tenido a su padre todo para sí mismos, y tener que compartir el amor del padre con el nuevo esposo puede darles celos a los niños. De modo que necesitan muchas palabras tranquilizadoras de que no van a perder el amor del padre con quien han estado viviendo solo, sino que van a recibir más afecto del nuevo padre.

928. Las citas para los padres.

Los niños cuyos padres se han divorciado hace poco quieren, de manera consciente o inconsciente, que vuelvan a unirse, y piensan en ellos como si todavía estuvieran casados, aunque se encuentren separados.

Tienden a sentir que las salidas con alguien equivalen a infidelidad por parte de su padre, y una intromisión nada bien recibida de la persona que acompaña al padre. De modo que es bueno que los padres avancen poco a poco, y muestren tacto en lo que se refiere a presentar a sus compañeros a sus propios hijos. Es preciso permitir que el hecho de que el divorcio es permanente vaya siendo asimilado durante unos cuantos meses. Preste atención a las observaciones de los chicos. Al cabo de un tiempo podrá mencionar el tema de su soledad, y dejar caer la idea de que quiere tener un amigo con quién salir. No se trata de que esté permitiendo que sus hijos dirijan su vida para siempre; sólo les hace saber que la salida con alguien es una posibilidad, y lo hace de una manera que les resulte más fácil que la de que se les presente, de golpe, a una persona de carne y hueso. Y cuando por fin organiza una comida, compartida por ellos, con la persona que la acompaña, en su hogar o en un restaurante, es discreto contener su propio afecto físico por la persona que lo acompaña, al principio, y dejar que se transparente luego, poco a poco.

Si usted es una madre que ha estado viviendo con hijos pequeños que pocas veces, o ninguna, ven a su padre, es posible que ellos le pidan que se case y les dé otro "Papá", cosa que es buena hasta cierto punto; pero puede ser que den muestras de celos en cuanto les permita ver la creciente intimidad que se desarrolla entre usted y un hombre, y por cierto que así será cuando vuelva a casarse. Se le pasa lo mismo al padre que tiene custodia de sus hijos jóvenes, que quieren que les dé otra "Mamá".

Volver a casarse

929. Hijastros y padrastros. No es casualidad que tantos cuentos de hadas tengan una madrastra o un padrastro malévolos como villanos del relato. Ese tipo de relación se presta a los celos recíprocos y al odio. Un niño ha tenido a su madre toda para él después de la muerte de su padre o el divorcio, y ha formado una relación extraordinariamente íntima y posesiva con ella. Luego aparece un desconocido que conquista el corazón y la cama de su madre, y por lo menos la mitad de la atención de ésta. El niño no puede dejar de experimentar rencor hacia ese intruso, por más atractiva que sea la personalidad del hombre, y lo muestra con constantes groserías y una expresión de odio. Esto llega a molestar al padrastro, quien responde con una actitud crítica, e inclusive reprocha a la madre por no hacer que el niño se comporte como se debe, y ésta se vuelve a veces contra el pequeño, cosa que le hace sentir más furia. Si la madre defiende al niño, el padrastro puede mostrar enojo contra ella, que convence aun más al pequeño de que éste es un salvaje.

El resentimiento resulta más evidente en un varón pequeño contra su padrastro, o en una niña contra su madrastra, pero los niños también pueden odiar al padrastro del sexo opuesto, y mostrar su desaprobación inclusive cuando adquieren un padrasto..

Lo principal para los nuevos padrastros es que se den cuenta que esta hostilidad es casi universal, y que no tiene nada que ver con su simpatía o su capacidad paternal. A menudo persiste con fuerza durante 2 ó 3 años, y luego se va reduciendo poco a poco.

Existen algunos principios generales, que pueden resultar útiles o no, y que por cierto resultan de difícil aplicación. Para decirlo de otra manera, un padrastro que logra ser querido muy pronto es un genio natural en términos de relaciones humanas. (Ambos autores han experimentado los dolores de una relación de padrastros.)

Es mejor que el padrastro evite adoptar la función de orientar y corregir de un padre carnal, hasta que haya sido aceptado —cosa que tiene que ver con asuntos tan rutinarios como las tareas domésticas, las tareas escolares, la obligación de guardar los juguetes, los horarios para acostarse, y los momentos en que es preciso apagar la luz, en el caso de los adolescentes— porque no cabe duda alguna de que se lo considerará un intruso demasiado severo, aunque imponga exactamente las mismas reglas que el padre real.

Por otro lado, no es bueno que se muestre sumiso cuando el hijastro invade su territorio, por ejemplo, y maltrata algunas de sus pertenencias o se muestra grosero en forma deliberada. Entonces puede decirle, de manera amistosa pero firme, que no le agradan las ofensas contra sus cosas o contra usted mismo. Pero no haga un problema cada vez que el niño lo mira con furia o le responda con escasa cortesía. Se pasaría el día haciéndole reproches. De modo que tendrá que fingir que no advierte los pequeños desaires de los cuales el pequeño no tiene consciencia clara.

Una buena regla —difícil de seguir— es la de tratar de no mostrar una hostilidad abierta cuando se muestra firme, porque esto se traduce, en el estado de resentimiento cróni-

co del pequeño, en brutalidad. Otra regla, más positiva consiste en buscar episodios en los cuales el niño se muestra
apenas considerado o amistoso, o períodos en los cuales por
lo menos no se produce nada desagradable, y decirle al
pequeño cuánto le ha gustado que pasaran unos buenos
momentos juntos. En general, no olvide mostrarse amigable
y afectuoso, cuando el clima es neutro o ha mejorado.
Muestre su consideración planeando un picnic, un evento
deportivo, una visita al zoológico o al museo, u ofreciendo
de vez en cuando un regalo que sea muy codiciado. Pero
no resulta eficaz ofrecer agasajos o regalos más a menudo
de lo que lo hace el padre real; los niños intuyen cuando los
adultos se muestran demasiado ansiosos, demasiado sumisos, y cuando tratan de comprar la aprobación, y llegan a
despreciar al que así lo hace.

930. Las familias mezcladas. Hay cada vez más familias
"mezcladas". Puede haber niños de un matrimonio previo,
además de niños del matrimonio actual. Algunos de los
niños pueden estar con la pareja todo el tiempo, otros sólo
los fines de semana y fiestas. Esto puede conducir a todo
tipo de celos y rivalidad. También puede causar tensión
entre los padres cuando, por ejemplo, uno acusa al otro de
favoritismo hacia su propio hijo.

Es importante que los padres comprendan que los niños
necesitan mucho tiempo para acostumbrarse a los nuevos
arreglos y oportunidades regulares para hablar de sus sentimientos. Los padres tienen que estar de acuerdo y tienen
que mostrar consistencia con los niños sobre las reglas
familiares con respecto a la hora de acostarse, los quehaceres, y la televisión. Puede ser bastante complicado y el
tener un profesional disponible puede efectuar una gran
diferencia.

En algunas ciudades, hay organizaciones de padrastros.
Ayudan a los padres y los niños ver que sus problemas son
semejantes en muchas otras familias mezcladas y que
pueden compartir soluciones. Puede escribir a la Stepfamily
Association of America, Inc., 215 Centennial Mall, So.,
Suite 212, Lincoln, NE 68508, o llame al (402) 477-7837,
acerca de si existe un grupo en su ciudad.

UNA NOTA DESPUES

Un mundo mejor para nuestros niños

Hoy en día, las familias americanas se encuentran bajo tensiones sin precedentes. Sólo voy a hacer una lista aquí, para acordarle de cuántas y cuán variadas son. Con la responsabilidad de criar a un niño, usted puede hacerse mucho más sensible a ellas. Algunas han sido analizadas en detalle en otras partes del libro. Creo que podemos remediarlas si las reconoceremos.

Actualmente, una mitad de madres de niños de edad preescolar tienen que trabajar fuera de la casa. Y sin embargo, no hay suficientes guarderías de alta calidad, así que miles de niños están privados y sus padres se sienten culpables.

Las mujeres que trabajan siguen experimentando discriminación en términos de sueldos y prestigio.

Las cifras del divorcio y las familias con padrastros y hijastros, que aportan mucha tensión a todos los involucrados, han doblado desde 1975. Los pagos para el apoyo del niño pueden ser cruelmente bajos y muchos padres dejan de cumplir con sus deberes pronto, dándoles a las madres solas una carga económica.

Las cadenas de montaje en fábricas y en oficinas les privan a muchos trabajadores de una satisfacción creativa.

Los ricos están haciéndose más ricos, pero los demás se están volviendo más pobres.

El abuso de drogas y alcohol es a la vez una causa y una consecuencia de la desmoralización de la familia.

El embarazo entre los adolescentes se ha vuelto común.

Hay mucha más violencia que en cualquier otro país industrializado, en términos del asesinato dentro de la familia, la violación, y el abuso de los niños (la Sección 522). Como un paralelo, también hay una falta de espiritualismo y una brutalidad asociadas con la sexualidad (la Sección 658).

La discriminación racial sigue amarga.

Nuestro trastorno más básico, creo yo, es la competitividad intensa y el materialismo de nuestra sociedad, que han convencido a mucha gente que el salir adelante en su trabajo es lo más importante en la vida y que la felicidad familiar, las amistades, los intereses morales, económicos y culturales deben sacrificarse si resulta necesario. (Muchos padres cuyos adolescentes se han encontrado en aprietos me han confesado, con remordimiento, que les hubieran gustado pasar más tiempo tratando de conocer a sus hijos.) Los padres transmiten su competitividad excesiva a sus niños. Un ejemplo extremo es el intento de enseñar a leer a los niños de 2 años para hacerles "superniños".

Los seres humanos suelen anhelar creencias espirituales y en algunas partes del mundo, encuentran un equilibrio entre su materialismo y su devoción religiosa. Pero para muchos americanos, estas creencias espirituales se han desvanecido y sólo queda un fuerte sentido de materialismo. Creo que esto es la razón principal por la desesperanza de los adolescentes y por el aumento, por cuatro veces, de los suicidios. Otro factor ha sido su preocupación sobre la aniquilación nuclear.

Hay dos caminos generales y necesarios que creo que deberíamos tomar para reducir estas tensiones y hacer nuestra sociedad más feliz y más cooperativa. El primero es criar a nuestro niños con distintos ideales. El segundo es hacernos mucho más activos en cuanto a la política.

No deberíamos criar a nuestros niños con el objetivo de salir adelante de todos los demás, sino de hacerse personas cariñosas, cooperativas y buenas, quienes participarán en la comunidad, quienes enriquecerán sus espíritus con intereses culturales, quienes no dejarán que sus trabajos dominen sus vidas. Se puede esperar que un niño de 2 años sea generoso y que los adolescentes hagan trabajos voluntarios en hospitales y de enseñanza. (Véase la Sección 46.) Los padres deben evitar los castigos. Deben prohibir el mirar la violencia y el sexo explícito en la televisión.

La otra manera de empezar a mejorar nuestra sociedad es que los ciudadanos se hagan **mucho** más activos en la política, para tomar el control de nuestro gobierno de los intereses especiales, los fabricantes de armas, por ejemplo, que tienen un poder enorme y que absorben trillones de dólares de fondos gubernamentales. Estos fondos deberían dedicarse a las necesidades de la gente como guarderías, escuelas, salud, casas, y para mejorar las oportunidades para los pobres y los viejos.

La actividad política incluye el votar en el proceso de nombramientos además de las elecciones. (Actualmente, sólo una mitad de nuestros ciudadanos hacen el trabajo de votar.) La gente debe escuchar a los candidatos en cuanto a sus opiniones sobre los temas, en vez de prestar demasiada atención a sus personalidades. Los ciudadanos deberían escribir y llamar a sus senadores, y el presidente, no sólo una vez, ni una vez al año, sino siempre y cuando surge un asunto que les resulta importante a ellos, a sus niños y a la comunidad.

INDICE

Páginas en *cursiva* se indican información de
Emergencia.

CH

N